LA CHUTE DE BERLIN

ANTONY BEEVOR

LA CHUTE DE BERLIN

ÉDITIONS FRANCE LOISIRS

Titre original : BERLIN. THE DOWNFALL 1945
Traduit de l'anglais par Jean Bourdier

Édition du Club France Loisirs,
avec l'autorisation des Éditions de Fallois

Éditions France Loisirs,
123, boulevard de Grenelle, Paris
www.franceloisirs.com

ISBN : 2-7441-6259-0

CARTES

Abbréviations pour l'Armée soviétique

A Armée
ABG Armée blindée de la Garde
AC Armée de choc
AG Armée de la Garde
CCG Corps de cavalerie de la Garde

A.pol Armée polonaise

Abbréviations pour les Armées occidentales

A.am Armée américaine
A.br Armée britannique
A.can Armée canadienne
A.fr Armée française

0 100 kilomètres
NORVÈGE
OSLO
SUÈDE
FINLANDE
HELSINKI
ESTONIE
Courlande
RIGA
LETTONIE
DANEMARK
MEMEL
Schleswig-Holstein
GDYNIA
KÖNIGSBERG
DANTZIG
Prusse-Orientale
HAMBOURG
STETTIN
Poméranie
Wartheland
HOLLANDE
POZNAN
Vistule
BERLIN
VARSOVIE
ANVERS
Basse-Silésie
LODZ
BELGIQUE
COLOGNE
Elbe
Rhin
DRESDE
BRESLAU
LUBLIN
Oder
Haute-Silésie
LUXEMBOURG
FRANCFORT-SUR-LE-MAIN
PRAGUE
CRACOVIE
STRASBOURG
FRANCE
VIENNE
MUNICH
SALZBOURG
BERNE
Bavière
BUDAPEST
SUISSE
Danube
YOUGOSLAVIE
ROUMANIE
MILAN
TRIESTE
ITALIE
FLORENCE
Mer adriatique
Mer méditerranée
GRANDE ALLEMAGNE
1er JANVIER 1945
Ligne de front
Territoires occupés par les Allemands
Territoires alliés et libérés
Pays neutres

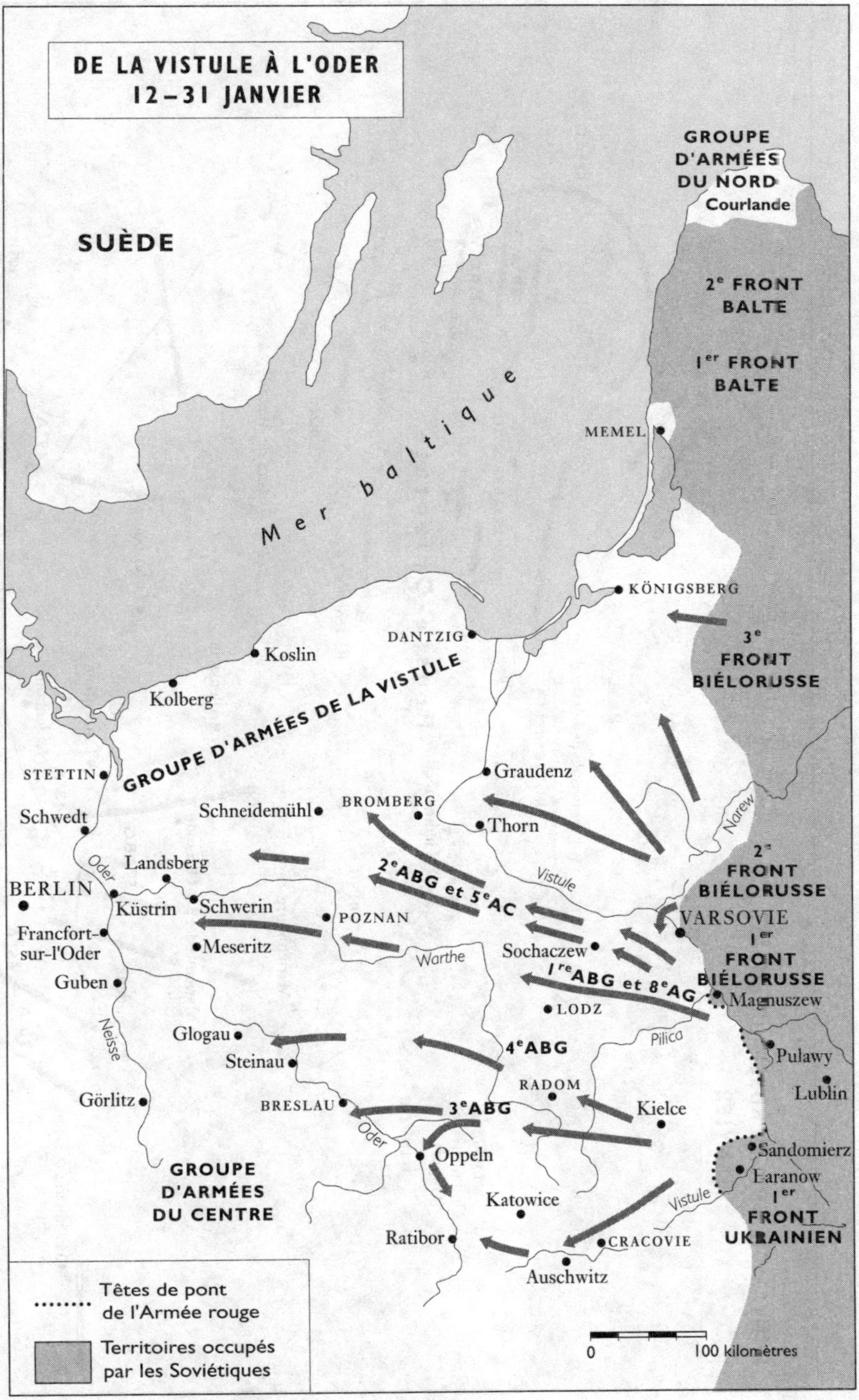
DE LA VISTULE À L'ODER
12–31 JANVIER
SUÈDE
GROUPE D'ARMÉES DU NORD
Courlande
2e FRONT BALTE
1er FRONT BALTE
Mer baltique
MEMEL
KÖNIGSBERG
DANTZIG
Koslin
Kolberg
GROUPE D'ARMÉES DE LA VISTULE
3e FRONT BIÉLORUSSE
STETTIN
Graudenz
Schwedt
Schneidemühl
BROMBERG
Thorn
Narew
Oder
Landsberg
2eABG et 5eAC
Vistule
2e FRONT BIÉLORUSSE
BERLIN
Küstrin
Schwerin
POZNAN
VARSOVIE
Francfort-sur-l'Oder
Meseritz
Warthe
Sochaczew
1er FRONT BIÉLORUSSE
1reABG et 8eAG
Magnuszew
Guben
LODZ
Neisse
Glogau
Pilica
Pulawy
4eABG
Steinau
RADOM
Lublin
Görlitz
BRESLAU
3eABG
Kielce
Oder
Oppeln
Sandomierz
Baranow
GROUPE D'ARMÉES DU CENTRE
Katowice
Vistule
1er FRONT UKRAINIEN
Ratibor
CRACOVIE
Auschwitz
Têtes de pont de l'Armée rouge
Territoires occupés par les Soviétiques
0
100 kilomètres

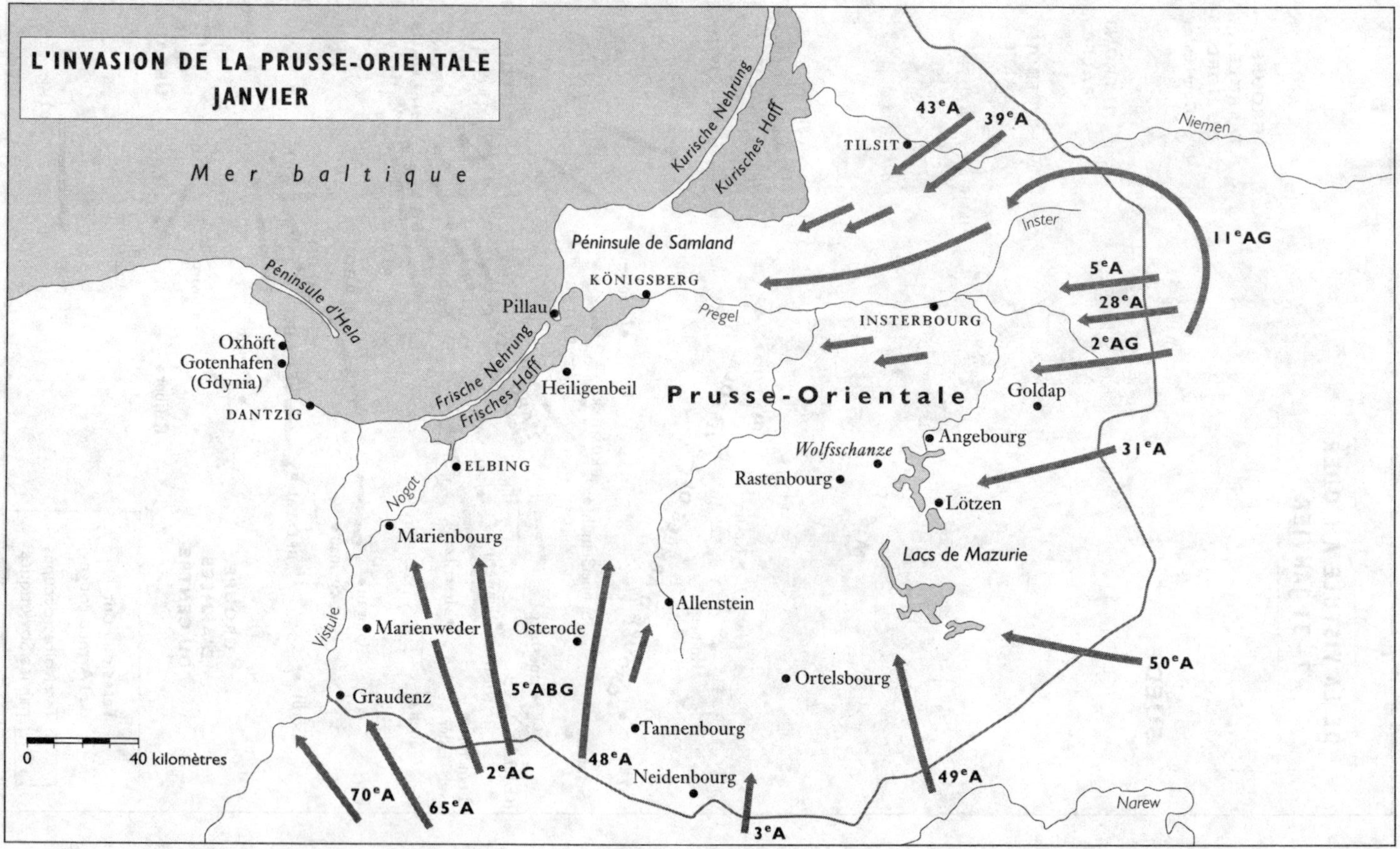
L'INVASION DE LA PRUSSE-ORIENTALE
JANVIER
Mer baltique
Kurische Nehrung
Kurisches Haff
Péninsule de Samland
Péninsule d'Hela
Frische Nehrung
Frisches Haff
Oxhöft
Gotenhafen
(Gdynia)
DANTZIG
Pillau
KÖNIGSBERG
Heiligenbeil
Pregel
ELBING
Nogat
Marienbourg
Marienweder
Vistule
Graudenz
Osterode
Allenstein
Tannenbourg
Neidenbourg
Ortelsbourg
Rastenbourg
Wolfsschanze
Angebourg
Lötzen
Lacs de Mazurie
Goldap
INSTERBOURG
Inster
TILSIT
Niemen
Narew
Prusse-Orientale
43ᵉA
39ᵉA
11ᵉAG
5ᵉA
28ᵉA
2ᵉAG
31ᵉA
50ᵉA
49ᵉA
3ᵉA
48ᵉA
5ᵉABG
2ᵉAC
65ᵉA
70ᵉA
0
40 kilomètres

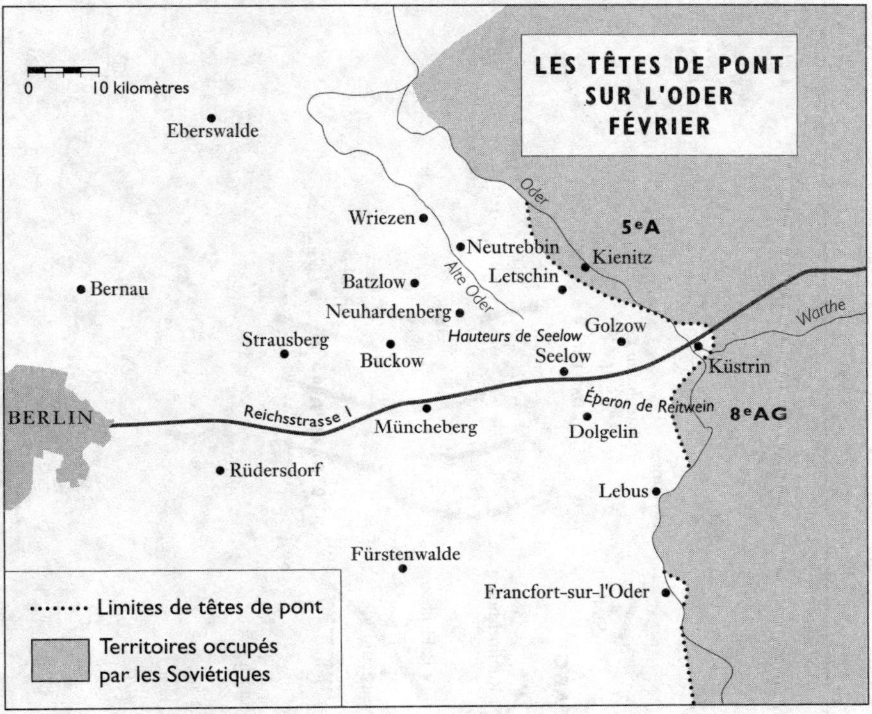
LES TÊTES DE PONT
SUR L'ODER
FÉVRIER
0
10 kilomètres
Eberswalde
Oder
Wriezen
5ᵉA
Neutrebbin
Kienitz
Bernau
Batzlow
Alte Oder
Letschin
Neuhardenberg
Golzow
Warthe
Strausberg
Hauteurs de Seelow
Buckow
Seelow
Küstrin
BERLIN
Reichsstrasse I
Éperon de Reitwein
8ᵉAG
Müncheberg
Dolgelin
Rüdersdorf
Lebus
Fürstenwalde
Francfort-sur-l'Oder
Limites de têtes de pont
Territoires occupés
par les Soviétiques

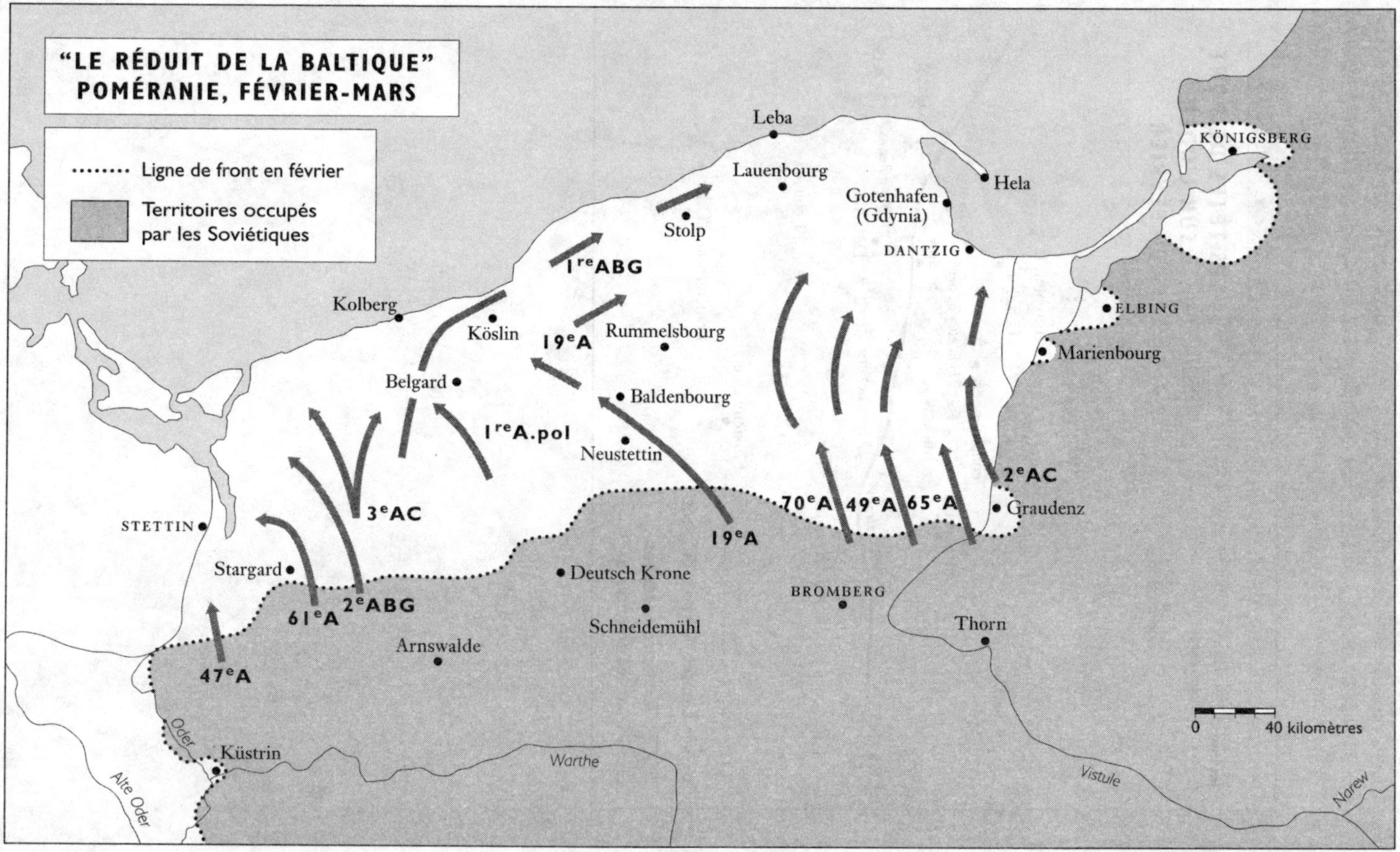
"LE RÉDUIT DE LA BALTIQUE"
POMÉRANIE, FÉVRIER-MARS
Ligne de front en février
Territoires occupés par les Soviétiques
Leba
Lauenbourg
Stolp
Hela
Gotenhafen (Gdynia)
DANTZIG
KÖNIGSBERG
ELBING
Marienbourg
Kolberg
Köslin
Rummelsbourg
Belgard
Baldenbourg
Neustettin
1re ABG
19e A
1re A.pol
3e AC
2e AC
70e A
49e A
65e A
Graudenz
STETTIN
Stargard
61e A
2e ABG
47e A
Deutsch Krone
Schneidemühl
Arnswalde
BROMBERG
Thorn
Küstrin
Oder
Alte Oder
Warthe
Vistule
Narew
0
40 kilomètres

LE FRONT OCCIDENTAL
MARS–AVRIL

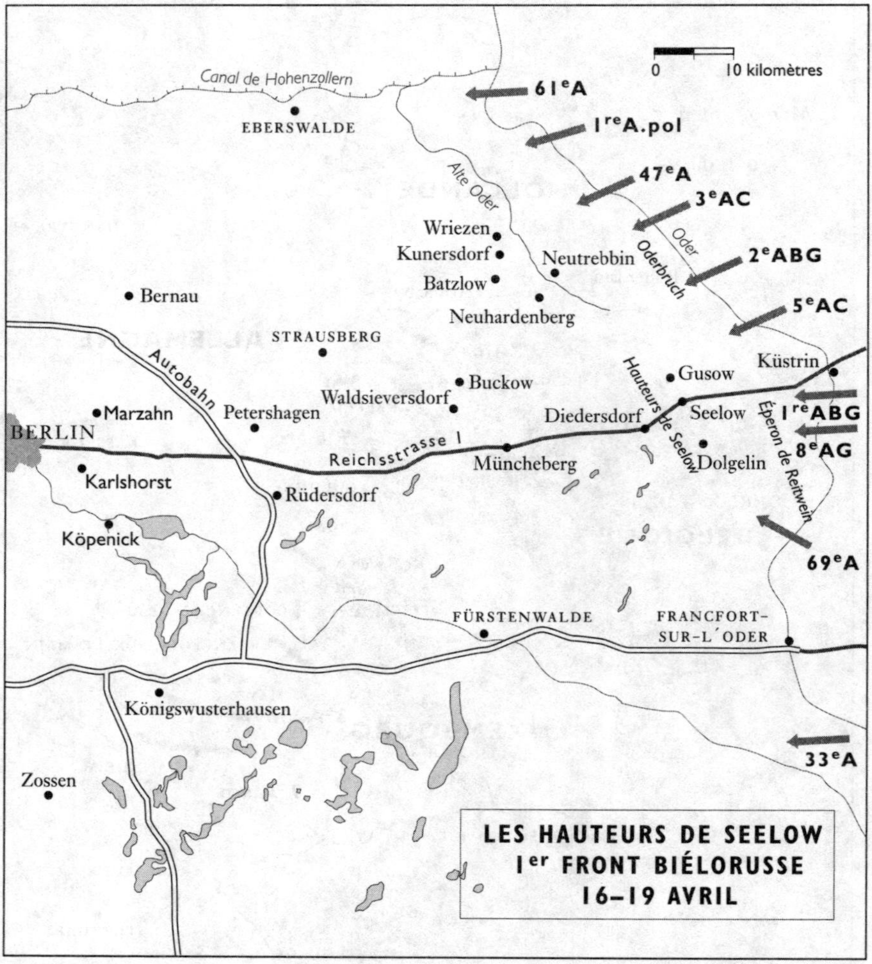
0
10 kilomètres
Canal de Hohenzollern
EBERSWALDE
61ᵉA
1ʳᵉA.pol
47ᵉA
3ᵉAC
2ᵉABG
5ᵉAC
Alte Oder
Oder
Oderbruch
Wriezen
Kunersdorf
Neutrebbin
Batzlow
Neuhardenberg
Bernau
STRAUSBERG
Autobahn
Buckow
Waldsieversdorf
Gusow
Küstrin
Hauteurs de Seelow
Diedersdorf
Seelow
1ʳᵉABG
8ᵉAG
Éperon de Reitwein
Marzahn
Petershagen
BERLIN
Reichsstrasse 1
Müncheberg
Dolgelin
Karlshorst
Rüdersdorf
Köpenick
69ᵉA
FÜRSTENWALDE
FRANCFORT-SUR-L'ODER
Königswusterhausen
33ᵉA
Zossen
LES HAUTEURS DE SEELOW
1ᵉʳ FRONT BIÉLORUSSE
16–19 AVRIL

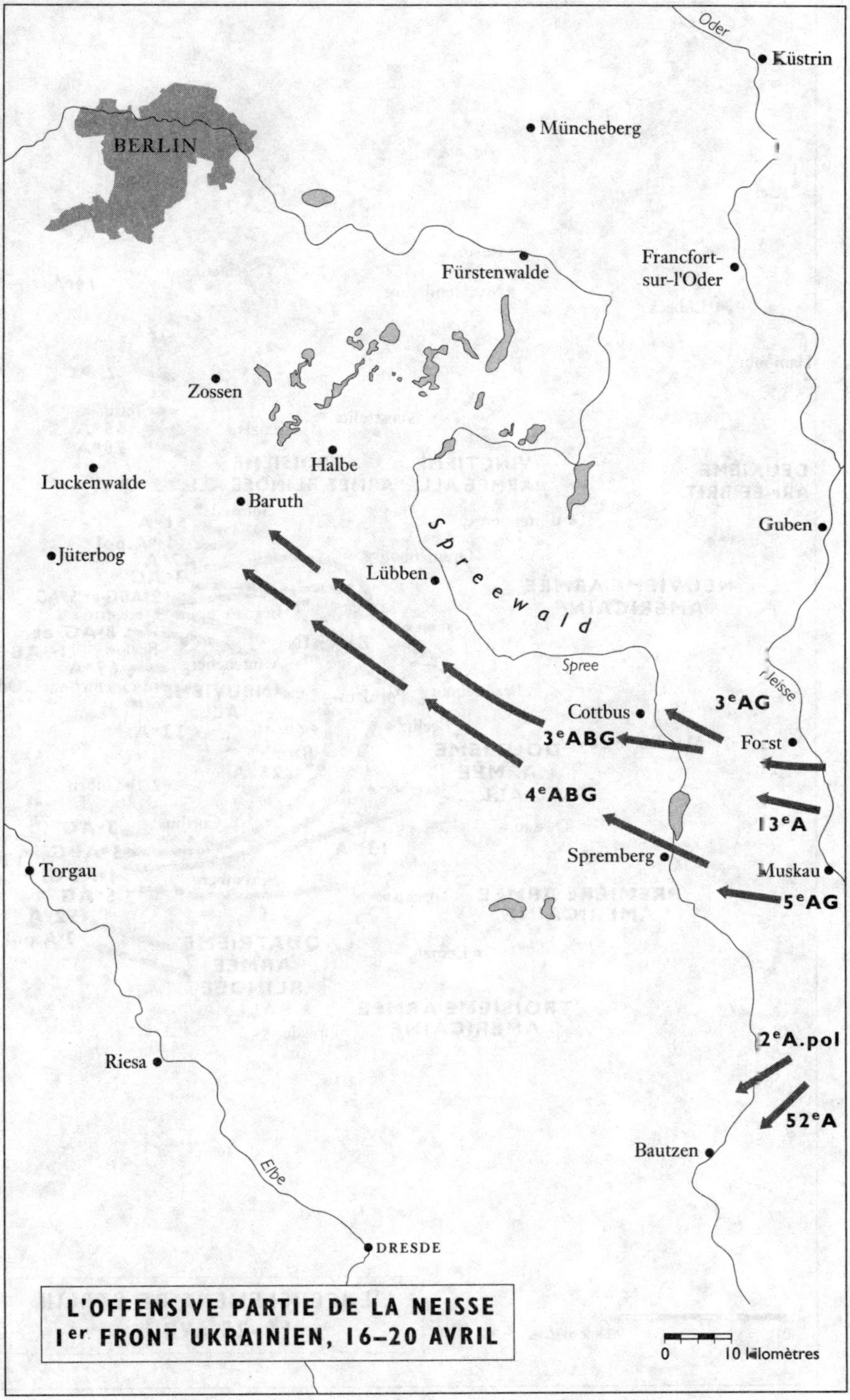

L'OFFENSIVE PARTIE DE LA NEISSE
1er FRONT UKRAINIEN, 16–20 AVRIL

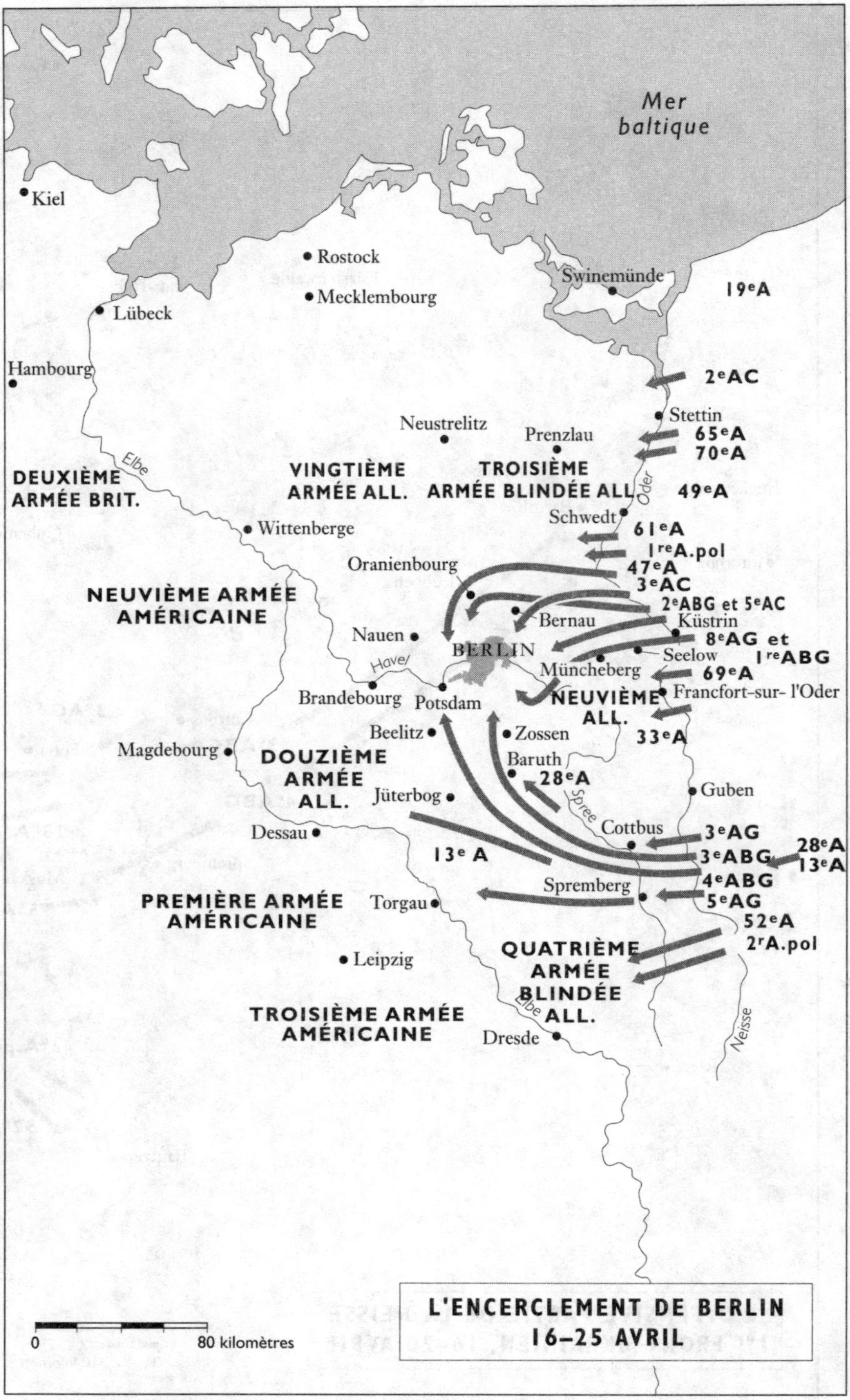

L'ENCERCLEMENT DE BERLIN
16–25 AVRIL

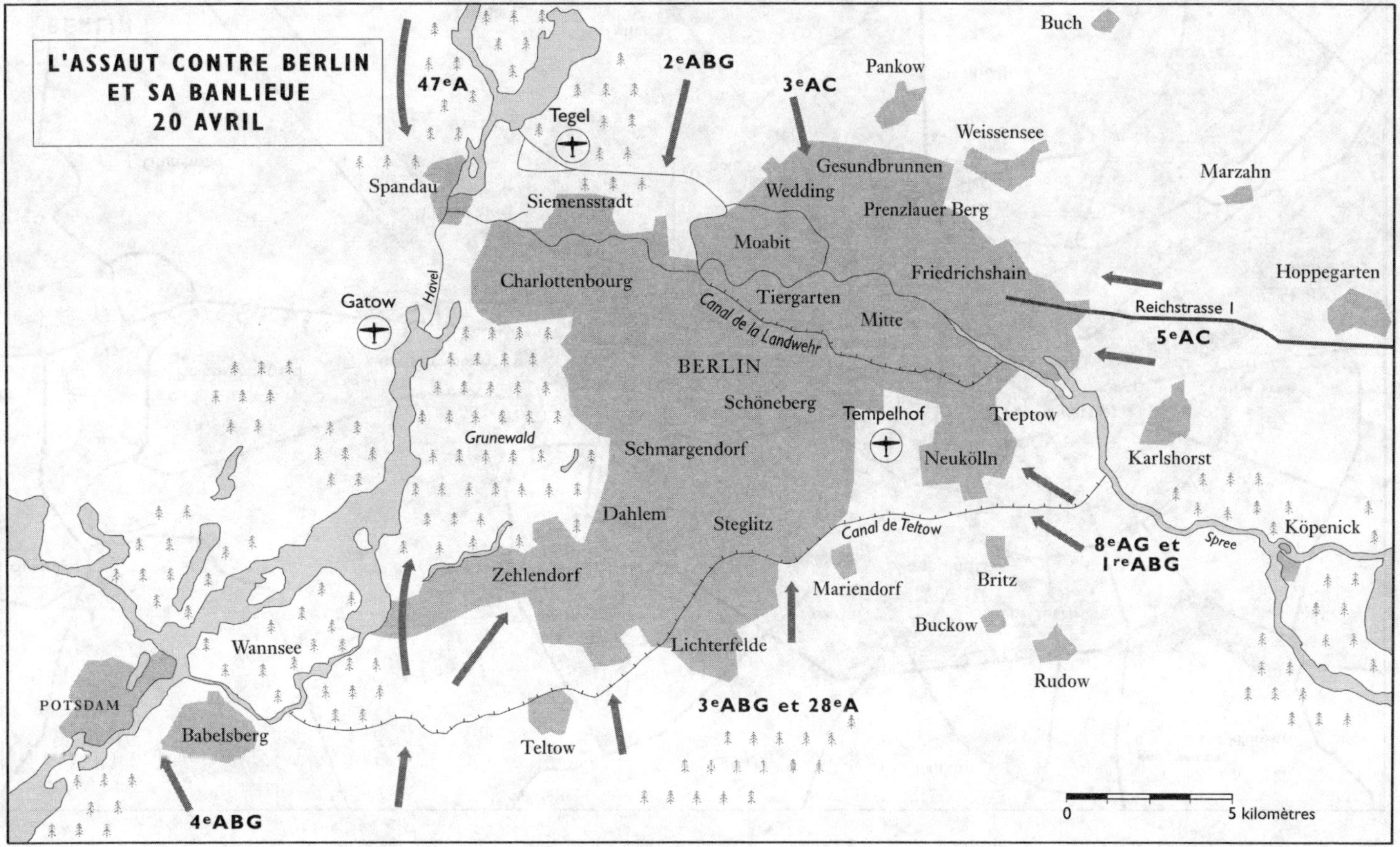
L'ASSAUT CONTRE BERLIN
ET SA BANLIEUE
20 AVRIL
47e A
2e ABG
3e AC
5e AC
8e AG et
1re ABG
3e ABG et 28e A
4e ABG
Buch
Pankow
Weissensee
Marzahn
Hoppegarten
Tegel
Spandau
Siemensstadt
Gesundbrunnen
Wedding
Prenzlauer Berg
Moabit
Friedrichshain
Charlottenbourg
Tiergarten
Mitte
Reichstrasse 1
Gatow
Havel
Canal de la Landwehr
BERLIN
Schöneberg
Tempelhof
Treptow
Grunewald
Schmargendorf
Neukölln
Karlshorst
Dahlem
Steglitz
Canal de Teltow
Spree
Köpenick
Zehlendorf
Mariendorf
Britz
Buckow
Wannsee
Lichterfelde
Rudow
POTSDAM
Babelsberg
Teltow
0
5 kilomètres

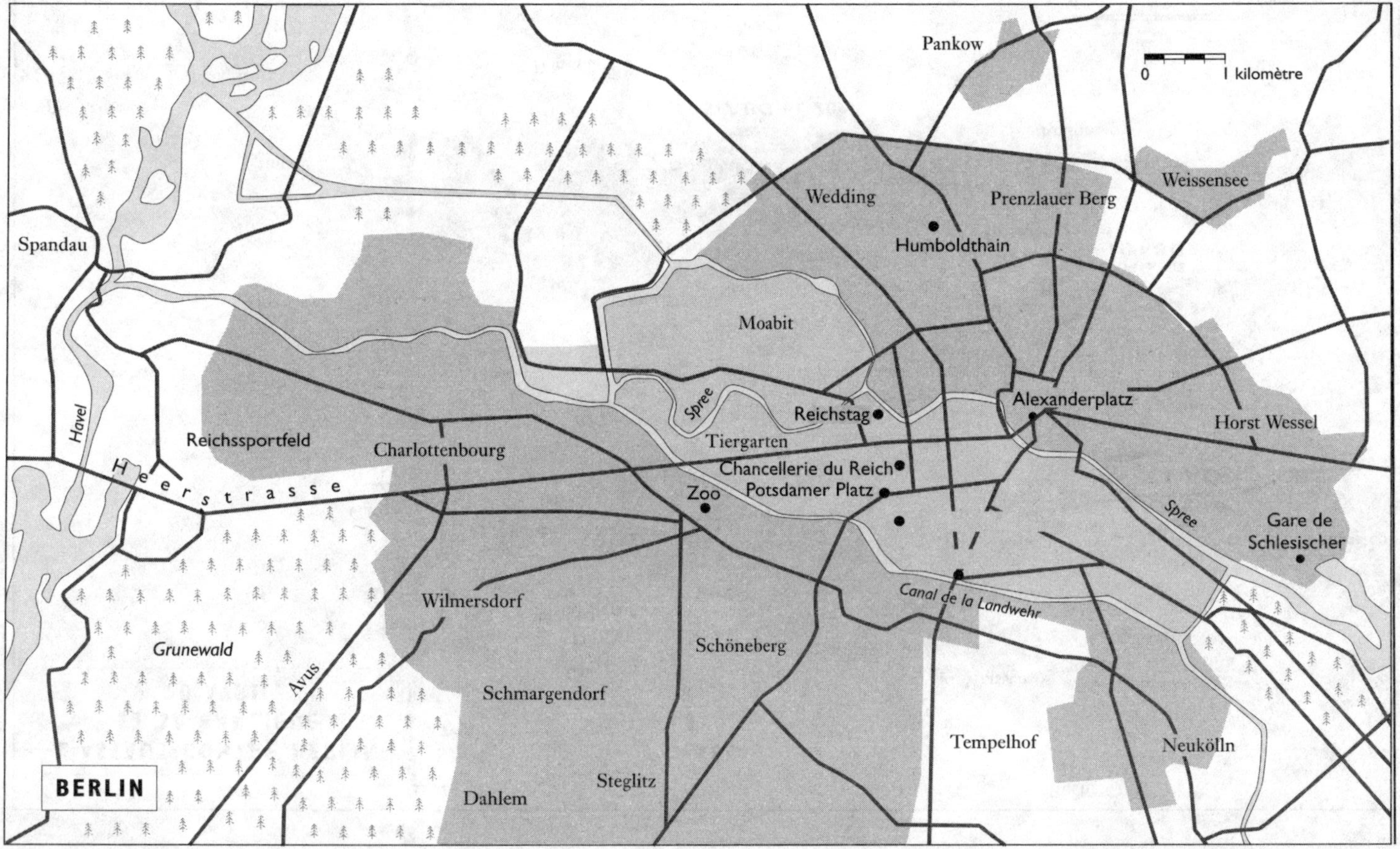
BERLIN
0
1 kilomètre
Pankow
Weissensee
Wedding
Prenzlauer Berg
Humboldthain
Spandau
Moabit
Alexanderplatz
Horst Wessel
Spree
Reichstag
Tiergarten
Havel
Reichssportfeld
Charlottenbourg
Chancellerie du Reich
Potsdamer Platz
Heerstrasse
Zoo
Spree
Gare de Schlesischer
Canal de la Landwehr
Wilmersdorf
Grunewald
Schöneberg
Avus
Schmargendorf
Tempelhof
Neukölln
Steglitz
Dahlem

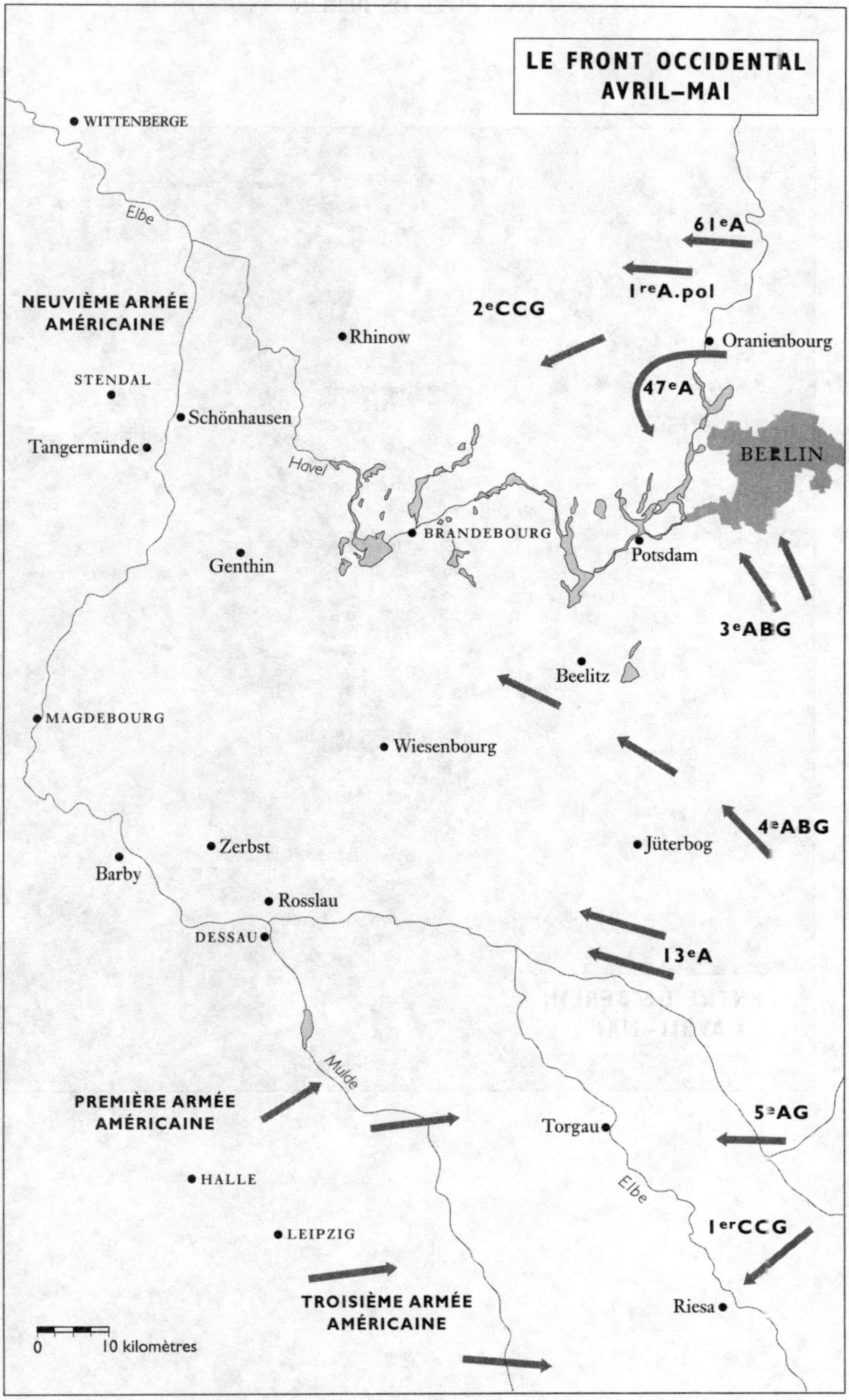
LE FRONT OCCIDENTAL
AVRIL–MAI
WITTENBERGE
Elbe
61e A
1re A.pol
2e CCG
NEUVIÈME ARMÉE AMÉRICAINE
Rhinow
Oranienbourg
47e A
STENDAL
Schönhausen
Tangermünde
Havel
BERLIN
BRANDEBOURG
Potsdam
Genthin
3e ABG
Beelitz
MAGDEBOURG
Wiesenbourg
4e ABG
Jüterbog
Zerbst
Barby
Rosslau
DESSAU
13e A
Mulde
PREMIÈRE ARMÉE AMÉRICAINE
Torgau
5e AG
Elbe
HALLE
1er CCG
LEIPZIG
Riesa
TROISIÈME ARMÉE AMÉRICAINE
0
10 kilomètres

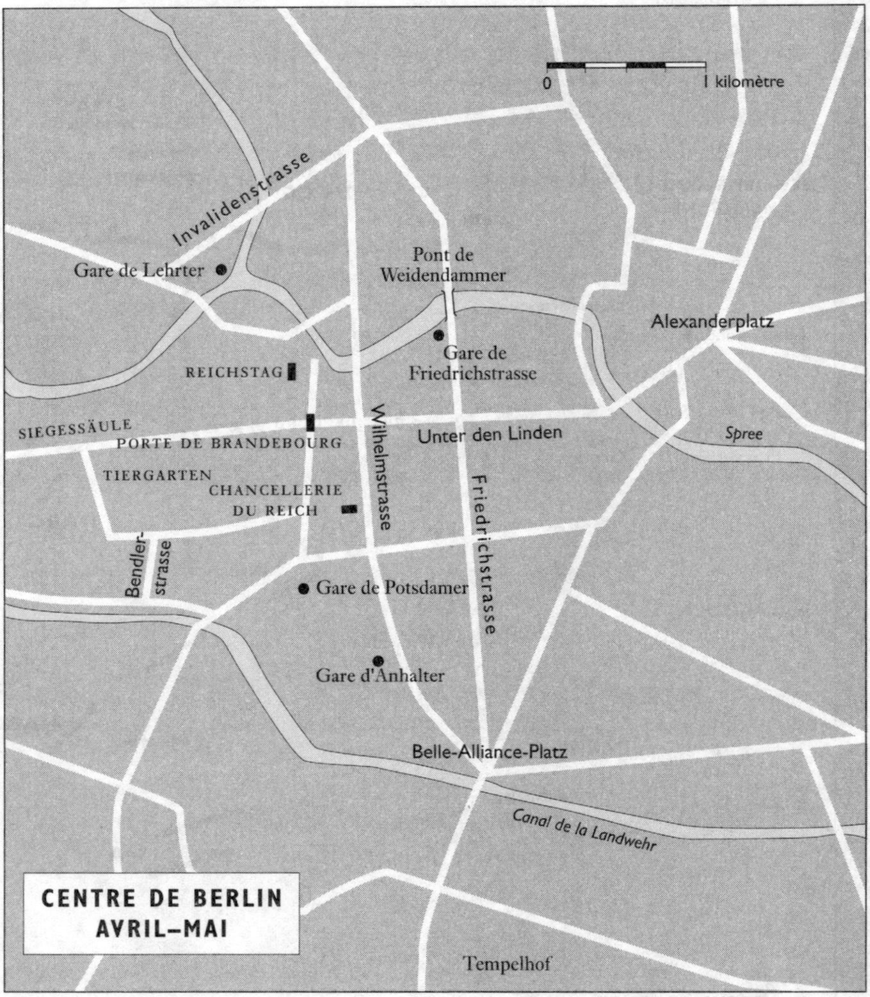
CENTRE DE BERLIN
AVRIL–MAI
0
1 kilomètre
Invalidenstrasse
Gare de Lehrter
Pont de
Weidendammer
Alexanderplatz
Gare de
Friedrichstrasse
REICHSTAG
SIEGESSÄULE
PORTE DE BRANDEBOURG
Unter den Linden
Spree
TIERGARTEN
CHANCELLERIE
DU REICH
Wilhelmstrasse
Friedrichstrasse
Bendler-
strasse
Gare de Potsdamer
Gare d'Anhalter
Belle-Alliance-Platz
Canal de la Landwehr
Tempelhof

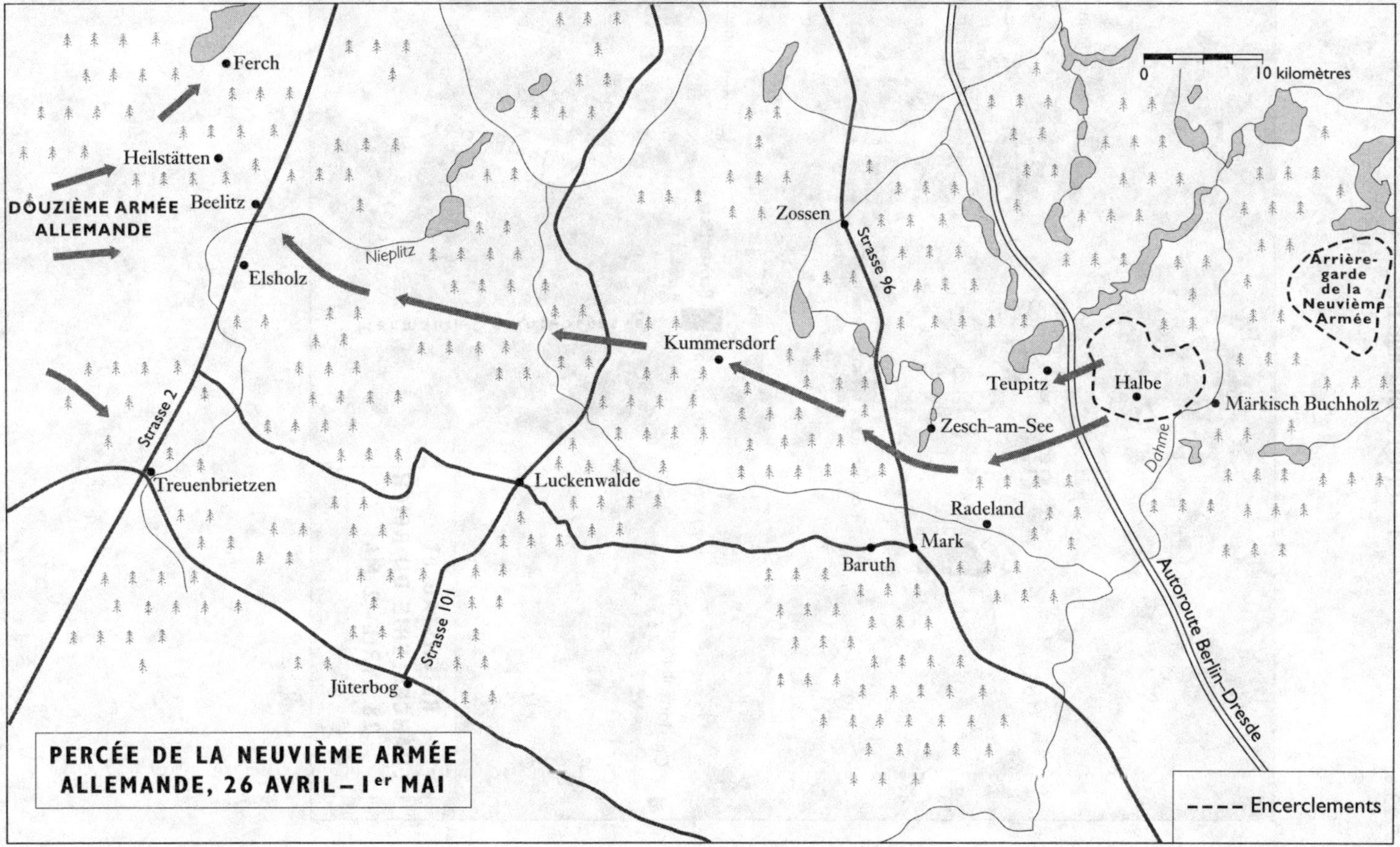

PERCÉE DE LA NEUVIÈME ARMÉE ALLEMANDE, 26 AVRIL – 1er MAI
10 kilomètres
0
Ferch
Heilstätten
Beelitz
DOUZIÈME ARMÉE ALLEMANDE
Elsholz
Nieplitz
Strasse 2
Treuenbrietzen
Luckenwalde
Strasse 101
Jüterbog
Kummersdorf
Zossen
Strasse 96
Baruth
Mark
Radeland
Zesch-am-See
Teupitz
Halbe
Märkisch Buchholz
Dahme
Arrière-garde de la Neuvième Armée
Autoroute Berlin–Dresde
Encerclements

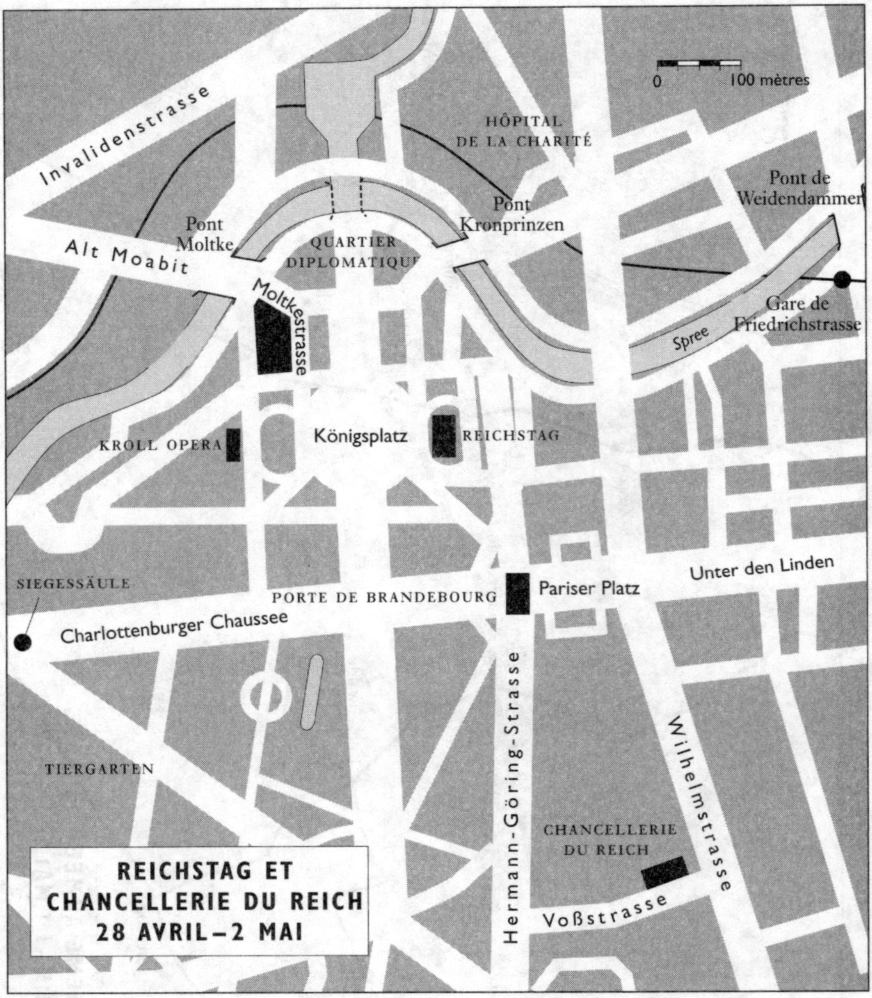
0 100 mètres
Invalidenstrasse
HÔPITAL
DE LA CHARITÉ
Pont de
Weidendammer
Pont
Kronprinzen
Pont
Moltke
Alt Moabit
QUARTIER
DIPLOMATIQUE
Moltkestrasse
Gare de
Friedrichstrasse
Spree
KROLL OPERA
Königsplatz
REICHSTAG
SIEGESSÄULE
PORTE DE BRANDEBOURG
Pariser Platz
Unter den Linden
Charlottenburger Chaussee
Hermann-Göring-Strasse
Wilhelmstrasse
TIERGARTEN
CHANCELLERIE
DU REICH
Voßstrasse
REICHSTAG ET
CHANCELLERIE DU REICH
28 AVRIL–2 MAI

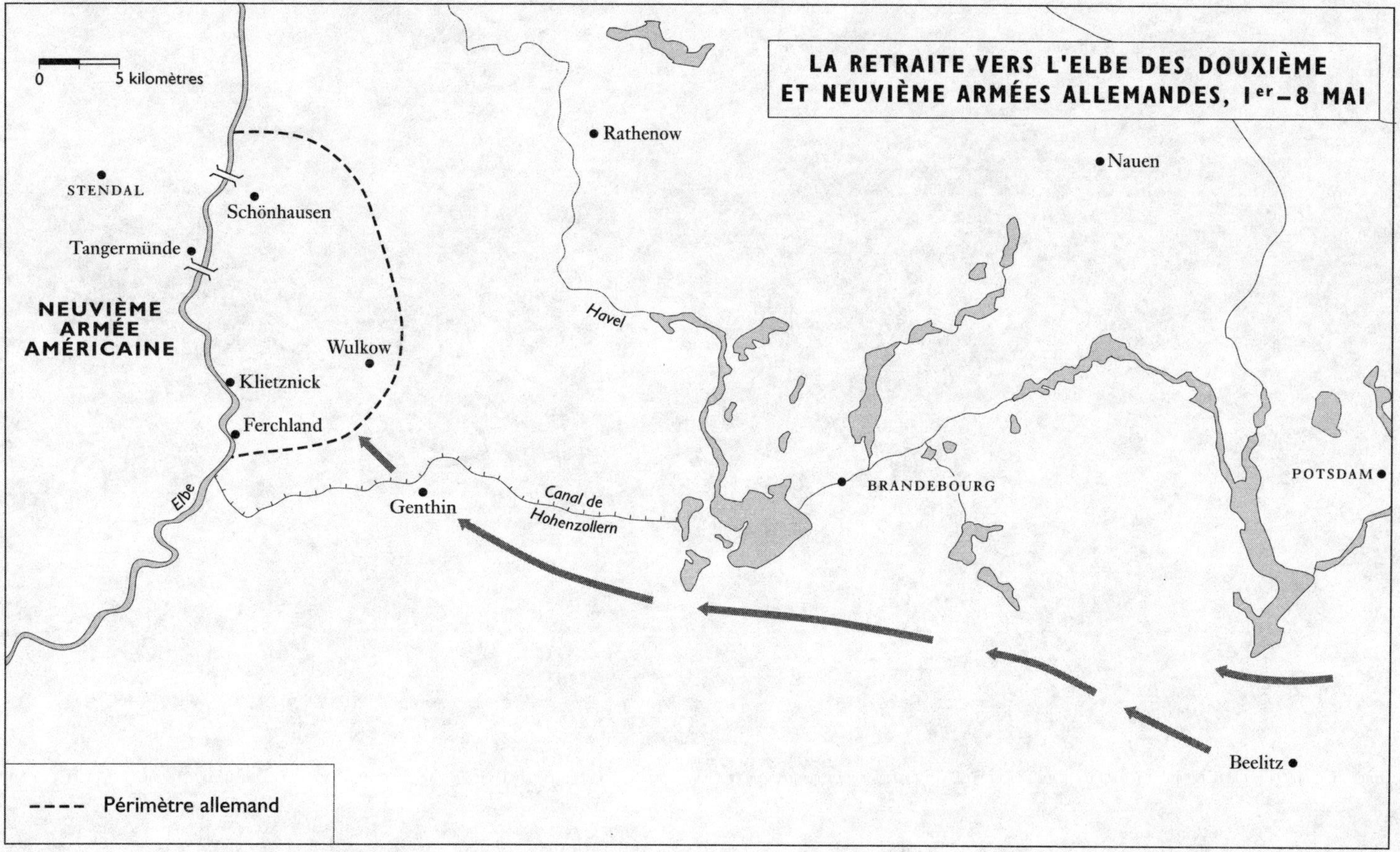

LA RETRAITE VERS L'ELBE DES DOUZIÈME
ET NEUVIÈME ARMÉES ALLEMANDES, 1er–8 MAI
0
5 kilomètres
STENDAL
Schönhausen
Tangermünde
NEUVIÈME
ARMÉE
AMÉRICAINE
Wulkow
Klietznick
Ferchland
Elbe
Genthin
Canal de
Hohenzollern
Rathenow
Havel
Nauen
BRANDEBOURG
POTSDAM
Beelitz
Périmètre allemand

PRÉFACE

« L'Histoire met toujours l'accent sur ce qui vient en dernier », déclarait amèrement Albert Speer à ses interrogateurs américains juste après la fin de la guerre [1]. Il n'admettait pas que les réalisations initiales du régime hitlérien soient rejetées dans l'ombre par son effondrement final. Mais ce que Speer, comme d'autres hautes personnalités nazies, se refusait à reconnaître c'est que peu de choses sont plus révélatrices des hommes et des systèmes politiques que les circonstances de leur chute. C'est pourquoi la défaite finale du national-socialisme constitue un sujet si fascinant et si important à une époque où de plus en plus de jeunes, surtout en Allemagne, trouvent de multiples motifs d'admiration dans le Troisième Reich [2].

Les adversaires des nazis avaient pu imaginer pour la première fois, un peu plus de deux ans auparavant, l'aspect que prendrait leur vengeance. Le 1er février 1943, dans les ruines de Stalingrad, un colonel soviétique ivre de rage avait interpellé un groupe de prisonniers allemands émaciés en clamant : « C'est à cela que va ressembler Berlin ! » Il désignait en même temps les décombres qui l'entouraient. Au moment où j'ai lu ces mots, il y a quelque six ans, j'ai senti ce que devait être mon ouvrage suivant. Parmi les graffiti subsistant sur les murs du Reichstag, à Berlin, on peut encore voir les inscriptions tracées par des soldats russes liant les deux noms dans l'exultation que leur procuraient leur revanche et le fait d'avoir ramené leurs envahisseurs du point extrême de leur avance vers l'est jusqu'au cœur même du Reich.

Hitler, lui aussi, demeurait obsédé par cet échec décisif. En novembre 1944, alors que l'Armée rouge se pressait aux frontières orientales du Reich, il revint sur le sujet de Stalingrad. Tous les revers allemands, affirma-t-il au cours d'une importante allocution, avaient commencé « avec la percée des armées russes sur le front roumain du Don en novembre 1942 ». Il rejetait ainsi la faute sur des alliés impuissants, sous-équipés et ignorés, installés sur des positions vulnérables de part et d'autre de Stalingrad, et non sur son refus obstiné, obsessif, de tenir compte des signes annonciateurs du danger. Hitler n'avait rien appris et rien oublié. Ce même discours montrait avec une terrible clarté la fausse logique dans laquelle le peuple allemand s'était laissé emprisonner. Quand le texte du discours fut publié, il fut intitulé « Capitulation veut dire annihilation ». Hitler y affirmait en effet que si les bolcheviks l'emportaient, le peuple allemand ne connaîtrait que destructions, viols et esclavage, avec « d'immenses colonnes d'hommes cheminant péniblement vers la toundra sibérienne »[3].

Hitler se refusait véhémentement à accepter la logique de ses propres actes, et le peuple allemand se retrouva ainsi prisonnier d'une terrible confusion entre causes et effets. Au lieu d'éliminer le bolchevisme, comme il avait prétendu le faire, Hitler l'avait amené au cœur même de l'Europe. Son invasion de la Russie, abominablement brutale et cruelle, avait été accomplie par une génération de jeunes Allemands politiquement conditionnés par une habile propagande à double effet. Elle n'aboutissait pas simplement à déshumaniser les juifs, les bolcheviks et les Slaves dans leur ensemble ; elle amenait aussi le peuple allemand à les redouter et à les haïr. Hitler avait réussi à enchaîner la nation allemande à lui dans la perpétration de ces crimes à gigantesque échelle. Les Allemands comprirent trop tard que la menaçante violence de l'Armée rouge était la résultante, en même temps que l'accomplissement, des prophéties de leur chef.

Staline, bien que prompt à recourir aux symboles lorsque cela lui convenait, était beaucoup plus calculateur. Pour lui, la prise de la capitale du Reich représentait effectivement, comme il devait le déclarer, « le point culminant de toutes les opérations de notre armée dans cette guerre », mais il avait d'autres intérêts vitaux en vue et donc d'autres idées en tête. La moindre de celles-ci n'était pas le projet, formulé sous l'égide de Lavrenti Beria, ministre de la Sécurité d'État, de dépouiller les établissements scientifiques de Berlin de tout leur matériel de physique nucléaire et de toutes leurs réserves d'uranium avant l'arrivée des Américains et des Britanniques. Les travaux du projet « Manhattan » poursuivis à Los Alamos étaient déjà bien connus du Kremlin grâce à la diligence du docteur Klaus Fuchs, l'espion communiste. La science soviétique était très en retard en ce domaine, et Staline et Beria étaient convaincus que s'ils parvenaient à s'emparer des laboratoires et des savants allemands à Berlin avant que les Alliés occidentaux y arrivent, ils pourraient eux aussi, comme les Américains, produire une bombe atomique.

L'ampleur du drame humain ayant marqué la phase terminale de la guerre dépasse l'imagination de qui ne l'a pas vécu, et particulièrement celle des personnes ayant grandi dans la société démilitarisée de la période ayant suivi la Guerre froide. Et pourtant cette épreuve subie par des millions de gens porte encore pour nous beaucoup d'enseignements. L'un des plus importants est qu'on doit se méfier à l'extrême de toute généralisation. Les paroxysmes de la souffrance et même de la dégradation humaines font apparaître ce qu'il y a de meilleur en même temps que ce qu'il y a de pire dans la nature humaine. Le comportement humain reflète dans une large mesure la totale imprévisibilité de la vie ou de la mort. Bien des soldats soviétiques, surtout dans les unités de première ligne, à la différence de celles qui ont suivi, ont montré une grande compassion envers les civils allemands. Dans un monde de cruauté et d'horreur, où toute idée d'humanité a été presque détruite par l'idéologie, il suffit de quelques gestes, souvent inattendus, pour apporter une petite lueur dans ce qui serait, autrement, une histoire presque impossible à supporter.

Ce livre n'aurait pu être réalisé sans l'aide de nombreuses personnes. Je suis avant tout profondément reconnaissant envers les directeurs et le personnel de multiples services d'archives et de documentation : le colonel Chouvachine et le personnel du TsAMO (Service d'Archives Centrales du Ministère de la Défense) à Podolsk, le Dr Natalia Borisovna Volkova et ses collaborateurs du RGALI (Service d'Archives de l'État russe pour la Littérature et les Arts), qui m'ont, entre autres, permis la citation des textes de Zakhar Agranenko, Ilya Ehrenbourg, Vassili Grossman et Konstantin Simonov, le Dr Vladimir Kouzelenkov et le Dr Vladimir Korotaïev du RGVA (Service d'Archives Militaires de l'État russe), le professeur Kyrill Mikhaïlovitch Andersen et le Dr Oleg Vladimirovitch Naumov du RGASPI (Service des Archives de l'État russe pour l'Histoire socio-politique), le Dr Manfred Kehrig, directeur des Bundesarchiv-Militärarchiv, Freibourg, et Frau Weibl, le Dr Rolf-Dieter Müller et le Hauptmann Luckszat de la MGFA de Potsdam, le professeur-docteur Eckhart Henning des Archiv zur Geschichte der Max-Planck-Gesellschaft, le Dr Wulf-Ekkehard Lucke, des Landesarchiv de Berlin, Frau Irina Renz de la Bibliothek für Zeitgeschichte de Stuttgart, le Dr Lars Erison et Per Clason de la Krigsarkivet de Stockholm, John E. Taylor, Wilbert

Mahoney et Robin Cookson aux National Archives II, College Park, Maryland, le Dr Jeffrey Clarke de l'United States Army Center of Military History.

Bengt von zur Mühlen, le fondateur de Chronos-Film, m'a donné accès de façon particulièrement généreuse aux métrages d'archives et aux interviews enregistrées des participants. Je suis également très reconnaissant de leur aide à Gerald Ramm et à Dietmar Arnold du Berliner Unterwelten.

J'éprouve une profonde et sincère gratitude à l'égard de tous ceux qui m'ont tant aidé durant mes voyages par leurs conseils, leur hospitalité et les contacts qu'ils m'ont procurés ; en Russie, le Dr Galia et le Dr Liouba Vinogradova, le professeur Anatoly Alexandrovitch Tchernobaïev, Simon Smith et Sian Stickings ; en Allemagne, William Durie, le Staatssekretar Karl-Günther et Frau von Hase, Andrew et Sally Gimson ; aux États-Unis, Susan Mary Alsop, le Major General et Mrs Charles Vyvyan, Bruce Lee, Mr et Mrs Charles von Luttichau, Martin Blumenson.

Travailler en collaboration avec l'équipe du programme « Timewatch » de la BBC m'a procuré un grand plaisir et m'a été, en même temps, extrêmement utile pour la réalisation de ce livre. Je suis profondément reconnaissant à Laurence Rees, dont ce fut l'idée, au Dr Tillman Remme, avec lequel j'ai passé des moments aussi agréables qu'ils étaient instructifs, et à Detlef Siebert, qui m'a tant aidé initialement. Parmi ceux qui m'ont également prêté une précieuse assistance figurent : Anne Applebaum, Christopher Arkell, Claudia Bismarck, Leopold Graf von Bismarck, Sir Rodric Braithwaite, le professeur Christopher Dandeker, le Dr Engel du Service d'archives de la Freien Universität, le professeur John Erickson, Wolf Gebhardt, Jon Halliday, Nina Lobanov-Rostovsky, le Dr Catherine Merridale, le professeur Oleg Alexandrovitch Rjechevsky, le professeur Moshe Schein du New York Methodist Hospital, Karl Schwarz, Simon Sebag-Montefiore, le Dr Galya Vinogradova et Ian Weston-Smith. Tony Le Tissier m'a fort généreusement éclairé de ses observations détaillées.

Ce livre n'aurait jamais pu être présenté dans sa forme actuelle sans l'aide merveilleuse que j'ai reçue du Dr Liouba Vinogradova en Russie et d'Angelica von Hase en Allemagne. Cela a été un privilège et un plaisir que de travailler avec elles. Je suis également très reconnaissant à Sarah Jackson de tout son travail de recherche photographique, à Bettina von Hase des recherches complémentaires qu'elle a effectuées en Allemagne et à David List en Angleterre. Charlotte Salford m'a très aimablement traduit les documents des Krigsarchivet de Stockholm.

Je ne saurais assez remercier Mark Le Fanu et la Société des Auteurs pour avoir récupéré les sites « antonybeevor.com », « antonybeevor.org » et « antonybeevor.net » piratés par un « cybersquatter ». Ils peuvent maintenant être utilisés pour mettre à la disposition du public des matériaux qui ne pouvaient, faute de place, figurer dans le livre.

J'ai, comme toujours, une énorme dette de reconnaissance envers mon agent, Andrew Nurnberg, et Eleo Gordon, responsable d'édition à Penguin, qui ont poussé dans la bonne voie un auteur quelque peu réticent à l'origine. Une fois de plus, ma femme, partenaire en écriture et première lectrice, Artemis Cooper, a dû supporter de constantes absences et bien des charges supplémentaires. Je lui en serai éternellement reconnaissant.

GLOSSAIRE

BdM : *Bund der deutscher Mädel*, Ligue des Filles allemandes, équivalent féminin de la Jeunesse Hitlérienne.

Fritz : surnom donné par les Russes – comme, d'ailleurs, par les Français – aux Allemands.

Frontovik(i) : soldat(s) de l'Armée rouge ayant l'expérience du combat.

Ivan : le soldat russe de base. Terme utilisé par les Russes aussi bien que par les Allemands.

Landser : soldat allemand ayant l'expérience du combat. Équivalent du *frontovik* de l'Armée rouge.

NKVD : police secrète soviétique sous le contrôle de Lavrenti Beria. Des unités militaires du NKVD – des divisions spéciales d'infanterie composées principalement de régiments de garde-frontières – étaient attachées à chaque commandement de front. Les responsables du NKVD et du SMERSH dépendaient directement de Beria et de Staline et non de la hiérarchie militaire normale.

OKH : *Oberkommando des Heeres*, en théorie, l'état-major suprême de l'Armée allemande. Toutefois, dans les derniers stades de la guerre, son rôle le plus important était devenu le commandement opérationnel du front de l'Est.

OKW : *Oberkommando der Wehrmacht*, le commandement suprême de toutes les forces armées allemandes, Armée de terre, Luftwaffe et Kriegsmarine, contrôlé directement par Hitler à travers le maréchal Keitel et le général Jodl. Il supervisait les opérations sur tous les fronts, sauf celui de l'Est.

S-Bahn : chemin de fer urbain, généralement de surface mais parfois souterrain.

7e Service : service attaché à chaque état-major d'armée ou de front soviétique et dont la tâche principale était la démoralisation de l'ennemi. Il comprenait des communistes allemands travaillant sous les ordres d'officiers soviétiques et de nombreux prisonniers de guerre, également allemands, ayant reçu un enseignement « antifasciste » dans des camps d'URSS. Ce service disposait de camions à haut-parleurs, de tracts et d'affiches, s'entretenait avec les prisonniers à des fins de propagande et de « retournement » et renvoyait des déserteurs dans les lignes allemandes pour tenter de persuader d'autres soldats de la Wehrmacht de se rendre. Ses membres avaient été surnommés par les Allemands les « troupes de Seydlitz », par allusion au général von Seydlitz-Kurzbach, qui s'était rendu à Stalingrad et avait ensuite contribué à fonder un « Comité national pour une Allemagne libre » entièrement contrôlé par le NKVD.

Shtraf : compagnie ou bataillon soviétique formé à l'imitation des unités disciplinaires allemandes (*Straf*). Des officiers dégradés, des déserteurs et des insoumis y étaient envoyés pour, en principe, y avoir une chance de « racheter leurs fautes avec leur sang ». Ils étaient utilisés pour des besognes presque suicidaires, telles que l'ouverture des champs de mines. Ces unités avaient toujours une escorte prête à tirer sur quiconque n'exécutait pas un ordre.

SMERSH : contraction de *smert shpionam* (mort aux espions), nom qui aurait été choisi par Staline lui-même pour désigner le service de contre-espionnage du NKVD attaché aux formations de l'Armée rouge. Jusqu'en avril 1943, moment où Abakoumov en prit le commandement, ce service était simplement connu comme le « département spécial » du NKVD.

Stavka : le commandement suprême des forces armées soviétiques, placé sous le contrôle direct de Staline. Son chef d'état-major en 1945 était le général Antonov.

U-Bahn : métro de Berlin.

Verkhovnyi : le commandant en chef. Terme que les maréchaux soviétiques utilisaient pour désigner Staline.

ORGANISATION MILITAIRE

Groupe d'Armées et Front. Un « groupe d'armées » allemand et un « front » soviétique représentaient l'un et l'autre le rassemblement de plusieurs armées sous les ordres d'un commandant en chef unique. Selon les circonstances, les effectifs de ces grandes formations pouvaient varier de façon considérable – allant de 250 000 à un million d'hommes.

Armée. Chaque armée allemande, dont les effectifs peuvent aller de 40 000 à plus de 100 000 hommes, est mentionnée dans le texte avec sa désignation en toutes lettres : Neuvième Armée ou Troisième Armée blindée, par exemple. Les armées soviétiques, généralement plus réduites, sont mentionnées en chiffres : 47e Armée ou 2e Armée blindée de la Garde. Les armées se composaient généralement de deux ou trois corps d'armée. Une armée blindée soviétique disposait en théorie de 620 chars et 188 canons d'assaut autopropulsés.

Corps d'armée. Un corps d'armée comprenait plusieurs divisions, entre deux et quatre habituellement. Un corps d'armée blindé soviétique, toutefois, se composait de trois brigades blindées de 65 chars chacune et se rapprochait plus d'une division blindée allemande au plein de ses effectifs et de son matériel.

Division. Les divisions avaient une importance très variable. Une division d'infanterie soviétique aurait dû, en principe, compter 11 780 hommes, mais la plupart disposaient seulement de 3 000 à 7 000 hommes. En 1945, les divisions d'infanterie allemandes avaient souvent des effectifs encore plus réduits.

Brigade. Cette formation, se situant entre le régiment et la division, était plus courante dans les armées américaine, britannique et française que dans la Wehrmacht et l'Armée rouge, où l'on avait deux ou trois régiments par division. Dans l'Armée rouge, toutefois, un corps d'armée blindé se composait de trois brigades de chars.

Régiment. Le régiment comprenait au moins deux ou trois bataillons, d'un effectif pouvant aller jusqu'à 700 hommes mais souvent plus faible.

Bataillon. Chaque bataillon d'infanterie comprenait au moins trois compagnies de fusiliers – chacune forte, théoriquement, d'environ 80 hommes – et des compagnies d'appui – mitrailleuses, mortiers ou canons antichars – et de service.

ÉQUIVALENCES DE GRADES

Armée française	*Wehrmacht*	*Waffen SS*
Soldat de 2e classe	Grenadier	SS Mann
Caporal	Gefreiter	Sturmmann
Caporal-chef	Obergefreiter	Rottenführer
Sergent	Unterfeldwebel	Unterscharführer
Sergent-chef	Feldwebel	Scharführer
Adjudant	Kompanie Feldwebel	Oberscharführer
Adjudant-chef	Oberfelwebel	Hauptscharführer
Sous-lieutenant	Leutnant	Untersturmführer
Lieutenant	Oberleutnant	Obersturmführer
Capitaine	Hauptmann	Hauptsturmführer
Commandant	Major	Sturmbannführer
Lieutenant-colonel	Oberstleutnant	Obersturmbann-führer
Colonel	Oberst	Standartenführer
Général de brigade	Generalmajor	Brigadeführer
Général de division	Generalleutnant	Gruppenführer
Général de corps d'armée	General der Infanterie etc.	Obergruppenführer
Général d'armée	Generaloberst	Oberstgruppenführer
Maréchal *	General Feldmarschall	Reichsführer SS **

* Ce qui, dans l'Armée française, n'est pas un grade mais une distinction.

** Titre qui ne fut attribué qu'à Heinrich Himmler.

1

BERLIN DEVANT LA NOUVELLE ANNÉE

Amaigris par la modicité de leurs rations alimentaires et la tension nerveuse, les Berlinois avaient peu de motifs de réjouissance en ce Noël 1944. Une bonne partie de la capitale du Reich avait été réduite à l'état de décombres par les bombardements aériens. L'humour noir traditionnellement propre à Berlin avait carrément tourné au macabre. La grande plaisanterie à l'ordre du jour à l'occasion de cette sombre période de fêtes était : « Faites un cadeau utile : offrez un cercueil. »

L'humeur avait commencé à changer exactement deux ans auparavant. Juste avant Noël 1942, le bruit s'était mis à circuler que la Sixième Armée du général Paulus avait été encerclée par l'Armée rouge sur la Volga. Les dirigeants nazis trouvaient difficile d'avoir à reconnaître que la plus importante formation de toute la Wehrmacht était vouée à l'annihilation dans les ruines de Stalingrad et dans la steppe glacée entourant la ville. Afin de préparer le pays à ces mauvaises nouvelles, Joseph Goebbels, le Reichsminister de la Propagande et de l'Information, avait annoncé un « Noël allemand », ce qui, selon la terminologie national-socialiste, voulait dire un Noël d'austérité et de rigueur idéologique, sans bougies ni guirlandes. Et, en 1944, la traditionnelle oie rôtie des Noëls d'antan n'était déjà plus qu'un lointain souvenir.

Dans les rues où les façades des maisons s'étaient effondrées, on pouvait encore voir les tableaux aux murs de ce qui avait été un salon ou une chambre à coucher. L'actrice Hildegard Knef était fascinée par un piano demeurant à l'air libre sur les restes d'un plancher. Personne ne pouvait y avoir accès, et elle se demandait combien de temps il lui faudrait pour s'effondrer à son tour et s'en aller rejoindre les gravats accumulés au-dessous de lui. Sur les pans de mur, des familles avaient griffonné des messages indiquant à un fils ou à un frère retour du front où les retrouver. Des affiches du Parti national-socialiste lançaient cet avertissement : *« Plünderer werden mit dem Tode bestraft »* – « Les pillards seront punis de mort ».

Les raids aériens, exécutés par les Britanniques la nuit et les Américains le jour, étaient devenus si fréquents que les Berlinois avaient l'impression de passer plus de temps dans les caves et autres abris antiaériens que dans leurs lits. Le manque de sommeil concourait à un curieux mélange d'hystérie contenue et de fatalisme. Beaucoup moins de gens se souciaient d'être dénoncés à la Gestapo pour défaitisme, ainsi qu'en témoignait le nombre des amères plaisanteries qui circulaient. On disait, ainsi, que les initiales LSR – pour *Luftschutzraum* ou abri antiaérien – que l'on voyait affichées un peu partout voulaient dire en réalité *« Lernt schnell Russisch »* – « Apprenez vite le russe ». La plupart des Berlinois avaient totalement renoncé au *« Heil Hitler ! »*, salutation de rigueur auparavant. Quand Lothar Loewe, un membre des Jeunesses Hitlériennes qui avait été absent de Berlin un certain temps, l'utilisa en entrant dans un magasin, tous les clients se retournèrent pour le regarder avec stupeur. Ce fut la dernière fois qu'il usa de cette formule hors de ses heures de service. Il ne tarda pas à constater que l'interpellation la plus courante était devenue *« Bleib übrig ! »* – « Reste en vie ! »

La ville baignait dans un climat étrange, avec des images grotesques et parfois presque surréalistes. Le plus grand abri antiaérien de Berlin était le « bunker » du Zoo, une vaste forteresse en béton armé avec des batteries de DCA sur le toit et, au-dessous, d'immenses refuges dans lesquels des foules de Berlinois venaient s'entasser lorsque les sirènes d'alerte retentissaient. Dans son journal, Ursula von Kardorff décrivait l'endroit comme « un décor pour la scène de *Fidelio* dans la prison ». Cependant, des couples d'amoureux s'enlaçaient sur les marches bétonnées des escaliers à vis comme dans « une parodie de bal masqué ».

Ce climat crépusculaire de fin du monde imminente envahissait en effet les existences individuelles tout comme celle de la nation. Les gens dépensaient leur argent sans plus compter, devinant à demi qu'il serait sous peu sans valeur. On parlait de jeunes filles et de jeunes femmes s'accouplant à des étrangers dans les coins sombres du Tiergarten et de sa station de métro. Cette renonciation à l'innocence allait devenir de plus en plus effrénée à l'approche de l'Armée rouge.

Les abris antiaériens eux-mêmes, avec leurs lumières bleues, donnaient un avant-goût de l'impitoyable univers clos dans lequel allait vivre une partie de la ville lorsque, engoncés dans leurs vêtements les plus chauds et portant de petites boîtes en carton contenant sandwiches et thermos, les Berlinois s'y pressaient. En théorie, les abris étaient équipés pour faire face à tous les besoins essentiels. Il y avait, par exemple, un *Sanitätsraum* avec une infirmière pour accueillir les femmes sur le point d'accoucher. Ces accouchements semblaient être accélérés par les vibrations que provoquaient les explosions de bombes. Les plafonds étaient revêtus d'une peinture lumineuse, en prévision des nombreuses fois où les lumières se mettaient à clignoter, à vaciller, puis s'éteignaient. L'approvisionnement en eau cessa du jour où les conduites furent atteintes, et les toilettes devinrent vite repoussantes, un véritable drame pour une nation aussi préoccupée d'hygiène. Souvent, aussi, elles furent fermées sur ordre des autorités car il y avait de nombreux cas de personnes atteintes de dépression s'enfermant dans les cabinets et s'y suicidant.

Pour une population d'au moins trois millions d'habitants, Berlin n'avait pas assez d'abris. Aussi ceux-ci étaient-ils généralement surpeuplés. L'air y était donc vicié, et la condensation n'arrangeait rien. La suite d'abris installée sous la station de métro de Gesundbrunnen avait été conçue pour accueillir 1 500 personnes, mais trois fois plus s'y entassaient régulièrement. On utilisait des bougies pour mesurer la baisse des réserves d'oxygène. Quand une bougie placée sur le sol s'éteignait, on hissait les enfants sur les épaules. Quand une bougie posée sur une chaise s'éteignait, on commençait à évacuer les abris de l'étage où cela s'était produit. Et si une troisième bougie installée à un mètre cinquante de hauteur expirait à son tour, on vidait le bunker tout entier, quelle que soit l'intensité du bombardement en cours.

Les quelque trois cent mille travailleurs étrangers de Berlin, identifiables dans le cas de certains pays par une lettre peinte sur leurs vêtements et indiquant leur pays d'origine, se voyaient tout simplement interdire l'accès des abris. Cette mesure s'inscrivait, certes, dans le cadre de la politique nazie visant à préserver l'intégrité de la race allemande en empêchant toute « fraternisation » trop poussée, mais, en l'occurrence, elle était surtout destinée à sauver le plus possible de vies allemandes.

On considérait comme pouvant être sacrifié sans hésitation un travailleur forcé, surtout s'il était un *Ostarbeiter*, venu des pays de l'Est, généralement d'Ukraine ou de Biélorussie. Cependant, de nombreux travailleurs étrangers, qu'ils soient requis ou volontaires, jouissaient d'une beaucoup plus grande liberté que les malheureux confinés dans les camps. Ainsi, ceux qui travaillaient dans les usines d'armement réparties autour de la capitale avaient créé leurs propres abris, sous la station de la Friedrichstrasse, par exemple, où ils éditaient même des bulletins d'information et organisaient des manifestations théâtrales. Leur moral s'élevait, de toute évidence, avec l'avance de l'Armée rouge, à mesure que celui du reste de la population baissait. La plupart des Allemands considéraient avec colère et inquiétude ces travailleurs étrangers. Ils voyaient en eux une sorte de Cinquième Colonne, prête à passer à l'attaque dès que les armées ennemies approcheraient de la ville.

Les Berlinois souffraient d'une peur atavique et viscérale de l'envahisseur slave venu de l'est. Et cette peur engendrait facilement la haine. De plus, à mesure que l'Armée rouge approchait, la machine de propagande de Goebbels revenait de plus en plus sur les atrocités commises à Nemmersdorf, un village de Prusse-Orientale envahi à l'automne précédent par des troupes soviétiques qui y avaient accumulé les viols et les meurtres.

Certaines personnes, cependant, avaient des raisons très personnelles de refuser de descendre aux abris lors d'un bombardement. Un homme marié qui rendait régulièrement visite à sa maîtresse dans le quartier de Prenzlauerberg estimait ne pas pouvoir se rendre dans la cave servant d'abri commun à l'immeuble, car sa présence aurait éveillé des soupçons. Mais, un soir, la maison fut frappée de plein fouet par une bombe, et le malheureux époux adultère se retrouva enterré jusqu'au cou dans les gravats. Après la fin du raid, un garçon de quatorze ans nommé Erich Schmidtke et un travailleur tchèque, dont la présence illicite dans la cave avait été tolérée, entendirent les hurlements de douleur du pauvre homme et se précipitèrent. Lorsque l'infidèle eut été dégagé et transporté à l'hôpital, le jeune Erich dut aller avertir sa femme que son époux avait été grièvement blessé dans l'appartement d'une autre dame. La femme éclata alors en imprécations, visiblement plus affectée par la liaison de son mari que par ses blessures.

Le général Günther Blumentritt était convaincu, comme beaucoup de hautes personnalités du régime, que les bombardements faisaient naître en Allemagne une véritable *Volksgenossenschaft* – une « camaraderie patriotique ». Cela avait peut-être été vrai en 1942 et 1943, mais, à la fin de 1944, ils tendaient tout simplement à diviser l'opinion entre les « durs » et ceux qui étaient las de la guerre. Berlin avait été la ville qui avait compté au départ le plus grand nombre d'opposants au régime nazi, comme l'indiquent les résultats des élections d'avant 1933. Toutefois, si l'on excepte une toute petite minorité courageuse, les manifestations de cette opposition s'étaient limitées à des plaisanteries et à des ronchonnements assez discrets. La majorité de la population avait été véritablement horrifiée par l'attentat contre Hitler, le 20 juillet 1944. Et, comme les frontières du Reich devenaient menacées à la fois à l'ouest et à l'est, elle tendait à accepter de plus en plus volontiers la campagne d'intoxication de Goebbels lui affirmant que le Führer allait mettre en œuvre contre l'ennemi de nouvelles « armes-miracles », tel Jupiter tonnant.

Une lettre écrite par une femme à son mari, prisonnier de guerre en France, est révélatrice de cet état d'esprit et de cette foi en la propagande du régime :

« J'ai une telle foi en notre destin que rien ne peut ébranler une confiance née de notre longue histoire, de notre glorieux passé, comme le dit le Dr Goebbels. Il est impossible qu'il en soit autrement. Nous sommes peut-être très bas en ce moment, mais nous avons des hommes dont la présence est décisive. Le pays tout entier est prêt à se mettre en marche, les armes à la main. Nous avons des armes secrètes qui seront utilisées au moment voulu, et nous avons, avant tout, un Führer que nous pouvons suivre les yeux fermés. Ne te laisse pas aller à te considérer comme vaincu. Tu ne le dois à aucun prix »[1].

L'offensive des Ardennes, lancée le 16 décembre 1944, vint regonfler le moral des loyalistes hitlériens. La situation était enfin retournée. La croyance en le Führer et en ses *Wunderwaffen*, comme le V-2, aveuglait les fidèles et les empêchait d'appréhender la réalité à plus vaste échelle. Ils pensaient qu'ils pouvaient tenir le monde à leur merci et tirer vengeance de tout ce qu'avait subi l'Allemagne. Le bruit se répandit que la Première Armée américaine avait été complètement encerclée et faite prisonnière grâce à un gaz anesthésique. On se répétait avec une joie sauvage que Paris était sur le point d'être repris. Beaucoup regrettaient que Paris ait pu échapper à la destruction alors que Berlin était en ruines. Ils exultaient à l'idée qu'on mette bon ordre à cette erreur de l'Histoire.

Le haut commandement de l'Armée allemande ne partageait pas cet enthousiasme devant l'offensive à l'ouest. Les officiers de l'état-major général craignaient que le coup porté aux Américains dans les Ardennes n'aboutît qu'à affaiblir le dispositif allemand sur le front de l'Est au moment décisif. Le plan était, en tout cas, beaucoup trop ambitieux. Le fer de lance de l'opération était constitué par la Sixième Armée blindée SS de l'Oberstgruppenführer Sepp Dietrich et la Cinquième Armée blindée du général Hasso von Manteuffel. Cependant, le manque de carburant rendait extrêmement improbable la percée prévue jusqu'à Anvers, la principale base de ravitaillement alliée.

Hitler était obsédé par l'idée de renverser la situation militaire et de forcer Roosevelt et Churchill à négocier. Il avait catégoriquement rejeté toute suggestion d'ouverture en direction de l'Union soviétique, en partie pour la raison tout à fait valable que Staline ne visait qu'à la destruction de l'Allemagne nazie, mais en partie, aussi, par vanité personnelle. Il ne voulait pas apparaître comme recherchant la paix alors que l'Allemagne était en train de perdre. Une victoire dans les Ardennes était donc essentielle à tous les égards. Mais la résistance obstinée des Américains, surtout à Bastogne, et la mise en œuvre du potentiel aérien allié dès que les conditions météorologiques s'améliorèrent vinrent briser le rythme de l'offensive en moins d'une semaine.

La veille de Noël, le général Heinz Guderian, chef de l'OKH, l'organe de commandement suprême de l'Armée, gagna en voiture le quartier général du Führer à l'ouest. Après avoir abandonné le *Wolfsschanze* – le « Repaire du Loup » – de Prusse-Orientale le 20 novembre 1944, Hitler s'était rendu à Berlin pour une opération mineure de la gorge. Il avait quitté la capitale le soir du 10 décembre à bord de son train blindé personnel. Sa destination était un autre quartier général secret, camouflé dans les bois proches de Ziegenberg, à moins de quarante kilomètres de Francfort-sur-le-Main, l'*Adlerhorst* – ou « Nid de l'Aigle ».

Guderian, grand théoricien de la guerre des blindés, avait mesuré dès le départ les dangers de l'Opération des Ardennes, mais il n'avait pas eu la moindre possibilité de faire connaître son opinion. Son OKH n'était responsable que du front de l'Est – où il n'avait même pas les mains libres. C'était l'OKW, le haut commandement de toutes les forces armées, qui avait la charge de tout le reste. Les deux états-majors étaient installés dans des postes de commandement souterrains à Zossen, au sud de Berlin.

Guderian avait un tempérament aussi explosif qu'Hitler, mais des perspectives et des préoccupations différentes. Il était peu porté à s'intéresser à une stratégie internationale entièrement spéculative alors même que le pays était attaqué des deux côtés. Son instinct de soldat le poussait d'abord à déterminer le point de danger maximum. Et celui-ci était évident à ses yeux. En allant voir Hitler, il avait dans sa serviette un rapport du général Reinhard Gehlen, chef du Fremde Heere Ost, le service de renseignement militaire du front de l'Est. Après analyse des informations obtenues, Gehlen estimait que, vers le 12 janvier, l'Armée rouge allait lancer une attaque massive le long de la Vistule. Selon lui, l'ennemi disposait d'une supériorité numérique de onze contre un en ce qui concernait les fantassins, de sept contre un pour les chars et de vingt contre un dans le domaine de l'artillerie comme dans celui de l'aviation.

En entrant dans la salle de conférence de l'*Adlerhorst*, Guderian se retrouva en face de Hitler et de son état-major militaire personnel et aussi d'Heinrich Himmler, le Reichsführer SS, qui, après le complot du 20 juillet, avait été également nommé chef de l'Armée de réserve. Chacun des membres de l'entourage militaire d'Hitler avait été choisi pour sa fidélité inconditionnelle. Le maréchal Keitel, chef d'état-major de l'OKW, était connu pour sa servilité envers le Führer. Certains officiers l'avaient surnommé « le pompiste du Reich » ou « l'âne qui opine ». Le général Jodl, un homme à l'expression froide et dure, était beaucoup plus compétent que Keitel, mais il avait pratiquement renoncé à tenter de s'opposer aux désastreux efforts d'Hitler pour contrôler lui-même l'ensemble de l'Armée. Il avait failli être limogé à l'automne 1942 pour avoir osé contredire le Führer. Le général Burgdorf, principal aide de camp d'Hitler et chef du bureau des effectifs de l'Armée, qui avait la haute main sur toutes les nominations, avait remplacé le général Schmundt, fidèle entre les fidèles, mortellement blessé lors de l'attentat de Stauffenberg au *Wolfsschanze*. Burgdorf était l'homme qui avait apporté au maréchal Rommel du poison et l'ordre de se suicider.

Se fondant sur les rapports du service de renseignement de Gehlen, Guderian exposa les préparatifs faits par l'Armée rouge en vue d'une énorme offensive. Il précisa que celle-ci allait avoir lieu dans les trois semaines qui venaient et il demanda que, puisque l'offensive des Ardennes ne pouvait se poursuivre, le plus grand nombre de divisions possible soient retirées du front de l'Ouest pour être redéployées sur le front de la Vistule. Hitler l'arrêta immédiatement, proclamant que ces estimations du potentiel ennemi étaient ridicules. Selon lui, les divisions d'infanterie soviétiques n'avaient jamais compté plus de 7 000 hommes chacune, et les corps blindés n'avaient pas de chars.

« C'est la plus grande imposture depuis Gengis Khan ! hurla-t-il, hors de lui. Qui a répandu toutes ces âneries ? »[2].

Guderian résista à la tentation de répondre qu'Hitler lui-même parlait d'« armées » allemandes alors qu'elles étaient réduites aux effectifs d'un corps d'armée, et de « divisions d'infanterie » qui ne comptaient, en fait, pas plus d'hommes qu'un bataillon normal. Il se borna à confirmer les chiffres fournis par Gehlen. Mais, à sa plus grande horreur, le général Jodl affirma alors que l'offensive à l'ouest devait reprendre. Comme c'était exactement ce qu'Hitler voulait entendre, Guderian n'avait plus qu'à se taire. Et ce fut encore plus pénible pour lui de devoir entendre, lors du dîner qui suivit, Himmler, tout imbu de ses nouvelles prérogatives militaires – il avait été, en plus de tout le reste, nommé commandant du Groupe d'Armées du Haut-Rhin –, lui faire la leçon. « Vous savez, mon cher général, lui dit en effet le Reichsführer SS, je ne crois pas que les Russes vont lancer la moindre attaque. Tout cela est un énorme bluff. »

Guderian rentra donc bredouille au quartier général de l'OKH à Zossen. Pendant ce temps, le bilan des pertes sur le front de l'Ouest s'accroissait. L'offensive des Ardennes et les opérations annexes avaient coûté 80 000 hommes aux Allemands. Et, de plus, elles avaient consommé une bonne part de réserves de carburant déjà déclinantes. Pourtant, Hitler se refusait à admettre que la bataille des Ardennes avait été, pour lui, l'équivalent de la *Kaiserschlacht*, la dernière grande attaque des troupes impériales allemandes en 1918. Pour lui, 1918 ne représentait que le fameux « coup de poignard dans le dos » de la gauche révolutionnaire, qui avait renversé le Kaiser et amené l'Allemagne à une humiliante défaite. Cependant, le Führer avait des moments de lucidité. « Je sais que la guerre est perdue, déclara-t-il un soir très tard au colonel Nicolaus von Below, son aide de camp pour la Luftwaffe. La supériorité de l'ennemi est trop considérable. » Mais il continuait à rejeter sur d'autres toute la responsabilité de cette suite de désastres. Tous étaient des « traîtres », et particulièrement les officiers de la Wehrmacht. Il en soupçonnait beaucoup d'avoir sympathisé avec le complot monté contre lui en juillet 1944, tout en acceptant bien volontiers de ses mains décorations et promotions. « Nous ne nous rendrons jamais, affirmait-il en même temps. Nous tomberons peut-être, mais en entraînant le monde avec nous. »

Guderian, épouvanté à l'idée de ce qui se préparait sur la Vistule, retourna encore deux fois à l'*Adlerhorst* de Ziegenberg sans être plus écouté. Pire encore, il apprit qu'Hitler transférait, sans l'en avoir averti, des unités blindées SS du front de la Vistule en Hongrie. Hitler, convaincu comme à son habitude qu'il avait le monopole des grandes visions stratégiques, avait soudain décidé d'y lancer une contre-attaque afin de reprendre les gisements pétroliers. En fait, il voulait percer jusqu'à Budapest, qui avait été encerclée par l'Armée rouge à la veille de Noël.

La visite que fit Guderian le jour du Nouvel An coïncida avec l'habituel défilé des hauts dignitaires du Reich venus apporter leurs vœux au Führer. Le matin même, l'Opération « Vent du Nord », la principale action visant à prolonger l'offensive des Ardennes, avait été déclenchée en Alsace. La journée tourna à la catastrophe pour la Luftwaffe. Avec une grandiose irresponsabilité, Göring avait mobilisé près d'un millier d'avions pour l'appui au sol. Cet effort pour impressionner Hitler conduisit à l'annihilation de la Luftwaffe comme force effective et assura aux Alliés une suprématie aérienne à peu près totale.

La Grossdeutscher Rundfunk diffusa ce même jour l'allocution de Nouvel An d'Hitler. Aucune mention n'y fut faite des combats à l'ouest, ce qui laissait assez clairement entrevoir un échec, et, de façon surprenante, il y était peu question des Wunderwaffen. Nombre de gens crurent, sur le moment, que le discours avait été préenregistré ou même truqué. Hitler n'avait pas été vu en public depuis si longtemps que de folles rumeurs commencèrent à circuler. Certains assuraient qu'il était devenu complètement fou, et que Göring se trouvait détenu dans une prison secrète après avoir tenté de s'enfuir en Suède[3].

Certains Berlinois, redoutant ce que l'année 1945 pourrait leur apporter, hésitaient à porter le toast traditionnel : « *Prosit Neujahr !* » La famille Goebbels recevait pour le réveillon le colonel Hans-Ulrich Rudel, l'officier le plus décoré de la Luftwaffe. En signe d'austérité, tous se contentèrent d'une soupe aux pommes de terre.

Les congés du Nouvel An prenaient fin le matin du 3 janvier. La conscience professionnelle des Allemands demeurait intacte en dépit des circonstances. En raison de la pénurie de matières premières comme de pièces de rechange, beaucoup d'entre eux n'avaient pratiquement plus rien à faire dans leurs bureaux et leurs usines. Ils ne s'en rendaient pas moins sur leur lieu de travail, à pied à travers les décombres ou par les transports publics. On avait fait de véritables prodiges pour remettre en état les lignes d'U-Bahn et de S-Bahn, même si peu de wagons avaient encore des vitres intactes. On gelait également dans les ateliers comme dans les bureaux, avec des fenêtres défoncées et un chauffage que la pénurie de carburant réduisait au minimum. Ceux qui souffraient de grippes ou de rhumes devaient s'en accommoder. Il était inutile de chercher à voir un médecin si l'on n'était pas gravement malade. Presque tout le personnel médical allemand avait été envoyé dans les forces armées. Les hôpitaux et dispensaires locaux dépendaient presque entièrement d'étrangers. Même à la Charité, le principal hôpital universitaire de Berlin, on rencontrait des médecins originaires d'une demi-douzaine de pays, parmi lesquels des Hollandais, des Péruviens, des Roumains, des Ukrainiens et des Hongrois.

La seule production industrielle qui paraissait se maintenir était celle des usines d'armement, dirigée par le *Wunderkind* d'Hitler, Albert Speer. Le 13 janvier, Speer alla présenter ses productions à des chefs militaires dans un camp situé à Krampnitz, tout à côté de Berlin. Il souligna, à cette occasion, l'importance des contacts entre les représentants des combattants et ceux des industries de guerre. Speer, à la différence d'autres ministres nazis, n'affectait pas de prendre ses auditeurs pour des imbéciles. Dédaignant les euphémismes, il n'hésita pas à évoquer les « pertes catastrophiques » subies par la Wehrmacht au cours des huit mois précédents[4].

Il soutint que la campagne de bombardement des Alliés n'était pas le véritable problème. Au cours du seul mois de décembre, les usines allemandes avaient produit 218 000 fusils, soit près du double de la production mensuelle moyenne enregistrée en 1941, l'année où la Wehrmacht avait envahi la Russie. La fabrication des armes automatiques avait presque quadruplé et celle des chars presque quintuplé. En décembre 1944, on avait produit 1 840 véhicules blindés, c'est-à-dire plus de la moitié de ce qui avait été fabriqué durant toute l'année 1941, et ce avec des chars beaucoup plus puissants. Speer souligna que « le problème le plus épineux » était la pénurie de carburant. De façon assez surprenante, il évoqua peu les réserves de munitions, alors qu'il y avait manifestement peu d'utilité à produire des armes à haute cadence si la fabrication des cartouches et des obus ne suivait pas.

Speer parla pendant plus de quarante minutes, détaillant ses chiffres avec un professionnalisme tranquille. Il se garda d'insister sur le fait que c'étaient les défaites massives des huit derniers mois, à l'est comme à l'ouest, qui avaient conduit la Wehrmacht à se retrouver à court d'armes de tous les modèles. Il exprima l'espoir que les usines allemandes pourraient atteindre une cadence de production de 100 000 pistolets-mitrailleurs par mois au printemps de 1946. Il passa sous silence le fait que cette production dépendait dans une large mesure de travailleurs forcés capturés par les SS dans les territoires occupés, dont il mourait des milliers par jour et dont les zones de « recrutement » diminuaient constamment.

Au moment même où il parlait, des armées soviétiques comptant des millions d'hommes étaient massées en Pologne le long de la Vistule et juste au sud de la frontière de Prusse-Orientale. L'offensive dont Hitler niait l'existence commençait.

2

LE « CHÂTEAU DE CARTES » SUR LA VISTULE

Les évaluations du potentiel soviétique faites par le général Gehlen n'étaient certes pas exagérées. Elles restaient même en deçà de la réalité dans les secteurs menacés. L'Armée rouge alignait en fait 6 700 000 hommes sur un front qui s'étendait de la Baltique à l'Adriatique. Cela représentait deux fois les effectifs de la Wehrmacht et de ses alliés lorsqu'ils avaient envahi l'Union soviétique en juin 1941 [1].

« Nous sommes perdus, reconnaissait un sous-officier allemand en janvier 1945, mais nous combattrons jusqu'au dernier » [2]. Les combattants les plus endurcis du front de l'Est en étaient venus à croire que tout devait se terminer par leur mort. Toute autre issue leur paraissait impensable après ce qui s'était passé auparavant. Ils savaient ce qu'ils avaient fait dans les territoires occupés, et ils savaient aussi que l'Armée rouge entendait en tirer vengeance. Se rendre voudrait dire être envoyé dans un camp de Sibérie pour y travailler à mort comme *Stalinpferd* – « cheval de Staline ». « Nous ne combattions plus pour Hitler, pour le national-socialisme ou pour le Troisième Reich, devait écrire un Alsacien, vétéran de la Division *Grossdeutschland*, ou même pour nos fiancées, nos mères ou nos familles prises au piège dans les villes écrasées de bombes. Nous combattions par simple peur… Nous combattions pour nous-mêmes, pour ne pas mourir dans des trous remplis de boue et de neige ; nous combattions comme des rats. »

Les désastres de l'année précédente, et par-dessus tout l'encerclement et la destruction du Groupe d'Armées du Centre, étaient difficiles à oublier. Les officiers d'encadrement national-socialiste, équivalent nazi des commissaires politiques soviétiques, tentaient de relever le moral des troupes, tant par des promesses que par des menaces d'exécution à l'égard de quiconque désertait ou se repliait sans ordre. « Vous n'avez pas à redouter l'offensive russe, affirmaient-ils aux soldats. Si l'ennemi essaie d'attaquer, nos chars seront là en quatre heures. » Mais les hommes ayant eu l'expérience du combat savaient ce qu'ils avaient à affronter.

Bien que les officiers de l'état-major de Guderian, à Zossen, eussent une idée précise de la date de l'offensive, l'information ne semblait pas être parvenue jusqu'à la ligne de front. Le caporal Alois K., de la 304e Division d'infanterie, capturé par un commando soviétique pour servir de « langue »*, déclarait aux officiers de renseignement du 1er Front ukrainien que les soldats allemands s'attendaient à une offensive avant Noël, puisqu'on leur avait dit de se tenir prêts pour le 10 janvier, qui était censé être l'anniversaire de Staline[3].

Le 9 janvier, après une tournée d'inspection rapide des trois principaux fronts orientaux – Hongrie, Vistule et Prusse-Orientale –, le général Guderian, accompagné de son aide de camp, le major baron Freytag von Loringhoven, était retourné voir Hitler à Ziegenberg. Il lui communiqua les dernières évaluations du potentiel ennemi, établies tant par Gehlen que par le commandant de la Luftwaffe, le général Seidemann. Les reconnaissances aériennes indiquaient qu'il y avait 8 000 avions soviétiques concentrés sur les fronts de la Vistule et de Prusse-Orientale. Lorsque Guderian fit état de ces chiffres, il fut brutalement interrompu par Göring, qui déclara à Hitler : « Ne croyez pas cela, Mein Führer. Ce ne sont pas de vrais avions. Ce sont simplement des leurres. » Et Keitel, toujours soucieux de plaire, crut bon de frapper la table du poing en affirmant : « Le Reichsmarschall a raison ! »[4].

La réunion tourna ensuite à la farce sinistre. Hitler répéta que les estimations données par les services de renseignement étaient « complètement aberrantes » et ajouta que l'homme qui les avait établies devrait être enfermé dans un asile d'aliénés. Guderian répondit avec colère que, comme il approuvait entièrement ces analyses, il devrait être enfermé lui aussi. Hitler repoussa aussi d'emblée les requêtes du général Harpe, sur le front de la Vistule, et du général Reinhardt, en Prusse-Orientale, demandant à replier vers des positions plus faciles à tenir leurs troupes les plus exposées. Il insista également pour que les 200 000 soldats allemands bloqués sur la péninsule de Courlande, en Lettonie, restent sur place au lieu d'être évacués par mer afin d'aller défendre les frontières du Reich. Écœuré par ce qu'il devait qualifier ultérieurement

---

* Prisonnier capturé à des fins d'interrogatoire.

de « politique de l'autruche », Guderian s'apprêtait à quitter le quartier général du Führer lorsque celui-ci s'efforça soudain de l'apaiser.

« Le front de l'Est, lui dit Hitler, n'avait encore jamais possédé d'aussi puissantes réserves. Cela vous est dû, et je vous en remercie. »

« Le front de l'Est, rétorqua Guderian, est comme un château de cartes. Si le front est rompu en un seul point, tout le reste s'effondrera. » Par une ironie du sort, c'était exactement ce que Goebbels avait dit de l'Armée rouge en 1941.

C'est « d'humeur très sombre » que Guderian retourna à Zossen. Il se demandait si l'aveuglement d'Hitler et de Jodl ne venait pas, au moins en partie, du fait que tous deux venaient de régions du Reich – l'Autriche et la Bavière – qui n'étaient pas menacées par les Russes. Guderian, lui, était un Prussien. Sa terre natale était sur le point d'être ravagée et probablement perdue à jamais. Pour le récompenser de ses triomphes avec les blindés au début de la guerre, Hitler lui avait offert le domaine exproprié de Deipenhof, dans le Warthegau, la région de Pologne occidentale que les Allemands avaient annexée et incorporée au Reich. Et il se trouvait que l'offensive imminente sur la Vistule menaçait également cela. Sa femme se trouvait encore là. Et, surveillée de près par les responsables locaux nazis, elle ne pourrait partir qu'au tout dernier moment.

Vingt-quatre heures plus tard, l'état-major de Guderian à Zossen reçut confirmation du fait que le déclenchement de l'offensive était maintenant affaire d'heures plutôt que de jours. La nuit, les sapeurs de l'Armée rouge déminaient le terrain devant eux, et les unités blindées avançaient. Du côté allemand, Hitler donna ordre qu'on fasse avancer les réserves de blindés bien qu'on l'eût averti que cela allait placer celles-ci à portée de l'artillerie soviétique. Certains officiers supérieurs commençaient à se demander si, dans son subconscient, Hitler ne désirait pas perdre la guerre.

L'Armée rouge semblait s'être fait un usage d'attaquer dans des conditions météorologiques épouvantables. Les vétérans de l'Armée allemande avaient, ainsi, pris l'habitude de parler d'un « temps pour Russes ». Leurs adversaires soviétiques étaient convaincus qu'ils avaient un net avantage dans des conditions hivernales, qu'il s'agisse du gel ou de la boue. Le nombre relativement modeste de cas de gelures ou de « pieds de tranchée » enregistré chez eux était attribué à l'usage, traditionnel dans les armées russes, de remplacer les chaussettes par des bandages. En décembre 1944, les météorologistes avaient annoncé « un étrange hiver ». Après le grand froid de janvier 1945, on prédisait « d'abondantes chutes de pluie et de neige fondue »[5].

Si l'Armée rouge s'était améliorée à de très nombreux égards – dans le domaine des armes lourdes, dans le travail d'état-major et dans l'organisation d'opérations secrètement préparées qui avaient souvent pris les Allemands par surprise –, certaines faiblesses y subsistaient. La plus grande était un manque de discipline frôlant parfois l'anarchie, ce qui peut sembler ahurissant dans l'armée d'un État totalitaire. Une partie de ce problème trouvait sa source dans les pertes constantes enregistrées dans les rangs des jeunes officiers.

Les temps étaient durs, en effet, pour des sous-lieutenants d'infanterie de dix-sept ou dix-huit ans devant apprendre leur métier au combat. « À l'époque, écrivait le romancier et correspondant de guerre Konstantin Simonov, des jeunes devenaient adultes en un an, en un mois ou même au cours d'une seule bataille. » Beaucoup, bien sûr, ne sortaient pas vivants de ce premier combat. Résolus à se montrer dignes de commander à des vétérans dont certains étaient assez vieux pour être leurs pères, ils tendaient à prendre des risques inconsidérés et ils en payaient le prix.

L'indiscipline venait aussi de la façon totalement déshumanisée dont les soldats de l'Armée rouge étaient traités par les autorités de leur pays. Et, bien sûr, les points forts et les points faibles du caractère national jouaient également leur rôle. « Le fantassin russe, affirmait un écrivain, est robuste, endurant, peu exigeant, insouciant et totalement fataliste... Ce sont ces caractéristiques qui le rendent incomparable. » Un simple soldat appartenant à une division d'infanterie peignait ainsi, dans son journal, les changements d'humeur et d'attitude de ses camarades : « Premier stade : le soldat hors de la présence de chefs. C'est un rouspéteur. Il menace, provoque et parade. Il est prompt à chaparder ou à chercher querelle. On peut voir à son irascibilité que la vie militaire lui pèse. Deuxième stade : le soldat en présence de chefs. Il est soumis et presque muet. Il accepte volontiers tout ce qu'on lui dit. Il croit facilement aux promesses qui lui sont faites. Il s'épanouit quand on le félicite et admire ostensiblement la rigueur des officiers qu'il tournait en dérision derrière leur dos. Troisième stade : au combat. Là, il est un héros. Il n'abandonnera jamais un camarade en péril. Il meurt silencieusement et calmement, concentré sur sa tâche. »

Les tankistes de l'Armée rouge avaient particulièrement bon moral. Après avoir été aussi déprimés que les aviateurs au début de la guerre, ils commençaient à savourer l'héroïque réputation qui leur était faite. Vassili Grossman les trouvait maintenant presque aussi fascinants que les tireurs d'élite qu'il avait si longuement encensés à Stalingrad. Il les présentait comme « des cavaliers, des artilleurs et des mécaniciens combinés en une seule personne ». Mais la plus grande force de l'Armée rouge était l'idée exaltante qu'elle avait enfin le Reich à sa portée. Pour elle, les violeurs de la Mère Patrie allaient découvrir le sens véritable du proverbe : « Qui sème le vent récolte la tempête. »

Les grandes lignes de la campagne avaient été décidées vers la fin d'octobre 1944. La *Stavka*, l'organe de commandement suprême soviétique, était dirigée par Staline, qui s'était lui-même promu maréchal après la bataille de Stalingrad. Il entendait conserver le contrôle complet des opérations, encore qu'il accordât à ses généraux une liberté d'action que leur enviaient leurs homologues allemands et que, contrairement à Hitler, il prît bonne note des arguments qui pouvaient lui être opposés. Il n'avait nulle intention de laisser les chefs militaires de l'Armée rouge tirer la couverture à eux alors que la victoire approchait. Il mit un terme à l'usage consistant à désigner des « représentants de la *Stavka* » pour superviser les opérations et s'attribua lui-même ce rôle bien que n'ayant aucune intention de s'approcher personnellement de la ligne de front.

Il décida également un remaniement du haut commandement, peu mécontent, chemin faisant, des jalousies et des « surprises » que cela pouvait susciter. Le principal résultat de ce remaniement fut le remplacement du maréchal Konstantin Rokossovski, jusque-là commandant en chef du 1er Front biélorusse, le Groupe d'Armées appelé à marcher directement vers Berlin. Rokossovski, un cavalier à la haute taille et aux allures élégantes, différait de façon spectaculaire de la plupart des autres chefs militaires de l'Armée rouge, généralement trapus avec une nuque épaisse et un crâne rasé. Mais il était également différent sur un autre plan. Rokossovski était à moitié polonais, et, à ce titre, suspect aux yeux de Staline. La haine que le dictateur soviétique portait à la Pologne trouvait sa source dans la guerre russo-polonaise de 1920, où il avait été tenu pour partiellement responsable de la défaite de l'Armée rouge devant Varsovie.

Rokossovski fut outré lorsqu'il apprit qu'il devait abandonner son commandement pour prendre celui du 2e Front biélorusse, dont l'objectif était la Prusse-Orientale. C'était le maréchal Georgi Joukov, l'organisateur de la défense de Moscou en décembre 1941, qui devait prendre sa place à la tête du 1er Front. « Pourquoi cette disgrâce ? demandait Rokossovski. Pourquoi suis-je transféré de l'axe d'attaque principal à un axe secondaire ? » Il soupçonnait Joukov, qu'il avait toujours considéré comme un ami, d'avoir intrigué contre lui. Mais, en fait, c'était tout simplement que Staline ne voulait pas laisser à un Polonais l'honneur de prendre Berlin.

Il était normal, au demeurant, que Rokossovski fût soupçonneux. Il avait été arrêté lors des grandes purges de l'Armée rouge en 1937. Et les interrogatoires « musclés » des sbires de Beria tentant d'extorquer des confessions auraient suffi à rendre légèrement paranoïaque la personne la plus équilibrée de la terre. De plus, Rokossovski savait qu'il continuait à être étroitement surveillé par Beria, le chef du NKVD, et Victor Abakoumov, le patron du SMERSH. Staline lui avait fait savoir que les accusations de 1937 pesaient toujours sur lui. Sa libération n'avait été que conditionnelle. La moindre faute le jetterait de nouveau entre les griffes du NKVD. « Je sais très bien ce dont Beria est capable, devait déclarer Rokossovski à Joukov lors de la passation des pouvoirs. J'ai été dans ses prisons. » Il allait falloir près de dix ans aux généraux soviétiques pour prendre leur revanche sur Beria.

La supériorité numérique des forces du 1er Front biélorusse et du 1er Front ukrainien s'alignant contre les troupes allemandes le long de la Vistule n'était pas seulement considérable ; elle était écrasante. Au sud du dispositif de Joukov, le 1er Front ukrainien du maréchal Koniev allait attaquer directement à l'ouest, en visant Breslau. La poussée principale devait venir de la tête de pont de Sandomierz, le plus important saillant soviétique sur la rive occidentale de la Vistule. Koniev comptait utiliser ses deux armées blindées pour enfoncer le front ennemi dès le premier jour.

Selon le fils de Beria, Sergo, le maréchal Koniev avait « des petits yeux vicieux, une tête rasée en forme de citrouille et l'air plein de lui-même ». C'était probablement le favori de Staline parmi les chefs militaires, et l'un des très rares dont il admirait le caractère impitoyable. Il l'avait d'ailleurs promu maréchal de l'Union soviétique après qu'il eut écrasé la poche de résistance allemande de Korsoun, au sud de Kiev, un peu moins d'un an auparavant. Cette opération avait été l'une des plus sanglantes et sans merci d'une guerre déjà très cruelle. Koniev avait ordonné à son aviation de faire pleuvoir des bombes incendiaires sur la petite ville de Chanderovka, afin de contraindre les Allemands à en sortir en pleine tempête de neige. Comme, le 17 février 1944, la colonne allemande tentait de forcer le passage, Koniev lança sur elle ses chars, qui massacrèrent les fantassins ennemis à la mitrailleuse et les écrasèrent sous leurs chenilles. Comme les Allemands se dispersaient et tentaient de fuir, trois divisions de cavalerie se lancèrent à leur poursuite. Les Cosaques sabraient impitoyablement tout ce qui se présentait à eux, coupant même au vol les bras levés de ceux qui essayaient de se rendre. Quelque 20 000 Allemands périrent ce jour-là.

L'offensive sur la Vistule commença le 12 janvier à cinq heures du matin, heure de Moscou, avec l'attaque lancée par le 1er Front ukrainien de Koniev. La neige tombait dru et la visibilité était presque nulle. Après qu'on eut expédié les compagnies disciplinaires dans les champs de mines, les bataillons de fusiliers suivirent et assurèrent la ligne de front. Puis l'artillerie donna son plein, à raison de 300 canons par kilomètre – c'est-à-dire une pièce tous les trois ou quatre mètres. Les défenses allemandes furent pulvérisées. La plupart des soldats se rendirent, gris de peur et tremblant de tous leurs membres. Un officier allemand qui observait la chose de l'arrière parla d'un « torrent de feu » et ajouta qu'on eût dit « les cieux s'effondrant sur la terre »[6]. Des soldats de la 16e Division blindée faits prisonniers un peu plus tard affirmèrent que, dès que le bombardement avait commencé, leur chef, le général Müller, s'était enfui vers la ville de Kielce en abandonnant ses hommes.

Lorsqu'ils se mirent en mouvement, à 14 heures, les chars T-34 et Staline ne rencontrèrent que peu de résistance. Sur leurs tourelles étaient peintes des inscriptions telles que « En avant dans le repaire des fascistes ! » et « Vengeance, et mort aux occupants allemands ! »[7].

En même temps que Breslau, les principaux objectifs de la 3e Armée blindée de la Garde de Rybalko et de la 4e Armée blindée de la Garde de Leliouchenko étaient les zones industrielles de Silésie. Quand Staline avait donné ses instructions à Koniev, à Moscou, il avait encerclé la région de l'index sur la carte en prononçant ces seuls mots : « De l'or. » Koniev avait immédiatement compris que son maître voulait qu'on prenne intactes les usines et les mines.

Le matin suivant l'attaque lancée par Koniev à partir de la tête de pont de Sandomierz, l'assaut contre la Prusse-Orientale commença, mené par le 3e Front biélorusse du général Tcherniakhovsky. Le lendemain, 14 janvier, les forces de Rokossovski attaquèrent à leur tour la Prusse-Orientale à partir des têtes de pont établies sur la rivière Narew. Le 1er Front biélorusse de Joukov entra en action à partir de ses deux têtes de pont sur la Vistule, celle de Magnuszew et celle de Pulawy. Une fine couche de neige recouvrait le sol et un brouillard dense persista jusqu'à midi. À 8 heures du matin, l'artillerie de Joukov avait entamé un « feu roulant » qui dura vingt-cinq minutes. Soutenus par des canons d'assaut autopropulsés, les bataillons de fusiliers s'emparèrent des positions avancées devant la tête de pont de Magnuszew. Puis la 8e Armée de la Garde et la 5e Armée de choc, avec un puissant appui d'artillerie, enfoncèrent les lignes adverses. La principale barrière naturelle au-delà était la rivière Pilica. Conformément au plan de Joukov, des divisions d'infanterie s'assurèrent des points de passage pour permettre aux brigades de chars de la Garde, qui les suivaient, de franchir le cours d'eau.

La 47e Brigade de chars, appartenant à la 2e Armée blindée de la Garde de Bogdanov, fut la première à traverser la Pilica. Elle comportait, outre ses chars, de nombreux et divers éléments d'appui, parmi lesquels des détachements de génie, de l'artillerie d'assaut, des unités de DCA motorisée et un bataillon d'infanterie portée équipé d'armes automatiques légères. Son objectif était un aérodrome situé juste au sud de Sochaczew, à l'ouest de Varsovie. Durant les deux jours qui suivirent, la brigade continua à charger vers le nord, anéantissant en chemin des colonnes allemandes en fuite et « écrasant des voitures d'état-major sous les chenilles des chars »[8].

Il fallut, toutefois, beaucoup plus longtemps à la 1re Armée blindée de la Garde pour percer sur la gauche le dispositif. Le colonel Goussakovsky, déjà deux fois Héros de l'Union soviétique, finit par en perdre patience. Et, lorsque la 44e Brigade de chars de la Garde, qu'il commandait, atteignit la Pilica, il se refusa à attendre les pontonniers et leur matériel pour franchir la rivière. Comme celle-ci apparaissait peu profonde à cet endroit, il ordonna à ses chefs de char, pour gagner « deux ou trois heures », de briser la glace à coups de canon puis d'engager leurs véhicules dans l'eau. Les chars avancèrent donc en achevant d'écraser, « avec un bruit de tonnerre », la glace déjà rompue par les obus. Ce devait être terrifiant pour les pilotes des blindés, mais Goussakovsky n'était pas homme à se soucier de ce genre de problèmes. Joukov lui-même était impatient de voir les brigades de chars traverser pour aller s'attaquer aux 25e et 19e Divisions blindées allemandes, derniers obstacles se présentant à lui[9].

Les choses s'étaient également bien passées pour lui à partir de la tête de pont de Pulawy, le 14 janvier. Son plan ne consistait pas à faire bombarder toute la ligne de front par son artillerie, mais simplement d'y ouvrir des brèches et des corridors d'accès. Vers le soir, ses troupes avaient réalisé une avance considérable en direction de la ville de Radom. Dans le même temps, à l'extrême droite du dispositif du 1er Front biélorusse, la 47e Armée avait commencé à encercler Varsovie en partant du nord, et la 1re Armée polonaise combattait dans les faubourgs.

À la fin de l'après-midi du lundi 15 janvier, « en raison de la grande offensive lancée à l'est », Hitler quitta l'*Adlerhorst* de Ziegenberg pour gagner Berlin par train spécial. Cela faisait trois jours que Guderian insistait de toutes ses forces pour que le Führer revienne. Hitler avait d'abord répondu que le commandement du front de l'Est devait régler ses problèmes tout seul, mais il avait fini par accepter de faire cesser toute activité à l'ouest et de regagner la capitale. Sans consulter Guderian ni aucun des chefs militaires intéressés, il avait donné ordre que le Corps d'armée *Grossdeutschland* soit envoyé de Prusse-Orientale à Kielce pour renforcer le front de la Vistule, ce qui avait pour effet de le mettre hors d'état de combattre pendant une semaine au moins.

Le voyage d'Hitler par chemin de fer jusqu'à Berlin prit dix-neuf heures. Il avait demandé à Martin Bormann de rester jusqu'à nouvel ordre à Obersalzberg, où sa femme et lui tenaient compagnie à Eva Braun et à sa sœur, Gretl Fegelein.

Staline, pendant ce temps, se montrait d'excellente humeur. Il accueillait le général d'aviation Tedder, chef d'état-major d'Eisenhower, qui venait enfin d'arriver à Moscou après avoir dû longuement attendre au Caire que les conditions météorologiques s'améliorent. Staline commença par lui faire remarquer que déclencher l'offensive des Ardennes avait été « tout à fait stupide » de la part des Allemands. Il se montrait aussi très satisfait du fait que ceux-ci aient maintenu une « garnison de prestige » de 30 divisions en Courlande – ces restes du Groupe d'Armées du Nord que Guderian avait voulu ramener en Allemagne [10].

Le dictateur soviétique lança envers Tedder une véritable offensive de charme. Il voulait, de toute évidence, convaincre l'adjoint d'Eisenhower qu'en lançant à ce moment précis la grande offensive d'hiver de l'Armée rouge, il avait fait tout son possible pour aider les Américains dans les Ardennes. Il est impossible de savoir s'il entendait ainsi contribuer à accroître les divergences entre les Américains et un Churchill beaucoup plus sceptique.

Les historiens soviétiques ont toujours essayé de soutenir que Staline comptait, à l'origine, lancer son offensive le 20 janvier seulement, mais qu'ayant reçu, le 6, une lettre de Churchill implorant son aide, il avait donné ordre d'avancer la date de l'attaque au 12, en dépit de conditions météorologiques défavorables. C'est là une représentation des faits totalement fallacieuse. Churchill ne demandait nullement, dans sa lettre, qu'on aide les Alliés occidentaux dans les Ardennes. Il avait déjà écrit pour dire que ceux-ci étaient dorénavant « maîtres de la situation », et Staline savait parfaitement bien, par ses officiers de liaison à l'ouest, que la menace allemande avait cessé d'exister dès Noël. Churchill demandait simplement, à titre d'information, quand l'Armée rouge allait lancer son offensive, car le Kremlin s'était jusque-là résolument refusé à le dire, alors même que les officiers de liaison soviétiques étaient régulièrement tenus au fait des projets d'Eisenhower.

L'offensive sur la Vistule, prévue depuis le mois d'octobre, était à un tel stade de préparation que, selon un témoin soviétique, il aurait été possible « de commencer la progression dès le 8 ou le 10 janvier »[11]. Il était donc très facile à Staline de donner l'impression qu'il s'efforçait de tirer les Alliés occidentaux d'une situation difficile, alors même qu'il avait ses propres raisons d'avancer la date de l'offensive. Churchill, en effet, se montrait méfiant et s'inquiétait de plus en plus de l'intention de Staline d'imposer en Pologne son « gouvernement de Lublin », composé d'exilés communistes polonais manipulés et étroitement contrôlés par le NKVD de Beria. La conférence de Yalta devait se réunir sous peu, et Staline voulait s'assurer que ses armées contrôleraient l'ensemble de la Pologne avant de rencontrer Roosevelt et Churchill. Il pourrait imposer tout à loisir la loi martiale soviétique en territoire polonais sous le prétexte que celui-ci se trouvait immédiatement à l'arrière de la zone opérationnelle de l'Armée rouge. Tout opposant pourrait être traité de saboteur ou d'agent fasciste. Il y avait enfin une raison purement matérielle à ce déclenchement immédiat de l'offensive. Staline s'inquiétait des prévisions météorologiques annonçant, pour le début de février, un changement de temps transformant le sol durci par le gel en une étendue de boue qui ralentirait fatalement les chars soviétiques.

Un aspect de la rencontre avec le général Tedder est tout à fait révélateur. « Staline, précise le compte rendu américain de l'entrevue, a souligné que l'un des problèmes (posés par l'offensive sur la Vistule) était le grand nombre d'agents des Allemands figurant parmi les Polonais, les Lettons, les Lituaniens, les Ukrainiens et les Russes germanophones. Il déclara que, comme ils étaient tous équipés de postes de radio, l'élément de surprise avait été pratiquement annihilé. Toutefois, selon lui, les Russes avaient réussi à éliminer cette menace dans une large mesure. Il a dit qu'il considérait le nettoyage des arrières comme aussi important que le ravitaillement des armées »[12]. Staline s'employait ainsi à justifier par avance l'impitoyable répression soviétique en Pologne.

Les vingt-quatre heures qui suivirent prouvèrent que les armées soviétiques ayant percé le front de la Vistule avançaient à toute allure, comme si chacune cherchait à devancer l'autre.

La rapidité de progression des blindés de Joukov était due en partie à la simplicité et à la robustesse du char T-34, dont les larges chenilles pouvaient opérer dans la neige, la glace et la boue. Les talents de mécanicien se révélaient au moins aussi importants, en ces circonstances, que l'ardeur au combat, car il n'était pas question que les ateliers de campagne puissent suivre le rythme. « Ah, c'était la belle vie, avant la guerre ! disait un pilote de char à Vassili Grossman. Il y avait des pièces de rechange autant qu'on en voulait ! » Lorsque le temps se fut éclairci, les chasseurs-bombardiers Stourmovik, que les Allemands surnommaient « Jabos », pour *Jagdbomber*, furent en mesure d'entrer en action pour des operations d'appui au sol, ainsi que Joukov l'avait promis à ses chefs d'unités blindées.

« Nos chars avancent plus vite que les trains à destination de Berlin ! » clamait le bouillant colonel Goussakovsky après son audacieux passage de la Pilica.

La petite garnison allemande de Varsovie n'avait pas la moindre chance de tenir. Elle ne comprenait que quelques détachements du génie et quatre bataillons de forteresse, dont l'un était composé d'éclopés. Et, à la suite de la poussée de la 47e Brigade de chars de la Garde, partie du sud, jusqu'à Sochaczew, et l'encerclement de la ville par le nord effectué par la 47e Armée soviétique, cette garnison avait perdu contact avec la formation dont elle était issue, la Neuvième Armée.

Le soir du 16 janvier, l'état-major du général Harpe au Groupe d'Armées « A » avertit l'OKH à Zossen que la garnison de Varsovie ne serait pas en mesure de tenir la ville. Le colonel Bogislaw von Bonin, chef des opérations, discuta la situation avec Guderian. Ils décidèrent ensemble de donner au commandement du Groupe d'Armées carte blanche quant à la décision à prendre, et Guderian signa le message de son initiale « G » à l'encre verte. Mais, à la conférence tenue à minuit par Hitler pour l'examen de la situation, la proposition d'abandonner Varsovie fut rapportée au Führer par un membre de son état-major avant que le représentant de Guderian, le général Wenck, ait pu aborder lui-même le sujet. Hitler explosa. « Arrêtez tout ! clama-t-il. La Forteresse Varsovie doit être tenue à tout prix ! » Mais il était déjà trop tard, et les communications radio étaient rompues. Quelques jours plus tard, Hitler devait émettre une directive précisant que tout ordre envoyé à un groupe d'armées devait d'abord lui être soumis.

La chute de Varsovie entraîna une nouvelle et violente controverse entre Hitler et Guderian, qui continuaient, d'autre part, à discuter âprement la décision de transférer le Corps d'armée *Grossdeutschland*. Guderian fut encore plus furieux d'apprendre qu'Hitler voulait expédier la Sixième Armée blindée SS non sur le front de la Vistule mais en Hongrie. Hitler, cependant, se refusait à toute discussion à ce sujet. Le retrait de Varsovie était, à ses yeux, un sujet beaucoup plus brûlant…

Le lendemain, 18 janvier, à la conférence de midi, Guderian essuya une amère réprimande publique, mais le pire allait suivre. « Le soir, devait raconter le colonel baron von Humboldt, de l'état-major de l'OKH, c'était l'anniversaire du colonel von Bonin. Nous étions tous réunis, un verre de Sekt à la main, autour de la table des cartes pour fêter l'occasion lorsque [le général] Meisel, chef adjoint du bureau des effectifs, arriva avec deux lieutenants armés de pistolets-mitrailleurs. “Herr von Bonin, dit-il, je dois vous demander de m'accompagner.” » Deux autres officiers furent arrêtés en même temps que Bonin, le lieutenant-colonel von Christen et le lieutenant-colonel von dem Knesebeck. Ils furent, sur l'ordre direct d'Hitler, conduits à la Prinz-Albrechtstrasse pour y être interrogés par la Gestapo.

Hitler voyait dans l'affaire de Varsovie un nouvel acte de trahison de l'Armée. Non content de limoger le général Harpe, il retira également au général von Luttwitz le commandement de la Neuvième Armée. En fait, sa vanité démesurée ne lui permettait pas de perdre une capitale étrangère, même après l'avoir totalement détruite. Guderian prit la défense de ses trois officiers d'état-major, insistant pour être interrogé lui aussi, car la responsabilité de la décision était entièrement sienne. Hitler ne manqua pas cette occasion et le prit au mot. À ce moment le plus critique de la bataille de la Vistule, Guderian fut donc soumis à des heures d'interrogatoire par Ernst Kaltenbrunner, le successeur de Reinhard Heydrich à la tête du RSHA, le Service de sécurité du Reich, et Heinrich Müller, le chef de la Gestapo. Les deux lieutenants-colonels arrêtés furent relâchés au bout de deux semaines, mais le colonel von Bonin demeura dans un camp de concentration jusqu'à la fin de la guerre.

Le lendemain de l'arrestation de Bonin, Martin Bormann arriva à Berlin. Le samedi 20 janvier, il notait dans son journal : « La situation à l'est devient de plus en plus menaçante. Nous sommes en train d'abandonner la région de Warthegau. Les premières colonnes blindées de l'ennemi approchent de Katowice »[13]. C'était le jour où les forces soviétiques avaient franchi la frontière du Reich à l'est de Hohensalza.

La femme de Guderian quitta le Schloss Deipenhof « une demi-heure avant que les premiers obus ne commencent à tomber ». Guderian devait écrire que les employés du domaine « se tenaient, en larmes, près de sa voiture et beaucoup l'auraient volontiers accompagnée ». Ce n'était peut-être pas entièrement dû, toutefois, à leur loyauté envers leur châtelaine. Des rumeurs avaient commencé à circuler sur ce qui se passait en Prusse-Orientale.

Les soldats de l'Armée rouge, et en particulier ceux des unités polonaises, n'étaient sans doute pas enclins à la clémence après ce qu'ils avaient vu à Varsovie. « Nous avons pu constater la destruction de Varsovie dès que nous avons commencé à parcourir ses rues désertes, en ce jour mémorable du 17 janvier 1945, écrivit le capitaine Klochkov, de la 3e Armée de choc. Il ne restait rien que des ruines et des cendres recouvertes par la neige. Des habitants affamés et épuisés quittaient les faubourgs pour regagner le centre de la ville »[14]. D'une population de 1 310 000 habitants avant la guerre, il ne restait que 162 000 personnes. Tous les officiers soviétiques, et particulièrement ceux de la 1re Armée polonaise, furent profondément choqués par ce qu'ils découvraient. Après l'incroyablement brutale répression du soulèvement d'octobre 1944, les Allemands avaient systématiquement détruit tous les monuments historiques de la ville, même lorsqu'ils n'avaient pas été occupés par les rebelles.

Vassili Grossman traversa la ville en ruines pour gagner le ghetto. Tout ce qui restait était le mur de trois mètres et demi surmonté de verre pilé et de barbelés et le Judenrat, le centre administratif juif. Le reste du ghetto n'était plus qu'une « mer rouge et ondulante de briques brisées ». Grossman se demanda combien de milliers de cadavres étaient enterrés là. Il était difficile d'imaginer que quelqu'un ait pu échapper au massacre, mais un Polonais le conduisit à un endroit où quatre juifs venaient juste d'émerger de leur cachette, dans la charpente d'un immeuble réduit à l'état de squelette.

3

« NOBLE FUREUR »

Lève-toi, grand pays,
Lève-toi pour la lutte à mort
Contre les forces noires du fascisme,
Contre les hordes maudites.
Que la noble fureur,
S'élève comme la vague.
La guerre du peuple se poursuit,
La guerre sacrée.

(Extrait du chant patriotique *Guerre sacrée*)

Quand le général Tcherniakhovsky lança son offensive contre la Prusse-Orientale, le 13 janvier, ses commissaires politiques firent ériger des panneaux disant : « Soldat, rappelle-toi que tu es dans le repaire de la bête fasciste ! »

L'attaque de Tcherniakhovsky n'avait pas très bien commencé. En face, le commandant de la Troisième Armée blindée allemande, s'appuyant sur des renseignements de bonne qualité, avait, au dernier moment, retiré ses troupes de la première ligne de tranchées. De ce fait, le massif bombardement d'artillerie déclenché par les Soviétiques fut pratiquement sans effet. Puis les Allemands lancèrent quelques contre-attaques très efficaces. Et, au cours de la semaine suivante, Tcherniakhovsky s'avisa que, comme il l'avait craint, les défenses allemandes dans la brèche d'Insterbourg avaient infligé de très lourdes pertes à ses troupes.

Toutefois, Tcherniakhovsky, qui était l'un des plus intelligents et des plus résolus des chefs militaires soviétiques, ne tarda pas à trouver une occasion de faire évoluer la situation. Sa 39e Armée faisait de plus appréciables progrès à l'extrême droite du dispositif.

Il la fit brusquement appuyer de l'arrière par la 11e Armée de la Garde et fit porter sur ce flanc tout le poids de l'attaque. Cette poussée inattendue entre la rivière Pregel et la Niemen sema la panique parmi les unités de milice de la Volkssturm. Elle s'accompagnait, de plus, d'une autre attaque exécutée par la 43e Armée dans le secteur de Tilsit après franchissement de la Niemen. Le chaos s'installa sur les arrières du dispositif allemand, en bonne partie parce que les cadres du Parti nazi avaient interdit l'évacuation des civils. Et, le 24 janvier, le 3e Front biélorusse de Tcherniakhovsky avait à sa portée Königsberg, la capitale de la Prusse-Orientale.

Officier de blindés par formation et « maître de la science militaire », Tcherniakhovsky était parfaitement capable d'ignorer les consignes de la *Stavka* quand c'était nécessaire. Il n'hésitait pas non plus à changer les tactiques et les techniques de combat consacrées. « Après le passage de la Niemen, notait Vassili Grossman, les canons d'assaut autopropulsés furent incorporés à l'infanterie »[1].

Âgé de trente-sept ans seulement, Ivan Danilovitch Tcherniakhovsky était nettement plus jeune que la plupart des autres chefs militaires soviétiques. Cultivé et doué d'un incontestable sens de l'humour, il aimait, par exemple, à réciter de la poésie romantique avec une pointe d'ironie à l'écrivain Ilya Ehrenbourg. Il s'avouait déconcerté par Staline. « Il est impossible de le comprendre, disait-il. Tout ce qu'on peut faire, c'est avoir la foi. » Tcherniakhovsky n'aurait, de toute évidence, pas été destiné à survivre sous le stalinisme rigide de l'après-guerre. Il a peut-être eu de la chance en mourant au combat, sa foi intacte.

Les appels à la vengeance régulièrement lancés par Ilya Ehrenbourg dans ses articles de *Krasnaïa Zvezda*, le journal de l'Armée rouge, avaient un grand succès auprès des *frontoviki* – les combattants de première ligne. Goebbels y répondit en dénonçant âprement « le juif Ilya Ehrenbourg, le véhicule de haine favori de Staline », qu'il accusa d'inciter au viol des femmes allemandes. Toutefois, bien qu'Ehrenbourg n'ait jamais reculé devant les tirades les plus sanguinaires, le propos le plus excessif qui lui ait été attribué – et qui est encore repris par certains historiens occidentaux – est une invention des services de propagande nazis. Il était accusé d'avoir incité les soldats de l'Armée rouge à prendre les femmes allemandes comme « leur légitime butin » et à « briser ainsi leur orgueil racial ». « Il fut un temps, répondit Ehrenbourg dans *Krasnaïa Zvezda*, où les Allemands avaient l'habitude de falsifier d'importants documents d'État. Maintenant, ils sont tombés si bas qu'ils en viennent à falsifier mes articles »[2]. Mais ses affirmations selon lesquelles les soldats de l'Armée rouge n'étaient « pas intéressés par les Gretchen mais par ces Fritz qui ont insulté nos femmes » se révélèrent vite, à la lueur du comportement sauvage des militaires soviétiques, très éloignées de la réalité. De même, le fait de qualifier, comme il le faisait fréquemment, l'Allemagne de « sorcière blonde » n'encouragea certainement pas les soldats rouges à traiter humainement les femmes allemandes.

Le 2e Front biélorusse du maréchal Rokossovski passa à l'attaque en direction du nord et du nord-ouest, à partir des têtes de pont de la Narew, le 14 janvier, un jour après Tcherniakhovsky. Son principal objectif était d'isoler la Prusse-Orientale en gagnant l'embouchure de la Vistule et Dantzig. Le plan de la *Stavka* n'enchantait guère Rokossovski, car ses armées allaient ainsi être coupées tant des forces de Tcherniakhovsky, qui attaquait en direction de Königsberg, que de celles de Joukov.

L'offensive contre la Deuxième Armée allemande commença néanmoins « dans des conditions météorologiques qui étaient parfaites pour les assaillants », comme le constata avec amertume un général d'artillerie allemand[3]. Une mince couche de neige recouvrait le sol et la rivière Narew était gelée. Le brouillard se leva vers midi, et les armées de Rokossovski se trouvèrent bientôt soutenues par de constantes sorties aériennes. La progression resta lente pendant les deux premiers jours, mais l'artillerie lourde et les lance-fusées Katioucha de l'Armée rouge permirent les premières percées. Le sol durci par le gel rendait les obus encore plus dangereux en les faisant exploser à la surface, arrosant d'éclats les troupes alentour. La neige se retrouva très vite parsemée de cratères d'artillerie et de traces noires et jaunes de brûlures.

Le premier soir, le général Reinhardt, commandant en chef du groupe d'armées, téléphona à Hitler, qui se trouvait encore, à ce moment, à l'*Adlerhorst*. Il tenta de l'avertir du danger qu'allait courir la Prusse-Orientale tout entière s'il n'était pas autorisé à se replier. Le Führer refusa de l'écouter. Et, à trois heures du matin, l'état-major de Reinhardt recevait l'ordre de transférer le Corps d'armée *Grossdeutschland*, la seule formation d'importance en réserve dans la région, sur le front de la Vistule.

Mais Reinhardt n'était pas le seul chef militaire à fulminer contre ses supérieurs. Le 20 janvier, la *Stavka* ordonna brusquement à Rokossovski de modifier l'axe de son offensive parce que Tcherniakhovsky avait été bloqué dans son avance. Il devait maintenant attaquer nord-est, vers le centre de la Prusse-Orientale au lieu d'isoler simplement la région s'étendant le long de la Vistule. En exécutant cet ordre, Rokossovski s'inquiétait de la vaste brèche qui s'ouvrait sur sa gauche alors que les armées de Joukov progressaient vers l'ouest, en direction de Berlin. Mais, en Prusse-Orientale, ce changement de cap eut finalement le don de prendre le commandement allemand par surprise. Sur le flanc droit de Rokossovski, le 3e Corps de cavalerie de la Garde, avançant rapidement sur la neige et la glace, entra dans Allenstein le 22 janvier à trois heures du matin. Sur le flanc gauche, la 5e Armée blindée de la Garde, commandée par le général Volsky, opéra une progression tout aussi rapide vers la ville d'Elbing, près de l'estuaire de la Vistule. Des éléments de la brigade de chars ouvrant la marche réussirent à pénétrer le 23 janvier dans la ville, après avoir été pris par les défenseurs pour des Panzer allemands. Des combats aussi violents que confus éclatèrent ensuite, et les blindés soviétiques furent repoussés. Mais, pendant ce temps, le gros de l'armée contournait la ville pour gagner les rives du Frisches Haff. La Prusse-Orientale était pratiquement coupée du territoire du Reich.

Bien que les forces armées allemandes eussent attendu depuis plusieurs mois l'offensive contre la Prusse-Orientale, l'incertitude et le chaos régnaient dans les villes et les villages. À l'arrière des lignes, la Feldgendarmerie s'efforçait de maintenir l'ordre à sa manière brutale. Les membres de cette police militaire étaient généralement détestés des soldats de la Wehrmacht, qui les surnommaient « les chiens à la chaîne » en raison de la plaque métallique qu'ils portaient accrochée au cou par une chaînette.

Le matin de l'attaque de Tcherniakhovsky, le 13 janvier, un train de permissionnaires à destination de Berlin fut arrêté à une gare par la Feldgendarmerie. Les policiers militaires clamèrent alors que les soldats appartenant aux divisions dont les numéros allaient être mentionnés devaient descendre immédiatement du train et se mettre en formation. Les permissionnaires, dont beaucoup n'avaient pas vu leur famille depuis deux ans au moins, attendirent, tendus, dans les wagons, priant pour que leur division ne figure pas dans la liste. Mais, finalement, presque tous durent descendre du train pour se mettre en rang sur le quai. Quiconque ne répondait pas à l'appel risquait le peloton d'exécution. Un jeune soldat, Walter Beier, fut parmi les rares à être épargné. Osant à peine croire à sa chance, il continua son voyage pour aller rejoindre sa famille à Francfort-sur-l'Oder. Mais il devait se retrouver à beaucoup plus grande proximité de l'Armée rouge qu'il ne l'avait imaginé.

Le premier responsable du chaos était le Gauleiter Erich Koch, déjà tristement célèbre pour son action de commissaire du Reich en Ukraine. Koch, en fait, était si fier de sa brutalité qu'il ne semblait nullement s'offusquer qu'on l'ait surnommé « le deuxième Staline ». Pénétré des principes hitlériens de défense sur place, il avait fait contraindre des dizaines de milliers de civils à creuser des tranchées. Mais, malheureusement, il avait oublié de demander aux militaires où ceux-ci les souhaitaient. Il avait également été le premier à expédier de force jeunes garçons et vieillards dans la Volkssturm – l'un des plus grands exemples de sacrifice inutile enregistré en Allemagne nazie. Mais, pire que tout, il s'était refusé à autoriser l'évacuation de la population civile.

Il est à remarquer qu'après s'être opposé à cette mesure, selon eux « défaitiste », les cadres locaux du Parti nazi et Koch lui-même s'éclipsèrent sans prévenir qui que ce soit lorsque l'attaque survint. Les conséquences de ces décisions furent épouvantables pour les femmes et les enfants qui tentèrent de s'échapper trop tard, dans un mètre de neige et par une température de moins vingt degrés centigrades. Toutefois, un certain nombre d'ouvrières agricoles restèrent volontairement, persuadées qu'elles allaient continuer à faire le même travail sous de nouveaux maîtres, et que leur situation ne changerait guère.

Le grondement de l'artillerie accompagnant l'offensive ne tarda pas à répandre la terreur dans les villages et les fermes isolées de Prusse-Orientale. La plupart des femmes mariées étaient restées chez elles, avec leurs filles et leurs jeunes enfants. Leurs maris étaient au front, leurs fils et les pères avaient été mobilisés dans la Volkssturm. Toutes avaient entendu parler des atrocités commises à Nemmersdorf, à l'automne précédent, lorsque des éléments des troupes de Tcherniakhovsky avaient fait une première incursion en Prusse-Orientale. Certaines avaient même peut-être vu, dans un cinéma local, le terrible film tourné à ce sujet par les services de propagande de Goebbels ; soixante-deux femmes et jeunes filles avaient été violées et massacrées. Cependant, bien peu d'habitantes de Prusse-Orientale semblaient avoir idée des horreurs qui les attendaient, et notamment des viols collectifs de victimes de tous les âges.

« Les soldats de l'Armée rouge ne recherchent pas de " relations individuelles " avec des femmes allemandes, écrivait dans son journal l'auteur dramatique Zakhar Agranenko, qui servait alors comme officier d'infanterie de marine en Prusse-Orientale. À neuf, dix, douze hommes à la fois, ils violent collectivement. » Il raconta plus tard qu'à Elbing, certaines femmes s'offraient directement à ses hommes pour essayer d'éviter le viol collectif. « Ces femmes, soulignait-il, ne parlent pas russe, mais elles parviennent à très bien communiquer par gestes »[4].

Les Soviétiques avançaient en d'immenses colonnes, où le moderne et le quasi-médiéval formaient une extraordinaire mixture. À côté des chars T-34 dont les chenilles mordaient la boue chevauchaient des Cosaques, leur butin accroché à leur selle. Des camions Studebaker ou Dodge fournis par les Américains remorquaient des canons de campagne. Des Chevrolet avec des mortiers bâchés installés sur leur plate-forme et des tracteurs tirant des obusiers lourds étaient suivis par des chariots d'intendance attelés de chevaux.

La même diversité régnait en ce qui concernait les hommes et leur attitude. Il y avait ceux qui voyaient en chaque petit Allemand un SS en herbe qu'il fallait tuer d'urgence, avant qu'il grandisse et envahisse de nouveau la Russie, et ceux qui épargnaient les enfants et leur donnaient même à manger. Il y avait les soudards qui buvaient et violaient sans vergogne, et les idéalistes, communistes austères ou intellectuels sincèrement horrifiés par ce genre de comportement. L'écrivain Lev Kopelev, alors officier politique qui devait devenir plus tard un dissident, fut arrêté par le SMERSH pour s'être « livré à une propagande en faveur de l'humanitarisme bourgeois, de la pitié envers l'ennemi ». Kopelev avait également osé critiquer les articles publiés par Ilya Ehrenbourg dans *Krasnaïa Zvezda*.

L'avance initiale des armées de Rokossovski avait été si rapide que les autorités allemandes de Königsberg avaient envoyé plusieurs trains de réfugiés à Allenstein sans savoir que la ville avait déjà été prise par le 3e Corps de cavalerie de la Garde. Pour les Cosaques, ces trains représentaient avant tout, jetée entre leurs mains, une réserve de femmes à violer et de butin à rafler.

À Moscou, Staline et Beria savaient parfaitement bien ce qui se passait à cet égard sur le terrain. Un rapport envoyé à leur intention précisait que, « selon beaucoup d'Allemands, toutes les femmes restées en Prusse-Orientale ont été violées par des soldats de l'Armée rouge », et que cela concernait aussi bien « des filles de moins de dix-huit ans que des vieilles femmes ». En fait, certaines des victimes n'avaient que douze ans.

« Le groupement du NKVD attaché à la 43e Armée, poursuivait le rapport, a découvert que des femmes allemandes restées à Schpaleiten avaient tenté de se suicider. » L'une de ces femmes, interrogée, a déclaré au NKVD : « Le 3 février, des soldats de l'Armée rouge ont fait leur entrée dans la ville. Ils sont arrivés dans la cave où nous nous cachions, ont pointé leurs armes sur moi et les deux autres femmes se trouvant là et nous ont ordonné de sortir dans la cour. Là, douze soldats m'ont violée tour à tour, tandis que d'autres faisaient subir le même sort à mes deux voisines. La nuit suivante, six soldats ivres ont fait irruption dans la cave et nous ont violées devant les enfants. Le 5 février, trois soldats sont venus, et le 6 février huit. Ils nous ont également violées et battues. » Trois jours plus tard, les trois femmes avaient tenté de se suicider en se taillant les veines du poignet, ainsi qu'à leurs enfants, mais n'y étaient pas parvenues [5].

Il s'était d'ailleurs développé, dans l'Armée rouge, une tendance à considérer les femmes comme un bien de consommation, surtout depuis que Staline lui-même était intervenu pour permettre aux officiers d'avoir une « épouse de campagne » – « *pokhodno-polevaïa zhena* », surnommée PPZh par allusion au PPSh, le pistolet-mitrailleur réglementaire soviétique. Les jeunes femmes et jeunes filles choisies pour devenir les maîtresses attitrées des officiers supérieurs étaient habituellement des téléphonistes, infirmières ou secrétaires, portant, en tout cas, le béret des auxiliaires plutôt que le calot des combattantes de ligne. Ces dernières semblaient exciter beaucoup moins de convoitises mâles. Le sentiment général était ainsi exprimé : « J'irais sans doute volontiers en patrouille avec une femme de ce genre, mais je ne l'épouserais jamais. »

Le sort d'« épouse de campagne » n'était pas toujours rose. Il fallait avant tout assouvir les instincts des partenaires sans trop rechercher le sentiment. « C'est comme cela, Vera, écrivait à l'une de ses amies une jeune femme-soldat de la 19e Armée appelée Moussia Annenkova. Il faut voir ce qu'est leur " amour " ! Ils paraissent tendres envers toi, mais il est difficile de savoir ce qui se passe vraiment en eux. Ils n'ont pas de sentiments sincères, mais des passions à court terme ou des instincts bestiaux. C'est difficile, ici, de trouver un homme vraiment fidèle » [6].

Le maréchal Rokossovski, dans son ordre du jour N° 006, condamna « le pillage, la violence, le vol, les incendies et destructions inutiles », déclarant que les sentiments de haine devaient rester concentrés sur le champ de bataille et ne devaient servir qu'à « combattre l'ennemi ». Cette directive parut avoir fort peu d'effet. Il y eut également quelques tentatives individuelles pour maintenir l'ordre en ce domaine. Ainsi, le général commandant une division d'infanterie aurait « personnellement abattu un lieutenant qui alignait ses hommes devant une femme allemande gisant, les membres écartés, sur le sol ». Mais, le plus souvent, les officiers participaient eux aussi aux orgies ou, compte tenu du manque de discipline, trouvaient trop dangereux d'affronter des soldats ivres armés de pistolets-mitrailleurs.

Quant au général Okorokov, chef du service politique du 2e Front biélorusse, il alla jusqu'à condamner, au cours d'une réunion en date du 6 février, ce qu'il considérait comme « un refus de tirer vengeance de l'ennemi ». Et il était évident qu'à Moscou, les autorités supérieures s'inquiétaient beaucoup moins des viols et des meurtres que des destructions inconsidérées. Le 9 février, un éditorial de la *Krasnaïa Zvezda* proclamait que « toute atteinte à la discipline militaire ne fait qu'affaiblir l'Armée rouge victorieuse », mais en ajoutant : « Notre vengeance ne doit pas être aveugle. Notre colère ne doit pas être irraisonnée. Dans un moment de colère aveugle, on risque de détruire, en territoire ennemi conquis, une usine qui nous serait précieuse. »

Les commissaires politiques avaient une recette très personnelle en ce qui concernait le problème des viols. « Quand on insuffle à un soldat, affirmait le service politique de la 19e Armée, un véritable sentiment de haine, ce soldat ne tentera pas d'avoir des rapports sexuels avec une femme allemande, car cela lui répugnera. » Cette logique de l'absurde ne traduisait toutefois que l'impuissance des responsables à faire face au problème [7].

Les jeunes femmes-soldats de l'Armée rouge elles-mêmes ne désapprouvaient pas. « Le comportement de nos soldats envers les Allemands et particulièrement les femmes allemandes est absolument normal », proclamait une jeune fille de vingt et un ans appartenant au détachement de reconnaissance d'Agranenko. Certaines semblaient même trouver la chose amusante. Kopelev entendit avec colère l'une de ses assistantes au service politique plaisanter à ce sujet [8].

Les crimes commis par les Allemands en Union soviétique et la propagande incessante du régime contribuèrent certainement aux terribles violences exercées contre les femmes de Prusse-Orientale. Mais l'esprit de vengeance ne peut fournir qu'une partie de l'explication, même s'il a ensuite été systématiquement invoqué comme justification. Dès que les soldats avaient bu, la nationalité de leur victime leur importait peu. Lev Kopelev raconte comment, à Allenstein, ayant entendu « un hurlement désespéré », il vit une jeune fille, « ses nattes blondes en désordre et sa robe déchirée sur ses seins qui criait d'une voix perçante : " Je suis polonaise, Jésus, Marie ! Je suis polonaise ! " » Elle était poursuivie par deux soldats ivres au vu et au su de tout le monde.

Le sujet a été si bien censuré en Russie que, même aujourd'hui, les anciens combattants de cette période se refusent à reconnaître ce qui s'est vraiment passé durant l'offensive en territoire allemand. Ils admettent avoir entendu parler de quelques excès, mais se hâtent d'écarter la chose comme étant la conséquence inévitable d'une guerre. Seuls quelques-uns, très rares, avouent avoir été témoins des scènes en question. Mais ils se montrent sans remords. « Elles relevaient toutes leurs jupes devant nous et se couchaient sur leurs lits », affirmait un ancien officier de blindés. Et le même ajoutait fièrement : « Deux millions de nos enfants sont nés en Allemagne. »

Les officiers et soldats soviétiques avaient une étonnante capacité de se convaincre que la plupart de leurs victimes étaient contentes de leur sort ou, au moins, admettaient que leur tour était venu de souffrir après ce que les Allemands avaient fait en Russie. « Nos hommes étaient si privés sexuellement, disait, à l'époque, un commandant soviétique à un journaliste britannique, qu'ils violaient souvent des vieilles femmes de soixante, soixante-dix ou même quatre-vingts ans, à la surprise quand ce n'était pas à la grande joie de celles-ci. »

Les alcools de toutes sortes, et parmi eux de dangereux produits chimiques volés dans les ateliers et les laboratoires, jouaient souvent un rôle important dans ce déchaînement. En fait, les excès de boisson maladifs compromettaient gravement les capacités militaires de l'Armée rouge. La situation empira à un tel point que le NKVD signala à Moscou qu'on enregistrait « un empoisonnement massif par l'alcool saisi en territoire allemand occupé »[9]. Il semble que certains soldats soviétiques aient dû puiser dans l'alcool le courage de s'attaquer aux femmes. Mais, trop souvent, ils avaient ensuite trop bu pour parvenir normalement à leurs fins, et ils utilisaient des bouteilles avec d'épouvantables résultats. Nombre de victimes se retrouvaient avec d'obscènes mutilations.

On ne peut expliquer que très superficiellement d'étonnantes contradictions psychologiques chez les troupes rouges. Quand, à Königsberg, des femmes victimes de viols en série supplièrent ensuite leurs agresseurs de les tuer pour effacer leur honte et leurs souffrances, les soldats soviétiques semblèrent se considérer soudain comme insultés, répondant : « Les soldats russes ne tuent pas les femmes. Seuls les soldats allemands le font. » Les hommes de l'Armée rouge avaient réussi à se convaincre que, comme ils assuraient la mission hautement morale de libérer l'Europe du fascisme, ils pouvaient se permettre n'importe quoi, individuellement ou collectivement.

Un désir de domination et d'humiliation imprégnait le comportement de la plupart des soldats soviétiques à l'égard des femmes, en Prusse-Orientale. Celles-ci furent les premières et principales victimes de la volonté de revanche suscitée par les crimes allemands durant l'invasion de l'Union soviétique. Lorsque l'Armée rouge atteignit Berlin, trois mois plus tard, ses soldats tendaient à considérer les femmes allemandes plus comme des prises de guerre que des objets de haine. Le désir de domination persistait à coup sûr, mais il était peut-être, en partie, un produit indirect des humiliations subies par les soldats soviétiques eux-mêmes de la part de leurs chefs et de leurs dirigeants politiques.

Il y avait aussi, bien sûr, d'autres facteurs entrant en jeu en cette affaire. La liberté sexuelle avait été un grand sujet de débat dans les milieux communistes des années vingt, mais, au cours de la décennie qui avait suivi, Staline avait eu soin que la société soviétique prenne une allure pratiquement asexuelle. Cela ne ressortissait pas à un puritanisme véritable. Cela tenait simplement au fait qu'amour et sexe n'avaient pas leur place dans un système visant à réprimer et éliminer toute tendance à l'individualisme. Pulsions et émotions trop personnelles devaient être supprimées. Les œuvres de Freud furent interdites, le divorce et l'adultère vigoureusement réprouvés par le Parti. Les lois réprimant l'homosexualité furent remises en vigueur. L'application de la nouvelle doctrine aboutit à la suppression complète de l'éducation sexuelle. Dans les arts graphiques, la simple esquisse de la courbe d'un sein sous des vêtements fut soudain tenue pour dangereusement érotique. Les poitrines féminines devaient dorénavant se dissimuler sous des combinaisons de travail. Le régime voulait, de toute évidence, que tout élan du cœur et des sens soit recyclé en amour du Parti et, surtout, de son chef suprême.

La plupart des soldats de l'Armée rouge étaient donc d'une totale ignorance sexuelle et leur attitude envers les femmes etait celle de primitifs. Les efforts de l'État soviétique pour réprimer la libido de ses sujets avaient fait naître ce qu'un écrivain russe devait qualifier d'« érotisme de caserne », beaucoup plus rudimentaire et brutal, selon lui, que « la plus sordide pornographie étrangère ».

Tout comme le fait de n'être pas allemandes n'évitait pas aux femmes d'être violées, celui de professer ou d'avoir professé des opinions de gauche ou d'extrême gauche ne protégeait nullement les hommes. Des communistes allemands tout heureux de se manifester auprès de leurs fraternels libérateurs après douze ans de clandestinité étaient habituellement livrés au SMERSH pour interrogatoire. Les sourires de joie à l'arrivée de l'Armée rouge se transformaient le plus souvent en grimaces incrédules. Avec sa logique très particulière, le SMERSH pouvait toujours transformer une histoire authentique en une tortueuse fabrication visiblement due à l'imagination d'un traître chevronné. Et il y avait à chaque fois la question suprême, formulée à l'avance à Moscou et posée à tout prisonnier ou non-combattant jurant de ses convictions communistes : « Pourquoi n'es-tu pas chez les partisans ? » Le fait qu'il n'y ait jamais eu de groupements de partisans en Allemagne n'était pas considéré comme une excuse valable.

Cette attitude impitoyablement simpliste adoptée par les autorités tendait évidemment à renforcer la haine naturellement entretenue par bien des soldats soviétiques. Ceux-ci demandaient à leurs officiers et commissaires politiques pourquoi la classe ouvrière allemande n'avait pas combattu Hitler, et ils ne recevaient jamais de réponse claire. Il n'est donc pas surprenant que, lorsque, vers la mi-avril, la ligne du Parti changea brusquement à ce sujet et qu'on proclama qu'il ne fallait pas détester tous les Allemands mais seulement les nazis, beaucoup de soldats n'en tinrent aucun compte.

La propagande initiale était tombée dans des oreilles très réceptives, et la haine de tout ce qui était allemand était devenue véritablement viscérale. Elle s'étendait à toute la nature, au sens le plus littéral du terme, comme on put le voir lors de l'enterrement du général Tcherniakhovsky, tué par un obus devant Königsberg. Ses hommes coupèrent des branches d'arbres voisins pour remplacer les fleurs qu'on lançait traditionnellement sur le cercueil. Mais, brusquement, un jeune soldat sauta dans la fosse et se mit à rejeter frénétiquement les branches hors de celle-ci en clamant qu'elles venaient d'arbres ennemis et qu'elles souillaient donc la sépulture du héros.

Après la mort de Tcherniakhovsky, ce fut le maréchal Vassilievsky, ancien chef d'état-major général, qui, sur ordre de Staline, le remplaça au commandement du 3e Front biélorusse. Il était peut-être le plus intelligent et le plus cultivé de tous les chefs militaires soviétiques, mais il avait sa conception toute particulière de la discipline, si l'on se réfère à une anecdote racontée à son sujet. Son chef d'état-major était venu lui rapporter que le pillage et le vandalisme battaient leur plein. « Camarade maréchal, avait-il dit, les soldats sont déchaînés et se conduisent extrêmement mal. Ils brisent les meubles, les miroirs et la vaisselle. Quelles sont vos instructions à ce sujet ? » Vassilievsky resta un moment silencieux puis finit par déclarer : « Je n'en ai rien à f… Il est maintenant temps que nos soldats exercent leur propre justice »[10].

La passion de la destruction qui s'était emparée des soldats soviétiques en Prusse-Orientale prenait des proportions véritablement alarmantes. Ils ne se contentaient pas de fracasser les meubles pour faire du feu. Sans réfléchir plus avant, ils incendiaient des maisons qui auraient pu leur offrir un refuge pour la nuit par un froid intense. Ils étaient également furieux de découvrir, chez les paysans locaux, les traces d'un niveau de vie bien supérieur à tout ce qu'ils avaient pu imaginer. L'idée que des Allemands qui vivaient si confortablement aient pu envahir l'Union soviétique et s'y livrer au pillage les outrageait.

Agranenko rapporte dans son journal les propos d'un vieux sapeur russe au sujet des Allemands. « Qu'est-ce qu'on devrait leur faire, camarade capitaine ? disait-il. Pensez un peu. Ils étaient à l'aise, bien nourris, avec du bétail, des potagers et des pommiers. Et ils nous ont envahis ! Ils sont allés jusqu'à mon *oblast* de Voronej. Rien que pour cela, camarade capitaine, on devrait les étrangler. » Puis il avait marqué une pause et avait ajouté : « Je suis triste pour les enfants, camarade capitaine. Même si ce sont des enfants de Fritz »[11].

Les autorités soviétiques s'étaient efforcées, sans aucun doute pour éviter qu'on fasse porter à Staline la responsabilité de la débâcle de 1941, de communiquer à leur peuple un sentiment de culpabilité collective pour avoir laissé envahir la Mère Patrie. Et il est à peu près incontestable que ce sentiment de culpabilité avait conduit à un défoulement massif lorsque l'heure de la revanche avait sonné, concourant à la violence. Mais celle-ci avait aussi d'autres sources, plus simples et plus directes. Dimitri Chtcheglov, un officier politique de la 3e Armée, écrivait que les soldats soviétiques avaient été « écœurés par l'abondance » qu'ils découvraient dans les celliers allemands – et par l'ordre très germanique qui y régnait généralement. « J'aimerais, avouait Chtcheglov, démolir à coups de poing toutes ces impeccables rangées de bocaux et de boîtes de conserve. » Les hommes de l'Armée rouge étaient également stupéfaits de trouver des postes de radio dans de si nombreuses maisons. Et cela les conduisait parfois, par simple comparaison, à se demander si l'URSS était bien le paradis des ouvriers et des paysans qu'on leur avait dit depuis tant d'années. Les fermes de Prusse-Orientale suscitaient chez eux un mélange d'étonnement, de jalousie, d'admiration et de colère qui finissait par alarmer les commissaires politiques.

Ces craintes étaient confirmées par les rapports des membres du NKVD chargés de la censure postale, qui soulignaient, dans les lettres venues du front, les commentaires négatifs en bleu et les commentaires positifs en rouge. Le NKVD en vint à renforcer encore le contrôle du courrier, à l'affût des descriptions du genre de vie de l'Allemand moyen et des « conclusions politiquement incorrectes » qui en étaient tirées. Les hommes du NKVD furent également horrifiés de constater que certains soldats envoyaient chez eux des cartes postales allemandes – et parfois même avec « des citations des discours antisoviétiques d'Hitler »[12]. Cela eut au moins l'avantage de contraindre le commandement à fournir du papier à lettres décent aux troupes.

Entrant dans des maisons appartenant à des Allemands de la classe moyenne et y brisant pendules, miroirs, porcelaines et pianos, les soldats de l'Armée rouge pensaient souvent se trouver dans des demeures aristocratiques.

Quant à ces actes de vandalisme en chaîne, une femme médecin militaire de l'Armée soviétique écrivait à sa famille : « Vous ne pouvez imaginer combien de choses de valeur ont été ainsi détruites, combien de belles et confortables maisons ont été incendiées. En même temps, les soldats ont raison. Ils ne peuvent tout emporter avec eux, dans ce monde ou dans l'autre. Et quand un soldat brise un grand miroir, il se sent, d'une certaine façon, mieux. C'est un genre de distraction qui détend le corps et l'esprit. » Dans les rues des villes et des villages, les plumes des matelas et des oreillers éventrés donnaient parfois l'impression d'une véritable tempête de neige. Beaucoup de choses paraissaient étranges et nouvelles aux soldats venus des républiques orientales d'Union soviétique, aux Ouzbeks et aux Turkmènes, tout particulièrement. Certains, par exemple, avaient été déconcertés de trouver, pour la première fois, des cure-dents creux. « Nous pensions que c'étaient des chalumeaux pour boire le vin », dit l'un de ces soldats à Agranenko. D'autres, officiers compris, tentaient de fumer des cigares volés comme s'il s'agissait des cigarettes roulées dans du papier journal dont ils avaient l'habitude[13].

Les objets pillés étaient souvent jetés et piétinés quelques instants plus tard. Nul ne voulait rien laisser à un *chtabania krysa* – un « rat d'état-major » – ou à un *tilavaïa krysa* – un « rat de l'arrière » – arrivant après les troupes de première ligne. Certains soldats enfilaient, sous leurs tenues de combat, tant de couches superposées de vêtements volés qu'il leur devenait impossible de bouger. Soljenitsyne en vit quelques-uns qui essayaient, par-dessus leurs pantalons, de gigantesques culottes de femme. Des équipages de char avaient entassé tant de butin dans leur véhicule qu'il était miraculeux qu'ils puissent encore faire tourner la tourelle. Les chargements illicites avaient également conduit à de sérieuses réductions des réserves d'obus. Les officiers regardaient en secouant la tête les choses étranges – comme, par exemple, des habits de soirée – que leurs hommes choisissaient d'envoyer chez eux dans le colis mensuel auquel ils avaient droit. Kopelev, l'idéaliste, désapprouvait vigoureusement cette pratique. Il considérait ce droit d'envoi d'un colis de cinq kilos chaque mois comme « une incitation directe et évidente au pillage ». Les officiers, eux, pouvaient envoyer le double. Pour les généraux et les cadres du SMERSH, il n'y avait pratiquement pas de limite. Mais les généraux n'avaient même pas besoin de s'abaisser à piller eux-mêmes ; leurs officiers s'en chargeaient pour eux, en sélectionnant judicieusement le butin. L'honnête Kopelev lui-même se chargea d'offrir une carabine de chasse de grande valeur et une série de gravures de Dürer au général Okorokov, son chef au service politique du 2e Front biélorusse.

Un petit groupe d'officiers allemands pro-soviétiques fut amené en visite en Prusse-Orientale. Ses membres furent épouvantés par ce qu'ils y virent. L'un d'eux, le comte von Einsiedel, vice-président du Comité national pour une Allemagne libre, que contrôlait le NKVD, dit à ses camarades à son retour : « Les Russes se jettent littéralement sur la vodka et sur toutes les boissons alcoolisées. Ils violent les femmes, s'abrutissent d'alcool et mettent le feu aux maisons. » Ce fut très vite rapporté à Beria. Ilya Ehrenbourg, pourtant le plus déchaîné des propagandistes, fut lui aussi profondément ébranlé à la suite d'une visite en Prusse-Orientale. Tout cela devait avoir ensuite des répercussions considérables.

Les soldats de l'Armée rouge n'avaient jamais été convenablement nourris au cours de cette guerre. Ils avaient même eu réellement faim la plupart du temps. Sans les énormes envois de viande en conserve et de blé venus des États-Unis, beaucoup d'entre eux se seraient retrouvés dans une situation proche de la famine. Ils avaient donc été conduits à vivre sur le pays, bien que cela n'eût jamais été une politique officielle pour l'Armée soviétique comme cela l'avait été pour la Wehrmacht. En Pologne, les soldats russes avaient volé les céréales gardées en réserve par les paysans pour l'ensemencement et abattu le peu de bétail laissé par les Allemands. En Lituanie, le manque de sucre avait amené les soldats à piller jusqu'aux ruches, quitte à se faire piquer de façon spectaculaire par les abeilles. Mais les fermes prospères et impeccablement tenues de Prusse-Orientale avaient représenté pour eux une aubaine dont ils n'auraient jamais osé rêver. Des vaches mugissant de douleur parce que ceux qui les trayaient habituellement avaient fui, les laissant avec des mamelles atrocement gonflées, étaient abattues au fusil et à la mitrailleuse pour être consommées sur place. « Ils se sont sauvés en laissant tout derrière eux, écrivait un soldat. Et maintenant, nous avons du porc, des vivres et du sucre à ne plus savoir qu'en faire. »

Bien que tout à fait au courant des horreurs commises en Prusse-Orientale, les autorités soviétiques semblaient furieuses et presque offusquées de voir fuir les civils allemands. Villes et campagnes étaient pratiquement dépeuplées. Le responsable du NKVD pour le 2e Front biélorusse rapporta à G.F. Alexandrov, le principal préposé à l'idéologie du Comité central, que « de nombreuses localités étaient abandonnées ». Il cita des villages où l'on ne trouvait plus qu'une demi-douzaine d'habitants et des petites villes où il n'en restait qu'une quinzaine, presque tous âgés de plus de quarante-cinq ans. La « noble fureur » provoquait la plus grande panique et la plus grande migration de l'histoire. Entre le 12 janvier et la mi-février 1945, près de huit millions et demi d'Allemands désertèrent leurs demeures dans les provinces orientales du Reich.

En Prusse-Orientale, certains, et en particulier des hommes de la Volkssturm et des femmes, allèrent se cacher dans les forêts en espérant que les choses finiraient par se calmer. Mais la plupart des gens fuyaient tout simplement droit devant eux. Quelques-uns laissaient des messages à l'intention de membres de leur famille. Dimitri Chtcheglov vit, inscrit à la craie sur une porte d'une écriture enfantine : « Cher papa, nous sommes obligés de partir en carriole pour Alt-P. De là, nous prendrons un bateau pour le Reich. » La presque totalité de ces gens ne devaient jamais revoir leurs maisons. C'était la destruction aussi totale que brutale d'une région tout entière, avec sa culture, son genre de vie et son caractère propre, d'autant plus marqué que la Prusse-Orientale s'était toujours trouvée à l'extrémité de l'Allemagne, sur la frontière séparant celle-ci des pays slaves. Staline avait déjà prévu d'intégrer à l'Union soviétique la moitié nord du pays, avec sa capitale, Königsberg. Le reste serait donné à une Pologne réduite à l'état de satellite, en compensation partielle de l'annexion des territoires orientaux de celle-ci, devenant la « Biélorussie occidentale » et l'« Ukraine occidentale ». La Prusse-Orientale elle-même devait être rayée de la carte.

Depuis que la 5e Armée blindée de la Garde de Rokossovski avait atteint le Frisches Haff, les seules voies de retraite possibles étaient par mer, de Pillau à l'extrémité sud-ouest de la péninsule de Samland, ou sur la glace jusqu'au Frische Nehrung. Les plus malchanceux des fugitifs furent ceux qui gagnèrent Königsberg, bientôt isolée du côté de la terre ferme. S'échapper de la ville se révéla particulièrement difficile, car les autorités nazies n'avaient pris aucune disposition pour l'évacuation des civils, et il fallut quelque temps pour que les premiers navires arrivent à Pillau. Entre-temps, le siège de Königsberg était devenu l'un des plus terribles de toute la guerre.

Les réfugiés qui réussissaient à atteindre le Frische Nehrung et la seule route encore ouverte vers l'ouest étaient traités sans ménagements ni commisération par les officiers de la Wehrmacht, qui leur interdisaient l'utilisation de la chaussée, réservée aux transports militaires. Les malheureux devaient abandonner leurs véhicules et une bonne partie de leurs bagages pour essayer d'avancer dans les dunes de sable bordant la route. Mais beaucoup d'autres n'atteignirent même pas le Frische Nehrung. Les colonnes de chars soviétiques écrasaient tout sur leur passage, pulvérisant les charrettes sous les chenilles des blindés et mitraillant impitoyablement leurs occupants. Lorsque l'une de ces colonnes tomba sur un convoi de réfugiés, le 19 janvier, « les passagers des charrettes et des autres véhicules furent massacrés »[14].

Bien qu'aucun des camps de concentration nazis les plus tristement célèbres ne se soit trouvé en Prusse-Orientale, un détachement du NKVD fouillant les bois près du village de Kumennen découvrit dans la neige une centaine de cadavres de civils répartis en trois groupes. Les victimes avaient vraisemblablement succombé au cours d'une marche forcée, lorsque Himmler avait ordonné l'évacuation des camps à l'approche de l'Armée rouge. « La majorité, indiquait le rapport du NKVD, étaient des femmes âgées de dix-huit à trente-cinq ans environ, portant des vêtements déchirés avec des numéros et une étoile à six branches sur la manche gauche et sur la poitrine. Certaines avaient des galoches. Des gobelets et des cuillers étaient accrochés à leurs ceintures. Leurs poches contenaient un peu de nourriture : de petites pommes de terre, des rutabagas, des grains de blé, etc. Une commission spéciale d'enquête formée de médecins et d'officiers a pu établir que les victimes avaient été tuées par balles à courte distance et que toutes étaient dans un état de sous-alimentation avancé »[15]. De façon significative, les autorités soviétiques ne présentèrent pas les victimes comme juives, malgré la mention des étoiles à six branches – ou étoiles de David – cousues sur leurs vêtements, mais comme « ressortissantes d'URSS, de France et de Roumanie ». Les nazis avaient tué environ un million et demi de juifs soviétiques simplement parce qu'ils étaient juifs, mais Staline ne voulait retenir que les souffrances de la Mère Patrie.

4

LA GRANDE OFFENSIVE D'HIVER

Lorsque les généraux allemands voulaient s'adresser familièrement à leurs hommes, ils les appelaient « *Kinder* » – « enfants ». C'était là le reflet d'un sentiment de paternalisme très prussien s'étendant à la nation tout entière. « Le soldat est l'enfant du peuple », proclamait le général von Blumentritt à la fin de la guerre [1]. Mais, à ce moment, toute idée d'un lien familial entre l'armée et la société civile n'était plus qu'une illusion.

La colère montait au vu de sacrifices inutiles. De plus en plus de gens étaient dorénavant prêts à donner asile aux déserteurs. Un fermier polonais qui s'était trouvé à Berlin le 24 janvier avait entendu des femmes hurler à des officiers et sous-officiers encadrant une colonne de soldats allemands défilant dans les rues : « Laissez nos maris rentrer à la maison ! Faites combattre les “ faisans dorés ” * à leur place ! » Certains civils se mettaient à crier « Vampires ! » dès qu'ils voyaient apparaître des officiers de l'état-major général, reconnaissables à leurs passepoils rouges. Mais cela ne voulait pas dire qu'il y avait de la révolution dans l'air, comme en 1918, l'année qui obsédait tant les nazis. L'attaché militaire de l'ambassade de Suède estimait qu'il n'y aurait aucun soulèvement véritable tant qu'il y aurait encore quelques vivres. Ce que les Berlinois traduisaient par cette formule plus imagée : « Les combats ne s'arrêteront pas avant que Göring soit arrivé à entrer dans les pantalons de Goebbels » [2].

Peu de gens se faisaient d'illusions sur ce qui les attendait. Le Service de santé de Berlin avait ordonné aux hôpitaux de fournir 10 000 emplacements de lits de plus pour les civils, et 10 000

---

* Les dignitaires nazis.

encore à l'usage des militaires « pour les cas d'urgence »[3]. Cet ordre était typique de la bureaucratie nazie : il ne tenait aucun compte des effets produits par les bombardements et du manque de personnel médical qualifié. Celui qui se trouvait en place opérait déjà à l'extrême limite de ses possibilités et n'était pas assez nombreux pour assurer le transport des malades dans les abris lors des alertes aériennes se produisant chaque nuit. Dans le même temps, les administrateurs des hôpitaux devaient se battre avec divers services du Parti national-socialiste pour faire dispenser leur personnel de la mobilisation dans la Volkssturm.

Cette milice avait vu le jour à l'automne précédent au milieu des pires luttes d'influence. Les soupçons d'Hitler à l'égard des généraux de la Wehrmacht, qu'il tendait à considérer comme des défaitistes et des traîtres en puissance, l'avaient décidé à leur refuser le moindre contrôle de la Volkssturm. Himmler, chef des SS et également commandant en chef de l'Armée de remplacement depuis le complot de juillet 1944, était un candidat évident au commandement de la nouvelle milice populaire, mais l'ambitieux Martin Bormann était résolu à faire organiser la Volkssturm à l'échelon local par les Gauleiters du Parti nazi, lesquels dépendaient directement de lui.

Presque tous les hommes de dix-sept à quarante-cinq ans ayant déjà été appelés sous les drapeaux, la Volkssturm ne rassemblait que des jeunes garçons et des personnes d'âge souvent très mûr.

Goebbels, qui avait ajouté à ses fonctions celles de commissaire à la Défense du Reich pour Berlin, lança une campagne de propagande avec des formules telles que « L'appel de notre Führer est pour nous un commandement sacré » et « Croire ! Combattre ! Vaincre ! » Les bandes d'actualités cinématographiques montraient jeunes et vieux marchant au coude à coude, équipés du Panzerfaust, ce lance-roquettes antichar largement distribué aux nouveaux miliciens, puis prêtant serment au Führer et écoutant, l'air pénétré, les harangues de Goebbels. Bien des fidèles, encore ignorants des réalités militaires, étaient convaincus par ces démonstrations. « Tous les peuples du monde ont monté un complot contre nous, écrivait une femme à son mari soldat, mais nous allons leur montrer ce dont nous sommes capables. Hier a eu lieu la prestation de serment pour tous les gens du quartier. Il aurait fallu que tu voies cela. Je n'oublierai jamais l'impression de force et de fierté que j'ai ressentie. Nous ne savons pas encore si les nôtres seront envoyés au combat »[4].

Tout cela ne contribuait guère, toutefois, à relever le moral des soldats se trouvant au front. Beaucoup étaient horrifiés, au contraire, d'apprendre par les lettres venues de chez eux que leur père, parfois leur grand-père, ou leur jeune frère avait été embrigadé et s'entraînait tous les dimanches au maniement des armes. En fait, la plupart des Allemands, avec leur respect inné du professionnalisme, se montraient extrêmement sceptiques quant à l'efficacité guerrière de la nouvelle formation. « Les gens pensaient pour la plupart, devait dire ultérieurement le général Hans Kissel à ses interrogateurs, que si la Wehrmacht n'arrivait pas à faire face à la situation, la Volkssturm ne pourrait pas faire mieux »[5].

La plupart des membres de la Volkssturm n'avaient guère plus d'illusions ; ils se doutaient qu'ils allaient être expédiés au combat à des fins purement symboliques, et sans le moindre espoir d'influer en quoi que ce fût sur le déroulement de l'offensive soviétique. C'est ainsi qu'en Silésie, une quarantaine de bataillons de la Volkssturm recrutés localement furent affectés aux frontières est et nord-est de leur région. Quelques ouvrages en béton furent construits, mais, ne disposant pratiquement pas d'armes antichars, les défenseurs ne purent s'opposer en aucune façon à la progression des blindés soviétiques.

Dans les secteurs industriels de Haute-Silésie, la région même convoitée par Staline, les industriels allemands se montraient de plus en plus inquiets. Ils craignaient des mouvements de révolte parmi les 300 000 travailleurs étrangers que comptait la province, pour la plupart des Polonais ou des hommes recrutés de force en Union soviétique, et demandaient des « mesures de sécurité » à cet égard avant que l'avance de l'Armée rouge ne vienne encourager un soulèvement[6]. Mais les chars de Koniev étaient, à ce moment même, encore plus près qu'ils ne le pensaient.

L'avance des troupes soviétiques provoqua l'évacuation des camps de prisonniers de guerre comme celle des camps de concentration, gardiens et détenus partant à pied dans la campagne enneigée, souvent sans savoir exactement où aller. Une fin d'après-midi, une colonne de prisonniers de guerre britanniques croisa ainsi un important groupe de prisonniers soviétiques, avançant dans la neige avec des chiffons enroulés tant bien que mal autour de leurs pieds nus. « La blancheur cadavérique de leurs visages décharnés, devait écrire Robert Kee, l'un des prisonniers de guerre britanniques, contrastait de façon atroce avec le noir de la barbe qui en couvrait une partie. Seul le regard conservait quelque chose d'humain, affolé, furtif mais quand même humain, envoyant au monde alentour un ultime signal de détresse. »

Les Britanniques prirent alors ce qu'ils pouvaient avoir dans leurs poches, que ce soit du savon ou des cigarettes, et le jetèrent dans la direction des Russes. L'un des paquets de cigarettes tomba un peu trop loin du groupe. Comme un prisonnier russe se penchait pour le saisir, un homme de la Volkssturm se précipita pour lui écraser les doigts d'un coup de botte. Puis il commença à frapper l'homme du pied et de la crosse de son fusil. Cela souleva « un hurlement de rage » au sein de la colonne britannique. « Le garde arrêta de frapper le Russe, raconte Kee, et leva les yeux, stupéfait. Il était visiblement devenu si habitué à la brutalité qu'il ne lui venait plus à l'esprit que des êtres humains puissent avoir le droit de protester. » Il se mit à hurler en agitant son fusil d'un air menaçant, mais les Britanniques l'insultèrent de plus belle. Leurs propres gardiens intervinrent pour tenter de rétablir l'ordre et repoussèrent l'homme de la Volkssturm vers ses prisonniers. « Mon Dieu ! fit l'un des camarades de Kee. Je pardonnerai aux Russes tout ce qu'ils pourront faire à ce pays lorsqu'ils y arriveront. Absolument tout. »

Göring ayant été complètement discrédité par ses manifestations d'incompétence et ses coûteuses tartarinades, notamment au moment de l'offensive des Ardennes, la lutte pour le pouvoir au sein de la hiérarchie nazie se situait entre Bormann et Himmler. Le complot de juillet avait eu pour effet d'accroître considérablement les pouvoirs de ce dernier. Il était à la tête des deux organisations – les SS et la Gestapo – capables de contrôler et de tenir en respect l'Armée. Hitler ayant été lui-même gravement ébranlé, physiquement et mentalement, par l'attentat du 20 juillet, Himmler semblait en position de force pour lui succéder. Mais avait-il les qualités nécessaires à être au Führer ce que Staline avait, en son temps, été à Lénine ?

Pour commencer, il n'avait guère le physique de l'emploi, avec son menton fuyant, ses bajoues et ses lunettes. Et, bien que glacial et impitoyable, il pouvait se montrer à certains égards d'une dangereuse naïveté. C'est ainsi que, dans sa certitude d'être le successeur naturel du Führer, il en vint à gravement sous-estimer Martin Bormann et l'influence que celui-ci avait sournoisement prise sur Hitler, dont il était devenu l'homme de confiance et autour duquel il s'était efforcé d'établir un véritable barrage. Or, Bormann méprisait cordialement Himmler, qu'il appelait de façon sarcastique « l'Oncle Heinrich ».

Bormann s'était aperçu depuis longtemps que le Reichsführer SS rêvait secrètement de devenir un chef militaire à part entière. Lui procurer un moyen de satisfaire cette ambition fournissait une bonne occasion de l'éloigner de Berlin – et du siège central du pouvoir. C'est presque certainement sur la suggestion de Bormann qu'au début du mois de décembre 1944, Hitler nomma Himmler commandant en chef d'un petit groupe d'armées dans la région du Haut-Rhin. À cette occasion, le Reichsführer SS se refusa à reconnaître l'autorité du maréchal von Rundstedt, le commandant suprême du Front occidental, mais, enterré dans la Forêt Noire, il ne se rendit pas compte qu'il perdait rapidement prise sur la situation à Berlin. Kaltenbrunner, devenu chef de sécurité du Reich après l'assassinat d'Heydrich à Prague, avait été circonvenu par Martin Bormann, qui lui permettait d'avoir directement accès à Hitler et de recevoir les instructions du Führer sans intermédiaire. Himmler ne s'était pas non plus rendu compte que son officier de liaison avec le quartier général d'Hitler, l'Obergruppenführer SS Hermann Fegelein, avait discrètement rejoint, lui aussi, le clan Bormann.

Tandis que se déroulait cette lutte sournoise pour le pouvoir, le front de la Vistule s'était, ainsi que l'avait prévu Guderian, complètement effondré. Contrairement aux attentes un peu naïves de certains généraux allemands, les brigades de chars soviétiques ne s'arrêtaient pas à la tombée de la nuit. Ainsi que l'expliquait l'un de leurs chefs, elles poursuivaient leur progression durant les heures nocturnes car elles étaient « moins vulnérables dans l'obscurité ». Et, ajoutait-il, « nos chars sont terrifiants la nuit »[7].

Les unités de pointe soviétiques avançaient parfois de soixante à soixante-dix kilomètres par jour. « Un général allemand, affirmait le colonel Goussakovsky, ayant examiné les positions ennemies sur la carte, se déshabille et va tranquillement se coucher. À minuit, nous l'attaquons. » Même en faisant la part de l'exagération et des vantardises, il est hors de doute que le rythme de l'avance soviétique avait semé le plus grand trouble dans le système de commandement allemand. Les relevés des positions ennemies au crépuscule, passant par la voie hiérarchique, parvenaient à l'état-major du groupe d'armées vers huit heures du matin. L'OKH devait ensuite s'affairer à préparer un rapport de situation à temps pour la conférence tenue par Hitler à midi. Et celle-ci menaçait toujours de durer. L'aide de camp de Guderian, Freytag von Loringhoven, devait garder le souvenir d'une réunion de ce genre qui s'était prolongée pendant sept heures. Ainsi, les ordres mis au point sur la base des instructions données par Hitler n'atteignaient le front que vingt-quatre heures après qu'avaient été établis les premiers rapports de situation.

Au cours de ce genre de réunion, où les ambitions personnelles prenaient trop souvent le pas sur les considérations stratégiques, les interventions extérieures étaient très rarement constructives. Elles ne visaient le plus souvent qu'à marquer quelques points sur un rival politique. À ce jeu, Göring semblait avoir perdu toute astuce et toute finesse. Ignorant tout de la situation militaire, il n'en discourait pas moins de façon interminable, masquant de sa vaste carrure les cartes d'état-major. Puis, s'étant rendu copieusement ridicule, il allait s'effondrer dans un fauteuil, à proximité. Et un Hitler étonnamment patient avec lui s'abstenait de la moindre réprimande lorsqu'il s'endormait au vu et au su de tous. Freytag von Loringhoven le vit un jour s'assoupir ainsi, une carte repliée sur le visage.

Les pilotes de char soviétiques étaient si épuisés qu'ils s'endormaient fréquemment, eux aussi, aux commandes de leur engin. Mais un char T-34 ou Staline était largement assez robuste pour encaisser les chocs imprévus qui s'ensuivaient. Les casques de cuir rembourré ou de toile que portaient les tankistes n'étaient certes pas superflus dans ces monstres d'acier. C'était l'exaltation de la poursuite qui, pour une bonne part, maintenait éveillés les équipages des blindés. « Nous ne laisserons pas de répit à l'ennemi », se répétait-on.

Au moindre signe d'une résistance un peu résolue, les chefs militaires soviétiques faisaient donner l'artillerie lourde. Vassili Grossman vit ainsi avancer vers l'arrière, visiblement en état de choc après un pilonnage d'artillerie, des « prisonniers allemands très disciplinés ». « L'un d'eux, nota-t-il, rectifiait sa tenue et saluait chaque fois qu'une voiture passait »[8].

Les armées de Joukov poursuivirent leur poussée vers le nord-ouest presque sans opposition durant la troisième semaine de janvier. La 2e Armée blindée de la Garde et la 5e Armée de choc continuaient à opérer de concert sur la droite, tandis que la 1re Armée blindée de la Garde et la 8e Armée de la Garde faisaient de même sur la gauche. L'état-major du 1er Front biélorusse lui-même n'arrivait plus toujours à suivre leur progression, envoyant parfois des ordres concernant des objectifs qui avaient déjà été pris. Quand l'armée de Tchouikov arriva en vue de la ville industrielle de Lodz, le 18 janvier, avec cinq jours d'avance sur le plan prévu, son général décida d'attaquer dès le lendemain, sans consulter l'état-major du Front. Et, lorsque ses divisions d'infanterie se déployèrent, le matin, elles manquèrent de peu être bombardées par l'aviation rouge. Dès le soir, toutefois, la ville était entre les mains des assaillants. Les soldats allemands gisant morts dans les rues avaient été, dans bien des cas, tués par des patriotes polonais lors de ce que Tchouikov appela « d'impitoyables mais justes exécutions ».

Le 24 janvier, Tchouikov, considéré depuis Stalingrad comme le meilleur spécialiste du combat de rues dans l'Armée rouge, reçut ordre de s'emparer de Poznan – ou Posen pour les Allemands. Il se demanda si, à l'état-major de Joukov, on savait vraiment ce que représentait cette massive forteresse silésienne.

Au sud, le 1er Front ukrainien de Koniev, visant la frontière du Reich, avait réalisé une avance beaucoup moins considérable. Ses troupes avaient d'abord réussi à surprendre les Allemands à Cracovie, et à prendre la ville pratiquement intacte. Mais la rapidité même de la progression avait fait naître des complications imprévues. Les armées de Joukov et de Koniev avaient, chemin faisant, dépassé des dizaines de milliers d'Allemands, dont beaucoup avaient réussi à ne pas être faits prisonniers et s'efforçaient désespérément de se replier vers l'ouest, marchant la nuit et se cachant le jour dans les bois. Certains tendaient des embuscades aux soldats de l'Armée rouge uniquement pour leur soustraire leurs provisions. Mechik, le chef du NKVD attaché au 1er Front ukrainien de Koniev, informa Beria à Moscou que ses unités chargées de la sécurité des arrières étaient souvent contraintes de livrer combat à des groupes de traînards allemands comprenant jusqu'à 200 hommes[9].

Des formations motorisées se repliaient également vers le Reich en s'efforçant de se faufiler à travers la masse des armées soviétiques. Ces colonnes de « chaudrons ambulants », comme on les appelait, se retiraient en combattant, en brisant les encerclements, en « cannibalisant » les véhicules pour pouvoir continuer leur route et en détruisant les canons et le matériel qui n'étaient plus utilisables. La plus puissante et la plus célèbre était celle qui se composait des restes du corps blindé du général Nehring. Recueillant les traînards et les unités dispersées, Nehring, servi par le fait qu'il avait choisi sans le savoir un itinéraire se situant grosso modo à la jointure des armées de Joukov et de celles de Koniev, réussit à éviter des engagements trop importants et trop coûteux. Il parvint, alerté par un bref message radio, à faire sa liaison, le 21 janvier en plein brouillard, avec le Corps d'armée *Grossdeutschland* du général von Saucken. Les deux troupes combinées purent se replier au-delà de l'Oder le 27 janvier.

Le même jour, à 200 kilomètres au sud-est, la 60e Armée de Koniev découvrait avec horreur le réseau de camps entourant Auschwitz.

S'apercevant de la nature et de l'importance de la chose, les officiers de la 107e Division d'infanterie, la première sur les lieux, appelèrent à la rescousse toutes les équipes médicales disponibles afin de s'occuper des 3 000 détenus encore vivants, mais dont beaucoup se trouvaient déjà dans un état tel qu'ils ne pouvaient être sauvés. Ces prisonniers avaient été trop faibles pour pouvoir marcher quand les SS avaient commencé à évacuer le camp, neuf jours plus tôt. Les officiers soviétiques commencèrent à interroger certains d'entre eux. Adam Kurilowicz, ancien président du syndicat des cheminots polonais, qui avait été détenu là depuis juin 1941, raconta comment avaient eu lieu, le 15 septembre de la même année, sur 80 prisonniers de l'Armée rouge et 600 prisonniers polonais, les premiers essais de chambres à gaz. Un scientifique hongrois, le professeur Mansfeld, parla d'« expériences médicales » comprenant des injections d'acide carbonique, qui tuèrent 140 jeunes Polonais. Le commandement de l'Armée rouge estima à plus de quatre millions le nombre de personnes tuées, mais il fut établi ultérieurement que ce bilan avait été considérablement grossi. Un photographe militaire fut convoqué pour fixer sur la pellicule le portail couvert de neige avec l'inscription *« Arbeit macht frei »* – « Le travail rend libre » –, les cadavres d'enfants au ventre gonflé, les amas de cheveux humains, les corps à la bouche béante, les numéros tatoués sur les bras de morts-vivants. Toutes ces photos furent envoyées à Alexandrov, le responsable de la propagande de l'Armée rouge, à Moscou. Mais, si l'on excepte un article publié le 9 février dans le journal de l'Armée rouge *Stalinskoe Znamia* (*Le Drapeau de Staline*), les autorités soviétiques passèrent sous silence toutes les informations concernant Auschwitz jusqu'au 8 mai, date de l'armistice en Europe [10].

Un officier soviétique découvrit également une directive d'Himmler commandant de « retarder l'exécution des prisonniers russes en état physique de casser des pierres ». Durant l'hiver, certains de ces prisonniers, « dont beaucoup ne portaient que des chemises d'uniforme ou seulement des sous-vêtements », avaient été poussés à l'extérieur à coups de bâton ou de fouet par des températures de moins trente-cinq degrés centigrades. Les rares qui s'en tirèrent vivants souffraient d'épouvantables gelures, et aucun secours médical n'était prévu. Le fait que la Wehrmacht ait remis des prisonniers de guerre sous sa responsabilité aux SS pour extermination ne pouvait que renforcer encore la rancœur des soldats de l'Armée rouge. Un interprète allemand devait même affirmer que, dans un camp au moins, « tous les prisonniers recevaient, à l'arrivée, l'ordre de se déshabiller, et ceux qui étaient déclarés juifs étaient abattus sur place » [11].

Si ces journées de janvier 1945 furent désastreuses pour la Wehrmacht, elles furent beaucoup plus terribles encore pour les millions de civils ayant fui leurs demeures en Prusse-Orientale, en Silésie et en Poméranie. Des familles de fermiers qui avaient pourtant, au fil des siècles, survécu aux hivers les plus rigoureux, découvraient soudain avec horreur leur totale vulnérabilité. Elles se retrouvaient dans les pires conditions climatiques avec leurs maisons brûlées et leur bétail volé ou détruit. Peu, toutefois, voulaient bien se souvenir que ce sort avait récemment été celui d'innombrables paysans polonais, ukrainiens et russes du fait de leurs propres compatriotes.

Les colonnes de réfugiés venant des régions côtières de la Baltique – Prusse et Poméranie – se dirigeaient vers l'Oder et vers Berlin. Celles qui arrivaient du sud – Silésie et Wartheland – cheminaient vers la Neisse. La grande majorité de ces réfugiés étaient des femmes et des enfants, presque tous les hommes qui pouvaient rester ayant été enrôlés dans la Volkssturm. Tous les moyens de transport étaient utilisés, des voitures d'enfant aux charrettes et des brouettes aux carrioles, avec même, de loin en loin, une calèche extraite des remises de quelque château. Il n'y avait pratiquement pas de véhicules à moteur, la Wehrmacht et les cadres du Parti nazi ayant déjà réquisitionné automobiles, camions et carburant. La progression des colonnes de réfugiés était terriblement lente et pénible, non seulement en raison de la neige et de la glace, mais aussi parce que les véhicules étaient surchargés. Souvent un essieu se rompait ou une roue se détachait sous le poids, bloquant tout un convoi. Des charrettes à foin, déjà chargées de vaisselle et de provisions, avaient également été transformées en chariots couverts, avec des couvertures et des tapis en guise de bâches. Sur des matelas, à l'intérieur, on allongeait les femmes enceintes et les mères allaitant leurs enfants. Les bêtes de trait, mal nourries, avaient du mal à avancer sur les routes gelées. Les chevaux souffraient, mais plus encore les bœufs, dont les sabots, non ferrés, ne tardaient pas à s'user et qui laissaient des traces sanglantes dans la neige. Et quand un animal mourait à la tâche, ce qui était trop souvent le cas, on prenait rarement le temps de le dépecer pour le manger, tant la peur inspirée par l'ennemi aiguillonnait les réfugiés.

À la tombée de la nuit, les colonnes étaient dirigées vers des villages un peu à l'écart de la route, où les réfugiés pouvaient camper dans les granges et les étables – parfois même dans les écuries de manoirs et de petits châteaux. Les propriétaires de ceux-ci accueillaient souvent les aristocrates fuyant la Prusse-Orientale ou la Silésie comme des hôtes venus, comme avant la guerre, pour quelque partie de chasse. Près de Stolp, en Poméranie-Orientale, le baron Jesko von Puttkamer tint à tuer un cochon afin de nourrir les réfugiés arrivant chez lui. Un cadre local du Parti nazi « courtaud et ventripotent » survint alors pour l'avertir que tuer un animal sans autorisation officielle constituait « un grave délit ». Le baron lui enjoignit alors de déguerpir s'il ne voulait pas connaître le même sort que le cochon.

Ceux qui avaient réussi à s'échapper de Prusse-Orientale en train n'étaient pas mieux lotis. Le 20 janvier, un train de marchandises bondé de réfugiés entra lentement en gare de Stolp. « On y voyait, déclara une femme, témoin de la scène, des gens recroquevillés, raides de froid, à peine capables de se lever et de descendre des wagons, des vêtements en lambeaux, quelques couvertures drapées sur des épaules courbées, des visages gris, vides d'expression. » Nul ne disait un mot. De petits paquets rigides étaient descendus des wagons et alignés sur le quai. C'étaient des enfants morts de froid. « Le silence, raconta le témoin, fut rompu par les cris d'une femme qui ne voulait pas se séparer de ce qu'elle avait perdu. L'horreur et la panique m'envahirent. Jamais je n'avais vu une telle misère. Et, derrière ce spectacle, se dessinait une terrifiante pensée : ces gens étaient les nôtres, c'était ce qui nous attendait »[12].

Le temps devait devenir plus épouvantable encore une semaine plus tard, avec des températures descendant de moins dix à moins trente dans la nuit. Cinquante centimètres de neige de plus tombèrent au cours de cette dernière semaine de janvier, bloquant même les chars en certains endroits. Cependant, le flot des réfugiés affolés s'accrut encore. Comme les forces soviétiques continuaient leur progression sur Breslau, la capitale silésienne, qu'Hitler avait ordonné de défendre jusqu'au dernier homme et jusqu'à la dernière cartouche, des camions à haut-parleur ordonnèrent aux civils de quitter la ville le plus vite possible. La ruée vers les trains fut telle que certains furent piétinés à mort. Il n'était pas question d'évacuer les malades et les blessés. On leur remit à chacun une grenade, à utiliser contre les Russes ou contre eux-mêmes. Quant aux trains, ils faisaient en vingt et une heures un trajet qui prenait trois heures « en temps normal »[13].

La sœur d'Eva Braun, Ilse, qui vivait à Breslau, figurait parmi les personnes évacuées par chemin de fer. Une voiture officielle vint la chercher le 21 janvier au matin, à la gare de Schlesischer de Berlin, pour la conduire à l'Hôtel Adlon, où résidait Eva. Les deux sœurs dînèrent ensemble le soir dans la bibliothèque de la Chancellerie du Reich. Eva, n'ayant aucune idée de l'ampleur du drame qui se déroulait à l'est, bavardait joyeusement, comme si sa sœur était simplement venue à Berlin pour de courtes vacances. Ilse ne put finalement se contenir. Elle décrivit les colonnes de réfugiés fuyant dans la neige, et, dans sa colère, dit à Eva qu'Hitler précipitait le pays tout entier dans l'abîme. Eva, profondément choquée, s'emporta à son tour. Comment sa sœur pouvait-elle dire de telles choses sur le Führer, qui s'était montré si généreux et avait même offert de l'héberger au Berghof ? Elle aurait mérité d'être fusillée !

Le 29 janvier, les autorités allemandes estimèrent qu'« environ quatre millions de personnes des zones évacuées » se dirigeaient vers le centre du Reich [14]. Ce chiffre était, de toute évidence, très inférieur à la réalité. Il se trouva porté à sept millions dans les quinze jours qui suivirent et à 8 350 000 le 19 février. À la fin de janvier, entre 40 000 et 50 000 réfugiés arrivaient chaque jour à Berlin, le plus souvent par le train. Ils n'étaient pas véritablement les bienvenus. Très vite, la Croix-Rouge allemande prit des mesures énergiques pour évacuer aussi vite que possible ces réfugiés par la gare d'Anhalter ou pour contraindre les trains à éviter Berlin. Les autorités craignaient, en effet, que les malheureux ne répandent dans la capitale « des maladies infectieuses comme le typhus » [15], ainsi que la dysenterie, la paratyphoïde, la diphtérie et la scarlatine.

Un bon exemple du chaos régnant dans les services administratifs et de la rapidité avec laquelle ceux-ci se trouvaient dépassés par les événements est fourni par les statistiques de Dantzig. Le 8 février, on estimait que la ville avait vu arriver 35 000 à 40 000 réfugiés, mais devait en attendre 400 000. Deux jours plus tard, on s'apercevait que ce chiffre de 400 000 avait déjà été atteint. Ne s'étant aucunement préparées à un désastre dont Hitler s'obstinait à nier la possibilité, les autorités nazies devaient maintenant faire des efforts spectaculaires pour rattraper le temps perdu si elles voulaient conserver quelque crédibilité. Elles mobilisèrent en grande pompe des avions Junker 88 de la Luftwaffe pour larguer des vivres aux colonnes de réfugiés bloquées dans la neige, tout en se plaignant discrètement de « la terrible ponction » que cela opérait sur leurs réserves de carburant.

Des dépôts de produits alimentaires furent constitués pour les réfugiés aux alentours de Dantzig, mais ils furent très vite pillés par des soldats allemands dont les rations laissaient de plus en plus à désirer. Cependant, la région à secourir de toute urgence demeurait la Prusse-Orientale, où le premier navire destiné à l'évacuation des populations civiles n'arriva que le 27 janvier, soit quinze jours après le déclenchement de l'offensive de Tcherniakhovsky. D'autres bâtiments, transportant du pain et du lait condensé, ne quittèrent pas le port avant le début de février. Bien sûr, une partie de ces vivres de secours ne parvint jamais à destination. Ainsi, un avion transportant 2 000 boîtes de lait condensé fut abattu lors d'une des premières tentatives de ravitaillement par la voie des airs.

Les deux groupes d'armées commandés par Tcherniakhovsky et Rokossovski avaient acculé à la mer, en diverses poches de résistance, les restes des trois armées allemandes défendant la Prusse-Orientale. Sur son flanc gauche, Rokossovski s'était emparé des anciennes forteresses des Chevaliers Teutoniques, sur la rive orientale de la Vistule, ainsi que de Marienbourg, sur la Nogat. Cela avait eu pour effet de repousser la Deuxième Armée allemande dans l'estuaire de la Vistule, mais elle conservait la jetée de sable du Frische Nehrung. Et, avec plus de trente centimètres de glace sur le lagon du Frisches Haff, les réfugiés pouvaient encore traverser à pied et s'efforcer de gagner ensuite Dantzig. En même temps, sur son flanc droit, le maréchal soviétique avait dû redéployer rapidement ses troupes pour faire face à une tentative de percée allemande en direction de l'ouest.

Hitler demeurait obsédé par l'idée de tenir à tout prix la ligne de défense des lacs de Mazurie. Il entra dans une rage folle lorsqu'il apprit que le chef de la Quatrième Armée, le général Hossbach, avait, le 24 janvier, abandonné la forteresse de Lötzen, qui constituait la pierre angulaire du dispositif. Guderian lui-même avait été ébranlé par cette nouvelle. Mais Hossbach et son supérieur direct, le général Reinhardt, étaient résolus à briser l'encerclement opéré par Rokossovski afin d'éviter un autre Stalingrad.

Leur attaque, une tentative de percée qui visait à permettre aux civils de s'échapper eux aussi, commença le 26 janvier, par une nuit claire et glaciale. Cette brusque offensive fit voler en éclats la 48e Armée soviétique et se poursuivit presque jusqu'à Elbing, que la Deuxième Armée allemande avait réussi à tenir. Mais, après trois jours de combats acharnés dans la neige et le froid, les troupes de Rokossovski se reprirent et parvinrent à repousser les assaillants. Hitler limogea Reinhardt et Hossbach, dont les divisions se trouvèrent repoussées dans ce qu'on appela le *Kessel* – chaudron – d'Heiligenbeil, un incommode quadrilatère s'adossant au Frisches Haff. Plus de 600 000 civils s'y trouvaient bloqués en même temps que les soldats.

Pendant ce temps, les troupes du 3e Front biélorusse avaient complètement encerclé Königsberg. La garnison de la Troisième

Armée blindée allemande se trouvait ainsi coupée de la péninsule de Samland, qui conduisait au petit port de Pillau sur la Baltique, à l'entrée du lagon. Près de 200 000 civils étaient également bloqués dans la ville, avec des réserves alimentaires plus que réduites. Cette situation contraignait chaque jour plus de deux mille femmes et enfants à tenter de gagner, à pied sur la glace, dans les conditions les plus périlleuses, la ville déjà surpeuplée de Pillau. Des centaines d'autres allaient même, dans la neige, se mettre à la merci des troupes soviétiques avec tous les dangers que cela représentait.

Le premier navire parti de Pillau avec 1 800 évacués civils et 1 200 blessés n'arriva à destination que le 29 janvier. Le Gauleiter Koch, après avoir violemment condamné l'initiative des généraux Reinhardt et Hossbach et ordonné aux défenseurs de Königsberg de se battre jusqu'au dernier, fuit sa capitale. Après un bref passage à Berlin, il retourna à Pillau pour faire grand tapage en organisant une évacuation par mer de ses administrés. Avant de s'éclipser lui-même une fois de plus.

Pillau ne pouvant accueillir des navires de très gros tonnage, le principal port affecté aux évacuations de la côte de la Baltique était Gdynia – alors Gotenhafen –, juste au nord de Dantzig. Le grand amiral Dönitz donna, le 21 janvier, l'ordre de lancer l'Opération Hannibal, devant assurer une évacuation massive des réfugiés avec le concours de quatre grands navires. Le 30 janvier, le *Wilhelm Gustloff*, le plus grand paquebot de croisière allemand, conçu pour accueillir 2 000 passagers, appareilla avec entre 6 600 et 9 000 personnes à son bord, et une unique vedette lance-torpilles pour escorte. Le soir même, il fut pris en chasse par un sous-marin soviétique de la flotte de la Baltique commandé par le capitaine de vaisseau A.I. Marinesco. Le sous-marin lança trois torpilles, qui atteignirent toutes leur cible. Surpris dans leur sommeil, les réfugiés épuisés furent pris de panique. Il y eut une ruée désespérée vers les canots de sauvetage, qui étaient en nombre insuffisant et dont beaucoup chavirèrent lorsque les naufragés tentèrent de s'y précipiter en masse. Beaucoup des passagers ne purent même pas quitter le navire ni même accéder aux ponts tandis que l'eau glaciale envahissait le bâtiment. La température extérieure était de moins dix-huit degrés centigrades. Le navire sombra en moins d'une heure. Entre 5 300 et 7 700 personnes périrent. Les 1 300 survivants furent finalement recueillis par une flottille groupée autour du croiseur lourd *Admiral Hipper*. C'était le pire désastre maritime enregistré jusque-là.

Même encore maintenant, les histoires russes persistent à

s'accrocher à la version officielle soviétique selon laquelle le navire aurait transporté « plus de 6 000 hitlériens, dont 3 700 sous-mariniers ». En Russie, en fait, on semble s'intéresser beaucoup moins au sort des victimes de ce drame qu'à celui de son responsable, le capitaine de vaisseau Marinesco. Sa recommandation pour le titre de Héros de l'Union soviétique fut rejetée par le NKVD parce qu'il avait eu une liaison avec une ressortissante étrangère, crime pour lequel il échappa de peu au Goulag. Ce n'est qu'en 1990, « à la veille du quarante-cinquième anniversaire de la victoire », que cette distinction lui fut attribuée à titre posthume.

L'un des effets secondaires de cette migration massive fut d'aggraver considérablement la crise des transports et la pénurie de carburant en Allemagne. La mobilisation des wagons disponibles pour le transport des réfugiés à travers la Poméranie avait amené la suspension des livraisons de charbon. En certaines localités, les boulangers n'avaient plus de quoi faire cuire le pain. La situation générale devint si désespérée que, afin « de sauver le Reich », on revint sur les mesures attribuant les trains au transport des réfugiés de façon prioritaire, pour redonner les premières places à la Wehrmacht et à la distribution du carburant [16]. Cette décision fut prise le 30 janvier, date marquant le douzième anniversaire de l'accession du Parti national-socialiste au pouvoir.

Certains généraux allemands tendaient à considérer les réfugiés comme un objet de pitié, mais aussi comme un facteur de gêne et de désordre. L'un des favoris d'Hitler, le général Schörner, avait donné ordre qu'une zone de trente kilomètres sur la rive orientale du Haut-Oder soit exclusivement réservée aux opérations militaires. Il se plaignait ouvertement de ce que la présence de réfugiés entrave l'activité militaire et avait demandé au maréchal Keitel d'ordonner « la cessation des évacuations ».

Il arrivait que les autorités nazies traitent les réfugiés allemands presque aussi mal que des détenus de camps de concentration. Les Kreisleiters, ou administrateurs locaux, évitaient le plus souvent de prendre la responsabilité des malheureux, surtout s'ils étaient malades. Certains de ceux-ci, par exemple, furent entassés dans les wagons découverts de trois trains de marchandises pour être acheminés vers le Schleswig-Holstein. Un seul de ces trains transportait 3 500 personnes, principalement des femmes et des enfants. « Ces gens étaient dans un état épouvantable, précise un rapport [17]. Ils étaient envahis par la vermine et étaient souvent atteints de maux tels que la gale. Après ce long voyage, de nombreux morts gisaient dans les wagons. Souvent, les trains ne sont pas déchargés à la destination prévue mais envoyés vers une autre gare. En dehors de cela, tout est en ordre au Schleswig-Holstein. »

Hitler décida personnellement qu'il serait opportun d'emplir de réfugiés allemands le « protectorat » de Tchécoslovaquie occupée. « Il est d'avis, expliqua l'un de ses collaborateurs, que si les Tchèques voient toute cette misère, ils ne se laisseront pas entraîner dans un mouvement de résistance. » Ce qui se révéla vite un très mauvais calcul. Moins de trois semaines plus tard parvenait à Berlin un rapport expliquant que les Tchèques, ayant sous les yeux la preuve concrète de la défaite allemande, s'étaient aussitôt mis à préparer leur propre gouvernement sous les ordres de Benès[18].

Hitler s'était convaincu que tout se passerait bien si un chef militaire assez impitoyable et idéologiquement sûr était désigné pour défendre le Reich à l'est. Le général Guderian eut quelque mal à en croire ses oreilles lorsqu'il apprit qu'Hitler avait décidé, le 24 janvier, qu'Himmler, le Reichsführer SS, devait prendre le commandement du nouveau Groupe d'Armées de la Vistule, entre la Prusse-Orientale et les restes du Groupe d'Armées de Reinhardt en Silésie.

Cet après-midi-là, le colonel Hans Georg Eismann, de l'état-major général, avait reçu ordre de se rendre à Schneidemühl pour y prendre les fonctions de chef des opérations au quartier général du Groupe d'Armées de la Vistule. Eismann n'avait jamais entendu parler d'un tel groupe d'armées. Le général chargé des effectifs lui expliqua qu'il venait juste d'être constitué. Et Eismann fut aussi étonné que l'avait été Guderian d'apprendre qu'Himmler devait en être le chef.

Eismann prit le soir même la direction de l'est à bord d'une *Kübelwagen*, le véhicule léger classique de l'armée allemande. Durant son parcours sur la Reichsstrasse 1, « toute l'étendue du chaos et de la misère » qui régnaient lui apparut soudain à la vision de « convois sans fin de réfugiés venus de l'est ».

Il s'aperçut également que, contrairement aux autres, le quartier général du Groupe d'Armées de la Vistule n'était pas facile à trouver. Son siège semblait être un secret jalousement préservé. À Schneidemühl, on se refusa d'abord à le renseigner. Il eut toutefois la chance d'apercevoir le major von Hase, qu'il connaissait et qui lui donna les indications nécessaires.

Ce quartier général était en fait le train spécial d'Himmler, le *Sonderzug Steiermark*, suite de wagons-lits avec plusieurs plates-formes équipées de canons antiaériens. Des SS en armes montaient la garde tout au long du quai. Un jeune Untersturmführer conduisit Eismann auprès d'Himmler.

Celui-ci était assis derrière un bureau dans son wagon-salon. Il se leva pour tendre au visiteur une main qu'Eismann trouva « molle comme celle d'une femme ». Il ne portait pas sa tenue noire habituelle mais un uniforme *feldgrau*, sans doute pour bien affirmer son nouveau rôle de chef militaire. Il conduisit Eismann vers une table où figurait une carte du front dépassée d'au moins vingt-quatre heures.

« De quoi disposons-nous pour obturer cette brèche et établir un nouveau front ? » demanda Eismann.

Le colonel avait quelque expérience des situations de crise – et notamment des situations de crise aggravées, sinon suscitées, par le quartier général du Führer. En décembre 1942, il s'était, sur ordre du maréchal von Manstein, rendu par avion dans Stalingrad encerclée pour discuter avec le général Paulus.

Himmler lui répondit par tous les clichés habituels à Hitler : « contre-attaque immédiate », « enfoncer leur flanc » et autres formules héroïques. Il donna, ce faisant, au colonel l'impression d'un homme dépourvu de toute compétence militaire, d'un « aveugle parlant des couleurs ». Quand Eismann demanda combien d'unités en état de combattre étaient disponibles, il apparut qu'Himmler n'en avait aucune idée. Il semblait, en particulier, ignorer que la Neuvième Armée n'existait pratiquement plus que sur le papier. Une seule chose était claire, c'était que le Reichsführer SS n'appréciait guère les questions directes [19].

Il apparut très vite que le Groupe d'Armées de la Vistule ne manquait pas seulement d'officiers d'état-major qualifiés. Il n'avait, en plus, ni service de transport et de ravitaillement ni unité de transmissions. Le seul moyen de communication était le téléphone du chef d'état-major. Il n'existait au quartier général qu'une carte, si l'on exceptait la carte routière apportée de Berlin par Eismann.

Toujours résolu à contre-attaquer, Himmler voulait réunir et amalgamer des unités dépareillées, régiments ou bataillons. Eismann suggéra qu'on fasse organiser la chose par un commandant divisionnaire disposant au moins d'un état-major et d'un service de transmissions. Himmler insista pour qu'il s'agisse, de façon plus spectaculaire, d'un commandant de corps d'armée. Il choisit pour ce rôle l'Obergruppenführer Demmlhuber – que les officiers de la Wehrmacht avaient surnommé « Tosca », du nom d'un parfum qu'il était soupçonné d'utiliser. Demmlhuber, qui avait plus d'expérience militaire qu'Himmler, ne fut pas enchanté de la tâche qui lui était attribuée. De fait, l'opération se solda par un échec complet et « Tosca » fut l'un des très rares généraux de Waffen SS à être limogé. Les amateurs d'opéra persiflèrent, déclarant que, contrairement à sa malheureuse homonyme, il n'avait pas eu besoin de sauter des remparts ; on s'était chargé de le pousser.

Un autre officier général de la Waffen SS vint prendre les fonctions de chef d'état-major du Groupe d'Armées de la Vistule. Il s'agissait du Brigadeführer Lammerding, ancien commandant de la division de Panzer SS *Das Reich*. Bien que chef militaire respecté, Lammerding n'avait que peu d'expérience du travail d'état-major et n'était pas le moins du monde porté au compromis.

Entre-temps, l'avance soviétique en direction de Schneidemühl avait contraint l'état-major du Groupe d'Armées à se replier au nord, sur Falkenbourg. Schneidemühl, classée par Hitler parmi les « forteresses », fut abandonnée à la garde de huit bataillons de Volkssturm, appuyés par quelques sapeurs et un peu d'artillerie de forteresse. La consigne était néanmoins de défendre la ville à tout prix. La formule d'Hitler « le soldat allemand restera là où il se tient » demeurait le mot d'ordre [20].

Un bataillon de Volkssturm poméranien quitta Stolp pour gagner Schneidemühl par le train. Il était commandé par le baron Jesko von Puttkamer, le hobereau qui avait si vertement remis à sa place le dignitaire nazi venu le menacer. Ses officiers et lui avaient revêtu leurs vieux uniformes de la Première Guerre mondiale et s'étaient munis de leurs pistolets d'ordonnance. Leurs hommes, pour la plupart des paysans et des commerçants, n'étaient armés que de leurs brassards de la Volkssturm. Ils étaient censés percevoir des armes à Schneidemühl. Mais, soudain, leur train se trouva pris sous le feu de chars soviétiques. Le conducteur réussit à stopper, puis à repartir en marche arrière avec une remarquable célérité.

Une fois que tout le monde fut hors de danger, Puttkamer fit descendre ses hommes du train et les ramena à Stolp en marche forcée dans la neige. Il se refusait à les faire tuer pour rien. Il fut accueilli en triomphateur à son arrivée. Mais, écœuré, il rentra immédiatement chez lui pour retirer le vieil uniforme qui s'était, à ses yeux, déshonoré « sous ces Hitler et ces Himmler ».

5

LA CHARGE VERS L'ODER

Dans la dernière semaine de janvier, un climat « d'hystérie et de désintégration » semblait régner à Berlin. Il y avait deux alertes aériennes chaque soir, l'une à huit heures et l'autre à onze heures. Les réfugiés venus des territoires de l'est traçaient un tableau horrifiant du sort réservé à ceux qui étaient tombés aux mains de l'Armée rouge. La Hongrie, dernier allié de l'Allemagne dans les Balkans, se rangeait maintenant ouvertement aux côtés de l'Union soviétique, et la rapidité de l'avance des blindés laissait prévoir un effondrement de l'ensemble du front de l'Est. Les simples soldats se prenaient à espérer que l'ennemi se bornerait à fusiller les officiers et les SS, les ouvriers et les petits cadres tentaient de se convaincre que les Russes ne les toucheraient pas.

Les informations les plus précises sur la situation venaient des employés de chemin de fer. Ils savaient souvent bien avant l'état-major général quelle avance avait réalisée l'ennemi. De plus en plus d'Allemands, d'autre part, prenaient le risque d'écouter les bulletins d'information de la BBC, bien qu'on pût, pour cela, se retrouver dans un camp de concentration sur simple dénonciation d'un voisin. Cependant, il se trouvait encore beaucoup de fidèles d'Hitler et de Goebbels pour continuer à croire chaque parole émanant du *Promi*, le « Propaganda Ministerium ».

On réparait toujours les lignes de communication urbaines, et les gens continuaient à se rendre à leur travail au milieu des décombres. Plus nombreux étaient ceux qui s'arrangeaient pour rester le plus près possible de leur lieu de travail. Le sac de couchage était devenu un objet d'utilisation courante. Les lits de camp étaient également très recherchés pour les parents et amis ayant fui les régions de l'est ou ayant eu leurs maisons détruites par les bombes. Dans les couches supérieures de la société, on évoquait couramment les moyens de fuir Berlin. On parlait beaucoup de propriétaires terriens abattus sans autre forme de procès par les troupes soviétiques en Prusse-Orientale, ce qui convainquait les représentants des classes aisées qu'ils allaient devenir des cibles de choix. La propagande soviétique était axée autant sur le « militarisme des junkers » que sur le national-socialisme.

Ceux qui s'efforçaient de s'échapper devaient opérer avec la plus grande prudence. Goebbels avait décrété que quitter Berlin sans autorisation revenait à une désertion. Tout d'abord, il fallait obtenir un permis de circuler qui ne pouvait être sollicité qu'en prétextant d'un travail important à effectuer hors de la capitale. Ceux qui avaient vraiment un motif officiel pour s'absenter de Berlin s'entendaient murmurer par des collègues envieux : « Ne reviens pas. Reste là-bas. » Presque tous rêvaient d'un endroit tranquille à la campagne, où les bombes ne pleuvaient pas et où l'on trouvait encore des victuailles dans les fermes. Certains envisageaient même la possibilité d'acheter de faux passeports, et l'on faisait une cour assidue aux diplomates étrangers. Les fonctionnaires des ministères devaient se révéler particulièrement chanceux. Ils furent évacués vers le sud dans les semaines qui suivirent [1].

Pire que tout le reste fut la vague d'exécutions capitales opérées par les SS sur ordre d'Himmler. Le 23 janvier, alors que l'Armée rouge commençait à violer les anciennes frontières du Reich, plusieurs membres de la Résistance antihitlérienne liés au complot du 20 juillet 1944 furent mis à mort à la prison de Plötzensee. Parmi eux figuraient le comte Helmuth James von Moltke, Eugen Bolz et Erwin Planck, le fils du physicien Max Planck.

Le nouveau slogan de Goebbels était : « Nous gagnerons car nous devons gagner. » Il était tourné en dérision par les antinazis, mais la majorité des Allemands semblaient l'accepter sans mot dire, faute de pouvoir imaginer autre chose. C'était d'ailleurs ce à quoi avait tendu la propagande de Goebbels depuis les revers à l'est : persuader les Allemands qu'ils n'avaient d'autre choix que de se battre.

L'activité de Goebbels à son double titre de commissaire du Reich pour la Défense de Berlin et de ministre de la Propagande, semblait incessante et inlassable. Prêchant la guerre totale, il visitait les soldats, multipliait les discours, passait en revue les unités de la Volkssturm, haranguait partout les troupes. La population, dans son ensemble, ne voyait plus Hitler. Il avait disparu des bandes d'actualités. Il avait prononcé un discours radiodiffusé le 30 janvier, pour marquer le douzième anniversaire de l'accession du Parti national-socialiste au pouvoir, mais sa voix semblait différente, moins puissante et moins convaincante. Des rumeurs avaient recommencé à circuler sur sa mort ou sa retraite. Le public ignorait même s'il était à Berchtesgaden ou à Berlin. Et, tandis que Goebbels accroissait sa popularité en rendant visite aux victimes des bombardements, Hitler se refusait à voir sa capitale mutilée.

Cette quasi-invisibilité d'Hitler en cette période était due en partie à une décision personnelle de repli sur soi-même et en partie au fait qu'il était devenu extrêmement difficile de dissimuler les changements dramatiques survenus dans son physique et son allure. Des officiers qui n'avaient pas vu le Führer depuis l'attentat du 20 juillet en furent frappés lorsqu'ils le rencontrèrent dans le bunker de la Chancellerie, à Berlin. « Il était parfois si recroquevillé, devait déclarer l'aide de camp de Guderian, le major Freytag von Loringhoven, qu'il donnait presque l'impression d'être bossu. »

Son regard, naguère étincelant, était devenu terne et sa peau avait pris une teinte grisâtre. Il traînait la jambe et sa poignée de main était molle. Il soutenait souvent sa main gauche de la droite afin de dissimuler son tremblement. Bien que n'ayant pas encore atteint son cinquante-sixième anniversaire, il avait l'air d'un vieillard. Il avait également perdu cet étonnant sens du détail et cette mémoire des chiffres grâce auxquels il avait coutume d'écraser toute opposition. Et il ne prenait même plus plaisir à jouer l'un contre l'autre les membres de son entourage, comme il l'avait fait si longtemps. Il ne voyait plus que trahison tout autour de lui.

Les officiers de l'état-major général étaient parfaitement conscients de la méfiance dont ils étaient entourés lorsqu'ils se rendaient à la Chancellerie. Certes, les gardes SS leur présentaient les armes à leur arrivée, mais ils fouillaient ensuite leurs serviettes et leur confisquaient leurs pistolets pour la durée de leur visite.

Ces officiers devaient également se rappeler, avant d'entrer dans le bunker, que le salut militaire traditionnel était banni. Tous les membres de la Wehrmacht devaient faire le « salut allemand » – c'est-à-dire le salut nazi, bras levé. Beaucoup d'officiers commençaient par porter machinalement la main à la visière de leur casquette, puis, se remémorant soudain la consigne, projetaient le bras devant eux. De son propre aveu, Freytag von Loringhoven ne se sentait guère à l'aise à la Chancellerie. Son prédécesseur avait été pendu pour sa participation au complot de juillet 1944, et son cousin, le colonel baron Freytag von Loringhoven, également impliqué dans l'affaire, s'était suicidé.

La Chancellerie du Reich était presque vide, en ce mois de janvier 1945. Meubles, tableaux et tapisseries avaient été déménagés afin d'être mis à l'abri. Il y avait de grandes fissures aux plafonds, les fenêtres aux vitres fracassées avaient été obturées avec des planches, et des cloisons en contre-plaqué s'efforçaient de dissimuler le plus gros des dégâts.

Peu avant, dans l'un des immenses corridors dallés de marbre conduisant à la salle de conférence, Freytag von Loringhoven avait eu la surprise de voir deux jeunes femmes très luxueusement habillées et élégamment coiffées. Elles semblaient si déplacées en un tel lieu, que Freytag avait demandé à l'aide de camp de Keitel, qui l'accompagnait, qui étaient ces personnes.

« C'était Eva Braun », avait répondu l'officier.

« Qui est Eva Braun ? » avait alors demandé Freytag.

« C'est la maîtresse du Führer, avait précisé l'aide de camp de Keitel en souriant de l'étonnement de son interlocuteur. Et l'autre était sa sœur, qui est mariée à Fegelein. »

Pratiquement personne, à l'extérieur, n'avait alors entendu parler d'Eva Braun. Et même les officiers de la Wehrmacht attachés à la Chancellerie étaient restés d'une totale discrétion à cet égard.

Freytag, en revanche, connaissait fort bien Fegelein, l'officier de liaison d'Himmler, qu'il considérait comme un personnage « épouvantablement vulgaire, avec un terrible accent de Munich, un air arrogant et de mauvaises manières ». Mais, malgré sa profonde aversion pour l'homme, Freytag avait dû, un jour, faire appel à tout son courage pour lui demander un service. L'un de ses amis avait été arrêté dans l'une des vastes rafles ayant suivi l'affaire de juillet 1944 et se trouvait encore détenu dans les caves du siège central de la Gestapo. Freytag déclara à Fegelein être pratiquement sûr de l'innocence de son ami et demanda si l'on pouvait au moins connaître la nature des accusations portées contre lui. Fegelein avait promis de s'en occuper, et, peu après, l'ami de Freytag avait été libéré.

Fegelein, officier de cavalerie SS ayant remporté la Croix de chevalier en combattant les partisans en Yougoslavie, cultivait avec soin un physique de beau ténébreux un peu louche. Et, n'hésitant pas à couper la parole à des généraux en pleine conférence, il tirait manifestement grande satisfaction de l'énorme influence que lui conféraient à la fois sa position de représentant d'Himmler et sa proximité personnelle avec le Führer. Il était devenu, en particulier, très intime avec Eva Braun, avec laquelle il dansait fréquemment et se promenait à cheval. Certains avaient même soupçonné une liaison entre eux, mais la chose semble peu probable : Eva Braun était sincèrement éprise d'Hitler et Fegelein, quant à lui, était certainement trop ambitieux et trop rusé pour risquer d'aller trop loin avec la compagne du Führer. Et, le 3 juin 1944, Hitler avait été le principal témoin du mariage de Fegelein avec Gretl, la jeune sœur d'Eva Braun.

L'entourage d'Hitler réussissait le prodige d'être aussi corrompu en profondeur qu'il était austère en apparence, et la rhétorique glorieuse et héroïque dans laquelle il se drapait ne parvenait pas à dissimuler cette contradiction. L'incompétence, le désordre et l'intrigue régnaient de façon absolue parmi ces courtisans apparemment unis dans le culte de leur dieu idéologique. Et, malgré les apparences militaires qu'ils tentaient de se donner, les saluts, les claquements de talons et les conférences stratégiques biquotidiennes, nul n'aurait pu être plus éloigné qu'eux des réalités du front.

Les intrigues et les luttes intestines pour le pouvoir ne cessaient de s'intensifier à mesure que la santé d'Hitler se détériorait et que le Reich lui-même s'effondrait. Göring, Goebbels, Himmler et Bormann se voyaient tous en position de successeur du Führer. Et la simple idée que le monde extérieur pût accepter la moindre forme de succession pour le Troisième Reich donne la mesure de l'irréalisme dans lequel en étaient venus à vivre les dignitaires nazis.

À la fin de la troisième semaine de janvier, le 1er Front ukrainien du maréchal Koniev vint s'implanter en Silésie après la prise de Cracovie et de Radom. Afin de préserver, conformément aux instructions de Staline, les mines et les usines de Haute-Silésie, Koniev avait décidé d'entreprendre un encerclement partiel de la région, de Katowice à Ratibor, en laissant une voie de retraite aux troupes allemandes demeurant dans ce secteur. La 3e Armée blindée de la Garde avançait vers Breslau, mais, sur l'ordre du maréchal, elle bifurqua sur la gauche et revint se porter sur la rive orientale de l'Oder, vers Oppeln. Puis, comme s'il actionnait une pompe refoulante, Koniev chargea les 21e, 59e et 60e Armées de repousser les Allemands devant elles.

Durant la nuit du 27 janvier, les divisions de la Septième Armée allemande se replièrent vers l'Oder. Les chars de la 3e Armée blindée de la Garde du général Rybalko, jouant le rôle de l'artillerie, les prirent à partie alors qu'elles se trouvaient à découvert dans la neige et leur infligèrent de lourdes pertes. Les blindés soviétiques avaient été camouflés, de façon pour le moins étrange, à l'aide de vastes pièces de tulle blanc saisies dans une usine de textile de Silésie.

Lors des deux jours qui suivirent, la zone minière et industrielle, tant convoitée par Staline, fut conquise intacte par les Soviétiques. C'était, comme l'avait prévu Guderian, une catastrophe pour l'Allemagne. Les prévisions faites par Speer deux semaines plus tôt, quant à la production d'armement, avaient tout simplement volé en éclats. Speer le reconnut lui-même, annonçant que l'Allemagne n'avait plus, en fait, que de quoi tenir quelques semaines. La perte des mines et des usines de Silésie représentait, pour la production de guerre allemande, un coup sans doute plus important que celui infligé par deux années de bombardement aérien de la Ruhr par les Alliés.

Le plus surprenant de l'affaire était que le retrait de la Septième Armée avait été autorisé par le quartier général du Führer. Celui-ci avait limogé le général Harpe et l'avait remplacé par l'un de ses favoris, le général Schörner, un nazi convaincu dont la devise était « La force par la peur ». Il partait du principe que, pour être efficaces, ses soldats devaient avoir encore plus peur de lui que de l'ennemi.

Le plus gros de la Septième Armée réussit à se replier, mais assez peu de femmes et d'enfants s'échappèrent de Haute-Silésie. Beaucoup, surtout parmi les plus âgés, avaient en fait choisi de rester là où ils étaient. Il y avait des veuves qui refusaient de s'éloigner de la tombe de leur mari, des paysans qui ne se résignaient pas à abandonner des fermes qui étaient restées dans leur famille depuis des générations. Ils sentaient que, s'ils partaient, ils ne reviendraient jamais. Une Suédoise qui avait réussi à franchir les lignes soviétiques en charrette et à gagner l'ambassade de son pays déclara aux diplomates que, s'il était arrivé en certains endroits que les troupes russes « se conduisent de façon correcte », les histoires atroces répandues par les services de propagande allemands semblaient le plus souvent véridiques. Elle ajouta que, compte tenu de la façon dont les Allemands eux-mêmes s'étaient comportés en Russie, elle n'en avait pas été surprise [2].

Les Soviétiques se montraient également féroces devant le moindre acte de résistance. Ayant trouvé un soldat russe mort dans une rue, les officiers d'une compagnie d'infanterie « avaient ordonné à leurs hommes de massacrer toute la population du village » [3].

La rapidité même de l'avance du 1er Front ukrainien avait créé certains problèmes au commandement soviétique. Des régiments du NKVD, en principe chargés du maintien de l'ordre sur les arrières du front, se retrouvaient brutalement aux prises avec des unités allemandes dépassées par les troupes de pointe soviétiques et continuant à se battre avec acharnement. Le 26 janvier, le général Karpov, commandant la division d'infanterie du NKVD, suivant les troupes combattantes, se plaignit à Mechik, responsable du NKVD à l'état-major du Front, que ses trois régiments « ne suffisaient clairement pas en ce terrain difficile et boisé ». Il demandait plus de troupes et de véhicules [4].

Au centre du dispositif de Koniev, cependant, la 5e Armée de la Garde avait réussi à s'assurer une tête de pont au-delà de l'Oder, entre Breslau et Oppeln. Et la 4e Armée blindée de la Garde, commandée par le général Leliouchenko, établit un autre pont sur la rive ouest de l'Oder, autour de Steinau, au nord-est de Breslau, et ce bien que l'agglomération de Steinau elle-même fût vigoureusement défendue par les sous-officiers d'un centre d'instruction voisin.

Les tankistes de Leliouchenko avaient mis à profit leurs moments de loisir avant l'offensive de la Vistule en s'entraînant au tir de façon intensive sur des chars allemands Tigre pris à l'automne précédent. Ils tiraient maintenant sur les navires allemands tentant de quitter Breslau, sans doute avec des réfugiés civils à leur bord.

Les Allemands, pendant ce temps, avaient envoyé de toute urgence la 169e Division d'infanterie renforcer les défenses de Breslau. En apprenant que les Soviétiques avaient établi une tête de pont dans le secteur de Steinau, Hitler avait donné aux généraux von Saucken et Nehring ordre de contre-attaquer immédiatement avec les troupes dont ils disposaient, encore affaiblies par leur difficile retraite de Pologne.

Breslau ayant été déclarée « forteresse » par le Führer, on ordonna par haut-parleurs l'évacuation des civils. Tous les hommes ne servant pas déjà dans la Wehrmacht ayant été enrôlés dans la Volkssturm pour défendre la ville, les réfugiés furent presque uniquement des femmes et des enfants, et la panique aidant, leur évacuation s'opéra dans des conditions le plus souvent atroces. Les femmes qui n'avaient pu trouver de place dans les trains bondés se résolurent à quitter la ville à pied. Celles qui avaient des enfants en bas âge avaient pris des thermos de lait chaud, et mis dans des sacs à dos quelques vivres et du lait en poudre. Elles espéraient, à la suite d'annonces faites par le NSV, l'organisation d'aide sociale du Parti national-socialiste, recevoir des secours en route.

Mais dès qu'elles furent sorties de Breslau, ces femmes comprirent qu'elles ne pouvaient compter que sur elles. Très peu de véhicules à moteur quittaient la ville, et rares furent donc celles qui purent se faire transporter. Pour l'immense majorité, on allait devoir faire la route à pied. La neige y était si épaisse que la plupart des mères durent abandonner leurs poussettes et transporter dans leurs bras les plus jeunes enfants. Elles ne tardèrent pas à s'apercevoir, aussi, que le vent glacial avait refroidi le lait dans les thermos. Il n'y avait plus qu'un moyen de nourrir un bébé affamé, mais il était pratiquement impossible de trouver un abri pour l'allaiter. Toutes les portes étaient fermées à clé, soit parce que les maisons avaient déjà été abandonnées, soit parce que les gens qui s'y trouvaient refusaient d'ouvrir à quiconque. En désespoir de cause, quelques mères tentaient de donner le sein à leur enfant derrière un mur ou une palissade, mais le bébé n'arrivait pas à se nourrir et la température corporelle de la mère se mettait à baisser dangereusement. Certaines se retrouvaient avec les seins gelés. Dans une lettre, une jeune femme ayant elle-même perdu son enfant, mort de froid, décrivait d'autres femmes pleurant devant un bébé gelé dans ses langes durcis, tandis que d'autres restaient assises dans la neige, sur le bord de la route, trop épuisées pour bouger, entourées d'enfants qui gémissaient de peur, se demandant si leur mère était inconsciente ou morte. Dans ce froid, l'un conduisait à l'autre.

Pendant ce temps, les troupes du 1er Front biélorusse de Joukov avaient progressé encore plus rapidement vers le nord-ouest. Joukov avait donné consigne à ses deux armées blindées d'éviter les poches de résistance, ce qui leur permit d'avancer de soixante-dix à cent kilomètres par jour. Mais, le 25 janvier dans l'après-midi, Staline appela Joukov pour lui demander de freiner son offensive. « Quand vous aurez atteint l'Oder, dit le maître du Kremlin, vous serez à plus de 150 kilomètres du flanc du 2e Front biélorusse. Vous ne pouvez pas vous mettre dans cette situation. Vous devez attendre que les troupes de Rokossovski aient conclu leurs operations en Prusse-Orientale et puissent se déployer au-delà de la Vistule. » Staline craignait une contre-attaque sur le flanc droit de Joukov menée par les troupes allemandes réparties de long de la côte de Poméranie, qu'on avait surnommée « le balcon sur la Baltique ». Joukov supplia alors Staline de le laisser continuer, soulignant que s'il attendait pendant dix jours que Rokossovski en ait fini avec la Prusse-Orientale, cela donnerait aux Allemands le temps de prendre position sur la ligne fortifiée de Meseritz. Staline finit par se rendre aux arguments de Joukov avec la plus grande réticence.

Les armées de Joukov traversaient alors la région que les Allemands avaient appelée le Wartheland, un secteur de Pologne occidentale annexé en 1939. Son Gauleiter, Artur Greiser, apparaissait comme un raciste déchaîné, même selon les normes nazies. Il avait fait procéder aux expulsions les plus massives et les plus brutales, expropriant plus de 700 000 Polonais dont les fermes et les maisons avaient été attribuées à des colons germanophones venus de toute l'Europe centrale et orientale. Dépossédés de tout et jetés à la rue, privés de tout moyen de subsistance, les Polonais avaient été réduits à la misère et à la famine. Les juifs avaient été encore plus mal traités. Plus de 160 000 d'entre eux avaient été entassés dans le petit ghetto de Lodz. Ceux qui n'y étaient pas morts de faim avaient fini dans des camps de concentration. Il n'en restait que 850 vivants lorsque les chars soviétiques étaient entrés dans la ville[5].

Le désir de revanche des Polonais était si violent que Serov, le chef du NKVD pour le 1er Front biélorusse, écrivit à Beria pour lui signaler que les représailles spontanées venaient compromettre gravement la collecte des renseignements. « Les troupes de la 1re Armée polonaise, affirmait-il, traitent les Allemands de façon particulièrement féroce. Souvent, des officiers et soldats allemands faits prisonniers n'arrivent pas jusqu'aux centres de regroupement. Ils sont abattus en route. Ainsi, dans le secteur du 2e Régiment de la 1re Division d'infanterie, 80 Allemands ont été capturés. Il n'y a eu que deux prisonniers à atteindre le centre de regroupement. Tous les autres avaient été exécutés. Les deux survivants furent d'abord interrogés par le chef de corps, mais quand celui-ci les envoya à son officier de renseignement pour un complément d'information, tous deux furent abattus en chemin »[6].

La décision de Joukov de continuer à faire foncer ses deux armées blindées porta ses fruits. Les Allemands n'eurent à aucun moment l'occasion d'organiser une ligne de défense. Sur la droite, la 3e Armée de choc, les 47e, 61e et 1re Armées polonaises avancèrent parallèlement à la Vistule et vinrent se porter entre Bromberg et Schneidemühl pour couvrir le flanc exposé. Au centre, la 2e Armée blindée de la Garde, commandée par Bogdanov, poursuivit sa poussée, suivie par la 5e Armée de choc de Berzarine. Et, sur la gauche, la 1re Armée blindée de la Garde de Katoukov fonça vers Poznan. Mais Poznan n'était pas comme Lodz. Atteignant la ville le 25 janvier, Katoukov vit qu'elle ne pourrait certainement pas être prise dans la foulée. Appliquant les consignes de Joukov, il poursuivit donc sa progression, en laissant à Tchouikov, qui suivait de près avec la 8e Armée de la Garde, le soin de régler le problème. Ce qui ne fit certainement rien pour atténuer les sentiments d'animosité de Tchouikov à l'égard de Joukov.

Le Gauleiter Greiser, comme Koch en Prusse-Orientale, avait fui sa capitale après avoir ordonné à tous les autres de résister à tout prix. Il s'était refusé, avant le 20 janvier, à autoriser l'évacuation des civils, ce qui fit qu'en maints endroits plus de la moitié de la population dut rester sur place. Vassili Grossman, qui accompagnait de nouveau l'armée de Tchouikov, parlait des « civils allemands nous observant, cachés derrière leurs rideaux »[7].

Le défilé qu'ils pouvaient observer avait souvent une allure fort peu militaire. « L'infanterie, notait Grossman, s'est installée dans des voitures à cheval de toutes les sortes. Les hommes fument, mangent, boivent et jouent aux cartes. Certaines voitures sont recouvertes de tapis, et les conducteurs sont assis sur des matelas de plume. Les soldats n'ont plus recours aux rations militaires. Ils mangent du porc, de la dinde et du poulet. On les voit pour la première fois avec des visages roses et rebondis. Des civils allemands en fuite, déjà dépassés par nos détachements de chars, ont fait demi-tour et reviennent. Ils se font rosser et voler leurs chevaux par des Polonais, qui saisissent toutes les occasions de les dévaliser. »

Grossman découvrait aussi des vérités moins appétissantes à ses yeux et qu'il n'était certes pas en état de publier. « Il y avait là 250 filles de chez nous que les Allemands avaient amenées de Vorochilovgrad, de Kharkov et de Kiev. Le chef du service politique de l'Armée déclara qu'elles avaient été retrouvées presque nues, couvertes de vermine et le ventre ballonné par la faim. Mais un homme du journal de l'Armée m'a affirmé que ces filles étaient propres et normalement habillées avant que nos soldats arrivent et les dépouillent de tout »[8].

Et Grossman ne tarda pas à savoir quel sens extrême pouvait prendre, en ce cas, le verbe « dépouiller ». « Des jeunes filles soviétiques libérées, notait-il, se plaignent très souvent d'avoir été violées par nos soldats. Une fille en pleurs m'a dit : " Il était vieux, plus vieux que mon père "... »

Toutefois, Grossman s'efforçait d'exonérer les *frontoviki*. « Les soldats de première ligne, affirmait-il, avancent jour et nuit sous la mitraille avec des cœurs purs. Ce sont les hommes des échelons arrière, venant après eux, qui violent, boivent et pillent. »

Les combats de rue dans Poznan donnaient un avant-goût de ce qui attendait les Soviétiques à Berlin. Grossman, qui avait passé de longs moments à Stalingrad durant la bataille, attendait avec beaucoup d'intérêt de voir ce que Tchouikov, l'homme qui avait parlé de « l'école de combat de rues de Stalingrad », allait faire en ces circonstances. « La clé de la bataille de Stalingrad, observait-il, était que nous avions inversé l'ordre des facteurs entre la puissance du matériel et la vulnérabilité de l'infanterie. Mais, maintenant, Tchouikov se retrouve dans une situation analogue à celle de

Stalingrad, mais avec des données inverses. Il attaque les Allemands dans les rues de Poznan avec un énorme potentiel mécanique et peu d'infanterie. »

Il passa quelque temps avec le général soviétique durant les combats de Poznan. « Tchouikov, écrivait-il, est installé dans une salle froide et brillamment éclairée au deuxième étage d'une villa réquisitionnée. Le téléphone sonne constamment. Ce sont les commandants d'unité qui font leur rapport sur l'évolution des combats. Entre deux appels, Tchouikov raconte comment il a "anéanti les défenses allemandes autour de Varsovie". Quand le téléphone se met à sonner, il écoute, s'empare d'une carte et dit : "Un instant, il faut que je mette mes lunettes." Celles-ci paraissent déplacées sur son visage rugueux. Il prend connaissance du rapport, émet un petit rire et frappe son aide de camp sur le nez avec un crayon*. Puis il hurle dans le téléphone : "S'ils tentent de percer vers l'ouest, laissez les venir à découvert et, là, nous les écraserons comme des punaises ! Maintenant, c'est la mort pour les Boches ! Ils ne nous échapperont pas" »[9].

Tchouikov se permettait aussi quelques pointes contre Joukov, déclarant notamment : « C'est vraiment stupéfiant, si l'on considère notre expérience du combat et notre prodigieuse intelligence, que nous ayons omis de remarquer un tout petit détail. Nous ne nous étions pas avisés qu'il y avait, à Poznan, une citadelle de première importance. L'une des plus puissantes d'Europe. »

Tandis que Tchouikov restait en arrière pour s'occuper de la forteresse de Poznan, le reste de son armée et la 1re Armée blindée de la Garde continuaient leur progression vers la ligne Meseritz. Leur principal problème n'était pas la résistance allemande mais leurs propres lignes de communication et de ravitaillement. Les voies de chemin de fer avaient été en grande partie détruites par les Allemands dans leur retraite, et, de plus, la Pologne n'avait pas le même écartement de rails que l'Union soviétique. En conséquence, les troupes russes devaient s'en remettre surtout aux camions, généralement des Studebaker américains. De façon significative, les historiens russes s'abstiennent généralement de reconnaître que, sans les camions fournis par les Américains au titre du prêt-bail, l'avance de l'Armée rouge aurait été beaucoup plus lente, et les Alliés occidentaux auraient peut-être été amenés à prendre Berlin eux-mêmes.

* Selon un membre de son état-major, il utilisait carrément son poing lorsqu'il était en colère, et ce sans douceur aucune.

Presque tous les soldats soviétiques avaient conservé un souvenir particulièrement frappant du moment où ils avaient franchi la frontière allemande d'avant 1939. « Nous sommes sortis d'une forêt, racontait le lieutenant Klochkov, de la 3e Armée de choc, et nous avons vu une pancarte clouée sur un poteau : " Ici, la maudite Allemagne." Les soldats ont commencé à regarder autour d'eux avec curiosité. Les villages allemands sont différents à bien des égards des villages polonais. La plupart des maisons sont en briques ou en pierre. Il y a des arbres fruitiers bien taillés dans les jardins. Les routes sont bonnes. » Klochkov disait, comme beaucoup de ses compatriotes, ne pas comprendre pourquoi les Allemands, « qui ne sont pas stupides », avaient risqué leurs existences prospères et confortables pour aller envahir l'Union soviétique.

Entre-temps, Vassili Grossman avait quitté Poznan pour accompagner une partie de la 8e Armée de la Garde marchant en direction de Berlin. Sur les bords de la route, le service politique de l'Armée avait fait ériger des panneaux déclarant : « Tremble de peur, Allemagne fasciste ! Le jour du règlement des comptes est arrivé » [10].

Grossman se trouvait également avec la 8e Armée de la Garde lorsque celle-ci mit à sac la ville de Schwerin. Il nota au crayon dans un petit carnet ce qu'il voyait : « Tout est en feu… Une vieille femme saute par la fenêtre d'un immeuble en flammes… Le pillage continue… Les incendies font qu'on a l'impression qu'il fait jour en pleine nuit… Au bureau de garnison, une Allemande vêtue de noir, les lèvres comme figées, parle d'une voix faible. Il y a, avec elle, une jeune fille qui a des meurtrissures noires sur le cou et sur le visage, un œil gonflé et les mains horriblement tuméfiées. Elle a été violée par un soldat de la compagnie de transmissions de l'état-major. Il est là, lui aussi. Il a un large visage rougeaud et paraît ensommeillé. Le commandant de place les interroge tous ensemble » [11].

Grossman remarque « l'horreur dans les yeux des femmes et des jeunes filles », et poursuit : « Il arrive des choses terribles aux femmes. Un Allemand à l'air érudit explique en un russe incertain que, le jour même, sa femme a été violée par dix hommes à la suite… Les jeunes filles soviétiques libérées des camps connaissent des souffrances analogues. Hier soir, plusieurs d'entre elles sont venues se cacher dans la salle réservée aux correspondants de guerre. Des hurlements nous ont réveillés au milieu de la nuit. L'un des journalistes n'avait pu se retenir. »

Grossman fait également état du cas d'une jeune mère continuellement violée dans une grange. Des membres de sa famille avaient dû venir supplier les soldats de lui accorder un moment de répit pour qu'elle puisse allaiter son bébé, qui ne cessait de pleurer. Tout cela se déroulait à deux pas d'un quartier général, et sous les yeux d'officiers censés faire respecter la discipline.

Le mardi 30 janvier, alors qu'Hitler s'adressait pour la dernière fois au peuple du Reich, le commandement militaire allemand se rendit brusquement compte que Berlin était encore plus menacé qu'il ne l'avait craint. Après avoir pénétré sans mal la zone de défense de Meseritz, les unités de pointe de Joukov étaient parvenues à portée de l'Oder. À 7 heures 30 ce matin-là, on apprit, à l'état-major du Groupe d'Armées de la Vistule, que la route de Landsberg était « bondée de chars ennemis ». On fit décoller aussitôt des avions de reconnaissance [12].

Himmler insista pour envoyer sur place, par chemin de fer, un bataillon de chars Tigre dépourvu de tout élément d'appui. Les protestations de ses officiers d'état-major restèrent sans effet, car le Reichsführer SS était fermement convaincu qu'un simple bataillon de ses chars de cinquante tonnes pouvait vaincre une armée blindée soviétique tout entière. Mais les chars allemands étaient encore arrimés sur leurs plates-formes de chemin de fer lorsqu'ils furent attaqués par trois ou quatre blindés soviétiques. Le bataillon subit de lourdes pertes avant que le train ait eu le temps se replier vers Küstrin. Himmler voulait faire passer le commandant de l'unité en conseil de guerre, mais on réussit finalement à le convaincre qu'un char Tigre immobilisé sur une plate-forme de chemin de fer n'était pas dans la situation idéale pour combattre [13].

En cette période critique, Himmler lança sa version personnelle du mot d'ordre de Staline en 1942 « Plus un pas en arrière ». La formule, plus directement menaçante, était : *« Tod und Strafe für Pflichtvergessenheit »* – « Mort et châtiment à quiconque se dérobe à son devoir ». Il affirmait en même temps : « Après plusieurs semaines de dures épreuves, le jour viendra où les territoires allemands redeviendront libres. » Et, dans un ordre du jour adressé au Groupe d'Armées de la Vistule, il proclamait : « Le Seigneur Dieu n'a jamais abandonné notre peuple et a toujours aidé les braves dans les heures de grande nécessité. » Dans le même temps, les femmes donnant à manger à des soldats battant en retraite étaient menacées des châtiments les plus sévères [14].

Sachant que le bruit se répandait très vite que de hautes personnalités nazies, telles que les Gauleiters Koch et Greiser, avaient pris la fuite en abandonnant leurs administrés, Himmler décida de faire quelques exemples à de plus bas échelons. Le jour où il lança ses diverses proclamations, il annonça l'exécution du chef de la police de Bromberg pour abandon de poste. Et, quelques jours plus tard, un bourgmestre qui avait « quitté sa ville sans donner d'ordre d'évacuation » fut pendu en plein après-midi à Schwedt, sur l'Oder [15].

Le douzième anniversaire de la venue au pouvoir d'Hitler était, en même temps, le deuxième anniversaire de la défaite de Stalingrad. Ce jour-là, des microphones dissimulés dans une cellule captèrent une conversation entre trois des officiers généraux faits prisonniers à cette occasion, le maréchal Paulus, le général von Seydlitz et le général Strecker, le dernier à s'être rendu.

« Les généraux allemands prisonniers ont le moral très bas », précisa-t-on ensuite à Beria [16]. Ils avaient été, en particulier, horrifiés par le discours de Churchill à la Chambre des Communes approuvant la proposition de Staline d'attribuer à la Pologne, à titre de compensation, la Prusse-Orientale et d'autres territoires. Les généraux allemands estimaient que leur position au sein du mouvement « Allemagne libre » suscité par les Soviétiques était devenue intenable. « Les nazis ont, à ce sujet, une attitude plus positive que la nôtre, reconnaissait le maréchal Paulus, car ils s'efforcent de préserver l'intégrité territoriale allemande. »

Même le général von Seydlitz, qui avait proposé de parachuter des prisonniers de guerre allemands antinazis sur le territoire du Reich pour y fomenter une révolution, s'élevait contre « l'annexion de terres allemandes pour créer une zone de sécurité ». Tous se rendaient compte que leur « Ligue des Officiers allemands » avait été exploitée par les Soviétiques à leurs propres fins. « Je me demande avec angoisse si nous avons fait le bon choix », déclarait Seydlitz, qui, en Allemagne, était qualifié de traître et condamné à mort par contumace.

Mais Paulus disait également : « Tout ce que cherche Hitler, c'est le moyen de contraindre le peuple allemand à de nouveaux sacrifices. Jamais dans l'Histoire le mensonge n'a été une arme aussi puissante en politique. Nous autres Allemands avons été abusés de façon machiavélique par un homme qui a usurpé le pouvoir. »

Ce à quoi Strecker répondait : « Qu'a donc fait l'Allemagne à Dieu pour qu'il nous ait envoyé Hitler ? Le peuple allemand est-il ignoble ? A-t-il mérité un tel châtiment ? »

« Deux années ont passé depuis le désastre de Stalingrad, concluait Paulus, et maintenant, c'est l'ensemble de l'Allemagne qui est en train de devenir un gigantesque Stalingrad. »

Les menaces et les exhortations d'Himmler ne sauvèrent en rien la situation. Le soir de ce 30 janvier, des bataillons d'infanterie soviétique conduits par le colonel Esipenko, le commandant en second de la 89e Division d'infanterie de la Garde, atteignirent l'Oder, qu'ils traversèrent en marchant sur la glace dans l'obscurité. Ensuite, ils se déployèrent pour former une petite tête de pont juste au nord de Küstrin.

Les hommes de la 5e Armée de choc de Berzarine franchirent l'Oder gelé tôt le matin, le dimanche 31 janvier, et pénétrèrent dans le village de Kienitz. Ils avaient avancé sur la glace en suivant les traces laissées par des fermiers qui étaient allés chercher du bois à brûler sur la rive orientale. Dans le village, seuls le boulanger et son commis étaient éveillés. Les troupes soviétiques, aux ordres du colonel Esipenko, s'emparèrent d'un train portant six pièces d'artillerie aniaérienne et capturèrent treize officiers et soixante-trois jeunes conscrits venus du Service du Travail du Reich. Un petit groupe d'hommes encore accoutrés de leurs vêtements de nuit parvint à s'échapper pour aller, à travers les champs couverts de neige, avertir les défenseurs de Wriezen, la ville voisine, de ce qui venait de se produire. Les troupes soviétiques se trouvaient maintenant à moins de soixante-dix kilomètres de la Chancellerie du Reich.

Ce même jour, peu au sud de Küstrin, le bouillant colonel Goussakovsky franchit l'Oder à la tête de la 44e Brigade de chars de la Garde, constituant une autre tête de pont au-delà du fleuve. Il remporta, ce faisant, sa deuxième étoile d'or de Héros de l'Union soviétique. Les soldats des deux têtes de pont entreprirent immédiatement de creuser des tranchées dans le sol marécageux mais gelé de l'Oderbruch, la plaine alluviale s'étendant entre l'Oder et les Hauteurs de Seelow. Des régiments d'artillerie furent envoyés en toute hâte en appui de l'infanterie. Les Soviétiques s'attendait à une contre-attaque rapide des Allemands, mais ceux-ci avaient été si surpris par ce qui était arrivé – alors que Goebbels continuait à prétendre que des combats se déroulaient autour de Varsovie – qu'il leur fallut un certain temps pour réunir et acheminer des forces terrestres suffisantes. Toutefois, des avions de chasse Focke-Wulf entrèrent en action sur l'Oder dès le lendemain matin, mitraillant les tranchées fraîchement creusées et les positions antichars. La division d'artillerie antiaérienne promise aux attaquants soviétiques ne se présenta que trois jours plus tard.

La nouvelle de l'installation de têtes de pont soviétiques sur la rive ouest de l'Oder surprit les soldats allemands autant que les civils. Walter Beier savourait ses derniers jours de permission en famille dans le petit village de Buchsmühlenweg, entre Küstrin et Francfort-sur-l'Oder. « Ce moment de bonheur ne dura pas longtemps », devait-il noter. Le soir du 2 février, un voisin affolé arriva en courant pour lui dire que quelque 800 soldats soviétiques avaient pris position dans un bois de chênes à cinq cents mètres de là.

Il n'y avait, dans les parages, pas d'autres troupes que quelques compagnies de Volkssturm seulement armées de fusils et de deux ou trois Panzerfaust. Commandées par un vieux directeur d'école, elles restèrent à distance respectueuse de l'ennemi, qui avait installé des tireurs dans les arbres. On dépêcha de Francfort un bataillon de Caucasiens antisoviétiques, renforcé par quelques Allemands du 6e Régiment de forteresse. Militaire d'active, Beier fut chargé par un officier du commandement d'un groupe de Caucasiens.

L'un de ceux-ci lui dit, lorsqu'ils furent arrivés à proximité du bois : « Vous pas tirer. Nous pas tirer. Nous pas tirer sur camarades. » Beier rapporta la chose et les Caucasiens furent désarmés et expédiés à l'arrière pour creuser des tranchées. Il est peu probable que cet acte d'insoumission leur ait valu la moindre faveur lorsqu'ils furent capturés ensuite par l'Armée rouge.

Le dispositif allemand fut renforcé ensuite par un groupe de très jeunes recrues de la Panzergrenadier Division *Feldherrnhalle*. Ils étaient environ 350, âgés de seize à dix-huit ans et vêtus d'uniformes hétéroclites. Certains avaient des casques, d'autres des calots ou des casquettes. Beaucoup étaient encore en tenue des Jeunesses Hitlériennes. Ils entreprirent de bombarder le bois au mortier. Ils manifestaient une grande ardeur au combat, mais nombre d'entre eux étaient à peine capables de soulever un caisson de munitions, et certains n'arrivaient pas à épauler convenablement leurs fusils, dont la crosse était trop longue pour leurs bras. Ils furent pris à partie dès leur premier assaut par les tireurs soviétiques embusqués dans les arbres. Leur commandant tomba, atteint d'une balle dans la tête. Seuls quelques-uns de ces adolescents déguisés en soldats s'en tirèrent vivants.

Beier, lui, réussit à regagner discrètement la maison de ses parents. Quand il y arriva, une infirmerie avait été installée dans la cave, et tous les draps de la maison avaient été utilisés pour faire des pansements.

Des unités plus importantes survinrent pour attaquer le dispositif soviétique, alors que les hommes de Tchouikov s'efforçaient de s'emparer de l'Éperon de Reitwein, une hauteur dominant l'ensemble de l'Oderbruch jusqu'à Seelow. Le 2 février, le 506e Bataillon SS de mortiers lourds vint prendre position à l'extrémité nord de la tête de pont, et réussit, en trois jours et trois nuits, à tirer 14 000 obus. Un bataillon du Régiment blindé *Kurmark*, récemment rééquipé de chars Panther, arriva et, le 4 février, tenta d'attaquer l'Éperon de Reitwein par le flanc sud. Mais le dégel annoncé par les météorologistes s'était déjà amorcé, et, glissant et patinant dans la boue, les chars ne purent mener à bien leur opération.

La nouvelle du franchissement de l'Oder par l'Armée rouge fit l'effet d'un coup de tonnerre à Berlin. « *Staline ante portas !* » écrivit dans son journal personnel, à la date du 1er février, Wilfred von Oven, l'attaché de presse de Goebbels. Il ajoutait : « Ce cri d'alarme balaie comme un coup de vent la capitale du Reich. »

La rhétorique nazie se déchaîna, avec des propos où le fanatisme confinait à l'hystérie. On fit défiler le régiment de garde de la Division *Grossdeutschland* et on harangua ses soldats en leur affirmant que les têtes de pont soviétiques sur l'Oder devaient être éliminées à tout prix et le territoire reconquis « pour le Führer ». Après la parade, des autobus de la ville de Berlin vinrent embarquer les troupes pour les acheminer jusqu'aux Hauteurs de Seelow, au-dessus de l'Oderbruch.

Une nouvelle division SS fut également formée. Elle devait s'appeler la SS *30. Januar*, en commémoration de la prise du pouvoir par les nazis, douze ans plus tôt. Elle comportait un noyau de vétérans de la SS, mais beaucoup d'entre eux étaient des blessés encore convalescents. Ce fut le cas, entre autres, d'Eberhard Baumgart, ancien membre de la SS *Leibstandarte*, qui se trouvait dans un centre de repos. Un Obersturmführer vint les haranguer, ses camarades et lui, en leur demandant de se porter volontaires et leur rappelant la devise des SS : « *Unsere Ehre heisst Treue* » – « Notre honneur s'appelle fidélité ».

Mais même les volontaires SS sentirent leur enthousiasme se dissiper lorsqu'ils parvinrent à l'Oderbruch, vaste étendue de champs inondés coupés de digues. « Nous sommes au bout du monde ! » s'exclama l'un des membres du groupe de Baumgart. Ils furent encore plus abattus lorsqu'ils découvrirent que la SS *30. Januar* n'avait ni chars ni canons d'assaut. « Ce n'est pas une division, déclara Baumgart. C'est un ramassis. » Ses blessures étant loin d'être guéries, Baumgart fut affecté comme secrétaire à l'état-major de la division, qui s'installa dans une ferme réquisitionnée, avec ses téléphones de campagne et ses machines à écrire. Mais on ne tarda pas à s'apercevoir que le toit de tuiles rouges de la ferme fournissait une cible tentante à l'artillerie soviétique.

Dans le cadre de ses fonctions, Baumgart eut l'occasion de

dactylographier les procès-verbaux d'interrogatoire de trois déserteurs de l'Armée rouge. Ceux-ci, apparemment, s'étaient décidés à gagner les lignes allemandes après qu'on les eut fait patauger dans les eaux glacées de l'Oder en portant sur leurs épaules le général commandant leur division afin de garder celui-ci au sec.

À ce même état-major divisionnaire, les interprètes allemands lurent à haute voix à leurs camarades des extraits d'exemplaires de la *Pravda* saisis sur des prisonniers, et notamment le communiqué publié à l'issue de la conférence de Yalta et précisant les intentions des Alliés à l'égard de l'Allemagne. L'idée de la défaite révoltait Baumgart et ses camarades. « Il faut que nous remportions la victoire finale ! » se répétaient-ils.

Le 9 février, le général Andreï Vlassov, Russe passé du côté allemand et commandant une armée de transfuges soviétiques, lança dans la bataille des têtes de pont le bataillon de garde de son quartier général, qui attaqua la 230e Division d'infanterie soviétique juste au nord de Küstrin. Cette opération se solda finalement par un échec, mais les hommes de Vlassov se battirent « avec enthousiasme et fanatisme », comme devaient le souligner les services de propagande allemands. Leur efficacité au combat leur aurait valu le surnom de *« Panzerknacker »* – « craqueurs de chars » – de la part de leurs camarades allemands, mais peut-être n'était-ce là que l'invention d'un journaliste imaginatif. Il n'en demeure pas moins que leur chef, le colonel Zakharov et quatre de ses soldats reçurent la Croix de fer de deuxième classe et qu'Himmler lui-même envoya un télégramme de chaleureuses félicitations à Vlassov [17].

De telles marques d'estime prodiguées à des hommes qui avaient été auparavant qualifiés d'*Untermenschen* donnaient la mesure du désarroi dans lequel se trouvait la hiérarchie nazie, encore qu'Hitler persistât à désapprouver la chose. Le 12 février, Goebbels reçut en grande pompe une délégation de Cosaques, en qui il salua « les premiers volontaires à venir à nos côtés dans la lutte contre le bolchevisme ». Il passa, bien sûr, sous silence les plaintes soulevées par la façon dont ces mêmes Cosaques avaient traité les populations civiles en Italie du Nord. Les Cosaques, d'autre part, de même que la plupart des membres des minorités nationales d'URSS recrutés par les formations SS, se refusaient à avoir quoi que ce soit à faire avec le général Vlassov, partisan de la suprématie russe [18].

Devant la ruée des blindés soviétiques en direction de Berlin, Hitler avait ordonné la formation d'une *Panzerjagd Division* – Division de chasseurs de chars. Mais ce titre impressionnant ne recouvrait, une fois de plus, qu'une médiocre réalité. La nouvelle « division » consistait essentiellement en des compagnies cyclistes recrutées au sein de la Jeunesse Hitlérienne. Chaque cycliste devait transporter deux Panzerfaust attachés verticalement à son guidon, de part et d'autre de la roue avant. Il était censé, à la vue d'un char, descendre de sa machine pour entrer en action. Face à un T-34 ou un Staline, l'emploi de kamikaze était à peine moins suicidaire...

Himmler manifestait à l'égard du Panzerfaust une foi démesurée. À l'entendre, on eût pu croire que ce simple lance-roquettes antichar était une nouvelle arme-miracle, analogue au V-2. Mais n'importe quel soldat un peu sain d'esprit aurait préféré attaquer un char à cinq cents mètres au canon de 88, plutôt qu'à quelques pas au Panzerfaust.

L'ennemi se rapprochant de la capitale, des idées de suicide semblaient commencer à se préciser au sein de la hiérarchie nazie. Ordre avait été donné à Berlin d'accorder toute priorité aux « responsables politiques » pour l'obtention de permis de détention et de port d'armes à feu. Et l'un des directeurs d'une société pharmaceutique dit à Ursula von Kardorff et à l'une de ses amies qu'un « faisan doré » s'était présenté à son laboratoire pour demander une réserve de poison à l'intention de la Chancellerie du Reich.

Le 3 février au matin, les bombardements américains furent particulièrement massifs sur la capitale allemande. Quelque 3 000 Berlinois périrent. Le quartier de la presse fut presque totalement détruit, ainsi que plusieurs quartiers ouvriers. Mais les bombes alliées atteignirent également des objectifs plus officiels. La Chancellerie du Reich et celle du Parti national-socialiste furent touchées, les sièges de la Gestapo, dans la Prinz-Abrechtstrasse, et du Tribunal du Peuple furent gravement endommagés. Le juge Roland Freisler, le président du Tribunal du Peuple qui avait avec tant de véhémence invectivé les accusés du complot de juillet 1944, mourut écrasé sous les gravats alors qu'il s'était réfugié dans les caves du bâtiment. La nouvelle eut pour effet de réjouir brièvement les sympathisants du mouvement de résistance, mais les rumeurs selon lesquelles les prisons et les camps de concentration avaient été minés faisaient trembler plus encore ceux-ci pour leurs parents et amis détenus. Leur plus grand espoir était qu'Himmler veuille se servir des prisonniers comme otages et monnaie d'échange.

Le jour de ce bombardement, Martin Bormann écrivit dans son journal personnel : « Ont souffert des bombes : la nouvelle Chancellerie du Reich, les appartements d'Hitler, salle à manger, jardin d'hiver, et la Chancellerie du Parti. » Il ne fit nulle mention des pertes civiles[19].

L'événement le plus important du mardi 6 février, selon le journal de Bormann, fut l'anniversaire d'Eva Braun. Hitler, apparemment, était « radieux » en regardant Eva danser avec d'autres. Comme à son habitude, Bormann conférait en privé avec Kaltenbrunner. Le 7 février, le Gauleiter Koch, auquel on semblait avoir pardonné d'avoir abandonné ses administrés à Königsberg, fut reçu par Hitler. Ce soir-là, Bormann dîna chez les Fegelein en compagnie d'Heinrich Himmler – l'homme contre lequel il conspirait sans relâche avec la complicité de Kaltenbrunner et du maître de maison. Après le dîner, Bormann et Fegelein s'entretinrent avec Eva Braun – sans doute pour parler à celle-ci de son départ de Berlin, car Hitler tenait à ce qu'elle soit hors de danger. Le lendemain, d'ailleurs, Eva Braun réunit le Führer, Bormann et les Fegelein pour une petite soirée d'adieu. Elle partit pour Berchtesgaden le lendemain 9 février au soir avec sa sœur Gretl Fegelein. Hitler ordonna à Bormann de les accompagner jusqu'au train[20].

Bormann, Reichsleiter du Parti national-socialiste, dont les Gauleiters avaient empêché, dans la plupart des cas, l'évacuation des femmes et des enfants avant qu'il ne soit trop tard, ne mentionne en aucun endroit dans son journal le sort des réfugiés fuyant, en état de totale panique, les régions de l'est. L'incompétence avec laquelle ce problème avait été traité est confondante, mais, dans le cas de la hiérarchie nazie, il était souvent difficile de dire où finissait l'irresponsabilité et où commençait l'inhumanité délibérée.

Dans un « rapport de situation » en date du 10 février, les ministres découvraient soudain que 800 000 civils restaient à évacuer des côtes de la Baltique alors que trains et bateaux ne pouvaient se charger que d'un millier de personnes par jour[21].

6

EST ET OUEST

Le matin du 2 février, alors qu'étaient lancées les premières contre-attaques allemandes sur les têtes de pont de l'Oder, le croiseur américain *Quincy*, transportant le président Franklin D. Roosevelt, fit son entrée dans le port de La Valette, à Malte. Churchill, qui l'attendait, se rendit à bord pour saluer Roosevelt. Bien que le Premier ministre britannique eût passé sous silence l'état dans lequel se trouvait le président américain, ses collaborateurs furent frappés de voir à quel point il semblait épuisé.

La réunion entre les deux hommes eut un caractère amical et même affectueux, mais Anthony Eden, le secrétaire du Foreign Office britannique, ne pouvait s'empêcher d'être préoccupé. Une certaine tension s'était installée entre les Alliés occidentaux quant à l'invasion de l'Allemagne à l'ouest, et elle n'avait cessé de croître, alors que Roosevelt et Churchill devaient se rendre en Crimée pour décider avec Staline de la carte de l'Europe d'après-guerre. Ils étaient également divisés sur ce chapitre, alors que le dictateur soviétique savait exactement ce qu'il voulait. Churchill et Eden se souciaient avant tout de l'indépendance de la Pologne. La principale préoccupation de Roosevelt était la mise en place des Nations Unies.

Le Président et le Premier ministre décollèrent dans les premières heures du 3 février, à bord de deux avions séparés, qui, escortés de chasseurs Mustang à long rayon d'action et toutes lumières camouflées, prirent la direction de la mer Noire à la suite d'une flottille d'appareils de transport emportant les autres membres des deux délégations. Ils arrivèrent, après un vol de sept heures et demie, à Saki, près d'Eupatoria, où ils furent accueillis par le ministre soviétique des Affaires étrangères Molotov et Vichinsky, l'ancien procureur des procès de Moscou devenu vice-ministre. Staline, qui avait une horrible peur de l'avion, n'arriva que le lendemain, dimanche 4 février, à bord de son train spécial. On gagna ensuite Yalta, qui avait été l'une des stations d'été favorites des tsars sur la mer Noire.

Les chefs d'état-major américains étaient d'ailleurs logés dans l'ancien palais du tsar Nicolas II. Le général Marshall se retrouva ainsi dans la chambre de la tsarine, avec un escalier secret dont la légende voulait qu'il ait été utilisé par Raspoutine. Leurs homologues britanniques étaient installés dans le château d'Aloupka, un édifice baroque du milieu du dix-neuvième siècle ayant appartenu au prince Vorontsov. Afin de lui épargner tout déplacement, Roosevelt avait été logé directement au palais Livadia, où devaient avoir lieu les principales réunions.

La guerre ayant fait de terribles ravages en Crimée, des travaux importants avaient dû être très rapidement exécutés par les Soviétiques pour rendre tous ces palais habitables – et propices à l'espionnage, des micros ayant été installés dans toutes les chambres en même temps qu'on refaisait la plomberie. Le NKVD avait même mis en place des dispositifs d'écoute directionnels pour couvrir aussi les jardins de ce que Churchill, sensible à l'atmosphère fantomatique de ces palais défunts, appelait « la Riviera d'Hadès ».

Staline commença par aller voir le Premier ministre britannique dans l'après-midi. Il eut pour premier soin de lui laisser entendre que l'Armée rouge serait à Berlin dans très peu de temps. Puis il alla présenter ses respects à Roosevelt. Avec le président américain, son attitude devenait presque obséquieuse et sa version des événements en cours changeait complètement. Il se mettait soudain à insister sur la vigueur de la résistance allemande et les difficultés que rencontraient les troupes soviétiques sur l'Oder.

Roosevelt était persuadé que c'était lui, et non Churchill, qui savait prendre le dictateur soviétique, et Staline ne se faisait pas faute d'en jouer. Roosevelt pensait que le seul problème était de gagner la confiance de Staline, ce que Churchill ne ferait jamais. Le président américain allait jusqu'à admettre ouvertement ses désaccords avec les Britanniques quant à la stratégie à suivre pour l'invasion de l'Allemagne. Et quand il suggéra de lui-même qu'Eisenhower prenne directement contact avec la *Stavka*, Staline s'empressa d'approuver. Il avait clairement vu les avantages qu'il pouvait tirer de l'ingénuité américaine.

Le président des États-Unis et ses collaborateurs avaient une autre raison de ne rien refuser à Staline. Ils ne savaient pas encore si la bombe atomique allait pouvoir être utilisable, et ils voulaient désespérément entraîner l'URSS dans la guerre contre le Japon.

Apparemment, il ne leur venait pas à l'esprit que Staline avait tout intérêt à venir, dans ce conflit, s'asseoir, avec tous les avantages que cela comportait, à la table des vainqueurs alors que les combats étaient pratiquement finis.

À la première séance, qui s'ouvrit peu après, Staline proposa très courtoisement que Roosevelt préside les séances. Lui-même avait revêtu son uniforme de maréchal et arborait la médaille de Héros de l'Union soviétique. Son pantalon à passepoils était glissé dans des bottes en cuir souple du Caucase, à talons rehaussés car il avait une conscience aiguë de sa courte taille. De même, il s'efforçait d'éviter les éclairages trop violents, qui auraient fait ressortir les grêlures de son visage. Tous ses portraits officiels étaient soigneusement retouchés afin de masquer ces imperfections.

Le chef d'état-major soviétique, le général Antonov, commença par brosser un tableau impressionnant de la situation militaire, mais ses homologues britannique et américain eurent le net sentiment qu'il se montrait fort économe quant aux détails, et que les informations, entre Alliés, circulaient à sens unique. Antonov affirma également que les Soviétiques avaient avancé la date de leur grande offensive afin de venir en aide aux Occidentaux. Le général Marshall souligna alors que les effets des bombardements alliés sur les industries de guerre allemandes, les communications ferroviaires et les réserves de carburant avaient considérablement aidé l'URSS à réaliser ses récents succès. Le climat de la réunion dégénéra de façon notable lorsque Staline entreprit de déformer délibérément certains propos de Churchill, contraignant Roosevelt à intervenir.

Le soir, au dîner, un climat initialement détendu menaça de se dégrader de nouveau à la suite de déclarations soviétiques montrant un total mépris pour les droits des petites nations. Roosevelt, espérant détendre l'atmosphère, révéla alors à Staline qu'il était couramment surnommé, dans les pays occidentaux, « l'Oncle Joe ». Mais Staline, que ses diplomates n'avaient visiblement pas informé de la chose, prit très mal ce qu'il considérait comme un manque de respect flagrant. Cette fois, ce fut Churchill qui sauva la situation en proposant un toast aux Trois Grands – expression qui ne pouvait que flatter l'amour-propre de Staline. Mais celui-ci saisit aussi cette occasion pour souligner une fois de plus qu'il revenait à ces « Trois Grands » de décider du sort du monde, sans que les plus petites nations aient le pouvoir de s'y opposer. Ni Roosevelt ni même Churchill ne mesurèrent, sur le moment, la portée exacte de cette déclaration.

Le lendemain, lundi 5 février, dans la matinée, les chefs d'état-major américain et britannique rencontrèrent les membres de la *Stavka* dirigés par le général Antonov. Les militaires soviétiques demandaient tout particulièrement qu'une pression soit exercée sur les Allemands en Italie afin de les empêcher d'en retirer des divisions pour les envoyer renforcer leur dispositif en Hongrie. Cette requête était, en soi, parfaitement logique et raisonnable, mais elle représentait peut-être aussi une tentative de plus des Soviétiques pour persuader Américains et Britanniques de concentrer leurs efforts au sud, le plus loin possible de Berlin. Toutefois, le général Marshall, chef d'état-major de l'Armée américaine, et le maréchal Sir Alan Brooke, chef de l'état-major général impérial britannique, soulignèrent qu'ils ne pouvaient empêcher le mouvement des unités allemandes d'un front à un autre autrement qu'en intensifiant les raids aériens sur les voies ferrées et les centres de communications.

Mais la clé véritable de la conférence apparut clairement dans l'après-midi et durant la journée suivante. La discussion s'ouvrit sur la période devant suivre immédiatement la guerre et le traitement à réserver à une Allemagne vaincue. Roosevelt parla d'une Commission consultative européenne et des futures zones d'occupation. Staline fit clairement savoir qu'il voulait voir l'Allemagne complètement démembrée. Puis Roosevelt annonça sans aucun préavis que les forces américaines ne resteraient pas en Europe plus de deux ans après la reddition de l'Allemagne. Churchill fut personnellement consterné. Cela n'allait qu'amener Staline à se montrer encore plus exigeant et intransigeant, et une Europe ravagée par la guerre risquait de ne pas avoir la force de résister à la pression communiste.

Staline fit aussi savoir très clairement qu'il entendait démanteler à son profit les industries allemandes à titre d'avance en nature sur les dix milliards de dollars de réparations que revendiquait l'Union soviétique. Ce qu'il ne révéla pas aux autres participants de la conférence, c'était que, déjà, des commissions économiques composées de comptables fort mal à l'aise dans leurs uniformes de colonel suivaient pas à pas chaque armée soviétique dans sa progression. Leur tâche était d'organiser « la confiscation systématique du potentiel industriel allemand ». De plus, les détachements du NKVD affectés aux états-majors de toutes les armées avaient une équipe spécialisée dans l'ouverture des coffres-forts. Staline était résolu à s'emparer du moindre document ou de la moindre parcelle d'or pouvant s'y trouver [1].

Le problème qui tenait le plus à cœur de Staline d'un côté, comme de Churchill de l'autre, était celui de la Pologne. Le débat portait moins sur les frontières futures de ce pays que sur la composition de son gouvernement. Churchill proclamait que l'indépendance totale de la Pologne, la cause pour laquelle la Grande-Bretagne était entrée en guerre en 1939, représentait une question de principe et d'honneur.

De façon parfaitement hypocrite, Staline commença par déclarer que c'était effectivement « une question d'honneur, car les Russes avaient eu bien des torts à l'égard des Polonais dans le passé et le gouvernement soviétique souhaitait réparer ». Puis il passa à l'essentiel. « C'est aussi une question de sécurité, poursuivit-il, car la Pologne pose à l'Union soviétique le plus grave des problèmes stratégiques. Tout au long de l'Histoire, la Pologne a servi de voie d'accès aux ennemis venant attaquer la Russie... C'est pourquoi l'Union soviétique veut la création d'une Pologne puissante, libre et indépendante. La question polonaise est une question de vie ou de mort pour l'État soviétique. »

La contradiction apparaissait de façon évidente dans les deux dernières phrases. En fait, sans vouloir le dire ouvertement à ce point de la discussion, l'Union soviétique se refusait à accepter autre chose qu'une Pologne vassale lui servant de zone tampon. Ni Churchill ni Roosevelt ne pouvaient mesurer pleinement le choc qu'avait représenté pour l'Union soviétique l'invasion allemande de 1941 et la détermination de Staline à ne plus jamais être surpris de cette façon par un autre ennemi. On pourrait fort bien soutenir qu'en ce choc et ses conséquences devaient résider les origines de la Guerre froide.

Churchill comprit néanmoins qu'il n'avait aucune chance d'arriver à ses fins lorsque Staline commença à invoquer la nécessité d'assurer la sécurité des lignes de communication de l'Armée rouge en vue de la bataille de Berlin. Là, le dictateur soviétique joua ses cartes avec une grande habileté. Il affirma que le « gouvernement de Varsovie », comme il persistait à appeler l'organisme communiste contrôlé par le NKVD que les Occidentaux connaissaient sous le nom de « gouvernement de Lublin », était bien en place et jouissait d'une grande popularité. Et il ajouta que le gouvernement polonais en exil de Londres n'avait pas plus de base démocratique que de Gaulle en France. Nul ne peut dire de façon certaine si Churchill saisit immédiatement l'allusion et le message codé qu'elle contenait : vous ne devez pas vous opposer à moi sur la Pologne, car j'ai fait rester dans le rang le Parti communiste français et l'ai empêché de vous créer des ennuis.

Sur la Pologne, Staline accentua encore sa pression. Il affirma que 212 soldats soviétiques avaient été tués par des Polonais, et

Churchill fut contraint de déclarer que les attaques contre l'Armée rouge du mouvement de résistance polonais non communiste, l'*Armia Krajowa*, étaient inacceptables. Ce que le Premier ministre britannique ne savait pas, c'était que, dans la plupart des cas, ces incidents avaient été provoqués par les unités du NKVD responsables de la sécurité sur les arrières, qui arrêtaient systématiquement les résistants polonais et avaient parfois recours à la torture pour contraindre ceux-ci à révéler les noms de leurs camarades et l'emplacement de leurs dépôts d'armes. Roosevelt, visiblement trop malade et épuisé pour intervenir efficacement, se bornait à insister sur la nécessité d'élections libres en Pologne, mais ce ne pouvait être là qu'un vœu pieux alors que tout l'appareil se trouvait déjà entre les mains des Soviétiques. Son bras droit, Harry Hopkins, estima après la conférence que Roosevelt n'avait pas saisi plus de la moitié de ce qui avait été dit.

Staline était convaincu qu'il avait gagné. Dès que les délégués soviétiques estimèrent que leur mainmise sur la Pologne n'était plus contestée, ils renoncèrent brusquement à s'opposer au système proposé par les Américains pour les votes aux Nations Unies. L'autre principale préoccupation du président des États-Unis, à savoir l'engagement de Staline dans la guerre contre le Japon, trouva sa solution au cours d'une réunion privée le 8 février.

Il était vain d'attendre quelque compassion d'un Staline victorieux. Lorsque Churchill exprima, au cours d'une autre réunion, la crainte de voir les modifications de frontières opérées au détriment de l'Allemagne causer un énorme exode, le dictateur soviétique répondit que ce n'était pas là un problème et parla sur un ton triomphant des longues colonnes de réfugiés allemands fuyant devant l'Armée rouge.

Le 13 février, deux jours après la fin de la conférence de Yalta, la chute de Budapest vint confirmer la suprématie militaire soviétique. Elle fut suivie d'une véritable orgie de massacres, de pillage, de destruction et de viols. Cependant, Hitler persistait à vouloir contre-attaquer en Hongrie avec la Sixième Armée blindée SS. Il espérait ainsi culbuter le 3ᵉ Front ukrainien du maréchal Tolboukhine, mais c'était là le geste d'un joueur jetant sur la table les tout derniers jetons qui lui restaient après la bataille des Ardennes.

Cette même nuit, les Britanniques bombardèrent Dresde, suivis, le lendemain matin, mercredi des cendres, par les Américains, qui attaquèrent également d'autres objectifs de moindre importance. Il s'agissait avant tout, pour les Alliés occidentaux, de tenir très rapidement la promesse faite à la *Stavka* de paralyser les mouvements de troupes allemands en détruisant les voies de communication ferroviaires, et le fait que 180 V-1 et V-2 s'étaient abattus sur l'Angleterre cette semaine-là – le total le plus important jamais enregistré – n'avait pas contribué à attendrir les organisateurs des raids aériens.

Dresde, la merveilleuse capitale de la Saxe, n'avait jamais subi jusque-là de bombardement sérieux. Ses habitants avaient coutume de dire en plaisantant que l'une des tantes de Churchill habitait la ville, ce qui expliquait pourquoi ils étaient épargnés. Mais les raids des 13 et 14 février furent terribles. Leur effet fut à bien des égards comparable à celui du bombardement qui avait incendié Hambourg. Et la population de Dresde se trouvait alors accrue de quelque 300 000 réfugiés venus de l'est. Plusieurs trains bondés furent bloqués dans la gare centrale, et le drame était qu'au lieu de transporter des troupes se dirigeant vers le front, comme l'avaient affirmé les services de renseignement militaires soviétiques, ils étaient occupés par des civils fuyant dans la direction opposée.

Goebbels entra dans une colère folle en apprenant la nouvelle. Il voulait exécuter autant de prisonniers de guerre qu'il y avait eu de civils tués lors des bombardements. L'idée ne déplut pas à Hitler ; elle revenait à renier la Convention de Genève face aux armées alliées, contraignant de ce fait les troupes allemandes à se battre jusqu'au bout. Mais le général Jodl, soutenu par Ribbentrop, le maréchal Keitel et le grand amiral Dönitz, finit par persuader le Führer qu'une telle décision ne pourrait que se retourner contre l'Allemagne. Goebbels, néanmoins, exploita autant qu'il le put cette « attaque terroriste ». Les soldats ayant de la famille à Dresde se virent accorder des permissions exceptionnelles. Beaucoup revinrent en se refusant à évoquer ce qu'ils avaient vu.

Sur le Front occidental, la progression anglo-américaine avait été beaucoup plus lente que celle de l'Armée rouge. La campagne pour la conquête de la Rhénanie, qui avait commencé alors que se poursuivaient les pourparlers de Yalta, se déroulait à un rythme lent et mesuré. Eisenhower ne se sentait pas pressé. Il estimait que les crues de printemps allaient rendre le Rhin infranchissable avant le début du mois de mai. Et il allait falloir encore six semaines pour que ses armées soient à pied d'œuvre sur la rive occidentale du Rhin. Seul le miracle qui consista à prendre intact le pont de Remagen permit d'accélérer le programme.

Eisenhower était profondément irrité par les constantes critiques des Britanniques à l'égard de sa stratégie de progression méthodique sur un vaste front. Churchill, Sir Alan Brooke et le maréchal

Montgomery étaient unanimes à demander une percée en force en direction de Berlin. Leurs raisons étaient principalement politiques. La prise de Berlin par les Alliés occidentaux avant l'arrivée de l'Armée rouge aurait contribué à rétablir l'équilibre des forces avec Staline. En même temps, sur le plan militaire, les Britanniques estimaient que la chute de Berlin porterait à l'armée allemande un coup psychologique de nature à saper sa résistance et à abréger ainsi la guerre. Mais l'attitude de l'insupportable Montgomery avait peu fait pour accréditer cette thèse auprès des Américains. Il les avait, en effet, gravement indisposés en essayant, au début du mois de janvier, de s'attribuer dans la défaite allemande des Ardennes plus de mérite qu'il ne lui en revenait. La chose avait constitué une source considérable d'embarras pour Churchill et n'avait certes pas incité Eisenhower à autoriser une poussée britannique vers Berlin à travers l'Allemagne du Nord.

Eisenhower persistait à affirmer que son rôle de commandant suprême ne consistait pas à envisager la configuration du monde d'après la guerre, mais de terminer celle-ci avec le moins de pertes possible. Il estimait que les Britanniques laissaient trop la prospective politique dominer la stratégie militaire. Il était sincèrement reconnaissant à Staline d'avoir avancé la date de son offensive, inconscient du fait que le dictateur soviétique avait surtout pris cette décision pour pouvoir s'assurer de la Pologne avant la conférence de Yalta.

En réalité, les augures politiques américains ne voulaient rien faire qui pût indisposer ou provoquer Staline. Lors des pourparlers de la Commission consultative européenne sur la délimitation des zones d'occupation, John G. Winant, l'ambassadeur des États-Unis à Londres, se refusa même à soulever le problème d'un couloir terrestre jusqu'à Berlin de peur que cela ne compromette ses relations avec son interlocuteur soviétique. Cette politique d'apaisement à l'égard de Staline venait du sommet. Robert Murphy, l'ancien consul des États-Unis à Alger lors du débarquement de 1942 et le conseiller politique d'Eisenhower, s'était entendu dire par Roosevelt lui-même que « le plus important était de convaincre les Russes de nous faire confiance ». Rien n'aurait pu mieux convenir à Staline. Lorsque Roosevelt affirmait qu'il pouvait « manier Staline », cela relevait de ce que Murphy appelait « la théorie américaine beaucoup trop répandue » selon laquelle des amitiés individuelles peuvent déterminer une politique nationale. « Les hommes politiques et les diplomates soviétiques n'opèrent jamais selon ce principe », ajoutait Murphy. Les Américains souhaitaient tant que Staline leur fasse confiance qu'ils oubliaient de se demander jusqu'à quel point ils pouvaient lui faire confiance à lui – l'homme qui respectait si peu le droit international qu'il leur avait très calmement suggéré d'envahir l'Allemagne en passant par la Suisse, pays neutre entre tous [2].

Le ressentiment des Soviétiques se fondait en bonne part sur le fait que les Alliés occidentaux avaient fort peu souffert en comparaison d'eux-mêmes. L'Allemagne nazie avait également traité les prisonniers occidentaux très différemment de ceux de l'Armée rouge. Un rapport du 1er Front biélorusse sur la libération d'un camp de prisonniers de guerre situé près de Torn soulignait tout particulièrement ce contraste. Il y était précisé que les prisonniers américains, britanniques et français paraissaient en bonne santé.

« Ils avaient plus l'air, affirmait le rapport, de gens en vacances que de prisonniers de guerre, alors que les détenus soviétiques étaient décharnés, enveloppés dans des couvertures. » Les prisonniers occidentaux n'avaient pas à travailler, étaient autorisés à jouer au football et recevaient des colis de vivres de la Croix-Rouge. En même temps, dans l'autre partie du camp, 17 000 prisonniers soviétiques avaient péri, tués ou victimes de la faim ou de la maladie. Le « régime spécial » réservé aux Soviétiques consistait en 300 grammes de pain noir et un litre de soupe faite avec des légumes pourris chaque jour. « Les prisonniers en bonne santé, poursuivait le rapport, étaient astreints à creuser des tranchées. Ceux qui étaient trop faibles étaient tués ou enterrés vivants. »

Ils étaient gardés par des « traîtres » de l'Armée rouge, recrutés avec la promesse de meilleures rations, qui traitaient « les prisonniers de guerre soviétiques plus cruellement que les Allemands », leur ordonnant parfois de se mettre nus avant de lâcher des chiens sur eux.

Toujours selon le rapport [3], les Allemands s'étaient livrés à « une massive campagne de propagande » pour tenter de persuader les prisonniers de rejoindre l'armée du général Vlassov. « Beaucoup d'Ukrainiens et d'Ouzbeks se sont vendus aux Allemands », déclarait un prisonnier présenté comme « ex-membre du Parti » et « ex-lieutenant » – car tous les membres de l'Armée rouge perdaient leurs grades et titres lorsqu'ils s'étaient laissé faire prisonniers.

Les châtiments infligés aux prisonniers soviétiques étaient aussi divers que cruels. Parfois, il leur fallait faire des flexions de façon ininterrompue pendant des périodes pouvant aller jusqu'à sept heures, « ce qui réduisait la victime à l'état d'infirme ». On leur faisait également monter et descendre en courant des escaliers, avec, les attendant sur chaque palier, des gardes armés de matraques en caoutchouc. Dans un autre camp, des officiers blessés furent placés, en plein hiver, sous des douches glacées et périrent ainsi d'hypothermie. Des soldats eurent à subir l'antique torture du « cheval d'arçon », tandis qu'on en faisait courir pour servir de cibles vivantes aux gardiens SS s'entraînant au tir. Une autre pratique était connue sous le nom d'*Achtung !* On ordonnait à un prisonnier soviétique de se déshabiller et de s'agenouiller en plein air. Des gardes avec des chiens en laisse attendaient de part et d'autre de lui. Il devait ensuite crier sans relâche *« Achtung ! Achtung ! Achtung ! »* Dès qu'il arrêtait de crier, les chiens étaient lâchés sur lui[4].

Le bruit de ces atrocités se répandant dans l'Armée rouge à mesure qu'elle avançait, des tortures similaires furent pratiquées par les troupes soviétiques à l'encontre des Allemands faits prisonniers. Un pilote de chasse britannique évadé d'un camp allemand et recueilli par une unité soviétique vit un jeune SS contraint de jouer du piano pour ses gardiens russes. Ceux-ci lui avaient fait comprendre par signes qu'il serait exécuté dès le moment où il s'arrêterait. Il réussit à jouer pendant seize heures avant de s'effondrer en sanglotant sur son clavier. Ses bourreaux le félicitèrent de sa performance à grand renfort de claques dans le dos, puis ils le traînèrent à l'extérieur et l'abattirent.

Dans son avance victorieuse en territoire allemand, l'Armée rouge continuait à connaître des pertes durement ressenties par les soldats. Yakov Zinovievitch Aronov, un jeune artilleur, fut tué le 19 février près de Königsberg. Peu avant sa mort, il écrivait à sa famille : « Nous battons et détruisons l'ennemi, qui regagne en courant son terrier comme une bête blessée. Tout va bien. Je suis vivant et en bonne santé. Tout ce à quoi je pense, c'est à vaincre l'ennemi et à revenir vous retrouver tous. » Une autre de ses lettres était beaucoup plus révélatrice, car adressée à un camarade soldat capable de comprendre les sentiments qui y étaient exprimés : « J'aime tant la vie. Je n'ai pas encore vécu. Je n'ai que dix-neuf ans. Je vois souvent la mort en face de moi et je me bats contre elle. Je me bats et, jusqu'à présent, je gagne. Je suis observateur d'artillerie, et tu peux imaginer ce que cela représente. Pour tout résumer, j'ai souvent à corriger le tir de ma batterie, et je ne me sens heureux que lorsque les obus touchent la cible. »

Aronov fut tué « par un matin prussien brumeux », comme l'écrivit à sa sœur Irina son plus proche camarade, et enterré « à l'orée de la forêt ». Il est probable que, comme dans la plupart des cas, sa tombe a été simplement indiquée par un bâton auquel était attaché un morceau de tissu rouge. Ces bâtons étaient éventuellement remplacés par de petites plaques de bois.

Les soldats de l'Armée rouge rencontraient également, venant en sens inverse, des colonnes d'anciens travailleurs forcés essayant de rentrer chez eux. Beaucoup étaient des femmes, des paysannes portant des foulards noués autour de la tête et des bandes molletières improvisées. Le capitaine et auteur dramatique Agranenko croisa ainsi, en Prusse-Orientale, une charrette transportant tout un groupe de femmes. Lorsqu'il s'enquit de leur identité, elles répondirent, ravies d'entendre leur langue maternelle : « Nous sommes russes ! Nous sommes russes ! » Agranenko leur serra la main à toutes, l'une après l'autre, et, soudain, une vieille femme se mit à pleurer. « C'est la première fois depuis trois ans, expliqua-t-elle, que quelqu'un me serre la main »[5].

Agranenko rencontra également « une beauté de la région d'Orel nommée Tatiana Khiltchakova ». Elle rentrait chez elle avec un bébé âgé de deux mois. Dans un camp de travail allemand, elle avait fait la connaissance d'un Tchèque, dont elle s'était éprise. Ils avaient échangé des vœux de mariage, mais, quand l'Armée rouge était arrivée, le Tchèque s'était immédiatement porté volontaire pour aller combattre les Allemands. « Tatiana, constata Agranenko, ne connaît pas son adresse. Il ne connaît pas la sienne. Et il est improbable que la guerre fasse de nouveau se croiser leurs chemins. » Plus malheureusement encore, elle risquait, en rentrant à Orel, d'être persécutée pour avoir eu des relations avec un étranger.

Le principal sujet de préoccupation et même d'inquiétude de la *Stavka* demeurait la large brèche subsistant entre le 1er Front biélorusse de Joukov et le flanc gauche du 2e Front biélorusse de Rokossovski. Le 6 février, Staline avait appelé Joukov de Yalta en lui demandant ce qu'il faisait. Joukov répondit qu'il était en conférence avec les généraux commandant ses armées pour envisager l'avance sur Berlin à partir des têtes de pont de l'Oder. Staline lui répondit qu'il perdait son temps. Il fallait qu'il consolide ses positions sur l'Oder, puis qu'il oblique vers le nord pour faire sa jonction avec Rokossovski.

Tchouikov, le commandant de la 8e Armée de la Garde, qui semblait nourrir depuis Stalingrad un ressentiment à l'égard de Joukov, devait reprocher à celui-ci, des années encore après la guerre, de ne pas avoir insisté avec plus de vigueur pour une poussée immédiate en direction de Berlin. Selon lui, elle aurait pris les Allemands par surprise et les troupes soviétiques auraient trouvé la capitale du Reich sans défense. Mais Joukov et les autres chefs militaires russes estimaient qu'avec des troupes épuisées, une sérieuse pénurie de vivres et de matériel, un ravitaillement difficile et la menace d'une contre-attaque sur le flanc droit, le risque était trop grand.

En Prusse-Orientale, les forces allemandes étaient contenues mais non vaincues. N'étant pas parvenus à percer à la fin de janvier, les restes de la Quatrième Armée étaient bloqués dans le *Kessel* de Heiligenbeil, avec le dos au Frisches Haff. Leur principal appui d'artillerie était fourni par les canons lourds des croiseurs *Admiral Scheer* et *Lützow*, tirant de la Baltique.

Les restes de la Troisième Armée blindée, à Königsberg, avaient été coupés de la péninsule de Samland, mais, le 19 février, une attaque simultanée des deux côtés parvint à créer un couloir terrestre qui fut ensuite âprement défendu. L'évacuation des civils et des blessés par le petit port de Pillau, à l'extrémité de la péninsule de Samland, fut intensifiée, mais beaucoup de réfugiés craignaient de partir par mer après les attaques à la torpille contre le *Wilhelm Gustloff* et d'autres navires. Dans les premières heures du 12 février, le navire-hôpital *General von Steuben* fut torpillé peu après avoir quitté Pillau avec 2 680 blessés à son bord. Il n'y eut presque pas de survivants.

Pendant ce temps, la Deuxième Armées avait été repoussée vers la Basse-Vistule et son estuaire, défendant Dantzig et le port de Gdynia. Elle formait le flanc gauche du Groupe d'Armées de la Vistule commandé par Himmler. Au centre, en Poméranie orientale, un nouvel ensemble, la Onzième Armée blindée SS, était en cours de formation. Le flanc droit du dispositif, sur l'Oder, était constitué par les vestiges de la Neuvième Armée du général Busse, si durement éprouvée en Pologne.

Himmler s'aventurait rarement hors du luxueux train spécial, le *Steiermark*, dont il avait fait son « quartier général de campagne ». Le Reichsführer SS se rendait maintenant compte que les responsabilités impliquées par un commandement militaire étaient plus considérables que ce qu'il avait imaginé. Et, selon le colonel Eismann, « son incompétence en ce domaine le rendait incapable de présenter de façon nette et catégorique la situation opérationnelle à Hitler, et encore moins de s'affirmer ». Himmler revenait habituellement d'une conférence militaire avec le Führer dans un état nerveux lamentable. Les officiers d'état-major avaient renoncé à s'étonner de voir si craintif un homme qui était si craint. Et, toujours d'après le colonel Eismann, son « attitude servile » envers

Hitler et sa crainte d'admettre l'état véritable de ses forces « causèrent de grands dommages et firent inutilement verser une vaste quantité de sang »[6].

Cherchant réconfort dans la terminologie habituelle du Führer, Himmler parlait de nouvelles contre-attaques et se concentrait sur la formation de cette nouvelle Onzième Armée blindée SS, qui, en réalité, avait à peine les effectifs et le potentiel d'un corps d'armée. Mais, comme le faisait observer Eismann, « Armée blindée sonnait mieux »[7]. En fait, Himmler avait aussi un autre motif. C'était de donner des postes de commandement au plus grand nombre possible d'officiers de la Waffen SS. Ce fut l'Obergruppenführer Steiner qui fut nommé à la tête de la nouvelle armée. Steiner, soldat expérimenté, ne constituait pas un mauvais choix, mais il n'allait pas avoir la tâche facile.

Résolu à garder un couloir ouvert en lisière de la Prusse-Orientale, le général Guderian insista, au cours d'une conférence stratégique présidée par Hitler au début du mois de février, sur la nécessité d'une ambitieuse opération. Ayant eu auparavant un déjeuner bien arrosé avec l'ambassadeur du Japon, il se montra encore plus catégorique et tranchant qu'à l'habitude. Il voulait un mouvement en tenaille partant de l'Oder au sud de Berlin et une attaque à partir de la Poméranie pour couper les forces de pointe de Joukov. Pour disposer de troupes suffisantes, il fallait ramener par voie maritime des divisions bloquées en Courlande et ailleurs et ajourner l'offensive de Hongrie. Hitler refusa de nouveau.

« Vous devez me croire, insista Guderian. Ce n'est pas l'entêtement qui me fait persister à proposer l'évacuation de la Courlande. Je ne vois aucun autre moyen de regrouper des réserves, et, sans réserves, nous ne pouvons espérer défendre la capitale. Je vous assure que j'agis uniquement dans l'intérêt de l'Allemagne. »

À ce moment, Hitler bondit, tremblant de rage. « Comment osez-vous me parler ainsi ? cria-t-il. Vous ne pensez pas que je me bats pour l'Allemagne ? Toute ma vie n'a été qu'un long combat pour l'Allemagne ! » Le colonel de Maizière, le nouveau chef des opérations de Zossen, n'avait jamais assisté à un tel éclat, et il se prit à trembler pour le chef d'état-major. Pour calmer un peu les choses, Göring emmena Guderian prendre un café.

La principale crainte de Guderian était de voir la Deuxième Armée, qui s'efforçait de maintenir un lien entre la Prusse-Orientale et la Poméranie, coupée et isolée. Il changea donc son fusil d'épaule et proposa une attaque unique partant de la Baltique vers le sud. Visant le flanc droit de Joukov, elle dissuaderait également les Soviétiques de tenter d'attaquer immédiatement Berlin.

Le 13 février, une ultime conférence à ce sujet se tint à la Chancellerie du Reich. En tant que commandant en chef du Groupe d'Armées de la Vistule, Himmler était présent, ainsi que l'Oberstgruppenführer Sepp Dietrich, l'un des plus connus des officiers généraux de la Waffen SS. Guderian avait amené avec lui son adjoint, le général Wenck, dont l'extrême compétence ne pouvait être contestée.

Guderian fit clairement savoir dès le début qu'il voulait voir l'opération commencer dans les deux jours. Himmler souleva des objections, soulignant que le carburant et les munitions nécessaires n'avaient pas encore été acheminés en totalité. Hitler l'approuva, et, très vite, une nouvelle querelle éclata entre le Führer et son chef d'état-major. D'autant que Guderian insistait pour que le général Wenck prenne la direction de l'opération.

« Le Reichsführer SS est tout à fait capable d'exécuter lui-même cette attaque », proclama Hitler.

« Le Reichsführer SS, rétorqua Guderian, n'a ni l'expérience requise ni un état-major assez compétent pour agir seul. La présence du général Wenck est par conséquent indispensable. »

« Je ne vous permets pas, s'écria alors Hitler, de me dire que le Reichsführer SS est incapable d'accomplir sa tâche ! »

La controverse fit rage pendant un long moment. Hitler s'était mis dans une violente colère et hurlait littéralement. Guderian dit avoir alors regardé un portrait de Bismarck, le Chancelier de fer, accroché au mur en se demandant ce que celui-ci devait penser. Mais, à sa grande surprise, Hitler cessa soudain d'arpenter la piece de long en large et dit à Himmler que le général Wenck rejoindrait le soir même son état-major et prendrait la direction de l'offensive. Puis il s'assit tout aussi soudainement et sourit à Guderian en lui disant : « Maintenant, poursuivons la conférence. Aujourd'hui, l'état-major général a remporté une bataille. » Ensuite, dans le vestibule, Keitel reprocha à Guderian d'avoir amené le Führer aux limites de la crise d'apoplexie.

Le 16 février, l'offensive de Poméranie commença sous la direction du général Wenck. Plus de 1 200 chars y avaient été affectés, mais manquaient les trains pour les transporter à pied d'œuvre. Or, pour acheminer les hommes et les véhicules d'une division blindée, même à potentiel réduit, il fallait une bonne cinquantaine de trains. Encore plus grave était le problème des munitions et du carburant ; on ne disposait que de trois jours de réserve. La leçon de l'offensive des Ardennes n'avait pas été retenue.

Les officiers d'état-major de l'Armée voulaient baptiser l'opération *Husarenritt* – « La chevauchée des hussards » –, nom de code qui tendait à indiquer une attaque en forme de raid. Mais les SS insistèrent pour une dénomination beaucoup plus solennelle : *Sonnenwende* – ou « Solstice ». En l'occurrence, il ne devait s'agir ni d'une chevauchée, car un soudain dégel fit que les chars se retrouvèrent très vite enlisés dans la boue, ni d'un solstice, car l'opération ne changea guère la situation. La Wehrmacht pouvait difficilement se permettre les pertes qu'elle subit lorsque la 2e Armée blindée de la Garde contre-attaqua.

La victime la plus élevée en grade fut le général Wenck lui-même, qui, regagnant son quartier général après une conférence avec le Führer le 17 février, s'endormit au volant et fut grièvement blessé. Il fut remplacé par le général Krebs, un brillant officier d'état-major qui avait été attaché militaire à Moscou avant le déclenchement de l'Opération Barberousse. Mais la tentative visant à repousser la contre-attaque soviétique dut être abandonnée au bout de deux jours. Tout ce qu'était parvenue à faire l'offensive allemande avait été de gagner du temps. Elle avait convaincu le Kremlin qu'une poussée rapide vers Berlin était hors de question tant que les troupes soviétiques ne se seraient pas assuré la côte poméranienne.

La décision d'Hitler de désigner certaines villes comme « forteresses » et de refuser l'évacuation de troupes encerclées s'inscrivait dans le cadre d'une politique suicidaire conduisant à des sacrifices et des souffrances inutiles. Le Führer savait que ces poches de résistance étaient condamnées d'avance, car la Luftwaffe ne disposait plus des avions et du carburant nécessaires pour les ravitailler, et, de plus, cette politique aboutissait à priver le Groupe d'Armées de la Vistule de troupes expérimentées.

Königsberg et Breslau tinrent, mais d'autres localités désignées comme « forteresses » ne tardèrent pas à tomber. Dans le sud de la Poméranie, Schneidemühl, la plus petite et la moins fortifiée de ces villes, succomba dès le 14 février, après une résistance désespérée. Pour une fois, Hitler ne s'indigna pas contre la garnison et attribua même la Croix de chevalier à son commandant et à son commandant en second.

Quatre jours plus tard, le 18 février, alors que l'Opération *Sonnenwende* s'enlisait, le général Tchouikov donna le signal de l'assaut contre la forteresse de Poznan. Comme à Stalingrad, il fit précéder le bombardement de musiques funèbres diffusées par les haut-parleurs de son 7e service et entrecoupées de messages invitant la garnison à se rendre. Ces messages soulignaient notamment que, se trouvant à plus de 200 kilomètres derrière la ligne de front, les Allemands n'avaient aucun espoir de s'échapper.

L'artillerie de siège avait commencé à entrer en action neuf jours plus tôt afin d'ébranler les défenses, mais, le 18 février au matin, ce furent 1 400 canons, mortiers et lance-fusées Katioucha qui se mirent à tirer. Après un bombardement de quatre heures, des groupes d'assaut attaquèrent la forteresse, démantelée par l'intensité des tirs. La résistance se poursuivant dans un bâtiment, les Soviétiques firent entrer en action un obusier de 203 mm, dont les projectiles pulvérisèrent les murs. On utilisa aussi des lance-flammes, et des charges explosives furent projetées dans les conduits de ventilation. Des soldats allemands qui tentaient de se rendre furent abattus par leurs propres officiers.

Mais la fin était imminente. Dans la nuit du 22 au 23 février, le commandant de la garnison, le général Ernst Gomell, étendit sur le sol de son bureau un drapeau à croix gammée, s'y coucha et se tira une balle dans la tête. Les survivants de la garnison se rendirent.

Le siège de Breslau fut plus prolongé ; la ville tenait encore après la chute de Berlin. Le fanatique Gauleiter Hanke était résolu à défendre jusqu'au bout la capitale de la Silésie. Il avait, à la fin du mois de janvier, utilisé des camions munis de haut-parleurs pour ordonner aux femmes et aux enfants de quitter la ville, sans se soucier, apparemment, de les faire geler à mort.

La ville avait d'appréciables réserves de vivres, mais peu de munitions. Les tentatives faites pour en parachuter ne se soldèrent que par un terrible gaspillage des ressources de la Luftwaffe. Le général Schörner, commandant en chef du Groupe d'Armées du Centre, décida alors, à la fin février, d'envoyer en renfort de la garnison une partie du 25e Régiment de parachutistes. Le commandant de cette unité protesta violemment en soulignant qu'il n'y avait pas de zone de largage, mais, le 22 février, un bataillon embarqua à bord d'avions de transport Junker 52 à Jüterbog, au sud de Berlin. Les appareils arrivèrent vers minuit à proximité de Breslau. « Nous pouvions voir dans la ville, écrivit plus tard un parachutiste, des incendies un peu partout et nous nous heurtions à des tirs de DCA intenses. » Un obus ayant détruit l'appareil de radio assurant la liaison, les avions perdirent le contact avec le contrôle au sol et finirent par atterrir sur un aérodrome proche de Dresde. Une autre tentative fut faite deux nuits plus tard. Les tirs de DCA soviétiques étaient encore plus nourris, et les avions tournèrent pendant vingt minutes au-dessus de la ville en flammes en cherchant en vain une zone appropriée. Trois d'entre eux furent abattus et l'opération se solda par un échec.

Les mesures disciplinaires prises par Hanke, approuvées par le général Schörner et entrant dans le cadre de la politique de « force par la peur » de celui-ci, étaient terribles. Les exécutions étaient arbitraires, et des enfants de dix ans furent employés, sous le feu de l'aviation et de l'artillerie soviétique, à déblayer les ruines pour aménager une piste d'atterrissage à l'intérieur de la ville.

Il fut annoncé que toute tentative de reddition de la part de ceux qui chercheraient à « préserver leurs misérables vies » serait immédiatement punie de mort, et que des « mesures décisives » seraient également prises à l'encontre de leurs familles[8]. Le général Schörner, quant à lui, soutenait que « près de quatre années de guerre asiatique » avaient totalement changé le combattant allemand. « Cela l'a endurci, affirmait le général, et fanatisé pour le combat contre les bolcheviks... La campagne de l'est a créé le soldat politique »[9].

Lorsque Staline prétendait, à Yalta, que toutes les populations de Prusse-Orientale et de Silésie avaient fui, c'était encore loin d'être la vérité. Beaucoup de civils étaient toujours bloqués dans les villes assiégées. Il y en avait aussi à Königsberg et dans le *Kessel* d'Heiligenbeil, tentant de quitter par bateau le port de Pillau, de s'échapper à pied vers l'ouest ou restant simplement sur place, attendant. Le dégel de février avait fait que la glace du Frisches Haff ne pouvait plus supporter le moindre véhicule et devait être traversée à pied. Les voies d'accès à Dantzig, à la Poméranie et à l'ouest demeuraient ouvertes, mais tout le monde savait que, dans peu de temps, le 1er Front biélorusse allait atteindre la Baltique.

Beria fut informé par un officier supérieur du SMERSH que « l'importante partie de la population de Prusse-Orientale » qui s'était réfugiée à Königsberg avait trouvé peu d'endroits où loger et encore moins de nourriture. Les réfugiés pouvaient s'estimer heureux s'ils obtenaient 180 grammes de pain par jour. Le rapport du SMERSH affirmait ensuite que « des femmes et des enfants affamés se traînaient sur les routes » dans l'espoir d'être nourris par l'Armée rouge, et que, d'après ces réfugiés, « le moral de la garnison de Königsberg était très ébranlé ». « De nouveaux ordres ont été donnés, poursuivait le rapport, selon lesquels tout Allemand de sexe masculin qui ne se présente pas pour un service actif sur la ligne de front doit être fusillé sur place... Des soldats se mettent en civil et désertent. Les 6 et 7 février, les cadavres de quatre-vingts soldats allemands étaient entassés dans l'une des gares de la ville, avec une pancarte : " C'étaient des lâches, mais ils sont morts quand même " »[10].

Après l'échec de l'Opération *Sonnenwende*, Dantzig se trouvait de plus en plus menacée. La Kriegsmarine déploya les plus grands efforts pour évacuer autant de blessés et de civils que possible. Au cours de la seule journée du 21 février, 51 000 d'entre eux furent recueillis. Les autorités estimèrent alors qu'il ne restait plus que 150 000 personnes à évacuer, mais, une semaine plus tard, on s'aperçut que Dantzig avait maintenant une population de 1 200 000 habitants, dont 530 000 réfugiés. Des efforts plus considérables encore furent faits. Le 8 mars, trente-quatre trains composés de wagons à bestiaux bondés de civils quittèrent la Poméranie pour le Mecklembourg, à l'ouest de l'Oder. Hitler voulait transférer 150 000 réfugiés au Danemark, et deux jours plus tard, des instructions officielles furent données en ce sens[11]. Ce même jour, le 10 mars, le total des Allemands réfugiés des provinces de l'est fut évalué à onze millions.

Cependant, alors que la ville de Dantzig grouillait de réfugiés affolés, une horrible besogne se poursuivait à l'Institut médical anatomique du lieu. Après la prise de la ville par l'Armée rouge, une commission spéciale y fut envoyée pour enquêter sur la fabrication de savon et de cuir avec « les cadavres de citoyens d'URSS, de Pologne et d'autres pays tués dans les camps de concentration allemands »[12].

Selon cette commission, le professeur Spanner et le professeur-adjoint Volman avaient commencé des expériences en ce sens en 1943. Puis des installations spéciales avaient été mises en place pour passer au stade de la production. « L'examen des locaux de l'Institut anatomique, déclarait le rapport de la commission, a permis la découverte de 148 corps humains stockés pour la production de savon, dont 126 corps d'hommes, 18 corps de femmes et quatre corps d'enfants. Quatre-vingts des corps d'hommes et deux des corps de femmes étaient sans tête. Quatre-vingt-neuf têtes humaines furent également découvertes. Tous les corps et toutes les têtes étaient conservés dans des réservoirs métalliques contenant une solution d'alcool et de phénol. Il apparaît que la plupart des cadavres venaient du camp de concentration de Stutthof, non loin de la ville. Les personnes exécutées dont les corps furent utilisés étaient de différentes nationalités, mais il s'agissait surtout de Polonais, de Russes et d'Ouzbeks. »

L'entreprise avait, de toute évidence, reçu l'approbation officielle étant donné le rang élevé des visiteurs de l'Institut. « L'Institut anatomique, précisait le rapport soviétique, a reçu la visite du ministre de l'Éducation Rust et du ministre de la Santé Konti. Le Gauleiter de Dantzig, Albert Förster, s'est rendu à l'Institut en

1944, alors que du savon y était déjà produit. Il a inspecté toutes les installations et nous pensons qu'il était au courant de ce qui s'y passait. »

Le plus étonnant de cette horrible histoire est que rien ne fut détruit, aucune trace ne fut effacée, avant l'arrivée de l'Armée soviétique, et que le professeur Spanner et ses assistants ne furent jamais poursuivis après la guerre. Le « traitement » de cadavres ne constituait pas un crime.

Le camp de Stutthof contenait principalement des prisonniers soviétiques, avec un certain nombre de Polonais. Prisonniers de guerre et juifs y étaient mélangés. Quelque 16 000 détenus y périrent de la typhoïde en six semaines.

À l'approche de l'Armée rouge, on ordonna aux prisonniers d'éliminer tous les indices gênants. On fit sauter les fours crématoires et dix baraquements où des juifs avaient été détenus furent incendiés. Apparemment, de simples soldats allemands avaient été contraints de participer à l'exécution de prisonniers de guerre de l'Armée rouge et de civils soviétiques [13].

Que ce soit poussés par l'obstination ou par la crainte de ce qui pourrait leur arriver s'ils tombaient aux mains des Soviétiques, les soldats de la Wehrmacht, épuisés, continuaient à marcher et à combattre. « Les Allemands n'ont pas encore perdu espoir, soulignait en ce mois de février 1945 une analyse de renseignements française [14]. Ils n'osent pas. » Des officiers soviétiques présentaient les choses de façon un peu différente : « Le moral est bas, mais la discipline est solide » [15].

7

LE NETTOYAGE DES ARRIÈRES

Le 14 février, en Prusse-Orientale, un convoi de véhicules militaires portant les insignes de l'Armée rouge quitta la route principale allant de Rastenbourg à Angebourg pour emprunter une route secondaire s'enfonçant dans une épaisse forêt de pins. Un curieux climat de mélancolie régnait dans toute la région.

De la petite route, on distinguait une haute clôture de barbelés, et le convoi atteignit rapidement une barrière avec un avertissement rédigé en allemand : « Halte. Zone militaire. Accès interdit aux civils. » C'était l'entrée de l'ancien quartier général d'Hitler à l'est, le *Wolfsschanze* [1].

Les camions composant le convoi transportaient des hommes de la 57e Division de fusiliers du NKVD, et, si leurs officiers arboraient des uniformes de l'Armée rouge, ils n'appartenaient aucunement à la hiérarchie régulière de celle-ci. En tant que membres du SMERSH, ils n'avaient de comptes à rendre qu'à Beria, et leurs sentiments envers les cadres de l'Armée n'étaient pas, à cette époque, de franche camaraderie. Leurs véhicules, vieux et usés, leur avaient été généreusement attribués par des unités militaires saisissant cette occasion pour se débarrasser de leur matériel de rebut. C'était de pratique courante, mais ni les membres du SMERSH ni ceux du NKVD n'appréciaient le procédé [2].

Le chef du groupe portait l'uniforme de général de l'Armée rouge. Il s'agissait du commissaire à la Sécurité de deuxième classe Victor Semionovitch Abakoumov, dont Beria avait fait le premier chef du SMERSH en avril 1943, peu après la victoire de Stalingrad. Il arrivait à Abakoumov de suivre l'exemple de son chef Beria en faisant arrêter des jeunes femmes et surtout des jeunes filles afin de les violer, mais sa grande spécialité était de participer aux interrogatoires « musclés » des prisonniers en les battant avec une matraque en caoutchouc. À ces moments-là, afin de ne pas souiller le tapis persan de son bureau, il faisait « dérouler une carpette sale et déjà ensanglantée » avant qu'on lui amène sa victime.

Bien que toujours chef du contre-espionnage, Abakoumov avait été envoyé par Beria « prendre les mesures tchékistes nécessaires » sur les arrières du 3e Front biélorusse, en Prusse-Orientale. Fortes de 12 000 hommes, les unités du NKVD placées directement sous son commandement à cette fin étaient les plus importantes de toutes celles attachées aux différents groupes d'armées participant à l'invasion de l'Allemagne, plus importantes même que celles accompagnant les armées de Joukov[3].

Lorsque le convoi arriva à proximité de l'ancien quartier général d'Hitler, les hommes du NKVD descendirent des camions et bloquèrent la route, tandis qu'Abakoumov et les officiers du SMERSH entreprenaient l'inspection des lieux. Des mines et pièges allemands ayant été signalés dans tout le secteur de Rastenbourg, ils procédaient sans aucun doute avec prudence. À la droite de la barrière d'accès se trouvaient plusieurs casemates de pierre contenant des mines et du matériel de camouflage, et, à gauche, les cantonnements des gardes. Les officiers du SMERSH y trouvèrent des uniformes et des insignes du *Führerbegleit*, unité qui était passée l'année précédente, dans la crainte d'une tentative d'enlèvement d'Hitler par des parachutistes soviétiques, d'un bataillon à une brigade interarmes.

Durant sa visite, Abakoumov s'astreignait à noter tout ce qu'il voyait, sachant que son rapport à Beria serait ultérieurement transmis à Staline. Celui-ci voulait connaître les moindres détails de la vie d'Hitler. Il y portait un intérêt presque maniaque.

Ce qui, toutefois, est le plus frappant dans ce rapport, c'est l'ignorance initiale des Soviétiques quant au *Wolfsschanze*, particulièrement surprenante si l'on considère le nombre d'officiers généraux allemands faits prisonniers et interrogés depuis Stalingrad. Il semble qu'il ait fallu près de deux semaines au SMERSH et au NKVD pour découvrir cet ensemble, pourtant grand de quatre kilomètres carrés. Certes, le camouflage y était impressionnant et rendait l'endroit presque impossible à repérer d'avion. Les moindres routes et allées étaient recouvertes de filets de camouflage verts. Des arbres et des buissons artificiels venaient donner l'impression de la simple et pleine campagne. Tous les éclairages extérieurs étaient assurés par des ampoules teintes en bleu foncé. Des postes d'observation installés dans la forêt à trente-cinq mètres de hauteur avaient été déguisés en conifères.

À la Porte N° 1, au-delà du premier périmètre de défense, on avait fait sauter toutes les casemates après le départ définitif du Führer le 20 novembre 1944, moins de trois mois auparavant, mais Abakoumov n'avait visiblement aucune idée du moment où cela s'était produit. Lui et ses compagnons arrivèrent à une deuxième clôture de barbelés, puis à une troisième. Dans l'enclos central, ils découvrirent des casemates à volets blindés reliées à un garage souterrain pouvant abriter dix-huit voitures.

Ayant pénétré dans les bunkers « avec la plus grande prudence », ils trouvèrent un coffre-fort, mais celui-ci était vide. Abakoumov nota que les pièces étaient « très simplement meublées » (le général Jodl avait un jour décrit l'endroit comme un croisement entre un monastère et un camp de concentration). Les officiers du SMERSH, en fait, ne furent certains de l'endroit où ils se trouvaient que lorsqu'ils virent sur une porte une plaque portant les mots : « Aide de camp du Führer pour la Wehrmacht. » Une chambre fut désignée comme celle d'Hitler par la présence d'une photo où il figurait avec Mussolini.

Abakoumov apparaît, à travers son rapport, avoir été surtout impressionné par la qualité des constructions et leurs dimensions. Il se demandait si Staline et Beria ne souhaiteraient pas avoir quelque chose d'analogue édifié à leur intention. « Je pense, écrivait-il, qu'il serait intéressant pour nos spécialistes d'inspecter le quartier général d'Hitler et tous ces bunkers très bien organisés »[4].

Selon les propres paroles de Staline, les détachements du SMERSH et les divisions du NKVD attachés aux divers fronts étaient « indispensables » pour s'occuper de « tous les éléments peu sûrs rencontrés dans les territoires occupés ». Il avait précisé au général américain Bull : « Ces divisions n'ont pas d'artillerie mais elles sont très bien équipées en armes automatiques, et véhicules blindés légers. Elles doivent également disposer de moyens d'investigation et d'interrogatoire très au point »[5].

Dans les territoires allemands, comme la Prusse-Orientale et la Silésie, la première tâche des régiments du NKVD était de traquer et de rassembler les traînards et les égarés de la Wehrmacht dépassés par l'avance de l'Armée rouge. Les autorités soviétiques considéraient comme appartenant à la Wehrmacht tous les membres de la Volkssturm, qui rassemblait presque tous les hommes de quinze à cinquante-cinq ans, et, de ce fait, un grand nombre d'habitants mâles des régions envahies se retrouvaient assimilés à ces soldats oubliés. Et les hommes de la Volkssturm ayant choisi de rester sur place, chez eux, au lieu de fuir avec le flot étaient, dans de nombreux cas, considérés par les Soviétiques comme appartenant à des équipes de sabotage laissées à dessein par les troupes allemandes. Les rapports officiels firent état de plus de deux cents « saboteurs et terroristes » allemands « fusillés sur place » par les unités du NKVD [6], mais le total véritable fut certainement beaucoup plus élevé.

Pour la Pologne, le terme employé par Staline d'« éléments peu sûrs » ne s'appliquait pas à la petite minorité de Polonais ayant collaboré avec les Allemands, mais bel et bien à tous les partisans du gouvernement polonais en exil de Londres et aux membres de l'organisation de résistance militaire, l'*Armia Krajowa*, qui avait déclenché le soulèvement de Varsovie l'année précédente. Staline considérait cette insurrection contre les Allemands comme « un acte criminel de politique antisoviétique » visant à s'emparer de la capitale polonaise pour le compte du « gouvernement émigré de Londres » avant l'arrivée de l'Armée rouge.

Staline ignorait complaisamment sa trahison de la Pologne lors du Pacte germano-soviétique de 1939, le massacre des officiers polonais à Katyn par les soins de Beria et le fait que les Polonais avaient, en proportion, encore plus souffert que les Soviétiques, ayant perdu plus de vingt pour cent de leur population. Le dictateur soviétique était convaincu que la Pologne lui appartenait par droit de conquête, et ce sentiment de propriété était également très répandu au sein de l'Armée rouge.

Quand Staline affirmait, à Yalta, que le gouvernement provisoire communiste jouissait d'une grande popularité en Pologne, il exprimait évidemment un point de vue très personnel. Dans ses Mémoires, le maréchal Joukov se montre beaucoup plus proche de la vérité lorsque, parlant des Polonais, il ajoute « dont certains nous étaient fidèles ». Les Polonais qui s'opposaient à la domination soviétique étaient aussitôt qualifiés d'« agents ennemis », quels que soient leurs états de service dans la résistance à l'occupation allemande. Dans un autre passage révélateur, Joukov parle de la nécessité de contrôler le comportement de ses propres troupes à l'égard des Polonais. « Nous devions éduquer plus encore toutes les troupes du front, écrit-il, afin qu'il n'y ait pas d'actes inconsidérés dès le début de notre séjour. » Ce « séjour » devait durer, en fait, plus de quarante-cinq ans.

Le strict contrôle exercé par Beria sur le gouvernement provisoire fut particulièrement mis en lumière par la désignation, le 20 mars, du général Serov comme « conseiller » du ministre polonais de la Sécurité sous le nom d'« Ivanov ». Serov ne manquait pas d'expérience. C'était lui qui avait supervisé les déportations massives du Caucase après avoir, en 1939, organisé la répression à

Lvov, lorsque l'Union soviétique avait annexé l'est de la Pologne, massacrant les officiers, propriétaires terriens, prêtres et professeurs capables de s'opposer à elle. Quelque deux millions de Polonais, de plus, avaient été envoyés au Goulag.

La politique délibérée de Staline consistait à confondre l'*Armia Krajowa* avec l'UPA, l'organisation des nationalistes ukrainiens, ou du moins de laisser entendre qu'il existait des liens étroits entre elles. Goebbels, de son côté, saisissait toutes les occasions d'exploiter les exemples de résistance à l'occupation soviétique. Il affirmait que cette résistance mobilisait 40 000 hommes en Estonie, 10 000 en Lituanie et 50 000 en Ukraine. Il cita même la *Pravda* du 7 octobre 1944 prétendant que ces derniers étaient des « nationalistes germano-ukrainiens »[7]. Tout cela ne faisait qu'apporter de l'eau au moulin du NKVD en lui fournissant des prétextes supplémentaires pour son « nettoyage des arrières ». On se trouvait ainsi en présence de deux propagandes adverses s'alimentant mutuellement.

Mais une autre chasse aux sorcières fut lancée au début du mois de mars. Dès que le SMERSH fut bien implanté en Pologne, il déclencha, sans doute sur ordre direct de Beria, dont les rancunes étaient tenaces, une « enquête sur la famille de Rokossovski » – lequel était, comme il a déjà été précisé ici, à demi polonais[8].

La détermination de Staline à éliminer l'*Armia Krajowa* aboutit, entre autres, à transformer un incident mineur en un grave problème entre l'URSS et les États-Unis.

Le 5 février, alors même que s'ouvrait la conférence de Yalta, le lieutenant Myron King, de l'Armée de l'air américaine, dut faire un atterrissage forcé avec son bombardier B-17 à Kuflevo. Un jeune Polonais vint le trouver et demanda à partir avec l'équipage. Les Américains le prirent à leur bord et décollèrent à destination de la base soviétique de Chtchoutchine, où ils allaient être en mesure de faire les réparations nécessaires à leur appareil. Ils prêtèrent des pièces d'uniforme au Polonais qui, arrivé à terre, « prétendit être Jack Smith, un membre de l'équipage », écrivit dans un rapport officiel le général Antonov[9], qui poursuivit : « Ce n'est qu'à la suite d'une intervention du commandement soviétique que le lieutenant King reconnut qu'il ne s'agissait pas d'un membre de l'équipage, mais d'un étranger qu'ils avaient pris à leur bord pour l'emmener en Angleterre. » « Selon nos informations, ajoutait Antonov, c'était un terroriste et saboteur venu de Londres et introduit en Pologne. »

Le gouvernement américain se répandit en excuses. Il alla même jusqu'à faire passer King en cour martiale sur une base aérienne d'Union soviétique prêtée à l'US Air Force près de Poltava en demandant à Antonov de fournir des témoins à charge. Staline exploita l'incident autant qu'il le put. Il déclara à l'ambassadeur américain Harriman que cela prouvait que les États-Unis utilisaient des Polonais anticommunistes pour attaquer l'Armée rouge.

Un autre incident se produisit le 22 mars à la base soviétique de Mielec, où un bombardier Liberator américain dut se poser faute de carburant. Le commandant de la base russe, alerté par l'affaire King, fit placer des sentinelles autour de l'avion et plaça l'équipage en détention dans un baraquement proche. Après deux jours de ce régime, les dix aviateurs américains, aux ordres du lieutenant Donald Bridge, demandèrent à aller chercher leurs effets personnels à bord de l'avion. Mais, dès qu'ils furent montés dans l'appareil, ils mirent les moteurs en route et décollèrent, en ignorant tous les signaux qui leur étaient faits.

« Le capitaine mécanicien soviétique Melamedev, qui avait accepté d'accueillir l'équipage de Bridge, écrivit le général Antonov au général Reade, à Moscou, fut si affecté par cet épisode qu'il se tira le jour même une balle dans la tête »[10]. Sa mort, toutefois, doit peut-être quelque chose à la rancœur des officiers du SMERSH devant « la négligence de l'officier et des gardes chargés de surveiller l'avion ».

L'incident fut de nouveau cité comme « une preuve » que « des éléments ennemis utilisent ces atterrissages pour acheminer en territoire polonais des terroristes, des saboteurs et des agents du gouvernement émigré de Londres »[11].

Il est difficile de faire avec exactitude la part, chez les Soviétiques de l'époque, de la paranoïa pure et simple et celle du machiavélisme politique. Mais brimades et manifestations de méfiance à l'égard des Alliés occidentaux se renouvelèrent. Quand un lieutenant-colonel américain qui s'était rendu à Lublin pour rencontrer des prisonniers de guerre libérés revint à Moscou après expiration de son laissez-passer officiel, Antonov, sur les instructions de Staline, interdit de prendre l'air à tous les avions de l'US Air Force « en Union soviétique et dans les régions contrôlées par l'Armée rouge »[12].

Cependant, en Prusse-Orientale, des rapports du NKVD faisaient état « de bandes allemandes pouvant atteindre un millier d'« hommes » attaquant les arrières du 2e Front biélorusse de Rokossovski. Le NKVD montait « des opérations de ratissage dans les forêts afin de les éliminer ». Dans bien des cas, toutefois, ces « bandes » n'étaient que des groupes isolés d'hommes de la Volkssturm locale qui se cachaient dans les bois et tendaient parfois des embuscades aux convois de ravitaillement pour se procurer de quoi subsister. Dans la région de Kreisbourg, les unités du NKVD découvrirent deux « boulangeries clandestines », qui fabriquaient du pain pour les hommes réfugiés dans les bois [13].

Au cours d'une opération de ratissage, le 21 février, une section commandée par le sous-lieutenant Khismatouline, du 127e Régiment de garde-frontières, repéra des chaussettes de laine accrochées à la branche d'un arbre. Le sous-officier qui les avait aperçues le premier, le sergent Zavgorodny, « soupçonna alors la présence de personnes inconnues ». « On fouilla les environs, ajoute le rapport, et on découvrit trois tranchées bien camouflées menant à un bunker où se trouvaient trois soldats ennemis armés de fusils » [14].

Les mines et les pièges restaient un souci d'inquiétude majeur. Pour accélérer le déminage, vingt-deux chiens spécialement dressés furent alloués à chaque régiment de garde-frontières du NKVD. Des chiens « destinés à repérer les bandits à l'odeur », comme le déclarait un rapport officiel, furent également expédiés dans les forêts de Prusse-Orientale [15].

Bien des rapports expédiés alors à l'échelon supérieur semblent avoir été grossis par des responsables locaux soucieux de se mettre en valeur. Un rapport sur les « terroristes remis au SMERSH pour interrogatoire » fait apparaître que tous les « terroristes » en question étaient nés avant 1900. Rapportant l'arrestation d'un Allemand nommé Ulrich Behr et né en 1906, Tsanava, le chef du NKVD pour le 2e Front biélorusse, affirmait : « Il a avoué, après interrogatoire, qu'en février 1945 il avait été engagé comme espion par un responsable des services de renseignement allemands, le capitaine Schrap. Sa mission consistait à rester sur les arrières de l'Armée rouge afin de recruter des agents et de se livrer à des actions de sabotage, de renseignement et de terrorisme. Dans le cadre de cette mission, Behr a recruté douze agents. »

En bien des occasions, des traînards de la Wehrmacht ou des recrues locales de la Volkssturm furent présentés comme ayant été « laissés à l'arrière par les services allemands pour se livrer à des sabotages » [16].

En revanche, quand le chef du SMERSH pour le 2e Front biélorusse affirmait que ses hommes avaient découvert « une école de sabotage allemande dans le village de Kovalyowo », il disait peut-être vrai. Les noms de ceux qui y étaient entraînés étaient tous russes ou ukrainiens. Or, les Allemands, dans la situation où ils se trouvaient, avaient de plus en plus recours aux prisonniers de guerre soviétiques comme auxiliaires. Beaucoup de ces Russes ou de ces Ukrainiens s'étaient sans doute portés volontaires dans l'espoir de rentrer plus vite chez eux, mais il est fort douteux que cela ait été considéré comme une circonstance atténuante par les autorités militaires soviétiques [17].

Les détachements du NKVD passaient apparemment plus de temps à fouiller les maisons et les granges qu'à explorer les vastes étendues de forêt. Dans l'une de ces granges, un groupe découvrit huit « soldats allemands déguisés en femmes ».

Les fermiers de Prusse-Orientale se montraient souvent, à ce qu'il semble, aussi naïfs que l'avaient été, en pareil cas, les paysans russes. Les Soviétiques fouillant leurs maisons ne tardèrent pas à s'aviser que, lorsqu'ils avaient caché quelque chose ou quelqu'un, ils ne pouvaient s'empêcher de regarder l'endroit où était dissimulé le corps du délit ou d'avoir un geste excessif et par conséquent révélateur. Dans une maison, une femme alla soudain s'asseoir sur une malle. Les soldats du NKVD l'écartèrent, ouvrirent la malle et y trouvèrent un homme. D'autres hommes du NKVD remarquèrent les regards inquiets que jetait le propriétaire d'une maison vers le lit. Ils retirèrent le matelas, et s'aperçurent que les planches qui tenaient lieu de sommier étaient anormalement hautes. Ils les soulevèrent et découvrirent au-dessous un homme déguisé en femme. Ailleurs, ils trouvèrent un homme caché dans une penderie, au milieu des vêtements. Pour que ses pieds ne touchent pas terre, il s'était accroché à une courroie qui lui passait sous les aisselles. Mais, le plus souvent, les cachettes se trouvaient, de façon banale, dans les granges, les meules de foin et les hangars. Des chiens spécialement dressés avaient tôt fait de les détecter. Peu de gens tentaient d'aménager des cachettes souterraines. Parfois, les hommes du NKVD ne se donnaient même pas la peine de fouiller une maison ; ils y mettaient le feu et abattaient tous ceux qui tentaient de s'enfuir.

Alors que beaucoup d'hommes de la Volkssturm essayaient de rester à proximité de chez eux, des soldats isolés de la Wehrmacht s'efforçaient de regagner l'Allemagne en se faufilant à travers les lignes soviétiques. Dans bien des cas, ils revêtaient, pour ce faire, les uniformes de soldats de l'Armée rouge qu'ils avaient tués. S'ils étaient pris, ils étaient généralement fusillés sur place.

Mais certains chefs du NKVD avaient des activités beaucoup moins avouables. Le général Rogatine, commandant les troupes du NKVD du 2e Front biélorusse après les avoir commandées à

Stalingrad, s'avisa que « dans certaines unités (du NKVD), une majorité d'officiers et de soldats ne s'appliquent pas à faire leur devoir mais s'adonnent au pillage »[18]. « Il a été établi, poursuivait le rapport du général, que le butin était réparti au sein des régiments à l'insu de l'état-major divisionnaire. Du sucre, du tabac, du vin et de l'essence illégalement saisis faisaient l'objet d'un commerce actif, entretenu par l'absence de discipline. Il y a des soldats qui font leur devoir et d'autres qui ne pensent qu'à piller. Les pillards doivent maintenant rentrer dans le rang. »

On peut remarquer qu'il n'était pas question de punir lesdits pillards. Quant à l'expression « à l'insu de l'état-major divisionnaire », elle semble assez éloquente ; le commandement était apparemment outré de ne pas avoir reçu sa part du butin.

Il est hors de doute que les combattants de l'Armée rouge n'avaient que fort peu de sympathie pour les « rats de l'arrière » du NKVD, mais ce sentiment était réciproque et se traduisait dans toute une série de notes et de rapports. Le NKVD, par exemple, se plaignait du nombre d'armes et de munitions abandonnées sur le terrain par les unités de pointe de l'Armée rouge et les troupes allemandes battant en retraite. « Tout cela, affirmait un rapport, est volé en grandes quantités par des bandits et des éléments des populations locales. On a vu des adolescents s'emparer de ce matériel et organiser des groupes armés qui font régner la terreur. Cette négligence crée des conditions favorables au développement du banditisme »[19]. Un décret spécial fut également publié pour interdire la pêche à la grenade, devenue l'une des activités favorites de l'Armée rouge dans les multiples lacs de Prusse-Orientale et de Pologne.

Les régiments du NKVD ne devaient pas seulement faire face aux traînards de la Wehrmacht et de la Volkssturm vivant en hors la loi dans les forêts mais aussi à des groupes de déserteurs de l'Armée rouge. Le 7 mars, une bande de « quinze déserteurs armés » tendit une embuscade à une patrouille du NKVD du 2e Front biélorusse, près du village de Dertz. Un autre groupe de huit fut également découvert dans un bois voisin. Tous avaient abandonné leur unité vers la fin du mois de décembre 1944. Deux jours plus tard, le NKVD signalait « d'autres déserteurs s'éloignant du front dans les secteurs de l'arrière ». Un « groupe de bandits » ayant déserté la 3e Armée vivait sur le pays, dans la région d'Ortelsbourg, sous le commandement d'un capitaine ukrainien, membre du Parti et décoré de l'ordre du Drapeau rouge, qui s'était enfui d'un hôpital militaire le 6 mars. Ce groupe, armé de pistolets et de pistolets-mitrailleurs, était extrêmement composite. Il comprenait des hommes de Toula, de Sverdlovsk, de Voronej et d'Ukraine, ainsi qu'un Polonais, trois femmes allemandes et un homme d'Ortelsbourg.

La plupart des déserteurs, toutefois, et particulièrement les Biélorusses et les Ukraniens, tentaient de rentrer chez eux le plus discrètement possible, individuellement ou par groupes de deux ou trois. Certains se déguisaient en femmes. D'autres s'affublaient de pansements et s'efforçaient, dans les gares, de voler les papiers de blessés. Un nouveau permis de circulation dut être créé pour les blessés authentiques.

Il y avait aussi des hommes qui disparaissaient purement et simplement sans qu'on puisse savoir s'ils avaient déserté ou s'ils avaient été tués au combat. Le 27 janvier, une patrouille de deux chars T-34 du 6e Corps blindé de la Garde partit pour une opération en Prusse-Orientale, et l'on ne revit jamais leurs équipages ni les fantassins qui accompagnaient les blindés[20].

En dépit du nombre important d'unités du NKVD se trouvant à l'arrière des troupes combattantes, un contrôle étonnamment réduit était exercé sur le personnel de l'Armée rouge. « Le commandement militaire soviétique, affirmait un rapport allemand en date du 9 février[21], s'inquiète de l'indiscipline croissante résultant de l'avance de ses troupes dans ce qui, pour des Russes, est une région extrêmement prospère. » Les actes de pillage, de vandalisme et même de meurtres se multipliaient. Des désordres supplémentaires étaient occasionnés par le nombre de « civils d'URSS venant en Prusse-Orientale pour s'emparer de biens volés »[22].

Le meurtre stupide d'un Héros de l'Union soviétique, le colonel Gorelov, commandant une brigade de chars de la Garde, vint horrifier bien des officiers du 1er Front biélorusse. Il s'efforçait de débloquer la circulation lors d'un encombrement à quelques kilomètres de la frontière allemande, au début du mois de février, lorsqu'il fut abattu par des soldats ivres. « Ces cas de violence absurde due à l'alcool ne sont pas isolés », nota Vassili Grossman[23]. En deux mois et demi, un seul régiment du NKVD perdit ainsi cinq morts et trente-quatre blessés renversés par des conducteurs en état d'ébriété[24].

Les jeunes femmes qui étaient généralement chargées de régler la circulation ne tentaient même plus d'user de leurs sifflets lorsque se produisait un embouteillage ; elles tiraient des rafales de pistolet-mitrailleur en l'air. En une occasion, sur les arrières du

2e Front biélorusse, une jeune femme nommée Lida se précipita vers un véhicule qui bloquait la route, et, se penchant à la portière, se mit à insulter le conducteur en les termes les plus crus. Elle eut pour seule réponse un flot d'obscénités. Mais elle reçut un renfort inattendu en la personne du maréchal Rokossovski en personne, qui sauta de sa voiture et se précipita en dégainant son pistolet. Quand le chauffeur mal embouché le vit, il fut littéralement paralysé de terreur. Quant à l'officier qu'il transportait, il perdit complètement la tête et s'enfuit du véhicule pour aller se dissimuler dans les buissons [25].

Le 6 février, après l'entrée de l'Armée rouge sur le territoire du Reich, ordre fut donné, à l'instigation de Staline, de « mobiliser tous les Allemands de dix-sept à cinquante ans en bon état physique pour former des bataillons de travailleurs de 1 000 à 1 200 chacun devant être envoyés en Biélorussie et en Ukraine afin de réparer les dégâts causés par la guerre ». Les Allemands ainsi mobilisés devaient se présenter aux points de rassemblement avec des vêtements chauds, des bottes en bon état, du matériel de couchage, des sous-vêtements de rechange et deux semaines de vivres [26].

Les membres de la Volkssturm ayant déjà été expédiés dans des camps de prisonniers de guerre, le NKVD n'avait réussi, le 9 mars, à enrôler que 68 680 Allemands comme travailleurs forcés, dont une large proportion de femmes. Ils furent d'abord utilisés localement à des tâches de déblaiement [27]. Ils étaient traités avec une complaisante brutalité par les soldats de l'Armée rouge. Agranenko vit un caporal soviétique faire mettre sur quatre rangs un groupe d'hommes et de femmes en leur hurlant : « En Sibérie, tas de salauds ! » [28].

Vers le 10 avril, toutefois, le nombre de ces travailleurs forcés envoyés en Union soviétique, et surtout en Ukraine, avait atteint 59 536. C'était encore inférieur au total qu'avait prévu Staline. Ces Allemands souffraient au moins autant que les Soviétiques qui, en leur temps, avaient été pareillement raflés par la Wehrmacht. Le cas le pire était évidemment celui des femmes. Beaucoup avaient été contraintes de laisser leurs enfants à des parents ou des amis, et même parfois de les abandonner purement et simplement. Et, aux travaux les plus pénibles, venaient s'ajouter des viols quasi réguliers par leurs gardiens, avec des maladies vénériennes à la clé.

Dans le même temps, un autre contingent de 20 000 hommes avait été affecté au « démontage » des usines de Silésie.

Staline avait beau avoir présenté aux Alliés occidentaux les régiments du NKVD comme « une gendarmerie », ils n'intervenaient que très peu et très rarement pour empêcher le pillage, les viols et les meurtres de civils souvent pris au hasard. On ne trouve trace dans leurs rapports que d'une action. En avril, une unité du 217e Régiment de garde-frontières procéda à l'arrestation de cinq soldats qui avaient pénétré de force dans un « centre d'hébergement de Polonaises rapatriées »[29].

Les rapports adressés par les responsables du NKVD à Beria sont d'ailleurs indirectement révélateurs à cet égard. Le 8 mars, par exemple, Serov, le représentant du NKVD auprès du 1er Front biélorusse, fit état de la vague de suicides enregistrée parmi les victimes des exactions des troupes soviétiques. Et un rapport de même nature fut envoyé le 12 mars par le chef du NKVD dans la zone nord de Prusse-Orientale. Ceux – et surtout celles – qui ne disposaient ni de pistolets ni de poison se pendaient souvent. Un certain nombre de femmes, n'arrivant pas à se résoudre à perdre leurs enfants, leur tranchaient les veines des poignets avant de s'appliquer le même traitement[30].

Les chefs de corps du NKVD ne punissaient pas leurs propres hommes pour viol. Ils ne les sanctionnaient que s'ils contractaient une maladie vénérienne – que leur victime tenait généralement d'un autre violeur. Le viol était, euphémisme typiquement stalinien, qualifié d'« acte d'immoralité »[31]. Et il est intéressant de constater que les historiens russes d'aujourd'hui continuent à cultiver le flou artistique à ce sujet. L'un d'eux, par exemple, écrit pudiquement : « Des comportements négatifs au sein de l'Armée de libération ont endommagé de façon significative le prestige de l'Union soviétique et ont pu avoir une influence également négative sur les relations futures avec les pays traversés par nos troupes. »

La fin de la phrase tend à reconnaître qu'il y eut de nombreuses exactions en Pologne comme en Allemagne. Mais beaucoup plus choquant encore d'un point de vue purement russe est le fait que des officiers et soldats de l'Armée rouge n'hésitèrent pas plus à abuser d'Ukrainiennes, de Russes et de Biélorussiennes qu'ils étaient censés libérer de leur travail forcé en Allemagne. Beaucoup de ces jeunes filles n'avaient que seize ans ou même, parfois, quatorze, lorsqu'elles avaient été réquisitionnées par le Reich. Les viols en chaîne de femmes et de jeunes filles enlevées d'Union soviétique opposent un démenti flagrant à ceux qui tentent de justifier le comportement de l'Armée rouge en le présentant comme une revanche pour les exactions allemandes en URSS[32].

Le 29 mars, le Comité central du Komsomol informa Malenkov,

l'un des proches de Staline, d'un rapport de Tsygankov, chef adjoint du service politique du 1er Front ukrainien, « sur les jeunes emmenés en Allemagne et libérés par les troupes de l'Armée rouge » et « relatant de nombreux faits hors du commun qui viennent affecter la grande joie des citoyens soviétiques libérés du joug allemand ».

Et de citer un premier exemple parmi bien d'autres :

« Dans la nuit du 24 février, trente-cinq élèves-officiers accompagnés de leur chef d'unité ont pénétré dans le dortoir des femmes du village de Grutenberg, à seize kilomètres d'Els, et en ont violé les occupantes. »

Trois jours plus tard, poursuivait le rapport, « un lieutenant inconnu appartenant à une unité de chars est arrivé à cheval à un champ où des jeunes filles rassemblaient du grain. Il est descendu de cheval et a demandé à une fille de la région de Dniepropetrovsk nommé Gritsenko, Anna, d'où elle était. La jeune fille lui a répondu. Le lieutenant lui a alors dit de venir plus près. Elle a refusé. Il a sorti son pistolet et a tiré sur elle, mais elle n'est pas morte. De nombreux incidents semblables se sont produits »[33].

« Dans la ville de Bunslau, précisait encore le rapport, plus de cent femmes et jeunes filles sont cantonnées dans un bâtiment séparé, non loin de celui de l'état-major, mais il n'y a là aucun dispositif de sécurité, et, de ce fait, de nombreux abus et même des viols ont été commis par des soldats entrant dans les dortoirs la nuit et terrorisant ces femmes. Le 5 mars, tard dans la soirée, soixante officiers et soldats appartenant pour la plupart à 3e Armée blindée de la Garde y ont pénétré. Presque tous étaient ivres et se sont attaqués aux occupantes. Quand l'officier responsable leur a ordonné de quitter les dortoirs, les tankistes l'ont menacé de leurs armes et une échauffourée s'en est suivie... Ce n'est pas un incident isolé. Cela se produit chaque nuit, et les femmes cantonnées à Bunslau sont terrorisées et démoralisées. L'une d'elles, Maria Chapoval, dit : "J'ai attendu l'Armée rouge pendant des jours et des nuits. J'attendais ma libération avec impatience, et maintenant, nos soldats nous traitent plus mal que les Allemands. Je regrette d'être en vie." Une autre, Klavdia Malachenko, déclare : "C'était très dur avec les Allemands, mais maintenant ce n'est pas mieux. Ce n'est pas une libération. On nous traite de façon terrible. On nous fait des choses horribles..."

« Dans la nuit du 14 au 15 février, une compagnie disciplinaire sous les ordres d'un lieutenant a encerclé un village et abattu les soldats de l'Armée rouge qui le gardaient. Ces hommes se sont ensuite rendus au dortoir des femmes et ont entrepris le viol collectif des occupantes, qui venaient d'être libérées par l'Armée rouge.

« Beaucoup d'abus de ce genre sont également commis par des officiers. Le 26 février, trois officiers ont pénétré dans le dortoir voisin du dépôt de pain, et quand le major Soloviev a tenté de les arrêter, l'un d'eux, qui était son égal en grade, a dit : "Je viens de revenir du front, et j'ai besoin d'une femme." Après quoi il s'est déchaîné dans le dortoir.

« Lantsova, Vera, née en 1926, a été violée à deux reprises – la première fois quand les unités de pointe sont arrivées dans le territoire, et la deuxième fois le 14 février par un soldat. Du 15 au 22 février, le lieutenant Isaiev A. A. l'a obligée à coucher avec lui en la battant et la menaçant de l'abattre. Nombre d'officiers, de sous-officiers et d'hommes de troupe affirment aux femmes libérées : "Un ordre a été donné de ne pas vous laisser rentrer en Union soviétique, et, si vous y êtes autorisées, vous irez vivre dans le nord [c'est-à-dire au Goulag]." Pour toutes ces raisons, bien des femmes sont convaincues qu'elles ne sont plus considérées comme citoyennes soviétiques par l'Armée rouge et par leur pays, et qu'on peut tout leur faire – les tuer, les violer, les battre et leur interdire de rentrer chez elles. »

L'idée que les femmes et les jeunes filles soviétiques expédiées en Allemagne comme travailleuses forcées « s'étaient vendues aux Allemands » était très répandue au sein de l'Armée rouge, ce qui contribue à expliquer, dans une certaine mesure, la façon abominable dont elles étaient traitées. Celles qui avaient réussi à survivre étaient surnommées « les poupées allemandes ». Il y avait même, chez les aviateurs, une chanson à ce sujet :

Des jeunes filles sourient aux Allemands,
Oubliant leurs hommes…
Quand les temps deviennent durs, vous oubliez vos vaillants faucons
Et vous vous vendez aux Allemands pour un croûton de pain.

Il est difficile de déterminer exactement l'origine de cette idée de femmes soviétiques se vendant aux Allemands. On peut toutefois l'imputer partiellement à l'attitude adoptée dès l'abord par le régime, pour lequel tout citoyen soviétique emmené en Allemagne, que ce soit comme prisonnier de guerre ou comme travailleur forcé, était responsable de son sort, car il ne s'était pas supprimé ou n'avait pas rejoint les partisans. En principe, « l'honneur et la dignité de la jeune fille soviétique » n'étaient incarnés que par celles qui servaient dans l'Armée rouge ou travaillaient dans les industries de guerre[34]. Mais, selon une femme officier, les membres féminins de l'Armée rouge n'en commencèrent pas moins à connaître des mauvais traitements de la part de leurs camarades masculins dès que les troupes soviétiques pénétrèrent en territoire étranger, en 1944.

Les plaintes pour viol adressées à des officiers supérieurs n'aboutissaient à rien et pouvaient même avoir l'effet inverse de celui recherché. « Par exemple, précise le rapport de Tsygankov, Eva Chtoul, née en 1926, déclare : “ Mon père et mes deux frères ont rejoint l'Armée rouge dès le début de la guerre. Les Allemands sont arrivés peu après et j'ai été emmenée de force en Allemagne. Je travaillais dans une usine. Je pleurais constamment et attendais le jour de la libération. Puis l'Armée rouge est arrivée et ses soldats m'ont déshonorée. J'ai pleuré et j'ai parlé à l'officier qui les commandait de mes frères dans l'Armée rouge. Alors, il m'a battue et m'a violée. Il aurait mieux fait de me tuer ”[35].

« Tout cela, concluait Tsygankov, engendre un climat malsain et négatif parmi les citoyennes soviétiques libérées. » Mais il ne recommandait pas pour autant un renforcement de la discipline dans l'Armée rouge. Il suggérait simplement que le service politique de l'Armée et le Komsomol s'appliquent à « améliorer leur travail politique et culturel auprès des citoyens soviétiques rapatriés ».

À la date du 15 février, le 1er Front ukrainien avait libéré à lui seul 49 500 citoyens soviétiques et 8 868 ressortissants étrangers astreints au travail forcé en Allemagne, et ce particulièrement en Silésie. Mais cela ne représentait qu'une faible part du total. Une semaine plus tard, les autorités de Moscou estimaient qu'elles devaient se préparer à recevoir quelque quatre millions d'anciens soldats de l'Armée rouge et de déportés civils[36].

Aux yeux des autorités, le plus urgent n'était pas le traitement médical de tous ceux qui avaient tant souffert dans les camps allemands, mais le repérage des traîtres. Venait ensuite la rééducation politique de ceux qui avaient été soumis à la contamination étrangère. Le 1er Front biélorusse et le 1er Front ukrainien reçurent ordre d'installer, très à l'arrière, en Pologne, trois camps de rassemblement et de transit. Chaque équipe de rééducation disposait d'une unité cinématographique mobile, d'une radio avec haut-parleur, de deux accordéons, d'une bibliothèque de 20 000 brochures du Parti communiste, de 40 mètres de banderoles rouges et d'une série de portraits du camarade Staline.

Soljenitsyne a décrit les prisonniers de guerre libérés arrivant en longues files, la tête basse, craignant les pires châtiments pour le simple fait de s'être rendus. Mais le besoin de renforts était si grand que la plupart étaient envoyés dans des régiments de réserve à des fins de rééducation et d'entraînement, en vue de l'offensive finale vers Berlin. Ce n'était toutefois pour eux qu'un sursis. Un nouvel examen des cas devait avoir lieu après la fin des combats, et même les plus héroïques combattants de la bataille de Berlin n'étaient pas à l'abri d'un envoi ultérieur au Goulag.

Le besoin de « chair à canon » de l'Armée rouge était si pressant, en fait, que d'anciens travailleurs forcés sans la moindre instruction militaire étaient enrôlés sur place.

En arrivant dans les camps de transit, les prisonniers soviétiques libérés avaient de nombreuses questions à poser. Quel allait être leur statut exact ? Bénéficieraient-ils de tous leurs droits à leur retour en Russie ? Seraient-ils des citoyens de deuxième classe ? Seraient-ils expédiés dans des camps ? Là encore, les autorités soviétiques affectèrent de juger ces questions déplacées. Elles les attribuèrent immédiatement à « la propagande fasciste », affirmant notamment : « Les Allemands se sont employés à terrifier nos gens dans leur pays, et cette propagande fallacieuse s'est intensifiée vers la fin de la guerre »[37].

Les responsables politiques des camps de regroupement donnaient des conférences qui portaient principalement sur les succès de l'Armée rouge, l'effort de l'arrière et les dirigeants du Parti, à commencer, bien sûr, par le camarade Staline. « Ils projettent aussi, précisait le chef du service politique du 1er Front ukrainien, des films soviétiques. Les spectateurs les apprécient beaucoup. Ils crient très souvent " Hourra ! ", surtout lorsque Staline apparaît sur l'écran, et " Vive l'Armée rouge ! " Après les projections, ils s'en vont en pleurant de joie. Parmi ceux qui ont été libérés, il n'y en a que peu qui ont trahi la Mère Patrie »[38]. Dans le camp de triage de Cracovie, il n'y eut que quatre hommes arrêtés pour trahison sur un total de quarante suspects. Mais le pourcentage devait s'élever considérablement par la suite.

Selon des relations difficiles à contrôler, il y eut même des cas de travailleurs forcés originaires d'Union soviétique exécutés sommairement peu après leur libération. Ainsi, l'attaché militaire suédois entendit dire qu'après l'occupation d'Oppeln, en Silésie, près de deux cent cinquante de ces travailleurs avaient été convoqués pour une réunion politique. Ils avaient aussitôt été encerclés par des hommes de l'Armée rouge et du NKVD. Quelqu'un leur avait alors demandé pourquoi ils n'avaient pas rejoint les partisans, et, sans attendre la réponse, la troupe avait ouvert le feu[39].

Le terme de « traîtres de la Mère Patrie » ne s'appliquait pas seulement aux soldats recrutés dans les camps de prisonniers par les Allemands. Il s'étendait aux soldats de l'Armée rouge capturés en 1941, et dont certains avaient été si grièvement blessés qu'ils s'étaient trouvés hors d'état de combattre jusqu'au bout. Dans *L'Archipel du Goulag*, Soljenitsyne soutient que, dans leur cas, l'emploi du terme « traîtres *de* la Mère Patrie » plutôt que celui de « traîtres *à* la Mère Patrie » relevait du lapsus freudien. « Ils ne lui étaient pas traîtres, écrit-il. Ils étaient *ses* traîtres, traîtres de *son* fait. Ce n'étaient pas eux, les malheureux, qui avaient trahi la Mère Patrie, mais leur rusée Mère Patrie qui les avait trahis. » L'État soviétique, en fait, les avait trahis par son incompétence et par son manque de préparation en 1941. Il avait ensuite refusé de tenir compte du sort épouvantable qu'ils avaient connu dans les camps de prisonniers allemands. Et la trahison ultime avait consisté à leur laisser entendre qu'ils s'étaient rachetés par leur bravoure dans les dernières semaines de la guerre, alors qu'ils allaient être arrêtés après la fin des combats. Soljenitsyne estimait que le fait d'avoir « trahi ses propres soldats pour les qualifier ensuite de traîtres » avait représenté l'acte le plus abominable de toute l'Histoire russe.

Peu de soldats de l'Armée rouge, qu'ils aient été prisonniers de guerre ou qu'ils aient eu la chance de n'être jamais capturés, étaient disposés à pardonner à ceux d'entre eux qui avaient accepté de revêtir l'uniforme allemand, quelles que soient les circonstances. Là, les membres de l'Armée Vlassov – les *Vlassovsty* –, les volontaires SS, les gardiens de camps ukrainiens et caucasiens, les Cosaques du général von Pannwitz, les policiers, les hommes des « détachements de sécurité » chargés de lutter contre les partisans et même les malheureux Hiwis – abréviation du terme allemand *« Hilfsfreiwillige »*, ou auxiliaires volontaires – étaient considérés du même œil.

Selon des estimations diverses, un million à un million et demi d'hommes entraient dans ces catégories. Le commandement de l'Armée rouge affirmait, quant à lui, que plus d'un million de Hiwis avaient servi dans la Wehrmacht. Ceux qui étaient faits prisonniers, même s'ils s'étaient rendus spontanément, étaient souvent abattus sur-le-champ ou peu après. « Les *Vlassovtsy* et autres complices des nazis étaient habituellement exécutés sur place, proclame la dernière en date des histoires officielles russes. Ce n'est pas surprenant. Le code de l'infanterie de l'Armée rouge exigeait que chaque soldat se montre impitoyable envers “tous les tourne-vestes et traîtres de la Mère Patrie”. » Il semble aussi que des considérations d'honneur national soient entrées en jeu. Les hommes des diverses républiques exerçaient leur propre justice sur les compatriotes surpris en uniforme ennemi. « Un homme de l'Orel tue un homme de l'Orel, et un Ouzbek tue un Ouzbek »[40].

Il était compréhensible que les unités du NKVD traquent impitoyablement les Ukrainiens et les Caucasiens ayant fait fonction de gardiens de camps et s'étant souvent montrés encore plus brutaux et cruels que leurs maîtres allemands. Mais elles tendaient à traiter presque de la même façon les prisonniers de guerre soviétiques libérés et les hommes ayant revêtu l'uniforme allemand. C'était là une vue officielle. Les régiments du NKVD du 2e Front biélorusse furent ainsi informés qu'une « attitude unique devait être adoptée à l'égard de toutes les catégories de prisonniers ». Les déserteurs, les pillards et les anciens prisonniers de guerre devaient donc être traités de la même manière que « ceux qui ont trahi notre État »[41].

Il était très difficile d'avoir la moindre sympathie pour les gardiens de camp, mais la grande majorité des Hiwis avaient été recrutés de force ou systématiquement affamés jusqu'à soumission. Parmi les autres, beaucoup de ceux qui avaient servi dans la SS ou dans des unités militaires allemandes étaient des nationalistes, Ukrainiens, Baltes, Cosaques ou Caucasiens, détestant être sous la domination de Moscou. Certains des membres de l'Armée Vlassov s'y étaient engagés sans hésitation car ils n'avaient pas pardonné à l'Armée rouge les exécutions arbitraires de leurs camarades en 1941 et 1942. D'autres étaient des paysans qui refusaient la collectivisation forcée.

Cependant, beaucoup étaient tout simplement d'une incroyable naïveté, et s'étaient trouvés poussés par des motifs beaucoup plus simplistes. Un interprète russe opérant dans un camp de prisonniers de guerre en Allemagne raconta comment, à une réunion de propagande organisée par des recruteurs de l'Armée Vlassov, un prisonnier avait levé la main pour demander : « Camarade président, nous voudrions savoir à combien de cigarettes par jour on a droit dans l'Armée Vlassov. » Pour nombre de ces hommes, une armée n'était jamais qu'une armée. Et si l'on y était nourri au lieu d'être laissé à mourir de faim dans un camp, quelle importance avait l'uniforme qu'on devait porter[42] ?

Tous ceux qui suivirent cette voie devaient souffrir beaucoup plus qu'ils n'auraient pu l'imaginer. Même ceux qui parvinrent à survivre, après la guerre, à quinze ou vingt ans de Goulag restèrent des hommes marqués. Ceux qui étaient censés avoir coopéré avec l'ennemi ne se virent restituer leurs droits civiques qu'en 1995, à l'occasion du cinquantième anniversaire de la victoire sur l'Allemagne [43].

Des lettres furent trouvées sur certains prisonniers de guerre russes ayant servi dans l'Armée allemande, très probablement comme Hiwis. L'une d'elles, écrite d'une main malhabile et dans un style pour le moins naïf sur une page de garde arrachée à un livre allemand, déclarait : « Camarades soldats, nous nous rendons en vous demandant un grand service. Dites-nous, s'il vous plaît, pourquoi vous tuez les Russes qui sortent des prisons allemandes. Nous avons été faits prisonniers et les Allemands nous ont fait travailler pour leurs régiments et nous avons travaillé simplement pour ne pas mourir de faim. Maintenant, les gens comme nous viennent du côté russe, vers leur propre armée, et vous les tuez. Nous demandons pourquoi. Est-ce parce que le commandement soviétique a trahi ces gens en 1941 et 1942 ? » [44].

8

LA POMÉRANIE ET LES TÈTES DE PONT DE L'ODER

Durant les mois de février et de mars, alors que des combats acharnés se poursuivaient autour des têtes de pont implantées par les Soviétiques sur l'Oder, face à Berlin, Joukov et Rokossovski s'employaient à détruire le « balcon sur la Baltique » qui avait subsisté en Poméranie et en Prusse-Occidentale. Au cours des deuxième et troisième semaines de février, les quatre armées jetées par Rokossovski au-delà de la Vistule pénétrèrent dans la partie méridionale de la Prusse-Occidentale. Puis, le 24 février, les armées constituant le flanc droit du dispositif de Joukov et le flanc gauche de celui de Rokossovski poussèrent au nord, en direction de la Baltique, afin de couper la Poméranie en deux.

La plus vulnérable des formations allemandes était la Deuxième Armée. Elle arrivait tout juste, à ce moment, à maintenir ouverte la dernière route terrestre allant, par les bancs de sable du Frische Nehrung, de Prusse-Orientale à l'estuaire de la Vistule. Ayant son flanc gauche à Elbing, au-delà du Nogat et gardant un point d'appui dans le château des Chevaliers Teutoniques à Marienbourg, elle était la formation la plus dangereusement étirée de tout le Groupe d'Armées de la Vistule.

L'offensive de Rokossovski commença le 24 février. Sa 19e Armée avança vers l'ouest, visant le secteur situé entre Neustettin et Baldenbourg, mais, bientôt ébranlée par la férocité de la résistance qui lui était opposée, s'arrêta. Rokossovski destitua le général commandant l'armée, renforça celle-ci d'un corps blindé et la contraignit à repasser à l'attaque. L'action de ce corps blindé et des 2e et 3e Corps de cavalerie de la Garde ne tarda pas à amener la chute de Neustettin, la pierre angulaire du dispositif défensif allemand de Poméranie.

La cavalerie soviétique joua, en fait, un rôle important dans la conquête de la Poméranie. Elle prit à elle seule plusieurs villes, comme celle de Leba, sur la côte, généralement par surprise. Le 2e Corps de cavalerie de la Garde, qui constituait l'extrême droite du 1er Front biélorusse de Joukov, était commandé par le général Vladimir Victorovitch Krioukov, époux de l'une des chanteuses populaires les plus appréciées en Russie, Lydia Rouslanova.

L'offensive de Joukov vers le nord commença véritablement le 1er mars, à une cinquantaine de kilomètres à l'est de Stettin. Menée par la 3e Armée de choc et les 1re et 2e Armées blindées de la Garde, elle engageait une force bien supérieure à celle de Rokossovski. Déjà affaiblies, les divisions allemandes n'avaient pas leur chance devant un tel assaut. Les brigades de chars, qui ouvraient la marche, traversaient ville après ville, sous l'œil de civils effarés et épouvantés. La 3e Armée de choc et la 1re Armée polonaise suivaient, consolidant les gains réalisés.

Le 4 mars, la 1re Armée blindée de la Garde atteignit la Baltique près de Kolberg. Le colonel Morgounov, commandant la 45e Brigade de chars de la Garde, fut le premier à arriver à la mer et eut l'idée d'envoyer des bouteilles emplies d'eau salée à Joukov et au général Katoukov, le chef de son armée [1]. Ce dernier avait préalablement déclaré à Vassili Grossman : « Le succès de cette avance dépend de notre potentiel mécanisé, qui est maintenant plus considérable qu'il ne l'a jamais été. Une très grande rapidité entraîne des pertes réduites en même temps que la dispersion de l'ennemi » [2].

L'ensemble de la Deuxième Armée allemande et une partie de la Troisième Armée blindée de la Wehrmacht étaient maintenant complètement coupées du territoire du Reich. Et, comme pour mettre en lumière plus encore le désastre de la Baltique, arriva la nouvelle que la Finlande, sous l'intense pression de l'Union soviétique, avait, la veille, déclaré la guerre à son ancienne alliée l'Allemagne. Parmi les troupes ainsi isolées figurait la division SS française *Charlemagne*, dont l'effectif initial de 12 000 hommes avait déjà considérablement fondu. Avec trois divisions allemandes, la *Charlemagne* avait pris position près de Belgard. Le général von Tettau lui donna ordre de tenter de percer vers le nord-ouest, en direction de la côte de la Baltique, à l'embouchure de l'Oder. Son chef, le Brigadeführer Gustav Krukenberg, entreprit une suite de marches silencieuses à la boussole au milieu des forêts de pins enneigées, avec un millier de ses hommes. Le sort allait décider que cette unité française rassemblant, de façon quelque peu hétéroclite, intellectuels de plusieurs bords, ouvriers et aristocrates traditionnels, seulement unis par leur anticommunisme farouche, assurerait l'ultime défense de la Chancellerie du Reich à Berlin [3].

Hitler, cependant, manifestait toujours aussi peu de confiance à l'égard de ceux qui défendaient pied à pied le territoire allemand. Quand le chef de la Deuxième Armée, le général Weiss, avertit le quartier général du Führer que la poche d'Elbing, qui avait déjà vu tant de sang couler, n'allait pas pouvoir être tenue plus longtemps, Hitler se borna à proclamer : « Weiss est un menteur, comme tous les généraux » [4].

La deuxième phase de la campagne de Poméranie commença presque immédiatement, deux jours seulement après que la 1re Armée blindée de la Garde eut atteint la mer. Cette 1re Armée blindée de la Garde fut « prêtée » à Rokossovski, auquel Joukov téléphona pour lui dire qu'il entendait récupérer sa formation « dans l'état où vous l'avez reçue ». L'essentiel de l'opération consistait en un vaste mouvement destiné à envelopper la Poméranie orientale et Dantzig en partant de l'ouest, tandis que la plus puissante formation de Rokossovski, la 2e Armée de choc, attaquait du sud, parallèlement à la Vistule.

Le commandant de la 2e Armée de choc, le général Fediouninsky, gardait l'œil fixé sur le calendrier. Il avait été blessé à quatre reprises durant la guerre, et, à chaque fois, c'était arrivé le 20 du mois en cours. Ces jours-là, donc, il ne quittait plus son quartier général. Épris de justice et ennemi du gaspillage, Fediouninsky avait fait charger à bord de plusieurs trains du bétail, du pain, du riz, du sucre et du fromage confisqués en Prusse pour les expédier aux civils de Leningrad en compensation du terrible siège qu'ils avaient dû supporter.

L'avance de Fediouninsky eut pour effet d'isoler les défenseurs allemands du château de Marienbourg, qui avaient été longtemps soutenus par des salves tirées du large par le croiseur lourd *Prinz Eugen*. Le château finit par être abandonné dans la nuit du 8 mars, et, deux jours plus tard, Elbing tomba, ainsi que Weiss l'avait prévu. Menacée à la fois de l'ouest et du sud, la Deuxième Armée allemande dut se replier afin de défendre Dantzig et Gotenhafen (plus tard Gdynia) et de permettre au plus grand nombre possible de civils et de blessés d'être évacués par mer.

Le 8 mars, deux jours après le début du mouvement d'enveloppement de Dantzig, les forces soviétiques occupèrent la ville de Stolp sans rencontrer de résistance. Et, quarante-huit heures après, la 1re Armée blindée de la Garde et la 19e Armée atteignirent Lauenbourg. Une colonne de réfugiés fuyant vers les ports fut rejointe par une brigade de chars soviétiques. Les femmes et les enfants s'enfuirent dans la neige pour aller s'abriter dans les bois, tandis que les blindés russes écrasaient leurs charrettes et leurs voitures à bras sous leurs chenilles. Ils eurent, dans leur malheur, plus de chance que beaucoup d'autres.

Non loin de Lauenbourg, les troupes soviétiques découvrirent un nouveau camp de concentration. Les détenues étaient des femmes, dont les médecins militaires s'occupèrent immédiatement.

Le sort des familles de Poméranie fut semblable à celui des familles de Prusse-Orientale. Himmler avait interdit l'évacuation des civils de Poméranie-Orientale, en conséquence de quoi 1 200 000 personnes environ se trouvèrent isolées par la poussée soviétique vers la Baltique, le 4 mars. Elles étaient, tout comme en Prusse-Orientale, privées d'informations précises sur la situation, mais des rumeurs circulaient et, malgré les consignes des autorités nazies, la plupart des familles se préparaient au départ, surtout parmi les propriétaires terriens, qui pensaient, à juste titre, être les premiers menacés. Libussa von Oldershausen, la belle-fille du baron Jesko von Puttkamer, l'homme qui avait refusé d'envoyer au massacre la Volkssturm de Schneidemühl, était enceinte de neuf mois. Le menuisier local installa sur un chariot une armature de bois sur laquelle on cloua le tapis de la bibliothèque du manoir afin de protéger de la neige la jeune femme, pour qui on étendit un matelas au fond du véhicule.

Le 8 mars, aux premières heures de l'aube, Libussa von Oldershausen fut éveillée par des coups frappés à la porte de sa chambre. « Levez-vous ! Vite ! hurla quelqu'un. Nous partons dès que possible. » Elle s'habilla aussi rapidement qu'elle le put et prit ses bijoux. Le manoir était déjà plein de réfugiés, dont quelques-uns avaient commencé à piller avant même le départ des propriétaires.

Comme ce fut souvent le cas en Poméranie et en Prusse-Orientale, les prisonniers de guerre français travaillant dans le domaine insistèrent pour accompagner la famille plutôt que d'attendre leur libération par l'Armée rouge. Le grondement de l'artillerie se faisant entendre au loin, tout le monde prit place à bord des charrettes et des carrioles et le convoi s'ébranla en direction de Dantzig. Mais, quelques jours plus tard, les brigades de chars de Katoukov avaient pratiquement rejoint les fugitifs.

Lorsque Libussa s'éveilla, au milieu de la nuit, sa famille avait déjà compris qu'elle ne parviendrait pas à atteindre Dantzig à temps. À la lueur d'un morceau de bougie, la jeune femme vit son beau-père revêtir son vieil uniforme et y épingler ses décorations.

Sa mère s'était, elle aussi, habillée. Sachant qu'ils allaient voir arriver l'Armée rouge, ils avaient décidé de se suicider. Ce qui s'était passé à Nemmersdorf et en d'autres endroits les avait convaincus de ne pas se laisser prendre vivants. « Le moment est venu, déclara le baron Jesko. Les Russes seront là dans une heure ou deux. » Libussa descendit également du chariot, décidée à les imiter, mais, au dernier moment, elle se ravisa. « Je voudrais partir avec vous, leur dit-elle, mais je ne peux pas. Je porte l'enfant, mon enfant. Il me donne des coups de pied. Il veut vivre. Je ne peux pas le tuer. » Sa mère comprit aussitôt et lui dit qu'elle allait rester avec elle. Le baron Jesko, décontenancé, fut contraint de se débarrasser de son uniforme et de son pistolet. Leur seule chance de survie était de se fondre dans la foule des réfugiés avant l'arrivée de l'Armée rouge, de ne pas être repérés comme des « aristocrates ».

L'arrivée des troupes soviétiques s'annonça par une fusée de signalisation jaillissant d'une plantation de conifères, puis par le grondement des moteurs de chars. Les blindés émergèrent de la forêt, pareils à des monstres préhistoriques, écrasant les jeunes arbres sous leurs chenilles. Quelques-uns d'entre eux firent donner leurs armes de tourelle afin d'intimider les villageois, puis des soldats armés de pistolets-mitrailleurs surgirent et entreprirent de fouiller les maisons. Ils y entraient en tirant quelques courtes rafales, faisant voler des fragments de plâtre devant eux. Avec leurs uniformes sales et déchirés, leurs bottes tombant en lambeaux et les ficelles tenant lieu de bretelles à leurs armes, ils ne ressemblaient guère aux triomphateurs qu'attendaient les Allemands.

Le pillage commença aussitôt. Les soldats soviétiques entreprirent tout d'abord de rafler les montres. Pierre, un prisonnier de guerre français affecté à la famille von Puttkamer, tenta de s'interposer, en protestant de sa condition d'allié. Il reçut un violent coup de crosse dans l'estomac. Puis les Soviétiques se mirent à fouiller les bagages des réfugiés. En entendant les ordres hurlés par leurs officiers, à l'extérieur, ils s'interrompirent et, enfouissant leur butin à l'intérieur de leurs vestes matelassées, allèrent rejoindre leurs chars en courant.

Les civils venaient à peine de se remettre de cette première confrontation avec leurs vainqueurs qu'arriva une deuxième vague, constituée, en l'occurrence, par un détachement de cavalerie. Ces soldats-là disposaient de plus de temps – et notamment du temps de violer.

Hitler avait limogé le général Weiss, commandant de la Deuxième Armée, pour avoir averti son quartier général qu'on ne pourrait tenir Elbing. Il avait nommé à sa place le général von Saucken, ancien commandant du Corps d'armée *Grossdeutschland.*

Le 12 mars, le général von Saucken fut convoqué à la Chancellerie du Reich pour y recevoir ses instructions. Ancien cavalier, mince et élégant, arborant un monocle en même temps que sa Croix de chevalier avec épées et feuilles de chêne, Saucken était un ultra-conservateur qui affichait ouvertement son mépris pour la *« braune Bande »* des nazis. Lorsqu'il se présenta à la Chancellerie, Hitler demanda à Guderian de le mettre au courant de la situation dans le secteur de Dantzig. Lorsque ce fut fait, le Führer dit à Saucken qu'il recevrait ses ordres du Gauleiter Albert Förster. Le général von Saucken le regarda alors et répondit : « Je n'ai aucune intention de me placer sous les ordres d'un Gauleiter. »

Saucken ne s'était pas contenté de contredire tranquillement Hitler ; il avait, en même temps, omis d'ajouter « Mein Führer » en s'adressant à lui. Même Guderian, qui avait eu plus que sa part de conflits avec Hitler, en resta pantois. Mais ceux qui assistaient à la scène furent encore plus surpris de la réaction du Führer. « Très bien, Saucken, fit-il d'un ton passif. Assurez vous-même le commandement. »

Saucken prit dès le lendemain l'avion pour Dantzig. Il était résolu à tenir ce port, ainsi que celui de Gotenhafen, afin de permettre l'évacuation du plus grand nombre possible de civils. On estimait que l'afflux des réfugiés avait porté la population de Dantzig à 1 500 000 habitants, et qu'il y avait là au moins 100 000 blessés. Au milieu du chaos qui régnait, les SS avaient commencé à arrêter au hasard les traînards et à les pendre aux arbres comme déserteurs. Les vivres se faisaient désespérément rares. Un navire de 21 000 tonnes avait heurté une mine et sombré avec six jours de ravitaillement à destination de Dantzig et de Gotenhafen[5].

Tout au long les opérations d'évacuation, la Kriegsmarine montra une bravoure et une ténacité extraordinaires. De plus, elle continuait à donner son appui de feu aux troupes terrestres malgré des attaques aériennes constantes et la menace des sous-marins soviétiques de la flotte de la Baltique. Les croiseurs *Prinz Eugen* et *Leipzig* et le vieux cuirassé *Schlesien* expédiaient sans relâche leurs obus sur l'Armée rouge. Mais, le 22 mars, celle-ci enfonça par le milieu le périmètre de défense Dantzig-Gotehafen, coupant l'un de l'autre les deux ports, qui se trouvèrent soumis à des tirs directs de l'artillerie soviétique en plus des bombardements aériens qu'ils subissaient déjà.

Les chasseurs-bombardiers soviétiques attaquaient sans discrimination les objectifs civils et militaires, les églises comme les casemates. Ils s'acharnaient tout particulièrement sur les zones portuaires. Les blessés attendant d'être embarqués étaient mitraillés sur leurs civières. Des dizaines de milliers de femmes et d'enfants, n'osant pas quitter leurs places de peur de perdre leur tour dans les files d'attente, fournissaient également des cibles trop faciles.

Utilisant toutes les embarcations disponibles – chalands, péniches, remorqueurs, vedettes – des équipes de la Kriegsmarine faisaient constamment la navette pour transporter les civils et les blessés jusqu'au petit port de Hela, à l'extrémité de la péninsule. Des contre-torpilleurs postés au large s'efforçaient de leur fournir une couverture de DCA, mais les attaques aériennes ne s'en poursuivaient pas moins, et, parfois, une bombe tombant dans la mer, à proximité, suffisait à faire chavirer les embarcations les plus légères. Les marins ne renonçaient pas pour autant.

Le 25 mars, une jeune femme, membre de la Résistance polonaise, apporta au général Katoukov un plan des défenses de Gotenhafen. Katoukov crut d'abord à une tentative d'intoxication, mais les informations se révélèrent authentiques.

Alors que les troupes soviétiques portaient le combat dans les faubourgs de la ville, la Kriegsmarine continuait et intensifiait même ses efforts, tentant de sauver le maximum de réfugiés pendant que c'était encore possible. Une nouvelle menace pesait dorénavant sur ses bateaux, les équipages des chars soviétiques ayant appris à ajuster leurs tirs sur des objectifs en mer.

Les survivants d'une section du Corps d'armée *Grossdeutschland* ayant réussi à s'échapper de Memel, à l'extrémité nord-est de la Prusse-Orientale, se retrouvèrent, à Gotenhafen, dans une situation tragique comparable à celles qu'ils avaient déjà connues. S'étant abrités dans une cave voûtée alors que les Soviétiques progressaient vers le port, ils y trouvèrent un médecin qui mettait au monde un bébé à la lueur de quelques lanternes. « La naissance d'un enfant, écrivit l'un des soldats, est habituellement un heureux événement, mais celle-là semblait ajouter encore au climat de tragédie qui régnait. Les cris de la mère n'avaient plus de sens dans un monde qui n'était fait que de hurlements, et l'enfant qui pleurait semblait regretter de voir le jour. » Les soldats se disaient qu'il valait mieux, pour l'enfant, qu'il ne vive pas. L'attaque finale avait commencé dans Gotenhafen en flammes, et, le soir du 26 mars, la ville et le port étaient aux mains de l'Armée rouge.

La mise à sac qui s'ensuivit et le sort réservé à la population civile semblent avoir choqué les autorités militaires soviétiques elles-mêmes. « Le nombre d'incidents hors des normes, déclarait, le 12 avril, avec son sens habituel de l'euphémisme, le service politique de l'état-major russe, s'accroît, ainsi que celui des actes d'immoralité et des crimes militaires. Il existe au sein de nos troupes une tendance hautement regrettable et politiquement négative qui pousse certains officiers et soldats, sous le prétexte de revanche, à se livrer au pillage et à commettre des abus au lieu de remplir de façon honnête et désintéressée leur devoir envers la Mère Patrie »[6].

Pendant ce temps, immédiatement au sud, Dantzig faisait également l'objet d'une violente offensive venue de l'ouest. Les défenseurs furent repoussés mètre après mètre, et, le 28 mars, la ville tomba à son tour, avec d'épouvantables conséquences pour la population civile ayant survécu au siège. Ce qui restait des troupes du général von Saucken se replia vers l'est, jusqu'à l'estuaire de la Vistule, où ces éléments de la Wehrmacht restèrent assiégés jusqu'à la fin de la guerre.

La Poméranie ne souffrit peut-être pas autant que la Prusse-Orientale de l'invasion soviétique, mais le sort des civils pris au piège fut quand même terrible.

Le commandant soviétique de la place de Lauenbourg affirma au capitaine Agranenko qu'il était « absolument impossible de mettre fin aux violences »[7]. Agranenko lui-même constata que les soldats de l'Armée rouge ne se souciaient guère, quant à eux, d'employer, pour les viols, les euphémismes officiels, tels que « violences à l'égard de la population civile » ou « actes d'immoralité ». Ils parlaient tout simplement de « baiser ».

Un officier de Cosaques déclara à Agranenko que les femmes allemandes étaient « trop hautaines » et qu'il fallait « les chevaucher »[8]. Il remarqua aussi, à Glowitz, que des femmes « utilisaient leurs enfants pour se protéger ». Il arrivait en effet souvent que, chez les soldats soviétiques, une gentillesse spontanée à l'égard des enfants vienne se mêler aux pires instincts.

Des jeunes femmes, voulant à toute force échapper à l'attention des soldats, se passaient de la cendre et de la suie sur le visage. Elles se nouaient des foulards de paysanne tout autour de la tête, se vêtaient de hardes dissimulant leur silhouette et prenaient des démarches de vieilles femmes. Mais cela même ne constituait pas toujours une sauvegarde, car bien des femmes âgées étaient également violées. Les Allemandes avaient, en ces circonstances, créé une terminologie particulière. Beaucoup disaient simplement : « J'ai dû céder. » L'une, par exemple, précisait qu'elle avait ainsi « cédé » treize fois. « Sous l'horreur semblait percer une pointe d'orgueil pour ce qu'elle avait enduré », constata avec surprise Libussa von Oldershausen. Mais d'autres, beaucoup plus nombreuses, restaient traumatisées par ces épouvantables expériences. Certaines restaient en état de choc ou d'hébétude, d'autres se suicidaient. Mais, comme l'avait fait Libussa von Oldershausen, celles qui étaient enceintes rejetaient habituellement cette dernière solution par devoir envers leur enfant à naître.

Quelques-unes eurent l'idée de se semer le visage de points rouges tendant à indiquer qu'elles avaient le typhus et même, parfois, de confectionner des pancartes avec le nom de cette maladie écrit en russe.

Dans les régions les plus reculées, des communautés entières se cachaient dans des bâtiments de fermes à l'écart des routes principales. Quelqu'un était toujours posté en sentinelle près de la route, prêt à signaler, la nuit avec une lampe électrique et le jour avec une chemise ou une serviette qu'on agitait, l'arrivée de soldats soviétiques. À ce moment, les femmes disparaissaient, et porcs et volailles étaient dissimulés dans des abris ménagés dans la forêt. Des précautions de ce genre devaient avoir été déjà prises durant la guerre de Trente Ans. Elles étaient sans doute, en fait, aussi vieilles que la guerre elle-même.

Quand ils rentrèrent chez eux après la chute de Dantzig, les réfugiés durent emprunter « les routes des potences », ces chemins le long desquels les SS et la Feldgendarmerie avaient pendu les déserteurs de l'armée allemande avant la fin des combats. Des pancartes étaient généralement accrochées au cou des déserteurs ainsi exécutés, déclarant : « Je suis pendu ici parce que je n'ai pas cru en le Führer. » Libussa von Oldershausen vit également, sur la route, quelques hommes de la Feldgendarmerie qui avaient été pendus par les Soviétiques. La chaussée était jonchée des débris de charrettes écrasées par les chars russes, de literie déchirée, de vaisselle cassée, de valises éventrées et de jouets en morceaux. Au bord de la route gisaient les carcasses de chevaux et de vaches dont la chair avait été arrachée des os.

De nombreux Poméraniens furent massacrés au cours de la première semaine de l'occupation soviétique. Près du village de Puttkamer, un couple de vieillards fut pourchassé jusque dans les eaux glaciales de l'étang communal, où l'homme et la femme périrent. Un autre homme fut attaché à une charrue et contraint de traîner celle-ci jusqu'au moment où il s'effondra. Ses tourmenteurs l'achevèrent alors d'une rafale de pistolet-mitrailleur. Un propriétaire terrien de Grumbkow nommé von Livonius fut dépecé et les morceaux de son corps jetés aux cochons.

Les possédants qui avaient participé à la résistance antinazie n'étaient généralement pas mieux traités que les autres. Eberhard von Braunschweig, qui avait été arrêté à plusieurs reprises par la Gestapo, estimait que sa famille et lui n'avaient, de ce fait, rien à craindre des Soviétiques. Il attendit avec confiance l'arrivée de l'Armée rouge dans son manoir de Lübzow, près de Karzin. Mais ses titres de résistance ne pesèrent pas lourd ; toute la famille fut traînée hors de la maison et passée par les armes. Parfois, les villageois et les prisonniers de guerre français prenaient courageusement la défense d'un propriétaire, mais beaucoup étaient tout simplement abandonnés à leur sort.

Il arrivait toutefois que surviennent d'extraordinaires exceptions. À Karzin, la vieille Frau von Puttkamer s'était mise au lit en entendant se rapprocher la fusillade et le grondement des moteurs de chars. Peu après, un jeune soldat soviétique passablement ivre ouvrit la porte de sa chambre. Il lui fit signe de sortir de son lit afin de lui céder la place. Frau von Puttkamer s'y refusa, déclarant au soldat que ce lit était à elle, mais qu'elle était disposée à lui donner un oreiller pour qu'il puisse dormir sur le tapis. Puis elle joignit les mains et commença à dire ses prières. Mais, trop stupéfait pour discuter, le soldat s'étendit sur le sol, comme on le lui avait commandé, et s'endormit.

Le 23 mars, à Kolberg, le capitaine Agranenko, qui prenait quotidiennement des notes dans un petit carnet dont il ne se séparait jamais, signala avec enthousiasme la soudaine arrivée du printemps. « Les oiseaux chantent, écrivit-il. Les bourgeons s'ouvrent. La nature ne se soucie pas de la guerre »[9]. Ce faisant, il observait des soldats de l'Armée rouge s'efforçant de monter, en oscillant dangereusement, les bicyclettes qu'ils avaient volées. Tant d'entre eux se firent renverser et tuer que les routes finirent par leur être interdites par ordre supérieur.

Cette rapide invasion de la Poméranie avait amené la libération de milliers de prisonniers de guerre et de travailleurs étrangers, qui étaient partis à pied sur les routes. La plupart d'entre eux s'étaient confectionné des drapeaux aux couleurs de leur pays pour bien indiquer qu'ils n'étaient pas allemands. Agranenko et quelques autres officiers soviétiques rencontrèrent ainsi un groupe de Lituaniens arborant leur drapeau. « Nous leur expliquâmes, écrivit Agranenko, que leur couleur nationale était maintenant le rouge. » Il considérait, de toute évidence, comme tout à fait normale l'annexion des États baltes par l'URSS, ignorant sans doute que celle-ci résultait en fait d'une clause secrète du Pacte germano-soviétique de 1939.

Les Allemands, eux, portaient souvent des brassards blancs et accrochaient aux façades de leurs maisons de grands drapeaux également blancs en signe de reddition. Ils savaient que toute manifestation de résistance ou même de rancœur risquait de leur coûter cher. Le nouveau bourgmestre de Köslin, nommé par les autorités soviétiques, un bijoutier juif de cinquante-cinq ans, Usef Ludinsky, arborait, quant à lui, un brassard rouge en même temps qu'un chapeau melon quand il haranguait, du haut des marches de la mairie, une foule muette. À Leba, le bourgmestre avait trouvé un autre rôle. Les cavaliers soviétiques qui s'étaient emparés de la ville avaient, en même temps, fait main basse sur toutes les montres et les pendules. Chaque matin, donc, le bourgmestre devait parcourir les rues en agitant une cloche et en criant « *Nach Arbeit !* » pour réveiller les habitants requis comme travailleurs par l'Armée rouge [10].

À Stargard, Agranenko vit un jeune tankiste coiffé de son casque rembourré de cuir examiner des tombes fraîchement comblées non loin du Palais de justice. Il déchiffrait les noms l'un après l'autre. Il s'arrêta soudain devant l'une des sépultures, ôta son casque et resta un moment la tête courbée. Puis il leva son pistolet-mitrailleur et tira une longue rafale en l'air. Il rendait ainsi hommage à son commandant d'unité, enterré à ses pieds.

Agranenko eut également l'occasion de bavarder avec de jeunes femmes-soldats réglant la circulation sur la route. « Nous ne sommes pas près de nous marier, lui dirent-elles. Nous avons déjà pratiquement oublié que nous étions des filles. Nous sommes simplement des soldats. » Elles appartenaient, en fait, à une génération où les neuf millions de morts faits par la guerre au sein de l'Armée rouge allaient condamner bien des femmes au célibat.

Tandis que les armées de Joukov anéantissaient le dispositif allemand de la Baltique, le 1er Front ukrainien du maréchal Koniev était encore engagé en Silésie. Le principal obstacle auquel il s'était heurté avait été la ville-forteresse de Breslau, chevauchant l'Oder et dont la défense était dirigée par un Gauleiter fanatique, Karl Hanke. Mais, ne voulant pas manquer l'opération en direction de Berlin, Koniev s'était borné à mettre le siège devant la ville, comme Joukov l'avait fait pour Poznan, et avait poursuivi sa progression en franchissant l'Oder à partir des têtes de pont de Steinau et d'Ohlau. Son objectif était la Neisse, un affluent de l'Oder d'où il pourrait lancer son assaut vers le sud de Berlin. La principale poussée, le 8 février, avait été celle partie de Steinau contre la Quatrième Armée blindée – ou plutôt ce que l'on persistait, du côté allemand, à appeler ainsi – dont les lignes de défense ne tardèrent pas à s'effondrer. Pour accélérer l'avance des troupes parties de la tête de pont d'Ohlau, Koniev les fit appuyer par la 3e Armée blindée de la Garde de Rybalko. Le 12 février, Breslau était complètement encerclée, et 80 000 civils s'y trouvaient bloqués.

La 4e Armée blindée de la Garde de Leliouchenko continua sa poussée vers la Neisse, qu'elle atteignit en six jours. Les villages qu'elle traversait étaient presque complètement désertés. Parfois, le prêtre de la paroisse allait au-devant des troupes soviétiques avec une lettre où les quelques villageois restés sur place « assuraient les Russes de leur amitié » et un rapport de l'état-major du 1er Front ukrainien nota qu'en plusieurs occasions, des médecins civils allemands s'étaient offerts à soigner les blessés soviétiques [11].

Mais une mauvaise surprise attendait quand même Leliouchenko. Il s'avisa soudain que les restes du Corps d'armée *Grossdeutschland* et du XXIVe Corps blindé de Nehring attaquaient ses arrières et ses lignes de communication. Toutefois, après deux jours de combat, les Allemands durent battre en retraite, et Koniev put conserver le contrôle complet de plus de cent kilomètres du cours de la Neisse. Il tenait le point de départ de sa poussée vers Berlin. Mais, les combats contre la Dix-septième Armée allemande au sud de la tête de pont d'Ohlau se poursuivirent tout au long du mois de février et au mois de mars.

Les autorités nazies avaient pensé initialement que le fait de combattre sur le sol allemand allait galvaniser leurs troupes et rendre la résistance beaucoup plus acharnée, mais, apparemment, tel ne fut pas toujours le cas. Un soldat de la 359e Division d'infanterie fait prisonnier par les Soviétiques déclarait à ses interrogateurs : « Le combat en territoire allemand a fait complètement s'effondrer le moral. On nous dit de nous battre jusqu'à la mort, mais cela ne mène strictement à rien » [12].

Le général Schörner eut l'idée de lancer, le 1er mars, une contre-attaque en direction de la ville de Lauban. La 3e Armée blindée de la Garde fut prise totalement par surprise, et la ville fut réoccupée. Goebbels était transporté de joie. Le 8 mars, il se rendit personnellement à Görlitz en voiture, accompagné de photographes du ministère de la Propagande, pour rencontrer Schörner. Ensemble, ils gagnèrent Lauban et assistèrent, sur la place du marché, à une parade réunissant des troupes régulières et des éléments de la Volkssturm et de la Jeunesse Hitlërienne. Goebbels distribua des Croix de fer et se fit montrer les carcasses des chars soviétiques détruits dans l'opération.

Le lendemain, Schörner lança une nouvelle attaque visant à reprendre Striegau, à quarante kilomètres à l'ouest de Breslau. En découvrant les atrocités commises par les troupes de Koniev, les Allemands qui s'emparèrent de la ville jurèrent de tuer tout soldat de l'Armée rouge tombant entre leurs mains. Toutefois, le comportement des hommes de la Wehrmacht eux-mêmes ne fut pas toujours exemplaire, tant s'en faut. Et il semble, d'après une note de Martin Bormann, que les autorités nazies aient été beaucoup moins choquées d'apprendre que des prisonniers soviétiques avaient été massacrés à coups de pelle que de découvrir que des soldats allemands s'étaient adonnés « au pillage dans des zones évacuées »[13].

Durant les sanglants combats de Silésie, les deux commandements aux prises s'efforçaient d'exercer sur leurs propres hommes une discipline de fer sur le plan de l'action militaire proprement dite. Le général Schörner avait décrété que tous les traînards ou les hommes tentant de s'esquiver devaient être pendus sans jugement au bord des routes. Selon des soldats du 85e Bataillon de génie faits prisonniers par les Soviétiques, vingt-deux exécutions sommaires avaient eu lieu dans la seule ville de Neisse au cours de la deuxième quinzaine du mois de mars[14].

Les spécialistes de la propagande du 7e Service soviétique ne tardèrent pas à s'aviser que le ressentiment de nombre de soldats de la Wehrmacht à l'égard de leurs chefs pouvait être exploité – notamment en faisant croire aux hommes que leurs officiers supérieurs s'étaient enfuis en les abandonnant. C'est ainsi que, lorsque la 20e Division blindée allemande se trouva encerclée près d'Oppeln, elle commença à être bombardée de tracts affirmant : « Le général Schörner abandonne ses troupes à Oppeln et s'enfuit à toute allure vers la Neisse à bord de son véhicule blindé de commandement. »

Nombre d'autres facteurs, en fait, venaient affecter le moral des combattants allemands. Beaucoup étaient couverts de vermine. Ils n'avaient pu changer de sous-vêtements ou prendre une douche depuis le mois de décembre. Tout ce qu'on leur donnait pour combattre la vermine était « une poudre totalement inefficace ». Ils n'avaient pas reçu de solde pour les mois de janvier, de février et de mars, et la plupart n'avaient pas eu de courrier depuis la période précédant Noël.

La répression interne s'était également faite plus féroce du côté soviétique. Tout échec militaire était considéré comme une atteinte à la Directive N° 5 de Staline sur la vigilance face à l'ennemi. Le colonel V., qui commandait la garnison soviétique de Striegau, fut accusé de « négligence criminelle » parce que son régiment s'était laissé surprendre et, bien qu'ayant combattu vaillamment, avait dû abandonner la ville. « Ce honteux incident, déclarait le rapport officiel, a fait l'objet d'une enquête minutieuse du conseil militaire du Front, et le coupable a été dûment châtié. » Le sort du colonel V. n'était pas précisé plus avant, mais, à en juger par un autre cas voisin, il avait dû effectuer un séjour prolongé au Goulag [15].

Le lieutenant-colonel M. et le capitaine D. comparurent l'un et l'autre devant un tribunal militaire après que le capitaine eut abandonné sa batterie d'artillerie de campagne « pour aller prendre un peu de repos » – formule classique impliquant qu'ivre-mort, il était allé cuver sa vodka. Les Allemands ayant lancé, à ce moment, une attaque surprise, les canons ne s'étaient pas trouvés en état de tirer. Le capitaine D. fut expulsé du Parti et condamné à dix ans de Goulag [16].

Officiers et soldats sentaient planer sur eux en permanence l'ombre menaçante du SMERSH, service envers lequel, après toutes les souffrances qu'ils avaient endurées et toutes les pertes qu'ils avaient subies, ils éprouvaient le plus grand ressentiment. Une chanson à caractère subversif circulait à ce sujet :

Le premier éclat a fait un trou dans le réservoir.
J'ai sauté comme j'ai pu du T-34,
Et on m'a convoqué au Service Spécial pour me demander :*
« Pourquoi n'as-tu pas brûlé avec le char, salaud ? »
Alors j'ai répondu :
« La prochaine fois je brûlerai, c'est promis. »

Les soldats du 1er Front ukrainien n'étaient pas seulement épuisés par les combats qu'ils avaient livrés et les kilomètres qu'ils avaient parcourus. Ils étaient également sales, couverts de vermine et atteints, en nombre de plus en plus élevé, par la dysenterie. Il est vrai que l'hygiène n'était pas au premier plan des préoccupations de l'Armée rouge. Les sous-vêtements n'y étaient jamais lavés. L'eau y était rarement bouillie et, en dépit des instructions, encore plus rarement additionnée de chlore. Et, avant tout, la nourriture était préparée dans d'effarantes conditions. « Le bétail de boucherie, précisait un rapport, était abattu et débité sans le moindre soin sur de la paille sale, avant d'être expédié directement

* Le nom officiel du SMERSH jusqu'en 1943.

à la cuisine. Les saucisses étaient confectionnées sur une table qui n'était pas lavée par un homme à la veste crasseuse »[17].

Le typhus sévissait également. Les hommes du NKVD eux-mêmes étaient affectés. Entre un et deux tiers d'entre eux étaient couverts de vermine, et la proportion devait être beaucoup plus élevée encore au sein des troupes de première ligne. Les choses commencèrent à s'améliorer un peu quand le front de Silésie se stabilisa et chaque régiment put installer son *bania* – son établissement de bains. Trois bains par mois étaient considérés comme suffisants. Quant aux sous-vêtements, ils devaient être traités à l'aide d'un liquide spécial nommé « SK », qui devait contenir des produits chimiques puissants et peut-être dangereux. Ordre fut donné de vacciner tous les soldats contre le typhus et la poliomyélite, mais on n'en eut sans doute pas le temps. Le 15 mars, Koniev, sous la pression de Staline, entama son offensive en direction de la Silésie méridionale.

Par une poussée partie de la tête de pont d'Ohlau en direction de Neustadt, l'aile gauche du 1er Front ukrainien isola les 30 000 Allemands concentrés autour d'Oppeln. Ce mouvement se combina à une attaque au-delà de l'Oder, entre Oppeln et Ratibor, pour achever l'encerclement. Ainsi, la 20e Division SS estonienne et la 168e Division d'infanterie allemande se trouvèrent prises au piège par les 59e et 21e Armées soviétiques, disposant d'une écrasante supériorité. Les propagandistes du 7e Service soviétique envoyèrent des prisonniers allemands « antifascistes » essayer de convaincre les troupes encerclées des vertus de l'Armée rouge, mais beaucoup d'entre eux furent abattus à leur arrivée.

La seule chose que les soldats allemands trouvèrent amusante en cette tragique situation fut le fait qu'ayant ramassé les tracts soviétiques rédigés en langue germanique, les SS estoniens et ukrainiens leur en demandèrent la traduction. Ils ignoraient apparemment que la simple détention de l'un de ces tracts était punie de mort[18].

Le 20 mars, près du village de Rinkwitz, des soldats de l'Armée rouge surprirent et abattirent sur place des officiers d'état-major de la 20e Division SS estonienne qui étaient en train de brûler des documents. Certains de ceux-ci, à demi calcinés, furent récupérés. Ils comprenaient des jugements rendus par les tribunaux militaires SS.

Les tentatives des Allemands pour briser l'encerclement soviétique du *Kessel* d'Oppeln furent repoussées, et la moitié des 30 000 soldats pris au piège furent tués. Koniev fut aidé dans sa tâche par une offensive, un peu plus loin au sud-est, du 4e Front ukrainien.

Le 30 mars, la 60e Armée et la 4e Armée blindée de la Garde s'emparèrent de Ratibor. Le 1er Front ukrainien contrôlait dorénavant la quasi-totalité de la Haute-Silésie.

Malgré de constantes pertes territoriales, les autorités nazies ne changeaient ni de mœurs ni de méthodes. À l'usage, pourtant, la grandiose dénomination de « Groupe d'Armées de la Vistule » était devenue non seulement fallacieuse mais ridicule. Un ridicule parfaitement illustré par le nouveau poste de commandement que s'était fait installer son commandant en chef en titre à l'ouest de l'Oder.

Himmler avait établi son quartier général à quatre-vingt-dix kilomètres au nord de Berlin, dans une forêt proche d'Hassleben, un village au sud-est de Prenzlau. Le Reichsführer SS estimait être assez loin de la capitale pour avoir de fortes chances d'échapper aux bombardements. Le camp consistait principalement en des baraquements de bois du modèle le plus courant, entourés d'une haute clôture de barbelés. La seule exception notable était la *Reichsführerbaracke*, construite spécialement pour Himmler, beaucoup plus vaste et somptueusement meublée. « La chambre à coucher, nota l'un des officiers d'état-major, était très élégante, meublée de bois rose, avec un tapis vert pâle. Cela ressemblait plus au boudoir d'une grande dame qu'au logement d'un chef militaire »[19].

Dans le vestibule se trouvait même une immense tapisserie murale dans le style de celles des Gobelins mais avec un « thème nordique ». Tout, en fait, provenait des fabriques contrôlées par les SS, y compris les riches porcelaines ornant l'appartement. On était loin, pensaient les officiers de la Wehrmacht, de l'austérité de « guerre totale » prônée par Goebbels.

L'emploi du temps d'Himmler était également curieux pour un général à son poste de combat. Il ne se mettait au travail qu'à 10 heures 30 chaque matin, après un bain, un passage entre les mains de son masseur personnel et le petit déjeuner. Quelle que soit la situation, nul ne devait le déranger dans son sommeil. Tout ce qu'il aimait, en fait, c'était assister à des parades et remettre des décorations. Selon Guderian, son rêve était de recevoir lui-même un jour la Croix de chevalier.

En revanche, ses interventions aux conférences de situation de la Chancellerie demeuraient d'une insuffisance presque pathétique. Selon son chef des opérations, le colonel Eismann, il n'avait plus à la bouche que les termes de *Kriegsgericht* – cour martiale – et *Standgericht* – cour martiale accélérée – répétés comme une incantation. À l'entendre, un mouvement de repli ne traduisait qu'un manque de volonté devant être réprimé par les mesures les plus impitoyables. Il parlait aussi constamment des « généraux incompétents et lâches »[20]. Mais, quelles que fussent les fautes qui leur étaient imputées, le pire qui pouvait arriver aux généraux était d'être relevés de leur commandement. C'étaient les soldats qui, s'ils battaient en retraite, étaient fusillés.

Lorsque l'Armée rouge avait atteint l'Oder, au début de février, Hitler avait repris à son compte la directive de Staline en 1942 : « Plus un pas en arrière. » Les instructions qu'il avait alors données comportaient, au paragraphe 5, la phrase suivante : « Les tribunaux militaires doivent prendre les mesures les plus strictes possibles, fondées sur le principe que ceux qui ont peur de trouver une mort honorable au combat méritent la mort des lâches »[21].

Cette consigne fut précisée et développée dans l'ordre du jour du Führer en date du 9 mars, instituant la *Fliegende Standgericht*, la cour martiale mobile à procédure accélérée. Elle devait comprendre trois officiers supérieurs, deux secrétaires-greffiers et, avant tout, *« ein Unteroffizier und acht Mann als Exekutionskommando »* – « un sous-officier et huit hommes constituant un peloton d'exécution »[22]. Il était précisé que « la politique de clémence était inapplicable », et la nouvelle organisation devait entrer en action dès le lendemain pour la Wehrmacht et la Waffen SS. Le principe fut étendu ensuite à la Luftwaffe et à la Kriegsmarine par une directive signée du général Burgdorf. Martin Bormann, ne voulant pas que le Parti nazi soit en reste, donna ordre à ses Gauleiters d'éliminer « la lâcheté et le défaitisme » par des tribunaux spéciaux prononçant des peines de mort[23].

Quatre jours après son ordre instituant le *Fliegende Standgericht*, Hitler fit diffuser une autre directive, probablement rédigée par Bormann, sur le développement de l'idéologie national-socialiste dans l'armée. « Le premier des devoirs d'un chef militaire, y affirmait-il, est de fanatiser politiquement ses hommes, et il sera pleinement responsable devant moi de leur comportement national-socialiste »[24].

Pour Himmler, l'homme qui prêchait le courage et la ténacité, le poids du commandement ne tarda pas à se révéler trop lourd. Sans avertir Guderian, il s'en alla faire soigner une grippe par son médecin personnel à la clinique d'Hohenlychen, à une quarantaine de kilomètres à l'ouest d'Hassleben. Informé du désordre qui régnait au quartier général, Guderian se rendit à Hassleben, et là, même Lammerding, le chef d'état-major d'Himmler, l'adjura de faire quelque chose. Il alla alors voir Himmler à la clinique.

Il s'était avisé, entre-temps, de la tactique à adopter. Il déclara à Himmler qu'il était, de toute évidence, surmené, accablé qu'il était par de trop nombreuses responsabilités – Reichsführer SS, chef de la police, ministre de l'Intérieur, commandant en chef de l'Armée de réserve et du Groupe d'Armées de la Vistule. Il lui suggéra de renoncer à ce dernier poste. Puis, voyant que son interlocuteur ne demandait pas mieux mais craignait d'en avertir lui-même Hitler, Guderian saisit l'occasion au vol. « M'autoriseriez-vous à parler en votre nom ? » demanda-t-il. Himmler ne pouvait refuser.

Le soir même, Guderian prévenait Hitler et recommandait le général Heinrici pour prendre la place du Reichsführer. Heinrici commandait alors la Première Armée blindée, aux prises avec les troupes de Koniev devant Ratibor. Répugnant à admettre que le choix d'Himmler comme commandant du Groupe d'Armées de la Vistule avait été désastreux, Hitler accepta avec réticence.

Heinrici se rendit à Hassleben, où Himmler lui passa ses pouvoirs en le gratifiant d'une pompeuse harangue où il s'efforçait de justifier son action. Cet interminable discours fut brusquement interrompu par la sonnerie du téléphone. Himmler décrocha. C'était le commandant de la Neuvième Armée, le général Busse. Une dramatique erreur avait été commise à Küstrin, et le couloir d'accès à la forteresse avait été perdu. Himmler se hâta alors de passer l'appareil à Heinrici en lui disant : « Vous êtes le nouveau commandant en chef du Groupe d'Armées. À vous de donner les ordres adéquats »[25]. Avant de battre lui-même en retraite en toute hâte...

Les combats autour des têtes de pont de l'Oder avaient été féroces. Cependant, de plus en plus de soldats allemands manifestaient leur répugnance à mourir pour une cause perdue. Un Suédois qui s'était rendu en voiture de Küstrin à Berlin rapporta à l'attaché militaire de son ambassade qu'il avait dû franchir « vingt barrages routiers mis en place par la Feldgendarmerie afin d'intercepter les déserteurs venant du front »[26]. L'un de ses compatriotes ayant parcouru la même région signala que les soldats allemands rencontrés par lui semblaient avoir été rendus « apathiques par l'épuisement »[27].

Les conditions sur le terrain étaient épouvantables. L'Oderbruch était une sorte de marécage à demi cultivé et coupé par de nombreuses digues. S'y enterrer pour échapper aux tirs d'artillerie et aux attaques aériennes était une besogne décourageante, car il suffisait, dans la plupart des cas, de creuser un peu moins d'un mètre pour trouver l'eau. Ce mois de février 1945 était moins froid qu'à l'habitude, mais le nombre de cas de « pieds de tranchée » ne s'en multipliait pas moins. Et les troupes allemandes souffraient, en même temps, d'un cruel manque de munitions et de carburant. À la Division SS *30. Januar*, par exemple, la Kübelwagen de l'état-major ne pouvait être utilisée qu'en cas d'urgence, afin de ménager l'essence. Nulle batterie d'artillerie ne pouvait ouvrir le feu sans autorisation. L'attribution quotidienne était de deux obus par pièce.

L'Armée rouge, elle, s'était mieux organisée. Elle avait réussi à creuser, en même temps que des trous individuels, des tranchées affectant la forme légèrement arrondie d'une saucisse. Ses tireurs d'élite s'installaient dans les quelques bouquets d'arbres qu'on pouvait trouver ou dans les ruines des maisons, en utilisant des techniques de camouflage éprouvées. Ils pouvaient rester jusqu'à six ou huit heures sans bouger. Leurs cibles prioritaires étaient les officiers, puis les soldats chargés d'acheminer le ravitaillement. Les Allemands ne pouvaient pratiquement plus bouger en plein jour. Les observateurs d'artillerie russes savaient se dissimuler aussi bien que les tireurs d'élite.

La crue printanière de l'Oder vint apporter un atout inespéré à l'Armée rouge. Plusieurs des ponts construits par ses unités de génie se trouvèrent ainsi à vingt-cinq ou trente centimètres sous l'eau, ce qui les rendait très difficiles à atteindre pour l'aviation allemande [28].

Alors même que Goebbels, ministre de la Propagande, continuait à parler de la victoire finale, Goebbels, Gauleiter et commissaire à la Défense de Berlin, ordonnait l'installation d'obstacles antichars tout autour de la capitale, et même à l'intérieur de celle-ci. Des dizaines de milliers de civils sous-alimentés, des femmes pour la plupart, se voyaient contraints de consacrer le peu d'énergie leur restant au creusement de fossés qui étaient censés arrêter les blindés ennemis. Outre les récriminations des civils, cette initiative provoquait les sarcasmes des militaires. « De toute la guerre, déclarait un officier d'état-major, jamais je n'ai vu un fossé antichar, que ce soit chez nous ou chez l'ennemi, arrêter une attaque de blindés » [29].

L'Armée était d'autant plus hostile à cette décision prise par la hiérarchie nazie que les fossés gênaient à la fois la circulation des véhicules militaires et celle des milliers de réfugiés venus de l'est.

Les fermiers du Brandebourg, ayant dû rester sur place parce qu'ils avaient été requis par la Volkssturm, trouvaient de plus en plus difficile de poursuivre leurs travaux agricoles. En effet, l'Ortsbauernführer – le responsable local du Parti nazi pour les paysans

– avait fait réquisitionner leurs charrettes et leurs chevaux pour le transport des blessés et des munitions. Même les bicyclettes avaient été saisies pour équiper la division de « chasseurs de chars » [30].

Ayant perdu une énorme quantité de matériel durant la désastreuse retraite de la Vistule, la Wehrmacht avait dû, dans bien des cas, faire main basse sur les armes de la Volkssturm. Le bataillon 16/69 de la milice populaire, qui avait pris position autour de Wriezen, à l'extrémité de l'Oderbruch, ne comptait en fait que cent treize hommes, dont trente-deux étaient affectés à des travaux de fortification à l'arrière et quatorze étaient malades ou blessés. Les autres gardaient les ponts et les obstacles antichars. Ils avaient trois sortes de mitrailleuses, dont des russes, un lance-flammes auquel manquaient quelques pièces essentielles, trois pistolets automatiques de fabrication espagnole et deux cent vingt-huit fusils de six nations différentes.

Des arsenaux aussi pauvres et hétéroclites n'étaient, toutefois, remis que très rarement aux troupes régulières, les Gauleiters présidant aux destinées de la Volkssturm n'autorisant celle-ci à livrer à la Wehrmacht que les armes leur ayant été originellement prêtées par celle-ci.

Ayant appris par les rapports de la Gestapo que la population affichait un mépris croissant pour la façon dont ils tentaient d'expédier les autres à la mort en restant bien au chaud dans leurs pantoufles, les membres de la hiérarchie nazie s'efforcèrent de multiplier les prises de position spectaculaires. Le Gauleiter de Brandebourg, par exemple, lança de vibrants appels aux membres du Parti, les invitant à se porter volontaires pour combattre. Sa formule favorite était « L'air frais du front au lieu des bureaux surchauffés ! » [31].

Le docteur Ley, responsable de l'organisation au Parti national-socialiste, se présenta au quartier général du Führer avec un projet de création d'un *« Freikorps Adolf Hitler »* comprenant « quarante mille fanatiques ». Il demanda à Guderian de lui faire remettre immédiatement par la Wehrmacht plus de quatre-vingt mille pistolets-mitrailleurs. Parfaitement lucide à cet égard, Guderian lui promit les armes lorsque les effectifs du fameux « corps-franc » auraient été réunis. Hitler lui-même ne parut guère impressionné.

Il y avait déjà plusieurs mois que Goebbels s'inquiétait de la façon dont Hitler se soustrayait aux regards du public. Il réussit finalement à le persuader d'aller visiter le front de l'Oder, essentiellement au bénéfice des reporters des actualités cinématographiques. Cette visite du Führer, le 13 mars, avait été préalablement entourée du secret le plus absolu. Des unités de SS patrouillèrent tout l'itinéraire, puis se mirent en place juste avant l'arrivée du cortège officiel. En fait, au cours de cette visite, Hitler ne rencontra aucun combattant de base. Les commandants de grandes unités avaient été convoqués sans explication près de Wriezen, à un vieux manoir ayant appartenu autrefois au maréchal Blücher. Tous furent stupéfaits de voir en quel état de décrépitude se trouvait le Führer. L'un des officiers présents devait parler ensuite de « son visage d'une blancheur de craie » et de « ses yeux luisants rappelant ceux d'un serpent » [32].

En tenue de campagne, casquette et lunettes de char sur le front, le général Busse exposa la situation sur son secteur du front. Quand Hitler souligna la nécessité de tenir la ligne de défense de l'Oder, il lui expliqua que son armée était au bout de ses ressources en armes et en matériel.

Le simple effort de parler semblait avoir épuisé Hitler. Durant tout le voyage de retour vers Berlin, il ne prononça pas une seule parole. Il paraissait, selon son chauffeur, « perdu dans ses pensées ». Ce fut son dernier déplacement. Il ne devait plus jamais quitter vivant la Chancellerie du Reich.

9

OBJECTIF BERLIN

Le 8 mars, alors même que l'offensive de Poméranie commençait à battre son plein, Staline convoqua brusquement Joukov à Moscou. C'était un moment curieusement choisi pour arracher un commandant en chef de front à son poste de commandement. De l'aéroport de Moscou, Joukov gagna directement par la route la datcha où Staline se remettait de ses fatigues.

Après avoir entendu le rapport de Joukov sur les opérations de Poméranie et les combats autour des têtes de pont de l'Oder, le dictateur soviétique l'emmena au-dehors, pour une promenade au cours de laquelle il lui parla essentiellement de son enfance.

Comme ils prenaient le thé ensuite, Joukov demanda à Staline s'il avait eu la moindre nouvelle de son fils Yakov Djougachvili, prisonnier des Allemands depuis 1941. De prime abord, Staline avait renié son fils pour s'être laissé prendre vivant par l'ennemi, mais son attitude semblait avoir quelque peu changé. Il resta un moment sans répondre à la question de Joukov, puis il finit par lui dire : « Yakov ne s'en sortira jamais vivant. Ces assassins l'abattront. D'après les renseignements que nous avons obtenus, ils le maintiennent en isolement et tentent de le persuader de trahir la Mère Patrie. » Il fut de nouveau silencieux un long moment, puis affirma : « Non. Yakov préférerait mourir de quelque façon que ce soit plutôt que de trahir la Mère Patrie. »

Lorsque Staline faisait état des « renseignements obtenus », il voulait évidemment parler de ceux recueillis par Abakoumov sur son ordre. Les nouvelles les plus récentes de Yakov Djougachvili provenaient du général Stepanovitch, l'un des anciens chefs de la gendarmerie yougoslave. Stepanovitch, prisonnier des Allemands, avait été libéré par les troupes de Joukov à la fin du mois de janvier, mais aussitôt pris en main par le SMERSH pour interrogatoire. Il s'était trouvé auparavant au Straflager X-C à Lübeck avec le lieutenant Djougachvili. Selon lui, le fils de Staline s'était conduit « avec fierté et esprit d'indépendance ». Il se refusait à se lever si un officier allemand entrait dans la pièce où il se trouvait et lui tournait le dos s'il lui adressait la parole. Les Allemands l'avaient d'ailleurs mis au cachot. Malgré une interview publiée dans la presse allemande, Yakov Djougachvili avait toujours soutenu qu'il n'avait répondu à aucune question. Après une tentative d'évasion, il fut envoyé par avion vers une destination inconnue[1].

À ce jour encore, on ignore les circonstances exactes de sa mort, bien que la version la plus répandue veuille qu'il se soit précipité vers la clôture de son lieu de détention pour obliger les gardes à l'abattre. Il se peut que Staline ait changé d'attitude à l'égard de son fils, mais il n'en demeura pas moins impitoyable envers des centaines de milliers d'autres prisonniers de guerre soviétiques qui, en bien des cas, avaient encore plus souffert que Yakov Djougachvili.

Après avoir ainsi évoqué, avec Joukov, le sort de son fils, Staline changea de sujet. Il se déclara « très satisfait » des résultats de la conférence de Yalta. Roosevelt avait été, selon lui, très amical. À ce moment, le secrétaire de Staline, Poskrebichev, arriva avec des papiers à signer. C'était, pour Joukov, une invitation à prendre congé. Mais, en même temps, Staline lui faisait connaître la raison de sa convocation à Moscou. « Allez à la *Stavka*, lui dit en effet le maître du Kremlin, et examinez avec Antonov les prévisions faites pour l'Opération Berlin. Nous nous retrouverons ici même demain à 13 heures. »

Antonov et Joukov travaillèrent ensemble une bonne partie de la nuit. Le lendemain matin, Staline changea à la fois l'heure et le lieu de la conférence. Il se rendit lui-même à Moscou, malgré son état de fatigue, de façon qu'une conférence générale puisse avoir lieu au siège de la *Stavka*, avec la participation de Malenkov, de Molotov et d'autres membres du Comité de défense. Antonov se chargea de l'exposé principal. Quand il eut terminé, Staline donna son approbation et demanda que des ordres soient donnés pour la mise au point d'un plan détaillé.

« Tandis que nous travaillions sur l'Opération Berlin, reconnaît Joukov dans ses Mémoires, nous tenions compte des actions de nos alliés. » Le maréchal soviétique fait même état des inquiétudes soulevées par le fait que « le commandement britannique continuait à caresser le rêve de s'emparer de Berlin avant que l'Armée rouge n'y arrive ». Ce qu'il omet, toutefois, de mentionner, c'est que le 7 mars, la veille du jour où il reçut de Staline cette pressante convocation à Moscou, l'Armée américaine s'était emparée du pont de Remagen avant que celui-ci ne soit détruit. Staline avait immédiatement vu les conséquences que pourrait avoir un franchissement aussi rapide du Rhin par les Alliés occidentaux.

Les Britanniques n'avaient, en fait, jamais fait mystère à Staline de leur désir d'arriver à Berlin. Durant la visite de Churchill à Moscou, en octobre 1944, le maréchal Sir Alan Brooke avait clairement dit au dictateur soviétique qu'après un encerclement du bassin de la Ruhr, « l'axe principal de l'avance alliée serait dirigé sur Berlin »[2]. Churchill avait lui-même repris le propos. Les Occidentaux espéraient isoler quelque 150 000 soldats allemands en Hollande, « puis marcher à bonne cadence sur Berlin ». Staline n'avait pas fait de commentaire.

Le maître du Kremlin avait une raison supplémentaire pour vouloir occuper Berlin le premier. En mai 1942, trois mois avant le début de la bataille de Stalingrad, il avait convoqué à sa datcha Beria et les principaux atomistes d'URSS. Il était furieux, car il venait d'apprendre par ses services de renseignements que les États-Unis et la Grande-Bretagne travaillaient sur un projet de bombe à l'uranium. Il reprocha véhémentement aux scientifiques russes de n'avoir pas pris la menace au sérieux, alors que c'était bel et bien lui qui avait rejeté, comme n'étant qu'une « provocation », les premières informations à ce sujet, fournies par l'espion britannique John Cairncross en novembre 1941. Il avait eu une attitude curieusement semblable à celle qu'il avait adoptée quand on l'avait averti de l'imminence d'une invasion allemande six mois plus tôt.

Au cours des trois années qui avaient suivi, le programme soviétique de recherche nucléaire, baptisé du nom de code d'« Opération Borodino », s'était trouvé accéléré de façon importante par les renseignements fournis sur le « Projet Manhattan » des Occidentaux par des sympathisants communistes tels que Klaus Fuchs. Beria lui-même avait pris les choses en main et avait fini par placer l'équipe scientifique du professeur Igor Kourchatov sous le contrôle complet du NKVD.

Le principal handicap demeurait toutefois, pour les Soviétiques, le manque d'uranium. Aucun gisement n'avait encore été exploité en Union soviétique. Les principales réserves, en Europe, se trouvaient en Saxe et en Tchécoslovaquie, sous le contrôle, à ce moment, de l'Allemagne nazie. Sur les instructions de Beria, la Commission d'achat soviétique aux États-Unis demanda au

Bureau de production de guerre américaine de lui vendre huit tonnes d'oxyde d'uranium. Après consultation avec le général Groves, le responsable du « Projet Manhattan », le gouvernement de Washington autorisa la cession de quantités symboliques, essentiellement dans l'espoir de découvrir ce que les Soviétiques avaient en tête.

Des gisements d'uranium furent découverts au Kazakhstan en 1945, mais ils ne pouvaient encore fournir que des quantités très insuffisantes. Les plus grands espoirs de Staline et de Beria résidaient donc toujours dans la saisie des réserves allemandes d'uranium avant l'arrivée des Alliés occidentaux. Beria avait appris par des chercheurs soviétiques y ayant travaillé que l'Institut de physique du Kaiser Wilhelm, installé à Dahlem, dans la banlieue sud-ouest de Berlin, était le grand centre de la recherche atomique allemande. Les travaux essentiels y étaient effectués dans un bunker aux parois doublées de plomb appelé la « Maison des Virus », nom de code propre à décourager les curieux. Près de ce bunker se dressait la *Blitzturm* – ou « Tour des éclairs » – abritant un cyclotron capable de produire un million et demi de volts.

Ce que Beria ignorait, toutefois, c'était que la majeure partie des chercheurs et du matériel de l'Institut, ainsi que sept tonnes d'oxyde d'uranium, avaient été évacués à Haigerloch, dans la Forêt Noire. Mais une erreur bureaucratique avait fait qu'un autre contingent d'uranium avait été expédié à Dahlem au lieu d'être envoyé à Haigerloch. La ruée vers la banlieue de Berlin n'était donc pas tout à fait vaine à cet égard.

Nul, parmi les dirigeants nazis, ne doutait que le combat pour Berlin allait être le point tournant de la guerre. « Les nationaux-socialistes, avait toujours proclamé Goebbels, gagneront ensemble à Berlin ou périront ensemble à Berlin. » Et il citait, consciemment ou non, Karl Marx en ajoutant : « Qui possède Berlin, possède l'Allemagne. » Staline, de son côté, était tout à fait capable de compléter la formule de Marx : « Et qui contrôle l'Allemagne, contrôle l'Europe. »

Ces réalités politiques, toutefois, échappaient de toute évidence aux chefs militaires américains. C'est là sans doute l'une des raisons qui amenaient le maréchal Sir Alan Brooke à noter, après un petit déjeuner de travail avec Eisenhower, le 6 mars à Londres : « Il est indiscutable qu'il [Eisenhower] a une personnalité extrêmement séduisante, mais en même temps des facultés intellectuelles très réduites dans le domaine stratégique. »

Le problème essentiel était, en fait, que les Américains, à ce stade, n'envisageaient tout simplement pas le problème de l'Europe en termes stratégiques. Ils avaient un objectif simple et strictement limité : gagner la guerre contre l'Allemagne le plus vite possible, et avec le moins de pertes possibles, pour pouvoir se concentrer ensuite sur le Japon. Eisenhower – tout comme son président, ses chefs d'état-major et bien d'autres hautes personnalités américaines – ne parvenait pas à voir plus loin, à se projeter dans l'avenir, et interprétait de façon totalement erronée le caractère de Staline. Cela exaspérait ses collègues britanniques et conduisit à la plus grande divergence au sein de l'alliance occidentale. Certains officiers britanniques traduisaient l'attitude de déférence d'Eisenhower envers le maître du Kremlin par la formule *« Have a go, Joe ! »* – « Tu viens, Joe ? » – généralement utilisée par les prostituées londoniennes pour racoler les soldats américains.

Le 2 mars, Eisenhower fit demander au général Deane, le principal officier de liaison américain à Moscou : « Compte tendu des grands progrès de l'offensive de l'Armée rouge, est-il probable de voir intervenir une modification importante des plans soviétiques par rapport à ce qui a été expliqué à Tedder [le 15 janvier] ? »[3].

Il demandait également s'il y aurait « un ralentissement des opérations entre la mi-mars et la mi-mai ». Mais il fut impossible à Deane d'obtenir la moindre information précise du général Antonov. Et quand les Soviétiques se décidèrent finalement à évoquer leurs intentions, ils abusèrent délibérément Eisenhower afin de lui dissimuler leur détermination à s'emparer de Berlin les premiers.

Chez les Alliés occidentaux, les conflits de personnalités et les incompatibilités d'humeur jouaient fatalement un rôle notable dans les divergences d'opinion stratégiques. Eisenhower, ainsi, soupçonnait Montgomery, lorsque celui-ci demandait qu'on le laisse tenter une percée en force en direction de Berlin, de vouloir jouer à toutes forces les premiers rôles. Montgomery ne s'était guère donné la peine de cacher qu'à son avis il aurait dû avoir le commandement effectif sur le terrain, Eisenhower ne gardant qu'un rôle symbolique. Et les vantardises du maréchal britannique après la bataille des Ardennes n'avaient fait que renforcer les mauvais sentiments d'Eisenhower à son égard. « Les relations d'Eisenhower avec Monty présentent un problème insoluble, écrivait dans son journal Sir Alan Brooke après la rencontre du 6 mars. Il ne voit que le pire côté de Monty. » Et les Américains, avec, cette fois, quelque raison, estimaient qu'en tout cas Montgomery serait le pire chef qu'on pourrait choisir pour une attaque-éclair ; il était si maniaque et si soucieux du détail qu'il était certainement le plus lent à mouvoir des principaux généraux.

À Wesel, au nord, le 21e Groupe d'Armées commandé par Montgomery avait affaire à la plus importante concentration de troupes allemandes. Il entreprit donc la mise au point détaillée d'un franchissement du Rhin à la faveur d'opérations amphibies et aéroportées de grande envergure. Mais ce plan se trouva d'emblée contrecarré par l'évolution de la situation militaire plus au sud. La réaction d'Hitler à la prise du pont de Remagen et à la constitution d'une puissante tête de pont de la Première Armée américaine dans ce secteur fut d'ordonner des contre-attaques massives. Cela eut pour effet de dégarnir d'autres segments du Rhin, et la Troisième Armée de Patton, ayant balayé le Palatinat avec son panache habituel, ne tarda pas à franchir le fleuve en plusieurs points, au sud de Coblence.

Lorsque le 21e Groupe d'Armées de Montgomery eut aussi traversé le Rhin, le matin du 24 mars, Eisenhower, Churchill et lui eurent une conférence sur la rive même du fleuve. Montgomery pensait qu'Eisenhower allait maintenant lui permettre de foncer vers le nord-est en direction de la Baltique, de Lübeck et peut-être de Berlin. Il allait vite être détrompé.

Le général Hodges avait considérablement renforcé la tête de pont de Remagen, et Patton avait, avec une remarquable rapidité, fait de même au sud de Mayence. Eisenhower leur ordonna de faire converger leurs offensives vers l'est avant de faire bifurquer à gauche la Première Armée de Hodges afin d'envelopper la Ruhr par le sud. Puis, à la totale surprise et au grand mécontentement de Montgomery, il détacha du 21e Groupe d'Armées la Neuvième Armée américaine du général Simpson, avant de commander au reste du groupe de marcher sur Hambourg et sur le Danemark, et non sur Berlin. Selon ce nouveau plan, la Neuvième Armée américaine devait compléter au nord le dispositif d'encerclement du Groupe d'Armées du maréchal Model, défendant la Ruhr. Cette décision d'Eisenhower en date du 30 mars portait un coup fatal aux espoirs britanniques d'une poussée rapide vers Berlin.

Eisenhower, en effet, était résolu à concentrer ses efforts sur le centre et le sud de l'Allemagne. Augmenté de la Neuvième Armée, soustraite à Montgomery, le 12e Groupe d'Armées du général Omar Bradley devait pousser vers le centre, en direction de Leipzig et de Dresde, dès qu'il se serait assuré de la Ruhr. Au sud, le 6e Groupe d'Armées du général Devers avait ordre de se diriger vers la Bavière et le nord de l'Autriche.

Et, à la grande fureur des chefs d'état-major britanniques, qui n'avaient pas même été consultés au sujet de cette radicale modification du plan d'ensemble, Eisenhower en communiqua tous les détails à Staline à la fin du mois de mars, sans mettre au courant de ceux-ci son adjoint anglais, l'Air Chief Marshal Tedder[4], ce qui eut pour effet d'envenimer plus encore les dissensions entre les deux Alliés.

Si Eisenhower décida d'orienter son offensive vers le sud, c'est en partie parce qu'il était convaincu qu'Hitler allait faire replier ses armées sur la Bavière et le nord-ouest de l'Autriche pour y constituer un *Alpenfestung*, un réduit défensif alpin. Il reconnut plus tard, dans ses Mémoires, que Berlin était « politiquement et psychologiquement important comme symbole de la persistance de la puissance allemande », mais il estima que « ce n'était pas l'objectif le plus logique ni le plus souhaitable pour les forces des Alliés occidentaux ». Il s'efforça de justifier cette position en soulignant que l'Armée rouge, sur l'Oder, était plus proche du but, qu'une avancée sur Berlin l'eût obligé à ralentir la progression de ses armées du centre et du sud et de retarder une jonction avec les Soviétiques coupant l'Allemagne en deux.

Quelques jours plus tôt, après la rencontre sur les bords du Rhin, Churchill avait espéré que « nos armées allaient avancer en rencontrant peu ou pas d'opposition et atteindre l'Elbe, ou même Berlin, avant l'Ours soviétique ». Il était totalement décontenancé par l'attitude américaine. Eisenhower et Marshall semblaient beaucoup trop soucieux de complaire à tout prix à Staline.

Les autorités soviétiques ne se faisaient pas faute d'exploiter la situation. Des chasseurs américains ayant abattu par erreur plusieurs de leurs avions, leur explosion de fureur marqua un contraste tout à fait frappant avec les propos de Staline déclarant à Tedder au mois de janvier qu'en temps de guerre il était fatal que de tels accidents arrivent. L'incident avait eu lieu le 18 mars entre Berlin et Küstrin. Les pilotes américains pensaient avoir rencontré huit appareils allemands et affirmèrent avoir abattu deux Focke-Wulf 1908. Le commandement de l'aviation soviétique, de son côté, déclara que les huit avions lui appartenaient, et que six d'entre eux avaient été abattus, ajoutant que deux aviateurs russes avaient été tués et un troisième grièvement blessé à la suite de « l'action criminelle d'individus appartenant à l'Armée de l'air américaine »[5].

Et, par une ironie du sort, ce furent les Américains eux-mêmes, en la personne d'Allen Dulles, le représentant de l'OSS – Office of Strategic Service – à Berne et le futur directeur de la CIA, qui provoquèrent le plus grave incident avec l'Union soviétique survenu en cette période.

Allen Dulles avait reçu des ouvertures de l'Obergruppenführer

SS Karl Wolff en vue d'un armistice en Italie du Nord. Les Américains refusèrent de laisser les Soviétiques participer aux pourparlers qui devaient en résulter, de peur que cela ne fasse fuir Wolff. C'était une erreur. Churchill lui-même reconnut que l'inquiétude ainsi suscitée à Moscou était compréhensible à défaut d'être justifiée. Staline, de toute évidence, craignait une paix séparée sur le front de l'Ouest. Son cauchemar permanent était de voir une Wehrmacht reconstituée, équipée et ravitaillée par les Américains. Cette peur était, bien sûr, irrationnelle ; la grande majorité des formations les plus impressionnantes de l'Armée allemande avaient été détruites, capturées ou encerclées, et même si les Américains avaient voulu fournir tout l'armement du monde, la Wehrmacht de 1945 ne ressemblait plus que de très loin à la formidable machine de guerre de 1941.

Staline soupçonnait également les soldats de la Wehrmacht se rendant en masse aux Américains et aux Britanniques en Allemagne de l'Ouest d'être poussés par d'autres raisons que la simple peur d'être faits prisonniers par l'Armée rouge. Il pensait que cela s'inscrivait dans le cadre d'un plan délibéré visant à ouvrir le Front occidental pour permettre aux Britanniques et aux Américains d'atteindre Berlin les premiers.

En fait, l'une des raisons essentielles de ces redditions massives était le refus d'Hitler d'autoriser toute retraite. S'il avait fait replier ses armées sur le Rhin pour interdire le franchissement du fleuve après la débâcle des Ardennes, les Alliés auraient été mis à rude épreuve. « Nous devons beaucoup à Hitler », devait déclarer plus tard Eisenhower.

Cependant, Churchill était convaincu que, tant que les intentions de Staline quant à l'Europe centrale ne seraient pas clairement connues, les Occidentaux devaient s'emparer de toutes les cartes pouvant être utiles dans une négociation ultérieure. Ce qui se passait en Pologne, avec les arrestations en masse de personnalités susceptibles de s'opposer à la mainmise soviétique, tendait fortement à indiquer que Staline n'avait aucune intention de laisser un gouvernement indépendant se constituer. Molotov était devenu extrêmement agressif à ce sujet. Il se refusait à admettre le moindre représentant des puissances occidentales en Pologne.

Le sentiment de relative confiance qu'avait suscité chez Churchill la non-ingérence de Staline en Grèce avait commencé à s'évanouir. Il se doutait que Roosevelt et lui-même avaient été les victimes d'une gigantesque escroquerie. Le Premier ministre britannique ne semblait pas encore s'être rendu compte que Staline jugeait les autres d'après lui-même. Il apparaissait que la seule conclusion qu'il avait tirée des propos de Churchill à Yalta, déclarant qu'il devrait rendre des comptes à la Chambre des Communes au sujet de la Pologne, était que le Premier ministre avait simplement besoin d'un peu de vernis démocratique pour faire taire les critiques en attendant que le problème soit réglé. Et il était surpris et furieux de voir Churchill renouveler ses plaintes à propos du comportement soviétique en Pologne.

Même s'ils n'en connaissaient pas tous les détails, les dirigeants soviétiques étaient parfaitement au courant du différend politique et militaire existant entre les Alliés occidentaux, et envenimé encore par la note SCAF-252 d'Eisenhower à Staline révélant à celui-ci toutes ses intentions sans en avoir averti les Britanniques. Eisenhower tenta ultérieurement de se justifier à ce sujet en écrivant qu'après la visite de Tedder en URSS au mois de janvier, l'état-major combiné allié l'avait autorisé à communiquer directement avec Moscou « sur des affaires à caractère exclusivement militaire ». « Plus tard, poursuivait-il, mon interprétation de cette autorisation a été âprement mise en question par Mr Churchill, le problème venant de ce que, selon un principe vieux comme le monde, les activités politiques et militaires ne sont jamais complètement séparables. » Quoi qu'il en soit, Eisenhower s'était montré d'une incroyable naïveté en jugeant que Berlin n'était « plus un objectif particulièrement important ».

Mais, paradoxalement, sa décision d'éviter Berlin était presque certainement la bonne, encore que pour les plus mauvaises raisons. Pour Staline, en effet, la prise de Berlin par l'Armée rouge ne représentait pas seulement un atout dans les négociations consécutives à la guerre. Elle avait, comme on l'a vu, une importance capitale. Et si des forces occidentales avaient franchi l'Elbe et marché sur Berlin, elles se seraient presque sûrement trouvées menacées par l'aviation et, éventuellement, l'artillerie soviétiques. Staline n'aurait pas hésité à s'opposer à ses Alliés occidentaux en les accusant de tricherie. Si Eisenhower sous-estimait gravement l'importance de Berlin, Churchill, quant à lui, sous-estimait la détermination de Staline à s'emparer de la ville à n'importe quel prix et sa réaction devant toute tentative occidentale pour frustrer, au dernier moment, l'Armée rouge de sa prise.

À la fin du mois de mars, tandis que l'attitude d'Eisenhower continuait à diviser Britanniques et Américains, la *Stavka*, à Moscou, apportait les touches finales à son plan d'Operation Berlin.

Le matin du 29 mars, Joukov quitta son quartier général pour gagner la capitale par avion, mais les conditions météorologiques contraignirent l'appareil à se poser à Minsk peu après midi. Joukov passa l'après-midi à s'entretenir avec Ponomarenko, le secrétaire du Parti communiste de Biélorussie, avant de prendre le train pour Moscou.

L'atmosphère, au Kremlin, était extrêmement tendue. Staline était convaincu que les Allemands allaient tout faire pour passer un accord avec les Alliés à l'ouest afin de pouvoir résister à la poussée de l'Armée rouge à l'est. Les pourparlers engagés par les Américains à Berne avec l'Obergruppenführer Wolff pour étudier la possibilité d'un cessez-le-feu en Italie du Nord semblaient venir confirmer ses pires craintes. Mais ce dont il ne tenait pas compte, en l'occurrence, c'était l'acharnement fanatique d'Hitler. Même si certains dignitaires nazis faisaient des ouvertures de paix, le Führer savait que, pour lui, toute reddition, même aux Alliés occidentaux, ne pourrait signifier que la mort et l'humiliation suprême. Seul un coup d'État contre Hitler pouvait permettre un accord quelconque.

Joukov n'en partageait pas moins les craintes de Staline à ce sujet. Et, le 27 mars, deux jours avant qu'il ne quitte Moscou pour regagner son poste de commandement, une dépêche de l'agence britannique Reuter vint renforcer ses inquiétudes. Le correspondant de l'agence auprès du 21e Groupe d'Armées allié écrivait que les forces britanniques et américaines se dirigeaient vers le cœur de l'Allemagne sans pratiquement rencontrer de résistance.

La première chose que Staline avait dite à Joukov quand celui-ci était finalement arrivé à Moscou avait été : « Le front allemand de l'Ouest s'est complètement effondré. Il semble que les hommes d'Hitler ne veuillent rien faire pour arrêter l'avance des Alliés. Et, en même temps, ils se renforcent de notre côté. Je pense que nous avons un sérieux combat en perspective. »

Joukov produisit alors la carte détaillée de son secteur du front. Pipe en main, Staline l'étudia attentivement et demanda : « Quand nos troupes pourront-elles commencer à avancer sur l'axe de Berlin ? »

« Le 1er Front biélorusse, répondit Joukov, sera en mesure d'avancer dans deux semaines. Apparemment, le 1er Front ukrainien sera prêt en même temps. Mais, d'après nos informations, le 2e Front biélorusse sera encore occupé à liquider les forces ennemies à Dantzig et à Gdynia jusqu'à la mi-avril. »

« Bien, dit alors Staline, il va simplement nous falloir déclencher l'opération sans attendre le front de Rokossovski. »

Puis il alla à son bureau et y prit une lettre qu'il tendit à Joukov en lui disant de la lire. Il s'agissait, si l'on en croit les souvenirs de Joukov, d'une missive d'un « sympathisant étranger » informant les autorités soviétiques de négociations secrètes entre les Alliés occidentaux et les dirigeants nazis. Cette lettre précisait que les Américains et les Britanniques avaient repoussé une proposition allemande de paix séparée, mais que la possibilité de voir les Allemands ouvrant la route de Berlin aux Alliés « ne pouvait être exclue ».

« Qu'en pensez-vous ? » demanda Staline, qui ajouta, sans attendre la réponse : « Je pense que Roosevelt ne violera pas les accords de Yalta, mais quant à Churchill... Celui-là est capable de tout. »

À vingt heures, le soir du 31 mars, l'ambassadeur des États-Unis en URSS Averell Harriman et son homologue britannique, Sir Archibald Clerk Kerr, se rendirent au Kremlin en compagnie du général Deane. Ils y rencontrèrent Staline, le général Antonov et Molotov.

« Staline, rapporta le général Deane le soir même, se vit remettre en anglais et en russe le texte du message SCAF-252 [envoyé par Eisenhower]. Après qu'il en eut pris connaissance, nous lui précisâmes sur la carte la nature des opérations envisagées. Staline déclara immédiatement que le plan lui paraissait tout à fait acceptable, mais que, bien sûr, il ne pouvait se prononcer de façon formelle avant d'avoir consulté son état-major. Il ajouta qu'il nous donnerait une réponse le lendemain. Il semblait satisfait des projets d'offensive vers le centre de l'Allemagne, avec une offensive secondaire en direction du sud. Nous soulignâmes qu'il était urgent de connaître ses vues définitives afin d'arriver à des plans concertés... Staline fut très impressionné par le nombre de prisonniers faits au cours du mois de mars, et dit que cela allait certainement aider à terminer très rapidement la guerre »[6].

Staline entreprit ensuite de parler de tous ses fronts, sauf de celui, essentiel, de l'Oder. Il estimait qu'« un tiers seulement des Allemands voulaient combattre ». Puis il revint au message d'Eisenhower, approuvant de nouveau le plan stratégique de ce dernier, car il permettait d'atteindre « l'objectif le plus important, à savoir de couper l'Allemagne en deux ». « Il estimait, précisa Deane, que les dernières zones de résistance des Allemands se situeraient sans doute dans les montagnes de Tchécoslovaquie occidentale et de Bavière. » Il s'efforçait visiblement de tout faire pour promouvoir l'idée, déjà cultivée par Eisenhower, d'un réduit allemand dans le sud.

Dès le lendemain matin, 1er avril, Staline recevait dans son bureau du Kremlin, autour de la table de conférence et sous les portraits de Souvorov et de Koutouzov, les maréchaux Joukov et Koniev, le général Antonov, chef de l'état-major général, et le général Chtemenko, chef des opérations.

« Êtes-vous au courant de l'évolution de la situation ? » demanda Staline aux deux maréchaux. Joukov et Koniev se limitèrent à des réponses extrêmement prudentes.

« Lisez-leur le télégramme », dit alors Staline au général Chtemenko. Ce message provenait présumablement de l'un des officiers de liaison de l'Armée rouge au quartier général du SHAEF, le commandement suprême des forces alliées en Europe. Il affirmait que Montgomery allait se diriger vers Berlin, et que la Troisième Armée de Patton allait se détourner de Leipzig et de Dresde pour prendre elle aussi la route de la capitale allemande. La *Stavka*, de son côté, avait déjà fait état d'un plan d'urgence allié visant au parachutage de divisions aéroportées sur Berlin dans le cas d'un brusque effondrement du régime nazi. Tout cela semblait évidemment revenir à un complot des Alliés occidentaux pour s'emparer de Berlin les premiers en faisant mine de venir en aide à l'Armée rouge. On ne peut nullement exclure la possibilité que ce télégramme ait été une fabrication de Staline destinée à mettre Joukov et Koniev au pied du mur.

« Alors ? leur demanda-t-il d'ailleurs. Qui va prendre Berlin ? Nous ou les Alliés ? »

« C'est nous qui allons prendre Berlin, répondit immédiatement Koniev. Et nous le ferons avant l'arrivée des Alliés. »

« Et comment allez-vous organiser vos forces pour y arriver ? s'enquit Staline avec un léger sourire. L'essentiel de vos troupes est sur votre flanc sud [après l'Opération de Silésie]. Vous allez avoir du travail pour vous regrouper. »

« Vous n'avez pas besoin de vous inquiéter, Camarade Staline, affirma alors Koniev. Le front prendra toutes les dispositions nécessaires. »

Le vif désir de Koniev d'arriver à Berlin avant Joukov était évident, et Staline, qui aimait à entretenir les rivalités entre ses subordonnés, en était clairement satisfait.

Antonov exposa ensuite le plan d'ensemble, puis Joukov et Koniev présentèrent leurs plans personnels d'opérations. Staline n'y apporta qu'une seule modification. Il n'approuvait pas l'emplacement de la ligne de démarcation entre les deux fronts proposée par la *Stavka*. Il se pencha sur la carte, crayon en main, et traça une nouvelle ligne à l'ouest de Lübben, à soixante kilomètres au sud-est de Berlin. Puis, se tournant vers Koniev, il lui dit : « Dans le cas d'une forte résistance sur la périphérie est de Berlin, ce qui est pratiquement certain... le 1er Front ukrainien devra se tenir près à attaquer avec des armées blindées partant du sud. »

Puis, cette précision apportée, Staline approuva l'ensemble des plans et ordonna que tout soit prêt « dans les plus brefs délais possibles, et en tout cas pas plus tard que le 16 avril »[7].

« La *Stavka*, souligne l'histoire officielle russe, se mit au travail avec la plus grande hâte, craignant que les Alliés ne prennent de vitesse les troupes soviétiques à Berlin »[8].

La préparation de l'offensive requérait d'énormes efforts de coordination. L'opération visant à s'emparer de la capitale allemande impliquait en effet deux millions et demi d'hommes, 41 600 canons et mortiers, 6 250 chars et canons autopropulsés et 7 500 avions. Staline tirait sans nul doute une certaine satisfaction du fait de pouvoir mobiliser pour la prise de Berlin une force mécanisée beaucoup plus puissante que celle mise en œuvre par Hitler pour l'invasion de toute l'Union soviétique, en 1941.

Après cette conférence capitale du 1er avril 1945, Staline répondit au message d'Eisenhower en assurant celui-ci que son plan « coïncidait complètement » avec ceux de l'Armée rouge. Après quoi, il affirmait sans vergogne à son naïf correspondant que Berlin avait, à ses yeux, « perdu son ancienne importance stratégique » et ne constituait plus, pour le commandement soviétique, qu'un objectif secondaire, ne requérant la mobilisation que d'une partie minime de ses forces. Il ajoutait que l'Armée rouge allait faire porter l'essentiel de son effort vers le sud, afin d'opérer sa jonction avec les forces occidentales. L'offensive principale, déclarait-il, commencerait vers la deuxième quinzaine de mai. « Toutefois, ajoutait-il, ce plan peut connaître certaines modifications, compte tenu des circonstances. »

Ce message, en soi, constituait le plus beau « poisson d'avril » de toute l'histoire contemporaine.

10

LA *KAMARILLA* ET L'ÉTAT-MAJOR GÉNÉRAL

Durant la dernière phase de l'offensive soviétique en Poméranie, le général von Tippelskirch donna une soirée à l'intention des attachés militaires étrangers à Mellensee. Ceux-ci y virent avant tout l'occasion de recueillir des informations un peu différentes de la version officielle des événements à laquelle presque plus personne ne croyait. La capitale était, en fait, parcourue des rumeurs les plus diverses. Certains étaient convaincus qu'Hitler était en train de mourir d'un cancer et que la guerre n'allait pas tarder à finir. Beaucoup chuchotaient, avec la plus grande apparence de raison, que les communistes allemands se mettaient sur le pied de guerre à mesure que l'Armée rouge approchait. On parlait également de mutineries au sein de la Volkssturm.

Les officiers allemands présents ce soir-là, discutant les revers essuyés par la Wehrmacht en Poméranie, les attribuaient avant tout au manque de réserves. L'attaché militaire suédois, le major Juhlin-Dannfel, entendit, en fin de soirée, quelques-uns de ces officiers exprimer l'espoir de voir des négociations sérieuses s'engager avec les Britanniques. « Les Britanniques, lui dit-on, sont en partie responsables du destin de l'Europe, et c'est leur devoir que d'empêcher la culture allemande d'être submergée par la marée rouge. » Ils estimaient que si la Grande-Bretagne ne s'était pas obstinée à poursuivre la guerre en 1940, toute la puissance de la Wehrmacht aurait pu être concentrée sur l'Union soviétique l'année suivante, et l'issue des combats aurait été incontestablement différente.

Bien que différentes de celles entretenues dans l'entourage d'Hitler, les illusions de la classe militaire étaient tout aussi tenaces. Ce que les militaires allemands regrettaient à propos de l'invasion de l'Union soviétique, c'était qu'elle n'ait pas réussi. Le remords ne tenait que peu de place chez eux, et seule une petite minorité d'officiers s'était sincèrement indignée des atrocités commises par les Einsatzgruppen SS et autres formations du même genre. Des sentiments antinazis s'étaient développés au cours des mois précédents dans les milieux militaires, en partie à cause de la cruelle répression du complot du 20 juillet 1944, mais plus encore en raison de l'ingratitude persistante manifestée par Hitler à l'égard de l'Armée dans son ensemble. Son aversion ostensible pour l'état-major général et ses tentatives répétées pour faire endosser par les généraux la responsabilité de ses propres et dramatiques erreurs entretenaient un ressentiment permanent, et les avantages manifestes donnés à la Waffen SS en armement, effectifs et avancement n'arrangeaient certes rien.

Un officier supérieur de la Kriegsmarine parla au major Juhlin-Dannfel d'une conférence au cours de laquelle des chefs militaires de haut rang avaient envisagé la possibilité d'une offensive de la dernière chance sur le front de l'Est visant à reconduire l'Armée rouge jusqu'à la frontière de 1939. « Si cette offensive est couronnée de succès, avait ajouté l'officier de marine, elle fournira l'occasion idoine pour engager des négociations. Pour cela, Hitler doit être éliminé. Himmler lui succéderait et deviendrait le garant du maintien de l'ordre » [1].

Le propos n'était pas seulement révélateur d'une stupéfiante naïveté. Il montrait aussi, de la part des militaires se trouvant à Berlin, une totale méconnaissance de la situation réelle sur le front. L'Opération Vistule-Oder avait tout simplement annihilé la capacité de l'Armée allemande de lancer une nouvelle offensive d'envergure. La seule question qui se posait encore était de savoir le nombre de jours qu'il faudrait à l'Armée rouge pour atteindre Berlin à partir de la ligne de front Oder-Neisse – ligne qui devait, ainsi que certains l'apprenaient avec horreur, devenir la nouvelle frontière avec la Pologne.

Les opérations étaient alors centrées, dans un camp comme dans l'autre, sur la ville-forteresse de Küstrin, considérée comme la clé de Berlin. Elle était située au confluent de l'Oder et de la Warthe, à quelque quatre-vingts kilomètres à l'est de la capitale, sur la Reichsstrasse 1, et s'était retrouvée entre les deux principales têtes de pont soviétiques sur l'Oder.

Joukov s'efforçait de faire se rejoindre ces deux têtes de pont, constituées par la 5e Armée de choc de Berzarine au nord et la 8e Armée de la Garde de Tchouikov au sud, en vue de l'ultime offensive en direction de Berlin. Hitler, de son côté, insistait pour qu'on organise une contre-attaque avec cinq divisions parties de

Francfort-sur-l'Oder, afin de tenter un encerclement de l'Armée de Tchouikov.

Guderian avait tenté de s'opposer au projet d'Hitler, sachant qu'il ne disposait ni des chars ni de l'artillerie ni de l'appui aérien nécessaires pour une opération de ce genre. Et une catastrophe survint le 22 mars, alors qu'on redéployait les unités en vue de l'offensive. La 25e Division de Panzergrenadier se retira du couloir de Küstrin alors que sa relève n'était pas encore assurée. La 5e Armée de choc de Berzarine et la 8e Armée de la Garde de Tchouikov continuèrent à avancer, conformément à des ordres donnés précédemment par Joukov, et Küstrin se trouva isolée.

Guderian, cependant, persistait à espérer que des négociations d'armistice viendraient sauver la Wehrmacht de la destruction totale. Le 21 mars, la veille du désastre du couloir de Küstrin, il s'en était ouvert à Himmler au cours d'une promenade dans les jardins de la Chancellerie du Reich. Lui déclarant carrément que la guerre ne pouvait plus être gagnée, il avait ajouté : « Le seul problème, maintenant, est de trouver le moyen de mettre fin le plus rapidement possible à ce massacre insensé. En dehors de Ribbentrop, vous êtes le seul homme à avoir encore des contacts dans les pays neutres. Étant donné que le ministre des Affaires étrangères répugne à proposer à Hitler l'ouverture de négociations, je dois vous demander d'user de vos contacts et d'aller avec moi trouver le Führer pour le presser d'arranger un armistice. »

« Mon cher général, avait répondu Himmler, il est encore trop tôt pour cela. »

Guderian insista, mais soit, comme il le pensa, Himmler avait toujours peur d'Hitler, soit il jouait son jeu de façon très personnelle, dans la discrétion la plus totale. L'un de ses hommes de confiance au sein de la SS, le Gruppenführer von Alvensleben, se chargea de sonder le colonel Eismann, au Groupe d'Armées de la Vistule, et lui déclara sous le sceau du secret le plus absolu qu'Himmler avait l'intention de faire des ouvertures aux Alliés occidentaux par le truchement du comte Folke Bernadotte, de la Croix-Rouge suédoise. Eismann lui répondit que, d'abord, il considérait qu'il était trop tard pour espérer voir n'importe lequel des dirigeants occidentaux envisager la chose, et qu'ensuite, Himmler lui semblait « l'homme le moins approprié de toute l'Allemagne pour engager de telles négociations »[2].

Au cours de la soirée du 21 mars, juste après sa conversation avec Himmler, Hitler suggéra à Guderian de prendre un congé-maladie en raison de ses troubles cardiaques. Guderian lui répondit que, le général Wenck n'étant pas encore remis de son accident d'automobile et le général Krebs ayant été blessé six jours plus tôt au cours d'un bombardement aérien sur Zossen, il ne pouvait en être question.

Guderian raconte qu'au cours de leur conversation, on vint dire à Hitler que Speer voulait le voir. (Il doit se tromper de date, car Speer n'était pas à Berlin au sommet qu'il évoque.) Hitler se mit en colère et refusa. « Chaque fois qu'un homme demande à me voir seul, déclara-t-il à Guderian, c'est parce qu'il a quelque chose de déplaisant à me dire. Je ne peux plus supporter ces bonnes âmes. Les notes de Speer commencent toujours par les mots : "La guerre est finie." Et c'est ce qu'il veut me dire maintenant. J'enferme toujours ses notes dans le coffre-fort sans les lire. » Selon Nicolaus von Below, ce n'était pas vrai. Hitler les lisait bel et bien. Mais, comme on avait pu le voir lors de l'affaire du pont de Remagen, sa réaction était toujours la même devant un désastre. Elle consistait à blâmer les autres. Ce jour-là, le 8 mars, Jodl était venu en personne à la conférence pour dire à Hitler qu'on n'avait pas fait sauter le pont. « Hitler est resté très calme sur le moment, devait déclarer un officier d'état-major ayant assisté à la scène, mais le lendemain, il écumait de rage. » Il ordonna alors l'exécution sommaire de cinq officiers, décision qui horrifia la Wehrmacht.

Les Waffen SS eux-mêmes devaient bientôt découvrir qu'ils n'étaient pas à l'abri des crises de colère du Führer. Celui-ci apprit de Bormann ou de Fegelein, tous deux soucieux de nuire à Himmler, que les divisions SS, en Hongrie, avaient battu en retraite sans ordre. Afin de les humilier, Hitler décida de dépouiller ces unités, parmi lesquelles sa garde personnelle, le *Leibstandarte Adolf Hitler*, de leurs insignes et titres honorifiques. Himmler dut mettre en application lui-même cet ordre. « Cette mission, remarque Guderian sans trace de chagrin, ne lui valut pas d'affection de ses Waffen SS. »

L'attaque en vue de dégager Küstrin, à laquelle Hitler se refusait à renoncer, fut déclenchée le 27 mars, organisée de façon pour le moins réticente par le général Busse, commandant la Neuvième Armée. Elle se traduisit par un échec des plus coûteux. Bien qu'ayant initialement pris par surprise la 8e Armée de la Garde, l'infanterie et les blindés allemands furent écrasés en terrain découvert par l'artillerie et l'aviation soviétiques.

Se rendant le lendemain à la conférence de situation de la Chancellerie, Guderian, au cours des quatre-vingt-dix minutes de trajet de Zossen à Berlin, ne dissimula pas ses intentions à son aide de camp, le major Freytag von Loringhoven. « Aujourd'hui, lui déclara-t-il, je vais vraiment lui dire ma façon de penser. »

Le climat était déjà tendu dans le bunker de la Chancellerie lorsque le général Burgdorf annonça l'arrivée d'Hitler avec le traditionnel : *« Meine Herren, der Führer kommt ! »*, sur quoi tous se levaient en faisant le salut nazi. Keitel et Jodl étaient présents, ainsi que le général Busse, convoqué par Hitler pour s'expliquer sur l'échec de l'offensive de Küstrin[3].

Tandis que Jodl conservait l'« attitude glaciale » qui lui était habituelle, Guderian avait, de toute évidence, du mal à se contenir. Le fait d'avoir appris peu avant que les chars de Patton avaient atteint les faubourgs de Francfort-sur-le-Main n'avait évidemment pas contribué à améliorer l'humeur d'Hitler. Le général Busse fut sommé de présenter son rapport, mais, à mesure qu'il parlait, Hitler se mit à manifester une impatience croissante. Il demanda brusquement pourquoi l'attaque avait échoué, et, avant que Busse ou qui que ce soit d'autre ait eu le temps de répondre, il se lança dans l'une de ses tirades habituelles sur l'incompétence du corps d'officiers de la Wehrmacht et de l'état-major général. Puis il reprocha à Busse de ne pas avoir utilisé son artillerie.

Guderian intervint alors pour dire à Hitler que le général Busse avait, en fait, employé tous les obus dont il disposait. « Eh bien, vous auriez dû vous arranger pour qu'il en ait plus ! » lui hurla Hitler. Freytag von Loringhoven avait déjà vu le visage de Guderian s'empourprer de rage alors qu'il prenait la défense de Busse. Cela empira lorsque le chef d'état-major aborda le sujet du refus d'Hitler d'autoriser le retrait des divisions de Courlande pour la défense de Berlin. L'altercation ne tarda pas à atteindre une intensité terrible. « Hitler, nota Freytag von Loringhoven, devenait de plus en plus blême, tandis que Guderian devenait de plus en plus rouge. »

Tous les témoins de cette dispute en vinrent à s'alarmer vraiment. Freytag von Loringhoven s'éclipsa de la salle de conférence pour aller téléphoner de toute urgence au général Krebs, à Zossen. Il lui expliqua la situation et lui demanda de lui fournir à tout prix un prétexte pour interrompre la conférence. Son interlocuteur comprit immédiatement, et Freytag von Loringhoven revint dans la salle de réunion pour dire à Guderian que Krebs voulait lui parler de façon urgente.

Krebs garda Guderian au téléphone pendant dix minutes, lui permettant ainsi de se calmer un peu. Quand le chef d'état-major regagna la salle de conférence, Jodl exposait la situation sur le front de l'Ouest. Puis Hitler ordonna que tout le monde quitte la pièce, à l'exception du maréchal Keitel et de Guderian. Après quoi il déclara à ce dernier qu'il devait s'éloigner quelque temps de Berlin afin de se soigner. « Dans six semaines, affirma-t-il, la situation sera tout à fait critique. Et j'aurai besoin de vous de façon pressante. »

Keitel demanda ensuite à Guderian où il comptait aller passer ce congé, mais le chef d'état-major, méfiant, lui répondit qu'il n'en avait encore aucune idée.

Les officiers d'état-major de Zossen et du Groupe d'Armées de la Vistule furent très affectés par cet éloignement de Guderian décidé par le Führer. Selon le colonel de Maizière, tous vivaient déjà sur les nerfs et avec le sentiment « d'avoir à faire leur devoir tout en voyant que celui-ci étant sans objet ». L'attitude d'Hitler et son mépris de toute logique militaire les réduisaient au désespoir. Ils avaient découvert le côté diaboliquement négatif du charisme même du dictateur. Et si, dans le cas de celui-ci, on ne pouvait pas vraiment parler de maladie mentale, le dérèglement psychologique était devenu certain. Hitler s'était si complètement identifié au peuple allemand qu'il était convaincu que quiconque s'opposait à lui s'opposait au peuple allemand tout entier, et que, si lui-même devait mourir, le peuple allemand ne pourrait lui survivre.

L'adjoint de Guderian, le général Hans Krebs, fut designé comme le nouveau chef d'état-major. « C'était, devait écrire un officier de l'état-major, un petit homme à lunettes, aux jambes arquées, qui arborait un perpétuel sourire et avait un air faunesque. » Il avait l'esprit vif et souvent sarcastique et savait toujours placer, au moment opportun, la plaisanterie ou l'anecdote qui convenait. Homme d'état-major plutôt que commandant sur le terrain, il était l'incarnation même du parfait adjoint – exactement ce que désirait Hitler.

Krebs avait été attaché militaire à Moscou en 1941, peu avant l'invasion de l'Union soviétique par l'Allemagne. Et il avait eu, à ce moment, le privilège, rarissime pour un officier de la Wehrmacht, de recevoir une claque dans le dos de Staline, qui lui avait déclaré, lors d'une cérémonie officielle sur un quai de gare, à Moscou : « Nous devons toujours rester amis quoi qu'il arrive. » Revenant de sa surprise, Krebs lui avait répondu : « J'en suis convaincu »[4].

Les hommes de terrain, toutefois, avaient peu de respect pour Krebs en raison de son opportunisme. Il était connu comme « l'homme qui peut faire du blanc avec du noir »[5]. À l'annonce du départ de Guderian, Freytag von Loringhoven demanda à être envoyé dans une division sur le front, mais Krebs insista pour qu'il reste avec lui. « La guerre est finie de toute façon, lui dit-il. Je veux que vous soyez là pour m'aider dans cette dernière phase. » Freytag von Loringhoven se sentit obligé d'accepter. Il pensait que Krebs était le contraire d'un nazi et qu'il n'avait refusé de se joindre aux conjurés de juillet 1944 que parce qu'il estimait que le complot allait échouer. D'autres, toutefois, remarquèrent que le général Burgdorf, ancien camarade de promotion de Krebs à l'école militaire, avait persuadé celui-ci de se joindre au cercle Bormann-Fegelein. Il semblait que, dans ses visées sur le pouvoir suprême, Martin Bormann considérât Krebs comme le garant de l'obéissance de la Wehrmacht, tandis que Fegelein remplacerait Himmler comme Reichsführer SS.

Chacun, en attendant, observait avec attention l'attitude personnellement adoptée par Hitler à l'égard des membres de son entourage afin de tenter de déterminer la cote des uns et des autres. Hitler, ainsi, donnait à un Göring totalement discrédité du *« Herr Reichsmarschall »* afin de lui rendre un peu de son prestige perdu. S'il continuait à tutoyer familièrement Himmler, il n'en était pas moins évident que le Reichsführer SS avait perdu beaucoup de son poids après les heures de gloire ayant suivi le complot de juillet 1944.

Goebbels, dont les talents de propagandiste demeuraient essentiels au régime en déclin, n'était toujours pas totalement rentré en grâce après sa liaison avec une actrice tchèque. Hitler, stupéfait et indigné qu'un dirigeant nazi puisse envisager le divorce, avait catégoriquement pris le parti de Magda Goebbels, et le ministre de la Propagande avait été contraint de rentrer dans le rang et d'afficher son respect pour les valeurs familiales défendues par le régime.

Le grand amiral Dönitz était très en faveur, d'abord en raison de sa totale loyauté au Führer et ensuite parce qu'Hitler voyait en la nouvelle génération de sous-marins mise au point par la Kriegsmarine la plus immédiatement prometteuse de ses armes de riposte. Dans les milieux maritimes, cependant, Dönitz était surnommé « le Jeune Hitlérien Quex » – en allusion à un célèbre film de propagande [6].

Mais c'était quand même Bormann qui apparaissait comme le mieux placé des membres de la *Kamarilla*. Hitler, qui en avait fait son véritable bras droit, l'appelait, quant à lui, « mon cher Martin ».

Eva Braun avait déjà quitté la Bavière pour regagner Berlin, afin de rester jusqu'au bout aux côtés d'Hitler. La légende selon laquelle elle ne serait revenue que plus tard et à la grande surprise du Führer est démentie par une simple phrase du journal de Bormann en date du mercredi 7 mars : « Dans la soirée, Eva Braun est partie pour Berlin par un train postal. » Si Bormann était au courant, il ne pouvait en être autrement pour Hitler [7].

Le 13 mars, jour où 2 500 Berlinois périrent dans les bombardements tandis que 120 000 autres se retrouvaient sans abri, Bormann ordonna que, « pour des raisons de sécurité », les prisonniers soient évacués des zones proches du front et transférés vers l'intérieur du Reich[8]. Les SS avaient déjà entrepris, quant à eux, une opération analogue pour les camps de concentration, et on ne sait si l'ordre de Bormann eut pour effet de l'accélérer. De toute manière, le massacre de prisonniers trop malades et les marches à la mort des survivants des camps demeurent parmi les épisodes les plus épouvantables de l'effondrement du Troisième Reich. Ceux qui étaient trop faibles pour pouvoir marcher ou considérés comme trop dangereux politiquement étaient habituellement pendus ou fusillés par les SS ou la Gestapo. En certaines occasions, même, des unités locales de la Volkssturm furent mobilisées pour constituer des pelotons d'exécution. Et pourtant, les plus nombreux parmi les prisonniers classés « dangereux » étaient simplement des hommes et femmes arrêtés pour avoir écouté des radios étrangères.

La Gestapo et les SS réagissaient également de façon féroce aux accusations de pillage, surtout lorsque celles-ci concernaient des travailleurs étrangers. Parmi ceux-ci, ce furent les Italiens qui souffrirent le plus, leurs gardiens voulant, de toute évidence, leur faire expier la « trahison » de leur pays.

Le 15 mars, Bormann prit l'avion pour Salzbourg, et, pendant les trois jours qui suivirent, il visita des mines dans la région, vraisemblablement pour choisir des endroits propices à dissimuler les trésors pillés un peu partout en Europe. Il regagna Berlin par le train le 19 mars.

Ce fut ce même jour qu'Hitler lança son ordre d'opération « terre brûlée ». Tout ce qui était susceptible d'être utilisé par l'ennemi devait être détruit avant tout repli.

C'était, paradoxalement, le dernier mémorandum en date d'Albert Speer qui avait provoqué cette décision. Speer avait tenté le matin même de persuader le Führer de ne pas faire sauter les ponts sans nécessité absolue car leur destruction « éliminerait toute possibilité de survie ultérieure du peuple allemand ». Et la réaction d'Hitler avait montré son mépris du genre humain. « Cette fois, déclarait-il, vous allez recevoir une réponse écrite à votre mémorandum. Si la guerre est perdue, le peuple lui aussi sera perdu [et] il n'est pas nécessaire de se préoccuper de ses moyens de survie élémentaires. Au contraire, il est mieux pour nous de les détruire. Car la nation s'est montrée faible et l'avenir appartient entièrement au vigoureux peuple de l'Est. Il ne restera, en tout cas, après la bataille, que les incapables, car les bons seront morts. »

Speer, qui s'était rendu directement au quartier général du maréchal Model dans la Ruhr pour le persuader de ne pas détruire le système ferroviaire, reçut la réponse écrite d'Hitler le matin du

20 mars. Tous les moyens de communication et de transport et toutes les installations industrielles devaient être détruites sur le territoire du Reich. Speer lui-même était relevé de toutes ses responsabilités en ce domaine et les ordres qu'il avait donnés pour la préservation des usines devaient être annulés sur-le-champ. Speer avait en effet joué astucieusement sur la corde anti-défaitiste en soutenant que les installations industrielles ne devaient pas être détruites, car elles pouvaient et devaient être utilisées de nouveau par le Reich à la faveur d'une contre-attaque. Mais, cette fois, Hitler n'avait pas été dupe.

Lorsque Speer regagna Berlin le 26 mars, il fut aussitôt convoqué à la Chancellerie du Reich.

« J'apprends que vous n'êtes plus d'accord avec moi, déclara Hitler à son ancien protégé. Il est évident que vous ne croyez plus que la guerre peut être gagnée »[9]. Il voulait envoyer Speer immédiatement en congé. Speer proposa de démissionner, mais Hitler refusa.

Bien qu'officiellement mis sur la touche, Speer parvint à empêcher d'agir les Gauleiters qui voulaient exécuter l'ordre donné par le Führer, car il conservait le contrôle des réserves d'explosifs. Mais, le 27 mars, Hitler donna de nouvelles instructions ordonnant « la totale annihilation par explosifs, incendie ou démolition » de l'ensemble du système ferroviaire, des autres modes de transport et de tous les moyens de transmission, y compris le téléphone, le télégraphe et la radio. Speer, qui avait regagné Berlin au matin du 29 mars, entra en contact avec divers généraux, y compris Guderian, et les moins fanatiques des Gauleiters, pour voir s'ils l'aideraient à contrecarrer les consignes de destruction d'Hitler. Guderian, « avec un rire funèbre », lui conseilla de « ne pas perdre la tête ».

Le soir même, Hitler déclara à Speer qu'il considérait sa conduite comme ressortissant à la trahison... Il lui demanda de nouveau s'il pensait que la guerre pouvait être gagnée. Speer répondit par la négative. Hitler proclama alors qu'il était « impossible de nier l'espoir en la victoire finale », et demanda à Speer de « se repentir et avoir foi ». Il lui donna vingt-quatre heures pour revenir sur ses positions[10].

Mais, de toute évidence inquiet de perdre son ministre le plus compétent, le Führer n'attendit même pas l'expiration de ce délai. Il appela Speer à son bureau du ministère des Armements, Pariser Platz, pour le convoquer de nouveau au bunker de la Chancellerie.

« Eh bien ? » demanda Hitler lorsque Speer se présenta.

« Mein Führer, répondit Speer, qui avait décidé de mentir effrontément, je suis inconditionnellement derrière vous. »

Les larmes aux yeux, Hitler lui serra chaleureusement la main.

6. Les troupes de l'Armée rouge traversant un village de Prusse-Orientale.

7. Troupes mécanisées soviétiques entrant dans la ville de Mülhausen, en Prusse-Orientale.

8. Les troupes de l'Armée rouge à Tilsit.

9. Entrée à Dantzig d'un char d'assaut soviétique.

10. Membre des Jeunesses Hitlériennes
pendant un défilé de la Volkssturm présidé par Goebbels.

11. Deux soldats allemands pendant le siège de Breslau,
la capitale de la Silésie.

12. Des Panzergrenadier de la SS avant une contre-attaque en Poméranie du Sud.

13. Goebbels décorant un membre des Jeunesses Hitlériennes après la reconquête de Lauban.

14. *(Page suivante.)* Femmes et enfants allemands essayant de fuir en train vers l'ouest.

« Mais il serait utile, poursuivit Speer, que vous reconfirmiez immédiatement mon autorité pour la mise en application de votre décret du 19 mars. »

Hitler accepta aussitôt et dit à Speer de préparer un document qu'il signerait. Dans ce texte, il était précisé que presque toutes les décisions de démolition revenaient au ministre des Armements et de la Production de guerre. Hitler ne fut certainement pas dupe, mais il semblait tenir avant tout à conserver son ministre favori à ses côtés.

Bormann, cependant, s'agitait en tous sens. Il vint, par exemple, à son attention que des médecins pratiquaient déjà de nombreux avortements sur des victimes de viols arrivant des provinces orientales. Il décida que cette situation devait être codifiée, et, le 28 mars, il diffusa une instruction classée « Très confidentielle » spécifiant que toute femme demandant un avortement en ces conditions devait d'abord être interrogée par un représentant de la Kriminalpolizei pour déterminer la probabilité de violences sexuelles subies de la part d'un soldat de l'Armée rouge. Dans l'affirmative seulement, l'avortement était autorisé [11].

Dans ses efforts pour éviter les destructions inutiles, Speer se rendait souvent au quartier général du Groupe d'Armées de la Vistule, à Hassleben. Il découvrit ainsi que le général Heinrici était entièrement d'accord avec lui. Quand il fut interrogé ensuite par les Américains, Speer affirma qu'il avait suggéré au chef d'état-major d'Heinrici, le général Kinzel, que le Groupe d'Armées de la Vistule se replie à l'ouest de Berlin pour éviter à la ville de plus amples destructions [12].

Heinrici avait dorénavant, de façon officielle, la responsabilité de la défense de Berlin, et il étudia avec Speer les moyens de sauver autant de ponts et d'ouvrages d'art que possible de la destruction. Cité par certains membres de l'état-major comme « le parfait exemple de l'officier prussien traditionnel » et récemment décoré de la Croix de chevalier avec épées et feuilles de chêne, Heinrici se présentait, à cinquante-huit ans, comme le « vieux combattant », préférant la pelisse fourrée et les houseaux au rutilant uniforme de l'état-major [13].

Le général Helmuth Reymann, qui s'était vu assigner le commandement direct des défenses de la capitale et dont l'imagination n'était pas la qualité dominante, projetait de faire sauter tous les ponts de la ville. Sur quoi Speer, avec l'appui d'Heinrici, joua une fois de plus avec lui le jeu de l'optimisme obligé. Il demanda à Reymann s'il croyait en la victoire, et le général ne put évidemment répondre par la négative. Speer le convainquit alors d'accepter la formule de compromis mise au point avec Heinrici limitant les démolitions aux ponts se trouvant à l'extérieur de la ville, directement sur la route de l'Armée rouge, et laissant intacts ceux du centre de la capitale. Après la rencontre avec Reymann, Heinrici confia à Speer qu'il n'avait aucune intention de poursuivre un combat prolongé pour Berlin. Il espérait en fait que l'Armée rouge y arriverait rapidement, prenant de court Hitler et les dirigeants nazis.

Les officiers d'état-major d'Hassleben étaient constamment assaillis par un flot de visiteurs souvent indésirables. Le Gauleiter Greiser, qui avait prétexté de tâches urgentes à Berlin pour abandonner la population assiégée de Poznan à son sort, s'était présenté au quartier général du Groupe d'Armées de la Vistule en sollicitant un poste. Le Gauleiter Hildebrandt du Mecklembourg et le Gauleiter Stürz du Brandebourg avaient également fait leur apparition, demandant des rapports de situation. Une seule question, en fait, leur brûlait les lèvres : *« Wann kommt der Russe ? »* Mais ils n'osaient évidemment la poser de peur de paraître défaitistes [14].

Göring, lui aussi, se rendait fréquemment de sa somptueuse résidence de Karinhall à l'état-major du Groupe d'Armées de la Vistule. Il aimait tout particulièrement à faire état du *Sonderstaffel* – le groupe d'étude spécial formé sous la direction d'un célèbre pilote de Stuka, le lieutenant-colonel Baumbach, pour viser les ponts et points de passage soviétiques sur l'Oder avec des bombes radioguidées de conception nouvelle. La Kriegsmarine, de son côté, avait envoyé sur le fleuve des brûlots, ou *Sprengboote*, afin d'atteindre le même but. Mais, qu'elles soient aériennes ou maritimes, ces attaques n'avaient pas eu d'effets durables. Travaillant dans l'eau glaciale au constant péril de leur vie, les hommes du génie soviétique réparaient les dégâts au fur et à mesure. Le colonel Baumbach finit par reconnaître qu'il était vain de continuer les opérations aériennes et qu'il vaudrait mieux répartir le carburant restant à son groupe entre les unités blindées sur le terrain. Selon le colonel Eismann et les officiers de l'état-major, Baumbach était, contrairement à Göring, un réaliste, qui n'affichait aucune des *Primadonnaallüren* d'autres as aériens.

Göring, cependant, toutes décorations et épaulettes dehors, continuait avec une parfaite inconscience ses grandioses tournées d'inspection des troupes, envoyant ensuite des télégrammes aux divers généraux pour se plaindre de n'avoir pas été salué convenablement par leurs hommes.

Durant une conférence à Hassleben, il présenta les deux divisions de parachutistes dont il disposait sur l'Oder comme des

« *Übermenschen* » – des « surhommes » – capables « d'envoyer au diable toute l'Armée russe »[15]. Il oubliait allégrement que nombre de ces « *Übermenschen* », officiers compris, n'étaient même pas des parachutistes mais des hommes de la Luftwaffe affectés à des besognes dont ils n'avaient aucune expérience. La 9e Division parachutiste allait d'ailleurs être la première unité à craquer lorsque viendrait l'affrontement.

Göring et Dönitz avaient décidé de prélever au moins 30 000 hommes dans les bases de la Luftwaffe et de la Kriegsmarine pour les jeter dans la bataille. Le fait que ces hommes n'avaient reçu pratiquement aucune instruction militaire ne semblait pas les inquiéter. Une division de fusiliers-marins fut ainsi formée avec un amiral à sa tête et un seul officier de l'Armée de terre pour l'assister.

Pour ne pas être en reste, la SS avait constitué de nouveaux bataillons de gendarmerie et une brigade motorisée formée avec du personnel d'état-major de la Waffen SS. Elle portait le nom de code étrange de « Mille et Une Nuits », son bataillon de chasseurs de chars s'appelant *Souleika* et son bataillon de reconnaissance *Harem*.

Les dirigeants nazis s'efforçaient toujours d'atteindre les objectifs de leur « *800 000 Mann-Plan* ». L'état-major du Groupe d'Armées de la Vistule soulignait que, s'il n'y avait pas d'armes à donner à ces milliers d'hommes rassemblés, ceux-ci seraient pires qu'inutiles, mais s'entendait répondre que quelques Panzerfaust et une grenade par homme permettraient à chacun d'emmener quelques ennemis avec lui le moment venu. « C'était tout simplement, écrivit le colonel Eismann, un meurtre massif organisé »[16].

Le Parti nazi lui-même continuait à maintenir en vie l'idée du *Freikorps Adolf Hitler*. Bormann en discuta encore le 28 mars avec Kaltenbrunner, le chef de la Sicherheitpolizei et du SD.

Dans le même temps, les deux armées constituant en principe le Groupe d'Armées de la Vistule ne recevaient, en fait de renforts, que des promesses impossibles à tenir. La prétendue Troisième Armée blindée du général Hasso von Manteuffel, sur l'Oder, avait à peine plus du potentiel d'une division blindée, et, de même que la Neuvième Armée du général Busse, comportait les unités les plus hétéroclites. On remarquait ainsi au sein de la Neuvième Armée une compagnie de canons d'assaut dont les hommes portaient des uniformes de sous-mariniers.

Le front de l'Oderbruch était entièrement tenu par des unités d'instruction. Certains des soldats étaient si jeunes qu'on leur donnait des bonbons à la place de la traditionnelle ration de tabac accompagnant le pain et le saucisson sec. On les avait simplement amenés là en leur disant de se creuser des tranchées. Leurs officiers eux-mêmes ne savaient pas ce qu'ils étaient censés faire d'autre. Ils creusaient, puis ils attendaient. Selon la formule de l'un d'eux, un camarade n'était qu'un « compagnon de souffrances ». La formule en vogue était : « La vie est comme une chemise d'enfant – courte et merdeuse. »

Les soldats allemands ayant plus d'expérience veillaient, eux, à se créer avant tout un *gemütlich bunker*, habituellement un abri de deux mètres sur trois, recouvert de troncs d'arbres soutenant un mètre de terre. « Mon abri était vraiment confortable, écrivait un soldat. Je l'avais transformé en une vraie petite chambre, avec un banc et une table de bois. » Des matelas et des édredons pillés dans les maisons voisines apportaient une note de confort supplémentaire.

Tout feu ou toute fumée attirant l'attention des tireurs soviétiques, les soldats avaient vite renoncé à se laver et à se raser. Et, vers la fin du mois de mars, les rations alimentaires commencèrent à s'appauvrir. La plupart du temps, chaque soldat recevait, par jour, une demi-miche de pain dur et un peu de ragoût ou de soupe qui n'arrivait généralement que le soir à la ligne de front, froid au point de congélation. S'ils avaient de la chance, les hommes avaient droit à un quart de litre de schnaps et, très occasionnellement, un *Frontkämpferpäckchen* contenant biscuits et chocolat. Mais le principal problème était le manque d'eau potable. De nombreux soldats étaient, de ce fait, atteints de la dysenterie et souillaient leurs tranchées.

Les visages amaigris des jeunes recrues trahissaient leur épuisement physique et nerveux. Les attaques des chasseurs-bombardiers soviétiques par temps clair, le « concert de midi » des canons et des mortiers et les tirs d'artillerie isolés la nuit faisaient sentir leurs effets. Mais, pour ces soldats jeunes et inexpérimentés, l'expérience la plus terrifiante était celle de la garde de nuit – quatre heures à passer seul, en tremblant d'être capturé par une patrouille soviétique en quête d'informateurs.

Le jour, personne ne bougeait. Les tireurs soviétiques étaient aux aguets, et prompts à profiter de la moindre occasion. Mais, dans ce secteur, les Allemands avaient eux aussi leur tireur d'élite. Il s'agissait d'un « fou authentique », qui, lorsqu'il quittait son poste, s'habillait en entrepreneur de pompes funèbres, avec un chapeau haut-de-forme et une jaquette sur laquelle il épinglait sa Croix d'or allemande, décoration familièrement appelée « l'œuf sur le plat ». Ses excentricités lui étaient certainement tolérées en raison de ses cent trente succès répertoriés. Il prenait position dans une grange juste derrière la ligne de front. Des observateurs munis de jumelles, installés dans les tranchées de première ligne, lui indiquaient les cibles. Un jour où rien ne se passait, un observateur lui signala un chien courant devant les lignes russes. Le malheureux animal fut tué net.

Les munitions se faisaient si rares, pourtant, que des états précis des cartouches et obus tirés devaient être fournis tous les matins. Les chefs d'unité expérimentés grossissaient systématiquement les chiffres afin de se constituer des réserves en vue de la grande offensive ennemie, qu'ils savaient proche. Ils étaient conscients de la tactique d'usure utilisée par les Soviétiques en ce domaine. L'artillerie allemande, n'étant autorisée à tirer qu'un ou deux obus par pièce et par jour, ne pouvait se permettre de tirs de riposte, et les Soviétiques étaient donc en mesure de régler leur portée tout à loisir en vue de la grande offensive vers les Hauteurs de Seelow et Berlin.

Les soldats allemands passaient la journée à dormir ou à écrire chez eux, bien que, depuis la fin du mois de février, fort peu de courrier ait été acheminé. Les officiers trouvaient au moins un avantage à cette faillite du système postal : la réduction du nombre de suicides provoqués par les mauvaises nouvelles reçues des familles à l'arrière, dont les maisons étaient souvent bombardées et certains membres tués.

Des Allemands faits prisonniers par les Soviétiques avaient affirmé à leurs interrogateurs que leur propre artillerie tirait parfois des salves derrière leurs tranchées pour les avertir de ne pas tenter de se replier, mais il était impossible de savoir s'ils disaient la vérité ou tentaient simplement de complaire aux nouveaux vainqueurs.

Ce qui est sûr, en revanche, c'est que les soldats savaient qu'ils allaient être submergés lorsque l'assaut viendrait, et qu'ils n'attendaient qu'une chose : un ordre de repli. Quand un chef de section appelait au téléphone de campagne le poste de commandement de la compagnie et ne recevait pas de réponse, la panique se mettait presque toujours à régner. Beaucoup se disaient qu'ils avaient été abandonnés par ceux-là mêmes qui leur avaient ordonné de résister jusqu'au bout. Mais la peur de la Feldgendarmerie empêchait toute tentative de fuite.

Toutefois, malgré toutes ses carences, son manque d'hommes entraînés et de munitions, l'Armée allemande aux abois pouvait encore se révéler un adversaire redoutable. Le 22 mars, la 8e Armée de la Garde de Tchouikov attaqua à Gut Hathenow, dans la plaine alluviale proche de l'Éperon de Reitwein. La 920e Brigade d'instruction de canons d'assaut, opérant au sein de la 303e Division d'infanterie *Döberitz*, fut mise en alerte et se déploya rapidement devant les chars T-34 qui attaquaient.

L'un des chefs de pièce, l'Oberfeldwebel Weinheimer, donna les ordres de tir, et les servants, à commencer par le chargeur Gerhard Laudan, trouvèrent rapidement la bonne cadence. Ils réussirent à toucher ainsi quatre T-34 en quelques minutes. Mais il y eut soudain un éclair aveuglant, et les hommes ressentirent un énorme choc. Laudan alla heurter le blindage de la tête. Entendant son chef de pièce hurler « *Raus !* », il parvint à ouvrir son écoutille pour se projeter à l'extérieur, mais il se sentit retenu par ses écouteurs et son micro, dont il avait oublié de se débarrasser.

Il réussit néanmoins à sortir du blindé avec des blessures légères et trouva le reste de l'équipage s'abritant comme il pouvait autour du canon automoteur. Les chars ennemis chargeant tout autour d'eux, nul ne semblait avoir la moindre chance de s'en tirer, mais le pilote de l'engin, le soldat Klein, regagna son poste par une écoutille, et, à leur grande stupéfaction, ses camarades entendirent le moteur se mettre en route. Ils remontèrent à bord comme ils purent et le véhicule se mit à reculer lentement. On s'aperçut que l'obus ennemi avait frappé l'engin près du canon, mais, fort heureusement, il y avait un espace entre le blindage extérieur et la coque véritable du véhicule. C'était ce qui les avait sauvés. « Pour une fois, devait déclarer Laudan, la “ chance du soldat ” était de notre côté. » L'équipage fut même capable de ramener le canon automoteur à l'échelon de la brigade, à Rehfelde, au sud de Strausberg.

Tant sur l'Oder que sur la Neisse, face au 1er Front ukrainien, les officiers allemands avaient des sentiments mêlés. « Ils ont deux opinions de la situation, rapportaient les Soviétiques chargés des interrogatoires, la version officielle et leurs vues personnelles qu'ils ne partagent qu'avec leurs amis les plus proches » [17]. Ces officiers étaient fermement convaincus qu'ils devaient défendre la Patrie et leurs familles, mais, en même temps, ils étaient bien conscients que la situation était désespérée. « On doit distinguer entre les régiments, déclarait un lieutenant fait prisonnier à ses interrogateurs du 7e Service soviétique. Les unités régulières sont robustes. La discipline et l'esprit combatif y sont d'un niveau élevé. Mais dans les groupes de combat improvisés à la hâte, la situation est totalement différente. La discipline y est épouvantable, et, dès que les troupes russes apparaissent, les soldats sont pris de panique et abandonnent leurs positions. »

« Être un officier, écrivait un autre lieutenant allemand à sa fiancée, consiste à osciller toujours comme un pendule entre une Croix de chevalier, une croix de bois et une cour martiale. »

11

LA PRÉPARATION DU *COUP DE GRÂCE*

Le 3 avril, le maréchal Joukov décolla de l'aéroport central de Moscou pour regagner son quartier général. Koniev fit de même pratiquement en même temps. Le départ était donné. Il avait été décidé de lancer l'offensive le 16 avril et de s'emparer de Berlin le 22, date de l'anniversaire de Lénine. Joukov était en contact permanent avec la *Stavka*, mais toutes ses communications avec Moscou, le siège de celle-ci, étaient contrôlées par le NKVD via la 108e Compagnie spéciale de transmissions, attachée à son état-major.

« L'Opération Berlin, préparée par notre génial commandant en chef, le Camarade Staline », comme le proclamait pompeusement le service politique du 1er Front ukrainien, ne reposait pas sur un mauvais plan en soi. L'ennui était que la principale tête de pont installée par le 1er Front biélorusse se trouvait juste au-dessous de la meilleure position défensive de la région : les Hauteurs de Seelow. Joukov devait d'ailleurs reconnaître plus tard qu'il avait sous-estimé la valeur de cette position.

En attendant, les tâches auxquelles devaient faire face les états-majors des deux fronts principalement impliqués dans l'opération étaient énormes. Des voies ferrées ayant l'écartement de rails nécessaire aux trains russes avaient été rapidement installées à travers toute la Pologne et des ponts provisoires construits sur la Vistule, afin de pouvoir acheminer les millions de tonnes de fret requises, y compris les obus, les fusées, les munitions diverses, le carburant et les vivres.

Quant à la principale matière première de l'Armée rouge, la matière humaine, elle avait elle aussi sérieusement besoin d'être renouvelée et renforcée. Certes, les pertes des campagnes de la Vistule, de l'Oder et de la Poméranie n'avaient pas été énormes selon les normes de l'Armée rouge, mais les divisions d'infanterie de Joukov et de Koniev, qui ne comportaient plus guère en moyenne que 4 000 hommes chacune, n'avaient jamais vraiment eu l'occasion de compléter leurs effectifs. Jusqu'au 5 septembre 1944, 1 030 494 criminels venant du Goulag avaient été incorporés dans l'Armée rouge. Le terme « criminel » couvrait beaucoup de choses et beaucoup de gens. Il s'appliquait même aux hommes condamnés pour ne pas s'être présentés sur leur lieu de travail. En revanche, les prisonniers politiques, ou *zeks*, accusés de trahison ou d'activités antisoviétiques, étaient jugés trop dangereux pour être affectés à des unités militaires, même disciplinaires [1].

D'autres transferts du Goulag furent opérés au début du printemps 1945 sur décret du Comité de défense de l'État. On offrait en principe aux criminels de racheter leurs fautes avec leur sang, mais il est douteux que l'idée de troquer un trépas final au Goulag – « une mort de chien pour les chiens », selon l'expression consacrée – contre une mort héroïque au front ait enthousiasmé la majorité des prisonniers, même si cinq d'entre eux furent proclamés Héros de l'Union soviétique. La vie dans les camps leur avait appris à ne penser qu'à leur sort immédiat.

Les hommes venant du Goulag étaient affectés soit à des compagnies disciplinaires – ou *shtraf* – afin de servir de chair à canon, soit à des unités du génie chargées du déminage.

Les prisonniers de guerre libérés, qui avaient déjà dû endurer les conditions de détention épouvantables des camps allemands, étaient à peine mieux traités que les criminels. En octobre 1944, le Comité de défense d'État avait décrété qu'à leur libération, ils devaient être expédiés dans des unités spéciales de réserve afin d'être examinés et interrogés par le NKVD et le SMERSH. Ceux qui étaient ensuite envoyés directement de ces bataillons de réserve aux unités de première ligne étaient généralement en assez mauvais état après leur « stage ». Et ils continuaient à être traités en suspects. Les commandements des divers fronts ne cachaient pas leur répugnance à réincorporer « des soldats qui étaient des citoyens soviétiques arrachés à l'esclavage fasciste », partant du principe que leur « moral » avait été gravement compromis par « la fallacieuse propagande fasciste » à laquelle ils avaient été soumis pendant leur détention [2]. Les méthodes des officiers politiques à l'égard de ces anciens prisonniers n'étaient guère de nature à faire oublier à ceux-ci leur position ; on les abreuvait d'ordres du jour du Camarade Staline, on leur montrait des films sur l'Union soviétique et la Grande Guerre patriotique, et on les invitait à raconter interminablement « les terribles atrocités des bandits allemands ».

Un rapport du Service politique du 1er Front ukrainien soulignait : « Ces hommes sont importants pour l'Armée, car ils brûlent de haine pour l'ennemi et aspirent à se venger de tous les mauvais traitements et de toutes les atrocités auxquelles ils ont été en butte. En même temps, ils ne sont pas encore rompus à la stricte discipline militaire. » Ce qui voulait dire, en termes pudiques, qu'ils étaient enclins au viol, au meurtre, au pillage, à l'ivrognerie et à la désertion. Comme beaucoup des criminels du Goulag, ils avaient été totalement déshumanisés et réduits à l'état de brutes par leur expérience.

Au sein de la 5e Armée de choc, la 94e Division d'infanterie de la Garde reçut, juste avant le moment où devait se déclencher l'opération de l'Oder, un détachement de quarante-cinq anciens prisonniers de guerre. Les officiers politiques ne leur faisaient clairement pas confiance. « Chaque jour, écrivait l'un d'eux, j'ai passé deux heures à leur parler de la Mère Patrie, des atrocités des Allemands et de la loi concernant la trahison de la Mère Patrie. Nous les avons répartis dans différents régiments afin d'éliminer la possibilité que se retrouvent dans la même compagnie deux hommes qui aient pu être en Allemagne ensemble ou qui viennent de la même région. Chaque jour et à chaque heure, nous nous tenions informés de leur moral et de leur comportement. Afin de leur faire haïr les Allemands, nous leur avons présenté des photographies de ceux-ci maltraitant notre population civile, enfants compris, et nous leur avons montré le cadavre mutilé de l'un de nos soldats »[3].

La méfiance manifestée à l'égard de ces anciens prisonniers de guerre se fondait avant tout sur la conviction stalinienne que quiconque ayant passé un certain temps en dehors de l'Union soviétique, quelles que soient les circonstances, avait été exposé à des influences antisoviétiques. Les gens qui s'étaient trouvés dans les camps de prisonniers allemands étaient censés avoir été « constamment influencés par la propagande de Goebbels » et « ne connaissaient pas la situation réelle en Union soviétique et dans l'Armée rouge ». Les officiers politiques étaient notamment affolés par une question « souvent posée » par les anciens prisonniers : « Est-il vrai que tout le matériel utilisé par l'Armée rouge a été acheté aux États-Unis et à l'Angleterre et que c'est cela le travail du Camarade Staline ? »[4].

Le NKVD se préoccupait en même temps des cas d'indiscipline, d'infractions aux lois et d'« immoralités » qu'il imputait au « manque de contrôle et de sérieux des commandants d'unités ». Certains officiers supérieurs étaient particulièrement visés, à commencer par ceux qui avaient fait installer des rideaux aux portières de leurs voitures de fonction – le plus souvent pour dissimuler l'aimable présence d'une « épouse de campagne » choisie parmi les téléphonistes ou les infirmières attachées à l'état-major. Le NKVD était allé jusqu'à spécifier que « ces rideaux devaient être enlevés aux postes de contrôle routiers »[5].

Mais, tant pour les officiers politiques que pour les hommes du NKVD, l'endoctrinement des troupes demeurait la première des priorités. Des stages spéciaux de propagande furent organisés, après l'arrivée, à la fin du mois de mars, de nouveaux contingents, pour les recrues ne parlant pas russe du 1er Front biélorusse, parmi lesquelles des Polonais de ce qu'on appelait dorénavant l'« Ukraine occidentale » et la « Biélorussie occidentale » et des Moldaves. Beaucoup de ces recrues, toutefois, ayant assisté aux arrestations et déportations massives opérées par le NKVD en 1939-1941, persistaient à manifester un certain mauvais esprit. « Ils prennent ce que nous leur disons avec un grand scepticisme, s'alarmait un officier politique. Après un récit de l'exploit d'un Héros de l'Union soviétique, le sergent Varlamov, qui avait bloqué de son corps le tir d'une mitrailleuse ennemie, certains ont déclaré que c'était impossible. »

La qualité de l'instruction militaire proprement dite laissait, de toute évidence, beaucoup à désirer. « Un grand nombre des pertes opérationnelles, soulignait un rapport NKVD, sont dues à l'ignorance des officiers et au mauvais enseignement qu'ils prodiguent aux soldats. » Dans une division, en un seul mois, vingt-trois soldats furent tués et soixante-sept autres blessés par des pistolets-mitrailleurs maniés avec imprudence et généralement « entassés ou accrochés avec un chargeur plein encore engagé ». D'autres soldats s'étaient blessés en maniant des armes qu'ils ne connaissaient pas ou des grenades antichars dans lesquelles ils tentaient d'introduire des détonateurs ne convenant pas. Certains « frappaient des mines ou des obus avec des objets durs »[6].

Les sapeurs du génie, en revanche, étaient contraints de prendre des risques, mais ils s'efforçaient de le faire avec le maximum de compétence, afin de compenser la pénurie d'engins explosifs dans l'Armée rouge. Ils s'employaient à recycler le contenu des mines et obus non explosés allemands récupérés la nuit. Ils en extrayaient la matière explosive, la réchauffaient et la roulaient sur leurs cuisses comme des cigarières cubaines avant de l'introduire dans l'une de leurs enveloppes de mines en bois, qui ne pouvaient être repérées par les détecteurs allemands. La formule qu'ils employaient entre eux et qui leur servait de devise était : « Une erreur et plus de dîners. » Tout dépendait, en effet, de la stabilité de l'explosif sur lequel ils tombaient. Leur courage et leur habileté étaient respectés même par les tankistes et les fantassins, peu enclins à reconnaître la valeur d'hommes d'une autre arme que la leur.

Le programme de propagande visant à inculquer aux soldats la haine de l'ennemi avait démarré, en fait, à la fin de l'été 1942, à l'époque du repli sur Stalingrad et de la consigne de Staline : « Plus un pas en arrière. » C'était aussi le temps du poème d'Anna Akhmatova : « L'Heure du Courage a sonné. » Mais, en février 1945, les autorités soviétiques en avaient adapté le texte, proclamant notamment : « Soldat de l'Armée rouge, tu es maintenant sur le sol allemand. L'heure de la vengeance a sonné ! » Le changement avait été opéré par Ilya Ehrenbourg, le même qui avait écrit en 1942 :

Ne compte pas les jours, ne compte pas les kilomètres.
Compte seulement le nombre d'Allemands que tu as tués.
Tue les Allemands – c'est la prière de ta mère.
Tue les Allemands – c'est le cri de ta terre russe.
N'hésite pas. Ne renonce pas. Tue.

Toutes les occasions étaient bonnes pour rappeler l'étendue des atrocités allemandes en URSS. Selon un informateur français, le commandement de l'Armée rouge avait fait exhumer les corps de quelque 65 000 juifs massacrés près de Nicolaïev et d'Odessa et les avait fait placer le long de la route la plus empruntée par les troupes. Tous les deux cents mètres, un écriteau déclarait : « Regardez comment les Allemands traitent les citoyens soviétiques »[7].

On avait également recours aux travailleurs forcés libérés. Des femmes, ukrainiennes ou biélorusses pour la plupart, avaient été invitées à raconter aux soldats les mauvais traitements qu'elles avaient subis. « Cela mettait en rage nos soldats », devait raconter ultérieurement un officier politique, qui ajoutait : « Pour être honnête, certains Allemands traitaient très bien les gens travaillant pour eux, mais ils représentaient une minorité, et, dans l'état d'esprit de l'époque, les exemples les pires étaient ceux dont nous nous souvenions. »

« Nous nous efforçons constamment, rapportait le service politique du 1er Front ukrainien, d'exacerber la haine à l'encontre des Allemands et d'attiser la passion de la vengeance. » Des messages de travailleurs forcés trouvés dans des villages étaient imprimés et diffusés parmi les troupes. « Ils nous ont mis dans un camp, déclarait l'une de ces lettres, et ils nous forcent à travailler du matin au soir en nous donnant seulement de la soupe de navets et un minuscule morceau de pain. Ils nous insultent constamment. C'est ainsi que nous passons notre jeunesse. Ils ont emmené tous les jeunes gens du village – et même des garçons qui n'avaient que treize ans – dans leur maudite Allemagne, et nous sommes tous là à souffrir, pieds nus et affamés. Il y a des rumeurs disant que " les nôtres " se rapprochent. Nous les attendons avec impatience. Peut-être allons-nous voir bientôt nos frères et peut-être nos souffrances vont-elles prendre fin. Les filles sont venues me voir. Nous avons parlé de cela toutes ensemble. Allons-nous survivre à ces terribles moments ? Reverrons-nous jamais nos familles ? Nous ne pouvons plus supporter cela. C'est terrible ici, en Allemagne. » Le texte était signé « Xenia Kovakchouk ». Dans une autre lettre, la même reproduisait les paroles de ce qu'elle appelait « Le chant des filles esclaves » :

Le printemps est fini, l'été est venu
Nos fleurs s'épanouissent dans le jardin,
Et moi, si jeune,
Je passe mes jours dans un camp allemand[8].

Une autre méthode consistait à faire établir par les officiers politiques des « bilans pour la vengeance ». « Dans chaque régiment, était-il précisé, soldats et officiers étaient interrogés et, dans leurs témoignages, un bilan des atrocités commises par les bêtes hitlériennes était établi. Par exemple, dans un bataillon, après établissement de ce bilan, on avait pu écrire sur une affiche : " Nous allons maintenant chercher vengeance pour 775 membres de nos familles qui ont été tués, pour 909 qui ont été envoyés en esclavage en Allemagne, pour 478 maisons brûlées et pour 303 fermes détruites." Dans tous les régiments du Front [le 1er Front biélorusse], des " réunions de vengeance " ont été organisées et ont soulevé un grand enthousiasme. Les troupes de notre front, de même que les soldats de l'Armée rouge tout entière, sont les nobles vengeurs punissant les occupants fascistes de leurs monstrueuses atrocités et de leurs actions perverses »[9].

Une décrypteuse du quartier général du 1er Front biélorusse devait raconter : « Il y avait une grande inscription peinte dans notre cantine : " As-tu déjà tué un Allemand ? Alors, tue-le ! " Nous étions très influencés par les appels d'Ehrenbourg, et nous avions à nous venger de beaucoup de choses. La haine était si grande qu'il était difficile de contrôler les soldats. » Ses parents, quant à eux, avaient été tués à Sébastopol.

Alors même que le commandement soviétique cultivait le ressentiment de ses soldats en vue de l'offensive finale, son 7e Service, chargé de la propagande, s'efforçait de persuader les combattants allemands leur faisant face qu'ils seraient bien traités s'ils se rendaient.

De temps à autre, des unités de reconnaissance soviétiques s'emparaient d'un sac postal plein de lettres adressées par leurs familles aux soldats allemands du front. Ces lettres, de même que celles saisies sur les prisonniers, étaient étudiées en détail par les communistes allemands attachés au 7e Service, en quête du moindre renseignement sur l'état d'esprit de la population civile, les effets des bombardements anglo-américains et la pénurie de denrées alimentaires. Les informations ainsi recueillies fournissaient ensuite la base de tracts de propagande imprimés sur des presses mobiles accompagnant chaque état-major.

L'un des principaux thèmes d'interrogatoire des prisonniers et déserteurs allemands était celui des armes chimiques, dont les Soviétiques craignaient à bon droit qu'elles puissent être utilisees par Hitler en dernier recours. Selon des informations parvenues en Suède, des armes chimiques, comme le sarin et le tabun du centre de recherche de la Wehrmacht à Spandau, avaient été distribuées à des unités spéciales dans des caisses portant l'inscription : « Ne peut être utilisé que sur l'ordre personnel du Führer. » Et l'on rapportait que le maréchal Kesselring avait déclaré à l'Obergruppenführer SS Wolff que des proches d'Hitler le pressaient d'user des *Verzweiflungswaffen* – les « armes du désespoir »[10].

Quand il fut interrogé par les Américains quelques semaines plus tard, Albert Speer reconnut sans difficulté que des nazis fanatiques avaient alors « prôné la guerre chimique »[11]. Mais, malgré certaines informations soviétiques faisant état d'une attaque par les gaz près de Gleiwitz, au mois de février, l'absence de toute précision tend à laisser croire soit à une fausse alerte, soit à une tentative du commandement de l'Armée rouge pour attirer l'attention sur la menace.

Les soldats soviétiques avaient reçu ordre d'opérer avec leurs masques à gaz quatre heures par jour et de dormir au moins une nuit en les portant. Des combinaisons de papier et des chaussettes protectrices avaient été distribuées aux troupes, ainsi que des masques en toile pour les chevaux. Mais il est difficile de savoir si ces instructions avaient fait beaucoup d'effet sur les soldats.

Les séances d'instruction sur l'utilisation du Panzerfaust allemand étaient apparemment prises beaucoup plus au sérieux. Elles étaient organisées dans tous les bataillons d'infanterie avec le mot d'ordre, forgé par les officiers politiques : « Battez l'ennemi avec ses propres armes. » Les fantassins soviétiques ne tardèrent pas à s'aviser qu'au-delà de son utilisation classique d'arme antichar, le Panzerfaust pouvait se révéler fort utile pour percer les murs en combat de rues – enseignement précieux dans la perspective de la future bataille pour Berlin.

12

EN ATTENDANT L'ASSAUT

Durant la première partie du mois d'avril, alors que Berlin attendait l'assaut final des Soviétiques sur l'Oder, la ville entière baignait dans un climat où l'épuisement nerveux venait se mêler à l'appréhension et même au désespoir.

« Hier, rapporta à Stockholm l'attaché militaire suédois, le major Juhlin-Dannfel, le brave von Tippelskirch nous a invités de nouveau à une soirée à Mellensee, et je m'y suis rendu plus par curiosité que pour un autre motif. Je ne m'attendais guère à apprendre quoi que ce soit d'intéressant, au rythme où évoluent maintenant les événements. La soirée a été tout à fait tragique. Le climat était au désespoir. La plupart des personnes présentes ne tentaient même pas de sauver les apparences, mais dépeignaient la situation telle qu'elle était véritablement. Certains commençaient à larmoyer, cherchant le réconfort dans la bouteille »[1].

La résolution fanatique n'existait plus que chez les nazis pensant que toute forme de reddition n'aboutirait qu'à leur exécution. Ils étaient décidés, comme Hitler, à s'assurer que tout le monde partage leur sort. En septembre 1944, alors que les Alliés occidentaux et l'Armée rouge convergeaient à grande vitesse sur le Reich, les dirigeants nazis avaient décidé de continuer le combat contre l'ennemi même après la défaite, et de fonder à cette fin un mouvement de résistance qui devait recevoir le nom de code de *Werwolf* – « Loup garou ».

Ce nom avait été emprunté à un roman situé durant la guerre de Trente Ans et dû à un écrivain ultra-nationaliste, Hermann Löns, tué en 1914 et révéré par les nazis.

En octobre 1944, l'Obergruppenführer SS Hans Prützmann, qui avait étudié de près en Ukraine les techniques et la tactique des partisans soviétiques, fut nommé *« Generalinspekteur für Spezia-*

labwehr » – Général inspecteur pour la défense spéciale – et rappelé à cette occasion de Königsberg. Mais, comme c'était souvent le cas en Allemagne nazie, plusieurs factions rivales voulaient fonder leur propre organisation ou prendre le contrôle de celles qui existaient déjà. Rien qu'au sein de la SS, on en comptait deux du même genre, le *Werwolf* et la *Jagdverbände* d'Otto Skorzeny. Il fallait même y ajouter la *Bundschuh* de la Gestapo et du SD, encore qu'elle ne fût pas opérationnelle.

Les futurs membres du *Werwolf* devaient apprendre à utiliser les explosifs sous les formes diverses, allant de boîtes de conserve bourrées de plastic et activées par des crayons détonants britanniques récupérés à des imperméables doublés de nipolite. On leur enseignait aussi à tuer les sentinelles avec un garrot ou avec un pistolet Walther muni d'un silencieux. Leurs instructions de base étaient : « Transformez le jour en la nuit et la nuit en le jour. Frappez l'ennemi partout où vous le trouvez. Soyez rusés. Volez des armes, des munitions et des vivres. Femmes, soutenez le combat des loups-garous chaque fois que vous le pourrez ! »

Ces combattants clandestins devaient opérer en groupes de trois à six hommes et recevoir des rations pour soixante jours. Les objectifs qui leur étaient désignés comme prioritaires étaient les dépôts de carburant. Quelque 2 000 postes de radio et 5 000 charges explosives avaient été prévus, mais peu furent livrés à temps.

Le 1er avril à 20 heures, fut diffusé par la radio un appel invitant tous les Allemands à se joindre au *Werwolf* : « Chaque bolchevik, chaque Anglais, chaque Américain se trouvant sur notre sol doit constituer un objectif pour notre mouvement… Tout Allemand, quels que soient sa profession et son rang, qui se met au service de l'ennemi et collabore avec lui sentira le poids de notre main vengeresse… Une seule devise demeure pour nous : “Vaincre ou mourir” »[2].

Quelques jours plus tard, Himmler lançait un ordre allant dans le même sens : « Tout individu mâle se trouvant dans une maison où apparaît un drapeau blanc doit être fusillé. Ces mesures doivent être appliquées sans perdre un instant. Par individu mâle devant être considéré comme responsable de ses actes, nous entendons quiconque est âgé de quatorze ans et plus »[3].

Comme un document en date du 4 avril vint le confirmer, on retrouvait dans les objectifs exprimés par le *Werwolf* trace de l'obsession nazie à l'égard de la défaite de 1918. « Nous connaissons les plans de l'ennemi, déclarait ce document, et nous savons qu'après une défaite, il n'y aurait aucune chance de voir l'Allemagne se relever comme après 1918. » La menace de tuer tous ceux qui voudraient collaborer avec les Alliés visait à prévenir ce que les nazis appelaient une « politique à la Stresemann », par allusion à l'acceptation du traité de Versailles en 1919 par le chancelier allemand de l'époque[4].

Des membres de la Jeunesse Hitlérienne furent expédiés dans des secteurs désignés pour y enterrer des explosifs. Des missions leur étaient ensuite assignées et ils devaient rentrer chez eux en attendant qu'on leur donne le signal d'entrer en action. Cela n'arriva que rarement, ce qui valut mieux pour eux, car, à la fin, leur entraînement était si bâclé qu'ils se seraient certainement fait sauter avec leurs propres charges explosives.

En effet, le *Werwolf* n'entra que très peu en action, si l'on excepte deux assassinats – ceux des maires d'Aix-la-Chapelle et de Krankenhagen – et quelques opérations d'intimidation de la population civile. Des militants de la Jeunesse Hitlérienne inscrivaient à la craie sur les murs des slogans tels que : « Traître, prends garde, le *Werwolf* veille. »

Si l'on en croit les déclarations faites par Skorzeny lors d'un interrogatoire, Prützmann – qui devait se suicider peu après sa capture – et lui-même n'avaient pas tardé à se rendre compte de la vanité du projet. Himmler lui-même avait changé d'avis à ce sujet vers la mi-avril, au moment où il s'était mis à envisager des négociations par l'intermédiaire de la Suède. Il avait alors donné ordre à Prützmann de limiter l'action du *Werwolf* à « la propagande exclusivement »[5]. Le seul problème était que la station de radio de l'organisation, le Werwolfsender, sous le contrôle de Goebbels, continuait à diffuser des consignes d'action violente.

Sur le front de l'Est, la rapidité de l'avance de l'Armée rouge entre janvier et mars avait fait qu'aucun groupe n'avait pu être entraîné ou équipé à temps, et que les seules unités restées derrière les lignes soviétiques étaient généralement des éléments de la Volkssturm coupés de leur commandement. La propagande faite autour du *Werwolf* ne servait finalement que de justification à la paranoïa du SMERSH et du NKVD.

À l'ouest, où des groupes avaient quand même été formés, le fiasco fut quasi total. Les membres de la Jeunesse Hitlérienne capturés par les Alliés n'étaient généralement « que des adolescents apeurés et malheureux ». Fort peu eurent recours aux pilules de cyanure qu'on leur avait remises « pour échapper à l'épreuve d'un interrogatoire et, avant tout, à la tentation d'un acte de trahison ». Beaucoup, après avoir reçu leurs consignes, s'étaient bornés à rentrer discrètement chez eux.

Certains ont souligné ensuite que l'Opération *Werwolf*, dans son essence même, ne correspondait pas au caractère national. « Nous autres Allemands, écrivait dans son journal une Berlinoise anonyme, ne sommes pas une nation de partisans. Nous attendons les ordres de la hiérarchie. » S'étant rendue en URSS juste avant l'arrivée au pouvoir des nazis, cette femme relatait des discussions où les Russes plaisantaient longuement sur le manque d'esprit révolutionnaire des Allemands, disant notamment : « Les camarades allemands n'attaqueraient une gare qu'après avoir tous pris des billets de quai. »

L'issue du conflit devenant certaine, des fanatiques supposés se préoccupaient en toute hâte de leur sauvegarde personnelle. Des membres de la Gestapo avaient été transférés à la Kriminalpolizei dans la conviction que les autorités alliées les laisseraient ainsi en fonction. Certains SS interceptaient pour leur compte les faux papiers préparés pour des membres du *Werwolf*. D'autres se procuraient des uniformes et des carnets de solde de militaires de la Wehrmacht morts afin de se forger de nouvelles identités. D'autres encore avaient fait coudre un grand « P » sur leur veste dans l'intention de se faire passer pour des travailleurs polonais. Dans le même temps, les « cours martiales mobiles » et les pelotons d'exécution SS continuaient à opérer pour obliger les soldats à continuer le combat.

Les autorités nazies ne comptaient pas que sur les tribunaux ambulants et les pelotons d'exécution pour contraindre les soldats à poursuivre le combat. Le ministère de la Propagande continuait à diffuser de façon incessante des récits d'atrocités soviétiques, comme celui selon lequel des femmes commissaires politiques castraient les blessés. Dans Berlin et à proximité du front de l'Oder, des équipes du ministère peignaient aussi sur les murs, comme s'ils émanaient spontanément de la population civile, des slogans tels que « Nous croyons en la victoire ! », « Nous ne nous rendrons jamais » et « Protégez nos femmes et nos enfants de la Bête rouge ».

L'homme qui avait, à ce moment précis, la tâche la moins enviable était le général Reymann, nommé « Commandant de la Zone de défense du Grand Berlin ». Il était le troisième à détenir ce poste depuis qu'Hitler avait déclaré Berlin « forteresse » au début du mois de février. Il ne tarda pas à devoir faire face au chaos des organisations nazies. Il devait traiter tout à la fois avec Hitler, Goebbels, officiellement commissaire du Reich pour la défense de la capitale, l'Armée de réserve commandée par Himmler, la Luftwaffe, l'état-major du Groupe d'Armées de la Vistule, la SS, la Jeunesse Hitlérienne et le Parti nazi local qui contrôlait la Volkssturm.

Hitler avait commencé par ordonner qu'on prépare la défense de Berlin, puis il avait refusé d'affecter des troupes à cette tâche. Il s'était borné à affirmer à Reymann que des forces suffisantes seraient mises en œuvre si l'ennemi atteignait la capitale. Ni Hitler ni Goebbels ne parvenait à accepter la réalité de la défaite. Goebbels, en particulier, avait réussi à se persuader que l'Armée rouge pourrait être contenue sur l'Oder.

Au début du mois d'avril, la population de Berlin se situait entre trois millions et trois millions et demi d'habitants, dont quelque 120 000 enfants en bas âge. Lorsqu'au cours d'une réunion dans le bunker de la Chancellerie du Reich, le général Reymann souleva le problème de l'alimentation de ces jeunes enfants, Hitler le regarda et lui affirma : « Il ne reste plus d'enfants de cet âge à Berlin. » Reymann comprit alors le peu de contact qu'avait le Führer avec la réalité.

Goebbels intervint en disant qu'il y avait de grandes réserves de lait condensé, et que, si la capitale était encerclée, des vaches seraient amenées dans le centre. Reymann demanda comment on nourrirait ces vaches. Goebbels n'en avait aucune idée. En fait, les dépôts de vivres berlinois étaient tous situés sur la périphérie de la ville, et donc très vulnérables. Rien ne fut fait pour les déplacer vers le centre[6].

Reymann et son chef d'état-major, le colonel Hans Refior, savaient qu'ils n'avaient aucun espoir de tenir Berlin avec les forces à leur disposition. Ils recommandèrent donc à Goebbels que les civils, et en particulier les femmes et les enfants, soient autorisés à quitter la ville. « L'évacuation, répondit Goebbels, sera organisée par le chef de la police et de la SS pour la région de la Spree. J'en donnerai l'ordre au moment voulu »[7].

Il était clair que Goebbels n'avait, pas un seul instant, sérieusement envisagé les problèmes logistiques posés par l'évacuation, par route et voie ferrée, d'une telle masse de population, sans parler de la nécessité de nourrir les réfugiés en route. Il n'y avait déjà plus assez de trains en service, et peu de véhicules disposant du carburant nécessaire à transporter les malades et les vieillards. Le gros de la population devrait, en fait, partir à pied. On peut également soupçonner Goebbels de s'être, comme Staline au début de la bataille de Stalingrad, refusé à évacuer les civils dans l'espoir que la présence de ceux-ci amènerait les soldats à se battre avec plus d'acharnement encore.

S'efforçant de faire le compte des soldats et des armes dont

Reymann et lui pouvaient disposer, le colonel Refior découvrit rapidement que l'expression « Zone de défense du Grand Berlin » ne recouvrait pas plus de réalité que celle de « Forteresse Berlin ». Il devait écrire qu'avoir affaire à « un tel aveuglement, un tel esprit bureaucratique et un tel entêtement avait de quoi faire blanchir les cheveux de n'importe qui »[8].

Rien que pour défendre le périmètre extérieur, il aurait fallu dix divisions, mais la « Zone de défense du Grand Berlin » n'avait à sa disposition qu'une division d'artillerie antiaérienne, neuf compagnies du régiment de garde *Grossdeutschland*, deux bataillons de gendarmerie, deux bataillons du génie et vingt bataillons de la Volkssturm, dont les hommes avaient été mobilisés mais pas entraînés. Vingt autres bataillons devaient, en principe, être formés si la ville était encerclée. Mais si, sur le papier, la Volkssturm de Berlin représentait 60 000 hommes, elle se répartissait en une « Volkssturm I », qui disposait de quelques armes, et une « Volkssturm II », qui n'avait pas d'armes du tout. Dans bien des cas, à l'approche de l'Armée rouge, d'anciens officiers préposés à l'encadrement de la Volkssturm renvoyaient chez eux les hommes qui n'avaient pas d'armes, mais lorsque les chefs d'unité étaient des fonctionnaires du Parti, il n'en était pas ainsi. L'un d'eux, en particulier, avait pour grande préoccupation de tenir les miliciens à l'écart de leurs femmes, dont l'influence, selon lui, risquait d'être démoralisatrice. Mais, comme on n'avait pas alloué de rations à la Volkssturm, on était bien obligé de laisser ses membres aller se nourrir dans leurs familles[9].

L'unité la mieux équipée et la mieux armée de Berlin était la 1re Division d'artillerie antiaérienne, mais elle ne devait passer sous le commandement du général Reymann que lorsque la bataille commencerait. Installée dans trois vastes casemates de béton – le Zoobunker, dans le Tiergarten, le Humboldthain et le Friedrichshain – cette division de la Luftwaffe disposait d'un impressionnant arsenal de canons de 128 mm, de 88 mm et 20 mm, avec les munitions nécessaires.

L'artillerie que possédait directement Reymann, en revanche, consistait en un assortiment hétéroclite de canons français, belges et yougoslaves, généralement démodés et des calibres les plus divers. Ils disposaient rarement de plus d'une demi-douzaine de projectiles par pièce.

Les seules consignes pour l'organisation de la défense de la ville se résumaient à une directive remontant à l'avant-guerre, et que le colonel Refior tenait pour « un chef-d'œuvre de l'art bureaucratique allemand »[10].

Le Parti nazi de Berlin se targuait de pouvoir mobiliser des armées entières de civils pour travailler aux fortifications – lesquelles se limitaient à une enceinte improvisée à trente kilomètres autour de la capitale et une autre sur le périmètre. Mais le plus qu'on put réunir en une journée fut 70 000 personnes et, généralement, les effectifs ainsi mobilisés ne dépassèrent pas 30 000 personnes. Les principaux problèmes étaient les transports et le manque d'outils, mais il fallait également tenir compte du fait que la plupart des entreprises, usines et administrations berlinoises continuaient à fonctionner comme si rien ne se passait.

Reymann désigna le colonel Lohbeck, un officier du génie, pour prendre la direction des travaux de défense et il demanda à l'école d'application du génie de Karlshorst de fournir des équipes de démolition. Les militaires s'inquiétaient quelque peu des tentatives de Speer pour sauver les ponts à l'intérieur de l'agglomération berlinoise. Ils n'oubliaient pas la façon dont on avait fusillé les officiers accusés de n'avoir pas détruit le pont de Remagen.

Les sapeurs réunis par Reymann contrôlaient les opérations de l'Organisation Todt et du Service du travail du Reich, l'une et l'autre beaucoup mieux équipés que les civils mobilisés par le Parti, mais ils s'aperçurent rapidement qu'il était impossible de se procurer du carburant et des pièces de rechange pour les pelleteuses mécaniques devant creuser les tranchées et les fosses antichars. La plupart des 17 000 prisonniers de guerre français du Stalag III D s'étaient vu assigner la tâche de dépaver certains segments de rue pour ériger des barricades et creuser des trous d'homme. Il est toutefois douteux que cette opération ait été vraiment couronnée de succès, car les prisonniers français de la région de Berlin étaient régulièrement accusés d'être *Arbeitunlustig* – peu enclins à travailler – et de s'échapper de leurs camps à la moindre occasion, généralement pour aller retrouver des femmes allemandes [11].

Les démarches faites auprès des chefs militaires censés fournir des troupes pour la défense de Berlin furent loin d'être fructueuses. Quand le colonel Refior alla voir le chef d'état-major d'Heinrici, le général Kinzel, au quartier général du Groupe d'Armées de la Vistule, Kinzel jeta un coup d'œil désabusé aux plans qui lui étaient présentés et déclara : « On devrait laisser ces fous de Berlin mariner dans leur propre jus. » Le chef d'état-major de la Neuvième Armée, le général Hölz, avança d'autres raisons pour émettre une fin de non-recevoir. « La Neuvième Armée, affirma-t-il d'une manière que Refior jugea par trop théâtrale, est sur l'Oder et reste sur l'Oder. Si c'est nécessaire, nous refluerons vers Berlin, mais nous ne battrons pas en retraite » [12].

Ni Reymann ni Refior ne se rendaient compte, à ce moment, que le général Heinrici et son état-major du Groupe d'Armées de la Vistule avaient un projet très différent de celui des dirigeants nazis. Ils espéraient, pour le bien de la population civile, éviter et même empêcher une défense ultime de la ville de Berlin. Albert Speer avait suggéré à Heinrici que la Neuvième Armée se replie de l'Oder en évitant entièrement la capitale, et Heinrici avait donné un accord de principe. À son avis, le meilleur moyen d'éviter des combats dans la ville aurait été d'ordonner à Reymann d'envoyer toutes les troupes dont il disposait vers l'Oder au dernier moment, afin que Berlin se retrouve sans défenseurs.

L'une des principales raisons, entre autres, pour tenter d'éviter un combat dans Berlin était l'intention des responsables nazis d'utiliser comme chair à canon des garçons n'ayant pas plus de quatorze ans. Certains n'hésitaient plus à parler d'infanticide à ce sujet, qu'il s'agisse d'exploiter le fanatisme de certains membres de la Jeunesse Hitlérienne ou de contraindre, sous menace de mort, des jeunes garçons apeurés à aller combattre. Dans les écoles, certains professeurs bravaient dénonciation et arrestation en expliquant à leurs élèves les moyens d'éviter d'être mobilisés. Le sentiment d'amertume de nombre de Berlinois se trouvait encore renforcé par un discours où Goebbels déclarait notamment : « Le Führer a dit un jour que chaque mère ayant donné naissance à un enfant avait contribué à l'avenir de notre peuple »[13]. L'interprétation de cette phrase n'était que trop facile en ces circonstances.

Âgé de quatorze ans, Erich Schmidtke, de Prenzlauerberg, avait été mobilisé comme servant d'une batterie de DCA et convoqué à la caserne Hermann Göring, à Reinickendorf. Sa mère, dont le mari se trouvait dans l'armée bloquée en Courlande, avait tenu à l'accompagner jusqu'à son cantonnement. Après trois jours dans cette caserne, il reçut ordre, avec ses camarades, de rejoindre la division que l'on rassemblait près du Stade olympique. Il se souvint alors des paroles de son père lui disant lors d'une permission qu'il était dorénavant responsable de la famille. Il décida alors de déserter et de se cacher jusqu'à la fin de la guerre. La plupart de ses camarades ayant rejoint la division furent tués.

La « Division Jeunesse Hitlérienne », formée par le responsable national de cette organisation, Artur Axmann, fut également entraînée au Reichssportfeld à l'utilisation du Panzerfaust. En même temps, Axmann parlait à ses recrues de l'héroïsme des Spartiates et proclamait devant elles que « seules existaient la victoire ou la défaite ». Certains trouvaient exaltante la tâche suicidaire qui leur était impartie, et pensaient, comme Reinhard Appel, au « Cornette » de Rilke chargeant contre les Turcs. Le fait qu'un détachement féminin de *Blitzmädel* était également cantonné au Reichssportfeld ajoutait sans nul doute au climat romantique de la chose.

Les dirigeants nazis, en effet, avaient également mis sur pied un Wehrmachthelferinnenkorps d'auxiliaires féminines, qui devaient prêter un serment commençant par : « Je jure que je serai fidèle et obéissante envers Adolf Hitler, le Führer et commandant en chef de la Wehrmacht », ce qui n'était pas sans évoquer des vœux de mariage [14].

Pendant ce temps, dans la Wilhelmstrasse, les hauts fonctionnaires et membres du gouvernement s'efforçaient de convaincre les diplomates restés à Berlin qu'ils déchiffraient « les télégrammes échangés entre Roosevelt et Churchill moins de deux heures après leur expédition » [15].

Le bruit courait, en revanche, que des troupes de choc communistes se formaient dans la partie est, toujours réputée « rouge », de la ville afin de liquider les membres du Parti nazi. En fait, les seuls groupes subversifs venaient de l'autre côté des lignes. Il s'agissait de membres de la « Freies Deutschland », groupe suscité et manipulé par les Soviétiques, qui se glissaient vers Berlin en uniforme de la Wehrmacht, mais se bornaient à de modestes actes de sabotage.

Le 9 avril, un certain nombre d'opposants au régime furent massacrés par les SS dans les camps de concentration où ils étaient détenus. Ce fut le cas, à Dachau, de Johann Georg Elser, le communiste qui avait tenté d'assassiner Hitler le 8 novembre 1939 à la Bürgenbraukeller. Dietrich Bonhoeffer, l'amiral Canaris, ancien chef de l'Abwehr, et le général Oster furent exécutés à Flossenbürg, ainsi que Hans von Dohnanyi à Sachsenhausen.

« Der Vergeltung kommt ! » – « La revanche arrive ! » – avait été la grande formule de propagande des autorités nazies au moment de l'entrée en action des fusées V-1 et V-2. Mais les officiers allemands attendant sur l'Oder l'assaut imminent des Soviétiques avaient cessé d'y croire depuis un certain temps. Ils savaient que ce qui était arrivé, en fait, c'était le moment de la revanche ennemie. Beaucoup d'entre eux, soumis à des pressions venues d'en haut, se croyaient tenus d'afficher devant leurs hommes un optimisme de façade, et même de mentir carrément, avec des promesses d'armes secrètes, de renforts et de dissensions chez l'ennemi. Mais cette attitude ne devait aboutir ultérieurement qu'à une perte de prestige et à un effondrement de la discipline.

Même au sein de la Waffen SS, on pouvait enregistrer un ressentiment sans précédent entre soldats et officiers. Retournant au quartier général de la Division SS *30. Januar*, un secrétaire de cette unité, Eberhard Baumgart, fut soudain arrêté par des sentinelles et, jetant un rapide coup d'œil par une fenêtre, il comprit pourquoi. « Je crus rêver, devait-il raconter. Des officiers en uniformes rutilants valsaient avec des femmes trop maquillées, au milieu de la musique, des rires, de la fumée de cigarettes et du bruit des verres entrechoqués. »

L'humeur de Baumgart ne s'améliora pas lorsque, le lendemain, un interprète lui montra un dessin satirique de la *Pravda* montrant Hitler, Göring et Goebbels en train de festoyer à la Chancellerie du Reich. La légende du dessin était : « Chaque jour où le soldat allemand tient bon prolonge notre vie. »

Au lieu d'armes-miracles, la Volkssturm et les autres unités improvisées recevaient généralement des engins presque inutilisables, comme la *Volkshandgranate 45*[16]. Il s'agissait d'une simple carapace de béton entourant une charge explosive et un détonateur N° 8. Cette « grenade du peuple » était incontestablement plus dangereuse pour celui qui la lançait que pour celui qui était visé. De la même façon, un détachement d'élèves-officiers devant faire face à une armée blindée de la Garde soviétique fut équipé de fusils pris à l'Armée française en 1940, avec cinq cartouches par arme.

Il y avait une formation, sur le front, qui avait de plus importantes raisons que les autres de redouter la capture par l'ennemi. C'était la 1re Division de l'Armée Vlassov. C'était Himmler qui avait eu l'idée de la faire transférer sur l'Oder. Il avait eu du mal à convaincre Hitler, toujours indisposé par l'idée d'utiliser des troupes slaves. Deux ou trois ans auparavant, l'état-major général de la Wehrmacht avait envisagé de recruter une armée ukrainienne d'un million d'hommes, mais le Führer avait aussitôt mis son veto, décidé à maintenir la distinction entre *Herrenmensch* et *Sklavenvolk*. Et, de toute manière, le comportement en Ukraine de personnages tels que Rosenberg et le Gauleiter Koch n'avait pas tardé à mettre un terme à tout espoir sérieux de recrutement de la population.

Au début du mois d'avril, le général Vlassov, accompagné d'un officier de liaison et d'un interprète, arriva au quartier général du Groupe d'Armées de la Vistule pour prendre contact avec le général Heinrici. Après quelques propos optimistes de Vlassov, Heinrici demanda carrément au général russe comment une division dont la formation était aussi récente allait se comporter au combat. Les officiers allemands redoutaient de voir, au dernier moment, les volontaires russes refuser de combattre leurs compatriotes.

Vlassov ne tenta pas d'abuser Heinrici. Il lui expliqua que son projet primitif avait été de lever six à dix divisions parmi les prisonniers de guerre soviétiques détenus dans les camps allemands, mais que les autorités nazies avaient boudé cette idée jusqu'au moment où il avait été trop tard pour la mettre en pratique. Il était parfaitement conscient du risque posé par les effets de la propagande soviétique sur ses hommes. Il pensait cependant que ceux-ci méritaient qu'on leur permette de faire leurs preuves contre l'une des têtes de pont de l'Oder.

Le général Busse choisit pour cela un secteur d'importance secondaire à Erlenhof, au sud de Francfort-sur-l'Oder. Des éléments de reconnaissance de la 33e Armée soviétique repérèrent presque immédiatement la présence des hommes de Vlassov, et les haut-parleurs ne tardèrent pas à entrer en action. L'attaque commença le 13 avril, et, en deux heures et demie de combats acharnés, la 1re Division de l'Armée Vlassov réussit à entamer de cinq cents mètres les positions soviétiques, mais les tirs de l'artillerie ennemie étaient si violents qu'elle dut s'arrêter. Son commandant, le général Bouniachenko, ne voyant aucun signe d'un soutien d'artillerie allemand qu'il croyait assuré, finit par faire se replier ses hommes au mépris des ordres de Busse. Il avait perdu trois cent soixante-dix hommes, dont quatre officiers. Busse était furieux, et, sur sa recommandation, le général Krebs ordonna que la division soit retirée du front et dépouillée de ses armes, qui devaient être utilisées « à de meilleures fins »[17]. Les soldats de Vlassov accueillirent cette décision avec la plus grande amertume. Ils attribuaient leur échec au manque de soutien d'artillerie, mais personne, sans doute, ne les avait prévenus que les batteries allemandes économisaient leurs derniers obus en vue de l'offensive principale.

Au cours des deux premières semaines d'avril, des combats sporadiques se poursuivirent autour des têtes de pont de l'Oder, que les Soviétiques s'efforçaient de prolonger. À l'arrière de leurs lignes, l'activité était plus intense encore. En quinze jours, vingt-huit armées soviétiques eurent à se regrouper et à se redéployer.

Certaines avaient de très longues distances à parcourir en très peu de temps. Selon le règlement en campagne de l'Armée rouge, une colonne mécanisée était censée parcourir cent cinquante kilomètres par jour, mais la 200e Division d'infanterie de la 49e Armée parvint à couvrir trois cent cinquante-huit kilomètres en vingt-cinq heures exactement. Des soldats de la 3e Armée de choc, qui avait été détournée vers la Poméranie, craignaient de ne pas revenir à temps et de « n'arriver à Berlin que quand tous les autres seraient prêts à en repartir ». Aucun vrai *frontovik* n'aurait voulu manquer l'épisode qui était considéré comme le point culminant de la guerre.

Mais si ce sentiment était celui des combattants endurcis, il était également vrai que le nombre des désertions s'accroissait à mesure que le moment de l'offensive se rapprochait. La plupart de ceux qui disparaissaient ainsi étaient des recrues récemment mobilisées, et en particulier des Polonais, des Ukrainiens et des Roumains. Cela s'accompagnait d'une recrudescence du pillage et du banditisme. « Certains déserteurs, soulignait un rapport, s'emparent de charrettes appartenant à la population, les chargent des objets les plus divers et, en les faisant passer pour des véhicules de l'Armée, s'éloignent avec elles de la zone de front vers l'arrière »[18].

Au cours de la première quinzaine d'avril, les régiments du NKVD accompagnant le 1er Front ukrainien arrêtèrent 355 déserteurs[19]. Quant au 1er Front biélorusse, un rapport en date du 8 avril révélait : « De nombreux soldats continuent à traîner dans les secteurs de l'arrière en prétendant être séparés de leurs unités. Ce sont en fait des déserteurs. Ils se livrent à des actes de pillage, de vol à main armée et de violence. Récemment, près de six cents hommes ont été arrêtés dans le secteur de la 61e Armée. Toutes les routes sont embouteillées par des véhicules utilisés par du personnel, soit pour des missions légitimes, soit pour des opérations de pillage. Certains laissent leurs véhicules dans les rues et les cours et vont explorer entrepôts et appartements à la recherche de butin. Beaucoup de ces officiers, sous-officiers et soldats ne ressemblent même plus à des membres de l'Armée rouge, Leur tenue n'a plus rien de réglementaire, mais la chose n'est, souvent, pas relevée. Il devient difficile de distinguer entre officiers et soldats, et entre soldats et civils. De dangereux cas de désobéissance à des officiers supérieurs ont été enregistrés »[20].

Les régiments du NKVD et le SMERSH continuaient également à rafler les suspects. Avec, de l'avis même de Beria, trop peu de discernement et des excès de zèle. Ils avaient expédié dans les camps du NKVD en Union soviétique 148 540 prisonniers, « dont à peine la moitié étaient en état d'accomplir un travail physique ». Certaines priorités, toutefois, ne changeaient pas. Les patriotes polonais étaient toujours considérés comme aussi dangereux que les nazis.

Cependant, de petits groupes de soldats allemands dépassés par l'Armée rouge en Poméranie ou en Silésie continuaient à tenter de franchir les lignes soviétiques[21]. Il leur arrivait de tendre des embuscades à des véhicules pour tenter de se procurer des vivres. Dans ces cas, les autorités militaires soviétiques ripostaient comme les Allemands l'avaient fait en leur temps en URSS, en détruisant le village le plus proche et fusillant la population civile.

Dans leur ensemble, les officiers et soldats de l'Armée rouge étaient tendus mais optimistes. Piotr Mitvofanovitch Sebelev, commandant en second d'une brigade du génie, venait d'être promu lieutenant-colonel à l'âge de vingt-deux ans. Le 10 avril, il écrivait à sa famille : « Chers Papa, Maman, Choura et Taya, il règne en ce moment ici un calme inhabituel et par conséquent un peu effrayant. Je suis allé hier à un concert. Oui, croyez-le bien, à un concert ! Donné par des artistes venus de Moscou. Cela nous a remonté le moral. Nous ne pouvons nous empêcher de souhaiter que la guerre finisse le plus tôt possible, mais je pense que cela dépend principalement de nous. Deux choses se sont produites hier que je dois vous raconter. Je suis allé sur la ligne de front avec un homme de l'arrière. Nous sommes sortis de la forêt pour aller nous dissimuler en haut d'un monticule. L'Oder était juste devant nous, avec un long banc de sable qu'occupaient les Allemands. Au-delà de l'Oder, il y avait la ville de Küstrin. Soudain, le sable humide du monticule a volé tout autour de moi, et, immédiatement, j'ai entendu une détonation. Les Allemands nous avaient repérés et avaient commencé à tirer sur nous.

« On m'a amené un caporal allemand fait prisonnier, qui a claqué des talons en me voyant et m'a demandé par l'intermédiaire de l'interprète : " Où suis-je, monsieur l'officier ? Parmi les troupes de Joukov ou chez la bande de Rokossovski ? " Je me suis mis à rire et j'ai dit à l'Allemand : " Vous êtes avec les troupes du 1er Front biélorusse, qui est commandé par le maréchal Joukov. Mais pourquoi appelez-vous les hommes du maréchal Rokossovski une bande ? " Le caporal m'a répondu : " Ils ne respectent pas les règles quand ils se battent. C'est pourquoi nous les considérons comme une bande."

« Autre nouvelle : mon adjoint, Kolia Kovalenko, a été blessé au bras, mais il s'est évadé de l'hôpital. Je l'ai réprimandé à ce sujet, mais il m'a répondu : " Tu veux me priver de l'honneur d'être l'un des premiers à entrer à Berlin avec les camarades." »

Pour beaucoup de soldats parmi les plus convaincus, le grand sujet d'inquiétude était la rapidité de l'avance des Alliés occidentaux. Selon le service politique de la 69e Armée, certains disaient : « Notre avance est trop lente, et les Allemands vont rendre leur capitale aux Anglais et aux Américains »[22].

Dans les unités d'artillerie, cependant, on se préoccupait à l'avance « du remplacement des morts et des blessés ». On prévoyait que les pertes allaient s'accroître considérablement à l'approche de Berlin, car il faudrait tirer à vue. Les servants des pièces s'entraînaient donc à se remplacer les uns les autres en cas de besoin [23].

Afin de préserver le secret entourant les préparatifs, « la population locale avait été envoyée à vingt kilomètres de la ligne de front ». Le silence radio avait été imposé et des notices invitant à la prudence dans les conversations avaient été apposées sur tous les téléphones de campagne [24].

Du côté allemand, on se préparait à l'offensive ennemie en mettant bien en relief les représailles qui seraient exercées sur tous ceux qui manqueraient à leur devoir, quels que soient leurs rang et position. On annonça ainsi que le commandant de la garnison de Königsberg, le général Lasch, avait été condamné à mort par contumace et toute sa famille arrêtée.

Le moral des Berlinois était, en fait, aussi affecté par l'agonie de la Prusse-Orientale que par la menace sur l'Oder. Le 2 avril, l'artillerie soviétique commença à réduire ses tirs, jusque-là très intenses, sur le centre de Königsberg. Le lieutenant Inozemstev n'en nota pas moins dans son journal, à la date du 4 avril, que soixante obus de sa batterie avaient réduit un bâtiment fortifié en « un tas de pierres ».

La grande préoccupation du NKVD pendant ce temps était que nul ne s'échappe de la ville. « Les soldats encerclés à Königsberg, déclarait un de ses rapports, mettent des vêtements civils pour s'enfuir. Les papiers d'identité doivent être plus soigneusement contrôlés en Prusse-Orientale » [25].

« L'aviation est très efficace, écrivait le 7 avril Inozemstev. Nous utilisons à grande échelle les lance-flammes. S'il reste un seul Allemand dans un immeuble, il en est chassé par le feu. On ne combat pas, ainsi, pour un étage ou pour une cage d'escalier. Il est d'ores et déjà évident pour tout le monde que l'assaut sur Königsberg deviendra un exemple classique d'assaut sur une grande ville. »

L'étendue des destructions était terrible. Selon Inozemstev, il y avait « une odeur de mort dans l'air – littéralement, car des milliers de cadavres se décomposaient sous les ruines ».

Les blessés emplissant, de plus, toutes les caves disponibles, le général Lasch avait compris qu'il n'y avait plus d'espoir. La 11e Armée de la Garde et la 43e Armée soviétiques s'étaient frayé un chemin dans la ville. Le Gauleiter adjoint de Koch lui-même préconisait l'abandon de la place, mais tous les liens avec la péninsule de Samland avaient été coupés. Une contre-attaque fut lancée pour tenter de passer quand même, mais elle échoua dans le chaos durant la nuit du 8 avril. Les bombardements avaient bloqué la plupart des routes menant au point de rassemblement des troupes. La direction locale du Parti nazi avait, sans prévenir Lasch, fait se rassembler des civils en vue du départ, mais leur concentration attira l'attention de l'artillerie soviétique et presque tous furent massacrés.

Le lendemain, la ville était si noyée dans la fumée que seules étaient visibles les traînées lumineuses des fusées Katioucha. Les civils encore vivants accrochaient des draps blancs à leurs fenêtres en signe de reddition, et tentaient même parfois de désarmer les soldats. Lasch vit que la fin était arrivée. Il ne pouvait espérer aucune aide venue du territoire du Reich et il ne voulait pas imposer d'autres souffrances inutiles aux habitants de la ville et aux réfugiés. Seuls les SS voulaient continuer à se battre, mais ils n'en avaient plus même les moyens.

Le matin du 10 avril, Lasch et d'autres officiers allemands agissant en tant que parlementaires gagnèrent le quartier général du maréchal Vassilievsky. Les 30 000 survivants de la garnison furent faits prisonniers. Leurs montres et d'autres objets personnels leur furent promptement subtilisés par les soldats de l'Armée rouge, qui avaient également réussi à s'emparer de réserves d'alcool. Des viols en chaîne s'ensuivirent dans les ruines de la ville.

Un terrible désastre vint illustrer de façon particulièrement frappante la fin de la Prusse-Orientale et de la Poméranie. Dans la nuit du 16 avril, le navire-hôpital *Goya*, transportant plus de 7 000 réfugiés, fut torpillé par un sous-marin soviétique. Seules cent soixante-cinq personnes furent sauvées.

L'attaque vers Berlin était attendue à tout moment. Le 6 avril, on notait à l'état-major du Groupe d'Armées de la Vistule : « Sur le front de la Neuvième Armée, intense activité ennemie, avec mouvements de chars dans le secteur de Reitwein, au sud-ouest de Küstrin, ainsi qu'au nord-est, près de Kienitz. » L'état-major s'attendait à une attaque sous deux jours [26].

Cinq jours plus tard, toutefois, il attendait encore. Le 11 avril, le général Krebs envoya de Zossen au général Heinrici le message suivant : « Le Führer s'attend à l'offensive russe contre le Groupe d'Armées de la Vistule pour le 12 ou le 13 avril. » Et le lendemain, Hitler ordonna à Krebs de téléphoner à Heinrici pour insister : « Le Führer est instinctivement convaincu que l'attaque va venir dans un à deux jours, c'est-à-dire le 13 ou le 14 avril » [27]. L'année précédente, Hitler avait tenté de prédire la date exacte du débarquement allié en France mais s'était trompé. Il tentait manifestement d'éblouir de nouveau son entourage par ses dons de prévision.

Le soir du 12 avril, l'Orchestre philharmonique de Berlin donna son dernier concert. Albert Speer, qui avait organisé la chose, avait invité le grand amiral Dönitz et l'aide de camp d'Hitler, le colonel von Below. Malgré les coupures de courant, la salle était parfaitement éclairée. « Ce concert nous ramena dans un autre monde », devait écrire le colonel von Below. Le programme comprenait le concerto pour violon de Beethoven, la huitième symphonie de Bruckner et la finale du *Crépuscule des Dieux* de Wagner. Certains devaient soutenir ensuite qu'à la fin du concert, la direction du Parti nazi avait envoyé des membres de la Jeunesse Hitlérienne en uniforme proposer aux membres de l'assistance des pilules de cyanure.

Le 14 avril, l'attaque soviétique ne s'étant toujours pas matérialisée, Hitler adressa un ordre du jour au Groupe d'Armées de la Vistule. Il y était spécifié, de façon prévisible, que « quiconque ne remplirait pas son devoir serait traité comme un traître à notre peuple », et il y était fait allusion, aussi, à l'échec des Turcs devant Vienne.

« Les bolcheviks, déclarait Hitler, connaîtront cette fois le sort des Asiatiques dans les temps anciens »[28]. Vienne venait en fait de tomber.

Le lendemain, un Berlinois de seize ans nommé Dieter Bokovsky décrivait ce dont il avait été témoin dans un wagon bondé du S-Bahn : « La terreur se lisait sur les visages des gens. Tous étaient pleins de colère et de désespoir. Je n'avais encore jamais entendu tant de jurons et d'imprécations. Soudain, quelqu'un cria, dominant le bruit : " Silence ! " Nous vîmes un petit soldat à l'uniforme sale portant deux Croix de fer et la Médaille d'or d'Allemagne. Sur sa manche, il avait un insigne avec quatre chars en métal, ce qui indiquait qu'il avait détruit personnellement quatre blindés ennemis en combat rapproché. " J'ai quelque chose à vous dire ", clama-t-il, et tout le wagon devint silencieux. " Même si vous ne voulez pas m'écouter, poursuivit-il, arrêtez de gémir. Nous devons gagner cette guerre. Nous ne devons pas perdre courage. Si d'autres gagnent la guerre et nous font simplement une fraction de ce que nous avons fait dans les territoires occupés, il ne restera plus un seul Allemand dans quelques semaines." On aurait entendu une mouche voler dans le wagon. »

13

LES AMÉRICAINS SUR L'ELBE

L'amère plaisanterie circulant à Berlin était : « Maintenant, les optimistes apprennent l'anglais, et les pessimistes apprennent le russe. » Mais le ministre des Affaires étrangères, Joachim von Ribbentrop, notoirement peu porté sur la plaisanterie, se voulait sérieux lorsqu'il annonçait à un dîner diplomatique : « L'Allemagne a perdu la guerre, mais il est encore en son pouvoir de décider de son vainqueur »[1]. C'était ce qui tracassait si vivement Staline en ce début du mois d'avril 1945.

Après l'encerclement dans la Ruhr, le 2 avril, des 300 000 hommes du Groupe d'Armées B de Model, les divisions de la Neuvième Armée américaine du général Simpson avaient commencé à foncer vers l'Elbe face à Berlin. Tous étaient convaincus que leur objectif était la capitale du Reich. À la suite de sa violente controverse avec les Britanniques, Eisenhower avait admis de considérer la prise de Berlin comme une possibilité. Dans les instructions qu'il avait données à Simpson, il commandait à la Neuvième Armée d'« exploiter toute occasion d'établir une tête de pont au-delà de l'Elbe en se préparant à poursuivre l'avance sur Berlin ou vers le nord-est ».

Comprenant un grand nombre de rudes paysans des États du Sud engagés au moment de la dépression des années trente, la 2e Division blindée était l'une des unités les plus robustes de l'Armée américaine. Son chef, le général Isaac D. White, avait déjà préparé bien à l'avance son itinéraire vers Berlin. Son intention était de franchir l'Elbe près de Magdebourg et de progresser avec, comme axe central, l'autoroute menant vers la capitale du Reich. Son unité rivale dans la course à Berlin était la 83e Division d'infanterie, surnommée « Le cirque bigarré » en raison de l'extraordinaire collection de véhicules de récupération, hâtivement peints en kaki avec une étoile blanche, qui l'accompagnait. Les deux divisions atteignirent la Weser le 5 avril.

À leur nord, la 5e Division blindée se dirigeait vers Tangermünde, et, à l'extrême gauche du front de la Neuvième Armée, les 84e et 102e Divisions d'infanterie poussaient vers l'Elbe de part et d'autre de l'Havel.

L'avance était parfois ralentie momentanément par des poches de résistance généralement constituées par des unités SS, mais la plupart des troupes allemandes se rendaient avec un soulagement évident. Les équipages américains ne s'arrêtaient que pour refaire le plein des véhicules ou effectuer des réparations. Les hommes avaient provisoirement renoncé à se laver et à se raser, et l'adrénaline venait compenser le manque de sommeil. La 84e Division dut marquer une pause lorsqu'elle reçut l'ordre de prendre Hanovre, mais, quarante-huit heures plus tard, elle était prête à repartir. Le dimanche 8 avril, Eisenhower vint rendre visite, à Hanovre, au général Alexander Bolling, commandant la division.

« Où allez-vous ensuite, Alex ? » demanda Eisenhower.

« Nous allons continuer la progression, mon général, répondit Bolling. Nous avons la voie libre jusqu'à Berlin et rien ne peut nous arrêter. »

« Eh bien, continuez, lui dit alors le commandant suprême. Je vous souhaite toute la chance possible et ne laissez personne vous arrêter. »

Le général Bolling interpréta ce propos comme la claire confirmation que son objectif était bien Berlin.

Sur la gauche de la Neuvième Armée américaine, la Deuxième Armée britannique du général Dempsey avait atteint Celle et était sur le point de libérer le camp de concentration de Belsen. Pendant ce temps, sur la droite de Simpson, la Première Armée du général Hodges marchait sur Dessau et sur Leipzig. C'était la Troisième Armée de Patton qui, dépassant Leipzig par le sud, était allée le plus loin, dans les montagnes du Harz. Le jeudi 5 avril, Martin Bormann notait dans son journal : « Bolcheviks près de Vienne. Américains dans la forêt de Thuringe. » Il n'ajouta aucun commentaire.

La rapidité de l'avance de Patton eut quelques conséquences aussi tragiques qu'imprévisibles. Les SS, aidés dans bien des cas par la Volkssturm locale, massacrèrent nombre de déportés et de travailleurs forcés. À l'usine de Thekla, à trois kilomètres au nord-est de Leipzig, où l'on fabriquait des ailes d'avion, trois cents prisonniers furent enfermés dans un bâtiment isolé par des SS, qui y jetèrent ensuite des grenades incendiaires. Tous ceux qui essayaient de sortir étaient fauchés par des mitrailleuses. Trois Français survécurent. Plus de cent prisonniers alliés – pour la plupart des détenus politiques français – furent exécutés dans la cour de la prison de Leipzig[2].

Une colonne de 6 500 femmes de nationalités diverses fut emmenée des usines HASAG, à deux kilomètres au nord-est de Leipzig, en direction de Dresde. Les prisonnières trop faibles pour marcher étaient abattues par les gardes SS et leurs corps jetés dans le fossé.

En Allemagne du Sud, pendant ce temps, le Sixième Groupe d'Armées du général Devers – composé de la Septième Armée du général Patch et de la Première Armée française du général de Lattre de Tassigny – poussait à travers la Forêt Noire. Son aile gauche avançait jusqu'en Souabe. Après la prise de Karlsruhe, la progression se poursuivit vers Stuttgart. Continuant à s'inquiéter de la constitution par les Allemands d'un « réduit alpin », Eisenhower entendait que les deux armées avancent vers le sud-est et la région de Salzbourg, afin de rejoindre les forces soviétiques dans la vallée du Danube.

Les civils allemands regardaient passer avec effarement les troupes américaines, dont le débraillé et les allures libres et nonchalantes étaient contraires à toute la tradition militaire de leur pays. Mais il était malheureusement un point sur lequel toutes les armées du monde semblaient se rejoindre : le pillage.

Du côté allié, celui-ci semblait, en fait, avoir commencé avant même que n'ait été franchie la frontière allemande. « Sur la base des constatations faites, déclarait un rapport américain établi dans les Ardennes, on peut affirmer sans équivoque que le pillage de biens civils belges par les forces des États-Unis s'est opéré sur une échelle considérable »[3]. Il semble, en particulier, que des explosifs militaires aient été assez couramment utilisés pour faire sauter des coffres-forts. Comme les forces américaines avançaient en Allemagne, la police militaire commença à dresser à l'entrée des villages des panneaux proclamant : « Pas d'excès de vitesse, pas de pillage, pas de fraternisation »[4]. Ces avertissements n'eurent que très peu d'effet.

Un officier de la Garde écossaise, qui devait devenir ultérieurement magistrat, écrivit que le secteur où il s'était trouvé lors du passage du Rhin, aurait pu s'appeler, avec tous ses magasins aux vitrines brisées, « le paradis du pillard ». « On ne pouvait pas y faire grand-chose, soulignait-il, si ce n'est limiter le butin à des objets de dimensions modestes. Les chars se révélaient les plus pratiques, car ils pouvaient transporter de tout, des machines à écrire aux postes de radio… J'injuriais les hommes de mon peloton parce qu'ils pillaient lorsque je m'aperçus que j'avais moi-même deux paires de jumelles récupérées ! »

Les petites unités opérant de façon indépendante, comme certaines équipes du SAS, étaient capables de se montrer beaucoup plus ambitieuses. Dans un ou deux cas, des bijoux de grande valeur firent l'objet de véritables hold-up. Une troupe du SAS découvrit toute une série de peintures de maître récoltées par la femme de Göring. Le chef de l'unité fit son choix le premier et laissa ses officiers se servir. Les toiles furent retirées de leurs cadres, roulées et glissées dans les tubes des mortiers.

La soudaine avance des Américains au centre de l'Allemagne suscita au Kremlin un mélange d'indignation et de suspicion. Après s'être si souvent plaints de la lenteur avec laquelle les Alliés occidentaux s'employaient à ouvrir un deuxième front, les dirigeants soviétiques s'affolaient soudain à l'idée que les Anglo-Américains puissent arriver les premiers à Berlin. Staline, auquel certaines vérités d'évidence échappaient parfois, avait beaucoup de mal à admettre que les Allemands préfèrent se rendre aux Occidentaux, plutôt qu'à une Union soviétique qui promettait – et exerçait – une politique de vengeance à grande échelle. Et l'amertume se donnait libre cours.

« Les tankistes américains font des excursions dans les pittoresques montagnes du Harz », écrivait fielleusement Ilya Ehrenbourg dans la *Krasnaïa Zvezda*, ajoutant que les Allemands se rendaient « avec une persistance fanatique » et qu'ils se comportaient envers les Américains comme si ceux-ci appartenaient « à quelque État neutre ».

Staline, qui jugeait peut-être les autres selon ses propres normes, craignait que les Alliés occidentaux, dans l'espoir d'atteindre Berlin les premiers, soient tentés de conclure un marché avec certaines factions nazies. Il voulut en voir un indice dans les contacts établis à Berne entre Allen Dulles et l'Obergruppenführer Wolff en vue d'une reddition allemande en Italie.

Dulles, en fait, avait été également joint par un représentant de Kaltenbrunner, qui avait fait état d'un projet de putsch de la SS contre le Parti nazi et les fanatiques décidés à continuer la guerre, ajoutant que, ce coup d'État réalisé, la SS pourrait « organiser un transfert sans désordre des fonctions administratives aux puissances occidentales »[5]. Le représentant de Kaltenbrunner parlait également d'ouvrir le Front occidental aux troupes américaines et britanniques, tandis que les forces allemandes seraient intégralement tournées vers l'est – le scénario précis que redoutait Staline. Celui-ci, heureusement, n'eut vent qu'ultérieurement de cette proposition, mais il avait entendu dire que des forces aéroportées américaines et britanniques étaient prêtes à sauter sur Berlin si le pouvoir nazi s'effondrait brusquement. Dans le cadre de ce projet, la 101e Division aéroportée américaine s'était vu allouer comme zone de largage l'aéroport de Tempelhof, tandis que la 82e Division aéroportée devait sauter sur l'aérodrome de Gatow et les parachutistes britanniques sur Oranienbourg, mais, depuis qu'il avait été décidé de s'arrêter sur l'Elbe, toute l'opération avait été mise en suspens. De toute manière, elle n'était aucunement liée à d'éventuels pourparlers avec les Allemands. Depuis leur déclaration de Casablanca exigeant la reddition sans conditions de l'Allemagne, ni Roosevelt ni même Churchill n'avaient sérieusement envisagé le moindre marché avec des dirigeants nazis.

Le bel optimisme affiché, en février et en mars, par Roosevelt et Eisenhower, alors convaincus qu'ils pouvaient gagner la confiance de Staline et voir celui-ci jouer franc jeu avec eux, se trouva démenti durant la première semaine d'avril. Comme il a déjà été précisé ici, Eisenhower, dans une communication adressée le 28 mars à Staline, avait donné à celui-ci le détail de ses plans de campagne – sans rien recevoir en retour. En fait, le 1er avril – date appropriée – Staline l'avait délibérément dupé en affirmant que Berlin avait, à ses yeux, perdu l'importance stratégique primordiale qu'il avait eue. Staline annonçait en même temps que l'offensive soviétique aurait probablement lieu durant la deuxième quinzaine de mai – au lieu de la mi-avril – et que l'Armée rouge concentrerait son attaque plus au sud, afin d'opérer sa liaison avec les armées occidentales, en n'envoyant que des « forces d'importance secondaire » vers Berlin.

Ne se rendant nullement compte qu'il avait été berné, Eisenhower informa sèchement Montgomery que Berlin était devenu « un simple point géographique », et persista, avec le soutien vigilant du général Marshall, à rejeter la thèse de Churchill selon laquelle les Américains et les Britanniques devaient s'efforcer de « serrer la main des Russes le plus à l'est possible », et que Berlin demeurait « le point crucial en Allemagne ». Eisenhower s'obstinait à croire que l'axe Leipzig-Dresde, séparant l'Allemagne en deux, était plus important, et s'imaginait que Staline pensait de même.

Le commandant suprême américain se refusait également à tirer les leçons du comportement de Staline à l'égard de la Pologne. Les pires craintes de Churchill à cet égard s'étaient trouvées justifiées quand, à la fin du mois de mars, seize dirigeants des partis démocratiques polonais, qui avaient reçu un sauf-conduit en bonne et due forme pour venir conférer avec Joukov, avaient été arrêtés par le NKVD et expédiés directement à Moscou.

Mais, bien qu'ayant totalement abusé Eisenhower, Staline ne se sentait pas rassuré pour autant. Peut-être sa paranoïa habituelle le poussait-elle à penser que le général américain pratiquait un double bluff à son égard. En tout cas, il ne relâchait pas ses efforts pour donner aux Américains un sentiment de culpabilité. Dans un message au ton particulièrement agressif adressé le 7 avril à Roosevelt, il revenait une fois de plus sur les ouvertures faites par les Allemands à Dulles en Suisse. Dans le même texte, il soulignait aussi que l'Armée rouge devait faire face à beaucoup plus de divisions allemandes que les Alliés occidentaux. « Ils [les Allemands], écrivait encore Staline, continuent à se battre sauvagement contre les Russes pour quelque carrefour sans intérêt en Tchécoslovaquie, mais, dans le centre de l'Allemagne, ils rendent sans résistance des villes aussi importantes qu'Osnabruck, Mannheim et Kassel. Ne reconnaissez-vous pas que ce comportement est plus qu'étrange, incompréhensible ? »

Ni Staline ni Churchill ne se rendaient compte alors que le président américain n'était plus en état de lire leurs télégrammes, et encore moins d'y répondre lui-même. Le vendredi saint, 30 mars, Roosevelt fut transporté par le train jusqu'à Warm Springs, en Géorgie. Ce devait être son dernier voyage vivant. Il était à peine conscient. Moins de deux semaines plus tard, il était mort, et Harry Truman, son vice-président, lui succédait à la Maison-Blanche.

Le 11 avril, les Américains atteignirent Magdebourg, et le lendemain ils franchissaient l'Elbe au sud de Dessau. Selon certains plans d'opération, ils pouvaient atteindre Berlin dans les quarante-huit heures. Ce n'était nullement improbable. Il y avait peu d'unités SS à l'ouest de la capitale.

Ce même jour, les Allemands furent effarés de la férocité d'une émission de radio officielle française diffusée de Cologne. On y proclamait notamment : « *Deutschland, dein Lebensraum ist jetzt dein Sterbensraum* » – « Allemagne, ton espace vital est maintenant devenu ton espace de mort ». On aurait pu attendre ce genre de formule d'Ilya Ehrenbourg.

Ehrenbourg, précisément, publia – le 11 avril également – son dernier article dans le journal de l'Armée rouge, *Krasnaïa Zvezda*. Le dernier et le plus mal accueilli en haut lieu.

Il s'intitulait *« Khvatit »* – « Assez ! » – et déclarait : « L'Allemagne est en train de mourir misérablement, sans grandeur ni dignité. Rappelons-nous les grandes parades pompeuses, le Sportpalast de Berlin, où Hitler rugissait qu'il allait conquérir le monde. Où est-il maintenant ? Dans quel trou ? Il a mené l'Allemagne dans un précipice, et maintenant, il préfère ne pas se montrer… L'Allemagne n'existe pas, ce n'est qu'une colossale bande de brigands. »

Dans ce même article, Ehrenbourg comparait avec amertume la résistance de l'Armée allemande à l'est et ses multiples redditions sur le front de l'Ouest. Il évoquait ces « terribles blessures de la Russie » que, selon lui, les Alliés occidentaux voulaient ignorer. Mentionnant les atrocités allemandes en France, et notamment le massacre d'Oradour-sur-Glane, il écrivait : « Il y a quatre villages de ce genre en France. Mais combien en Biélorussie ? Et laissez-moi vous rappeler les villages de la région de Leningrad… »

Il en arrivait, dans le texte, à approuver – ou tout au moins à excuser le pillage, déclarant : « Eh bien, les femmes allemandes se font voler leurs manteaux de fourrure et leurs petites cuillers. » En oubliant de mentionner les viols qui accompagnaient presque automatiquement les pillages.

Mais, en publiant cet article dont ni le ton ni le contenu ne différaient grandement de ce qu'il avait eu l'habitude d'écrire pendant des années, Ehrenbourg avait compté sans les circonvolutions de la politique stalinienne.

Abakoumov, le chef du SMERSH, rapporta à Staline les « opinions incorrectes » d'Ehrenbourg, comme « politiquement nuisibles ». Cette intervention vint s'ajouter à un rapport de même sens sur la Prusse-Orientale dû au comte von Einsiedel, du « Comité national pour une Allemagne libre », que contrôlait le NKVD, et elle déclencha toute une série de réflexions et de discussions conduisant à une remise en question de la politique soviétique.

Le ton et le contenu de l'article d'Ehrenbourg n'étaient pas plus violents que ceux de ses précédentes diatribes, mais, à son grand effarement, l'écrivain se vit attaquer directement du sommet afin de bien signaler la modification de la ligne du Parti. Ehrenbourg devait se rendre compte ultérieurement, avec une grande amertume, que son rôle de fléau des hordes teutoniques avait fait de lui, en la circonstance, l'agneau sacrificiel idéal. Le gouvernement soviétique avait fini par comprendre sur le tard que l'horreur inspirée par le déchaînement de l'Armée rouge sur les populations civiles allemandes avait pour effet d'accroître la résistance ennemie et promettait de graves complications lors de l'occupation, après la guerre, des territoires allemands par l'URSS.

Le 14 avril, Georgy Alexandrov, le principal idéologue du Comité central du Parti de l'URSS et le chef de l'appareil de propagande soviétique, répondit, dans la *Pravda*, au texte du 11 avril par un article intitulé « Le camarade Ehrenbourg simplifie trop les choses » – article qui avait été sans nul doute contrôlé par Staline, si ce n'est pratiquement dicté par lui. Alexandrov y rejetait tout particulièrement le propos d'Ehrenbourg présentant l'Allemagne comme n'étant rien de plus qu'une « colossale bande de brigands ».

« Tandis que certains officiers allemands, soulignait-il, combattent pour le régime cannibale, d'autres lancent des bombes à Hitler et sa clique [les conjurés du juillet 1944] ou s'emploient à persuader leurs compatriotes de déposer les armes [le général von Seydlitz et sa Ligue des Officiers allemands]. La Gestapo traque les opposants au régime, et leurs appels à la dénonciation ont prouvé que les Allemands n'étaient pas tous les mêmes. C'était le gouvernement nazi qui voulait désespérément faire appel à la notion d'unité nationale. L'intensité même de ces appels a montré, en fait, combien peu d'unité il y avait. » Alexandrov citait également une formule de Staline en date de 1942 : « Les Hitler vont et viennent, mais l'Allemagne et le peuple allemand demeurent. »

L'article d'Alexandrov fut diffusé par Radio-Moscou et reproduit par la *Krasnaïa Zvezda*. Ehrenbourg, effondré, se trouvait rejeté aux ténèbres extérieures. La lettre qu'il écrivit à Staline pour protester contre l'injustice dont il était victime ne reçut jamais de réponse.

Ehrenbourg ne savait probablement pas, à ce moment, qu'il avait été également dénoncé pour certaines critiques qu'il avait formulées à l'égard de l'Armée rouge et de l'incapacité de ses officiers à contrôler leurs hommes. Il avait rapporté, entre autres, un incident entre un général soviétique et un soldat qu'il réprimandait pour avoir découpé une bande de cuir dans un divan. Le général ayant fait remarquer que ce divan aurait pu servir à une famille en Union soviétique, le soldat lui avait répondu : « Votre femme peut le récupérer, mais pas la mienne. » Puis il avait continué à découper le cuir.

Mais ce dont Ehrenbourg était en tout premier lieu accusé, c'était d'avoir affirmé aux officiers de l'académie militaire Frunze : « Les Russes revenant d'“esclavage” ont bonne mine. Les filles sont bien nourries et bien habillées. Nos articles sur le traitement des personnes détenues en Allemagne ne sont pas convaincants. »

Sur le front, cependant, l'affaire rendait, de toute évidence, mal à l'aise les gens des services politiques. Ils rapportaient que certains officiers approuvaient Ehrenbourg et persistaient à penser « que nous devrions nous montrer impitoyables envers les Allemands et les Alliés occidentaux qui commencent à flirter avec les Allemands »[6].

Pourtant, la ligne du Parti était maintenant claire : « Nous ne sommes plus en train de chasser les Allemands de notre pays, situation dans laquelle la formule " Tuez un Allemand dès que vous en voyez un " semblait entièrement justifiée. Mais le temps est maintenant venu de punir justement l'ennemi de tous ses méfaits. » Toutefois, les officiers politiques signalaient que cette nouvelle attitude ne rencontrait qu'un succès très mitigé auprès des soldats. « Beaucoup de soldats m'ont demandé, rapportait l'un d'eux, si Ehrenbourg continuait à écrire et m'ont dit qu'ils recherchaient ses articles dans tous les journaux qu'ils voyaient. »

Ce changement d'attitude juste avant la grande offensive survenait bien tard, après trois ans passés à insuffler aux soldats la haine d'ennemis présentés comme des bêtes. Une remarque, fort significative dans son effrayante candeur, vint de l'un des commandants de division de Joukov, le général Maslov. Évoquant des enfants allemands qui pleuraient en cherchant leurs parents dans les ruines d'une ville en flammes, il écrivit : « Ce qui était surprenant, c'était qu'ils pleuraient exactement de la même manière que nos enfants. » Peu d'officiers et de soldats soviétiques se représentaient les Allemands comme des êtres humains. Après la déshumanisation des Slaves par la propagande nazie, une opération analogue avait été réalisée avec plein succès de l'autre côté.

Les autorités soviétiques avaient un autre sujet d'inquiétude en voyant avancer les Alliés occidentaux. Elles craignaient que la majeure partie des 1re et 2e Armées polonaises combattant avec l'Armée rouge veuille se joindre aux forces polonaises proclamant leur allégeance au gouvernement en exil de Londres. Le 14 avril, Beria transmit à Staline un rapport à ce sujet du général Serov, le chef du NKVD au 1er Front biélorusse de Joukov. « À l'occasion de la rapide avance des Alliés sur le Front occidental, écrivait Serov, un état d'esprit malsain s'est développé parmi les soldats et les officiers de la 1re Armée polonaise »[7].

Le SMERSH était déjà entré en action et avait opéré des arrestations massives.

« Les organismes de renseignement de la 1re Armée polonaise, poursuivait Serov, ont découvert et pris sous leur contrôle [*sic*] près de 2 000 anciens soldats de l'Armée Anders, membres de l'*Armia Krajowa* et soldats ayant de proches parents dans l'Armée

Anders. » L'« attitude hostile » de ces Polonais à l'égard de l'Union soviétique se trouvait confirmée, selon Serov, par le fait qu'ils avaient dissimulé au commandement soviétique leurs véritables adresses pour éviter des représailles sur leurs familles.

Ce que le général du NKVD omettait de mentionner, c'est que 43 000 membres des forces communistes polonaises qui avaient été directement envoyés du Goulag au front ne nourrissaient pas non plus des sentiments de chaude amitié envers le commandement soviétique [8].

Des informateurs du SMERSH avaient averti leurs contrôleurs que des soldats polonais écoutaient régulièrement la radio de Londres et que beaucoup étaient convaincus que « l'Armée Anders arrivait vers Berlin de l'autre côté avec l'Armée anglaise ». « Quand les troupes polonaises se rencontreront, avait imprudemment déclaré un officier, la majorité de nos soldats et de nos officiers passeront à l'Armée Anders. Nous avons assez souffert des Soviétiques en Sibérie. » « Après la guerre, quand nous en aurons fini avec l'Allemagne, disait un officier supérieur, nous combattrons encore la Russie. Nous avons trois millions de soldats d'Anders avec les Anglais. » Et un autre encore affirmait, avec aussi peu de prudence : « Dès que nos troupes feront leur jonction avec les hommes d'Anders, vous pourrez dire adieu au gouvernement provisoire [sous contrôle soviétique]. Le gouvernement de Londres reprendra le pouvoir et la Pologne redeviendra ce qu'elle était avant 1939. L'Angleterre et l'Amérique aideront la Pologne à se débarrasser des Russes. » Serov accusait, dans son rapport, les cadres de la 1re Armée polonaise de « n'avoir pas intensifie leur travail d'explication politique » [9].

Tandis que les Troisième et Neuvième Armées américaines fonçaient vers l'Elbe, le Groupe d'Armées B du maréchal Model se trouvait cloué au sol dans la poche de la Ruhr, tout particulièrement en raison du harcèlement aérien dont il était l'objet. Model était l'un des très rares chefs militaires de la Wehrmacht à jouir de la totale confiance d'Hitler. Cependant, les autres officiers généraux le considéraient comme « extrêmement grossier et sans scrupule », et il avait été surnommé par les soldats *« der Katastrophengeneral »* – « le général Catastrophe » – car il était généralement affecté à des secteurs où la situation était des plus graves [10]. celui de la Ruhr fut en tout cas le dernier. Model refusa d'en être évacué par avion. Et, le 21 avril, alors que ses troupes commençaient à se rendre en masse, il se tira une balle dans la tête. C'était exactement ce qu'Hitler attendait de ses généraux.

Auparavant, le colonel Günther Reichhelm, chef des opérations du Groupe d'Armées B, fut évacué par voie aérienne de la poche de la Ruhr avec nombre de cadres importants. De dix-sept avions participant à cette opération, trois seulement atteignirent l'aérodrome de Jüterbog, au sud de Berlin. Reichhelm fut conduit en voiture au quartier général de l'Oberkommando der Wehrmacht, à Zossen, où l'épuisement le fit s'évanouir. Il s'éveilla pour trouver l'ancien adjoint de Guderian, le général Wenck, assis sur son lit.

À peine remis de son accident d'automobile lors de l'Opération *Sonnenwende*, le général Wenck venait d'être nommé au commandement de la Douzième Armée. Celle-ci avait reçu pour tâche de tenir tête aux Américains sur l'Elbe, mais Wenck la soupçonnait d'exister sur le papier plus que dans la réalité.

« Vous venez avec moi comme chef d'état-major », dit Wenck au colonel Reichhelm.

Mais celui-ci devait, avant tout, faire son rapport sur la situation du Groupe d'Armées B dans la poche de la Ruhr. Il fut convoqué par Jodl au bunker de la Chancellerie, où il trouva Hitler, avec Göring et le grand amiral Dönitz. Interrogé sur la situation dans la poche de la Ruhr, il informa Hitler que le Groupe d'Armées B n'avait plus de munitions, et que les chars qui lui restaient étaient immobilisés faute de carburant. Hitler resta un long moment silencieux, puis déclara : « Le maréchal Model était mon meilleur maréchal. »

Reichhelm pensa, sur le moment, que le Führer avait enfin compris que tout était fini, mais il n'en était rien. Hitler lui dit : « Vous allez devenir le chef d'état-major de la Douzième Armée. Vous devez vous libérer des consignes stupides de l'état-major général. Vous devez prendre exemple sur les Russes qui, par volonté pure, ont vaincu les Allemands alors qu'ils étaient devant Moscou. »

Hitler continua en disant que, dans les montagnes du Harz, on devait abattre les arbres en travers des routes pour arrêter l'avance des blindés de Patton et entreprendre une guerre de partisans. Il demanda des cartes d'état-major pour préciser sa pensée. Jodl tenta de le dissuader de son projet, mais Hitler affirma qu'il connaissait très bien le Harz. Sur quoi, perdant un peu de sa retenue habituelle, Jodl répliqua sèchement : « Je ne connais pas du tout la région, mais je connais la situation. »

Reichhelm remarqua que, pendant ce temps, Göring s'était endormi dans un fauteuil avec une carte déployée sur le visage. Il se demanda s'il était drogué. Finalement, Hitler enjoignit à Reichhelm de rejoindre la Douzième Armée, mais en passant par le camp de Döberitz, où il devrait prendre livraison de deux cents voitures légères Kübelwagen.

Ayant quitté avec soulagement le bunker, Reichhelm se rendit à Döberitz, où on ne put lui livrer en fin de compte qu'une douzaine de véhicules. Il lui fut encore plus difficile de trouver le général Wenck et le quartier général de la Douzième Armée. Il réussit finalement à mettre la main sur Wenck à l'école du génie de Rosslau, sur la rive de l'Elbe en face de Dessau. Il découvrit avec grand plaisir que le chef des opérations était l'un de ses vieux amis, le colonel baron Hubertus von Humboldt-Dachroeden. Il apprit alors qu'une partie de la Douzième Armée était composée de « jeunes soldats d'une étonnante ardeur instruits pendant quelque six mois dans des écoles d'officiers » et de sous-officiers ayant l'expérience du front fraîchement revenus de l'hôpital. Quant à Wenck, c'était un remarquable chef sur le terrain, jeune, sachant s'adapter aux circonstances et « pouvant regarder les soldats dans les yeux ».

Totalement improvisé, le quartier général de la Douzième Armée ne disposait que de peu de postes de radio, mais ses officiers s'étaient aperçus qu'ils pouvaient utiliser le réseau téléphonique local, qui fonctionnait encore fort bien. L'Armée, d'autre part, étaient mieux approvisionnée que beaucoup d'autres grâce au dépôt de munitions d'Altengrabow et au nombre de bateaux et de péniches bloqués dans l'Havelsee.

Wenck, se refusant à suivre les consignes d'annihilation d'Hitler, avait empêché la destruction de la centrale électrique de Golpa, au sud-est de Dessau, l'une des principales sources d'énergie de Berlin. Il la faisait garder par des détachements de la Division d'infanterie *Hutten* afin d'empêcher que des fanatiques ne la fassent sauter.

La tâche principale de la Douzième Armée était de se préparer à affronter une attaque de la Neuvième Armée américaine « le long et de part et d'autre de l'autoroute Hanovre-Magdebourg ». La première poussée américaine eut lieu plus tôt que prévu. Le 12 avril, les troupes de la Neuvième Armée tentèrent de traverser l'Elbe près de Schönebeck et de Barby. Le lendemain, la Division d'infanterie *Scharnhorst* s'efforça de contre-attaquer avec l'un de ses bataillons et quelques canons d'assaut. Ses soldats se battirent avec acharnement durant toute la première journée, mais l'ennemi, appuyé par d'importants éléments de l'aviation américaine, se révéla trop puissant pour eux.

Reichhelm se rendit compte alors que si les Américains voulaient vraiment traverser l'Elbe en force, il n'y aurait « pas d'autre possibilité que de se rendre ». La Douzième Armée, à son avis, ne pourrait pas continuer à combattre « pendant plus d'un ou deux jours ». Humboldt avait exactement la même opinion.

En fait, les Américains avaient déjà franchi l'Elbe en un certain nombre d'endroits et étaient sur le point de le faire en d'autres. Le samedi 14 avril, le SHAEF annonçait : « La Neuvième Armée a occupé Wittenberge, à une centaine de kilomètres au nord de Magdebourg. Trois bataillons de la 83e Division d'infanterie ont traversé l'Elbe à Kameritz, au sud-est de Magdebourg »[11].

Dans le même temps, la 5e Division blindée avait atteint l'Elbe sur un front de vingt-cinq kilomètres autour de Tangermünde. Le 15 avril, la Douzième Armée de Wenck lança une vigoureuse contre-attaque en direction de 83e Division d'infanterie près de Zerbst, mais elle fut repoussée.

Les têtes de pont américaines au-delà de l'Elbe semblaient, aux yeux d'Eisenhower, représenter un problème plutôt qu'une occasion à saisir. Il demanda au commandant du groupe d'armées, le général Bradley, son avis sur une poussée vers Berlin, et, en particulier, une estimation des pertes que celle-ci occasionnerait. Bradley fit état de pertes de l'ordre de 100 000 hommes pour prendre la capitale du Reich (chiffre dont il devait reconnaître plus tard qu'il était beaucoup trop élevé). Il ajouta que ce serait un prix très lourd à payer pour un objectif de prestige dont il faudrait se retirer après reddition de l'Allemagne. Ces vues coïncidaient de toute évidence avec celles d'Eisenhower.

Celui-ci se préoccupait également de ses lignes de communication, très étirées à ce moment précis. La Deuxième Armée britannique était à la lisière de Brême, la Première Armée américaine approchait de Leipzig et les unités de pointe de la Troisième Armée de Patton étaient sur le point d'atteindre la frontière tchécoslovaque. Les distances étaient devenues si grandes que les éléments les plus avancés devaient être dorénavant ravitaillés par Dakota. Il y avait également un très grand nombre de civils, dont les anciens détenus des prisons et des camps de concentration, à nourrir. Tout cela exigeait des ressources considérables.

Les chefs militaires du Front occidental n'avaient que peu de notions de la situation sur le front de l'Est. Ils ne mesuraient pas à quel point l'Armée allemande était désireuse de laisser les Américains entrer dans Berlin avant que l'Armée rouge n'atteigne la ville. « Soldats et officiers, remarquait le colonel de Maizière, pensaient qu'il était bien préférable d'être battus par les Occidentaux. La Wehrmacht épuisée se battit jusqu'au bout à seule fin de laisser aux Russes le moins de territoires possible. »

De toute manière, les calculs du général Simpson et de ses chefs d'unité de la Neuvième Armée devaient s'avérer beaucoup plus exacts que ceux d'Eisenhower. Ils estimaient qu'il y aurait quelques poches de résistance, mais que celles-ci pourraient être dépassées pour foncer vers Berlin, qui se trouvait à moins de cent kilomètres.

La 83e Division d'infanterie avait déjà établi sur l'Elbe un pont capable de supporter les chars de la 2e Division blindée, et dans la nuit du samedi 14 avril, les blindés commencèrent à traverser en un flot continu. La tête de pont, qui s'étendait alors jusqu'à Zerbst, se renforça rapidement. L'excitation était à son comble parmi les soldats, qui attendaient avec impatience l'ordre de reprendre la progression. Mais, tôt dans la matinée du dimanche 15 avril, le général Simpson fut convoqué par le général Bradley au quartier général du groupe d'armées, à Wiesbaden. Bradley accueillit Simpson à sa descente d'avion et lui serra la main. Puis il lui annonça sans préambule que la Neuvième Armée devait s'arrêter sur l'Elbe et ne pas avancer plus loin en direction de Berlin.

« Qui diable vous a dit cela ? » demanda Simpson, interloqué.

« Ike » (Eisenhower), répondit Bradley.

Décontenancé et écœuré, Simpson regagna son quartier général, se demandant ce qu'il allait pouvoir dire à ses officiers et à ses hommes.

Venant immédiatement après l'annonce inattendue du décès de Roosevelt, l'ordre de rester sur l'Elbe porta un grand coup au moral des troupes américaines. Roosevelt était mort le 12 avril, mais la nouvelle n'avait été communiquée que le lendemain. Goebbels fut transporté de joie lorsqu'il l'apprit, à son retour d'une visite au front dans le secteur de Küstrin. Il téléphona immédiatement à Hitler au bunker de la Chancellerie. « Mein Führer, lui dit-il, je vous félicite ! Roosevelt est mort. Il est écrit dans les étoiles que la deuxième quinzaine d'avril sera le tournant pour nous. Ce vendredi, 13 avril, c'est le tournant ! »

Goebbels ne croyait pas à l'astrologie, mais il était prêt à tout pour essayer de redonner un peu d'optimisme à son chef. Quelques jours plus tôt, il lui lisait à haute voix, dans le bunker, des passages de *L'histoire de Frédéric II de Prusse* de Carlyle, et notamment celui où Frédéric le Grand, devant faire face au désastre de la guerre de Sept Ans, songe à s'empoisonner. Mais, soudain, arrive la nouvelle de la mort de la tsarine Élisabeth. Ce texte avait fait monter les larmes aux yeux d'Hitler, qui avait alors contemplé le portrait de Frédéric II accroché dans le bunker.

Le 14 avril, dans un ordre du jour adressé à l'Armée, Hitler devait, à propos de la mort de Roosevelt, se laisser aller au lyrisme prophétique : « Au moment où le Destin a éliminé de cette terre le plus grand criminel de guerre de tous les temps, le tournant pris par les événements dans cette guerre va être décisif »[12].

La nuit suivante se produisit un autre événement symbolique dont Hitler ne fit pas état. Des bombardiers alliés attaquèrent Potsdam, détruisant la majeure partie de la vieille ville et notamment la Garnisonkirche, foyer spirituel de l'aristocratie militaire prussienne. En l'apprenant, Ursula von Kardorff éclata en sanglots dans la rue. « Tout un monde a été détruit avec cet édifice », devait-elle écrire dans son journal.

Cependant, beaucoup d'officiers se refusaient toujours à admettre la responsabilité qu'avait prise la hiérarchie militaire allemande en soutenant Hitler. La découverte de la nature des camps de concentration ne laissait pourtant plus de place à l'équivoque.

14

VEILLÉE D'ARMES

Malgré tous ses efforts et son talent pour le camouflage, l'Armée rouge ne pouvait espérer dissimuler les préparatifs de l'immense offensive sur le point d'être déclenchée sur les Fronts de l'Oder et de la Neisse. Le 1er Front biélorusse de Joukov et le 1er Front ukrainien de Koniev devaient passer à l'attaque le 16 avril. Au nord, le 2e Front biélorusse de Rokossovski devait suivre peu après. Les forces soviétiques s'élevaient à deux millions et demi d'hommes, appuyés par 41 600 canons et mortiers lourds, 6 250 chars et canons autopropulsés et quatre armées aériennes. C'était la plus grande concentration de puissance de feu jamais réalisée.

Le 14 avril, à partir de la tête de pont de Küstrin, la 8e Armée de la Garde de Tchouikov réussit à repousser la 20e Division de Panzergrenadier de deux à cinq kilomètres par endroits. Hitler, l'apprenant, se serait mis dans une telle fureur qu'il aurait ordonné que tous les officiers et soldats de la division soient dépouillés de leurs décorations.

L'extension de la tête de pont favorisa la mise en place des forces destinées à l'offensive. Cette nuit-là, la 1re Armée blindée de la Garde commença à faire passer l'Oder à ses brigades de chars sous le couvert de l'obscurité. « Durant la nuit, devait raconter un témoin, il y eut un flot constant de chars, de canons, de camions Studebaker chargés de munitions et de colonnes de soldats. » Les haut-parleurs du 7e Service diffusaient de la musique et des discours de propagande pour essayer de couvrir le bruit des moteurs de chars, mais les Allemands savaient ce qui se passait.

Durant toute la journée du 15 avril, des soldats de l'Armée rouge observèrent les positions allemandes « jusqu'à en avoir mal aux yeux », pour le cas où seraient arrivés des renforts de dernière minute et où des changements auraient été opérés dans le dispositif.

Dans l'Oderbruch, les premières fleurs printanières étaient apparues sur les collines, mais les flots du fleuve continuaient à charrier de gros blocs de glace. Dans les forêts de pins de la rive orientale, mystérieusement paisibles durant la journée, des branchages savamment disposés dissimulaient des milliers de blindés et de canons.

Plus au sud, sur la Neisse, le 1er Front ukrainien se préparait politiquement au combat. « D'actifs membres du Komsomol, précisait un rapport, apprenaient aux jeunes soldats à aimer leurs chars et à tenter de tirer le maximum de ces puissantes armes »[1]. De toute évidence, le message d'Alexandrov n'avait pas encore été clairement perçu et digéré par les services politiques, car leur dernier slogan en date était : « Il n'y aura pas de pitié. Ils ont semé le vent, et maintenant, ils récoltent la tempête »[2].

Au 1er Front ukrainien, on se préoccupait plus de l'absence de discipline dans les transmissions radio. Les régiments du NKVD eux-mêmes s'étaient laissés aller à « transmettre en clair ou en utilisant des codes périmés et en ne répondant pas aux messages »[3]. Les petites unités, quant à elles, n'étaient pas autorisées à émettre. Tous leurs postes de radio devaient être réglés sur « réception » et jamais sur « émission ». Les inquiétudes quant à la sécurité des transmissions atteignirent leur point culminant le soir du 15 avril, car c'était à ce moment qu'étaient livrés aux divers états-majors les fréquences et les codes qui devaient demeurer valables jusqu'à la fin du mois de mai[4].

Bien que les officiers eussent reçu pour consigne de ne pas donner les ordres de marche à leurs troupes plus de trois heures avant l'attaque, le SMERSH s'inquiétait de désertions de dernière minute par des soldats susceptibles de prévenir l'ennemi de ce qui se préparait et s'employait à les prévenir. Le représentant du SMERSH auprès du 1er Front biélorusse avait ordonné à tous les officiers politiques de contrôler les hommes se trouvant en première ligne afin d'identifier tous ceux qui pouvaient sembler suspects ou « moralement et politiquement instables ». Au cours d'une rafle préalable, le SMERSH avait arrêté tous les soldats dénoncés pour avoir critiqué le système des fermes collectives[5]. Un cordon sanitaire spécial avait été mis en place « de façon à ce que les hommes ne puissent fuir chez les Allemands ». Mais tous ces efforts furent finalement vains. Le 15 avril, au sud de Küstrin, un soldat de l'Armée rouge fait prisonnier par les Allemands dit à ceux-ci que la grande offensive allait commencer le lendemain matin.

Compte tenu de l'imminence de leur défaite, les Allemands avaient encore plus de raisons de craindre que leurs soldats ne désertent ou ne se rendent à la première occasion. Au Groupe d'Armées de la Vistule, des ordres signés d'Heinrici furent donnés pour qu'on sépare les hommes originaires de la même région, car les soldats intervenaient rarement pour empêcher un compatriote de déserter. Un officier du régiment *Grossdeutschland* commandant un bataillon improvisé remarquait que ses jeunes soldats n'avaient guère l'intention de combattre pour le national-socialisme. « Beaucoup, déclarait-il, souhaiteraient être blessés de façon à être envoyés à l'hôpital. » Selon lui, ils ne restaient à leur poste que par crainte d'être exécutés sommairement. Après un appel lancé au-delà des lignes par un haut-parleur soviétique, certains officiers allemands furent consternés en entendant leurs hommes répondre en demandant des détails. Seraient-ils envoyés en Sibérie ? Comment les civils étaient-ils traités dans les régions occupées d'Allemagne ?

Plusieurs commandants d'unité de la Quatrième Armée blindée, face au 1er Front ukrainien de Koniev, avaient confisqué tous les mouchoirs blancs pour empêcher leurs hommes de les utiliser comme signes de reddition. Des soldats surpris alors qu'ils tentaient de déserter furent, dans certains cas, employés à creuser des tranchées dans le *no man's land*.

Le commandement allemand avait recours à presque tous les moyens pour convaincre les soldats de tenir bon. Certains officiers informèrent leurs hommes, le soir du 14 avril, de la mort de Roosevelt en leur disant qu'ainsi, les chars américains allaient cesser d'attaquer. Ils n'hésitaient pas à affirmer que les relations entre les Alliés occidentaux et l'Union soviétique étaient devenues si mauvaises que les Américains et les Britanniques allaient se joindre aux Allemands pour repousser les Russes. Beaucoup de soldats de la Wehrmacht persistaient à penser, d'autre part, qu'à l'occasion de l'anniversaire du Führer, le 30 avril, allait se produire une contre-attaque massive avec de nouvelles armes secrètes.

D'autres pensaient à la revanche. « Tu ne peux imaginer, écrivait un lieutenant à sa femme, quelle haine terrible l'ennemi a suscitée ici. Je puis te promettre que nous allons le faire expier un de ces jours. Les violeurs de femmes et d'enfants vont connaître un autre sort. Il est difficile de croire ce que ces bêtes féroces ont fait. Nous avons juré entre nous que chacun devait tuer dix bolcheviks. Que Dieu nous aide à le faire ! »[6].

Mais la grande masse des jeunes conscrits envoyés au front après un entraînement plus que sommaire était moins facile à convaincre. Elle voulait simplement survivre.

Cependant, un colonel de la 303e Division d'infanterie *Döberitz* déclarait à l'un de ses chefs de bataillon : « Nous devons tenir le front à tout prix. Vous êtes responsable. Si quelques soldats cherchent à s'enfuir, abattez-les. Si vous voyez de nombreux soldats prendre la fuite et que vous ne pouvez les arrêter, il vaut mieux que vous vous tuiez vous-même »[7].

Sur les Hauteurs de Seelow, à part quelques attaques aériennes, c'était « presque le calme avant l'orage ». Des soldats allemands venant de la ligne de front nettoyaient leurs armes, mangeaient et se lavaient. Certains écrivaient des lettres, pour le cas où la Feldpost se remettrait à fonctionner. Dans bien des cas, leurs foyers étaient déjà occupés par l'ennemi, et d'autres ne savaient même pas où se trouvaient leurs familles.

Ayant envoyé à la cuisine roulante, un peu à l'arrière, ses recrues de la Luftwaffe, le lieutenant Wust restait avec son adjudant de compagnie à regarder, à travers les arbres, l'Oderbruch et les positions soviétiques d'où allait partir l'offensive. Il se prit à frissonner et se tourna vers l'adjudant. « Dites-moi, lui demanda-t-il, avez-vous froid, vous aussi ? » « Nous n'avons pas froid, Herr Oberleutnant, répondit l'autre. Nous avons peur. »

À Berlin, loin derrière les lignes, Martin Bormann adressait un message vengeur aux Gauleiters, leur ordonnant de repérer et de traquer les lâches. Dans le centre de la ville, des trams emplis de briques et de gravats étaient disposés en travers des rues pour former des barricades. La Volkssturm était sur le pied de guerre. Certains de ses membres en avaient été réduits à porter des casques et même des uniformes français saisis en 1940.

Hitler n'était pas seul, en ces circonstances, à évoquer la guerre de Sept Ans. La *Pravda* avait déjà publié un article rappelant l'entrée des Russes à Berlin, le 9 octobre 1760, avec cinq régiments de Cosaques en tête. « Les clés de la ville, écrivait le journal, furent emportées à Saint-Pétersbourg pour être gardées en permanence à la cathédrale Kazansky. Nous devons garder en mémoire cet exemple historique et répondre à l'ordre de la Mère Patrie et du Camarade Staline ! »[8].

En même temps, des drapeaux rouges étaient distribués aux divisions de pointe. Ils devaient être hissés sur les principaux édifices de Berlin, indiqués sur une grande maquette de la ville réalisée par les techniciens du génie du 1er Front biélorusse. La plus grande gloire devait revenir à ceux qui envahiraient le Reichstag, désigné par Staline comme l'objectif symbolique au sein du « repaire de la bête fasciste ». Ce soir-là, en une cérémonie ressemblant à un baptême laïque collectif, plus de 2 000 soldats de l'Armée rouge furent admis au Parti communiste de l'URSS.

Tout en ne doutant pas du succès de leur offensive, les chefs militaires soviétiques persistaient à craindre que les Armées américaine et britannique n'atteignent Berlin les premières. La chose aurait été considérée comme bien pire qu'une humiliation. À leurs yeux, Berlin appartenait à l'Union soviétique par droit de souffrance autant que par droit de conquête. Aucun d'entre eux ne pouvait ignorer les sentiments de leur chef suprême, qui attendait impatiemment au Kremlin. Mais nul ne pouvait savoir, toutefois, à quel point Staline était nerveux. Des informations inexactes diffusées dans la presse occidentale avaient annoncé que des unités de pointe américaines avaient atteint Berlin dans la soirée du 13 avril, mais que ces détachements avaient été repliés devant les protestations de Moscou.

Seuls Joukov, Koniev et quelques-uns de leurs proches collaborateurs savaient que l'Opération Berlin consisterait à encercler tout d'abord la ville afin d'en écarter Américains et Britanniques. Mais les commandants de front eux-mêmes ignoraient l'importance que Staline et Beria attachaient à la prise des centres de recherche nucléaire, et tout particulièrement de l'Institut de physique Kaiser Wilhelm de Dahlem.

À la veille de la bataille, Staline, à Moscou, maintenait son rideau de mensonges autour de l'offensive imminente. Rendant compte d'une réunion au Kremlin dans un message confidentiel à Eisenhower, le général Deane écrivait : « Harriman a signalé que les Allemands avaient annoncé que les Russes se préparaient à reprendre immédiatement leur attaque en direction de Berlin. Le Maréchal [Staline] a alors déclaré qu'ils allaient effectivement lancer une offensive, que lui-même ignorait dans quelle mesure elle serait couronnée de succès, mais que l'effort principal serait en direction de Dresde, comme il l'avait déjà dit au commandement américain »[9].

Ni Deane ni Harriman ne s'étaient aperçus qu'on leur mentait effrontément. Le soir précédent, lors d'une conférence des représentants des Alliés avec la *Stavka*, le général Antonov avait relevé, dans le dernier message d'Eisenhower, une ligne sur les délimitations nécessaires entre les forces occidentales et l'Armée rouge. Il demanda immédiatement « si cela indiquait un changement dans les zones d'occupation préalablement convenues ». Quand on l'assura que la phrase ne concernait que les secteurs d'opération tactiques et non les zones d'occupation, « Antonov exigea qu'on obtienne confirmation d'Eisenhower sur ce point. Il demanda également confirmation du fait qu'« à la fin des opérations tactiques, les forces anglo-américaines se retireraient de la zone d'occupation soviétique préalablement décidée ». Ce lui fut reconfirmé par un message d'Eisenhower en date du 16 avril.

Cependant, les soldats de l'Armée rouge semblaient avoir à cœur d'entrer dans Berlin avec une certaine pompe. Tandis que le jour commençait à tomber, certains profitaient des dernières lueurs pour se raser comme ils le pouvaient, avec des « coupe-choux » devant des fragments de miroir. Fort peu arrivaient à dormir. Quelques-uns écrivaient des lettres à la lueur de torches électriques abritées par leurs capotes. Ces missives tendaient à être lapidaires. « Salut du front, disait par exemple l'une d'elles. Je suis vivant et en bonne santé. Nous ne sommes pas loin de Berlin. De durs combats sont en cours, mais bientôt viendra l'ordre, et nous marcherons sur Berlin. Il nous faudra prendre la ville d'assaut, et je verrai bien si je suis encore en vie à ce moment. »

Beaucoup n'écrivaient pas à des parents ou à des fiancées, mais à des correspondantes bénévoles. Des milliers de jeunes femmes solitaires, mobilisées dans les usines d'armement d'Oural ou de Sibérie, écrivaient aux soldats se trouvant sur le front. Souvent, à un certain stade de la correspondance, des photographies étaient échangées, mais le désir amoureux n'était pas le moteur essentiel de ces relations épistolaires. Pour les soldats, la présence d'une femme quelque part au pays était la seule chose capable de leur rappeler qu'une vie normale pouvait encore exister. Sur l'air de la populaire et tragique mélodie *Zemlianka*, le sergent Vlasienko, du 1er Front ukrainien, écrivit une chanson évoquant ces correspondantes :

La lampe tempête chasse l'obscurité
Permettant à ma plume d'avancer.
Cette lettre nous rapproche, toi et moi.
Nous sommes comme frère et sœur.

De là sur le front, je me languis de toi
Et je viendrai te retrouver quand les combats seront finis,
Au loin dans notre pays
Si seulement je survis.

Et si le pire arrive,
Si les jours de ma vie sont comptés,
Souviens-toi de moi parfois,
Souviens-toi de moi avec un mot tendre.

Eh bien, au revoir pour le moment.
L'instant est venu pour moi d'aller attaquer les Allemands,
Et je veux clamer ton nom
En même temps que mon cri de guerre.

Attends-moi, l'une des chansons les plus populaires de toute la guerre, était la transposition du poème qui avait rendu célèbre, en 1942, Konstantin Simonov. Elle évoquait la croyance superstitieuse existant dans l'Armée rouge, selon laquelle un soldat resterait en vie si sa bien-aimée lui demeurait fidèle. Beaucoup d'hommes en conservaient les paroles écrites sur un morceau de papier dans leur poche et se les récitaient silencieusement comme une prière avant de monter à l'assaut.

La chanson *Le châle bleu* inspirait également des sentiments si forts que bien des soldats en avaient ajouté le titre au cri de guerre officiel, qui devenait ainsi : *« Za Rodinou, za Stalina, za Siny Platochek »* – « Pour la Mère Patrie, pour Staline, pour le Châle Bleu ! » Nombre de membres du Komsomol portaient toujours sur eux des coupures de journaux avec la photographie de Zoya Kosmodemianskaïa, leur jeune camarade « torturée à mort par les Allemands »[10]. Beaucoup de combattants avaient écrit « Pour Zoya » sur le blindage de leur char ou le fuselage de leur avion.

Cependant, un autre poème de Simonov avait été condamné comme « indécent », « vulgaire » et « portant atteinte au moral ». Il était ironiquement intitulé *Liritcheskoe* – « Lyrique » :

Ils se rappellent leurs noms pendant une heure.
Les souvenirs, ici, ne durent pas longtemps.
L'homme dit : « C'est la guerre… » et enlace une femme sans même y penser.
Il est reconnaissant envers celles qui ont si facilement,
Sans demander à être appelées « chérie »,
Remplacé pour lui une autre qui est au loin.
Elles se montraient aussi pleines de compassion qu'elles le pouvaient envers les bien-aimés d'autres femmes
Et les réchauffaient dans les temps difficiles par la générosité de leurs corps libres.
Et ceux qui attendaient de partir à l'attaque,
Ceux qui risquaient de ne jamais plus vivre ni connaître l'amour,
Trouvaient les choses plus faciles en se souvenant
Qu'hier, au moins, des bras les entouraient.

Des iconoclastes, de leur côté, improvisaient des versions très libres des chansons bénéficiant de l'approbation officielle. L'une, décrivant la femme d'un soldat près du berceau de leur enfant, au lieu de lui « secrètement essuyer ses larmes », comme dans la version d'origine, la montrait « prenant secrètement son remède contre la syphilis ».

À l'exception du *Chant des artilleurs*, emprunté au film *Six heures du soir après la fin de la guerre*, les chansons patriotiques officielles ne connurent jamais grand succès parmi les troupes. D'autres envisageaient ce qui se passerait la guerre finie. Des soldats de la 4e Armée blindée de la Garde en avaient composé une :

Bientôt, nous rentrerons chez nous.
Les filles nous accueilleront,
Et les étoiles de l'Oural brilleront pour nous.
Un jour, nous nous souviendrons des jours d'à présent.
De Kamenets-Podolsk et des monts bleus des Carpates,
Du tonnerre des chars,
De Lvov et de la steppe derrière la Vistule.
Tu n'oublieras pas cette année,
Tu en parleras à tes enfants.
Un jour, nous nous rappellerons les jours d'à présent[11].

Les soldats de l'Armée étaient impatients de voir la guerre se terminer, mais plus la victoire se rapprochait, plus ils espéraient survivre. En même temps, les hommes aspiraient désespérément à une décoration pour leur retour au pays. Une médaille rehausserait considérablement leur statut dans la communauté et particulièrement au sein de leur propre famille. Mais, en revanche, ce qu'ils craignaient le plus, plus encore que d'être tués dans les derniers jours de la guerre après avoir survécu à tant de choses auparavant, c'était de perdre des bras ou des jambes. Un mutilé de guerre était surnommé un *samovar* et tenu à l'écart de tout.

Le soir du 15 avril, après le coucher du soleil, le colonel Kalachnik, chef du service politique de la 47e Armée, envoya vers le front le capitaine Vladimir Gall et le jeune lieutenant Konrad Wolf pour interroger les prisonniers qu'on venait de ramener. Wolf était un Allemand, fils de l'auteur dramatique communiste Friedrich Wolf, qui s'était réfugié à Moscou en 1933, lors de la prise de pouvoir des nazis. Le frère aîné de Konrad, Markus Wolf, devait devenir tristement célèbre durant la période la Guerre froide comme chef des services d'espionnage d'Allemagne de l'Est.

Dans les bois menant à la rive de l'Oder, les deux hommes traversèrent des masses entières de chars et de soldats camouflés sous les branches en attendant l'assaut. En voyant toutes ces forces rassemblées, « on avait, remarqua Gall, l'impression d'un énorme ressort sur le point d'être libéré ».

D'autres étaient engagés dans des besognes beaucoup plus dangereuses. À la tombée de la nuit, des sapeurs s'étaient glissés dans le *no man's land* afin de le déminer. « Nous avions averti l'infanterie de ce que nous faisions, raconta le capitaine Soulkhanichvili, de la 3e Armée de choc, mais comme un de mes sapeurs revenait, un fantassin lui jeta une grenade. Il s'était endormi et avait été pris de panique en entendant soudain des pas. J'étais furieux et faillis le tuer en le rouant de coups. À mes yeux, tous mes hommes valaient de l'or, surtout les démineurs. »

Ceux qui avaient déjà des montres brûlaient de les regarder, pour savoir combien de minutes restaient avant l'attaque. Mais toute lumière était interdite. Il était difficile de penser à quoi que ce soit d'autre.

15

JOUKOV SUR L'ÉPERON DE REITWEIN

De son poste de commandement avancé sur l'Éperon de Reitwein, le général Tchouikov, chef de la 8e Armée de la Garde, jouissait d'une vue privilégiée sur l'Oderbruch et l'escarpement de Seelow. Il fut loin d'être enchanté quand le maréchal Joukov décida de l'y rejoindre pour observer la préparation d'artillerie et le début de l'offensive. Néanmoins, Tchouikov dépêcha le capitaine Merejko, un officier d'état-major qui l'accompagnait depuis Stalingrad, au-delà de l'Oder pour aller chercher le commandant en chef du Front et le guider vers l'Éperon de Reitwein.

À la grande fureur de Tchouikov, Joukov arriva avec tout un convoi de véhicules dont les phares pouvaient être aperçus à des distances considérables. Tchouikov nourrissait une vieille rancœur à l'égard de Joukov depuis l'hiver 1942. Il avait estimé, apparemment, que le rôle prépondérant joué par sa 62e Armée à Stalingrad avait été méconnu, tous les projecteurs se braquant sur Joukov. Et, beaucoup plus récemment, il avait fort peu apprécié les remarques faites sur le temps qu'il lui avait fallu pour s'emparer de la forteresse de Poznan. D'autre part, ses propres critiques du fait qu'on n'ait pas poussé droit vers Berlin au mois de février avaient été, de toute évidence, encore moins goûtées par Joukov.

Tandis qu'au-dessous, dans l'Oderbruch, les soldats, dans les tranchées, se restauraient avant l'attaque, accompagnant souvent la soupe de quelques gorgées de leur ration de vodka, le maréchal arriva, accompagné d'une suite qui comprenait le général Kazakov, commandant son artillerie, et le général Telegine, chef du service politique du Front. Empruntant un sentier qui contournait l'éperon, tous parvinrent à un bunker creusé par les sapeurs de Tchouikov à flanc de falaise, juste au-dessous du poste d'observation installé au sommet.

« Jamais les aiguilles de la pendule n'avaient tourné aussi lentement, devait noter plus tard Joukov. Pour occuper les minutes qui restaient, nous décidâmes de boire un peu d'un thé très fort et très chaud qui avait été préparé dans le bunker par une femme-soldat. Je me rappelle qu'elle n'avait pas un nom russe. Elle s'appelait Margo. Nous bûmes notre thé en silence, chacun étant absorbé par ses propres pensées. »

Le général Kazakov disposait de 8 983 pièces d'artillerie, dont des obusiers de 152 et 203 mm, des mortiers lourds et des batteries de lance-fusées Katioucha. Il avait fait disposer jusqu'à 270 pièces par kilomètre dans les secteurs clés, ce qui revenait à un canon tous les quatre mètres. Sa réserve de munitions était de plus de sept millions de projectiles, dont 1 236 000 furent tirés le premier jour. Son propre potentiel avait conduit Joukov à surestimer l'obstacle qu'il avait devant lui.

Le maréchal tenait habituellement à visiter le front en personne avant une offensive importante, afin d'étudier le terrain par lui-même, mais, cette fois – en raison de la constante pression à laquelle le soumettait Staline –, il s'était principalement appuyé sur les photographies prises lors des reconnaissances aériennes. Celles-ci ne rendaient pas compte de l'altitude réelle des Hauteurs de Seelow, qui dominaient la tête de pont soviétique de l'Oderbruch.

Joukov avait, en même temps, eu une idée nouvelle, dont il tirait grande fierté. Cent quarante-trois projecteurs avaient été installés sur la ligne de front afin d'aveugler les Allemands au moment de l'attaque.

Trois minutes avant le début de la préparation d'artillerie, Joukov et ses généraux quittèrent le bunker pour gagner le poste d'observation, installé au sommet de l'éperon et dissimulé par des filets de camouflage. Au-dessus d'eux, l'Oderbruch baignait encore dans la brume. Joukov regarda sa montre. Il était exactement cinq heures, heure de Moscou, ce qui correspondait à trois heures, heure de Berlin.

« Soudain, toute la région, devait-il écrire, fut illuminée par des milliers de canons, de mortiers et de nos légendaires Katiouchas. »

Les artilleurs du général Kazakov avaient commencé à s'activer avec une véritable frénésie. De toute la guerre, aucun bombardement n'avait été aussi intense. « Un orage terrible secouait toutes choses alentour, écrivit un commandant de batterie de la 3e Armée de choc. On aurait pu penser que nous au moins, artilleurs, ne pouvions être effrayés par une telle symphonie, mais, cette fois, j'avais envie de me boucher les oreilles. J'avais l'impression que mes tympans allaient éclater. » Les servants des pièces, d'ailleurs, devaient penser à garder constamment la bouche ouverte pour éviter cet accident.

Lorsque les premières détonations retentirent, certains conscrits allemands s'éveillèrent en sursaut dans leurs tranchées en pensant qu'il ne s'agissait que d'un nouveau *Morgenkonzert*, comme on appelait les tirs de harcèlement du petit matin. Mais les soldats ayant une véritable expérience du front de l'Est avaient acquis un *Landserinstinkt* qui leur disait que, cette fois, il s'agissait de la grande offensive. Les sous-officiers commencèrent à hurler des ordres : *« Alarm ! Sofort Stellung beziehen ! »* Partout, les estomacs se contractaient et les bouches devenaient sèches. « Cette fois, on y est ! » se disaient les hommes.

Décrivant ensuite leur épreuve, ceux des soldats bloqués dans la zone bombardée ayant survécu au déluge de fer et feu parlaient tous d'un « enfer » ou d'un « cataclysme ». Beaucoup étaient devenus sourds. « En quelques secondes, devait raconter Gerd Wagner, du 27e Régiment de parachutistes, les dix camarades qui se trouvaient dans ma tranchée étaient tous morts. » Lorsque lui-même avait repris conscience, blessé, il avait réussi de justesse à se traîner jusqu'à la deuxième ligne. Dans les tranchées, peu s'en étaient tirés vivants. Un demi-siècle plus tard, à cet endroit, on retrouvait encore des corps.

Sentant la terre trembler, ceux qui se trouvaient plus à l'arrière s'étaient précipités sur leurs jumelles ou sur les périscopes de tranchée. Le commandant du Bataillon 502 de blindés lourds SS, qui contemplait la scène par l'épiscope de son char Tigre, devait déclarer : « À perte de vue, le ciel entier semblait en flammes. »

Un autre observateur constatait : « Du plus loin qu'on puisse voir, ce n'était que maisons et villages en feu, avec des nappes de fumée. » Un secrétaire d'état-major ne put que murmurer : « Ciel ! Ces pauvres types, en avant… »

Les survivants du bombardement n'étaient pas seulement désorientés ; ils étaient souvent brisés, émotionnellement et psychologiquement. Peu de temps après, un correspondant de guerre trouva un soldat qui avait jeté son arme et errait dans les bois, l'air complètement égaré. Cela avait été sa première expérience du front de l'Est après avoir passé la majeure partie de la guerre à « servir de barbier aux officiers à Paris »[1].

Mais, bien que chaque mètre carré, devant les Hauteurs de Seelow, ait été labouré par les obus, les pertes humaines étaient moins élevées qu'elles auraient pu l'être. Instruit par l'interrogatoire d'un soldat de l'Armée rouge fait prisonnier au sud de

Küstrin, le général Heinrici avait fait replier le gros de la Neuvième Armée vers la deuxième ligne de tranchées.

En revanche, dans le secteur situé au sud de Francfort-sur-l'Oder, face à la 33e Armée soviétique, certains avaient eu beaucoup moins de chance. Des détachements hongrois et des unités de la Volkssturm avaient été envoyés occuper les positions avancées de la Division SS *30. Januar*. Comme devait l'écrire ultérieurement l'Obersturmführer Helmuth Schwarz, « ces hommes avaient été sacrifiés comme chair à canon par l'état-major », afin de préserver les unités régulières. La plupart des hommes de la Volkssturm étaient des anciens combattants de la Première Guerre mondiale dont beaucoup n'avaient ni uniformes ni armes.

Joukov fut si encouragé par l'absence de résistance apparente qu'il supposa l'ennemi écrasé. « Il semblait, écrivit-il plus tard, qu'après trente minutes de bombardement, il n'y avait plus personne en vie de l'autre côté. » Il donna le signal de l'attaque générale. « Des milliers de fusées de toutes les couleurs jaillirent dans l'air », et les jeunes femmes-soldats préposées aux 143 projecteurs – un tous les 200 mètres – les allumèrent simultanément.

« Sur toute la ligne d'horizon, il faisait aussi clair qu'en plein jour, écrivit à sa famille un colonel du génie soviétique. Du côté allemand, tout était recouvert par la fumée et d'épaisses gerbes de terre jaillissaient en l'air. Des nuées d'oiseaux affolés parcouraient le ciel, au milieu des explosions. Un bruit de tonnerre nous obligeait à nous couvrir les oreilles pour empêcher nos tympans d'éclater. Puis les moteurs de chars commencèrent à rugir et des projecteurs s'allumèrent sur toute la ligne de front afin d'aveugler les Allemands. De toute part retentirent des cris : "*Na Berlin !*" »

Certains soldats allemands, sans doute influencés par toute la propagande faite autour des armes secrètes, crurent que les projecteurs étaient des engins nouveaux visant à les rendre aveugles de façon permanente. Du côté soviétique, quelques-uns pouvaient s'imaginer qu'il s'agissait d'un système destiné à leur interdire toute retraite. Le capitaine Chota Soulkhanichvili, de la 3e Armée de choc, s'avisa que « la lumière était si aveuglante que nul ne pouvait faire volte-face, on ne pouvait qu'avancer ».

Dans l'ensemble, cette innovation dont Joukov était si fier fit plus pour désorienter les assaillants que pour éblouir les assaillis, car la lumière était renvoyée vers les rangs soviétiques par les épais nuages de poussière et de fumée soulevés par les tirs d'artillerie. Les commandants des unités de pointe firent transmettre vers l'arrière l'ordre d'éteindre les projecteurs, puis un contrordre les fit se rallumer, aveuglant encore plus les troupes qui attaquaient.

Cependant, Joukov avait commis une erreur plus grave encore. Son bombardement intensif de la première ligne allemande avait pilonné des tranchées dont la plupart avaient été abandonnées. Il ne l'avoue pas dans ses Mémoires, pas plus qu'il ne reconnaît avoir été désagréablement surpris par l'intensité du feu allemand lorsque l'avance de ses troupes commença vraiment. La chose devait avoir été d'autant plus amère pour lui que, durant la conférence préalable à l'attaque, plusieurs de ses principaux officiers avaient recommandé que l'on concentre les tirs d'artillerie sur la deuxième ligne de défense allemande.

L'offensive à partir de la tête de pont de Küstrin s'amorça avec la 8e Armée de la Garde de Tchouikov sur la gauche et la 5e Armée de choc de Berzarine sur la droite. Quatre jours auparavant, Joukov avait, avec l'autorisation de Staline, modifié le plan original de la *Stavka* pour conserver la 1re Armée blindée de la Garde de Katoukov en appui de Tchouikov en vue d'une entrée en force dans les faubourgs méridionaux de Berlin. À la droite de Berzarine se trouvaient la 2e Armée blindée de la Garde, la 3e Armée de choc et la 47e Armée.

À l'extrême droite du dispositif de Joukov, la 1re Armée polonaise et la 61e Armée ne disposaient pas de têtes de pont pouvant leur servir de point de départ. Il leur fallait traverser l'Oder sous le feu de l'ennemi. Leurs bataillons de pointe utilisèrent des véhicules amphibies – des DUKW américains – pilotés par de jeunes femmes-soldats, mais la plupart des unités tentèrent la traversée à bord d'embarcations ordinaires, et leurs pertes furent lourdes. Certains bateaux faisaient eau et un certain nombre coulèrent. La résistance allemande, d'autre part, était vigoureuse. Sur un bataillon de la 12e Division d'infanterie de la Garde « seuls huit hommes atteignirent la rive occidentale de l'Oder ». Un passage d'un rapport déclarant pudiquement que « certains officiers politiques ont montré de l'indécision durant la traversée du fleuve » suggère des mouvements de panique sans doute mal réprimés [2].

À l'extrême gauche, la 33e Armée, qui occupait une tête de pont au sud de Francfort-sur-l'Oder, et la 69e Armée au nord devaient avancer simultanément pour isoler la ville et sa garnison.

Lorsque les fusées montèrent dans le ciel, les fantassins soviétiques jaillirent de leurs retranchements et commencèrent à avancer. Joukov, dont l'humanité et la compassion n'étaient apparemment pas les qualités dominantes, envoyait l'infanterie dans des champs qui n'avaient pas encore été déminés avant d'y expédier ses blindés. « C'est un terrible spectacle que de voir un homme mis en pièces par une mine antichar », remarqua un capitaine.

Mais la progression de la 8e Armée de la Garde commença bien. Les soldats étaient encouragés par l'absence de résistance devant eux. Passant très bas au-dessus de leurs têtes, les chasseurs-bombardiers Chtourmovik de la 16e Armée aérienne fournissaient l'appui au sol, tandis que les bombardiers lourds de la 18e Armée aérienne s'en allaient attaquer des objectifs en arrière des lignes ennemies. Dans le secteur du 1er Front biélorusse, il y eut, ce jour-là, 6 500 sorties, mais, la visibilité se trouvant considérablement réduite par la brume et la fumée, les avions ne causèrent que relativement peu de dégâts. Toutefois, malheureusement pour la Neuvième Armée, dont les réserves de munitions étaient déjà très basses, un important dépôt d'obus situé à Alt Zeschdorf, à l'ouest de Lebus, fut touché et détruit.

Du côté allemand, ce furent naturellement les troupes n'ayant pas encore eu le temps de s'enterrer qui souffrirent le plus. Une compagnie de Volkssturm comprenant Erich Schröder, un homme de quarante ans mobilisé dix jours plus tôt, fut transportée en toute hâte vers le front à sept heures du matin à bord de camions. Elle se retrouva à découvert sous le bombardement. Schröder fut accueilli sur le terrain par deux explosions de bombes presque simultanées. Un éclat lui emporta le gros orteil, un autre lui perça le mollet gauche et un troisième se logea au creux de son dos. Il tenta de se traîner à couvert. Les véhicules qui avaient amené sa compagnie étaient en flammes, et les projectiles antichars qui y avaient été laissés explosaient en chaîne. Finalement, il fut transporté dans un poste de secours à Fürstenwalde, mais, la nuit suivante, un violent bombardement soviétique détruisit le bâtiment. Il avait eu, quant à lui, la chance d'être installé dans la cave.

Les jeunes conscrits allemands avaient été, d'une façon générale, affolés par le barrage d'artillerie et les projecteurs. Seuls les soldats aguerris s'étaient préparés à ouvrir le feu, mais le problème était d'identifier les cibles dans l'impénétrable mélange de brume, de fumée et de poussière. On pouvait entendre les Russes s'interpeller en avançant, mais il était impossible de les voir. Des rescapés des positions avancées fuyaient vers la deuxième ligne en criant : *« Der Ivan kommt ! »* Un jeune soldat qui se trouvait dans ce cas vit soudain une silhouette devant lui et hurla pour l'avertir, mais quand l'homme se retourna, il s'aperçut qu'il s'agissait d'un Soviétique. Tous deux se précipitèrent à couvert et commencèrent à échanger des coups de feu. À sa grande surprise, le jeune Allemand tua le Russe.

Le terrain avait été tellement labouré et bouleversé par les obus et les bombes que l'artillerie soviétique avait beaucoup de mal à suivre l'infanterie. C'était particulièrement vrai pour les batteries de fusées Katioucha montées à l'arrière de camions. Un immense embouteillage s'était formé dans une boue dont même les larges chenilles des T-34 avaient du mal à triompher.

Tout le monde piétinait en attendant la percée de la 8e Armée de la Garde de Tchouikov et de la 5e Armée de choc de Berzarine. À son poste d'observation sur l'Éperon de Reitwein, Joukov perdait son sang-froid, jurant et menaçant ses chefs d'unité de destitution et pire encore. Il eut une violente algarade avec Tchouikov devant tous les officiers de l'état-major parce que la 8e Armée de la Garde se trouvait bloquée dans l'Oderbruch.

Vers le milieu de la journée, de plus en plus aux abois et redoutant sans nul doute sa prochaine conversation téléphonique avec Staline, Joukov décida de changer son plan d'opération. Les armées blindées n'avaient pas été censées, initialement, avancer tant que l'infanterie n'aurait pas rompu les lignes de défense allemandes et atteint les Hauteurs de Seelow. Mais Joukov estimait ne plus pouvoir attendre. Tchouikov fut horrifié, prévoyant le chaos que le changement de plan allait causer, mais Joukov se montra formel. À trois heures de l'après-midi, il appela la *Stavka*, à Moscou, pour parler à Staline. Celui-ci écouta son rapport de situation et lui dit : « Ainsi, vous avez sous-estimé la capacité de résistance de l'ennemi sur l'axe de Berlin. Je pensais que vous étiez déjà aux environs de la ville, mais vous êtes toujours devant les Hauteurs de Seelow. Les choses ont commencé de façon plus favorable pour Koniev. » Le maître du Kremlin semblait admettre le changement de plan, mais Joukov savait fort bien que c'était aux résultats que la chose se jugerait.

Dans l'après-midi, Katoukov reçut l'ordre d'attaquer en direction de Seelow avec la 1re Armée blindée de la Garde, tandis que la 2e Armée blindée de la Garde de Bogdanov devait s'occuper du secteur de Neuhardenberg. Comme Tchouikov l'avait prévu, ce mouvement prématuré des unités blindées ne fit qu'accroître le chaos déjà considérable qui régnait sur le terrain. La situation devint cauchemardesque pour tous ceux qui essayaient de régler la circulation des véhicules.

Puis, sur la droite, les chars de Bogdanov furent durement étrillés par les canons allemands de 88 mm enterrés au-dessous de

Neuhardenberg et subirent en outre une violente contre-attaque de petits groupes armés de Panzerfaust. Un peloton de canons d'assaut commandé par l'adjudant Gernert, de la IIIe Brigade d'instruction, émergea brusquement de la fumée près de Neutrebbin, dans l'Oderbruch, et prit à partie une importante formation de chars soviétiques. Gernert en détruisit sept à lui seul, et, le lendemain, son bilan personnel était monté à quarante-quatre. « Son extraordinaire bravoure et son sens tactique ont sauvé le flanc de la brigade », devait écrire le général Heinrici dans une citation comportant l'attribution de la Croix de chevalier[3]. Mais lorsqu'il signa ce texte, le 28 avril, la brigade, et, en fait, la Neuvième Armée elle-même, avaient pratiquement cessé d'exister en tant qu'unités organisées.

Finalement, les unités de tête des armées blindées soviétiques parvinrent au pied des Hauteurs de Seelow et en entreprirent l'ascension, les moteurs des chars gémissant sous l'effort. En de nombreux endroits, la pente était si raide que les chefs de char devaient rechercher des itinéraires de rechange. Cela les amenait assez souvent à tomber sur des positions fortifiées allemandes.

Sur la gauche, les brigades de pointe de Katoukov eurent une très mauvaise surprise alors qu'elles avançaient en direction de la route Dolgelin-Friedersdorf, au sud-est de Seelow. Elles tombèrent sur les chars Tigre du Bataillon SS 502 de blindés lourds, et un engagement meurtrier s'ensuivit. Gênés dans leurs manœuvres par de profonds fossés, les chars soviétiques subirent de lourdes pertes.

Cependant, au centre, entre Seelow et Neuhardenberg, la 9e Division parachutiste, objet de la fierté de Göring, avait plié sous le pilonnage qui était venu l'accabler. Quand le bombardement avait commencé, le matin, le 27e Régiment de parachutistes avait transféré son poste de commandement du Schloss Gusow, sur la crête, à un bunker situé dans les bois, un peu en arrière. Le capitaine Finkler était, quant à lui, resté dans le château évacué, demeurant en liaison avec le nouveau P.C. par le téléphone de campagne. La fumée limitait considérablement son champ de vision, mais il pouvait quand même distinguer des jeunes soldats de la Luftwaffe qui fuyaient en abandonnant leurs armes. Finalement, un lieutenant vint l'avertir que les troupes soviétiques avançaient déjà vers l'extrémité du village. Le colonel Menke, qui commandait le régiment, ordonna alors une contre-attaque immédiate. Finkler réunit une dizaine d'hommes et chargea droit vers l'ennemi. Presque tous les parachutistes furent tués. Finkler et le lieutenant parvinrent à trouver refuge dans un char Hetzer abandonné.

Au siège du commandement pour la défense de Berlin, sur la Hohenzollerndamm, le colonel Refior, chef d'état-major du général Reymann, ne fut « pas surpris » d'être réveillé ce matin-là par « un roulement de tonnerre assourdi et continu venant de l'est »[4]. L'intensité du bombardement et des tirs d'artillerie était si grande que dans les faubourgs est de Berlin, à soixante kilomètres de la zone immédiatement visée, on avait l'impression d'un petit tremblement de terre. Les maisons étaient ébranlées, les tableaux tombaient des murs et les sonneries téléphoniques se déclenchaient toutes seules. « C'est commencé », se murmuraient avec angoisse les gens dans les rues. Nul n'avait besoin de préciser de quoi il s'agissait. La question qu'on se posait le plus souvent était de savoir si les Américains allaient arriver à Berlin à temps pour sauver la population des Russes.

Les affirmations des autorités quant à la solidité de la ligne de défense de l'Oder se trouvaient directement contredites par l'activité régnant dans la capitale, où l'on dressait des barricades et organisait des positions défensives. La préoccupation immédiate des Berlinois, cependant, était de se constituer des réserves de provisions avant que le siège ne commence. Les files d'attente dans les boulangeries et les magasins d'alimentation étaient plus longues que jamais.

Au milieu du désordre ambiant et des idées folles circulant en haut lieu, quelqu'un avait eu, ce matin-là, le bon sens d'ordonner l'évacuation à l'écart de la capitale du service pédiatrique de l'hôpital de Potsdam, qui avait déjà été presque entièrement détruit lors d'un bombardement aérien, la nuit du 14 avril. Les enfants furent transportés, dans une ambulance de la Croix-Rouge allemande tirée par deux chevaux étiques, jusqu'au palais de Cecilienhof, abandonné quelques semaines plus tôt par le vieux Kronprinz. Quelques anciens officiers de ce qui avait été la Garde prussienne et leurs épouses continuaient toutefois à résider dans les caves. Ils ne pouvaient se douter que Potsdam était destinée à faire partie de la zone d'occupation soviétique.

Le matin du 16 avril, les infirmières apprirent qu'elles devaient transférer de nouveau les jeunes malades au complexe de Heilstätten, près de Beelitz, au sud-ouest de la capitale. Presque tous les établissements hospitaliers de Berlin, y compris la Charité et les hôpitaux Auguste-Viktoria et Robert-Koch, étaient relogés là, dans des casernements camouflés. Ces bâtiments avaient d'ailleurs déjà servi d'hôpital durant la Première Guerre mondiale, et Hitler y avait séjourné deux semaines après sa blessure, à la fin de 1916.

Mais les petits malades évacués n'étaient pas encore hors de danger. Comme on les débarquait retentit le cri : « Tous à couvert ! Avion ! » Et un vieux biplan soviétique Po-2 apparut au sommet des arbres et ouvrit le feu.

Au quartier général souterrain de Zossen, les téléphones ne cessaient de sonner. Le général Krebs, épuisé, se redonnait courage avec le vermouth d'une bouteille qu'il gardait dans le coffre-fort de son bureau. L'artillerie et l'aviation soviétiques détruisant les postes de commandement et coupant les lignes téléphoniques, il y avait de moins en moins de communications en provenance des zones de combat, mais les appels des ministres et du bunker de la Chancellerie se multipliaient. Tout le monde, dans les milieux gouvernementaux de Berlin, demandait des nouvelles. Cependant, les pensées des officiers d'état-major allaient à ceux qui se trouvaient au front. Tous imaginaient ce qu'ils devaient subir.

À la conférence d'état-major de onze heures, des officiers s'enquirent des plans d'évacuation du quartier général. Tous savaient que Zossen se trouverait dans une position extrêmement vulnérable dès le moment où le 1er Front ukrainien aurait percé sur la Neisse. Une ou deux des personnes présentes rappelèrent avec acidité la prédiction d'Hitler selon laquelle l'attaque sur Berlin ne serait qu'une feinte, le véritable objectif de l'Armée rouge étant Prague. À la grande horreur d'Heinrici, Hitler avait même fait transférer trois divisions blindées au corps de troupes commandé par le maréchal Schörner.

Or, le général Busse, commandant la Neuvième Armée, en aurait eu désespérément besoin comme réserve en vue d'éventuelles contre-attaques. Ses trois corps – le Corps d'armée CI sur la gauche, le Corps blindé LVI du général Weidling au centre et le Corps blindé SS XI sur la droite – manquaient terriblement de chars. Ils étaient donc voués à un combat statique. Le Corps de montagne SS V, au sud de Francfort-sur-l'Oder, bien qu'installé entre les deux principaux axes d'attaque de l'ennemi, dut faire face à une offensive de la 69e Armée soviétique qu'il réussit à tenir en échec.

Sur l'Oderbruch et les Hauteurs de Seelow, les combats se poursuivaient de façon chaotique. En raison de la visibilité presque nulle, les affrontements avaient lieu à très courte distance. Un soldat du régiment *Grossdeutschland* devait écrire plus tard que ce terrain marécageux « n'était pas un champ de bataille mais un abattoir ».

« Nous avancions sur un terrain parsemé de cratères d'obus, écrivit de son côté, le soir même, un officier du génie soviétique nommé Piotr Sebelev. Partout, il y avait des canons et des véhicules allemands détruits, des chars en train de brûler et de nombreux cadavres que nos hommes avaient rassemblés pour les enterrer. Le temps était couvert. Mais, de temps à autre, nos avions d'appui volaient dans la bruine au-dessus des positions allemandes. Beaucoup d'Allemands se rendaient. Ils ne voulaient pas sacrifier leur vie pour Hitler. »

D'autres officiers de l'Armée rouge se montraient moins modérés dans leurs évocations. Selon le capitaine Klochkov, de la 3e Armée de choc, le sol était « couvert des cadavres de ces guerriers dont Hitler tirait une si grande fierté ». Et il ajoutait : « Au grand étonnement de nos soldats, certains de ces cadavres se remettent en titubant sur leurs pieds, au fond des tranchées, et lèvent les mains. » Mais, dans ces récits, les Soviétiques n'évoquaient pas leurs propres pertes. En fait, le 1er Front biélorusse avait laissé sur le terrain près de trois fois autant d'hommes que les défenseurs allemands.

Des enquêtes ultérieures purent relever de nombreuses défaillances chez les Soviétiques ce jour-là. Apparemment, la 5e Armée de choc souffrait d'une « mauvaise organisation »[5]. La discipline n'était pas observée dans les communications radio et les transmissions étaient si défectueuses que « les chefs d'unité ne savaient pas ce qui se passait et donnaient de fausses informations ». Pour tout arranger, l'excès de messages codés était tel que les services de déchiffrage des états-majors n'arrivaient plus à suivre. De nombreux messages urgents furent ainsi retardés.

Il y avait également des commandants d'unité qui affirmaient avoir pris des objectifs qu'ils n'avaient pas encore atteints. Il était bien difficile de déterminer si ces fausses informations étaient dues à la confusion régnant de toutes parts ou à la terrible pression venue d'un état-major suprême exigeant à cor et à cri des résultats. Cela commençait généralement par un coup de téléphone véhément de Joukov au général commandant une armée, qui, selon la méthode classique de l'Armée soviétique, le répercutait avec une violence encore accrue en direction des généraux commandant les corps d'armée et les divisions. Affolés, ceux-ci tendaient parfois à faire appel à leur imagination plutôt qu'à leur sens de la rigueur. Le général commandant le 26e Corps d'infanterie de la Garde fut ainsi pris la main dans le sac. Il avait informé le général Berzarine que ses troupes avaient pris un village et avancé de deux kilomètres au-delà « alors que ce n'était pas vrai ».

Un colonel de la 248e Division d'infanterie perdit son régiment. Dans une autre division, un bataillon fut envoyé à l'attaque dans la mauvaise direction. Et, dès que l'offensive commença, des régiments tendirent à perdre le contact entre eux dans la brume et la fumée. On omit aussi de repérer des positions d'artillerie allemandes, qui « continuèrent à opérer pendant que l'infanterie avançait, ce qui entraîna de lourdes pertes ». Des chefs d'unité furent également blâmés pour ne s'être préoccupés que d'avancer, alors qu'ils auraient dû concentrer leurs efforts sur la destruction de l'ennemi.

Des pertes furent également dues – et ce n'était pas la première fois que cela se produisait – à l'artillerie amie. Ce fut officiellement attribué au fait que « souvent, les chefs d'unité étaient incapables de se servir de divers appareils » – ce qui pouvait aller, peut-être, de la boussole au poste de radio. Toujours est-il que, le premier jour de l'offensive, le 16 avril, la 266e Division d'infanterie se retrouva durement matraquée par sa propre artillerie lorsqu'elle atteignit le premier rideau d'arbres. Le lendemain, les 248e et 301e Divisions d'infanterie connurent le même sort. La 5e Armée de choc revendiqua 33 000 prisonniers mais se garda de faire état de ses propres pertes.

La 8e Armée de la Garde, elle aussi, connut « de graves inconvénients », euphémisme habituel pour désigner des manifestations d'incompétence ayant risqué d'être extrêmement coûteuses. Mais, apparemment, la faute n'en incombait pas à Tchouikov mais bien à Joukov lui-même. « La préparation d'artillerie, précise un rapport, donna de bons résultats sur le front ennemi, permettant à l'infanterie de franchir la première ligne de défense, mais nos canons ne parvinrent pas à détruire les positions d'artillerie ennemies, surtout sur les Hauteurs de Seelow, et même l'entrée en action de l'aviation n'y changea rien. »

Il y eut également des cas où l'aviation soviétique bombarda et mitrailla ses propres hommes. Ce fut dû en partie au fait que les officiers des bataillons d'infanterie de pointe « ne savaient pas utiliser les fusées adéquates pour signaler leur position ». Le signal, en fait, devait être donné par une fusée blanche et une fusée jaune, et l'on avait distribué des fusées jaunes en nombre très insuffisant.

Le rapport établi sur ces premiers combats signalait aussi que l'artillerie ne s'était pas portée en avant pour continuer à soutenir l'infanterie, mais là, la faute en revenait aux organisateurs mêmes de l'offensive pour n'avoir pas prévu qu'un bombardement aussi massif allait rendre presque impraticable le sol saturé d'eau.

Les services médicaux, eux, furent, de toute évidence, débordés. « Dans certains régiments, déclarait le rapport, l'évacuation des blessés du champ de bataille a été très mal organisée. » Les blessés de la 27e Division d'infanterie de la Garde furent laissés « sans aucune assistance médicale pendant quatre à cinq heures », et le poste de secours ne disposait que de quatre tables d'opération [6]. Un mitrailleur blessé resta, en fait, vingt heures sur le terrain sans être secouru.

Au sud de Francfort-sur-l'Oder, la 33e Armée n'avait pas eu la partie belle face au Corps de montagne SS V. Et elle s'était, elle aussi, rapidement trouvée à court d'infirmiers et de brancardiers. Ses officiers avaient été amenés à contraindre, pistolet au poing, des prisonniers allemands de transporter les blessés soviétiques vers l'arrière et de rapporter des munitions. Ce n'eut pas l'heur de plaire au service politique de la 33e Armée, qui reprocha à ses propres officiers de ne pas avoir eux-mêmes pris en main les prisonniers allemands pour les endoctriner « et les renvoyer vers leurs camarades afin de démoraliser ceux-ci ». Les blessés ne semblaient pas être la préoccupation dominante du commandement soviétique*. Dans les hôpitaux de campagne, par exemple, les hommes du SMERSH n'hésitaient jamais à interrompre une opération pour rechercher d'éventuels cas d'automutilation parmi les blessés.

La bataille pour les Hauteurs de Seelow ne fut certainement pas la plus grande heure de gloire du maréchal Joukov, mais toutes les erreurs de conception et de commandement qui furent commises ne peuvent laisser oublier le courage, l'énergie et l'abnégation que montrèrent la plupart des soldats et des officiers subalternes de l'Armée rouge. Le prix payé fut élevé, et le commandement si peu disposé à le reconnaître que, lors des échanges téléphoniques, les pertes n'étaient évoquées qu'à mots couverts. « Combien d'allumettes brûlées ? » ou « Combien de crayons cassés ? » se bornait-on à demander.

Du côté allemand, le général Heinrici, commandant le Groupe d'Armées de la Vistule, et le général Busse n'auraient pu faire mieux que ce qu'ils avaient fait, compte tenu des circonstances. Les survivants allemands de la bataille persistent encore, à l'heure actuelle, à les bénir d'avoir sauvé tant de vies humaines en retirant la majorité de leurs troupes des positions avancées juste avant le début du barrage d'artillerie.

* Une bonne partie du personnel de santé ayant eu l'expérience du front devait renoncer à l'exercice de la médecine après la guerre.

Mais quelques officiers supérieurs croyaient encore en Adolf Hitler. Le soir du 16 avril, après la tombée de la nuit, le colonel Hans-Oscar Wöhlermann, commandant l'artillerie du Corps blindé L VI, alla trouver son commandant, le général Weidling, à Waldsieversdorf, au nord-ouest de Müncheberg. Le quartier général du corps d'armée y était installé dans la maison de vacances d'une famille berlinoise.

Une seule bougie éclairait la pièce où se trouvait le général, au premier étage. Weidling, qui n'avait plus d'illusions sur Hitler et sur sa conduite de la guerre, ne cacha pas sa façon de penser et Wöhlermann en fut profondément choqué. « Je fus extrêmement déconcerté, devait-il écrire plus tard, de m'apercevoir que même ce soldat valeureux et audacieux, " Dur comme les os ", ainsi qu'on l'appelait dans son régiment, avait perdu foi en notre plus haute autorité »[7].

Leur conversation fut brutalement interrompue par un bombardement. Puis arrivèrent des informations indiquant qu'une brèche s'était ouverte entre eux et le Corps SS XI, et qu'une autre se creusait sur la gauche, menaçant de leur faire perdre la liaison avec le Corps CI du général Berlin. « Le mur élevé contre les hordes mongoles », dont avait parlé peu auparavant Goebbels, se désintégrait rapidement.

Cette soirée et cette nuit furent sans doute les pires de la vie du maréchal Joukov. Les yeux de l'Armée et, chose plus importante encore, ceux du Kremlin, étaient fixés sur ces Hauteurs de Seelow dont il n'était pas parvenu à s'assurer. Ses armées ne pouvaient plus, dorénavant, prétendre s'emparer de « Berlin le sixième jour de l'opération ». L'un des régiments d'infanterie de Tchouikov avait atteint le pourtour de la ville de Seelow et quelques-uns des chars de Katoukov étaient, en un point au moins, presque à la crête, mais ce n'était certainement pas cela qui allait satisfaire Staline[8].

Le maître du Kremlin, qui avait semblé assez détendu durant l'après-midi, ne dissimula pas sa colère quand, peu avant minuit, Joukov l'informa au radiotéléphone que les hauteurs n'étaient pas encore occupées. Staline le réprimanda pour avoir changé le plan initial de la *Stavka*.

« Êtes-vous bien sûr que vous prendrez la ligne de Seelow demain ? » demanda-t-il.

« Demain, 17 avril, en fin de journée, répondit Joukov, qui s'efforçait de paraître calme, les défenses des Hauteurs de Seelow seront rompues. Je suis convaincu que plus l'ennemi envoie de troupes contre nous ici, plus il sera facile de s'emparer de Berlin. Il est beaucoup plus facile d'anéantir des troupes en rase campagne que dans une ville fortifiée. »

Staline ne semblait pas convaincu. Peut-être pensait-il plus aux Américains risquant de surgir du sud-ouest qu'aux forces allemandes à l'est de Berlin. « Nous songeons, dit-il à Joukov, à donner ordre à Koniev d'envoyer les armées blindées de Rybalko et de Leliouchenko du sud vers Berlin et à dire à Rokossovski d'accélérer sa traversée et d'attaquer du nord. » Sur quoi il raccrocha avec la plus brève des salutations.

Peu après, le chef d'état-major de Joukov, le général Malinine, put s'assurer que Staline avait bel et bien ordonné à Koniev d'envoyer ses armées blindées vers le sud de Berlin.

Les soldats russes tendaient à considérer les fleuves et rivières d'Europe occidentale comme dérisoires par rapport aux immenses cours d'eau de leur pays d'origine. Cependant, chaque traversée prenait pour eux une importance particulière, parce que marquant une étape dans leur inexorable marche en avant. « Même lorsque j'avais été blessé sur la Volga, déclarait le sous-lieutenant Maslov, j'avais eu la conviction que je retournerais au front et verrais finalement cette maudite Spree »[9].

La Neisse entre Forst et Muskau n'avait que la moitié de la largeur de l'Oder, mais le franchissement d'un cours d'eau face à un ennemi retranché dans ses positions n'est jamais chose facile. Le maréchal Koniev décida que la meilleure tactique pour son 1er Front ukrainien consistait à faire baisser à tout prix la tête à l'ennemi pendant que ses unités de pointe s'engageraient dans la rivière.

Le barrage d'artillerie commença à six heures du matin, heure de Moscou – quatre heures, heure de Berlin. Les Soviétiques alignaient 249 canons par kilomètre, leur plus grande concentration d'artillerie de la guerre, appuyés par les bombardiers de la 2e Armée aérienne. « Le ronflement des moteurs d'avions, les coups de tonnerre des canons et le fracas des explosions, raconta un officier, étaient tels qu'on ne pouvait entendre un camarade crier à un mètre de soi. » Les tirs d'artillerie, plus prolongés que ceux qui avaient précédé l'attaque de Joukov, durèrent cent quarante-cinq minutes en tout. « Le dieu de la guerre a la voix sonore aujourd'hui », remarqua un commandant de batterie durant une pause[10].

Les servants des pièces s'activaient avec allégresse, encouragés par des ordres un peu particuliers : « Sur le repaire fasciste, feu ! », « Sur Hitler le possédé, feu ! », « Pour le sang et les souffrances de notre peuple, feu ! », « Pour notre grand Staline, feu ! », « Pour la Mère Patrie bien-aimée, feu ! », « Sur les derniers Fritz, feu ! » [11].

Koniev était venu spécialement de son quartier général, installé près de Breslau, dont le siège se poursuivait. Il avait gagné le poste d'observation du général Poukhov, commandant la 13e Armée, qui consistait en un retranchement et un réseau de tranchées creusés à l'orée d'un bois de pins, sur une falaise surplombant la Neisse. De là, il eut une vue privilégiée sur le théâtre des opérations jusqu'au moment où les avions de la 2e Armée aérienne commencèrent à larguer des bombes fumigènes sur un front de 390 kilomètres de largeur, afin d'empêcher les hommes de la 4e Armée blindée allemande d'identifier rapidement les axes d'attaque.

Puis les unités de pointe se portèrent en avant, portant des canots qu'ils mirent à l'eau avant de pagayer de toutes leurs forces vers l'autre rive. « Les bateaux d'assaut, précisa un rapport du 1er Front ukrainien, furent lancés avant que les canons se taisent. Les activistes du Parti communiste et les membres du Komsomol s'efforçaient d'être les premiers dans les bateaux et criaient des encouragements à leurs camarades : " Pour la Mère Patrie ! ", " Pour Staline ! " »

Dès que les premiers soldats débarquèrent sur la rive occidentale, ils plantèrent de petits drapeaux rouges pour encourager les suivants. Quelques bataillons traversèrent simplement à la nage, ce que les vétérans figurant parmi eux avaient déjà fait plusieurs fois durant leur avance à travers l'Ukraine. D'autres soldats utilisaient des gués préalablement repérés et franchissaient le cours d'eau à pied en tenant leurs armes au-dessus de leurs têtes. Les pontonniers étaient, quant à eux, déjà au travail. Des ponts provisoires établis, quelques canons antichars de 85 mm suivirent les premières unités d'infanterie [12].

Compte tenu de l'intensité de la préparation d'artillerie, peu d'Allemands occupant les positions avancées étaient encore en état d'opposer une résistance sérieuse. « Nous n'avions aucun endroit où nous abriter, devait déclarer à ses interrogateurs soviétiques le caporal-chef Karl Pafflik. L'air tout entier résonnait de sifflements et d'explosions. Ceux qui avaient survécu aux premiers tirs se ruaient comme des fous dans les tranchées et les bunkers. Nous étions muets de terreur ? » [13] .

Beaucoup mirent à profit la fumée qui enveloppait les lignes et le chaos qui régnait de toutes parts pour se rendre. Vingt-cinq hommes au moins du 500e Straf Regiment, unité disciplinaire où l'on avait encore plus de raisons qu'ailleurs de déserter, capitulèrent en bloc, levant les mains et criant en un russe très approximatif : « Ivan, pas tirer, nous prisonniers. » L'un de ces déserteurs répéta à ses interrogateurs une amère plaisanterie circulant à Berlin : « La seule promesse que Hitler ait tenue, c'est celle qu'il a faite avant son arrivée au pouvoir en disant : Donnez-moi dix ans et vous ne reconnaîtrez plus l'Allemagne. » D'autres prisonniers se plaignaient de ce que leurs officiers leur aient menti, en leur promettant des fusées V-3 et V-4.

Lorsque des câbles eurent été lancés en travers de la Neisse, ces bacs purent faire traverser les premiers chars T-34 destinés à aller appuyer l'infanterie. Les unités de génie du 1er Front ukrainien, responsables de toutes les opérations de franchissement de la Neisse, n'avaient pas prévu moins de 133 points de passage. Les pontonniers attachés aux 3e et 4e Armées blindées de la Garde avaient reçu ordre, quant à eux, de garder tout leur matériel prêt pour le prochain cours d'eau, la Spree.

Peu avant midi, quand les premiers des ponts de soixante tonnes furent en place sur la Neisse, les éléments de tête de la 4e Armée blindée de la Garde de Keliouchenko commencèrent à traverser. Ils furent suivis dans l'après-midi par le gros des forces d'assaut. Les brigades de chars avaient reçu ordre d'avancer à pleine vitesse, prêtes à affronter la contre-attaque de la Quatrième Armée blindée allemande par la 21e Division blindée. Dans la partie sud du secteur, la 2e Armée polonaise et la 52e Armée avaient également traversé sans encombre et avançaient vers Dresde.

Koniev avait de bonnes raisons d'être satisfait de sa première journée d'offensive. Ses unités de pointe étaient arrivées à mi-chemin de la Spree. La seule ombre au tableau, comme il fut établi plus tard fut l'évacuation « insupportablement lente » [14] des blessés vers l'arrière, mais Koniev, comme la plupart des chefs militaires soviétiques, ne semblait pas s'en soucier outre mesure. À minuit, il annonça à Staline par radiotéléphone que l'avance du 1er Front ukrainien se poursuivait avec succès. « Joukov ne s'en tire pas très bien [15], lui dit alors Staline. Envoyez Rybalko [3e Armée blindée de la Garde] et Leliouchenko [4e Armée blindée de la Garde] en direction de Zehlendorf [le faubourg de Berlin situé le plus au sud-ouest]. Vous vous souvenez, comme nous en étions convenus à la *Stavka*. »

Koniev ne se souvenait que trop bien de cette réunion, car c'était celle au cours de laquelle Staline avait fixé la limite entre son secteur et celui de Joukov à Lübben, laissant ainsi au 1er Front ukrainien l'éventuelle possibilité d'attaquer Berlin par le sud.

Le choix par Staline de Zehlendorf comme point de référence est des plus intéressants. Il voulait, de toute évidence, diriger

Koniev vers le sud-ouest de Berlin aussi rapidement que possible, car ce serait l'axe d'approche vraisemblable des Américains à partir de Zerbst. Et il se trouvait aussi que, juste en retrait de Zehlendorf, se trouvait Dahlem et les installations de recherche nucléaire de l'Institut Kaiser Wilhelm.

Trois heures plus tôt, à une conférence de la *Stavka* réunie à 21 heures, le général Antonov, sans aucun doute sur les instructions de Staline, avait de nouveau abusé les Américains lorsque ceux-ci s'étaient enquis d'informations allemandes faisant état d'une offensive générale contre Berlin. Selon le rapport envoyé ensuite au Département d'État, à Washington, Antonov avait affirmé « qu'en fait, les Russes entreprenaient une vaste opération de reconnaissance dans le secteur central du front afin d'obtenir des précisions sur les défenses allemandes »[16].

16

SEELOW ET LA SPREE

Après leurs conversions téléphoniques nocturnes avec Staline le 6 avril, la course de vitesse entre Joukov et Koniev commença véritablement. Poussé par Staline, Koniev avait relevé le gant avec enthousiasme, mais Joukov, bien qu'ébranlé par son échec initial devant les Hauteurs de Seelow, persistait à considérer que Berlin lui appartenait de droit.

Le mardi 17 avril, le temps s'améliora et, avec lui, la visibilité. Les chasseurs-bombardiers Chtcurmovik se trouvèrent ainsi en mesure d'attaquer les positions allemandes subsistant sur les Hauteurs de Seelow avec une beaucoup plus grande précision. Dans l'Oderbruch et sur les pentes, les petites villes, les hameaux et les fermes isolées continuaient à brûler. L'artillerie et l'aviation soviétiques avaient systématiquement pris pour cibles tous les bâtiments se présentant à eux pour le cas où ils auraient abrité un poste de commandement. Une terrible odeur de chairs calcinées régnait un peu partout, provenant de corps humains dans les maisons et des cadavres d'animaux dans les granges et les champs.

Derrière des lignes allemandes de plus en plus difficiles à définir, les blessés s'entassaient en tel nombre dans les postes de secours que les médecins n'arrivaient plus à faire face à la situation. Selon le système de tri qu'ils avaient dû adopter, une blessure à l'estomac équivalait pratiquement à une condamnation à mort, car l'intervention chirurgicale qu'elle aurait exigée était trop longue. Pour le traitement, priorité absolue était donnée aux hommes capables de reprendre le combat. Des officiers spécialement délégués à cette tâche parcouraient les hôpitaux de campagne à la recherche de blessés encore en mesure de marcher et de se servir d'une arme.

La Feldgendarmerie avait organisé des barrages pour intercepter les traînards, les soldats égarés et les blessés légèrement atteints afin de les renvoyer vers le front dans des compagnies improvisées. Cet éternel rôle de chiens de garde ne contribuait pas à accroître leur popularité.

Dans les compagnies ainsi formées, on retrouvait également des membres de la Jeunesse Hitlérienne de quinze ou seize ans, dont beaucoup arboraient encore les culottes courtes de leur uniforme d'origine. On avait entrepris de leur fabriquer des casques spéciaux, de plus petite pointure, mais on n'était pas parvenu à les produire en nombre suffisant. Beaucoup des adolescents, en conséquence, portaient des casques leur descendant jusqu'au cou et dissimulant en bonne part leurs visages pâles et tendus.

Un groupe de sapeurs de la 3e Armée de choc soviétique qu'on avait envoyé déminer un champ se trouva pris par surprise lorsqu'une douzaine d'Allemands sortirent soudain d'une tranchée pour se rendre. Puis un jeune garçon jaillit d'un bunker. « Il portait, devait raconter le capitaine Soulkhanichvili, un long imperméable et une casquette. Il lâcha une rafale de pistolet-mitrailleur. Puis, voyant que je n'étais pas tombé, il lâcha son arme et éclata en sanglots. Il se mit à crier comme il put : "*Hitler kaputt, Stalin gut !*" Je me mis à rire et je le giflai. Ces pauvres gosses ! J'avais pitié d'eux. »

Les plus dangereux parmi les membres de la Jeunesse Hitlérienne étaient ceux dont les maisons avaient été brûlées et les familles massacrées par l'Armée rouge à l'est. Ils pensaient qu'il ne leur restait plus qu'à mourir au combat en amenant avec eux le plus de Soviétiques qu'ils pouvaient.

Comme Joukov et ses troupes l'apprirent à leurs dépens, l'Armée allemande n'avait pas encore perdu toute sa combativité. Le matin du 17 avril, un nouveau bombardement d'artillerie et d'aviation suivi d'une attaque des chars de Katoukov et de Bogdanov n'aboutit pas au succès que le maréchal avait promis à Staline. Beaucoup des blindés soviétiques furent immobilisés par des canons de 88 mm antichars et des groupes d'infanterie armés de Panzerfaust. Et dès qu'à midi les brigades de chars de Katoukov parvinrent à pénétrer dans Dolgelin et Friedersdorf, elles durent faire face à une contre-attaque lancée par les derniers chars Panther de la Division blindée *Kurmark*.

Le IIe Corps blindé du général Youchtchouk réussit à encercler Seelow en chevauchant la Reichsstrasse 1, l'autoroute qui reliait primitivement Berlin à Königsberg. Mais les chars de Youchtchouk ne tardèrent pas à se retrouver sous le feu de l'artillerie – en l'occurrence celle de la 15e Armée de choc. Cela provoqua une violente algarade avec l'état-major de Berzarine.

Les blindés du IIe Corps furent également attaqués à maintes reprises par des Panzerfaust tirant à très courte distance. Les tankistes soviétiques cherchèrent une parade en s'emparant, dans les maisons voisines, de matelas à ressorts métalliques qu'ils amarraient autour des tourelles ou sur les flancs de leurs chars, de façon à ce que la charge creuse tirée par le Panzerfaust explose prématurément.

Les chars T-34 et Staline des deux Armées blindées de la Garde poursuivaient leur progression au-dessus de tranchées qui, le plus souvent, étaient déjà abandonnées. Dans la partie la plus au nord de l'Oderbruch, la 3e Armée de choc, appuyée sur sa droite par la 47e Armée, repoussait les unités avancées du Corps CI allemand, dont beaucoup de régiments étaient presque entièrement composés de jeunes recrues tirées des centres d'instruction et d'élèves-officiers. Ils avaient pour la plupart subi d'épouvantables pertes.

Lorsque le Régiment *Potsdam* se retrouva replié sur les rives marécageuses de l'Alte Oder, il ne comptait plus que trente-quatre hommes en état de combattre. Ces survivants entendirent de nouveau le bruit des moteurs de chars. « Nous, fantassins, déclara l'un d'eux, étions une fois de plus les dindons de la farce. On attendait de nous que nous arrêtions l'offensive russe alors que toutes les autres armes se repliaient vers l'ouest. »

Seuls quelques canons d'assaut restaient pour affronter les blindés soviétiques. Ayant tiré leurs tout derniers obus, les hommes de l'artillerie divisionnaire avaient fait sauter leurs canons et s'étaient retirés. Nombre de fantassins avaient profité du désordre pour s'associer à ce repli. La discipline commençait à se désintégrer, d'autant que circulait la rumeur d'un cessez-le-feu avec les Alliés occidentaux.

Au centre, la 9e Division parachutiste s'était complètement effondrée. Son chef était le général Bruno Bräuer, qui avait dirigé, en son temps, l'assaut aéroporté sur Héraklion, en Crète, avant de devenir commandant de la garnison de cette île. Mais ce qu'il avait sous ses ordres, en avril 1945, n'était, malgré les rodomontades de Göring à ce sujet, qu'une troupe de « rampants » de la Luftwaffe qui n'avaient jamais sauté en parachute de leur vie et n'avaient jamais été engagés dans une action de combat. Quand commencèrent la préparation d'artillerie et l'offensive soviétiques, les officiers furent incapables de contrôler leurs hommes, pris de panique.

Le colonel Menke, commandant le 27e Régiment de parachutistes, fut tué lorsque les chars T-34 percèrent, non loin de son poste de commandement. Vers la fin de la matinée du 17 avril, la division se reprit un peu, des blindés étant venus à son secours, mais ce ne fut que pour s'effondrer de nouveau peu après.

Wöhlermann, qui commandait l'artillerie du Corps LVI, rencontra Bräuer et le trouva « complètement brisé par la fuite de ses hommes »[1]. En proie à une dépression nerveuse, il dut être ensuite relevé de son commandement. Bräuer était un homme que la malchance poursuivait. Peu après la guerre, il passa en jugement pour crimes de guerre à Athènes, fut condamné et exécuté en 1947 pour des atrocités commises en Crète sur les ordres d'un autre général.

À 18 heures 30 ce jour-là, Ribbentrop arriva sans se faire annoncer au quartier général de Weidling et exigea qu'on lui fasse un compte rendu de la situation. Wöhlermann s'étant présenté à ce moment précis, Weidling dit au ministre des Affaires étrangères : « Voici le commandant de mon artillerie qui vient juste d'arriver de la ligne de front. Il peut vous faire son rapport. » Celui-ci « eut un effet dévastateur sur le ministre ». Ribbentrop posa une ou deux questions d'une voix rauque et à peine audible. Puis il fit de très vagues allusions à la possibilité d'un retournement de situation « de la douzième heure » et à des négociations avec les Américains et les Britanniques.

Ce fut peut-être ce qui incita le général Busse à envoyer le message suivant : « Tenez encore deux jours de plus, puis tout sera réglé. » Cette allusion à un accord avec les Alliés occidentaux était l'un des derniers recours de la hiérarchie nazie.

Des soldats allemands isolés se repliaient comme ils pouvaient dans les bois recouvrant les pentes des Hauteurs de Seelow – souvent pour y trouver des fantassins et des blindés soviétiques qui les y avaient précédés. L'artillerie et l'aviation russes continuaient à bombarder leurs propres hommes tout autant que les Allemands.

La Luftwaffe, de son côté, aligna ce jour-là tous les chasseurs Focke-Wulf dont elle pouvait encore disposer pour tenter de s'opposer à l'assaut ennemi. Vers le soir, des avions allemands allèrent attaquer les ponts jetés sur l'Oder par les Soviétiques, mais en vain[2]. Selon certaines informations dont l'origine ne fut pas précisée, « des pilotes allemands percutaient volontairement les bombardiers russes, expédiant au sol, en flammes, les deux avions ». C'était ce que certains pilotes soviétiques avaient fait contre les avions de la Luftwaffe en 1941, au début de l'Opération Barberousse[3].

Plus remarquable encore est l'utilisation supposée d'une escadrille de kamikazes allemands contre les ponts de l'Oder. Apparemment, la Luftwaffe avait inventé son propre terme pour ce genre d'opérations : « *Selbstopfereinsatz* » – « mission d'autosacrifice ». Les pilotes de l'escadrille *Leonidas*, basée à Jüterbog et commandée par le lieutenant-colonel Heiner Lange, étaient censés avoir signé une déclaration se terminant par ces mots : « Je suis avant tout conscient que la mission se terminera par ma mort. » Le soir du 16 avril, un bal d'adieu fut organisé pour les pilotes de la base avec le concours d'auxiliaires féminines de la Luftwaffe. Lorsque vint la dernière danse, le général Fuchs « s'efforçait de réprimer ses larmes »[4].

Le lendemain matin s'accomplirent les premières « missions de sacrifice » contre les trente-deux ponts construits ou réparés par les sapeurs soviétiques. Les Allemands, pour ce faire, utilisèrent tous les appareils immédiatement disponibles – Focke-Wulf 190, Messerschmitt 109 et Junker 88. En trois jours, dix-sept ponts furent déclarés détruits, mais cette revendication apparaît comme exagérée au-delà de toutes proportions. Les deux seules destructions vraiment authentifiées furent celle d'un pont provisoire par une bombe de 500 kilos larguée par le Focke-Wulf d'Ernst Beichl, près de Zellin, et celle du pont de chemin de fer de Küstrin. Trente-cinq pilotes et autant d'avions semblaient un prix très lourd pour un résultat aussi limité. Le général Fuchs cita les noms des sacrifiés dans un message spécial qu'il adressa « au Führer pour son 56e anniversaire imminent ».

L'opération tout entière dut être abandonnée quand les blindés de Koniev, fonçant soudain vers Berlin en partant du sud-est, menacèrent la base de Jüterbog.

La chance continuait à sourire au 1er Front ukrainien de Koniev après son attaque au-delà de la Neisse. La 13e Armée et la 5e Armée de la Garde avaient réussi à percer la deuxième ligne de défense allemande, et, alors même que de violents combats se poursuivaient de part et d'autre, Koniev avait fait charger ses brigades de chars vers la Spree, entre Cottbus et Spremberg. De vastes étendues de forêt étaient en feu à la suite des tirs d'artillerie et des bombardements aériens, et les flammes étaient fort dangereuses pour les chars, qui transportaient leurs réserves de carburant dans des barils amarrés sur la plage arrière. Mais la vitesse était capitale si les brigades voulaient avoir une chance d'atteindre la Spree avant que la Quatrième Armée blindée allemande ait pu réorganiser une ligne de défense. Les hommes de Koniev sentaient la victoire. L'impression qui régnait au sein de la 4e Armée blindée de la Garde était que « si les Allemands n'avaient pas pu tenir sur la Neisse, ils ne pouvaient plus rien faire dorénavant ».

Toutefois, une percée directe de blindés en direction de Berlin aurait mis en danger les lignes de communication soviétiques dans le cas d'une contre-attaque allemande. En conséquence, Koniev dirigea la 5e Armée de la Garde de Jadov à gauche vers Spremberg, et la 3e Armée de la Garde à droite, pour faire se replier les Allemands sur Cottbus.

Ce soir-là, quand les brigades de tête de la 3e Armée blindée de la Garde atteignirent la Spree, le général Rybalko, qui tirait fierté d'être toujours à la tête de ses troupes, décida de ne pas attendre les pontonniers. Il choisit un endroit où la rivière ne semblait pas trop profonde et y fit s'engager un char. Celui-ci traversa avec de l'eau juste au-dessus des chenilles. Toute la brigade suivit, ignorant les tirs de mitrailleuse des Allemands retranchés sur la rive opposée. Le gros des deux armées blindées réussit ainsi à franchir la Spree durant la nuit.

Koniev savait que ses chars allaient rencontrer de nombreuses difficultés au milieu des lacs, des marécages, des cours d'eau et des forêts de pins de la région de Lausitz, mais il savait aussi que s'il faisait vite, les routes menant à Berlin seraient peu défendues. La Quatrième Armée blindée allemande avait déjà engagé ses réserves opérationnelles pour tenir la deuxième ligne, et les chefs militaires de Berlin seraient sans nul doute plus préoccupés par la menace des armées de Joukov.

Comme celui-ci, Koniev avait abouti à la conclusion qu'il serait plus facile de venir à bout de l'ennemi en rase campagne que plus tard dans Berlin. Mais il ne fit pas part de cette opinion à Staline au cours de la conversation qu'il eut avec lui le soir, au radiotéléphone.

Koniev avait presque fini de présenter son rapport lorsque Staline l'interrompit. « Du côté de Joukov, dit le maître du Kremlin, les choses ne vont pas si bien. Il en est encore à percer les défenses ennemies. » Un long silence suivit, que Koniev décida de ne pas rompre. « Ne pourrions-nous pas, reprit Staline, redéployer les troupes mobiles de Joukov et les envoyer vers Berlin par la brèche ouverte dans le secteur de votre front ? » Il ne s'agissait certainement pas là d'une proposition sérieuse, mais d'une astuce visant à forcer Koniev à abattre ses cartes et à mettre en avant son propre plan.

« Camarade Staline, répondit-il, cela prendra beaucoup trop de temps et créera une confusion considérable… La situation se développe favorablement pour notre front. Nous avons des forces suffisantes et nous pouvons tourner les deux armées blindées contre Berlin. »

Koniev ajouta qu'il avancerait en passant par Zossen, où tous deux savaient que se trouvait le siège du commandement de la Wehrmacht.

« Très bien, déclara Staline. J'approuve. Dirigez les armées blindées vers Berlin. »

Dans les milieux gouvernementaux de Berlin, cependant, nul ne savait au juste que faire, à part rédiger des proclamations vengeresses généralement assorties de menaces d'exécution. « Aucune localité allemande ne sera déclarée ville ouverte, affirmait un ordre du jour d'Himmler. Toute ville et tout village seront défendus par tous les moyens possibles. Tout Allemand ne respectant pas son devoir évident envers la nation perdra sa vie en même temps que son honneur »[5].

Le fait que l'artillerie allemande était pratiquement à court de munitions, qu'on devait abandonner les chars faute de carburant et que les soldats eux-mêmes n'avaient plus rien à manger était noblement ignoré.

La menace d'annihilation n'avait nullement changé les mœurs de la bureaucratie nazie, même à ses plus bas échelons. La petite ville de Woltersdorf, juste au sud de la Reichsstrasse 1 s'était retrouvée, le 17 avril, envahie par les réfugiés. Cependant, les autorités locales persistaient à n'autoriser à partir que les habitants « non employés et inaptes au service dans la Volkssturm », et ce seulement s'ils avaient « confirmation écrite par leur localité de destination » du fait que leur logement était assuré[6]. De plus, chacune de ces personnes devait demander l'autorisation du Kreisabschnittsleiter, le responsable de district nazi.

Les forces de Koniev se trouvaient à ce moment à moins de quatre-vingts kilomètres au sud-ouest des sièges de l'OKH et de l'OKW à Zossen. Et pourtant ni la Quatrième Armée blindée allemande ni le Groupe d'Armées du Centre du maréchal Schörner n'avaient signalé que les 3e et 4e Armées blindées de la Garde soviétiques franchissaient la Spree en force et qu'il n'y avait plus de réserves pour les arrêter. À Zossen, l'attention des officiers d'état-major était concentrée avant tout sur le combat pour les Hauteurs de Seelow.

Le général Heinrici avait déjà envoyé la majeure partie de la réserve de son groupe d'armées – le Corps blindé SS III *Germanische* de Steiner – soutenir la Neuvième Armée du général Busse. Le 17 avril à midi, la 11e Division SS *Nordland* avait reçu ordre de faire mouvement vers Seelow. La *Nordland* était composée principalement de Danois et de Norvégiens, mais elle comprenait également des Suédois, des Finlandais et des Estoniens. Certains ont soutenu que quelques Britanniques se trouvaient aussi dans leurs rangs, mais la chose semble douteuse. Commandée par le Brigadeführer Joachim Ziegler, la division disposait d'une cinquantaine de véhicules blindés, principalement regroupés dans son bataillon de reconnaissance et dans le Bataillon motorisé *Hermann von Salza*. Le gros de la troupe était représenté par les régiments d'infanterie portée *Danmark* et *Norge* et un bataillon du génie. La *Nordland*, qui avait été évacuée de Courlande et avait participé aux durs combats pour l'estuaire de l'Oder, à l'est de Stettin, avait eu, depuis le début de l'année, des pertes s'élevant à près de 15 000 hommes, dont 4 500 tués ou disparus [7].

Heinrici envoya une autre division de Waffen SS étrangers, la *Nederland*, encore plus au sud. Elle devait se porter au sud-ouest de Francfort-sur-l'Oder et de Müllrose, et se placer sous l'autorité du Corps de montagne SS V. Cette décision d'Heinrici, revenant à dépouiller le Corps SS de Steiner de ses plus fortes unités, rendit Himmler furieux.

Dès l'aube du mercredi 18 avril, les derniers défenseurs des Hauteurs de Seelow entendirent le grondement des moteurs de chars et le grincement des chenilles. Puis, peu après, les attaques aériennes commencèrent. Des chasseurs-bombardiers piquèrent sur la colonne formée par la division *Nordland*, qui se trouvait encore à quelque distance du front. Son commandant, le Brigadeführer Ziegler, s'était rendu au quartier général de Weidling pour l'informer que ses véhicules étaient à court de carburant, et que c'était la raison pour laquelle l'unité était si en retard. Weidling était au comble de la fureur.

Joukov n'était pas de meilleure humeur que Weidling ce matin-là. Il savait que les armées blindées de Koniev avaient maintenant été autorisées à virer au nord et à prendre la route de Berlin. Durant leur conversation téléphonique de la veille au soir, Staline avait même évoqué la possibilité d'orienter le 2ᵉ Front biélorusse de Rokossovski vers la capitale allemande lorsqu'il aurait à son tour franchi l'Oder. Le *Verkhovny* s'était montré plus insultant encore en lui proposant les conseils de la *Stavka* sur la manière de diriger ses opérations.

En conséquence, les ordres donnés par Joukov aux commandants de ses armées ce 18 avril furent impératifs. Ils devaient inspecter eux-mêmes leur secteur du front et faire un rapport de situation extrêmement précis. L'artillerie devait avancer pour attaquer les Allemands en tir direct. L'avance devait être accélérée et poursuivie sans relâche jour et nuit. Une fois de plus, des soldats allaient payer de leur vie les bouffées d'orgueil de leur chef.

Après un nouveau et massif barrage d'artillerie et une série d'attaques aériennes, les soldats soviétiques, épuisés, repassèrent à l'offensive tôt le matin. Sur la droite du dispositif, la 47e Armée attaqua Wriezen. La 3e Armée de choc fit de même sur la route menant de Wriezen à Seelow, mais se heurta à une forte résistance près de Kunersdorf. La 5e Armée de choc et la 2e Armée blindée de la Garde réussirent à pousser au nord de Neuhardenberg, mais furent également bloquées dans leur élan. Pendant ce temps, la 8e Armée de la Garde de Tchouikov et la 1re Armée blindée de la Garde de Katoukov continuaient à s'acharner sur la ville de Seelow elle-même et sur le secteur Friedersdorf-Dolgelin. Tchouikov était furieux du fait qu'à sa gauche, la 69e Armée avait à peine avancé, ce qui laissait l'un de ses flancs de plus en plus exposé. Mais, heureusement pour lui, toutes les forces de Busse étaient déjà engagées ailleurs.

En fait, rien n'allait très bien sur les ailes extrêmes du dispositif de Joukov. Au sud de Francfort-sur-l'Oder, la 33e Armée peinait encore en s'efforçant d'user les défenses de la Division SS *30. Januar*. Et à l'extrémité nord de l'Oderbruch, la 61e Armée et la 1re Armée polonaise n'avaient pas été en mesure d'avancer avant la prise de Wriezen.

La percée se produisit subitement juste à l'arrière de Seelow, sur la Reichsstrasse 1. À 9 heures 40 le matin du 18 avril, le colonel Eismann reçut au quartier général du Groupe d'Armées de la Vistule un message annonçant que « des éléments blindés de pointe ennemis avaient percé à Diedersdorf ». Ils se dirigeaient vers Müncheberg par la Reichsstrasse 1, et l'infanterie allemande se débandait devant eux. Vingt minutes plus tard, sur l'insistance d'Heinrici, Eismann appelait au téléphone le colonel de Maizière, à l'OKH, pour demander ce qui était arrivé à la 7e Division blindée, dont il avait besoin pour boucher la brèche ouverte entre le flanc gauche de la Neuvième Armée et le flanc droit de la Troisième Armée blindée.

À midi, Busse appela Heinrici et lui dit : « C'est aujourd'hui le moment crucial. » L'une des deux principales poussées soviétiques venait du sud-ouest de Wriezen et l'autre longeait la Reichsstrasse 1. Busse constatait que son armée était en cours de dislocation. Les 3e et 5e Armées de choc soviétiques forçaient le front entre Wriezen et Seelow. À une demi-douzaine de kilomètres à l'ouest de Seelow, près du village d'Alt Rosenthal, les Allemands lancèrent une contre-attaque avec infanterie et chars. Le major Andreïev, chef de bataillon à la 248e Division d'infanterie de la 5e Armée de choc, laissa deux de ses compagnies encaisser la poussée allemande, tandis qu'il opérait un mouvement tournant avec la troisième pour prendre l'ennemi à revers. Selon un rapport soviétique, « son bataillon élimina 153 officiers et soldats, ainsi que deux chars ».

C'était un combat sans merci. À Hermersdorf, au sud-ouest de Neuhardenberg, un détachement d'infanterie soviétique dépassa un T-34 qui, atteint par un projectile de Panzerfaust, brûlait encore. À proximité, un soldat allemand dans un trou d'homme appelait au secours. L'explosion d'une grenade lui avait arraché les pieds et il n'avait plus la force de sortir du trou. Mais, malgré ses cris, les Soviétiques le laissèrent là où il était, afin de se venger de la destruction du T-34.

À 16 heures 20, Göring, furieux de l'effondrement de la 9e Division parachutiste, téléphona au quartier général du Groupe d'Armées de la Vistule pour ordonner que le général Bräuer soit immédiatement démis de son commandement. Puis, à 18 heures 45, ce fut le général Busse qui appela Heinrici pour un motif plus important. Il était devenu impossible d'empêcher que l'Armée soit coupée en deux. « Quel secteur, demanda Busse, est le plus important du point de vue du commandement, le nord ou le sud ? »

À 19 heures 50, l'officier de liaison de la Luftwaffe informa le service des opérations de l'état-major du Groupe d'Armées de la Vistule que l'aviation avait détruit 53 avions et 43 chars ennemis, plus 19 « probables ». Quelqu'un, à l'état-major, nota ces chiffres en ajoutant au crayon deux points d'exclamation, afin de marquer son scepticisme. Les combats, certes, étaient rudes, mais les évaluations allemandes des pertes soviétiques étaient systématiquement exagérées. Le journal nazi *Der Angriff* n'hésita pas, ainsi, à affirmer qu'au cours de cette seule journée, « 426 chars soviétiques » avaient été détruits.

Il n'en demeure pas moins que les pertes de l'Armée rouge avaient été considérablement supérieures à celles des Allemands. Dans ses efforts désespérés pour s'emparer des Hauteurs de Seelow, Joukov avait eu plus de 30 000 tués, alors que l'Armée allemande en avait eu 12 000.

Les prisonniers allemands que les Soviétiques emmenaient vers l'arrière étaient sidérés de voir le nombre de chars, de canons d'assaut et d'autres véhicules chenillés montant en colonne ininterrompue vers le front. « Et voilà, déclara l'un d'eux, l'armée qui, en 1941, était censée en être à son dernier souffle ! » Croisant les prisonniers, les fantassins soviétiques montant eux aussi vers le front hurlaient « *Hitler kapuuutt !* » en faisant mine de trancher une gorge.

L'un des prisonniers allemands acquit la conviction qu'un nombre important des cadavres devant lesquels il passait étaient ceux de « soldats soviétiques qui avaient été écrasés par leurs propres chars ». Il vit également des soldats russes essayant des Panzerfaust dont ils s'étaient emparés en tirant sur les murs d'une maison à moitié en ruines. D'autres dépouillaient leurs propres morts de leurs capotes. D'autres encore s'entraînaient au tir sur des nids de cigognes.

« Dans la ville de Gusow, rapporta un détachement de la 5e Armée de choc, nous avons libéré seize femmes soviétiques. Le soldat Tsynbalouk a reconnu parmi elles une fille de chez lui, nommée Tatiana Chesteriakova. Les femmes ont parlé aux soldats de toutes les souffrances qu'elles avaient endurées durant leur esclavage. Elles ont également déclaré qu'avant de fuir, leur ex-propriétaire, Frau Fischke, avait dit : " Pour nous, les Russes sont pires que la mort " »[8].

Au sud de Berlin, Koniev connut un moment difficile le 18 avril. Alarmé par la percée sur la Spree, le maréchal Schörner, commandant en chef du Groupe d'Armées du Centre, lança, près de Görlitz, une contre-attaque sur le flanc de la 52e Armée soviétique, qui se dirigeait vers Dresde. Mais Schörner ne parvenant pas à concentrer ses forces – il était, dans sa hâte, contraint d'engager ses unités une à une – la 52e parvint à le repousser sans trop de difficultés. La 2e Armée polonaise, de son côté, avait continué son avance, mais des harcèlements répétés au cours des jours suivants finirent par ralentir considérablement celle-ci.

Koniev continua à pousser la 13e Armée au-delà de la Spree, derrière les deux armées blindées. Pendant ce temps, la 3e Armée de la Garde de Gordov maintenait sa pression sur les Allemands autour de Cottbus et la 5e Armée de la Garde de Jadov persistait à attaquer Spremberg, assurant ainsi la percée.

Koniev ordonna également qu'on rassemble tous les camions disponibles. Les formations de pointe de la 28e Armée, arrivant en renfort, avaient maintenant franchi la Neisse, et il voulait les porter au plus vite en avant pour appuyer les unités blindées avançant vers Berlin. En fin de journée, la 3e Armée blindée de la Garde avait avancé de trente-cinq kilomètres au-delà de la Spree, tandis que Leliouchenko, rencontrant moins de résistance, avait parcouru quarante-cinq kilomètres.

Dans l'après-midi, le général Reymann, responsable de la défense du secteur de Berlin, avait reçu ordre d'envoyer hors de la ville toutes les unités de la Volkssturm afin de rejoindre la Neuvième Armée et de l'aider à établir une nouvelle ligne de résistance. Reymann fut horrifié de voir ainsi la capitale dépouillée de presque tout son potentiel. Lorsque Goebbels, en tant que commissaire du Reich pour la Défense de Berlin, lui confirma l'ordre, le général lui précisa aussitôt : « Une défense de la capitale du Reich est maintenant impensable. » Il n'avait pas compris que c'était exactement ce que Speer et Heinrici avaient voulu afin de sauver Berlin de l'anéantissement. En l'occurrence, il n'y eut qu'une dizaine de bataillons et quelques canons antiaériens à quitter la ville le lendemain à l'aube. Mais, si l'on en croit Speer, la nouvelle eut pour effet de laisser supposer à nombre de gens que « Berlin serait en fait ville ouverte »[9].

À sa grande exaspération, le général Weidling reçut la visite, après celle de Ribbentrop, d'un autre personnage venu de Berlin. Il s'agissait cette fois d'Artur Axmann, le chef de la Jeunesse Hitlérienne. Weidling tenta de le persuader qu'il serait vain de lancer dans la bataille des garçons de quinze ou seize ans armés de Panzerfaust. Cela reviendrait à « sacrifier des enfants pour une cause déjà perdue »[10]. Mais tout ce qu'Axmann accepta de reconnaître fut « que ses jeunes n'avaient pas subi un entraînement suffisant ». Et bien que Weidling lui assurât qu'il ne les utiliserait sous aucun prétexte, il s'abstint de les retirer des zones de combat.

Un autre et plus terrible exemple de l'obstination désespérée des membres de l'appareil nazi fut donné ce même jour par la décapitation de trente détenus politiques à la prison de Plötzensee.

Le 18 avril, sur le flanc nord de la Neuvième Armée allemande, le Corps CI avait moins reculé que les unités voisines. Mais l'une des conséquences en fut que nombre de ses régiments ne tardèrent pas à se retrouver avec des troupes soviétiques sur leurs arrières. Dans la soirée, un détachement regroupant les survivants d'un régiment d'élèves-officiers expédia deux des siens s'enquérir des vivres qui auraient dû, en principe, leur être acheminés. Les deux hommes revinrent, essoufflés et pâles, en disant : « En ce moment même, les Russes sont en train de manger notre dîner. » Nul ne savait plus où l'ennemi avait percé et où se trouvait dorénavant le front. Ils saisirent leurs armes et leurs sacs et s'enfermèrent dans l'obscurité, passant devant un village en feu. La lueur rouge des flammes se reflétait sur le ciel noir.

Durant la nuit suivante, un tir intense de fusées Katioucha détruisit et incendia le village de Wulkow, non loin de Neuhardenberg. Presque toutes les maisons étaient bondées de soldats allemands qui dormaient, épuisés. Le bataillon de reconnaissance de la Division *Nordland* fut lui aussi pris pour cible par les terribles lance-fusées. Il perdit plus d'hommes en quelques instants que durant les âpres combats autour de Stettin, quelques semaines plus tôt.

Le 19 avril, la Neuvième Armée commença à éclater vers trois directions principales, comme l'avait craint le général Busse. La prise de Wriezen par l'Armée rouge et l'avance de la 3e Armée de choc vers l'ouest, jusqu'au plateau s'étendant derrière Neuhardenberg, contraignirent le Corps CI à reculer vers Eberswalde et la campagne située au nord de Berlin. Le Corps blindé LVI de Weidling, au centre, commença à se replier en direction de l'ouest et de la capitale. Et, sur la droite, le Corps blindé SS XI amorça un repli sud-ouest vers Fürstenwalde. La Division *Kurmark* ne disposait plus que d'une douzaine à peine de chars Panther.

Ce même jour, la 1re Armée blindée de la Garde et la 8e Armée de la Garde de Tchouikov, partant de Seelow, poussèrent le long de la Reichsstrasse 1 vers la ville clé de Müncheberg. Les restes de la 9e Division parachutiste allemande, qui s'étaient regroupés la veille, furent repris par la panique et s'enfuirent en criant *« Der Ivan kommt ! »* Le bataillon de reconnaissance de la *Nordland*, qui avait finalement atteint le front, réussit à rassembler une partie des parachutistes, leur donna des munitions, et leur fit rebrousser chemin en une contre-attaque qui connut un succès très provisoire.

Mais la retraite ne tarda pas à reprendre le long de la Reichsstrasse 1, dans la confusion et la souffrance. Des soldats de toutes les armes et de tous les corps se retrouvaient mélangés, Wehrmacht et Waffen SS ensemble. Les plus épuisés s'effondraient soudain sous un arbre, les jambes étendues devant eux. La population locale, apprenant que le front avait cédé, avait envahi les routes pour essayer d'aller chercher refuge à Berlin, gênant souvent la circulation déjà difficile et chaotique des militaires. Ceux-ci étaient si las et découragés que les officiers devaient de plus en plus fréquemment sortir leurs pistolets pour se faire obéir.

La Feldgendarmerie et des groupes de SS continuaient inlassablement leur recherche des déserteurs. Nul compte officiel ne fut établi des exécutions sommaires au bord des routes, mais bien des témoignages indiquent qu'un nombre important d'hommes – et même d'adolescents de la Jeunesse Hitlérienne – furent pendus à des arbres sur de simples présomptions. Cela revenait souvent à du meurtre. Certains Soviétiques affirment que 25 000 officiers et soldats allemands furent ainsi exécutés en 1945. Ce chiffre est certainement beaucoup trop important, mais celui de 10 000 semble très proche de la réalité.

Le 19 avril fut de nouveau une belle journée de printemps, procurant à l'aviation soviétique une parfaite visibilité. Ses appareils mitraillèrent et bombardèrent presque sans relâche les routes, contraignant soldats et réfugiés à se précipiter dans les fossés. Des femmes et des jeunes filles, terrifiées à la perpective de voir arriver l'Armée rouge, suppliaient des groupes de soldats de les emmener avec eux : « *Nehmt uns mit, nehmt uns, bitte, bitte mit !* » Cependant, certaines personnes vivant pourtant tout près de la ligne de front semblaient inconscientes de la situation et de l'imminence du désastre. Le 19 avril, un certain Herr Saalborn écrivit au bourgmestre de Woltersdorf pour lui demander de lui confirmer que, conformément à l'article 15 de la *Reichsleitungsgesetz* (Version du 1er septembre 1939), sa bicyclette, réquisitionnée par la Volkssturm, lui serait restituée[11].

Le général Heinrici devait maintenant concentrer son attention sur la partie nord de la ligne de défense de l'Oder, entre la côte de la Baltique et le canal Hohenzollern, à l'extrémité supérieure de l'Oderbruch. Le général von Manteuffel, ayant opéré à bord d'un avion léger une reconnaissance au-dessus des positions avancées de Rokossovski, n'avait eu aucun mal à repérer les préparatifs ennemis.

En fait, le 2e Front biélorusse avait une formidable tâche en perspective. Au nord de Schwedt, l'Oder suivait deux chenaux, avec du terrain marécageux de part et d'autre. Le soir du 19 avril, Rokossovski annonça à Staline que l'offensive, précédée d'une intense préparation d'artillerie et de bombardements aériens, commencerait le lendemain matin aux premières lueurs de l'aube.

Rokossovski était celui de tous les commandants de front qui avait eu à résoudre le problème logistique le plus difficile, devant redéployer ses troupes à partir de Dantzig et de l'estuaire de la Vistule. Cela avait été obligeamment signalé à Staline par Joukov le 29 mars. « Eh bien, avait répondu Staline, il nous faudra commencer l'opération sans attendre le front de Rokossovski. S'il a quelques jours de retard, ce n'est pas grave. »

La situation ayant changé et les armées de Rokossovski risquant d'être nécessaires à la prise de Berlin, Staline se montrait beaucoup moins insouciant.

17

LE DERNIER ANNIVERSAIRE DU FÜHRER

Le vendredi 20 avril fut également une belle journée – la quatrième à la file. C'était également le cinquante-sixième anniversaire d'Adolf Hitler. Auparavant, la combinaison de l'anniversaire et du beau temps eût été remarquée et maintes fois commentée, vue comme un heureux clin d'œil des puissances supérieures. En ce printemps 1945, seuls les plus acharnés des nazis pouvaient encore s'accrocher à une telle conviction. Toutefois, des drapeaux à croix gammée furent hissés sur les bâtiments en ruines, ainsi que des panneaux proclamant : *« Die Kriegsstadt Berlin grüsst den Führer ! »* – « La forteresse Berlin salue le Führer ! »

Dans le passé, lettres, cartes et paquets inondaient la Chancellerie du Reich ce jour-là. Six ans plus tôt, le professeur Lutz Heck, du Jardin zoologique de Berlin, avait envoyé à Hitler « avec ses plus chaleureuses félicitations » un œuf d'autruche pesant 1 230 grammes. Mais, en 1945, le Zoo de Berlin avait été à demi détruit et ses animaux réduits à la famine [1]. Quant aux lettres et aux paquets, l'effondrement du système postal aidant, ils s'étaient faits rares.

En revanche, les aviations américaine et britannique n'avaient pas oublié la date. Les sirènes résonnèrent dès le matin dans la capitale allemande pour annoncer un raid de bombardement massif des deux forces combinées.

Göring, lui, fut éveillé dans son manoir de Karinhall, au nord de Berlin, par le bombardement annonçant l'offensive de Rokossovski. Tout un convoi de camions de la Luftwaffe, pour lesquels on aurait certainement pu trouver une meilleure utilisation, attendait, chargé d'œuvres d'art et d'objets précieux pillés un peu partout. Un détachement motocycliste devait l'escorter vers le sud. Göring harangua brièvement les hommes et les regarda partir.

Puis l'officier du génie ayant mis en place les explosifs destinés à faire sauter Karinhall escorta le Reichsmarschall jusqu'au dispositif de mise à feu. Göring avait insisté pour actionner lui-même la manette. Le prétentieux édifice s'effondra au milieu d'un immense nuage de poussière. Puis, sans faire mine de se retourner, Göring gagna la limousine qui devait le conduire à Berlin. Il lui fallait se trouver à la Chancellerie à midi afin de présenter ses vœux d'anniversaire à Hitler.

Himmler avait regagné la veille au soir la clinique d'Hohenlychen, et, à minuit, avait fait venir du champagne pour porter un toast au Führer. Il venait juste d'organiser des rencontres séparées avec le comte Folke Bernadotte, de la Croix-Rouge, et Norbert Masur, le représentant du Congrès juif mondial, qui était arrivé secrètement dans la journée à l'aérodrome de Tempelhof.

Bernadotte et Masur pensaient qu'il s'agissait de discuter d'éventuelles libérations de prisonniers, mais ce que voulait Himmler, c'était établir une voie de communication avec les Alliés occidentaux. Bien que s'estimant toujours fidèle à Hitler, le Reichsführer SS pensait que lui seul pouvait le remplacer et être apte à négocier avec l'Occident. Restait aussi à convaincre les juifs que la « solution finale » était une chose sur laquelle il était nécessaire de passer l'éponge.

La radio diffusa, ce matin-là, un discours d'anniversaire de Goebbels, le seul dirigeant nazi décidé à rester à Berlin avec Hitler jusqu'à l'extrême fin. Il invita tous les Allemands à faire aveuglément confiance au Führer, qui allait assurer leur salut. « Je me demandai s'il était fou, nota Ursula von Kardorff dans son journal, ou s'il jouait froidement une sorte de comédie. »

Göring, Ribbentrop, Dönitz, Himmler, Kaltenbrunner, Speer, Keitel, Jodl et Krebs arrivèrent à la Chancellerie avant midi et se groupèrent dans les vastes salles aux parois de marbre qui, dans leur relatif délabrement, étaient profondément sinistres.

Beaucoup trouvèrent Hitler terriblement vieilli, paraissant au moins vingt ans de plus que son âge réel. Ils le pressèrent de prendre la route de la Bavière pendant qu'il était encore temps. Hitler exprima alors la conviction que les Soviétiques allaient subir devant Berlin leur plus sanglante défaite. Il fit des adieux pleins d'affection à Dönitz, auquel il avait ordonné de prendre la responsabilité du nord de l'Allemagne, mais traita de façon distante Göring, qui prétendait aller organiser la résistance en Bavière. Selon les propos tenus par Speer à ses interrogateurs américains moins d'un mois plus tard, Hitler « était déçu par la lâcheté de Göring et des autres »[2].

La principale question dont il fut débattu durant la conférence de situation de ce 20 avril fut de savoir dans combien de temps l'Allemagne allait se trouver coupée en deux au sud de Berlin. Le territoire non encore occupé diminuait chaque jour. Les Britanniques se rapprochaient d'Hambourg, les Américains étaient sur l'Elbe, sur les frontières de Tchécoslovaquie et entraient en Bavière. La Première Armée française avançait en Allemagne du Sud. Au sud-est, l'Armée rouge était arrivée à l'ouest de Vienne, tandis qu'en Italie, les Alliés remontaient la vallée du Po.

De nouveau, le problème de l'évacuation de Berlin par la hiérarchie nazie revint au centre de la discussion. « À la surprise de presque toutes les personnes présentes, devait raconter Speer, Hitler annonça qu'il resterait à Berlin jusqu'à la dernière minute, et, à ce moment seulement, s'envolerait vers le sud. »

En revanche, après la réunion, les autres dignitaires du régime commencèrent à invoquer « toutes sortes d'excuses » pour quitter la capitale. Himmler, Ribbentrop et Kaltenbrunner partirent tous dans des directions différentes sous prétexte de tâches officielles. Une partie du personnel de la Chancellerie reçut consigne de s'en aller dès le lendemain rejoindre le Berghof. « Anniversaire du Führer mais l'humeur n'est pas à la fête, nota, dans son habituel style lapidaire Martin Bormann. Le premier contingent du personnel a ordre de prendre l'avion pour Salzbourg »[3].

Cet après-midi-là, dans les jardins dévastés de la Chancellerie, Hitler passa lentement en revue des membres de la Jeunesse Hitlérienne, dont certains recevaient la Croix de fer pour s'être attaqués à des chars soviétiques. Il n'était pas en mesure d'épingler lui-même les décorations. Pour éviter que son bras gauche ne tremble trop ostensiblement, il marchait en le maintenant derrière son dos de la main droite, ne relâchant sa prise qu'à de courts moments pour caresser une joue ou pincer une oreille.

Le soir, après avoir reçu les membres de son proche entourage dans le petit salon du bunker, il alla se coucher plus tôt qu'à l'habitude. Les autres remontèrent dans les salons de la Chancellerie sous la conduite d'Eva Braun. Martin Bormann et le docteur Morell, le médecin du Führer à ce moment, se trouvaient parmi eux. Le climat était pour le moins étrange. Un buffet avait été dressé sur une vaste table ronde. On but du champagne et on s'efforça de danser, mais il n'y avait qu'un seul disque, intitulé : *Les roses rouges sang vous parlent du bonheur*. Selon l'une des secrétaires d'Hitler, Traudl Junge, il y avait beaucoup de rires hystériques. « C'était horrible, devait-elle déclarer. Très vite je n'ai plus été capable de le supporter, et je suis descendue me coucher. »

La question de l'évacuation restait un sujet explosif. Le dimanche 15 avril, Eva Braun avait dit en passant à Hitler que le docteur Karl Brandt, qui avait été son médecin personnel, envoyait sa famille en Thuringe. À sa grande horreur, Hitler entra dans une terrible colère, déclarant que Brandt avait choisi à dessein une région qui était sur le point de tomber entre les mains des Alliés occidentaux. C'était, selon lui, de la trahison. Bormann fut chargé d'enquêter sur cette affaire, et Brandt fut arrêté le lendemain pour défaitisme. Il comparut devant un tribunal spécial présidé par Axmann, le chef de la Jeunesse Hitlérienne, et fut condamné à mort. L'exécution de la sentence fut toutefois ajournée, apparemment sur pression des ennemis de Bormann, dont Himmler. Brandt échappa finalement à l'exécution par les nazis, mais il devait être ultérieurement condamné à mort par les Alliés.

Nommé commissaire du Reich à l'Hygiène et à la Santé en octobre 1944, afin de résoudre un conflit avec le docteur Morell, nouveau médecin du Führer, Brandt fut, après la guerre, tenu responsable d'expériences médicales dangereuses sur des prisonniers et de liquidations « euthanasiques » dans les établissements dont il avait la charge.

Ancien intime de la petite cour du Führer, Brandt écrivit également pour ses interrogateurs américains du centre « Ashcan » un rapport très caustique sur « Les femmes autour d'Hitler ». Il y affirmait notamment qu'Hitler ne s'était jamais marié car il voulait « garder vivante dans le cœur du peuple allemand l'idée que, tant qu'il demeurait célibataire, subsistait toujours la possibilité que l'une ou l'autre des millions de femmes allemandes puisse être appelée à la distinction suprême de se trouver à ses côtés ». Hitler, apparemment, en parlait même devant Eva Braun. Tout comme il avait déclaré en sa présence en 1934 : « Plus grand est l'homme, plus insignifiante doit être la femme. »

Brandt estimait que la relation entre le Führer et sa compagne était encore plus de l'ordre père-fille que de l'ordre maître-élève. Mais qu'il ait eu raison ou non sur ce point, une chose au moins était certaine : la *maîtresse sans titre** d'Hitler était le contraire d'une Madame de Pompadour. Elle ne put jamais être surprise à intriguer pour ou contre qui que ce soit au sein de la cour hitlérienne. Cependant, après avoir dû s'effacer pendant des années

---

* En français dans le texte.

afin de préserver, aux yeux du public, le mythe du célibat mystique du Führer, il n'était guère surprenant qu'elle ait parfois la tentation de jouer les grandes dames. Selon Brandt, elle traitait sa très docile jeune sœur Gretl, qu'elle avait mariée à Fegelein, « presque comme sa soubrette »[4].

Le problème de la sexualité d'Hitler a fait couler beaucoup d'encre, surtout récemment. Il est hors de doute qu'il dissimulait son côté homo-érotique pour maintenir très haut son image de chef viril. Cette répression contribue sans doute de façon considérable à expliquer son agitation nerveuse. Certains membres de son entourage ont soutenu qu'il n'avait jamais eu de relations sexuelles véritables avec Eva Braun, mais la femme de chambre personnelle de celle-ci était convaincue du contraire. Elle précisait en effet qu'Eva Braun avait recours à des pilules destinées à supprimer son cycle menstruel lorsqu'Hitler arrivait au Berghof.

Le physique du Führer n'avait rien de particulièrement attirant, surtout dans la dernière période de sa vie, mais Eva Braun, comme plusieurs autres proches relations féminines, était, de toute évidence, follement éprise de lui. Et le baiser passionné qu'Hitler donna à Eva lorsqu'elle refusa de quitter le bunker de la Chancellerie pour la relative sécurité de la Bavière tend à affaiblir dans une large mesure la thèse selon laquelle il n'y aurait pas eu le moindre contact sexuel entre eux.

Eva Braun, comme Hitler lui-même, avait toujours été fascinée par le cinéma et le monde magique qu'il créait. Les films semblent avoir été l'un de leurs grands sujets de conversation. Peut-être voyait-elle son destin avec Hitler en termes cinématographiques. Ses dernières lettres n'ont rien de mélodramatique, ni même de théâtral, mais il est incontestable qu'elle avait trouvé un rôle magnifique dans cet esprit – celui de l'héroïne qui, après des années d'obscurité et même d'humiliation dans l'ombre de l'homme qu'elle aime, voit sa fidélité reconnue de tous.

Le 15 avril, ses meubles avaient été transportés dans une chambre voisine de celle d'Hitler, dans le bunker de la Chancellerie, où elle coucha elle aussi à partir de cette date. Elle plut à beaucoup. « Elle était toujours impeccable dans sa mise, écrivit Nicolaus von Below, l'aide de camp d'Hitler pour la Luftwaffe. Elle était charmante et serviable, et elle ne montra aucun signe de faiblesse jusqu'au dernier moment. » La crainte d'être prises vivantes par les soldats russes avait poussé Eva Braun et les secrétaires d'Hitler à s'entraîner au tir au pistolet dans la cour du ministère des Affaires étrangères. Elles étaient très fières de leurs performances et lançaient des défis aux officiers présents dans le bunker.

« Nous pouvons déjà entendre la canonnade venant du front, écrivit Eva Braun à sa meilleure amie, Herta Ostermayr. Toute ma vie se passe dans le bunker. Comme tu peux l'imaginer, nous manquons terriblement de sommeil. Mais je suis si heureuse d'être auprès de lui, surtout en ce moment… Hier, j'ai téléphoné à Gretl, sans doute pour la dernière fois. Depuis aujourd'hui, il n'y a plus moyen de faire passer une communication. Mais j'ai l'inébranlable conviction que tout finira bien, et il est exceptionnellement plein d'espoir. »

Dans la matinée, après le bombardement, les ménagères berlinoises émergèrent des abris pour aller faire queue devant les magasins d'alimentation. Le bruit du canon au loin les renforçait dans l'impression que ce serait peut-être la dernière fois qu'elles en auraient l'occasion. Le soleil venait réconforter certaines. « Soudain, écrivit une jeune femme dans l'après-midi, on se souvient que c'est le printemps. À travers les ruines calcinées, le parfum du lilas arrive des jardins abandonnés. »

Le désir éperdu d'avoir des nouvelles faisait qu'avant même l'arrivée des journaux, des attroupements se formaient devant les kiosques. Les « journaux », pourtant, se réduisaient dorénavant à une feuille imprimée recto-verso contenant plus de propagande que d'informations. La seule partie présentant quelque intérêt était le communiqué quotidien de la Wehrmacht qui, malgré ses formules délibérément floues, donnait, par les localités qui y étaient citées, une idée de l'avance ennemie. La mention, ce jour-là, de Müncheberg, à dix-sept kilomètres à l'ouest de Seelow, sur la Reichsstrasse 1, indiquait que les Russes avaient effectivement percé.

Mais, en attendant, c'était l'obsession de la nourriture qui hantait avant tout l'esprit des Berlinois. Ceux-ci savaient, par de multiples rumeurs, que leurs compatriotes bloqués en Silésie en avaient été réduits à manger de l'herbe et des racines.

De rigoureuses priorités s'établissaient. Tout ce qui n'était pas denrées alimentaires ou produits pouvant être échangés contre celles-ci était considéré comme pratiquement sans intérêt. Les Berlinois devaient désormais recevoir des « rations de crise », consistant en un peu de lard ou quelques saucisses, du riz, des pois secs, des haricots ou des lentilles, ainsi que de modestes quantités de sucre et de margarine. Cela revenait à une reconnaissance par les autorités de l'état de siège.

D'autre part, les coupures, intermittentes ou totales, d'eau, de gaz et d'électricité avaient d'ores et déjà ramené les habitants de la capitale à un genre d'existence des plus primitifs. Beaucoup en étaient réduits à faire cuire des pommes de terre à demi pourries sur un petit feu allumé entre trois briques sur un balcon. Des ménagères prévoyantes entassaient des vivres essentiels dans des valises afin de pouvoir les transporter à la cave lorsque viendrait le moment d'y chercher refuge. Il y avait eu quatre-vingt-trois bombardements aériens depuis le début du mois de février, mais on redoutait pire encore. Les apparences de vie et d'activité normales qui avaient persisté jusque-là dans Berlin cessèrent brusquement d'exister.

Le maréchal Joukov avait signalé que, dans l'après-midi du 20 avril, « l'artillerie à longue portée du 79e Corps d'infanterie de la 3e Armée de choc avait ouvert le feu sur Berlin ». Apparemment, Joukov ignorait totalement que c'était le jour de l'anniversaire d'Hitler. Il voulait simplement montrer à toutes forces qu'il avait attaqué la capitale du Reich avant Koniev. Mais, en fait, peu de Berlinois se rendirent compte que leur ville était canonnée. Les pièces soviétiques tiraient au maximum de leur portée, et seuls les faubourgs du nord-est furent touchés.

Quand, le soir, Joukov apprit de façon certaine que les armées de Koniev avançaient vers Berlin par le sud, il envoya un message urgent à Katoukov et Bogdanov, les commandants des 1re et 2e Armées blindées de la Garde, en leur assignant « une tâche historique : entrer dans Berlin les premiers et y hisser l'étendard de la victoire »[5]. Ils devaient expédier en avant la meilleure brigade de chaque corps pour percer dans la capitale à quatre heures le lendemain matin et rendre compte immédiatement à l'état-major du Front, afin que Staline puisse être informé sur-le-champ et que la nouvelle puisse être publiée dans la presse. En fait, la première des brigades de chars n'atteignit la périphérie de Berlin que le soir du 21 avril.

Pendant ce temps, au sud-est de la capitale allemande, le maréchal Koniev poussait en avant ses deux armées blindées à travers la Spreewald. La 3e Armée blindée de la Garde visait directement le sud de Berlin. Vers midi, le corps blindé de pointe tenta de prendre d'assaut la ville de Baruth, à trente kilomètres de Zossen, mais échoua d'abord. Koniev envoya alors à Rybalko, le commandant de l'armée engagée, un message déclarant : « Camarade Rybalko, voilà que, de nouveau, vous avancez comme un ver de terre. Une seule brigade combat, tandis que toute l'armée est bloquée derrière elle.

Je vous ordonne de traverser la ligne Baruth-Luckenwalde par le marécage en empruntant plusieurs itinéraires et avec un ordre de bataille étendu. Prière de rendre compte après exécution »[6]. La ville fut prise dans les deux heures.

Plus au sud et à l'ouest, la 4e Armée blindée de la Garde avançait vers Jüterbog et Potsdam en suivant un itinéraire presque parallèle. Staline craignait toujours que les Américains reprennent brusquement leur avance. Ce jour-là, la *Stavka* avertit Joukov, Koniev et Rokossovski de la possibilité d'une rencontre avec les armées alliées et leur indiqua des signaux de reconnaissance. Mais ce que ni Koniev ni la *Stavka* n'avaient apparemment envisagé, c'était que, dans sa progression à partir du sud-est, le 1er Front ukrainien puisse se heurter à la Neuvième Armée allemande du général Busse tentant de se replier. Koniev, tout comme Joukov, était devenu obsédé par Berlin. Dans la soirée, il envoya aux commandants de ses deux armées blindées le message suivant : « Personnel pour les camarades Rybalko et Leliouchenko. Vous ordonne catégoriquement d'entrer ce soir dans Berlin. Rendez compte exécution. Koniev »[7].

Après le repli des troupes allemandes des Hauteurs de Seelow, durant les journées du 19 et du 20 avril, il ne restait plus de ligne de front. Tous faisaient retraite comme ils pouvaient, et des groupes de combat improvisés entraient en action ici et là lorsqu'ils étaient menacés.

La 5e Armée de choc de Berzarine avait atteint la périphérie de Strausberg dans la soirée du 19 avril. La retraite des troupes allemandes était rendue encore plus difficile par le fait que toutes les routes menant vers l'ouest étaient bloquées par des flots de réfugiés de plus en plus affolés. Quand les T-34 soviétiques atteignirent l'aérodrome de Werneuchen, les servants de la batterie antiaérienne pointèrent leurs canons de 88 à l'horizontale afin de pouvoir tirer sur les chars. Mais, comme l'écrivit l'un d'eux, « il était clair pour nous, soldats, que ce combat ne pourrait durer longtemps »[8].

Au cours de la matinée du 19 avril, la Division *Nordland* combattait dans un secteur situé au nord-ouest de Müncheberg, non loin du quartier général que Weidling venait juste d'abandonner. Le Régiment *Norge* se repliait de Pritzhagen, tandis que, plus au sud, dans la forêt de Buckow, le Régiment *Danmark* recueillait des éléments de la Jeunesse Hitlérienne et des survivants de la 18e Division d'infanterie portée.

Le général Weidling ordonna une contre-attaque dans la forêt, mais celle-ci échoua. Le bataillon de reconnaissance de la *Nord-*

land échappa de justesse à l'encerclement et subit de lourdes pertes. Le détachement de la Jeunesse Hitlérienne eut moins de chance encore, et se retrouva coupé du gros de la troupe dans une partie de la forêt qui était en feu.

Les survivants de la *Nordland* furent contraints de se replier vers Strausberg par de petites routes au milieu des bois de pins. L'infanterie soviétique, protégée par ses chars, suivit rapidement. Les SS scandinaves ne disposaient que d'armes légères et de quelques mortiers. Un unique canon d'assaut allemand surgit et tenta d'arrêter les T-34. Il fut détruit immédiatement. Mais un char lourd Tigre, également isolé, apparut soudain entre les arbres et mit à mal deux chars soviétiques, sauvant ainsi la situation.

Les rescapés du bataillon de reconnaissance se regroupèrent dans un bois près de Strausberg. Là, ils donnèrent les premiers soins aux blessés, réparèrent leurs véhicules et nettoyèrent leurs armes. La situation n'empêcha pas le Sturmbannführer Saalbach de les gratifier d'un discours sur l'anniversaire d'Hitler et le sens de la lutte contre le bolchevisme dans laquelle ils étaient engagés.

À l'hôpital de campagne des SS, non loin de là, les infirmières étaient des volontaires venues de Hollande, de Belgique flamande, du Danemark et surtout de Norvège. L'une des jeunes Norvégiennes découvrit son amant parmi les blessés les plus gravement atteints. « Elle l'entoura de ses bras, raconta un témoin, posa sa tête sur ses genoux et resta ainsi jusqu'à ce qu'il meure. » Comme tous les nationaux-socialistes étrangers s'étant portés volontaires pour la Waffen SS, les hommes de la *Nordland* avaient perdu leurs pays et l'espoir de voir triompher leur cause. Ce fait, combiné à leur haine viscérale du bolchevisme, en fit de formidables combattants dans la bataille de Berlin.

Durant presque toute la journée, les régiments *Danmark* et *Norge* s'accrochèrent à l'aérodrome de Strausberg, le défendant avec âpreté contre les chars de Katoukov. L'Obersturmbannführer Klotz, commandant le *Danmark*, fut tué par un projectile qui frappa son véhicule de plein fouet. Ses hommes le transportèrent dans la petite chapelle d'un cimetière proche. Ils n'avaient pas le temps de l'enterrer. Il leur fallait se replier encore vers le sud-ouest et l'autoroute périphérique de Berlin.

Dans cette retraite, la *Nordland* s'efforçait d'éviter les grandes routes. Sur la Reichsstrasse 1, le chaos le plus total régnait, en particulier à proximité de Rüdersdorf, avec des centaines de véhicules se dirigeant vers l'ouest, souvent bloqués par des charrettes pleines de réfugiés, que mitraillaient les chasseurs-bombardiers soviétiques. Des soldats qui n'avaient pas reçu de rations depuis cinq jours forçaient les portes de maisons abandonnées par leurs propriétaires. Certains étaient si épuisés qu'après avoir mangé ce qu'ils avaient pu trouver, ils s'effondraient sur un lit et dormaient si longtemps qu'en bien des cas, ils ne se réveillaient qu'à l'arrivée de l'ennemi. Un adolescent de la Jeunesse Hitlérienne reprit ainsi conscience pour découvrir qu'un combat s'était déroulé auprès de lui sans qu'il s'en rende compte.

Des officiers tentaient de rétablir l'ordre, pistolet au poing. Un major arrêta de cette façon un canon antiaérien autopropulsé qui transportait des blessés vers l'arrière. Il ordonna au conducteur de faire demi-tour et de repartir affronter l'ennemi. Les servants lui dirent alors que la pièce était hors d'état de tirer. Le major n'en insista pas moins et leur donna l'ordre de décharger les blessés. Quelques hommes de la Volkssturm qui se trouvaient à proximité se mirent à hurler : « Abattez-le ! Abattez-le ! » Le major capitula. Si elle n'était pas appuyée par les pistolets-mitrailleurs de la Feldgendarmerie, l'autorité d'un officier ne pesait pas lourd dans cette situation.

Le chaos sur les routes était encore accru par les rumeurs, les fausses alertes et la panique qui s'ensuivait. Parfois on entendait soudain crier *« Der Ivan kommt ! »* alors que rien ne se passait, et, en d'autres occasions, des chars soviétiques surgissaient sans préavis. Selon certains soldats, un « traître Seydlitz », comme on appelait les prisonniers allemands « retournés » par les Soviétiques, circulait parmi les troupes battant en retraite en donnant de fausses instructions. La chose n'est pas invraisemblable, les 7e services de l'Armée rouge exploitant à fond leurs otages « antifascistes » et les contraignant à prendre tous les risques possibles.

Les soldats de l'Armée rouge se sentaient particulièrement à l'aise dans les vastes forêts de pins s'étendant à l'est de la capitale allemande. « Plus on se rapproche de Berlin, notait l'un d'entre eux, plus le pays ressemble à celui qui entoure Moscou »[9]. Mais certaines vieilles habitudes de l'Armée rouge n'avaient rien pour accélérer l'avance des troupes. Ainsi, le 20 avril, Müncheberg fut entièrement pillée par des officiers et des hommes de régiments de chars et d'artillerie. « Plus de cinquante soldats furent arrêtés en une seule journée, précisait un rapport officiel. Certains furent envoyés dans des compagnies d'infanterie. Ils volaient des vêtements, des souliers et d'autres objets en pleine vue de la population locale. Ils ont expliqué qu'ils pillaient ainsi pour pouvoir envoyer des cadeaux chez eux »[10].

Tandis que le Corps blindé LVI de Weidling se trouvait repoussé vers les faubourgs ouest de Berlin, les restes du Corps CI s'étaient repliés au nord de la ville. Une partie de ceux-ci firent retraite vers le secteur de Bernau durant la soirée du 19 avril. Les blessés avaient dû être abandonnés au bord de la route, car trop peu de véhicules avaient encore du carburant. Beaucoup d'entre eux, apparemment, furent ensuite tués sur place par les canonnades successives.

Les troupes de Bernau étaient composées en majeure partie d'élèves-officiers et de techniciens regroupés en des régiments improvisés. Dès que ces soldats encore inexpérimentés furent cantonnés dans la ville, ils tombèrent endormis. Et, à l'aube du 20 avril, quand ils furent attaqués par le 125e Corps d'infanterie de la 47e Armée soviétique, les sous-officiers durent les réveiller à coups de pied pour leur faire défendre la position. « Tout cela n'avait plus de sens », devait déclarer ultérieurement un officier supérieur.

Le combat pour Bernau, la dernière action défensive avant le début véritable de la bataille de Berlin, fut d'ailleurs bref et chaotique. Les officiers allemands comprirent vite qu'ils ne pouvaient plus contrôler la situation. Beaucoup de leurs hommes s'échappèrent, seuls ou en petits groupes.

Quand la 47e Armée s'empara de Bernau, une batterie de la 30e Brigade d'artillerie de la Garde tira une salve symbolique en direction de Berlin. Dans le même temps, la 2e Armée blindée de la Garde de Bogdanov atteignait la banlieue nord-est de la ville, juste à l'extérieur de l'autoroute périphérique.

Les 7e services utilisaient de plus en plus de prisonniers allemands pour encourager leurs anciens camarades à la désertion. Sur le front tenu par la 3e Armée de choc, cinq membres d'un bataillon de Volkssturm furent, le 20 avril, renvoyés dans leurs lignes à cette fin. « Ils revinrent le lendemain avec le bataillon presque entier », affirma le rapport du 7e Service [11].

Cependant, beaucoup de soldats russes s'obstinaient à vouloir trouver, parmi les prisonniers, des Waffen SS dont ils pourraient tirer vengeance. *« Du SS ! »* hurlaient-ils d'un ton accusateur. Les soldats allemands que la stupeur faisait rire étaient en grand danger d'être abattus sur place. Certains des hommes capturés par les unités du NKVD et accusés par le SMERSH d'être membres du *Werwolf* se trouvaient contraints de déclarer qu'on leur avait « donné des substances chimiques pour empoisonner les puits et les rivières » [12].

Avec la partie la plus importante de la Neuvième Armée allemande – le Corps blindé SS XI, le Corps de montagne SS V et la garnison de Francfort-sur-l'Oder – le général Busse ne tarda pas à se replier vers le sud-ouest en direction de la Spreewald, malgré les instructions du Führer selon lesquelles la ligne de défense de l'Oder ne devait être abandonnée sous aucun prétexte.

La tendance d'Hitler à ordonner des contre-attaques quelles que soient les circonstances se confirma de nouveau le 20 avril, au moment précis où Joukov et Koniev forçaient leurs troupes blindées à accélérer à tout prix leur avance. Hitler ordonna au général Krebs de lancer une offensive à l'ouest de Berlin contre les armées de Koniev afin d'éviter l'encerclement. La force qui était censée « rejeter » les 3e et 4e Armées blindées de la Garde était la Division *Friedrich Ludwig Jahn*, composée de jeunes recrues du Service du travail du Reich et de la « Wünsdorf Panzer », formation comprenant une demi-douzaine de chars appartenant à un centre d'instruction [13].

Un bataillon de gendarmerie fut, le même jour, envoyé dans le secteur de Strausberg « pour arrêter les déserteurs, les exécuter et abattre tout soldat surpris à se replier sans ordre » [14]. Mais même les hommes de ce bataillon commencèrent à déserter en chemin. L'un de ceux qui se rendirent aux Soviétiques affirma à ses interrogateurs que « 40 000 déserteurs environ se cachaient dans Berlin avant même l'avance russe ». Il ajouta que ce nombre s'accroissait rapidement et que ni la police ni la Gestapo ne pouvaient contrôler la situation.

18

L'ENVOL DES FAISANS DORÉS

Dès le matin du samedi 21 avril, le siège de l'état-major du général Reymann, responsable de la défense de Berlin, dans la Hohenzollerndamm, se trouva envahi de dignitaires du Parti nazi en uniforme marron. Ces « faisans dorés » étaient venus solliciter l'autorisation officielle de quitter Berlin. Et, pour une fois, ils devaient demander cette autorisation à l'Armée, qu'ils avaient tant critiquée et accusée de reculer systématiquement. En effet, Goebbels, en tant que commissaire du Reich pour Berlin, avait décrété que « nul homme en état de porter les armes ne devait quitter la capitale ». Et seul l'état-major du général Reymann pouvait accorder une exemption [1].

La réaction du colonel von Refior, le chef d'état-major de Reymann, fut automatique : « Les rats quittent le navire. » Les officiers tiraient une amère satisfaction de ce spectacle. Plus de 2 000 permis furent signés pour les « guerriers en chambre » du Parti, et le général Reymann déclara ouvertement qu'il était fort heureux de les accorder, car il était bien préférable d'être débarrassé de tels lâches pour défendre Berlin.

La même idée fut exprimée deux jours plus tard par le *Werwolfsender*, l'émetteur de radio spécial installé sur l'ordre de Goebbels à Königswusterhausen afin de lancer des appels « aux *Werwolfs* de Berlin et du Brandebourg ». Annonçant que tous les lâches et les traîtres avaient quitté Berlin, cette radio soulignait : « Le Führer, lui, ne s'est pas enfui vers l'Allemagne du Sud. Il reste à Berlin et, avec lui se trouvent tous ceux qu'il a jugés dignes de combattre à ses côtés en cette heure historique… Soldats et officiers du front, vous ne livrez pas seulement la bataille finale et décisive du Reich, mais vous finissez aussi d'accomplir, par votre action, la révolution national-socialiste. Seuls sont restés les indéfectibles combattants révolutionnaires » [2].

Un intense bombardement d'artillerie visant Berlin commença à 9 heures 30, deux heures environ après la fin du dernier raid aérien des Alliés occidentaux. L'aide de camp SS d'Hitler, Otto Günsche, devait rapporter que le Führer apparut alors dans le corridor du bunker de la Chancellerie, échevelé, non rasé et furieux. « Que se passe-t-il ? lança-t-il à Günsche, au général Burgdorf et au colonel von Below. D'où viennent ces tirs ? »

Le général Burgdorf lui apprit que le centre de Berlin était dorénavant sous le feu de l'artillerie lourde soviétique.

« Les Russes sont déjà si près ? » fit Hitler, visiblement ébranlé.

Le général Kazakov avait fait venir en première ligne son artillerie divisionnaire de rupture et toutes les autres batteries lourdes, équipées d'obusiers de 152 mm et 203 mm. Des messages avaient été peints sur les obus par les artilleurs : « Pour le rat Goebbels », « Pour Stalingrad », « Pour le gros ventre de Göring », « Pour les veuves et les orphelins »[3]. Des officiers politiques étaient là pour encourager les servants des pièces à accroître leur cadence de tir. Entre cette matinée et le 2 mai, ils allaient tirer 1 800 000 obus.

Dans Berlin, les victimes furent particulièrement nombreuses parmi les femmes, surprises alors qu'elles faisaient la queue pour obtenir leurs « rations alimentaires de crise ». Des corps déchiquetés se trouvèrent projetés dans toute la Hermannplatz, dans le quartier sud-ouest de Berlin, où des files d'attente s'étaient formées devant le grand magasin Karstadt. D'autres femmes furent tuées alors qu'elles attendaient leur tour devant des pompes à eau. La plupart renoncèrent à tenter de chercher un abri provisoire dans les rues et regagnèrent leurs caves. Quelques-unes, cependant, saisirent ce qui leur semblait la dernière occasion d'enterrer dans leur jardin de l'argenterie et d'autres objets de valeur.

Dans les caves et abris, au bout de plus de deux ans de bombardements aériens par *« die Amis »* le jour et *« die Tommys »* la nuit, s'étaient constituées des sortes de sociétés parallèles, avec leurs mœurs, leurs rites, leurs superstitions et leurs personnages familiers, amusants ou profondément assommants.

Beaucoup de gens avaient des porte-bonheur ou des talismans. Une mère transportait avec elle la jambe artificielle de rechange de l'un de ses fils, alors assiégé à Breslau. Certains pensaient qu'ils survivraient à n'importe quelle explosion ou presque s'ils s'entouraient la tête d'une serviette. D'autres étaient convaincus qu'en se penchant en avant lorsqu'une bombe explosait, on évitait le risque de voir éclater ses poumons.

Dans le même temps circulaient dans les abris, au milieu des rires nerveux, les plaisanteries les plus amères. C'est ainsi que certaines femmes délurées n'hésitaient pas à proclamer : « Mieux vaut un Russki sur le ventre qu'un Ami sur la tête. »

Durant la journée, alors que, partout, des unités militaires allemandes décimées et dispersées se repliaient comme elles le pouvaient, Hitler persista à insister pour que le général Busse tienne une ligne de front qui, en fait, était en train de se désintégrer depuis deux jours. Les restes de son aile gauche, le Corps CI, avaient été contraints de replier du secteur de Bernau. Wolfram Kertz, du régiment *Grossdeutschland*, fut blessé non loin de la bretelle d'autoroute de Blumberg, au nord-est de Berlin. Sur le millier d'hommes que comportait encore le régiment, quarante seulement atteignirent la capitale. Beaucoup dépendaient de la pure et simple *Soldatenglück* – la « chance du soldat ». Des Soviétiques trouvèrent Kertz appuyé au mur d'une église. Ils virent à son cou la Croix de chevalier et lui demandèrent : *« Du General ? »* Puis ils firent venir une voiture à cheval pour l'emmener à l'état-major pour interrogatoire. Là, un officier supérieur lui demanda si Hitler était encore vivant et s'il était au courant de projets de contre-attaque des Allemands avec l'appui des Américains contre l'Armée rouge.

Cette question traduisait bien la paranoïa qui régnait toujours au Kremlin. En fait, les Américains continuaient à combattre les troupes allemandes partout, y compris sur l'axe de Berlin. Leurs forces terrestres et les chasseurs Mustang de leur aviation harcelaient sans relâche la Division *Scharnhorst* de la Douzième Armée, au nord de Dessau. Le 21 avril, Peter Rettich, qui commandait un bataillon de la *Scharnhorst*, ne disposait plus que de cinquante hommes.

Au centre du dispositif de la Neuvième Armée, les rescapés du Corps blindé LVI de Weidling avaient également été repoussés au-delà de l'autoroute périphérique de Berlin. Des corps gisaient dans tous les fossés, victimes, pour la plupart, des chasseurs-bombardiers soviétiques mitraillant à basse altitude.

Toutes les routes continuaient à être envahies de réfugiés avec des chevaux de trait, des charrettes à bras et des voitures d'enfant. Les réfugiés tentaient souvent d'obtenir des informations de soldats qui n'avaient eux-mêmes aucune idée précise de la situation. Cependant, à chaque carrefour, des éléments de Feldgendarmerie persistaient à arrêter les traînards et les isolés pour former des compagnies improvisées. Il y avait également des hommes pendus aux arbres, le long des routes, avec sur la poitrine un écriteau proclamant : « J'étais un lâche. » Les soldats préposés à défendre les maisons de part et d'autre des routes étaient ceux qui avaient le plus de chance. Les habitants leur donnaient souvent quelques vivres et un peu d'eau chaude pour leur permettre de se laver et de se raser, ce qu'ils n'avaient pu faire depuis plusieurs jours.

À Petershagen, une compagnie de la Division *Nordland* aux ordres du Sturmbannführer Lorenz, se préparait, appuyée par quelques véhicules de reconnaissance, à encaisser l'assaut des éléments de pointe de la 8e Armée de la Garde lorsqu'elle fut brusquement décimée par un tir massif de fusées Katioucha apparemment chargées d'une substance incendiaire. Les véhicules de reconnaissance prirent feu et, dans certains cas, explosèrent. Les survivants, pris de panique, sautèrent dans les véhicules encore intacts et démarrèrent en trombe, abandonnant les blessés, dont certains étaient terriblement brûlés. Seuls Lorenz et son opérateur radio restèrent à s'occuper d'eux. Ils chargèrent ceux qui semblaient avoir le plus de chances de survivre à bord de la dernière chenillette qui restait et les conduisirent au poste de secours, installé dans une grange proche d'un poste de commandement.

Lorenz avait « une très mauvaise impression ». Et, quelques instants plus tard, une nouvelle salve de fusées arriva sur la grange. Presque personne ne s'en tira indemne. Lorenz lui-même reçut un éclat dans l'épaule.

Non loin de là, l'un des survivants d'un bataillon d'élèves-officiers, Gerhard Tillery, eut la surprise de s'entendre dire par un colonel de sa division rencontré sur le terrain : « Tâchez de rentrer chez vous sain et sauf. Tout cela ne sert à rien. »

Là, sur le flanc est des défenses berlinoises, les vestiges de la Neuvième Armée devaient faire face à la 5e Armée de choc et à la 8e Armée de la Garde de Tchouikov. Mais Joukov orienta alors la 8e Armée de la Garde plus au sud, en direction de la Spree. Il voulait voir les troupes de Tchouikov et la 1re Armée blindée de la Garde de Katoukov, travaillant en étroite liaison, entrer dans Berlin par le sud-ouest. Il espérait couper ainsi l'herbe sous le pied de Koniev. Le 21 avril, certaines des brigades de chars de Katoukov, appuyées par des éléments d'infanterie de la 8e Armée de la Garde, s'emparèrent d'Erkner, juste au sud de Rüdersdorf.

Afin d'envelopper le flanc nord de Berlin, Joukov avait envoyé la 47e Armée en direction de Spandau et la 2e Armée blindée de la Garde vers Oranienbourg. Sous la pression de Staline, le message suivant fut expédié : « En raison de la lenteur de notre avance, les Alliés approchent de Berlin et vont bientôt s'en emparer » [4].

Les brigades de chars de tête, qui étaient censées avoir atteint la ville la veille au soir, n'étaient encore que dans sa banlieue à la fin de la journée du 21 avril. Joukov se refusait à reconnaître qu'une avance rapide des chars dans de telles circonstances risquait d'entraîner de très lourdes pertes. Chaque maison au bord de la route, chaque jardin d'agrément ou chaque potager, chaque buisson, pouvait abriter un membre de la Jeunesse Hitlérienne ou de la Volkssturm armé d'un Panzerfaust. Cette même soirée, des régiments d'infanterie des 3e et 5e Armées de choc atteignirent également les faubourgs nord-est de Malchow et d'Hohenschönhausen.

À vingt kilomètres au sud de Berlin, dans le vaste complexe souterrain abritant l'état-major de Zossen régnait un climat de profonde anxiété. La veille, en apprenant que des chars soviétiques étaient signalés venant du sud, le général Krebs avait envoyé le petit détachement préposé à la défense de l'OKH effectuer une reconnaissance motorisée. À six heures, le matin du 21 avril, le capitaine Boldt, deuxième aide de camp de Krebs, fut réveillé par le téléphone. Le lieutenant Kränkel, commandant le détachement de défense, venait d'apercevoir une quarantaine de chars soviétiques se dirigeant vers Zossen par la route de Baruth. Il s'apprêtait à les affronter. Boldt savait que les blindés légers de Kränkel n'avaient aucune chance contre des T-34. Il en informa Krebs, qui téléphona aussitôt à la Chancellerie du Reich pour demander l'autorisation de faire changer d'emplacement son état-major. Hitler refusa. Peu avant la conférence de situation d'onze heures, on put commencer à entendre à distance les canons des chars. Un officier de l'état-major fit alors observer que les Soviétiques pourraient atteindre Zossen en une demi-heure. Un autre message arriva de Kränkel. Il avait été repoussé avec de lourdes pertes. Il ne restait plus rien ni plus personne pour arrêter les blindés ennemis.

Le général Krebs sortit alors de son bureau. « Si vous êtes prêts, messieurs », dit-il simplement. Et commença ainsi la toute dernière conférence de l'état-major général allemand. Il était difficile à ses participants de se concentrer sur les sujets en discussion et de ne pas penser à leur capture imminente et à la détention qui les attendait dans les camps russes.

Mais, au loin, les tirs avaient cessé. Les chars soviétiques avaient dû s'arrêter au nord de Baruth, faute de carburant. Et finalement, vers 13 heures, le général Burgdorf téléphona de la Chancellerie du Reich. L'OKH devait transférer son siège à la base de la Luftwaffe d'Eiche, près de Potsdam, et l'OKW à Krampnitz. La décision avait été prise juste à temps.

Un convoi transportant le personnel de moindre importance quitta Zossen pour se diriger vers le sud-ouest, avec comme destination ultime la Bavière. Il faillit bel et bien croiser, sans le savoir, l'itinéraire des brigades de chars de Leliouchenko, mais finit par être pris pour cible, à la suite d'une erreur d'identification des véhicules, par des pilotes de la Luftwaffe effectuant l'une de leurs dernières sorties. Pendant ce temps, un autre convoi, plus modeste mais transportant les personnages les plus importants, prenait la route de Potsdam, parallèlement aux chars soviétiques.

En fin d'après-midi, les soldats russes pénétrèrent dans les deux complexes souterrains de Zossen, Maybach I et Maybach II, qu'ils explorèrent avec quelque effarement, empruntant les multiples galeries et inventoriant les générateurs, les cartes lumineuses, les batteries de téléphones et de téléscripteurs. L'endroit n'était plus défendu que par cinq hommes, dont quatre se rendirent immédiatement. Le dernier ne bougea pas, car il était ivre-mort.

Un téléphone se mit brusquement à sonner. L'un des soldats russes décrocha. Son correspondant était, de toute évidence, un officier supérieur allemand qui voulait savoir ce qui se passait. « Ivan est là », répondit le soldat en russe.

Tandis que l'état-major de Krebs se transportait en toute hâte à l'ouest de Berlin, le bruit se mit à courir que le général Weidling avait transféré le sien à Döberitz, juste au nord de Potsdam. Cela devait conduire, deux jours plus tard, à une scène de tragicomédie, au cours de laquelle Hitler voulut d'abord faite exécuter Weidling pour trahison et lâcheté devant l'ennemi, puis lui donna la haute main sur la défense de Berlin.

Hitler considérait les tirs d'artillerie soviétiques sur Berlin comme un affront personnel, ce qui n'était, dans une certaine mesure, pas éloigné de la vérité. Sa première réaction fut de se déchaîner contre la Luftwaffe pour avoir laissé la chose arriver, sans tenir compte du fait que son aviation n'avait plus que peu d'appareils en état de prendre l'air et des réserves de carburant presque inexistantes. Une nouvelle fois, il menaça le général Koller de le faire exécuter.

Prétendant trouver l'inspiration dans sa colère, il s'avisa que, dans leur tentative pour encercler Berlin à partir du nord, les Soviétiques exposaient leur flanc droit, et décida d'ordonner une contre-attaque qui devait, à son avis, les tailler en pièces. Une carte situait au nord-ouest d'Eberswalde le Corps d'armée SS III

Germanische, commandé par l'Obergruppenführer Felix Steiner, et Hitler se refusa à entendre lorsqu'on tenta de lui expliquer que le général Heinrici avait déjà utilisé la majeure partie des divisions composant ce corps pour renforcer la Neuvième Armée. Selon l'état-major du Groupe d'Armées de la Vistule, le corps d'armée de Steiner ne comprenait plus, en fait, que « trois bataillons et quelques chars »[5].

Ignorant toute réalité, Hitler affirma que la troupe de Steiner pouvait, en tout cas, être renforcée par tous les éléments du Corps CI, qui avait battu en retraite au nord de Berlin. Il pensa même mobiliser la garde spéciale de Göring à Karinhall, mais celle-ci s'était déjà repliée. Hitler n'en décréta pas moins que tout homme, qu'il soit soldat, marin ou aviateur, devait être lancé dans la bataille, et que tout officier y faisant obstacle devait être exécuté dans les cinq heures. Hitler avait toujours considéré comme parole d'Évangile la maxime de Frédéric le Grand : « Qui lance dans l'arène son dernier bataillon doit être vainqueur. »

Lorsqu'on lui téléphona du bunker de la Chancellerie, Steiner fut sidéré par l'ordre d'Hitler. Après quelques instants de réflexion, il rappela le général Krebs pour lui remettre en mémoire la véritable situation, mais Krebs se trouvait à toute proximité d'Hitler lorsqu'il lui parla. Steiner s'entendit donc confirmer l'ordre de lancer une contre-attaque sur le franc droit du 1er Front biélorusse. Ses officiers et lui-même étaient menacés d'exécution en cas de désobéissance. Quand le général Heinrici fut mis au courant, peu après, il appela à son tour la Chancellerie pour protester contre cette folie. Krebs lui répondit que la décision était prise et que le Führer était trop occupé pour lui parler.

Durant cette nuit de démence, Hitler démit également de ses fonctions de responsable de la défense de Berlin le général Reymann, dont le général Burgdorf contestait la compétence. Goebbels avait lui aussi pris en grippe Reymann depuis que celui-ci s'était refusé à transférer son quartier général dans le bunker du Jardin zoologique, où il était lui-même installé en tant que commissaire du Reich pour la défense de Berlin.

Reymann fut affecté, à Potsdam, au commandement d'une maigre division, rebaptisée pour la circonstance Groupe d'Armées de la Spree. Après avoir envisagé, puis éliminé, deux autres candidats, Hitler choisit pour le remplacer le colonel Käther, dont la principale caractéristique était d'être le *Führungsoffizier* – équivalent national-socialiste du commissaire politique soviétique – le plus élevé en grade. Käther fut promu successivement général de division, puis général de corps d'armée, mais, en fin de compte, sa nomination à l'ancien poste de Reymann fut annulée dans les vingt-quatre heures. Berlin se retrouvait sans gouverneur militaire au moment précis où l'Armée rouge entrait dans ses faubourgs.

Pour Joukov, le rythme de l'avance était toujours beaucoup trop lent. Le dimanche 22 avril était la date qu'il s'était fixée pour la prise de Berlin, mais ses divisions de tête n'étaient encore qu'à la périphérie de la ville.

Le matin du 22, il adressa aux généraux commandant ses armées un message déclarant : « Les défenses de Berlin sont faibles, mais la progression de nos troupes est très lente »[6]. Il ordonnait ensuite qu'on avance « vingt-quatre heures sur vingt-quatre ». Pendant ce temps, à l'occasion de l'anniversaire de Lénine, les services politiques des armées distribuaient de nouveaux drapeaux rouges à hisser sur les bâtiments officiels lorsque Berlin serait pris.

Les Russes furent peu impressionnés par la Spree. Un officier la décrivit comme « une petite rivière sale et marécageuse ». Mais, tout comme il avait sous-estimé la valeur défensive des Hauteurs de Seelow, Joukov n'avait pas tenu compte de l'entrelacs de cours d'eau, de canaux et de lacs sur lequel il allait tomber dans les forêts du Brandebourg. Sans la compétence et la bravoure de ses unités de reconnaissance et de ses équipes de sapeurs, sa progression serait devenue plus lente encore.

Appuyée par les chars, la 8e Armée de la Garde repoussait le Corps LVI de Weidling dans l'agglomération berlinoise sans même s'en rendre compte. À sa droite, la 5e Armée de choc se frayait un chemin dans la banlieue est de la ville, tandis que la 3e Armée de choc recevait ordre d'avancer dans la banlieue nord, puis de se diriger vers le centre. Plus à droite encore, la 2e Armée blindée de la Garde devait entrer dans la ville par Siemensstadt et mettre le cap sur Charlottenbourg. Enfin, la 47e Armée, après avoir stupéfié les prisonniers de guerre français d'Oranienbourg par le spectacle de ses chariots tirés par des chameaux, évoluait vers l'ouest afin de compléter l'encerclement.

Tôt ce matin du 22 avril, le général Weidling avait convoqué ses commandants de division pour examiner la situation avec eux. À une exception près, ils voulaient tous se frayer un chemin vers le sud afin de rejoindre le général Busse et les deux autres corps de la Neuvième Armée. L'exception était le Brigadeführer Ziegler, commandant la Division SS *Nordland*, qui, à la grande fureur de Weidling, ne fit pas mystère de son désir d'aller retrouver Steiner.

Il est impossible de savoir s'il était poussé par la simple solidarité entre Waffen SS ou s'il voyait là, en même temps, un moyen de rapprocher ses volontaires scandinaves de la frontière danoise.

La *Nordland* continuait à défendre Mahlsdorf et l'accès à Berlin par la Reichsstrasse 1. À Friedrichsfelde, l'un de ses détachements rassembla des prisonniers de guerre français qu'il contraignit, sous la menace de ses armes, à creuser des tranchées. Vers le milieu de la journée, à la suite de violentes attaques, la division se replia jusque dans Karlshorst. L'une de ses unités s'implanta sur le champ de course de cette ville, y creusant des positions de mortiers, mais elle ne tarda pas à se trouver sous le feu de l'artillerie soviétique.

Il y avait maintenant près d'une semaine que les soldats avaient touché leurs dernières rations, consistant en une boîte de fromage concentré, une miche de *Dauerbrot* et un bidon de thé ou de café. Tous étaient sales, barbus, les yeux injectés de sang.

Les conditions étaient pires encore pour le gros de la Neuvième Armée, à leur sud-est. Les ordres donnés par Hitler de tenir à tout prix la ligne de l'Oder étaient dépourvus de sens. Les vestiges du Corps blindé SS XI, du Corps de montagne SS V et de la garnison de Francfort-sur-l'Oder commencèrent à se replier en désordre dans la Spreewald. Il restait peu d'unités constituées et presque aucune n'était en situation de recevoir les ordres du quartier général de Busse. Des véhicules étaient constamment abandonnés, faute de carburant.

Quelques détachements furent laissés en couverture, mais leur résistance ne dura pas longtemps. Reinhard Appel, l'un des membres de la Jeunesse Hitlérienne entraînés au Stade olympique, faisait partie d'un groupe remplaçant les SS de la Division *30. Januar*, non loin de Müllrose. Il eut la vie sauve grâce à un vieux sergent abondamment décoré en Russie. Comme les soldats soviétiques avançaient, Appel, décidé à vendre chèrement sa vie, se leva, une grenade à la main. Le sergent lui saisit le bras et lui arracha la grenade en lui criant qu'il était stupide de se faire tuer – et de faire tuer ses camarades – pour rien. Il attacha un mouchoir blanc à un bâton et, au moment où les Russes arrivaient, pistolets-mitrailleurs braqués, il leva les mains. Les soldats soviétiques dépouillèrent les Allemands de leurs armes, puis de leurs montres.

À quatre-vingts kilomètres à leur arrière, la veille au soir, les détachements de reconnaissance de la 3e Armée blindée de la Garde avaient atteint Königs Wusterhausen. Partant de la Neisse, ils avaient avancé de 174 kilomètres en moins de six jours. Ils étaient séparés de la 8e Armée de la Garde de Tchouikov, sur la rive nord du Müggelsee, par tout un réseau d'étangs et de cours d'eau. Ce qui restait de la Neuvième Armée de Busse était donc encerclé.

Averti par des reconnaissances aériennes de la présence de troupes ennemies massées dans la Spreewald, sur sa droite, le maréchal Koniev fit accélérer le mouvement de la 28e Armée, afin de colmater la brèche entre la 3e Armée de la Garde de Gordov, qui s'employait à éliminer les forces allemandes autour de Cottbus, et la 3e Armée blindée de la Garde, qui poussait vers Berlin. Il décida de renforcer cette dernière d'un corps d'artillerie et d'une division d'artillerie antiaérienne.

Le soir du 22 avril, les trois corps d'armée de la 3e Armée blindée de la Garde, que commandait Rybalko, avaient atteint le canal de Teltow, qui représentait la partie sud du périmètre de défense de Berlin. Les défenseurs allemands furent « complètement surpris de se trouver face à face avec des chars russes »[7]. Un rapport de la 3e Armée blindée de la Garde décrit, de façon inhabituellement imagée, l'arrivée de ceux-ci comme aussi inattendue « que la neige au milieu de l'été »[8].

Les systèmes de transmissions allemands étaient en si mauvais état que même l'état-major du Groupe d'Armées de la Vistule ne savait rien de cette avance soviétique. Et « aucune mesure ne fut prise pour évacuer le contenu » d'une importante réserve de vivres de la Wehrmacht sur la rive sud du canal. « Au contraire, devait préciser un rapport, alors même que le premier char russe n'était plus qu'à quelques centaines de mètres, l'administrateur refusa de laisser distribuer les vivres aux troupes de la Volkssturm sur la rive nord du canal car le bon réglementaire n'avait pas été rempli. » Il préféra mettre le feu au dépôt.

Du côté soviétique, le 9e Corps mécanisé avait traversé Lichtenrade, le 6e Corps blindé de la Garde s'était emparé de Teltow et, juste à sa gauche, le 7e Corps blindé de la Garde avait pris Stahnsdorf. Plus à l'ouest, une partie de la 4e Armée blindée de la Garde de Leliouchenko ne se trouvait plus qu'à dix kilomètres de Potsdam. Deux autres de ses corps d'armée contournaient l'extrémité ouest de Berlin et étaient à moins de quarante kilomètres de la 47e Armée de Joukov, qui arrivait du nord.

Les prisonniers français du Stalag III, près du canal de Teltow, virent arriver les troupes soviétiques vers cinq heures de l'après-midi. Un peu plus tard, des officiers de l'Armée rouge pénétrèrent dans le camp, firent rassembler les prisonniers russes et leur firent remettre des fusils et des pistolets-mitrailleurs afin de les envoyer directement au combat.

Un autre prisonnier de guerre français aperçut, au sud-est de la ville, « un membre de la Jeunesse Hitlérienne de treize ou quatorze ans, avec un visage d'enfant sous son casque, tapi dans un trou d'homme et agrippant comme il pouvait un Panzerfaust ». Il y avait toutes les chances, malheureusement, pour que ce trou d'homme devienne sa tombe.

Dans leur avance rapide vers le nord, les brigades de chars de Koniev avaient dépassé d'innombrables voitures à chevaux bondées de réfugiés. Certains de ceux-ci devaient se révéler être des soldats allemands ayant dissimulé leurs uniformes pour se glisser à l'ouest. En plus des trois corps de la 4e Armée blindée de la Garde encerclant Berlin par l'ouest, le 5e Corps d'armée mécanisé de la Garde poussait vers l'Elbe, prêt à bloquer toute tentative de la Douzième Armée allemande du général Wenck de faire sa jonction avec la Neuvième Armée de Busse.

À l'hôpital improvisé dans les casernements proches de Beelitz-Heilstätten, Sœur Ruth Schwarz, qui venait de participer à l'évacuation des enfants malades de Potsdam, apprit avec horreur le 21 avril que les Russes étaient déjà à Jüterbog, c'est-à-dire à moins de quarante kilomètres. Des rations de secours de chocolat, de saucisson sec et de galettes salées furent distribuées aux malades des divers services. Les infirmières se couchèrent à quatre par chambre, espérant ainsi limiter le danger lorsque les soldats russes arriveraient.

Le 22 avril, tout le monde apprit que l'Armée rouge avait atteint Schönefeld, à dix kilomètres. La Mère supérieure, Elisabeth von Cleve, qui était arrivée de Potsdam avec une partie du personnel et les malades adultes, dressa un autel avec des cierges, et plusieurs centaines de personnes assistèrent à une messe improvisée. Certaines d'entre elles avaient les larmes aux yeux en chantant les cantiques. Des rumeurs selon lesquelles Beelitz-Heilstätten aurait été déclarée zone internationale sous contrôle suisse donnèrent un peu d'espoir à la communauté. Mais celui-ci s'évanouit dès le lendemain matin, lorsqu'on apprit que les troupes soviétiques avaient atteint Beelitz et s'y adonnaient « au pillage, à l'incendie et au viol ». « Je sortis immédiatement mes petits ciseaux à ongles pour la pire des éventualités », devait raconter Sœur Ruth Schwarz. Cependant, les infirmières poursuivaient leur travail.

Les autorités militaires soviétiques avaient leurs propres problèmes sur leurs arrières. Des groupes d'officiers et de soldats allemands restés sur les Hauteurs de Seelow s'efforçaient de gagner l'ouest. Affamés, ils tendaient des embuscades aux voitures transportant des vivres, et attaquaient même les soldats russes isolés pour leur voler leurs rations [9].

Quant aux unités du NKVD, elles continuaient à s'agiter avec leur manque de mesure habituel. « Le 22 avril, rapportait par exemple l'une d'elles, une cuisinière de l'Armée rouge nommée Maria Mazourkevitch a rencontré des officiers d'une division pour laquelle elle avait travaillé et est partie avec eux en voiture. Cela veut dire qu'elle a déserté. Nous prenons toutes mesures pour la retrouver » [10]. Dans le même temps, aucune mesure n'était prise pour empêcher les viols, le pillage et même les meurtres.

Vassili Grossman, qui revenait de Moscou pour rejoindre le 1er Front biélorusse, arriva d'abord au quartier général de Joukov, à Landsberg, et constata : « Des enfants jouent aux soldats sur un toit plat. Au moment même où l'impérialisme allemand agonise à Berlin, ces garçons aux franges blondes et aux longues jambes maigres, armés de sabres de bois et de gourdins, bondissent et s'attaquent les uns les autres en criant… C'est éternel. Cela ne pourra jamais être extirpé de la nature humaine. » Grossman notait un peu plus loin dans son carnet : « Tout est couvert de fleurs, de tulipes, de lilas, de pommiers et de pruniers en floraison. Les oiseaux chantent. La nature n'éprouve aucune pitié devant les derniers jours du fascisme » [11].

Cependant, les services de propagande du Reich succombaient un à un. Le 21 avril, l'Agence de presse Transocéanique cessa ses activités, ainsi que le Reichssender de Berlin. Le lendemain, la radio des nationalistes irlandais pronazis diffusa l'une de ses dernières émissions. Son émetteur, installé à Nauen, fut pris deux jours plus tard.

De plus en plus de Berlinois prenaient le risque d'écouter la BBC et même d'en discuter les bulletins d'information. Mais les coupures de courant exerçaient une censure des émissions étrangères plus efficace que celle pratiquée jusque-là par les services de police.

En dehors des émissions captées sur des postes de radio à ailes et de quelques annonces par voie d'affiches, la plupart des nouvelles venaient désormais par le bouche à oreille. Les rumeurs et les faits devenaient, en conséquence, de plus en plus difficiles à distinguer les unes des autres.

Une impression d'irréalité cauchemardesque planait sur Berlin, attendant la catastrophe sous une alternance de violentes averses et de radieux rayons de soleil. En voyant ces bâtiments grandioses réduits à de simples façades où le jour filtrait par les fenêtres béantes, nul ne pouvait s'empêcher de penser à l'orgueilleuse capitale de l'Europe occupée qu'avait été, encore récemment, la ville. Le sentiment de déchéance était encore accentué par le spectacle de soldats d'une Wehrmacht naguère hautement motorisée conduisant des charrettes pleines de paille tirées par de petits chevaux polonais.

Hitler, de son côté, devenait de plus en plus obsédé par l'histoire – et sa conception personnelle de l'histoire était dominée de redoutable façon par un désir obsessif d'immortalité. Contrairement à Himmler, il n'entendait pas modifier son image par la moindre concession. Son goût pour le carnage et l'anéantissement n'avait fait que s'accentuer. L'une des raisons principales de sa décision de rester à Berlin était très simple. La Chute de Berchtesgaden n'aurait pu, en aucun cas, avoir le même retentissement que la Chute de Berlin. Elle n'aurait pu, non plus, avoir le même décor d'Apocalypse.

Durant la nuit du 21 avril, Hitler avait presque perdu connaissance après avoir ordonné la contre-attaque de Steiner. Le docteur Morell l'avait trouvé si déprimé qu'il avait proposé de lui faire une injection pour le remonter. Hitler était alors devenu frénétique. Il était convaincu que ses généraux voulaient le bourrer de morphine pour le mettre ensuite dans un avion à destination de Salzbourg. Lorsqu'il n'était pas en conférence, il passait l'essentiel de ses jours et de ses nuits assis dans sa chambre, dans le bunker de la Chancellerie, perdu dans ses pensées, regardant souvent le portrait de Frédéric le Grand, qui était devenu pour lui comme une icône.

Pendant presque toute la matinée du 22 avril, il demanda fiévreusement des nouvelles de l'attaque de Steiner. Il ordonna au général Koller, le chef d'état-major de la Luftwaffe, d'envoyer des avions voir si les troupes avaient commencé à faire mouvement. Il demanda aussi des renseignements à ce sujet à Himmler. Le Reichsführer n'avait, en fait, pas la moindre idée de ce qui se passait.

Il était, avec son collaborateur Walter Schellenberg, plus préoccupé d'ouvertures secrètes aux Alliés occidentaux par l'intermédiaire du comte Bernadotte. Interrogé par Hitler, Himmler se borna donc à donner une réponse prudemment optimiste, que son interlocuteur prit au pied de la lettre.

Mais, à la conférence de situation de midi, Hitler apprit de façon certaine que Steiner n'avait pas bougé. De plus, des forces soviétiques avaient brisé le périmètre de défense berlinois au nord de la ville. Le Führer éclata alors en imprécations. Ainsi donc, la SS le trahissait comme l'Armée ! La rage qu'il manifestait était plus violente que lors de ses pires altercations avec Guderian. Il finit par s'effondrer dans un fauteuil, épuisé et les larmes aux yeux. Il déclara ouvertement pour la première fois que la guerre était perdue. Keitel, Jodl, Krebs et Burgdorf furent très ébranlés par cette déclaration. Hitler ajouta alors que, comme son état de santé ne lui permettait pas de mourir en combattant, il allait tout simplement se tuer pour éviter de tomber aux mains de l'ennemi.

Les généraux tentèrent de le persuader de partir pour Berchtesgaden, mais il avait, de toute évidence, arrêté sa décision. Il ordonna à Keitel, à Jodl et à Bormann de partir pour le sud, mais ils refusèrent. Sur quoi Hitler déclara de nouveau que quiconque voulait partir le pouvait, mais que, quant à lui, il resterait à Berlin jusqu'à la fin. Il voulait que la chose soit annoncée officiellement.

On appela Goebbels à la Chancellerie pour qu'il tente de persuader le Führer de partir, mais c'était là le plus mauvais choix qu'on pouvait faire puisque le ministre de la Propagande était lui aussi résolu à rester. Il s'isola quelque temps avec Hitler pour lui parler. Quand il réapparut, il annonça simplement que le Führer lui avait demandé de venir installer sa famille au bunker de la Chancellerie. Il apparaîtrait ultérieurement qu'au cours de leur conversation en tête à tête, Goebbels avait informé Hitler que sa femme Magda et lui-même avaient décidé de tuer leurs six enfants avant de se supprimer eux-mêmes.

Lorsque Hitler réapparut, il était, à la grande surprise de son entourage, plus calme. Jodl ayant fait remarquer que la Douzième Armée du général Wenck, qui faisait face aux Américains sur l'Elbe, pouvait être détournée pour venir dégager Berlin, le Führer approuva l'idée. « Le maréchal Keitel, écrivit Jodl, reçut consigne de coordonner les actions de la Douzième Armée et de la Neuvième Armée, qui brisait son encerclement » [12]. Keitel proposa de partir immédiatement, mais Hitler insista pour qu'il déjeune d'abord, tandis que les domestiques lui apportaient, pour son voyage, des sandwiches, du chocolat et une demi-bouteille de cognac.

Keitel partit ensuite pour gagner le quartier général de Wenck, tandis que Jodl se dirigeait vers le nouveau siège de l'OKW à Krampnitz, au nord de Potsdam.

Le débat sur la santé mentale d'Hitler n'est pas près d'être clos. Mais le colonel de Maizière, qui se trouvait présent lors de cette soirée du dimanche 22 avril et qui avait observé de très près le Führer lors de nombreuses conférences stratégiques, était convaincu que « sa maladie mentale consistait en une auto-identification hypertrophiée avec le peuple allemand ». Ce qui pourrait expliquer pourquoi il estimait que la population de Berlin devait l'accompagner dans son suicide. Mais il semblait aussi tirer un plaisir constant des pertes relevées au combat, aussi bien chez ses propres hommes que chez l'ennemi. « Les pertes ne pourront jamais être trop élevées ! » s'était-il exclamé en 1942 lorsque le maréchal von Reichenau l'avait informé de celles de la SS *Leibstandarte Adolf Hitler*. Elles sèment les germes de la gloire future. »

L'« Opération Sérail », nom donné à l'évacuation vers Berchtesgaden, se trouva accélérée. Un premier groupe reçut ordre de partir le lendemain à l'aube. L'amiral von Puttkamer, aide de camp naval d'Hitler, avait reçu mission de détruire toutes les archives publiques d'Hitler au Berghof. Julius Schaub devait faire de même avec l'ensemble de la correspondance privée. Deux des quatre secrétaires avaient déjà été envoyées sur place. Le docteur Morell, apparemment terrorisé, réussit à se faire affecter au groupe. Il emportait avec lui une cantine militaire contenant les pièces du dossier médical d'Hitler.

Pendant ce temps, les services de renseignement alliés recueillaient les rumeurs les plus extravagantes concernant l'évacuation de Berlin et la fuite des dirigeants nazis. À Washington, le Département d'État américain fut informé par son ambassade à Madrid que ceux-ci projetaient « de gagner le Japon par la Norvège ». Le message précisait avec le plus grand sérieux : « Des Heinkel 177 vont les amener en Norvège, et il y a déjà, les attendant, d'autres avions – probablement des Viking – devant décoller pour un vol sans escale jusqu'au Japon »[13]. Ces « informations » s'appuyaient vraisemblablement sur des bruits circulant dans les milieux nazis d'Espagne, où l'on parlait également de sous-marins devant à la fois aller ravitailler l'Allemagne et évacuer quelques-uns de ses principaux dirigeants. Un autre message affirmait : « Il existe en Suisse plusieurs cliniques où, sous prétexte de blessures ou de maladies, des Allemands sont hospitalisés. Il s'agit en réalité d'importantes personnalités que l'on s'efforce de sauver »[14]. En revanche, la rumeur selon laquelle « des avions allemands camouflés » amenaient de hauts personnages en Espagne devait se révéler fondée.

Cet exode faisait que des chambres s'étaient libérées dans le bunker de la Chancellerie. De nouvelles personnalités, parmi lesquelles le général Krebs et le major Freytag von Loringhoven, vinrent s'y installer. D'une façon générale, le système de ventilation fonctionnait bien, mais dans la salle de conférence, où s'entassaient couramment quinze à vingt personnes, l'air devenait presque irrespirable. Hitler était le seul à s'asseoir. Les autres manquaient parfois de s'endormir debout. Les bombardements et tirs d'artillerie répétés avaient fini par fissurer les murs, et de la poussière flottait dans l'air. Comme il était strictement interdit de fumer dans le Führerbunker, à l'étage inférieur, ceux qui ne pouvaient résister au besoin d'allumer une cigarette devaient monter à l'étage supérieur. En revanche, les caves recelaient « de superbes réserves » de vivres, de vins et d'alcools. L'abondante consommation de celles-ci ne contribuait pas à améliorer le climat. « Dans le bunker, déclarait le colonel de Maizière, régnait un climat de total laisser-aller, qui gagnait les hommes de tous grades. La discipline avait cessé d'exister. »

L'arrivée de Frau Goebbels suivie de ses six enfants offrit un contraste frappant avec cette dissipation, encore qu'elle fût, à certains égards, le reflet du même désespoir. Freytag von Loringhoven se trouvait au bas des escaliers de béton lorsqu'il vit soudain Magda Goebbels les descendre. Elle semblait *« sehr damenhaft »* – « très grande dame ». Les six enfants qui la suivaient étaient âgés de douze à cinq ans : Helga, Hilde, Helmut, Holde, Hedda et Heide. Tous leurs prénoms commençaient par un « H » en l'honneur d'Hitler. Ils descendirent l'escalier sagement, en file indienne, leurs vêtements sombres faisant ressortir la pâleur de leurs visages. Helga, l'aînée, avait l'air triste, mais elle ne pleurait pas. Hitler était informé de la décision prise par Joseph et Magda Goebbels de tuer leurs enfants avant d'en finir eux-mêmes, et il l'approuvait. Cette démonstration de totale fidélité l'amena à remettre à Magda Goebbels l'insigne d'or du Parti nazi qu'il arborait en permanence sur sa tunique. L'arrivée des enfants dans le bunker fit pour beaucoup l'effet d'une douche froide. Tous savaient qu'ils allaient être immolés par leurs parents dans le cadre d'un *Führerdämmerung*.

Après les tempêtes du début d'après-midi, Hitler s'était retiré dans son petit salon pour s'y reposer en compagnie d'Eva Braun. Il convoqua ses deux secrétaires restées dans le bunker, Gerda Christian et Traudl Junge, sa diététicienne autrichienne, Constanze Manzialy, et la secrétaire de Martin Bormann, Elsa Krüger. Il leur dit qu'elles devaient se préparer à partir pour le Berghof, comme les autres.

Eva Braun sourit alors et vint vers lui. « Vous savez bien, lui dit-elle, que je ne vous quitterai jamais. Je resterai à vos côtés. » Il l'attira alors à lui et, devant toutes les autres femmes présentes, l'embrassa sur la bouche. Ce geste stupéfia tous ceux qui le connaissaient. Traudl Junge et Gerda Christian déclarèrent qu'elles resteraient aussi. Hitler les regarda avec affection et leur dit : « Si seulement mes généraux avaient été aussi braves que vous ! » Il leur remit des pilules de cyanure.

Ce fut sans doute peu après qu'Eva Braun alla dactylographier sa dernière lettre à son amie Herta Ostermayr. Cette missive accompagnait un paquet contenant tous ses bijoux, paquet qu'elle remit à l'un des hommes partant par avion pour le sud de l'Allemagne. Elle précisait à Herta, dans sa lettre, que les bijoux devaient être répartis conformément aux spécifications de son testament. Leur revente devait permettre à un certain nombre de parents et d'amis de se « maintenir la tête au-dessus de l'eau » dans les jours à venir.

« Pardonne-moi si tout cela est un peu confus, terminait-elle, mais j'ai les six enfants de G. [Goebbels] autour de moi, et ils ne se tiennent pas très tranquilles. Que pourrais-je te dire ? Je ne comprends pas comment tout a pu en arriver là, mais il n'est plus possible de croire en un Dieu. »

19

LA VILLE BOMBARDÉE

Le 23 avril, la radio allemande de Prague affirma que la décision du Führer de rester à Berlin donnait « à la bataille une portée européenne ». Le même jour, le journal de la 3e Armée de choc soviétique proclamait en manchette : « Mère Patrie, réjouis-toi ! Nous sommes dans les rues de Berlin ! » D'un côté, on voyait le national-socialisme tenter de s'ériger en cause internationale, et de l'autre le communisme internationaliste s'efforcer de cultiver une fois encore la fibre ultra-patriotique.

Pour les civils de Berlin, toutefois, ces subtilités idéologiques n'avaient plus guère de valeur ni d'intérêt. Ce qui comptait, sous le bombardement, c'était la survie. Et, en fait de bombardement, le pire restait encore à venir. Le général Kazakov faisait, à ce moment précis, acheminer des canons de siège de 600 mm sur des voies ferroviaires spécialement élargies conduisant à la gare de Schlesischer, à l'est de Berlin. Chaque projectile pesait une demi-tonne.

L'un des plus vastes abris existant dans la capitale allemande était le bunker de la gare d'Anhalter, situé immédiatement à côté de la gare. Construit en ferro-ciment, avec trois étages en surface et deux autres souterrains, il avait des murs de quatre mètres cinquante d'épaisseur. Au départ, on y avait installé des tables et des bancs en bois de pin et emmagasiné des boîtes de sardines à titre de vivres de secours, mais, le bois à brûler et la nourriture se faisant également rares, ni le mobilier ni les sardines n'avaient duré très longtemps. L'un des grands avantages de cet abri était qu'il était directement relié aux tunnels de l'U-Bahn.

On pouvait parcourir à pied les cinq kilomètres séparant l'Anhalter de la gare du Nord sans s'exposer.

Mais les conditions de vie dans le bunker ne tardèrent pas à devenir épouvantables. Jusqu'à 12 000 personnes devaient s'entasser dans un espace total de 3 600 mètres carrés. La foule était si dense que nul n'aurait pu gagner les toilettes, même si celles-ci avaient été ouvertes. Une femme déclarait qu'elle avait passé six jours assise sur la même marche. Pour des Allemands naturellement épris d'hygiène, cela représentait déjà une terrible épreuve, mais, les conduites d'eau ayant été coupées, la soif devint un problème beaucoup plus important encore. Il y avait, à l'extérieur de la gare, une pompe qui fonctionnait encore, et de jeunes femmes se trouvant près de l'issue de l'abri prenaient le risque de courir vers elle avec un seau. Beaucoup furent tuées, car la gare était un objectif prioritaire pour l'artillerie soviétique. Mais celles qui réussissaient à revenir vivantes de cette équipée s'assuraient la gratitude éternelle des gens trop faibles ou trop vieux pour tenter eux-mêmes l'aventure. Certaines échangeaient des gorgées d'eau contre de la nourriture.

Aux barrages antichars qui avaient été installés aux principaux croisements de rues, la Feldgendarmerie continuait à contrôler les papiers, prête à arrêter et à exécuter les déserteurs. Mais, dans les caves de la capitale, on commençait à voir apparaître de plus en plus régulièrement des officiers et des soldats en civil. « La désertion semble soudain tout à fait naturelle, presque louable », notait une Berlinoise dans son journal personnel, à la date du 23 avril. Évoquant ensuite les trois cents Spartiates de Léonidas aux Thermopyles, elle écrivait : « Il y a peut-être, ici ou là, trois cents soldats allemands qui se conduiraient de cette façon, mais il y en a trois millions qui ne le feraient pas. Plus le nombre grandit, moins il y a de chances d'assister à de l'héroïsme pour textes classiques. Et nous, les femmes, par nature, nous ne l'apprécions pas beaucoup non plus. Nous sommes raisonnables, pratiques, réalistes. Les hommes, nous les préférons vivants. »

Quand cette même Berlinoise alla, ce matin, voir si elle ne pouvait pas trouver un peu de charbon le long des voies du S-Bahn, elle apprit que le tunnel était obturé du côté sud pour tenter de prévenir une intrusion des Russes. Elle entendit également dire qu'un homme accusé de désertion avait été pendu à l'autre extrémité du tunnel. Il avait été pendu avec les pieds à peu de distance du sol, et des enfants s'amusaient à faire tourner le corps sur lui-même.

Rentrant chez elle, elle fut horrifiée par la vue « de doux visages d'enfants sous de gigantesques casques d'acier ». « Ils étaient, ajouta-t-elle, si petits et si minces dans des uniformes beaucoup trop grands pour eux. » Elle se demanda ensuite pourquoi elle se sentait si outrée, alors qu'elle n'aurait nullement réagi de cette façon s'ils avaient eu quelques années de plus. Elle en concluait qu'en lançant dans la bataille des humains à peine formés, on avait violé une sorte de loi de la nature visant à assurer la protection même de l'espèce. C'était, selon elle, « un symptôme de folie ».

Le lien naturel entre la mort et la sexualité contribuait peut-être au désir éperdu de nombre de jeunes soldats de perdre leur virginité avant qu'il ne soit trop tard. Et les filles, ainsi que nous l'avons déjà vu, très conscientes du danger de viol alors que l'ennemi se trouvait aux portes de la ville, préféraient se donner à presque n'importe quel jeune Allemand plutôt qu'à un soldat soviétique brutal et vraisemblablement ivre. Au centre de radiodiffusion de la Grossdeutscher Rundfunk, dans la Masurenallee, les deux tiers des cinq cents employés étaient des jeunes femmes et des jeunes filles, souvent âgées d'à peine plus de dix-huit ans. Durant la dernière semaine du mois d'avril, « un véritable climat de désintégration » s'installa, et l'on pouvait trouver des couples s'ébattant jusque dans les salles où étaient stockées les archives sonores. Les mêmes phénomènes étaient observés dans les caves et les abris mal éclairés.

Un autre instinct poussait certains à accumuler, tels des écureuils, tout ce sur quoi ils pouvaient mettre la main. Gerda Petersohn, alors âgée de dix-neuf ans et travaillant comme secrétaire à la Lufthansa, se trouvait à son domicile à Neukölln, non loin d'une station de S-Bahn, lorsque le bruit se répandit qu'un wagon chargé de rations de la Luftwaffe était immobilisé sur une voie. Des femmes se précipitèrent pour le mettre au pillage. Elles plongeaient dans les cartons et dans les caisses en s'emparant de tout ce qui pouvait s'y trouver. Gerda Petersohn vit, à côté d'elle, une femme avec des paquets de papier toilette plein les bras. Des avions soviétiques attaquèrent alors, mitraillant et larguant de petites bombes. Gerda plongea sous un wagon. La femme au papier toilette fut tuée. « Quelle raison de mourir ! » pensa Gerda. Quant à elle, elle fit seulement main basse sur un paquet de rations d'urgence pour pilote.

Sans électricité ni radio, les rumeurs les plus fantaisistes circulaient de plus belle dans Berlin. L'une, par exemple, voulait que le maréchal Model ne se soit pas suicidé, mais qu'il ait été secrètement arrêté par la Gestapo. Il est vrai que l'épais rideau d'informations mensongères dont s'entourait le régime était le premier à favoriser la diffusion de telles légendes.

De son côté, le 7e service du 1er Front biélorusse avait lancé une grande offensive de propagande à destination de Berlin, faisant larguer sur la ville des tracts affirmant aux soldats allemands que leur combat était « sans espoir », qu'il ne valait pas la peine pour eux de sacrifier leur vie à un gouvernement fasciste. Certains de ces tracts étaient censés être des « sauf-conduits » à montrer aux soldats de l'Armée rouge par les Allemands qui se rendraient. Le service affirma ensuite que « près de cinquante pour cent des Allemands qui se rendirent à Berlin » étaient porteurs de ces papiers.

En tout, 95 tracts différents, totalisant cinquante millions d'exemplaires, furent ainsi largués par avion. D'autres – environ 1 660 000 – furent distribués par des civils et soldats allemands que les Soviétiques avaient renvoyés franchir les lignes. À Berlin même, les services russes expédièrent ainsi 2 365 civils. D'autre part, 2 130 prisonniers de guerre allemands furent renvoyés, et 1 845 d'entre eux revinrent avec 8 340 autres prisonniers [1].

Les anciens prisonniers endoctrinés par les Soviétiques – les *« Seydlitz Truppen »*, comme on les appelait du côté allemand – passaient les lignes avec, sur eux, des lettres écrites à leurs familles par d'autres soldats récemment capturés. Le caporal Max S., par exemple, écrivait : « Mes chers parents, hier, j'ai été fait prisonnier par les Russes. On nous avait dit que les Russes abattaient leurs prisonniers, mais ce n'est pas vrai. Les Russes traitent très bien leurs prisonniers. Ils m'ont nourri et ils m'ont réchauffé. Je vais bien. La guerre va bientôt finir et je vais vous revoir, mes chers parents. Ne vous inquiétez pas pour moi. Je suis vivant et en bonne santé. » Bien que tout indiquât que cette lettre avait été dictée par un officier soviétique, le contenu de ce genre de missives, répété de bouche à oreille, avait plus d'effet que des dizaines de milliers de tracts.

L'un de ceux-ci, largué sur Berlin, s'adressait spécialement aux femmes, leur déclarant notamment : « Parce que la clique fasciste redoute le châtiment, elle espère prolonger la guerre. Mais vous, les femmes, vous n'avez rien à craindre. Personne ne vous touchera. » Le texte pressait ensuite ses lectrices de persuader les officiers et les soldats allemands de capituler. Les officiers politiques qui avaient rédigé ce tract ne pouvant ignorer les viols systématiques déjà commis par l'Armée rouge en territoire allemand, cette assurance donnée aux Berlinoises que « personne ne les toucherait » avait quelque chose de sidérant, même en se référant aux excès habituels de la propagande de guerre. Les services soviétiques organisaient également des émissions de radio où « des femmes, des acteurs, des prêtres et des professeurs » venaient s'efforcer de rassurer leurs auditeurs sur leur sort futur [2].

Plus efficace, sans doute, était la « lettre des habitants de Friedrichshafen à la garnison de Berlin ». « Le lendemain de l'arrivée de l'Armée rouge, affirmait-elle, la vie est redevenue normale. Les vivres ont recommencé à être distribués. Les habitants de Friedrichshafen vous demandent de ne pas croire la propagande mensongère de Goebbels à propos de l'Armée rouge »[3]. La peur de la famine et surtout la terreur de voir les enfants mourir de faim semblant l'avoir emporté, chez beaucoup de femmes, sur la crainte du viol, un texte de ce genre pouvait avoir une certaine efficacité.

Ayant quitté la veille au soir le bunker de la Chancellerie, le maréchal Keitel se rendit tout d'abord – en ayant la chance de ne pas tomber sur les chars de Leliouchenko – au quartier général du Corps XX à Wiesenbourg, à une trentaine de kilomètres seulement de la tête de pont américaine de Zerbst. Commandé par le général Köhler, ce corps d'armée se composait principalement de divisions réputées « jeunes » – constituées avant tout de recrues venant du Service du travail du Reich et y ayant reçu une simple préparation militaire. Leur entraînement était rudimentaire mais elles ne manquaient pas de courage, comme s'en était vite rendu compte le général Wenck.

Dans les premières heures du 23 avril, Keitel gagna le siège de l'état-major de la Douzième Armée, installé dans une station forestière à quelque distance de là. Il y fut accueilli par le général Wenck et son chef d'état-major, le colonel Reichhelm. Le contraste entre le maréchal et le général était des plus frappants. Keitel était pompeux, vain, stupide et brutal – mais obséquieux avec le Führer. Wenck, d'allure jeune malgré ses cheveux blancs, était extrêmement intelligent et très apprécié de ses camarades comme de ses hommes. Parlant de Keitel, le colonel Reichhelm déclarait qu'il était « un remarquable sous-officier mais pas un maréchal ». Ce jugement peut sembler par trop indulgent ; inconditionnel d'Hitler, Keitel était considéré par d'autres comme le principal « fossoyeur de l'Armée allemande ».

Agitant son bâton de maréchal, Keitel gratifia Wenck et Reichhelm d'un véritable discours, leur expliquant qu'il était du devoir de la Douzième Armée de venir sauver le Führer à Berlin. « Nous l'avons laissé parler, puis nous l'avons laissé partir », déclara ultérieurement le colonel Reichhelm. Mais Wenck avait déjà une autre idée en tête. Il allait effectivement attaquer en direction de Berlin comme on le lui avait ordonné, mais non pour sauver Hitler. Ce qu'il voulait, c'était ouvrir un couloir entre la capitale et l'Elbe pour permettre aux soldats comme aux civils d'échapper à des

15. *(Page précédente.)* Réfugiés affamés ramassant des faines dans les bois près de Potsdam.
16. *(Ci-dessus.)* Eva Braun au mariage de sa sœur Gretl *(à droite)* avec le Gruppenführer SS Hermann Fegelein *(au centre)*, à Berchtesgaden.

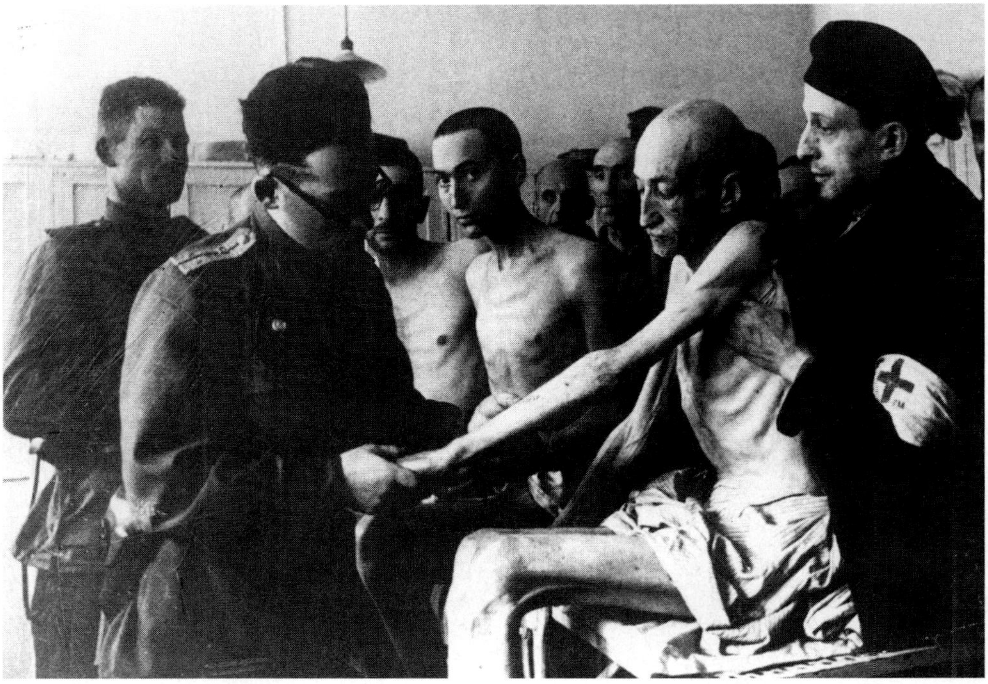

17. Médecins de l'Armée rouge soignant les rescapés d'Auschwitz.

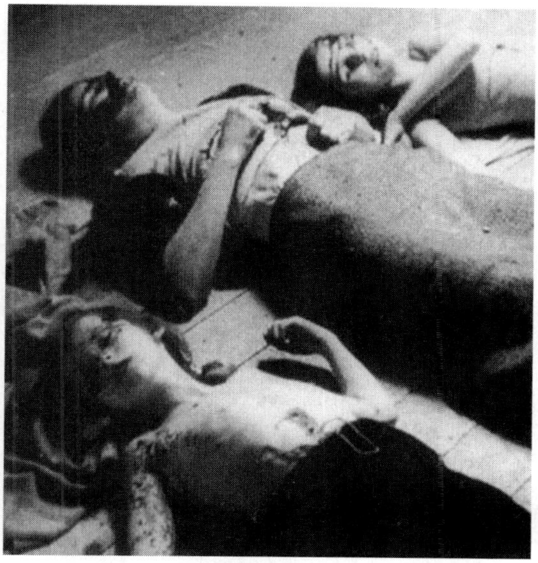

18-19. Un ingénieur allemand *(à gauche)* et sa famille *(à droite)* qui se sont suicidés avant l'arrivée de l'Armée rouge.

20. Jeune soldat allemand pendu sur les ordres du général Schörner.

21. Brigade antichar des Jeunesses Hitlériennes avec des Panzerfaust attachés à leur bicyclette.

22. Le Reichsführer SS Heinrich Himmler, qui ne touchait que rarement aux armes, se voyant déjà en chef militaire.

23. Le maréchal Staline et Winston Churchill à Yalta.

24. Un T-34 du 1er Front biélorusse du maréchal Joukov traversant l'Oder.

7

25. *(Ci-contre.)* Sapeurs soviétiques construisant un pont sur l'Oder en vue de l'assaut sur Berlin.

26. *(Ci-dessus.)* Soldats de l'Armée rouge désembourbant un canon antichar dans la plaine inondée de l'Oder.

27. Femmes soviétiques libérées des travaux forcés par l'Armée rouge, près de Berlin.

28. Cimetière improvisé dans les ruines de Berlin.

29. Hitler remerciant l'un de ses plus jeunes défenseurs,
sous le regard d'Artur Axmann, dirigeant des Jeunesses Hitlériennes.

30-33. L'Armée rouge doit se battre rue par rue
pour conquérir « l'antre de la bête fasciste ».

34. *(Ci-dessous.)* Sur le pont de Molkte d'où partira l'attaque de la « Maison de Himmler »
– le Ministère de l'Intérieur – et du Reichstag.

35. Tirs de chars dans une rue de Berlin.

36. Une Volkswagen criblée de bal
devant la Chancellerie du Reich.

37. Troupes du 1er Front d'Ukraine chargées d'écraser la Neuvième Armée dans les forêts au sud de Berlin.

38. Soldats allemands se rendant à l'Armée rouge, à Berlin.

39. Tankistes soviétiques faisant leur toilette dans les rues de Berlin.

40. Cuisine improvisée dans les ruines.

41. Rencontre entre l'Armée rouge et l'armée américaine : le colonel Ivanov porte un toast, pendant que le général Robert C. Macon, de la 83e Division d'infanterie, l'écoute.

42. Des civils allemands fuyant l'Armée rouge traversent le pont ferroviaire en ruine sur l'Elbe menant vers le territoire tenu par les Américains.

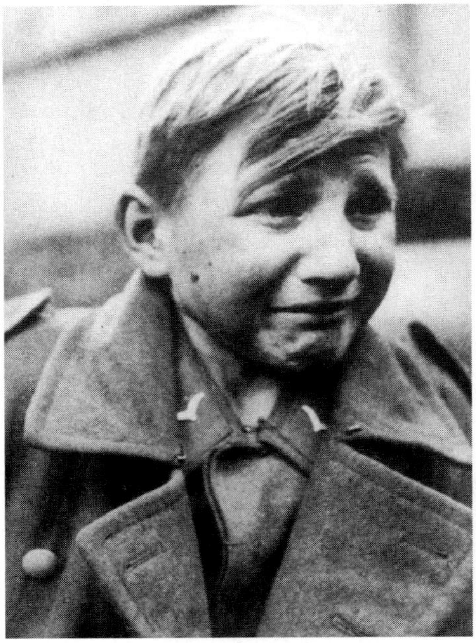

43. *(À gauche.)* C'est la fin de la bataille pour Hans-Georg Henke, un jeune conscrit.
44. *(À droite.)* Un soldat soviétique blessé est soigné par une aide-soignante allemande.

45. Le général Stumpff, le maréchal Keitel et l'amiral von Friedeburg arrivant à Karlshorst pour signer la reddition finale.

46. Un soldat de l'Armée rouge tente de s'emparer de la bicyclette d'une Berlinoise.

47. *(À gauche.)* Le maréchal Joukov pendant le défilé de la victoire sur le cheval qui a renversé Staline.

48. *(À droite.)* Joukov sous le regard du général K.F.Telegine, chef du service politique, et du général Ivan Serov, chef du NKVD.

49. *(Page suivante.)* Visite du champ de bataille à l'intérieur du Reichstag.

combats inutiles ainsi qu'à l'Armée rouge. Ce qu'il envisageait, c'était une *Rettungsaktion* – une opération de sauvetage.

Hitler, qui ne faisait plus confiance à aucun général, ordonna que son « ordre du Führer » à la Douzième Armée soit diffusé par la radio sous la forme d'un message adressé aux *« Soldaten der Armee Wenck »*[4]. C'était certainement la première fois dans l'histoire de toutes les guerres que des ordres militaires étaient délibérément rendus publics en plein milieu d'une bataille.

Ce message fut immédiatement suivi d'un bulletin de la station de radio de Goebbels, *Werwolfsender*, annonçant que le Führer avait « donné des instructions de Berlin pour que les unités combattant les Américains soient rapidement transférées à l'est afin de défendre la capitale »[5]. Le bulletin ajoutait : « Seize divisions sont déjà en mouvement et peuvent être attendues à Berlin à tout moment. »

Tout le but de l'opération était de faire croire à la population de la capitale que les Américains soutenaient désormais les Allemands contre l'Armée rouge. Par chance, ce jour-là, l'activité aérienne américaine au-dessus du secteur central de l'Elbe s'arrêta brusquement, ce qui soulagea au plus haut point les soldats de la Douzième Armée.

Wenck et son état-major savaient Keitel aussi peu réaliste qu'Hitler quant au véritable rapport de forces sur le terrain. L'idée de s'attaquer à deux armées blindées soviétiques sans pratiquement disposer de chars en état de marche était tout simplement grotesque. « Alors, devait raconter le colonel von Humboldt, chef des opérations de la Douzième Armée, nous nous sommes confectionné nos propres ordres. » Wenck comptait envoyer une force motorisée vers Potsdam, tandis que le gros de son armée avancerait vers l'est, au sud de Berlin, afin d'opérer sa jonction avec la Neuvième Armée du général Busse et permettre à celle-ci de se dégager. « Nous étions en contact radio avec Busse et savions où il se trouvait », précisa ultérieurement le colonel von Humboldt. Seul un écran de troupes resterait face aux Américains.

Des instructions détaillées furent rapidement diffusées, et, dans la journée, le général Wenck s'en alla à bord d'une Kübelwagen s'adresser aux jeunes soldats – ceux qui devaient attaquer en direction de Potsdam et ceux qui se dirigeraient vers Treuenbrietzen et Beelitz. « Mes enfants, leur dit-il, il faut que nous y allions encore une fois. Il ne s'agit plus de Berlin, il ne s'agit plus du Reich. » Puis il leur expliqua le but de leur mission.

Selon Hans-Dietrich Genscher, un jeune sapeur, se développa alors parmi les soldats « un sentiment de loyauté, de responsabilité et de camaraderie ».

Il y avait, en fait, ceux que l'idée d'une opération humanitaire exaltait et ceux qui étaient simplement séduits par la perspective de combattre les Soviétiques plutôt que les Alliés occidentaux. « Donc, c'est demi-tour ! écrivit Peter Rettich, chef de bataillon de la Division *Scharnhorst*. Et maintenant, pas accéléré contre les Ivans ! »

L'autre général dont le rôle apparaissait alors comme déterminant dans la bataille de Berlin était Helmuth Weidling, commandant le Corps blindé LVI, un homme à la forte personnalité ressemblant quelque peu à un Erich von Stroheim auquel on aurait ajouté des cheveux.

Le matin du 23 avril, Weidling appela au téléphone le Führerbunker pour faire son rapport. Le général Krebs lui répondit « avec une froideur évidente » et lui annonça qu'il avait été condamné à mort. Avec un remarquable courage physique et moral, Weidling se présenta dans l'après-midi au bunker. Hitler en fut, de toute évidence, impressionné. Si impressionné qu'il décida soudain que l'homme qu'il voulait faire exécuter pour lâcheté devant l'ennemi était celui qu'il lui fallait pour diriger la défense de Berlin. C'était, comme le fit observer le colonel Refior, une « tragi-comédie » typique du régime[6].

En fait, le Corps blindé LVI de Weidling était considérablement réduit. Il ne subsistait que des vestiges de la Division blindée *Müncheberg*, et si la 20e Division d'infanterie portée était en meilleure situation, le général Scholz, qui la commandait, s'était suicidé peu après son arrivée à Berlin. Seules la Division *Nordland* et la 18e Division d'infanterie portée restaient à peu près en état de combattre. Weidling décida de garder la 18e Division d'infanterie portée en réserve pour une éventuelle contre-attaque, et répartit ses autres formations entre les différents secteurs de défense pour y servir de *Korsettstangen* – de « baleines de corset »[7].

Le dispositif de défense de Berlin avait été divisé en huit secteurs, désignés par des lettres allant de A à H. Chacun de ces secteurs était commandé par un général ou un colonel, mais peu de ceux-ci avaient une quelconque expérience du combat. À l'intérieur du périmètre de défense, se trouvait une deuxième ligne, épousant à peu près la voie circulaire du S-Bahn. Les seuls véritables points d'appui étaient les trois tours de DCA en béton – le Zoobunker, la Humboldthain et la Friedrichshain. Elles avaient d'abondantes réserves de munitions pour leurs canons de 128 mm, de 88 mm et de 20 mm, ainsi que de bonnes communications grâce à des câbles téléphoniques souterrains. Mais leur grand problème était qu'elles servaient aussi d'abris à des milliers de blessés et de civils.

Weidling se rendit rapidement compte qu'il était censé défendre Berlin contre un million et demi de soldats soviétiques avec environ 45 000 hommes de la Wehrmacht et de la SS, en comprenant son propre corps d'armée, et un peu plus de 40 000 membres de la Volkssturm. Les quelque soixante chars disponibles venaient presque tous de ses formations. On parlait aussi d'un bataillon de *Panzerjagd* – « chasseurs de chars » – équipé de voitures légères Volkswagen sur lesquelles étaient installées des batteries de lance-fusées, mais nul ne put le trouver. Préposé à la défense du quartier administratif de la capitale et ayant sa base dans le bunker de la Chancellerie, le Brigadeführer SS Mohnke avait 2 000 hommes sous ses ordres*.

La menace la plus immédiate à laquelle devait faire face Weidling en cet après-midi du 23 avril était l'assaut mené à l'est et au sud-est de la ville par la 5e Armée de choc, la 8e Armée de la Garde et la 1re Armée blindée de la Garde. Dans la soirée, les blindés allemands encore en état de marche furent rappelés à l'aérodrome de Tempelhof afin d'y refaire le plein de carburant. Là, ils reçurent ordre de préparer une contre-attaque vers le sud-est, en direction de Britz. Ils se virent renforcés par quelques chars lourds Tigre et quelques véhicules lance-fusées. Mais la principale arme antichar de cette force demeurait ce que les soldats allemands appelaient en plaisantant le « Stuka à pattes » – c'est-à-dire le Panzerfaust.

Après sa visite à l'état-major de la Douzième Armée, le maréchal Keitel retourna à la Chancellerie du Reich, où il arriva vers trois heures de l'après-midi. Jodl et lui allèrent voir Hitler pour la dernière fois. À leur retour au siège provisoire de l'OKW, à Krampnitz, ils apprirent que des forces soviétiques – il s'agissait de la 47e Armée – approchaient, venant du nord, et le camp fut abandonné le lendemain à l'aube.

Entre-temps, l'agitation avait continué à régner dans le Führerbunker. Le rapport fait par Keitel sur sa visite à la Douzième Armée avait redonné à Hitler une brusque dose d'optimisme. Un optimisme délirant, car il voyait de nouveau l'Armée rouge battue à plates coutures.

* Les Soviétiques estimèrent à 180 000 hommes les effectifs allemands dans Berlin, mais l'Armée rouge n'hésitait pas à compter comme combattants tous ceux qu'elle faisait prisonniers, ce qui comprenait des membres de la Volkssturm sans armes, des policiers municipaux, des membres du Service du travail et même des employés de chemins de fer.

Puis, à la surprise générale, était arrivé Albert Speer, revenu à Berlin pour voir Hitler une ultime fois, lui aussi. Speer avait trouvé un goût amer à leur dernière entrevue, le jour de l'anniversaire du Führer, et, malgré l'évolution des sentiments de chacun, il ne pouvait oublier les liens exceptionnels qui avaient existé entre Hitler et lui.

Il avait quitté Hambourg en voiture, en tentant d'éviter les routes embouteillées par la masse des réfugiés, mais s'était vite trouvé bloqué. L'Armée rouge avait, en effet, atteint Nauen. Il était alors revenu jusqu'à un aérodrome de la Luftwaffe, où il avait réquisitionné un avion d'entraînement biplace Focke-Wulf, qui l'avait transporté jusqu'au terrain de Gatow, à l'ouest de Berlin. De là, un petit avion Fieseler Storch l'avait amené dans le centre de la ville, se posant en fin de journée non loin de la Porte de Brandebourg. Eva Braun, qui avait toujours adoré Speer, fut ravie de le voir, d'autant qu'elle avait prédit qu'il reviendrait. Et même Martin Bormann, qui le détestait et le jalousait, parut heureux de son arrivée, allant jusqu'à l'accueillir au bas de l'escalier du bunker. En fait, Speer était probablement la seule personne encore capable de convaincre Hitler de quitter Berlin. Pour Bormann, qui ne partageait nullement la fascination du suicide propre, entre autres, à Goebbels, il représentait donc une ultime chance de survie [8].

Speer trouva Hitler calme, comme un vieil homme résigné à la mort. Le Führer lui posa de multiples questions sur le grand amiral Dönitz, et Speer comprit immédiatement qu'il entendait faire de lui son successeur. Il lui demanda également son avis sur un autre point crucial : devait-il gagner Berchtesgaden ou rester à Berlin ? Speer émit alors l'opinion qu'il vaudrait mieux que tout se termine à Berlin plutôt qu'à Berchtesgaden, où « les légendes seraient difficiles à créer » [9]. Hitler parut rassuré en voyant Speer approuver sa décision. Il lui parla ensuite de son projet de suicide et de la volonté d'Eva Braun de mourir avec lui.

Speer se trouvait encore dans le bunker, en cette soirée du 23 avril, lorsque Martin Bormann arriva en trombe avec un message envoyé de Bavière par Göring. Celui-ci avait appris de troisième main par le général Koller l'annonce faite la veille par Hitler de son intention de rester à Berlin et de s'y suicider. Göring était toujours, en principe, le successeur officiel d'Hitler, et il devait avoir craint qu'en ces circonstances, Bormann, Goebbels ou Himmler tentent de le supplanter. De toute évidence, il ignorait que le grand amiral Dönitz avait déjà été choisi comme dauphin. Son message était le suivant : « Mein Führer. Compte tenu de votre décision de rester à votre poste dans la forteresse de Berlin, acceptez-vous que j'assure aussitôt la totale direction du Reich, avec pleine liberté d'action à l'intérieur et à l'extérieur, en tant que votre délégué, conformément à votre décret du 29 juin 1941 ? Si aucune réponse ne m'est parvenue à vingt-deux heures ce soir, je tiendrai pour acquis que vous avez perdu votre liberté d'action, considérerai les conditions spécifiées dans votre décret comme réunies et agirai dans les meilleurs intérêts de notre pays et de notre peuple. Vous savez ce que je ressens à votre égard en cette heure qui est la plus grave de ma vie. Les mots me manquent pour m'exprimer. Puisse Dieu vous protéger et vous faire revenir très vite ici en dépit de tout. Votre fidèle Hermann Göring. »

Il ne dut pas être très difficile à Bormann d'éveiller les soupçons d'Hitler. Un deuxième télégramme de Göring à Ribbentrop le convoquant pour consultation acheva de convaincre Hitler qu'il s'agissait d'une trahison caractérisée. Une cinglante réponse fut expédiée, dépouillant Göring de tous ses titres et fonctions. Il se voyait toutefois offrir la possibilité de se retirer lui-même pour raisons de santé, ce qui aurait pour effet de le soustraire à de plus graves mesures. Göring n'avait guère d'autre solution que d'accepter. Néanmoins, sur les instructions de Bormann, un détachement de SS vint encercler le Berghof, et Göring devint en fait un prisonnier. Humiliation supplémentaire, les cuisines furent fermées sous le prétexte d'empêcher l'ancien Reichsmarschall de s'empoisonner.

Cette affaire expédiée, Speer alla rendre visite à Magda Goebbels. Il la trouva allongée sur son lit dans une petite chambre aux murs de béton, se remettant à peine d'une angine. Goebbels ne les laissa pas un seul moment seul à seule. Plus tard, vers minuit, quand Hitler se fut retiré, on remit à Speer un message d'Eva Braun lui demandant d'aller la voir. Elle commanda du champagne et des pâtisseries pour deux, et ils bavardèrent en évoquant un passé plus heureux : Munich, les vacances de neige ensemble, la vie au Berghof. Speer avait toujours beaucoup aimé Eva Braun – « une simple fille de Munich » –, qu'il admirait, en ce moment, pour sa « dignité et une sorte de joyeuse sérénité ». Un domestique vint leur dire vers trois heures du matin qu'Hitler s'était relevé. Speer quitta alors Eva Braun pour aller faire ses adieux à l'homme qui l'avait rendu célèbre. Cette ultime entrevue ne dura que quelques instants. Hitler fut à la fois brusque et distant. Son esprit était ailleurs. Speer, son ancien favori, avait cessé d'exister pour lui.

Au cours de ce même soir, Eva Braun avait écrit sa dernière lettre à Gretl Fegelein, sa sœur. À propos du mari de celle-ci, elle déclarait : « Hermann n'est pas avec nous. Il est parti pour Nauen afin de rassembler un bataillon ou quelque chose de ce genre. » Elle ignorait que le but du déplacement de Fegelein était, en réalité, une entrevue secrète – mais qui fut finalement décommandée – avec Himmler dans le but de rechercher une paix séparée avec les Alliés occidentaux. Et elle se trompait de toute évidence en ajoutant dans sa lettre : « Il veut sortir d'ici en combattant afin d'aller poursuivre la résistance en Bavière, au moins pour un temps. » Son beau-frère avait fait une carrière trop brillante et trop rapide pour vouloir se transformer en un simple maquisard.

Après quoi, Eva Braun, toujours pratique sous sa légèreté apparente, passait aux choses concrètes. Elle voulait que Gretl détruise toute sa correspondance personnelle. « Les notes d'Heise ne doivent être trouvées sous aucun prétexte », précisait-elle. Heise était sa couturière, et elle ne voulait pas que le public sache combien elle avait parfois été extravagante aux frais du Führer. Elle s'inquiétait toujours de la répartition future de ses bijoux. « Ma montre en diamants a malheureusement été donnée à réparer », écrivait-elle, et elle chargeait Gretl de retrouver l'Unterscharfführer SS Stegemann, qui avait apparemment confié la montre à un horloger, vraisemblablement juif, « évacué » du camp de concentration d'Oranienbourg pour l'une de ces marches forcées où la mort était le plus souvent au bout du chemin.

20

FAUX ESPOIRS

Les Berlinois terrorisés ne pouvaient résister à la tentation de croire Goebbels lorsqu'il leur promettait que l'armée de Wenck allait venir les sauver. Ils étaient aussi tentés de croire aux rumeurs selon lesquelles les Américains allaient se joindre aux Allemands pour combattre les Russes. Beaucoup entendirent, dans la nuit du 23 avril, des avions survoler la ville sans lancer de bombes. Certains pensèrent alors qu'il s'agissait d'appareils américains venus larguer des parachutistes.

Finalement, les seuls soldats à entrer dans Berlin à ce moment n'étaient ni allemands ni américains, mais français. Le mardi 24 avril à quatre heures, le Brigadeführer Krukenberg, commandant la division de Waffen SS français *Charlemagne*, fut réveillé par le téléphone au camp d'entraînement SS de Neustrelitz, où étaient cantonnés les restes de son unité, durement éprouvée en Poméranie. L'appel venait du quartier général du Groupe d'Armées de la Vistule. Krukenberg était informé qu'il devait se rendre immédiatement à Berlin pour se présenter au Gruppenführer Fegelein, à la Chancellerie du Reich. Aucune raison précise n'était avancée pour cette convocation. Le Brigadeführer s'entendait simplement conseiller de prévoir une escorte car il risquait de rencontrer des difficultés en route [1].

Réveillé à son tour, le dernier chef de bataillon présent, Henri Fenet, rassemble ses hommes. Krukenberg, revêtu de son long manteau de cuir gris d'officier général de la Waffen SS, s'adresse aux officiers et aux soldats. Il demande des volontaires pour l'accompagner à Berlin. La plupart des hommes sont disposes à y aller. Krukenberg et Fenet en choisissent quatre-vingt-dix, car les véhicules disponibles ne peuvent pas en transporter plus. Beaucoup étaient des officiers, parmi lesquels l'aumônier de la division,

Mgr Mayol de Lupé. Après la guerre, Krukenberg soutiendra qu'aucun d'entre eux n'était national-socialiste. C'était peut-être un peu vite dit, mais il est certain que les hommes de la *Charlemagne* venaient d'horizons politiques divers et étaient surtout unis par leur antibolchevisme fanatique. C'était ce qui les amenait à se porter volontaires pour aller mourir dans les ruines de Berlin, qu'ils croient en l'Europe Nouvelle ou en la France traditionnelle.

Les hommes choisis remplirent leurs poches comme leurs sacs de munitions et prirent les derniers Panzerfaust restant au bataillon. À huit heures trente, ils s'alignèrent le long de la route, prêts à embarquer à bord des véhicules, deux transports de troupes blindées et trois camions. C'est alors qu'ils virent arriver Himmler dans une Mercedes décapotable. Mais le Reichsführer SS passa devant eux en les ignorant totalement. Il n'avait ni gardes ni escorte. Ce ne fut que des années plus tard que Krukenberg apprit qu'Himmler revenait vraisemblablement d'une rencontre avec le comte Bernadotte et regagnait discrètement la clinique d'Hohenlychen.

Ayant été informé que les chars soviétiques avaient déjà atteint Oranienbourg, Krukenberg décida d'obliquer vers l'ouest pour gagner Berlin, ce qui n'était, de toute façon, pas chose facile. La route était encombrée d'une masse humaine allant dans l'autre sens, qu'il s'agisse de soldats, isolés ou en détachements, de civils ou de travailleurs étrangers fuyant la capitale. Des hommes de la Wehrmacht interpellaient avec dérision les volontaires français, leur criant qu'ils allaient dans la mauvaise direction. Certains se frappaient la tempe de l'index pour leur faire savoir qu'ils étaient fous. Les hommes de la *Charlemagne* rencontrèrent même ainsi l'unité de transmissions de la Division *Nordland*. Son chef déclara qu'il avait reçu ordre de faire mouvement vers le Schleswig-Holstein et la frontière danoise. Krukenberg, n'ayant eu aucun contact avec les états-majors, n'avait pas de moyen de vérifier le propos. Et il ignorait tout de la controverse ayant éclaté entre Ziegler, le commandant de la *Nordland*, et le général Weidling.

Après avoir été mitraillé par un chasseur soviétique, qui lui tua un homme, et avoir entendu des tirs d'artillerie à quelque distance, Krukenberg fit emprunter à ses véhicules de petites routes qu'il avait découvertes lorsqu'il était stationné à Berlin, avant la guerre. Les forêts de pins les soustrayant à la vue de l'aviation ennemie, ils parvinrent à proximité de la capitale. Mais, la progression devenant de plus en plus difficile en raison des barrages et des ponts détruits, Krukenberg renvoya les camions vers Neustrelitz, ne conservant que les deux véhicules blindés. La plupart de ses hommes durent donc poursuivre leur chemin à pied sur une distance de vingt kilomètres.

Ils atteignirent le voisinage du Reichssportfeld, près du Stade olympique, vers vingt-deux heures. Les hommes, épuisés, trouvèrent un dépôt de vivres et de matériel de la Luftwaffe, et y burent un mélange spécial de cacao et de benzédrine destiné aux pilotes. Cela tint éveillés la plupart d'entre eux. Puis Krukenberg, accompagné d'un officier de son état-major, le capitaine Pachur, emprunta les rues pratiquement désertes de Berlin pour se rendre à la Chancellerie du Reich et s'y présenter à Fegelein. Le bruit se répandit parmi les volontaires français qu'Hitler lui-même allait venir les passer en revue.

Cependant, leur chef suprême, Himmler, qui les avait si superbement ignorés le matin, avait franchi le Rubicon. Le « fidèle Heinrich », comme on l'avait malignement surnommé au sein de la petite cour d'Hitler, était un très médiocre conspirateur. Les savants calculs n'étaient pas son fort, et, de plus, il restait en proie à l'indécision. Son seul atout, en ce domaine, était qu'Hitler n'avait jamais imaginé une seule seconde que l'auteur de la formule servant de devise à la SS – « Mon honneur s'appelle fidélité » – pût le trahir.

Selon Speer, Himmler restait furieux du traitement réservé par Hitler aux divisions SS de Hongrie, mais si le Führer l'avait appelé auprès de lui pour lui dire qu'il lui conservait toute sa confiance et son amitié et le préférait à Martin Bormann, il aurait, les larmes aux yeux, renouvelé sur-le-champ son serment d'allégeance.

Sa plus grande erreur d'appréciation dans ses tentatives pour ouvrir des négociations avec l'ennemi était sa conviction qu'il était un personnage clé pour les Alliés occidentaux, « car lui seul pouvait maintenir l'ordre »[2].

À ses deux premières rencontres avec le comte Bernadotte, Himmler n'avait pas osé aborder d'autre sujet que la libération des prisonniers. « Le Reichsführer n'est plus en contact avec la réalité », avait dit Bernadotte à Schellenberg après la réunion ayant suivi l'anniversaire d'Hitler. Himmler se refusait à écouter Schellenberg lorsque celui-ci le pressait de déposer ou même de faire tuer Hitler.

Schellenberg, ayant appris par Fegelein l'état nerveux dans lequel s'était trouvé Hitler dans l'après-midi du 22 avril, avait réussi à persuader Himmler de ne pas retourner au bunker de la Chancellerie. Il craignait que son chef ne faiblisse en voyant le Führer et ne change d'avis. C'est donc par un intermédiaire qu'Himmler proposa que le bataillon SS lui servant de garde personnelle soit affecté à la défense de Berlin. Hitler accepta immédiatement et ordonna que le bataillon soit déployé dans le Tiergarten, près de la Chancellerie. Il donna également des instructions pour que les prisonniers importants – « *die Prominenten* » – soient transférés à un endroit où ils pourraient être massacrés au tout dernier moment. Le soir du 23 avril, Himmler et Schellenberg rencontrèrent de nouveau le comte Bernadotte à Lübeck. Himmler, maintenant conscient de la décision d'Hitler de se supprimer à Berlin, avait finalement décidé de prendre sa place et d'engager sérieusement des négociations. Il demanda officiellement à Bernadotte de prendre contact de sa part avec les Alliés pour ménager un cessez-le-feu sur le front de l'Ouest. Il s'engagea à ce que tous les prisonniers scandinaves soient envoyés en Suède. Typiquement, sa grande préoccupation du moment était de savoir si, lorsqu'il rencontrerait Eisenhower, il devait s'incliner ou lui serrer simplement la main.

Pour les derniers juifs détenus à Berlin, l'arrivée de l'Armée rouge signifiait soit la fin d'un cauchemar, soit l'exécution au dernier moment. Hans Oskar Löwenstein, qui avait été arrêté à Potsdam, fut envoyé au camp de transit de la Schulstrasse, installé dans les locaux de l'Hôpital juif de Berlin, dans le quartier de Wedding. Là, quelque six cents personnes étaient entassées sur deux étages, nourries d'épluchures de pommes de terre et de betteraves crues, avec un peu de *Wassersuppe* – « soupe d'eau ». Parmi elles se trouvaient de nombreux demi-juifs, comme Löwenstein lui-même, qualifiés de *Mischlinge* par les nazis. Il y avait également des juifs auparavant protégés par l'administration national-socialiste, des *Schutzjuden*, comme, par exemple, les organisateurs des Jeux olympiques de Berlin en 1936. Des juifs étrangers venant de pays neutres, en particulier latino-américains, avaient aussi abouti là. Certains restaient en vie grâce à des parents restés au pays, qui envoyaient du café authentique aux membres de l'administration SS.

Le commandant du camp, l'Obersturmbannführer SS Doberke, avait reçu l'ordre de fusiller tous les prisonniers, mais il hésitait visiblement à l'exécuter. Un représentant des prisonniers vint lui proposer un marché. « La guerre est finie, lui dit-il. Si vous nous sauvez la vie, nous sauverons la vôtre. » Sur quoi les détenus préparèrent un document signé de tous affirmant qu'ils devaient la vie à l'Obersturmbannführer Doberke. Deux heures après la remise de ce document, ils s'avisèrent que les portes étaient ouvertes et que les gardes SS avaient disparu. Mais leur libération ne fut pas aussi heureuse qu'ils l'avaient prévu. Les détenues féminines du camp furent violées par les soldats soviétiques.

Les armées soviétiques avançant dans l'agglomération berlinoise étaient acclamées par « une véritable Internationale », selon la formule de Koniev, de « prisonniers de guerre russes, français, britanniques, américains et norvégiens », et de femmes ayant été emmenées en Allemagne comme travailleuses forcées. Koniev remarqua que tous avaient soin, toutefois, de marcher dans les sillons laissés par les chenilles des chars afin d'éviter de sauter sur une mine.

Arrivant de l'est, Vassili Grossman vit « des centaines de paysans russes barbus avec femmes et enfants ». Il remarqua « une expression de désespoir sur leurs visages ». Il s'agissait de responsables et d'auxiliaires nommés par les Allemands et n'ayant fui jusqu'à Berlin que pour être rejoints par les troupes soviétiques [3].

« Une vieille femme s'éloigne de Berlin à pied, nota également Grossman dans son journal. Elle porte un foulard sur la tête, comme si elle était en pèlerinage dans les vastes espaces de Russie. Elle a un parapluie sur l'épaule, avec une énorme casserole d'aluminium accrochée à la poignée. »

Bien qu'Hitler persistât, par principe, à refuser le transfert de troupes du front de l'Ouest pour faire face à l'Armée rouge, Keitel et Jodl avaient fini par admettre qu'il n'y avait plus d'autre solution. L'état-major opérationnel de la Wehrmacht donna des ordres en conséquence. Les soupçons de Staline trouvaient ainsi une sorte de justification.

Mais l'homme du Kremlin se préoccupait aussi de sa bête noire, la Pologne. Il n'avait aucune intention de changer d'attitude à son égard et n'avait cure des vœux du peuple polonais. « L'Union soviétique, écrivit-il le 24 avril au président Truman, a le droit de s'employer à ce qu'existe en Pologne un gouvernement amical envers elle. » Il entendait par là le « gouvernement provisoire », entièrement contrôlé par les Soviétiques. « Il est également nécessaire, ajoutait-il, de tenir compte du fait que la Pologne jouxte l'Union soviétique, ce qui n'est pas le cas avec la Grande-Bretagne et les États-Unis » [4].

En ce qui concernait Berlin, Staline maintenait toujours sa pression sur Joukov et Koniev en entretenant leur rivalité. La ligne de démarcation entre le 1er Front biélorusse de Joukov et le 1er Front ukrainien de Koniev devenait de plus en plus incertaine. Joukov n'apprit qu'assez tard dans la journée du 23 avril que l'armée de Rybalko, appartenant au front de Koniev, avait atteint Berlin. Il en fut atterré.

Depuis qu'ils étaient arrivés au canal de Teltow, le soir du 22 avril, les trois corps d'armée de Rybalko s'étaient vu accorder vingt-quatre heures pour lancer un assaut décisif. Les parois de béton du canal et les entrepôts se trouvant sur la rive nord de celui-ci semblaient former une redoutable barrière. Certes, les détachements de la Volkssturm qui y étaient retranchés ne faisaient pas figure d'opposants de poids devant la 3e Armée blindée de la Garde, mais ils avaient été « corsetés » par des éléments des 18e et 20e Divisions d'infanterie portée. Deux jours auparavant, l'artillerie soviétique avait reçu ordre de faire mouvement vers le canal pour assurer la rupture, mais il y avait de tels embouteillages sur la route de Zossen que la progression avait été lente. Si la Luftwaffe avait encore disposé d'avions en état de prendre l'air, elle aurait pu se livrer à un véritable jeu de massacre. La 48e Division d'infanterie de la Garde de Louchinsky arriva, elle, à temps, prête à implanter une tête de pont au-delà du canal. Puis l'artillerie commença à se mettre en place. Ce n'était pas une mince affaire. Il s'agissait de mettre en batterie, dans la soirée du 23 avril, près de 3 000 canons et mortiers lourds. Cela représentait une concentration de 650 pièces par kilomètre de front, dont des obusiers de 152 mm et de 203 mm.

Le 24 avril à 6 heures 20 du matin, le bombardement commença, de façon encore plus massive que lors des franchissements de la Neisse ou de la Vistule. Koniev arriva au poste de commandement de Rybalko alors que prenait fin cette préparation d'artillerie qui pulvérisait les constructions de l'autre côté du canal, tandis que, par vagues successives, attaquaient les bombardiers. Puis l'infanterie entreprit la traversée, à bord de canots repliables et de barques à rames. À sept heures, les premiers bataillons étaient en place, établissant la tête de pont. Peu après midi, les pontonniers avaient fait leur travail, et les premiers chars traversaient à leur tour.

La pression sur l'angle sud-est des défenses de Berlin était déjà considérable avant le franchissement du canal de Teltow. À l'aube du 23 avril, quelques-unes des unités d'infanterie de Tchouikov avaient réussi à traverser la Spree et la Dahme au sud de Köpenick, en direction de Falkenberg. Les fantassins avaient découvert nombre d'embarcations diverses, allant de canots de compétition à des vedettes de plaisance, et les avaient utilisées. Durant toute cette journée et la nuit qui suivit, les divisions d'infanterie de Tchouikov et les premières brigades de chars de Katoukov avancèrent vers Britz et Neukölln, et, à l'aube du 24 avril, un corps de la 5e Armée de choc, appuyé par des canonnières de la flottille du Dniepr, franchit la Spree plus au nord, en direction du parc de Treptow.

À l'aube du 24 avril également, les survivants du corps de Weidling, qui avaient refait leur plein de carburant la veille au soir à l'aérodrome de Tempelhof, lancèrent des contre-attaques répétées contre cette double menace. Les derniers chars lourds Tigre du Bataillon blindé *Hermann von Salza* de la *Nordland* détruisirent plusieurs chars Staline, mais la supériorité numérique de l'ennemi était par trop écrasante. « En trois heures, écrivit dans son rapport un général de division de la 5e Armée de choc, les SS lancèrent six attaques mais furent contraints de battre en retraite à chaque fois, laissant le sol jonché de cadavres. Des chars Panther et Ferdinand brûlaient. Vers midi, notre division fut en mesure de reprendre son avance. Elle s'assura le parc de Treptow et, au crépuscule, nous atteignîmes la voie ferrée circulaire [du S-Bahn]. »

« Ce fut, écrivit de son côté l'un des participants allemands, un combat âpre, sanglant, sans merci. » Ce fut aussi un combat où tous les moyens étaient jugés bons. Du côté soviétique, des officiers politiques affirmèrent aux soldats, afin de les exciter, que « Vlassov et ses hommes » participaient à la défense de Berlin. C'était totalement faux. Les soldats de Vlassov étaient, alors, presque tous dans la région de Prague[5].

Alors même que les armées de Koniev forçaient la ligne de défense du canal de Teltow, ses arrières se trouvaient soudain menacés. Venues de l'est, les troupes du général Wenck avançaient vers Treuenbrietzen et Beelitz, tandis que, sur leur droite, la Neuvième Armée tentait de rompre son encerclement dans les forêts situées au sud-est de Berlin.

Le général Louchinsky avait déjà commencé à faire pivoter vers l'est une partie de sa 28e Armée, le long de l'autoroute Berlin-Cottbus, afin de faire face à la Neuvième Armée. La *Stavka*, qui avait initialement ignoré cette dernière, la jugeant sans doute neutralisée, se réveilla en sursaut. Le maréchal Novikov, commandant en chef de l'aviation soviétique, reçut ordre de réunir les 2e, 16e et 18e Armées aériennes pour attaquer les 80 000 Allemands concentrés dans les forêts. Ce que n'avaient pu encore déterminer, toutefois, les chefs militaires soviétiques, c'étaient les intentions exactes de ces troupes ennemies. Allaient-elles essayer de forcer leur passage vers Berlin ou tenter de percer vers l'ouest pour rejoindre la Douzième Armée du général Wenck ?

Les pires craintes des infirmières du centre hospitalier de Beelitz-Heilstätten se concrétisèrent durant la matinée du 24 avril.

Soudain, le sol se mit à vibrer sous les chenilles des chars, et l'une des colonnes blindées de Leliouchenko, ignorant les protestations des représentants de la Croix-Rouge suisse, força son passage dans l'enceinte de l'hôpital. Des tankistes armées de pistolets-mitrailleurs envahirent le premier bâtiment. Ils ne semblaient, de prime abord, intéressés que par les montres, mais quand arriva la nouvelle de viols, de pillage généralisé et de meurtres à Beelitz, les infirmières et les malades adultes se préparèrent au pire. Les enfants, eux, se demandaient ce qui se passait.

Les infirmières ne savaient pas qu'elles étaient sur le point d'être sauvées par les jeunes soldats du général Wenck. Hitler, en revanche, était maintenant convaincu que Berlin et lui-même seraient dégagés par la Douzième Armée. Dans le Führerbunker, on ne parlait même plus du fameux détachement Steiner. Mais, en réponse à un appel d'Hitler, le grand amiral Dönitz avait fait savoir qu'il allait envoyer tous ses marins disponibles renforcer les défenses berlinoises. Il comptait les faire acheminer par des avions Junker 52 opérant des atterrissages de fortune au centre même de la ville, ce qui témoignait d'un remarquable mépris des réalités – et de la vie de ses hommes.

Mais, en fait, à en juger par la surprise créée par l'arrivée, vers minuit, du Brigadeführer Krukenberg, peu d'autres occupants du bunker espéraient voir encore quelqu'un venir à leur secours. Le général Krebs, qui avait connu Krukenberg en 1943, lui révéla qu'au cours des dernières quarante-huit heures, ordre avait été donné à de nombreux chefs d'unité de gagner Berlin. « Vous êtes le seul à l'avoir fait », précisa-t-il[6].

Malgré tous les frais qui avaient été engagés dans sa construction, le Führerbunker n'avait pas de système de transmissions adéquat. En conséquence, le major Freytag von Loringhoven et le capitaine Boldt n'avaient qu'un moyen de se renseigner sur l'avance de l'Armée rouge en vue de la conférence de situation présidée par Hitler. Ils appelaient au téléphone, après avoir cherché les numéros dans l'annuaire, des appartements civils à la périphérie de la ville. Si leurs occupants répondaient, ils leur demandaient ce qu'ils avaient pu constater autour d'eux. Si c'était une voix russe qu'ils entendaient, généralement avec un flot d'insultes, la conclusion était facile à tirer. Quant à la situation internationale, ils recueillaient auprès d'Heinz Lorenz, le secrétaire de presse d'Hitler, les dernières informations transmises par l'agence britannique Reuter.

La plupart des occupants du bunker n'avaient rien de précis à faire. Ils se bornaient à boire ou à errer dans les corridors. Certains discutaient sur le point de savoir quelle forme de suicide était préférable, le pistolet ou le cyanure. On estimait généralement que presque personne ne sortirait vivant du bunker. Bien qu'assez froid et humide, celui-ci était infiniment moins inconfortable que les autres abris de Berlin. Il y avait de l'eau courante et de l'électricité, fournie par des générateurs. Les réserves de vivres et de boissons étaient largement suffisantes, et, au-dessus du bunker, les cuisines de la Chancellerie fonctionnaient toujours.

Les Berlinois appelaient désormais leur ville le *Reichsscheiterhaufen* – le « bûcher funéraire du Reich ». Des civils étaient tués ou blessés dans les combats de rues. Le capitaine Ratenko, un officier originaire de Toula et servant dans la 2e Armée blindée de la Garde de Bogdanov, avait frappé à la porte d'une cave, dans le quartier de Reinickendorf, au nord-ouest de la ville. Personne ne répondant, il enfonça la porte. Il y eut une rafale de pistolet-mitrailleur et il fut tué net. Les soldats qui l'accompagnaient commencèrent alors à tirer dans la cave. Ils tuèrent l'homme qui avait ouvert le feu, apparemment un jeune officier de la Wehrmacht en civil, mais aussi une femme et un enfant. « L'immeuble fut ensuite encerclé par nos hommes et incendié », ajoutait le rapport de la 2e Armée blindée de la Garde.

Le SMERSH s'appliquait tout spécialement à rechercher les officiers de la Wehrmacht se cachant dans la ville. Il avait créé à cette fin une équipe nouvelle, avec un informateur qui avait été membre du Parti nazi depuis 1927 et auquel on avait sans doute promis la vie sauve en récompense de ses services. Cette équipe captura vingt officiers, dont un colonel. « Un autre officier tua sa femme puis se suicida quand le SMERSH vint frapper à sa porte », précisait un rapport de l'équipe spéciale [7].

Les soldats de l'Armée rouge eux aussi utilisaient le réseau téléphonique berlinois, mais c'était pour s'amuser plutôt que pour se renseigner. En fouillant les appartements, ils décrochaient souvent le téléphone pour appeler des numéros au hasard. Quand une voix allemande répondait, ils s'annonçaient avec des accents russes qui ne pouvaient tromper. « Cela surprenait énormément les Berlinois », écrivait un officier politique.

Beaucoup des véritables *frontoviki* se tenaient correctement. Un détachement de sapeurs de la 3e Armée de choc entrant dans un appartement, une « petite babouchka » déclara que sa fille était alitée, malade. Elle cherchait vraisemblablement à éviter à celle-ci d'être violée, mais les sapeurs n'y pensèrent même pas. Ils donnèrent quelques vivres et s'en allèrent. D'autres *frontoviki*, cependant, se conduisaient avec une impitoyable violence.

Le 24 avril, la 3e Armée de choc utilisa son artillerie lourde sur un secteur très réduit où les Allemands avaient résisté âprement. Les obus détruisirent dix-sept maisons, tuant 120 défenseurs. Les Soviétiques affirmèrent que, dans quatre de ces maisons, les Allemands avaient mis en place des drapeaux blancs et recommencé à tirer ensuite. Le phénomène fut assez fréquent. Quelques soldats, et particulièrement des membres de la Volkssturm, voulaient se rendre et agitaient subrepticement des chiffons ou des mouchoirs blancs, mais d'autres, plus fanatiques, continuaient à combattre.

Les Allemands lancèrent une contre-attaque avec trois canons d'assaut, mais l'héroïsme d'un soldat soviétique nommé Chouljenok la fit échouer. Chouljenok, s'étant armé de trois Panzerfaust, alla prendre position dans une maison en ruines. Un obus allemand explosa non loin de lui, l'assourdissant et le couvrant de débris. Cela ne l'empêcha pas de viser les canons d'assaut dès qu'ils approchèrent. Il mit le premier en feu et endommagea le deuxième. Le troisième décrocha précipitamment. Chouljenok fut fait Héros de l'Union soviétique à la suite de cet exploit, mais, le lendemain, il « fut tué par un terroriste en civil ». Il s'agissait peut-être d'un membre de la Volkssturm auquel on n'avait pu donner d'uniforme, mais la définition soviétique du terroriste différait peu de celle de la Wehrmacht lors de l'Opération Barberousse[8].

Durant la même période, Vassili Grossman arrêta sa jeep américaine dans le quartier de Weissensee, au nord-est de Berlin, sur l'axe de marche de la 3e Armée de choc. En quelques instants, la jeep fut entourée d'enfants demandant des bonbons et regardant avec curiosité la carte ouverte sur les genoux de l'écrivain. Grossman fut surpris de leur audace. « Ce qui contredit notre idée de Berlin se présentant comme un immense cantonnement militaire, écrivit-il ensuite, ce sont les innombrables jardins en fleurs. L'artillerie tonne dans le ciel, mais, dans les moments de silence, on peut entendre les oiseaux »[9].

À l'aube du 25 avril, lorsque Krukenberg quitta la Chancellerie du Reich, il faisait froid mais le ciel était clair. L'ouest de Berlin était toujours étrangement vide et silencieux. Au quartier général de Weidling, dans la Hohenzollerndamm, la sécurité était fort relâchée. Il suffisait de présenter un carnet de solde pour être admis par les sentinelles. Weidling expliqua à Krukenberg comment son corps blindé, déjà durement éprouvé, avait été dispersé pour aller renforcer des détachements de la Jeunesse Hitlérienne et de la Volkssturm mal équipés et dont il y avait peu à attendre. Krukenberg devait prendre en main le secteur de Défense C, dans la partie sud-est de Berlin et notamment la Division *Nordland*, le général Ziegler ayant été relevé de son commandement.

Les versions données de la destitution de Ziegler varient considérablement. Le chef d'état-major de Weidling, le colonel Refior, pensait que « Ziegler avait des ordres secrets d'Himmler lui commandant de se replier au Schleswig-Holstein »[10], et que c'était pour cela qu'il avait été arrêté. Ziegler faisait certainement partie des rares chefs militaires SS qui jugeaient sans objet de poursuivre le combat. Peu avant d'être relevé de son commandement, il avait donné à l'un de ses officiers, l'Hauptsturmführer Pehrsson, l'autorisation de se rendre à l'ambassade de Suède pour voir si ses membres accepteraient d'aider les Suédois restant dans la *Nordland* à regagner leur pays d'origine.

Un témoin oculaire affirme que Ziegler a été arrêté en fin de matinée à son poste de commandement de la Hasenheidestrasse, au nord de l'aérodrome de Tempelhof, par un Brigadeführer inconnu escorté de soldats armés de pistolets-mitrailleurs. Il aurait été amené ensuite jusqu'à une voiture et aurait, au passage, salué ses officiers effarés en leur disant : « *Meine Herren, alles Gute !* » Puis il aurait été conduit sous bonne garde à la Chancellerie. « Que diable se passe-t-il ? se serait alors exclamé le Sturmbannführer Vollmer. Sommes-nous maintenant sans chef ? » Mais Krukenberg, dans le récit qu'il a fait de la chose, dépeint une passation de commandement absolument normale, au terme de laquelle Ziegler se serait rendu de lui-même à la Chancellerie.

Krukenberg, en tout cas, vint occuper le poste de commandement peu après midi, rejoint plus tard par les hommes de la *Charlemagne*. Il apprit alors avec un brin d'effarement que les régiments *Norge* et *Danmark* en étaient réduits, ensemble, à l'effectif d'un simple bataillon. Leurs blessés, transportés dans un poste de secours installé dans une cave de l'Hermannplatz, étaient dans une situation pitoyable. Ils « gisaient sur une table ensanglantée comme sur un étal de boucher »[11].

Le dernier point d'appui allemand au sud du canal de Teltow, à Britz, était abandonné en toute hâte au moment précis où Krukenberg prenait son nouveau commandement. Les survivants des régiments *Norge* et *Danmark* attendaient avec impatience des camions qui tardaient à venir, car toutes les rues étaient encombrées de gravats. Lorsqu'ils arrivèrent finalement retentit le cri redouté de tous : « *Panzer durchgebrochen !* », et deux chars T-34 débouchèrent. Il y eut alors une ruée désespérée vers les camions, qui démarrèrent avec des hommes accrochés aux ridelles.

Comme ils remontaient la Hermannstrasse, ils virent une inscription sur un mur : « Traîtres SS qui prolongent la guerre ! » La conclusion s'imposait pour eux : « Des communistes allemands au travail. Allons-nous devoir combattre aussi l'ennemi de l'intérieur ? »

Peu après, les chars soviétiques attaquèrent également les vestiges de la Division blindée *Müncheberg* sur le terrain d'aviation de Tempelhof, au milieu des débris de chasseurs Focke-Wulf épars sur la piste. Des obus arrivèrent jusqu'au poste de commandement de la Nordland, et Krukenberg fut légèrement blessé au visage par un éclat.

Les troupes de choc soviétiques ayant pénétré très avant dans Neukölln, Krukenberg prépara une position de repli sur la périphérie de l'Hermannplatz. Les tours jumelles des grands magasins Karstadt fournissaient d'excellents postes d'observation pour surveiller la progression de quatre armées soviétiques – la 5e Armée de choc, venant du parc de Treptow, la 8e Armée de la Garde et la 1re Armée blindée de la Garde, parties de Neukölln, et la 3e Armée blindée de la Garde, arrivant de Mariendorf.

Krukenberg fit prendre position de l'autre côté de l'Hermannplatz à la moitié des Français, sous les ordres de Fenet, avec leurs Panzerfaust. Une centaine de membres de la Jeunesse Hitlérienne vinrent les renforcer. Les Waffen SS leur donnèrent pour instructions de n'utiliser leurs Panzerfaust qu'à courte distance, et en visant la tourelle des chars ennemis, de façon à ce qu'un coup au but mette l'équipage hors de combat.

Durant la soirée et la nuit, les Français détruisirent quatorze chars soviétiques. Une soudaine résistance suffisait parfois à bloquer un moment l'avance russe. Près du pont d'Halensee, à l'extrémité ouest de la Kurfürstendamm, trois jeunes gens d'un bataillon auxiliaire armés d'une seule mitrailleuse parvinrent ainsi à repousser toutes les attaques pendant quarante-huit heures.

Les combats pour l'aérodrome de Tempelhof devaient se poursuivre toute une journée encore, les obus et les fusées Katioucha ravageant les bâtiments administratifs. À l'intérieur de ceux-ci, les couloirs emplis de fumée résonnaient des cris des blessés. « Le silence qui suivait la fin d'un bombardement, devait déclarer un témoin, n'était qu'un prélude au rugissement des moteurs de chars et aux bruits de chenilles annonçant une nouvelle attaque »[12].

Comme, en cet après-midi du 25 avril, les troupes de Weidling se repliaient vers le centre de la ville, Hitler expliquait doctement à leur chef, qu'il avait convoqué au Führerbunker, que tout cela allait changer. « La situation doit s'améliorer, lui déclara-t-il. La Douzième Armée du général Wenck va venir du sud-ouest vers Berlin et, avec la Neuvième Armée, va porter un coup terrible à l'ennemi. Les troupes commandées par Schörner vont venir du sud. Ces coups successifs vont faire basculer la situation en notre faveur »[13].

Et pourtant, comme pour souligner l'étendue du désastre, le général von Manteuffel venait juste de faire savoir que le 2e Front biélorusse de Rokossovski avait pulvérisé ses lignes de défense au sud de Stettin. Le général Dethleffsen, de l'OKW, qui avait également eu l'occasion de se rendre au Führerbunker ce jour-là, jugea qu'il y régnait un climat d'aberration « confinant à l'hypnose collective »[14].

Ce soir-là, Krukenberg fut averti par le général Krebs que la *Nordland* allait être repliée le lendemain vers le secteur de défense Z (« Z » pour *Zentrum* ou Centre). Le poste de commandement de ce secteur se trouvait installé au ministère de l'Air, dans la Wilhelmstrasse, non loin du siège central de la Gestapo. Lorsqu'il s'y rendit, Krukenberg trouva les sous-sols pleins de « rampants » de la Luftwaffe qu'on avait laissés là sans encadrement ni consignes. Il alla installer son propre quartier général dans les caves de l'Opéra, dans Unter den Linden, à quelques centaines de mètres de l'ancienne ambassade d'URSS. Un énorme fauteuil en forme de trône provenant de l'ancienne loge impériale lui permit de dormir à peu près confortablement pendant deux petites heures.

La chute de Berlin apparaissant comme imminente, le quartier général du SHAEF, à Reims, adressa à la *Stavka*, à Moscou, un message déclarant : « Le général Eisenhower désirerait envoyer un minimum de vingt-trois correspondants de guerre alliés accrédités à Berlin à la suite de la prise de la ville par l'Armée rouge. » Il n'y eut aucune réponse du Kremlin. De toute évidence, Staline ne voulait pas de journalistes à Berlin – et particulièrement pas de ces journalistes occidentaux impossibles à contrôler. Il devait, toutefois, avoir une mauvaise surprise à cet égard.

Ce même jour, la principale station de radio allemande, la Deutschlandsender, devint muette, mais la date du 25 avril n'en fut pas moins marquée par un événement qui fut vite connu et diffusé dans le monde entier. À Torgau, sur l'Elbe, des éléments avancés de la 58e Division d'infanterie de la Garde du général Vladimir Rousakov rencontrèrent des soldats américains de la 69e Division.

L'Allemagne nazi se trouvait désormais coupée en deux. De part et d'autre, des messages urgents remontèrent toute la chaîne de commandement – Bradley, puis Eisenhower au SHAEF d'un côté, Koniev puis Antonov à la *Stavka* de l'autre. Les chefs d'État furent informés à leur tour, et Staline et Truman tombèrent d'accord, à la faveur d'un échange de télégrammes, sur une annonce publique de l'événement. La première réaction d'Eisenhower fut d'envoyer des journalistes à l'endroit où s'était opérée la jonction, décision qu'il n'allait pas tarder à regretter.

Le général Gleb Vladimirovitch Baklanov, commandant le 34e Corps d'armée, ordonna qu'on prépare un banquet typiquement soviétique. Le service politique fournit abondance d'étoffe rouge pour décorer les tables et les estrades. On dressa d'immenses portraits de Staline et on en dessina en hâte des plus petits de Truman, avec quelques intéressantes improvisations sur le thème de la bannière étoilée. On achemina des quantités impressionnantes d'alcool, et les plus jolies femmes-soldats de la 5e Armée de la Garde furent convoquées à Torgau avec des uniformes tout neufs.

Le général Baklanov avait prévu les habituels toasts à la victoire, à la paix, à l'amitié entre les peuples et à l'anéantissement définitif de la bête fasciste. Ce dont il n'avait pas tenu compte, c'était de l'esprit hautement entreprenant de certains journalistes américains – et du fait que, les soldats de l'Armée rouge ayant eu droit, eux aussi, à leur ample ration de vodka, les mesures de sécurité à son camp étaient un peu plus relâchées qu'à l'habitude.

À peu près au milieu des festivités, alors que les officiers soviétiques dansaient allégrement avec « les jolies petites soldates russes », Andrew Tully, du *Boston Traveller*, « glissa en plaisantant » à Virginia Irwin, du *St Louis Post Dispatch* : « Et si on allait à Berlin ? » « D'accord », fit sa consœur. Ils s'éclipsèrent alors, gagnèrent à bord de leur jeep l'Elbe, et montrèrent aux soldats soviétiques assurant la manœuvre du ferry leurs cartes d'accréditation du SHAEF. Puis ils se mirent à répéter « *Jeep !* » en mimant des mouvements de natation. Un peu surpris mais n'ayant pas reçu d'instructions contraires, les gardes laissèrent la jeep s'embarquer sur le ferry, auquel ils firent traverser le fleuve.

Les deux journalistes disposaient d'une carte leur permettant d'aller jusqu'à Luckenwalde sans se perdre. Mais, sachant le front quelque peu fluide et ne tenant pas à être « traités sommairement comme des espions », ils avaient volé l'un des drapeaux américains improvisés par les Russes à Torgau et l'avaient fixé sur leur jeep. Lorsqu'une sentinelle trop zélée leur faisait signe d'arrêter, ils criaient ensemble *« Amerikansky ! »* avec un aimable sourire. « Continue de sourire, disait Tully à Virginia Irwin, et fais du charme comme tu n'en as encore jamais fait de ta vie ! »

Ils atteignirent Berlin avant la tombée de la nuit, et se retrouvèrent devant un jeune officier soviétique aux cheveux blancs comme neige, le major Kovalesky. Ils réussirent à communiquer avec lui en un français incertain. Kovalesky se montra d'abord soupçonneux, mais ils lui affirmèrent avec force : *« Nous sommes correspondants de guerre. Nous voulons aller à Berlin »* *. Le malheureux Kovalesky, ignorant que nul n'avait autorisé leur équipée et inconscient du risque qu'il prenait en les aidant, emmena les deux journalistes à son poste de commandement, dans une maison à demi démolie. Avec un sens de l'hospitalité très russe, il envoya son ordonnance, « un Mongol à la mine farouche avec une grande cicatrice sur la joue gauche », chercher de l'eau chaude pour ses hôtes. On apporta aussi à Virginia Irwin une bouteille d'eau de Cologne au quart pleine, un miroir fendu et un peu de poudre de riz.

Puis Kovalesky fit improviser un véritable banquet avec les officiers de son unité. La table était illuminée par des bougies posées sur des bouteilles de lait retournées, et des fleurs avaient été disposées dans une carafe. On servit du saumon fumé, du pain russe noir, du mouton cuit au charbon de bois, « d'énormes quantités de purée de pommes de terre arrosée de graisse », du fromage et des pâtisseries. « À chaque toast, racontèrent les deux journalistes américains, les officiers russes se levaient, claquaient des talons, s'inclinaient profondément et relevaient la tête en avalant de grands verres de vodka. En dehors de la vodka, il y avait du cognac et un breuvage ayant la force explosive de la dynamite mais auquel on ne donnait pas de nom précis. » Après chaque plat, on portait des toasts « au grand et défunt président Roosevelt, à Staline, au président Truman, à Churchill, à l'Armée rouge et à la jeep américaine »[15].

Tout pleins de leur exploit, les deux journalistes regagnèrent Torgau le lendemain. « C'est la chose la plus folle que j'aie jamais faite », disait Tully, radieux.

Il n'imaginait visiblement pas les conséquences qu'allait avoir son équipée. Les autorités militaires américaines étaient furieuses, mais moins encore que les dirigeants soviétiques, si l'on en juge par les télégrammes échangés entre Reims, Washington et Moscou.

---

* En français sans le texte.

Hors de lui, Eisenhower décida que, puisque les deux journalistes étaient entrés illégalement à Berlin, leurs articles ne seraient pas publiés tant qu'ils n'auraient pas été soumis à la censure soviétique. Ce qui signifiait qu'ils risquaient fort d'être dépassés avant d'avoir obtenu l'imprimatur.

Eisenhower était particulièrement indisposé parce qu'il pensait que l'incident lui avait ôté toute chance de pouvoir envoyer des représentants de la presse à Berlin pour la reddition de la ville. Mais les principales victimes de l'affaire furent sans aucun doute les Russes qui avaient, en toute confiance, aidé et accueilli Tully et Virginia Irwin. Même les officiers ayant participé au banquet initial de Torgau firent ensuite l'objet des pires soupçons du NKVD.

Staline voulait voir Berlin entouré le plus vite possible d'un cordon sanitaire. Cela impliquait que ses troupes occupent de toute urgence la totalité du territoire, allant jusqu'à l'Elbe, qui avait été désigné comme faisant partie de la future zone d'occupation soviétique. Celles des armées de Koniev qui n'étaient pas impliquées dans l'attaque de Berlin ou les combats contre les Neuvième et Douzième Armées allemandes, reçurent l'ordre de pousser vers l'ouest. Les 24 et 25 avril, l'Elbe fut atteinte en de nombreux points autres que Torgau. Des unités de la 5e Armée de la Garde, le 32e Corps d'infanterie de la Garde commandé par le général Rodimtsev, bien connu depuis Stalingrad, et le 4e Corps blindé de la Garde, parvinrent également jusqu'au fleuve.

Le 1er Corps de cavalerie de la Garde alla plus loin encore. À la demande d'une illustre figure de la guerre civile, le maréchal Semyon Boudienny, Koniev lui avait confié une mission très spéciale. Les services de renseignement soviétiques avaient appris que des étalons appartenant au principal élevage d'URSS, dans le nord du Caucase, et réquisitionnés par les Allemands en 1942, avaient été regroupés près de Riesa, à l'ouest de l'Elbe. Les cavaliers du général Baranov qui commandait le 1er Corps, les repérèrent et réussirent à les ramener sur l'autre rive, en un épisode digne d'un western.

Afin de calmer l'impatience de Staline, toujours avide de précisions sur Berlin, le général Serov, commandant le NKVD pour le 1er Front biélorusse, produisit un rapport truffé des détails sur la situation dans la ville, rapport que Beria déposa dès le 25 avril sur le bureau de Staline.

Serov y affirmait notamment que c'était vers le centre de la capitale que les destructions étaient les pires. « Sur les murs de nombreux immeubles, déclarait-il, on voit, écrit en grosses lettres, le mot “ Chut ! ” » Serov voyait en ces inscriptions des incitations des autorités nazies à faire taire toute critique.

Le général du NKVD soulignait aussi que, bien que les Berlinois s'interrogeassent sur le nouveau gouvernement qui pourrait être mis en place dans leur ville, « sur dix Allemands s'entendant demander s'ils pourraient tenir les fonctions de bourgmestre, pas un seul n'avait accepté, tous invoquant des excuses insignifiantes ». Et il ajoutait : « Ils semblent avoir peur des conséquences. Il est par conséquent nécessaire de choisir les bourgmestres locaux parmi les prisonniers de guerre originaires de Berlin détenus dans nos camps. » Ce qui voulait dire, en clair, parmi les « antifascistes » de service, ayant reçu l'entraînement politique adéquat[16].

« L'interrogatoire de membres de la Volkssturm faits prisonniers, écrivait aussi Serov, a révélé un fait intéressant. Comme on leur demandait pourquoi il n'y avait parmi eux ni officiers ni soldats de l'armée régulière, ils ont répondu que ceux-ci avaient peur des conséquences de ce qu'ils avaient fait en Russie. Ils se rendront, par conséquent, aux Américains, tandis que la Volkssturm peut se rendre aux Soviétiques, n'étant coupable de rien. »

Serov signalait au passage qu'il avait mis en place dans et autour de Berlin les 105e, 157e et 333e Régiments d'infanterie du NKVD.

Mais ce qui semblait avoir le plus surpris le général soviétique était l'état des défenses berlinoises. « Nous n'avons pas trouvé de défenses permanentes sérieuses dans une zone de dix à quinze kilomètres autour de Berlin, écrivait-il. Il y a des tranchées, des emplacements de canons et les autoroutes sont minées en certaines parties. Il y a en fait moins de retranchements que dans aucune autre ville prise par l'Armée rouge. » Les interrogatoires des hommes de la Volkssturm avaient d'autre part révélé combien il y avait peu de troupes régulières dans la ville, combien maigres étaient les réserves de munitions. Serov avait également appris que la DCA allemande avait pratiquement cessé de fonctionner, laissant le champ libre à l'aviation soviétique sur toute la ville. Toutes ces informations furent, bien évidemment, gardées secrètes. Il fallait que les organes de propagande soviétiques puissent insister sur le caractère redoutable de l'ennemi qu'affrontait l'Armée rouge à Berlin.

Serov indiquait aussi, en se gardant bien de prendre parti, l'une des principales raisons pour lesquelles persistait la résistance allemande. « Il est devenu clair à travers les interrogatoires des prisonniers de guerre et des civils, soulignait-il, qu'il y a toujours une grande peur des bolcheviks. »

Beria, lui, ne montra pas la même discrétion, quant aux conclusions à tirer de cet état de fait. Il fit de la nécessité de modifier « l'attitude des soldats de l'Armée rouge envers les prisonniers et la population civile allemande » la base d'un projet de réforme lui permettant de tirer encore un peu plus la couverture à lui. Il recommanda qu'« afin de créer un climat normal sur les arrières des unités opérationnelles de l'Armée rouge en territoire allemand » – soit nommé pour chaque front un commandant-adjoint pour les affaires civiles. Inutile de préciser que, dans chaque cas, ce commandant-adjoint du front était le responsable du NKVD – le général Serov pour le 1er Front biélorusse, le général Mechik pour le 1er Front ukrainien, et le général Tsanava pour le 2e Front biélorusse. Le principe directeur, précisait Beria, « est que le commandant-adjoint de front est en même temps un représentant du NKVD de l'URSS et est responsable du NKVD de l'URSS pour le travail d'élimination des éléments ennemis ».

Il n'eut pas même besoin de souligner un point clé : ces commandants-adjoints de front n'avaient pas de comptes à rendre à la hiérarchie militaire, et ce à un moment où Staline et Beria pouvaient, l'un comme l'autre, commencer à se méfier des généraux vainqueurs.

Beria ne se fit pas faute, non plus, de souligner que les Américains avaient déjà pris des mesures pour l'administration de leur zone d'occupation, alors que les Soviétiques n'avaient encore rien fait en ce sens. « Pour votre information, rapporta-t-il à Staline, sur le territoire d'Allemagne de l'Ouest, les Alliés ont créé le poste d'adjoint spécial du commandant des troupes alliées chargé des affaires civiles. » Et il ajoutait que le général Lucius Clay, appelé à cette fonction, aurait sous ses ordres 3 000 officiers « disposant d'une expérience économique et administrative ». Le rapport se terminait par ces mots : « Je demande une décision. Beria »[17].

21
LES COMBATS DANS LA VILLE

Les civils berlinois voués à être administrés par les hommes de Beria n'avaient que peu d'idées de ce que pouvaient être les réalités du pouvoir soviétique. Et, de toute façon, ils avaient des préoccupations plus immédiates, car les combats se déroulaient maintenant dans leurs rues, leurs appartements et même dans les caves où ils tentaient de s'abriter. Le seul événement bénéfique qui survint dans les premières heures du jeudi 26 avril fut un violent orage, avec des pluies telles qu'elles éteignirent certains des incendies qui faisaient rage dans la ville. Mais, assez curieusement, ce petit déluge semblait faire ressortir plus encore l'odeur de brûlé qui s'était répandue un peu partout.

Les pertes civiles étaient déjà considérables. Comme l'infanterie napoléonienne sous le feu, les femmes faisant la queue devant les derniers magasins ouverts refermaient simplement les rangs quand certaines d'entre elles tombaient, fauchées par les éclats d'obus. Personne ne voulait risquer de perdre sa place dans la file d'attente. « Elles restaient là comme des rocs, notait une Berlinoise dans son journal, ces femmes qui, à une époque encore récente, se ruaient aux abris si trois avions de chasse étaient signalés au-dessus du centre de l'Allemagne. »

Les femmes faisaient la queue pour quelques grammes de beurre ou de saucisson. Les hommes, dans leur majorité, ne se dérangeaient que s'il y avait distribution de schnaps. Cela semblait significatif ; les femmes s'appliquaient à la survie immédiate, tandis que les hommes paraissaient vouloir oublier un moment les conséquences de la guerre qu'ils avaient contribué à déclencher.

La destruction des conduites d'eau provoquait d'autres queues, plus nécessaires et plus dangereuses encore. Des femmes s'alignaient chaque jour, avec des seaux et des brocs émaillés, devant la pompe publique la plus proche et attendaient, en guettant de l'oreille le grincement de la poignée métallique souvent rouillée qu'on actionnait régulièrement. Elles avaient changé, s'étaient endurcies, étaient devenues plus directes et brutales. Des jurons et des insultes qu'elles n'auraient jamais imaginé prononcer auparavant leur échappaient tout naturellement. « Maintes et maintes fois ces jours-ci, écrivait la même Berlinoise, j'ai pu remarquer que, non seulement mes sentiments mais aussi ceux de presque toutes les femmes, envers les hommes avaient changé. Nous avons pitié d'eux, tant ils nous semblent faibles et pathétiques. Le sexe faible. Ce qui semble se développer sous la surface, c'est une sorte de déception collective des femmes. Le monde nazi à dominante masculine, glorifiant l'homme fort, chancelle, et avec lui le mythe même de l'homme. »

Le régime nazi, qui n'avait jamais voulu voir les femmes atteintes par la guerre – ou, en fait, par tout ce qui aurait pu les détourner de leur vocation d'épouses et de mères –, appelait maintenant, dans la situation désespérée où il se trouvait, les jeunes femmes à combattre aux côtés des hommes. Sur les ondes de l'une des très rares stations de radio fonctionnant encore, on s'adressait en ces termes aux jeunes femmes et aux jeunes filles :

« Prenez les armes des soldats blessés ou morts et participez au combat. Défendez votre liberté, votre honneur et votre vie ! » Beaucoup des Allemands qui entendirent cet appel y virent « la conséquence la plus extrême de la guerre totale ».

En fait, très peu de jeunes femmes obéirent à cette consigne et prirent réellement les armes. La plupart étaient des auxiliaires attachées à la SS. D'autres agirent par romantisme ou en raison de circonstances très particulières. Pour ne pas quitter son amant, Ewald von Demandowsky, l'actrice Hildegard Knef revêtit un uniforme et le rejoignit à Schmargendorf, où il avait pris la tête d'une compagnie improvisée.

Dans les caves des immeubles, des voisins mangeaient pudiquement, chacun de son côté, le peu de nourriture dont ils disposaient en évitant de se regarder. Mais si arrivait la nouvelle qu'un casernement ou qu'un entrepôt voisin venait d'être abandonné, toute apparence de civilité disparaissait soudain. D'excellents citoyens se transformaient en un clin d'œil en des pillards sans retenue. Chacun s'emparait de tout ce qu'il pouvait trouver, et ensuite, sur le trottoir, tout un système de troc s'organisait spontanément. On s'échangeait les denrées volées selon les besoins immédiats de chacun. C'était une miche de pain contre une bouteille de schnaps, une pile de lampe électrique contre un morceau de fromage. Les magasins abandonnés étaient pillés eux aussi.

La famine n'était toutefois pas le danger principal, mais, malgré la propagande, nul n'imaginait l'étendue de la soif de vengeance des Russes. « Nous n'avions aucune idée de ce qui allait arriver », devait reconnaître Gerda Petersohn, la secrétaire de la Lufthansa.

Les soldats ayant servi sur le front de l'Est n'avaient jamais relaté à leurs proches ce qui avait été fait à la population soviétique. Et même en entendant les récits de viols en série qui leur étaient rapportés, beaucoup de Berlinoises croyaient pouvoir se rassurer en se disant que ce qui était arrivé dans les campagnes pouvait difficilement se produire dans une grande ville, au vu et au su de tout le monde.

Gerda Petersohn entretenait des relations d'amitié avec une jeune fille de son âge nommée Carmen, qui habitait le même immeuble qu'elle. Carmen, qui avait été membre du « Bunddeutscher Mädel », l'équivalent féminin de la Jeunesse Hitlérienne, avait, affichées sur les murs de sa chambre, les photos d'as de la Luftwaffe, et avait abondamment pleuré lorsque le plus illustre d'entre eux, Werner Molders, avait été tué.

La nuit du 25 avril, alors que l'Armée rouge avançait dans Neukölln, régnait un silence insolite. Les habitants de l'immeuble où habitait Gerda Petersohn étaient tous tapis dans la cave. Ils ressentirent soudain les vibrations provoquées par un char qui descendait leur rue. Peu après, la porte de l'abri s'ouvrit brusquement, et un courant d'air fit vaciller la flamme des bougies. Le premier mot de russe qu'ils entendirent fut *« Stoi ! »* Armé d'un pistolet-mitrailleur, un soldat originaire d'Asie centrale descendit dans la cave et rafla les montres, les bagues et les bijoux de tous les occupants.

La mère de Gerda avait dissimulé sa fille sous une pile de linge. Un autre jeune soldat surgit dans la cave et fit signe à la sœur de Gerda de venir avec lui, mais celle-ci installa son bébé sur ses genoux et baissa les yeux. Le soldat soviétique apostropha alors un homme dans la cave et lui enjoignit de dire à la sœur de Gerda d'obéir, mais l'homme fit mine de ne pas comprendre. Le Soviétique voulait à toutes forces que la jeune femme l'accompagne dans une petite pièce adjacente à la cave. Il continuait à insister par gestes, mais, son bébé toujours les genoux, la sœur de Gerda ne bougeait pas. Finalement, le jeune soldat se découragea et sortit brusquement de la cave.

Quand vint le matin du 26 avril, les occupants de l'abri en émergèrent et s'aperçurent qu'au total ils ne s'en étaient pas mal tirés.

Des choses épouvantables s'étaient déroulées tout alentour durant la nuit. La fille d'un boucher du quartier, âgée de quatorze ans, avait été tuée à coups de feu parce qu'elle résistait. La belle-sœur de Gerda, qui habitait à courte distance de là, avait été victime d'un viol collectif, après quoi toute la famille avait décidé de se pendre. Les parents étaient morts, mais la belle-sœur de Gerda avait été décrochée à temps par un voisin et transportée jusqu'à l'appartement des Petersohn. Tous purent voir les marques laissées par la corde sur son cou. Lorsqu'elle reprit connaissance, se rendit compte que ses parents étaient morts et qu'elle-même avait été sauvée, la jeune femme faillit devenir folle.

La nuit suivante, les familles de l'immeuble décidèrent d'éviter la cave. Une vingtaine de femmes et d'enfants s'entassèrent dans un seul salon, espérant trouver leur salut dans le nombre. Frau Petersohn réussit à cacher Gerda, la sœur et la belle-sœur de celle-ci, sous une table dont la nappe descendait presque jusqu'au plancher. Peu après Gerda entendit des voix russes et vit des bottes de l'Armée rouge si près de la table sous laquelle elle était cachée qu'elle aurait pu les toucher rien qu'en étendant le bras.

Les soldats soviétiques traînèrent trois jeunes femmes hors de la pièce. L'une d'elles était Carmen. Gerda entendit ses hurlements – d'autant plus glacée d'horreur que Carmen criait son nom. Les hurlements se muèrent finalement en sanglots.

Tandis que les soldats étaient encore occupés avec leurs victimes, Frau Petersohn eut une idée. « Ils vont revenir », murmura-t-elle aux trois jeunes femmes qui se trouvaient avec elle sous la table. Et, rapidement, elle les emmena au dernier étage de l'immeuble, qui avait été endommagé par les bombes, et où vivait encore, seule, une vieille femme. Gerda passa la nuit sur le balcon, décidée à sauter et à se tuer si les Russes arrivaient. Mais leur souci immédiat était d'empêcher le bébé de sa sœur de pleurer. Gerda se souvint alors que, lors du pillage de l'entrepôt de la Luftwaffe, l'une des rares choses qu'elle avait prises était une série de tablettes de malt appartenant aux rations de secours des pilotes. Dès que le bébé menaçait de crier, on lui glissait une tablette dans la bouche. À l'aube, les quatre femmes purent constater que le bébé avait le visage entièrement barbouillé de marron, mais la chose avait été efficace.

Les matinées étaient à peu près sûres, car les soldats soviétiques, s'ils ne cuvaient pas leurs excès de la veille, étaient retournés au combat. En regagnant leur appartement, les quatre femmes s'aperçurent que leurs lits avaient été abondamment utilisés par les soldats pour leurs activités nocturnes. Ils avaient également sorti d'une armoire l'uniforme de la Wehrmacht du fils de la maison, sur lequel ils avaient déféqué.

Gerda se mit à la recherche de Carmen pour s'efforcer de la réconforter un peu et aussi afin de savoir pourquoi elle avait crié son nom quand les Russes l'emmenaient. Dès le moment où Carmen posa les yeux sur elle, Gerda y lit amertume et hostilité. « Pourquoi moi et pas toi ? » s'exclama-t-elle. C'était sans doute pourquoi elle avait crié son nom. Les deux jeunes filles ne s'adressèrent plus jamais la parole.

Ce qui s'était produit dans cet immeuble correspondait à ce qui arrivait la plupart du temps, mais rien n'était jamais totalement prévisible. Dans un autre quartier, des civils épouvantés entendirent des coups frappés à la porte de leur abri. Puis apparut un soldat de l'Armée rouge muni d'un pistolet-mitrailleur, qui leur clama d'un ton joyeux *« Tag, Russki ! »* et s'en alla sans même leur prendre leurs montres. Mais, deux heures plus tard, survint un groupe de soldats soviétiques, qui, eux, se montrèrent beaucoup plus agressifs. Ils s'emparèrent d'un garçon de quatorze ans, Klaus Boeseler, qui avait le malheur d'être blond et de mesurer un mètre quatre-vingts, et l'un d'eux lui hurla : *« Du SS ! »* Les Russes semblaient prêts à l'abattre sur place, et le jeune garçon était terrifié. Finalement, d'autres personnes se trouvant dans l'abri réussirent à faire comprendre aux Soviétiques qu'ils n'avaient devant eux qu'un écolier.

Grandi prématurément, Klaus Boeseler était constamment affamé. Il n'avait pas hésité à découper lui-même un cheval tué par un obus pour apporter à sa mère de la viande que celle-ci avait mise en conserve dans du vinaigre. De plus, constatant la tendresse spontanée que beaucoup de Russes ressentaient pour les jeunes enfants, Boeseler s'était rendu avec sa petite sœur, âgée de trois ans, à un bivouac de soldats soviétiques. Ceux-ci leur avaient donné une miche de pain et un morceau de beurre, puis, le lendemain, de la soupe. Mais, quand il entendit parler de viols collectifs dans le voisinage, Boeseler fit se cacher pendant trois jours dans une cave à charbon sa mère et une voisine.

Naturellement soucieux de propreté, les Allemands souffraient terriblement du manque total d'hygiène qui était devenu leur lot. Leur peau et leurs vêtements étaient imprégnés en permanence de poussière de plâtre et de ciment provenant des murs détruits, ébranlés ou fissurés, et il n'y avait pas d'eau à gaspiller pour tenter de se laver. En fait, les plus prudents des Berlinois avaient, auparavant, eu soin de faire bouillir de l'eau, qu'ils avaient ensuite conservée dans des bocaux fermés, sachant que l'eau potable allait devenir sous peu une denrée de première importance.

Les quelques hôpitaux berlinois qui n'avaient pas été évacués étaient si bondés de blessés qu'on devait y refuser les nouveaux arrivants. La situation était rendue pire encore par le fait qu'on ne pouvait plus y utiliser que les caves pour installer en toute sécurité blessés et malades. Tant que le danger avait été limité aux bombardements aériens, le personnel hospitalier avait été en mesure de faire descendre les malades aux abris lorsque sonnait l'alerte, mais les tirs d'artillerie étaient devenus constants – et constamment dangereux. Une femme venue offrir ses services comme infirmière bénévole évoquait ensuite ces « visages de cire aperçus entre des pansements ensanglantés ». Un médecin militaire français opérant sur d'autres prisonniers de guerre racontait comment il devait travailler dans une cave, sur une table de bois « presque sans antiseptiques et avec des instruments à peine bouillis ». Ces médecins n'avaient pas d'eau pour laver leurs blouses et la lumière leur était fournie par deux dynamos actionnées par des bicyclettes.

En fait, beaucoup des soldats et des civils blessés étaient soignés directement dans les abris par des femmes et des jeunes filles de bonne volonté. La chose était toutefois dangereuse, car les Russes tendaient à considérer tout endroit où se trouvait un soldat, même blessé, comme une installation militaire hostile. Afin d'éviter ce risque, les femmes dépouillaient le plus souvent les soldats de leurs uniformes, qu'elles brûlaient soigneusement avant de rhabiller les blessés en civil. De même, les femmes qui retrouvaient chez elles des armes ou des munitions abandonnées dans leur fuite par des membres de la Volkssturm se hâtaient de les faire disparaître. Les soldats de l'Armée rouge étaient en effet susceptibles d'exécuter tous les habitants d'un immeuble où des armes avaient été trouvées.

Cependant, les nouvelles de bouche à oreille continuaient à circuler de plus belle parmi les Berlinois. Les informations officielles étaient de plus en plus difficiles à croire. Une feuille intitulée le *Panzerbär* – l'« Ours blindé », en référence à l'animal servant de symbole à la capitale – affirmait froidement que des villes comme Orianenbourg avaient été reprises à l'ennemi. Le ministère de la Propagande de Goebbels – le *« Promi »*, comme l'appelaient les Berlinois – ne disposant plus d'émetteurs de radio en était réduit à faire distribuer des tracts déclarant notamment : « Berlinois, tenez bon ! L'Armée de Wenck vient à notre secours. Quelques jours encore, et Berlin sera de nouveau libre. » Plusieurs armées soviétiques marchant vers le centre de la ville, de moins en moins de Berlinois pouvaient être convaincus par le propos. Beaucoup, toutefois, s'accrochaient encore à l'idée des Américains venant à leur secours, ignorant encore que l'encerclement de la ville ordonné par Staline avait rendu la chose impossible [1].

Un colonel du génie nommé Sebelev, attaché à la 2e Armée blindée de la Garde, parvenue à Siemensstadt, dans la partie nord-ouest de Berlin, prit le temps d'écrire à sa famille : « En ce moment précis, je suis installé avec mes officiers au cinquième étage d'un immeuble, rédigeant des ordres pour mes unités. Les courriers et les estafettes vont et viennent constamment. Nous avançons vers le centre de Berlin. Il y a des coups de feu, des incendies et de la fumée partout. Les soldats courent d'un immeuble à l'autre et traversent les cours en rampant avec précaution. Les Allemands tiraient des fenêtres et des portes sur nos chars, mais les tankistes du général Bogdanov ont adopté une astucieuse tactique. Ils n'avancent pas au milieu des rues, mais de part et d'autre de celles-ci, sur les trottoirs, en tirant au canon et à la mitrailleuse sur les maisons situées du côté opposé au leur. Dans les cours des immeubles, des soldats de l'intendance distribuent des vivres à la population, qui est affamée. Les Allemands ont l'air épuisés et décharnés. Berlin n'est pas une belle ville : des rues étroites, des barricades partout, des trams et des véhicules détruits. Les maisons sont vides car tout le monde est réfugié dans les caves. Nous avons tous été heureux, ici, d'apprendre que vous faisiez déjà les semailles. Quel bonheur ce serait pour moi de pouvoir planter des pommes de terre, des tomates, des concombres, des potirons et tout le reste. Je vous embrasse. Votre Piotr. »

Ce que Sebelev ne précisait pas, c'est que les tactiques employées n'avaient guère été astucieuses au début, et que les pertes avaient été lourdes. Le souci de Joukov d'aller le plus vite possible l'avait amené à faire foncer les deux armées blindées directement dans la ville, les chars avançant en ligne au milieu des rues. Et même la 8e Armée de la Garde de Tchouikov, si fière de son expérience des combats de rues à Stalingrad, avait commencé par multiplier les erreurs. Les rôles étaient, cette fois, complètement renversés.

Les Waffen SS ne se souciaient pas de rester derrière les barricades improvisées au coin des rues. Ils savaient qu'elles seraient aisément balayées par quelques coups de canon. Des tireurs au fusil pouvaient être placés aux étages élevés ou sur les toits, car ils se trouvaient hors de l'angle de visée des canons de chars. Mais c'était des soupiraux des caves que les SS utilisaient de préférence leurs Panzerfaust, engins avec lesquels il était difficile de viser en situation élevée. Les membres de la Jeunesse Hitlérienne avaient imité les SS avec enthousiasme, et ceux de la Volkssturm – les anciens de la Première Guerre mondiale qui étaient restés à leur poste – n'avaient pas tardé à suivre leur exemple.

Le nombre de chars perdus, surtout dans la 1re Armée blindée de la Garde, avait rapidement conduit les Soviétiques à repenser leur tactique. La première des « méthodes nouvelles » adoptées consistait à installer sur chaque char des fantassins armés de pistolets-mitrailleurs qui arrosaient toutes les fenêtres et les moindres ouvertures des immeubles à mesure que les blindés avançaient. Mais il y avait, ainsi, tant d'hommes juchés sur un char que celui-ci n'arrivait pratiquement plus à faire tourner sa tourelle. Les tankistes en revinrent à protéger leurs véhicules à l'aide de matelas à armature métallique. Puis, de plus en plus, ils firent appel à l'artillerie lourde, et tout particulièrement aux obusiers de 152 mm et de 203 mm, pour pulvériser barricades et immeubles avant qu'ils ne se hasardent dans une rue ou une avenue. La 3e Armée de choc, elle, utilisait ses canons antiaériens contre les sommets des immeubles.

Les méthodes de l'infanterie étaient, quant à elles, principalement fondées sur les notes de Tchouikov, révisées depuis Stalingrad et hâtivement remises à jour après l'assaut contre Poznan. Ces instructions s'ouvraient sur le précepte : « Des opérations offensives menées par de grandes formations, comme dans des conditions de combat en rase campagne, n'ont aucune chance de succès. » Or, c'était exactement ce qu'avaient fait, au début, les deux armées blindées [2].

Selon Tchouikov, qui soulignait à bon droit la nécessité de minutieuses reconnaissances et l'intérêt d'utiliser le couvert de la fumée ou de l'obscurité pour approcher l'objectif, des groupes d'assaut de six à huit hommes devaient être suivis de groupes d'appui et de groupes de réserve, prêts à faire face à une éventuelle contre-attaque. Les groupes d'assaut devaient être, comme à Stalingrad, armés de « grenades, pistolets-mitrailleurs, poignards et pelles affûtées pouvant être utilisées comme des haches dans le combat au corps à corps ». Les groupes d'appui devaient être « puissamment armés », avec des mitrailleuses et des armes antichars. Ils devaient comprendre, en outre, des sapeurs munis d'explosifs et de pioches, prêts à faire sauter les murs de maison en maison. Le danger était que, lorsqu'ils ouvraient une brèche dans un mur, un soldat allemand pouvait se trouver de l'autre côté et lancer, le premier, une grenade. Mais de nombreux soldats de l'Armée rouge s'avisèrent que les Panzerfaust récupérés sur l'ennemi permettaient d'abattre les murs sans risque, l'explosion de leur projectile éliminant automatiquement tout ce qui pouvait se trouver de l'autre côté.

Tandis que des groupes nettoyaient ainsi les étages supérieurs des immeubles, d'autres allaient de cave en cave, afin d'éliminer les tireurs au Panzerfaust qui risquaient de s'y trouver embusqués. Les lance-flammes étaient alors utilisés avec une terrible efficacité. Des sapeurs préparaient aussi des projectiles redoutables avec des segments de rail de chemin de fer auxquels ils attachaient de la dynamite[3].

La présence de civils dans les immeubles était considérée comme dépourvue d'importance. Les soldats soviétiques les expulsaient dans la rue sous la mitraille sans la moindre hésitation. Certains hommes de l'Armée rouge allaient plus loin encore. « Nous n'avions pas le temps de distinguer qui était qui, devait déclarer un officier. Parfois, nous jetions tout simplement des grenades dans les caves et poursuivions notre chemin. » Ceux-là s'efforçaient généralement de se justifier en affirmant que des officiers allemands se mettaient en civil pour aller se dissimuler parmi les femmes et les enfants. Mais, selon de nombreux témoignages, tout officier ou soldat allemand voulant trouver refuge dans une cave parmi les civils était contraint par ceux-ci de se débarrasser non seulement de son uniforme mais aussi de son arme. Il y eut, en fait, très peu de cas de militaires allemands se cachant parmi les civils pour aller frapper ensuite les hommes de l'Armée rouge par surprise.

Les instructions de Tchouikov pour le nettoyage d'une maison étaient d'une brutale simplicité : « Lancez votre grenade et suivez. Il vous faut de la rapidité, le sens de l'orientation, beaucoup d'initiative et d'énergie, car l'inattendu arrivera certainement. Vous vous retrouverez dans un labyrinthe de pièces et de couloirs où le danger sera partout. N'importe. Jetez une grenade dans chaque coin. Avancez. Tirez des rafales sur tous les morceaux de plafond qui restent. Puis passez dans la pièce suivante et jetez une autre grenade. Ensuite, nettoyez au pistolet-mitrailleur. Ne perdez jamais un instant. »

Tout cela était bel et bon pour des soldats expérimentés. Mais bien des jeunes officiers promus après une formation accélérée n'avaient aucune idée de la façon d'entraîner ou de contrôler leurs hommes dans un milieu si peu familier. Et, après la bataille de l'Oder et l'avance « vingt-quatre heures sur vingt-quatre » ordonnée par Joukov, la plupart des hommes étaient épuisés. La fatigue ralentissait dangereusement leurs réflexes et nuisait à leur faculté d'attention. Les obus de mortier explosaient parfois dans le tube à la suite d'un mauvais réglage, et des soldats tentant d'utiliser des grenades allemandes ne réussissaient qu'à se blesser ou à blesser leurs camarades.

Ces coûteuses erreurs se produisaient aussi à bien plus grande échelle. Malgré les indications des biplans U-2 chargés de diriger les tirs d'artillerie, il arrivait qu'une des deux armées convergeant vers le centre de Berlin canonne l'autre.

Ces cas étaient « fréquents », selon le général Louchinsky, commandant la 28e Armée. Et, la fumée enveloppant toute la ville, les trois armées aériennes attachées aux fronts de Joukov et de Koniev en arrivaient fréquemment à bombarder des unités soviétiques. La situation devint particulièrement critique à cet égard dans la partie sud de la ville. Les régiments d'aviation appuyant le 1er Front ukrainien attaquèrent à maintes reprises la 8e Armée de la Garde. Tchouikov finit par protester violemment auprès de Joukov en exigeant le retrait immédiat des « voisins ».

La bataille pour la défense de l'aérodrome de Tempelhof contre la 8e Armée de la Garde et la 1re Armée blindée de la Garde se poursuivit pendant la majeure partie de la journée du 26 avril. Quand la Division blindée *Müncheberg* contre-attaqua, il lui restait si peu de chars que ceux-ci durent opérer individuellement, soutenus par de petits groupes d'infanterie et des éléments de la Jeunesse Hitlérienne armés de Panzerfaust. Les survivants parvinrent à se replier vers le soir. Le Sturmbannführer Saalbach ramena les derniers véhicules du bataillon de reconnaissance de la Division *Nordland* à la gare d'Anhalter. Tous les blindés restant à la division, huit chars Tigre du bataillon *Hermann von Salza* et quelques canons d'assaut, reçurent ordre de gagner le Tiergarten.

La matinée commença par un bombardement intensif. Le sol du Klein Tiergarten fut si profondément labouré par les explosions qu'il était bien difficile d'imaginer qu'en cet endroit, naguère, bien des enfants de Berlin venaient jouer.

Tchouikov et Katoukov ordonnèrent ensuite à leurs troupes de marcher sur la Belle-Alliance-Platz – ainsi nommée après la bataille de Waterloo pour commémorer l'alliance contre Napoléon et, par une ironie du sort, défendue par des SS français – et la gare d'Anhalter, l'un des points marquant la délimitation entre les deux fronts. La rivalité entre les troupes de Joukov et celles de Koniev était devenue acharnée, même lorsqu'elle s'efforçait de se dissimuler sous des plaisanteries. « Maintenant, déclarait à Vassili Grossman l'un des généraux de Tchouikov, ce n'est pas de l'ennemi que nous devons avoir peur, c'est de nos voisins. J'ai donné des ordres pour qu'on laisse des chars brûlés sur leur route pour les empêcher d'aller jusqu'au Reichstag. Il n'y a rien de plus déprimant, à Berlin, que d'entendre parler des succès de votre voisin »[4].

Tchouikov, lui, ne plaisantait nullement. Durant les deux jours qui suivirent, il poussa son flanc gauche en travers de la route de la 3e Armée blindée de la Garde pour détourner celle-ci de la route menant au Reichstag. Il ne daigna même pas en avertir Rybalko, ce qui amena certainement le massacre de nombre de ses propres hommes sous les obus et les fusées du 1er Front ukrainien.

Les fusées Katioucha constituaient une arme psychologique presque autant qu'une arme tactique. Tôt le matin du 26 avril, le colonel Refior, chef d'état-major du responsable de la défense de Berlin, fut brusquement réveillé, dans son bureau de la Hohenzollerndamm par une volée d'obus constituant de toute évidence un tir de réglage. Comme le souligna Refior ensuite, les « vieux briscards » savaient que cela annonçait d'ordinaire une salve de Katioucha. Il était temps de déménager. Le général Weidling avait déjà choisi comme nouveau siège de son état-major le Bendlerblock, le vieil établissement militaire de la Bendlerstrasse où avait été exécuté Stauffenberg après l'échec de l'attentat contre Hitler du 20 juillet 1944. L'endroit possédait des abris antiaériens bien équipés et se trouvait près de la Chancellerie du Reich, où Weidling était constamment convoqué.

Dans les profondeurs des abris du Bendlerblock, les officiers d'état-major de Weidling ne savaient plus si on était le jour ou la nuit. Seuls le café et les cigarettes les tenaient éveillés. Grâce aux générateurs, ils avaient constamment de l'électricité, mais l'air était lourd et moite. Ils recevaient des appels à l'aide de plus en plus désespérés des commandants de secteurs, mais ne disposaient plus de réserves à leur envoyer.

Le soir, Weidling alla soumettre à Hitler ses propositions pour une sortie en masse de Berlin afin d'éviter de nouvelles victimes civiles et d'autres destructions. Selon son plan, la garnison servant d'escorte à Hitler devait percer en direction de l'ouest et opérer sa jonction avec les restes du Groupe d'Armées de la Vistule. L'élément de pointe de l'opération réunirait tous les chars encore en état de combattre – une quarantaine, en fait – et le gros des divisions d'assaut. Il serait suivi du *Führergruppe*, comprenant Hitler et ses collaborateurs de la Chancellerie du Reich ainsi que d'autres *Prominente*. L'arrière-garde serait constituée d'une seule division renforcée. La percée devait avoir lieu dans la nuit du 28 avril.

Quand Weidling eut fini son exposé, Hitler secoua la tête. « Votre proposition, dit-il au général, est tout à fait pertinente. Mais à quoi bon tout cela ? Je n'ai aucune intention d'aller errer dans les bois. Je reste ici et je tomberai à la tête de mes troupes. Vous, pour votre part, continuerez à défendre la ville »[5].

La futilité de la chose se trouvait résumée par un petit duel de graffiti sur un mur. L'inscription « Berlin reste allemand » avait été rayée et on avait ajouté au-dessous, en caractères cyrilliques, « Mais je suis déjà à Berlin. Signé Sidorov ».

L'Armée rouge, en fait, n'était pas seulement à Berlin. Elle y installait déjà son administration provisoire. Joukov, ignorant encore les dispositions prises par Beria, venait de nommer le général Berzarine, le chef de la 5e Armée de choc, commandant de la place de Berlin. C'était Souvorov qui, au dix-huitième siècle, avait imposé le principe selon lequel le chef de la première armée à entrer dans une ville était nommé gouverneur militaire de celle-ci, tradition qui avait été maintenue par l'Armée rouge. Tchouikov avait dû, de toute manière, être vert de jalousie en apprenant la nouvelle.

Le 26, Vassili Grossman alla rendre visite à Berzarine à son quartier général. « Le commandant de la place de Berlin, écrivit-il, est gras, avec des yeux marron au regard malin et des cheveux prématurément blanchis. Il est très intelligent, très équilibré et habile. » Les responsables berlinois les plus divers avaient été convoqués ce jour-là : bourgmestres, cadres supérieurs des services d'eau, d'électricité, des égouts, du métro, des tramways et du gaz, chefs d'entreprise et notables. « Ils reçoivent tous de l'avancement dans ce bureau, remarquait Grossman. Les directeurs adjoints deviennent directeurs, les chefs d'entreprises régionales deviennent des pontes à l'échelle nationale. » De vieux communistes allemands d'avant la prise du pouvoir nazie faisaient leur apparition, espérant obtenir un poste. « Un vieux peintre en bâtiment, racontait Grossman, montre sa carte du Parti. Il a été membre de celui-ci depuis 1920. Les officiers de Berzarine ne paraissent pas très impressionnés. Ils lui disent : "Prenez un siège" »[6].

Comme tous les autres Russes présents, Grossman fut sidéré quand un bourgmestre, invité à fournir des travailleurs pour nettoyer les rues, demanda combien ceux-ci seraient payés. Compte tenu du travail forcé imposé aux Soviétiques en Allemagne, la réponse était facile à deviner. « Tous, ici, semblent avoir une idée très précise de leurs droits », nota Grossman. Mais, le lendemain 27 avril, les troupes soviétiques raflèrent quelque 2 000 femmes allemandes dans les faubourgs méridionaux de Berlin et les conduisirent à l'aérodrome de Tempelhof, où elles furent contraintes de dégager les pistes des carcasses d'avions détruits qui les encombraient. L'aviation de l'Armée rouge voulait pouvoir utiliser la base dans les vingt-quatre heures.

Durant le repli des défenseurs allemands vers le centre de la ville, le Secteur Z, les combats s'intensifièrent. Chaque fois que les Allemands parvenaient à détruire un char soviétique au Panzerfaust, les Soviétiques tentaient de répliquer par une salve de fusées Katioucha, ce qui constituait autant une mesure de représailles qu'une riposte.

Un petit groupe de Waffen SS français fut capturé par des Soviétiques. Leur sous-officier réussit à convaincre ceux-ci que ses hommes et lui étaient des travailleurs forcés que les Allemands avaient contraints à endosser l'uniforme au moment de l'attaque sur l'Oder. Ils eurent la chance d'être crus. À l'époque, peu de soldats de l'Armée rouge savaient que les SS avaient leur groupe sanguin tatoué sur le bras.

Le soir du 26 avril, une nouvelle scène étrange se produisit dans le bunker de la Chancellerie. On y transporta sur une civière le général Ritter von Greim, qu'Hitler avait convoqué de Munich pour prendre officiellement et en grande pompe la place de Göring à la tête de la Luftwaffe. Il était venu, accompagné de sa maîtresse, Hanna Reitsch, elle-même pilote d'essai et fervente d'Hitler, à bord d'un Fieseler Storch. Dans la dernière partie de leur voyage, au-dessus de la Grunewald, Ritter von Greim avait été blessé à la jambe par un tir de DCA soviétique. Avec autant de sang-froid que d'habileté, Hanna Reitsch était parvenue à saisir les commandes en passant les mains par-dessus les épaules du pilote blessé et à poser le petit appareil près de la Porte de Brandebourg. Ce n'était pas un mince exploit. Il n'empêche qu'en insistant sur le respect des formes et en convoquant impérativement Ritter von Greim à Berlin, Hitler avait presque réussi à faire tuer l'homme qu'il voulait nommer au commandement suprême d'une arme qui avait déjà pratiquement cessé d'exister.

Le lendemain 27 avril, le général Krebs se laissa aller à suivre l'exemple de nombre de dirigeants nazis en s'efforçant d'abuser ses propres troupes. Sans évoquer formellement des négociations, il affirma que « les Américains pouvaient franchir en l'espace de temps le plus bref les quatre-vingt-dix kilomètres de l'Elbe à Berlin, et qu'alors tout changerait pour le mieux »[7].

Tout le monde semblait obsédé par l'idée de renforts, quelles que soient leur importance ou leur valeur. Mohnke avait l'air presque extatique en parlant à Krukenberg d'une compagnie de marins qui était arrivée par avion et avait pris position dans les jardins du ministère des Affaires étrangères, dans la Wilhelmstrasse. Krukenberg fut plus rassuré d'apprendre que huit canons d'assaut du 503e Bataillon SS de blindés lourds avaient été affectés en appui à la *Nordland*. Parmi d'autres renforts lui parvenant figurait un groupe de SS lettons, ce qui l'amena à déclarer que, sous peu, toute l'Europe serait représentée dans son secteur. Si l'on considère le fait qu'en 1945, la moitié des Waffen SS étaient étrangers, cela n'avait rien de si remarquable.

Pour installer son état-major divisionnaire, Krukenberg en avait été réduit à utiliser un wagon de métro immobilisé à la station Stadtmitte de l'U-Bahn, sans électricité ni téléphone. Ses hommes continuaient à tenir physiquement, car ils avaient dévalisé les boutiques d'alimentation du Gendarmenmarkt, non loin de là. L'essentiel de leur armement consistait en un lot important de Panzerfaust provenant des caves de la Chancellerie. À court d'autres armes comme de munitions, les Français les utilisaient aussi bien pour les combats rapprochés dans les immeubles que contre les chars. Le Hauptsturmführer suédois Pehrsson arriva avec quatre transports de troupes blindés pris à l'Armée rouge et deux des véhicules semi-chenillés appartenant à l'origine à la *Nordland*. On avait dû faire sauter les autres quand ils s'étaient trouvés à court de carburant ou étaient tombés en panne lors de l'évacuation de Neukölln. Ces véhicules furent affectés à la défense de la Chancellerie.

Dans le Secteur Z, les blessés étaient envoyés à l'infirmerie installée dans les caves de l'Hôtel Adlon, à l'exception des SS, qui étaient soignés dans les caves mêmes de la Chancellerie par leurs propres médecins. Il y avait, à la fin de la bataille, près de 500 blessés entassés là. Tout comme les établissements civils, les hôpitaux de campagne militaires manquaient d'eau, de vivres et d'anesthésiques.

La progression des Soviétiques dans Berlin restait extrêmement inégale. Au nord-ouest, la 47e Armée, qui avait achevé l'encerclement de la ville en opérant sa jonction avec la 4e Armée blindée de la Garde de Koniev, approchait de Spandau. Ses officiers ignoraient totalement que la vaste citadelle qui s'y trouvait abritait le centre de recherche du Reich sur les gaz paralysants. Certains de ses éléments étaient, en même temps, engagés dans de durs combats sur les pistes de l'aérodrome de Gatow, où des groupes de la Volkssturm et des élèves-officiers de la Luftwaffe avaient mis à l'horizontale les canons de DCA de 88 mm.

Au nord, la 2e Armée blindée de la Garde avait à peine réussi à dépasser Siemensstadt, tandis que la 3e Armée de choc progressait vers le Tiergarten et Prenzlauer Berg. Elle avait eu soin de contourner le grand bunker de DCA Humboldthain, qu'elle avait laissé aux bons soins de l'artillerie lourde et de l'aviation. Avançant dans les quartiers est, la 5e Armée de choc avait fait de même avec le bunker Friedrichshain. Le gros de ses troupes s'était concentré entre la Frankfurter Allee et la rive sud de la Spree.

Parties du sud, la 8e Armée de la Garde et la 1re Armée blindée de la Garde avaient atteint et franchi le canal de la Landwehr le 27 avril. C'était le dernier grand obstacle sur la route menant au quartier administratif de Berlin, à moins de deux kilomètres de la Chancellerie du Reich. Mais toutes les armées de Joukov persistaient à concentrer leurs efforts sur l'objectif fixé par Staline : le Reichstag. Au sud-ouest, la 3e Armée de la Garde venait juste d'entrer dans Charlottenbourg tout en expédiant son aile gauche dans la Grunewald pour affronter les restes de la 18e Division d'infanterie portée allemande.

L'Armée rouge avait atteint Dahlem le 24 avril, et l'Institut de physique Kaiser Wilhelm le lendemain. Avançant dans les avenues plantées d'arbres et bordées d'élégantes villas, les blindés étaient suivis, spectacle incongru, par des charrettes tirées par de petits poneys velus et même par des chameaux.

Rien n'indique qu'aucun des officiers supérieurs de l'armée de Rybalko – ou même Rybalko lui-même – ait été informe de l'importance attachée par le Kremlin à l'Institut de physique, mais l'afflux de spécialistes et d'hommes du NKVD autour de l'établissement de la Boltzmannstrasse durant les deux jours qui suivirent dut amener plus d'un à se poser des questions.

C'était avant tout, comme on l'a vu, l'uranium et les scientifiques allemands capables de le traiter qui intéressaient Staline et Beria. Et ce dernier avait, de toute évidence, méticuleusement préparé l'opération. Le général Makhnev avait été placé à la tête de la commission spéciale chargée de l'affaire. Les nombreux hommes de troupe du NKVD préposés à la garde des laboratoires et des réserves d'uranium étaient sous le contrôle direct d'un très important personnage, le général Khroulev, chef des opérations de l'arrière pour l'ensemble de l'Armée rouge. Le chef du service technique du NKVD, le général Avrami Zaveniagine, supervisait le démantèlement des laboratoires et le mouvement des matériaux.

La commission du NKVD précisa dans son rapport qu'elle avait trouvé à l'Institut « 250 kilogrammes d'uranium métallique, trois tonnes d'oxyde d'uranium, vingt litres d'eau lourde ». Les trois tonnes d'oxyde d'uranium dirigées par erreur sur Dahlem représentaient un bénéfice net. Mais il y avait une raison très particulière pour faire vite. Dans leur rapport ultérieur, Beria et Malenkov rappelèrent – de façon sans doute superflue – à Staline que l'Institut Kaiser Wilhelm était « situé sur le territoire de la future zone d'occupation alliée », en ajoutant : « Tenant compte de l'extrême importance pour l'Union soviétique de tout le matériel mentionné plus haut, nous sollicitons votre décision sur le démantèlement et l'évacuation de l'équipement de ces entreprises et instituts vers l'URSS. »

En conséquence, le Comité d'État pour la défense autorisa officiellement « la commission du NKVD dirigée par le camarade Makhnev » à « évacuer vers l'Union soviétique et le Laboratoire N° 2 de l'Académie des sciences et le Service des métaux spéciaux du NKVD tout l'équipement, tous les matériaux et toutes les archives de l'Institut Kaiser Wilhelm de Berlin. »

Les hommes de Makhnev appréhendèrent en même temps le professeur Peter Thiessen et le Dr Ludwig Bewilogua, qui furent envoyés par avion à Moscou. Mais les principaux personnages de l'Institut Kaiser Wilhelm – Werner Heisenberg, Max von Laue, Carl Friedrich von Weizsäcker et Otto Hahn, qui venait de remporter le prix Nobel de chimie – leur avaient déjà échappé. Ils étaient aux mains des Britanniques, qui les expédièrent à Farm Hall, le centre d'interrogatoire réservé aux scientifiques allemands, dans l'est de l'Angleterre.

D'autres laboratoires de moindre importance furent également dépouillés de leur matériel, et nombre de chercheurs scientifiques furent appréhendés et internés dans un baraquement spécial du camp de concentration de Sachsenhausen. Le professeur von Ardenne se laissa alors persuader par le général Zaveniagine d'écrire « une demande au Conseil des Commissaires du Peuple de l'URSS » pour exprimer « son souhait de travailler avec des physiciens russes et placer l'institut et lui-même à la disposition du gouvernement soviétique ».

Les chercheurs de Beria et de Kourchatov disposaient enfin d'un peu de matière première, mais il leur en fallait plus encore. Le général Serov, responsable du NKVD à Berlin, reçut ordre de concentrer ses efforts sur les gisements d'uranium de Tchécoslovaquie et surtout de Saxe, au sud de Dresde. La présence dans cette région de la 3e Armée américaine de l'inflexible Patton devait causer les plus grandes inquiétudes aux autorités soviétiques. Et cela explique peut-être en partie le souci de celles-ci de voir les forces américaines se replier sur la zone d'occupation qui leur avait été préalablement attribuée.

À Dahlem, quelques-uns des officiers de Rybalko allèrent voir Sœur Kunigunde, la supérieure de la Haus Dahlem, une maternité se doublant d'un orphelinat. Elle les informa qu'elle n'avait caché aucun soldat allemand. Les officiers russes et leurs hommes se conduisirent impeccablement. En fait, ils mirent même Sœur Kunigunde en garde contre les troupes qui allaient les suivre. Ils n'avaient que trop raison. Religieuses, jeunes filles, vieilles femmes, femmes enceintes et mères venant juste d'accoucher furent violées sans pitié. Une femme devait comparer ce qui se passa à Dahlem aux pires « horreurs du Moyen Âge ». D'autres évoquaient la guerre de Trente Ans.

Toutefois, une différence pouvait être constatée entre les violences sexuelles qui avaient été enregistrées en Prusse-Orientale et celles de la région de Berlin. À ce stade, les soldats soviétiques tendaient à choisir leurs victimes au lieu de se précipiter indifféremment sur tout ce qui se présentait. Ils traitaient les femmes allemandes comme des prises de guerre, et non plus comme des substituts de la Wehrmacht dont il fallait tirer vengeance.

Des officiers politiques soviétiques, cependant, parlaient encore de « violence sous prétexte de revanche ». « Quand nous sommes entrés dans Berlin, rapportait le service politique du 1er Front biélorusse, certains des soldats se sont adonnés au pillage et à des actes de violence envers les civils »[8]. Les officiers politiques tentèrent d'y mettre fin en organisant des réunions sur des thèmes tels que « L'honneur et la dignité du guerrier de l'Armée rouge », « Un pillard est le pire ennemi de l'Armée rouge » et « Comment comprendre correctement le problème de la vengeance ». Mais il était parfaitement futile d'essayer de contrôler les troupes à coups de harangues politiques, surtout alors que la ligne du Parti sur le sujet avait si brusquement changé.

Les Allemands étaient profondément choqués par l'absence de discipline au sein de l'Armée rouge et l'incapacité de ses officiers à contrôler leurs hommes. Et, si des femmes venaient se plaindre de viol, elles ne rencontraient qu'indifférence ou même amusement. « Cela ne vous a certainement fait aucun mal, déclara un officier supérieur à un groupe de Berlinoises. Nos hommes sont tous sains. » C'était malheureusement faux, d'ailleurs, dans bien des cas, comme les victimes le découvrirent ensuite.

22

COMBATS DANS LA FORÊT

« Qui aurait pu penser un jour, notait un chef de bataillon de la Division *Scharnhorst* en avançant vers Beelitz, qu'il ne faudrait qu'une journée de marche pour aller du front de l'Ouest au front de l'Est ! Cela en dit long sur notre situation. »

Le Corps XX du général Wenck avait commencé à attaquer le 24 avril, s'efforçant de réaliser une percée pour rejoindre la Neuvième Armée, encerclée dans la forêt derrière les lignes de communication de Koniev. Dans la soirée, la Division *Theodor Körner*, composée de jeunes du Service du travail, s'en était prise au 5e Corps mécanisé de la Garde, commandé par le général Yermakov, près de Treuenbrietzen. Le lendemain, la Division *Scharnhorst* se retrouva à proximité de Beelitz. Les soldats allemands n'avaient aucune idée de ce qui les attendait en progressant à travers les plantations de pins. Quelques kilomètres avant Beelitz, ils tombèrent sur le complexe hospitalier d'Heilstätten.

Les malades et leurs infirmières, qui avaient, la veille, été entièrement dévalisés par les soldats soviétiques et les travailleurs russes libérés, entendirent soudain le canon tonner. Nul ne savait où se situait exactement la bataille. Un obus vint frapper l'un des bâtiments.

On descendit les enfants aux abris. Les infirmières se demandaient si ce n'étaient pas les Américains qui arrivaient. Puis, brusquement, elles virent des soldats allemands progresser en ordre dispersé, courant d'arbre en arbre. Deux d'entre elles coururent vers eux en leur criant : « Fichez les Russes en l'air ! »

Les combats s'intensifiant, le docteur Potschka, directeur de l'hôpital, décida d'essayer d'entrer en contact avec les Américains sur l'Elbe. De toute évidence, la Croix-Rouge suisse, qui avait été censée protéger son établissement, ne pouvait rien faire pour lui.

La bataille pour Beelitz se poursuivit pendant plusieurs jours. Durant ces combats et les violences qui suivirent, soixante-seize civils, dont quinze enfants, furent tués.

« On se battait avec férocité, écrivit le chef de bataillon de la Division *Scharnhorst*, et on ne faisait pas de prisonniers. » Ses hommes et lui furent atterrés lorsque les Soviétiques s'emparèrent d'une maison dans la cave de laquelle gisaient tous leurs camarades blessés.

Les jeunes soldats composant l'unité – si jeunes que les habitants de Beelitz les appelaient des *Kindersoldaten* ou « enfants-soldats » – furent d'abord terrorisés par les chars T-34 et Staline auxquels ils devaient faire face, mais, au bout de deux jours, ils avaient pris de l'assurance, et quatre chars lourds Staline furent détruits au Panzerfaust. Peter Rettich, le chef de bataillon, louait les « fantastiques actes de bravoure » de ses jeunes recrues, ajoutant que c'était « une honte et un crime de précipiter de tels garçons dans un enfer dont on ne pouvait sortir vivant ».

Le 28 avril, les 3 000 soldats blessés et enfants malades furent chargés par les hommes de la Division *Ulrich von Hutten* à bord de plusieurs trains de marchandises qui les conduisirent à vitesse réduite jusqu'à Barby. Les Américains acceptèrent les blessés comme prisonniers de guerre. Wenck, cependant, avait assigné à la Douzième Armée de plus importantes missions. L'une était de pousser vers Potsdam avec le gros de la Division *Hutten*, afin d'ouvrir un couloir d'évacuation. L'autre était d'aider la Neuvième Armée à se tirer d'affaire.

Mêlés à des civils terrifiés fuyant l'Armée rouge, les 80 000 soldats allemands* répartis dans les immenses forêts s'étendant au sud-est de Berlin étaient venus d'un peu toutes parts et d'un peu toutes les unités. Le noyau d'origine appartenait à la Neuvième Armée du général Busse – le Corps blindé SS XI sur l'Oderbruch et le Corps de montagne SS V au sud de Francfort-sur-l'Oder. La garnison de Francfort était également parvenue, comme l'avait espéré le général Busse, à s'échapper pour les rejoindre. Il en avait été de même pour le Corps V, qui avait constitué le flanc nord de

* Des bilans soviétiques affirment que Busse, dans la forêt, disposait de 200 000 hommes, avec 300 chars et 2 000 canons, mais il s'agit là d'une grossière exagération, avancée, en son temps, à des fins évidentes de propagande. Un rapport américain cite un chiffre bien inférieur encore à l'estimation généralement admise, celui de 40 000 hommes seulement.

la Quatrième Armée blindée avant d'en avoir été coupé par la poussée de Koniev en direction de Berlin.

Busse, après consultations avec le général Wenck, était décidé à percer vers l'ouest à travers les hauts bois de pins situés au sud de Berlin. Il comptait opérer ainsi sa jonction avec la Douzième Armée et se replier avec celle-ci vers l'Elbe. Le principal problème se posant à lui était que son arrière-garde était engagée dans de constants combats avec les forces de Joukov. Ni lui ni Wenck n'avaient l'intention de gaspiller d'autres vies humaines en suivant les ordres de plus en plus échevelés d'Hitler leur commandant d'attaquer en direction de Berlin. Peu après minuit le 25 avril, il avait reçu autorité « de décider lui-même du meilleur axe d'attaque », et, ensuite, imitant Nelson à la bataille de Copenhague* il n'avait plus accusé réception du moindre message allant à l'encontre de ses intentions personnelles.

Ses hommes et les civils qui avaient trouvé refuge auprès d'eux n'avaient pratiquement plus de vivres. On faisait rouler les véhicules jusqu'au moment où ils se trouvaient à court de carburant ou tombaient en panne. À ce moment, ils étaient détruits ou cannibalisés. Busse, en fait, ne disposait plus que de 31 chars – une demi-douzaine de Panther de la *Kurmark*, les restes de 21e Division blindée du général Hans von Luck et une dizaine de chars lourds Tigre du 502e Bataillon blindé SS. C'étaient ceux qu'il comptait utiliser comme fer de lance pour percer sur leurs arrières les armées de Koniev lancées à l'assaut de Berlin. On avait fait leur plein de carburant en siphonnant les réservoirs de camions abandonnés au bord de la route. L'artillerie de Busse devait leur ouvrir la voie en tirant ses derniers obus avant de faire sauter ses canons.

Les hommes de Busse se trouvaient encerclés dans le réseau de lacs et de forêts s'étendant au sud-est de Fürstenwalde par, à la fois, des troupes du 1er Front biélorusse de Joukov et des formations du 1er Front ukrainien de Koniev. Dans l'après-midi du 25 avril, Joukov les fit attaquer du nord et de l'est par la 3e Armée, le 2e Corps de cavalerie de la Garde, particulièrement adapté au combat en forêt, la 33e Armée et la 69e Armée.

En étudiant la carte, Koniev, de son côté, avait vite compris que les Allemands n'avaient pas grand choix pour tenter leur percée. Il allait leur falloir traverser l'autoroute Berlin-Dresde au sud de la

* À la bataille de Copenhague, en 1801, Nelson, qui était borgne, avait sciemment ignoré un ordre, transmis visuellement, en appliquant son télescope sur son œil aveugle et prétendant qu'il ne voyait pas de signaux. *(N.d.T.)*

série de lacs commençant à Teupitz. Le maréchal soviétique réagit en conséquence. Le 25 avril, la 3e Armée de la Garde du général Gordov fut expédiée vers l'autoroute Berlin-Dresde « pour bloquer toutes les routes forestières menant de l'est à l'ouest »[1]. Ses soldats abattirent des pins pour former des barrages antichars. Mais Gordov ne parvint pas à occuper la partie sud de son secteur. La 28e Armée vint se porter en renfort à l'est de Baruth, mais une légère césure subsista entre les deux formations.

Le matin du 26 avril, traversant la forêt de Halbe, l'avant-garde de Busse trouva le point faible entre les deux armées soviétiques. Elle traversa l'autoroute et atteignit la route Baruth-Zossen, qui constituait la ligne de communication rejoignant Rybalko à Berlin. Pour parer au danger, le général Louchinsky dut faire contre-attaquer les 50e et 96e Divisions d'infanterie de la Garde en toute hâte et « sans informations sur la situation ». Les combats furent chaotiques, mais d'incessants bombardements et mitraillages effectués par la 2e Armée aérienne et de constantes contre-attaques sur le terrain finirent par rejeter beaucoup des Allemands dans la forêt de Halbe, au-delà de l'autoroute. Les équipages de leurs chars s'étaient rendu compte que leurs chenilles n'arrivaient pas à mordre dans le sol sablonneux de la forêt de pins. D'autre part, les attaques aériennes renouvelées leur interdisaient les routes.

Le groupe qui avait réussi à traverser à la fois l'autoroute et la route Baruth-Zossen fut repéré par un avion de la Luftwaffe et signalé à l'état-major du Groupe d'Armées de la Vistule et au général Jodl. Hitler entra en fureur en apprenant que les troupes allemandes qu'on avait ainsi aperçues se dirigeaient vers l'ouest, mais il n'arriva pas à croire que Busse ait osé lui désobéir. Un message fut envoyé dans la soirée par le truchement de Jodl : « Le Führer a précisé que les attaques concentriques de la Neuvième et de la Douzième Armée ne doivent pas seulement servir à sauver la Neuvième Armée mais avant tout à sauver Berlin. » D'autres messages suivirent, plus explicites : « Le Führer, à Berlin, attend des armées qu'elles fassent leur devoir. L'Histoire et le peuple allemand n'auront que mépris pour tout homme qui, en ces circonstances, ne fera pas tout son possible pour sauver la situation et le Führer »[2]. Ce message fut répété à plusieurs reprises durant la nuit. Aucune réponse ne vint de la forêt.

Pendant cette même nuit et la journée du lendemain, 27 avril, les Allemands repassèrent à l'attaque selon deux axes : dans le sud, d'Halbe vers Baruth, et dans le nord à partir de Teupitz. Dans le nord, plusieurs milliers d'Allemands appuyés par quelques chars ouvrirent une brèche dans les positions de la 54e Division d'infanterie de la Garde, prirent Zesch-am-See et encerclèrent une partie du 160e Régiment d'infanterie soviétique. Au sud, la poussée allemande vers Baruth aboutit à bloquer dans Radeland le 291e Régiment d'Infanterie de la Garde, sous les ordres du lieutenant-colonel Andriouchtchenko. Retranchés dans les caves et les greniers, les soldats soviétiques résistèrent jusqu'au moment où ils furent dégagés par le 150e Régiment d'infanterie de la Garde, venu de Baruth. Une fois encore, les Allemands « subirent de très lourdes pertes ».

Ce résumé des faits ne peut donner, en fait, qu'un aperçu très sommaire des effrayantes réalités des combats dans la forêt.

« Si les premières tentatives pour rompre l'encerclement réussirent, déclara à ses interrogateurs soviétiques le major Diehl, commandant le 90e Régiment de la 35e Division de gendarmerie SS, leurs effets furent immédiatement annihilés par l'aviation et l'artillerie russes. Les pertes furent énormes. On ne pouvait littéralement plus lever la tête et j'étais dans l'incapacité absolue de diriger les opérations. Tout ce que je pouvais faire était de rester couché sous un char avec mon officier adjoint en regardant la carte »[3].

Des blessés atteints au ventre ou à la poitrine saignaient à mort, étendus sur le sol. Comme lors d'une bataille navale du dix-huitième siècle, la plupart des blessures venaient d'éclats de bois. L'artillerie et les blindés soviétiques visaient délibérément le sommet des arbres, et les hommes se trouvant au-dessous n'avaient guère de moyens de se protéger. Même pour ceux qui avaient des pelles, il était impossible de creuser des tranchées dans le sol sablonneux parcouru de racines. Quelques-uns tentaient désespérément d'utiliser leur casque ou la crosse de leur fusil, mais avec peu de succès.

Dans de telles conditions, les tirs d'artillerie et les bombardements aériens semaient la panique même chez des soldats expérimentés. Quand des avions soviétiques apparaissaient au-dessus d'eux, tous se mettaient à tirer frénétiquement au fusil ou au pistolet-mitrailleur. Tout homme blessé ou simplement épuisé tombant devant un blindé ou un camion était assuré d'être écrasé.

Il n'y avait pas de lignes de front, mais les escarmouches se succédaient, brutales, mortelles. Deux chars allemands, un Tigre et un Panther, progressaient, suivis de véhicules semi-chenillés auxquels s'accrochaient des fantassins à bout de forces, lorsqu'ils furent accrochés par un char soviétique. Dans la confusion, tout le monde essaya de riposter en même temps. Les fantassins qui se trouvaient sur les chars durent sauter précipitamment à terre lorsque les blindés firent tourner leur tourelle. Sur quoi l'un des obus tirés par le char soviétique atteignit l'un des véhicules semi-chenillés, qui se trouvait être chargé de barils de carburant de réserve. Il explosa en une boule de feu, qui incendia les arbres alentour.

La fumée produite par les pins en combustion enveloppait d'ailleurs une bonne partie de la forêt. Bien que la chose fût niée par le commandement soviétique, l'artillerie et l'aviation utilisaient vraisemblablement des projectiles au phosphore. La fumée était parfois si dense qu'elle en arrivait à tout obscurcir entre les troncs des arbres, dressés comme des piliers de cathédrale. Dans cette pénombre, on entendait constamment des hommes s'interpeller, espérant retrouver leur unité ou leur groupe. Malgré tous les efforts déployés pour maintenir un semblant d'ordre entre les différentes formations, tous se retrouvaient inextricablement mêlés, les SS et la Wehrmacht cheminant de conserve dans un climat qui n'avait rien d'amical. La suspicion mutuelle s'était considérablement accrue. Les SS affirmaient que les officiers de l'Armée se refusaient à recueillir leurs blessés, mais rien n'indiquait non plus que les officiers de la SS aient le moindre souci des blessés de la Wehrmacht. Apparemment, des femmes se trouvaient dans les rangs des SS, armées et installées sur les chars Tigre en uniforme noir.

Après l'échec de la première tentative de percée, des groupes tentèrent leur chance dans des directions diverses. Un détachement tomba sur une position d'artillerie soviétique qui avait été balayée la veille par des blindés. Les soldats traversèrent l'autoroute et découvrirent des Soviétiques morts dans leurs trous individuels. Comme les autres groupes, ils continuèrent leur route à travers bois pour tenter de gagner le point de rendez-vous aux alentours de Kummersdorf. Après l'autoroute, il restait à franchir la route Baruth-Zossen, défendue par une nouvelle ligne d'infanterie et d'artillerie soviétiques.

Dans la nuit du 28 avril, une autre poussée massive fut tentée à partir de Halbe. Au terme de combats acharnés, les Allemands parvinrent à enfoncer la ligne tenue par la 50e Division d'infanterie de la Garde. « Ils le firent au prix de lourdes pertes », écrivit le général Louchinsky. Koniev, décidé à briser l'offensive, renforça les flancs de son dispositif. On abattit des arbres en travers des chemins menant vers l'ouest. Chaque division d'infanterie mit en place des batteries de canons antichars dissimulés derrière les coupe-feu et tous les obstacles de terrain, comme pour une gigantesque battue au sanglier. En même temps, des régiments d'infanterie, appuyés par de petits détachements de chars, attaquaient dans la forêt à l'est de l'autoroute.

Les hommes de Busse se trouvaient répartis sur une vaste étendue, avec des groupes importants autour de Halbe et de nombreux autres s'étirant jusqu'à Storkow, où l'arrière-garde tenait encore bon contre les forces de Joukov. Les attaques répétées des Soviétiques visaient essentiellement à faire éclater les troupes de Busse en groupes plus nombreux et plus réduits encore. Durant les heures de jour, les biplans U-2 survolaient la forêt au ras des cimes pour essayer de repérer ces groupes et de les signaler à l'artillerie et à l'aviation d'appui soviétiques. En tout, les divisions aériennes appuyant le 1er Front ukrainien effectuèrent « 2 459 missions d'attaque et 1 683 missions de bombardement ».

Sans cartes ni boussoles, il était presque impossible aux Allemands de trouver leur chemin dans la forêt. La fumée et les arbres leur interdisaient même, la plupart du temps, de se repérer sur le soleil. Les soldats, épuisés, perdus, se contentaient de marcher devant sur les sentiers sableux. Leur ressentiment allait croissant contre « ces messieurs de l'état-major », circulant à bord de leurs Kübelwagens en uniforme impeccable, et ne se souciant apparemment pas de recueillir les blessés ou ceux qui s'étaient simplement effondrés. Presque chaque carrefour était « tapissé de cadavres en gris-vert ». Six soldats de la 36e Division de grenadiers SS, commandée par le général Oskar Dirlewanger, tristement célèbre pour son rôle dans la répression des soulèvements de Varsovie, se rendirent malgré les menaces dont ils avaient été l'objet de la part de leurs supérieurs. « Il y a déjà cinq jours que nous n'avons pas vu un officier, déclara l'un d'eux. Nous pensons que la guerre va finir très bientôt, et plus nous en sommes convaincus, moins nous voulons mourir »[4]. Il était rare que les SS se rendent, car, pour la plupart d'entre eux, être fait prisonnier signifiait une balle dans la nuque ou l'envoi dans un camp de concentration en Sibérie.

Une bataille aussi terrible qu'inégale se poursuivit autour du gros village d'Halbe durant les journées des 27 et 28 avril, les troupes soviétiques attaquant du sud avec des lance-fusées et de l'artillerie. Beaucoup des jeunes recrues de la Wehrmacht tremblaient de peur et « souillaient littéralement leur pantalon », si l'on en croit un adolescent du village nommé Hardi Buhl. Les habitants se terraient dans leurs caves, et quand ces jeunes soldats terrorisés vinrent y chercher eux aussi refuge, ils leur donnèrent des vêtements civils. Mais des SS, se rendant compte de ce qui arrivait, tentèrent d'y mettre bon ordre. Hardi Buhl se trouvait dans une cave avec sa famille, des voisins et des soldats qui s'y étaient réfugiés – une quarantaine de personnes en tout – lorsqu'un SS apparut avec un Panzerfaust, qu'il braqua sur les occupants de l'abri. Dans un espace clos comme celui-là, la déflagration aurait tué tout le monde. Mais, avant que le SS ait eu le temps de tirer, un soldat de la Wehrmacht, tapi dans la pénombre près de l'escalier, le tua d'une balle dans la nuque. D'autres échanges de coups de feu entre SS et hommes de la Wehrmacht furent rapportés à Halbe, mais sans que ces informations puissent être vérifiées.

Une autre tentative pour percer en direction de l'ouest fut opérée à partir d'Halbe. Siegfried Jürgs, un élève-officier appartenant au Régiment 1239, décrivit dans son journal ce qu'il voyait du char de tête, sur lequel il était monté. Des blessés étaient abandonnés, hurlant, sur le bord du chemin. « Je ne me serais jamais douté, précisa Jürgs dans son journal, que trois heures plus tard je serais du nombre. » Comme ils attaquaient un détachement soviétique qui tentait de leur barrer la route, il avait sauté du char avec les autres fantassins pour aller prendre position dans un fossé. Mais, à ce moment, un gros éclat d'obus de mortier vint lui percer le dos. Puis un autre obus explosa à proximité, lui expédia des éclats dans l'épaule, la poitrine et, de nouveau, le dos. Le jeune Jürgs eut toutefois plus de chance que les blessés qu'il avait vus auparavant sur le bord de la route. Il fut, quelques heures plus tard, recueilli par un camion. Mais les véhicules, bondissant et rebondissant d'ornière en ornière, arrachaient souvent des hurlements de douleur aux blessés qui y étaient entassés. Ceux qui étaient trop gravement touchés pour être bougés étaient abandonnés sur place. Peu avaient la force et le courage d'enterrer les morts. Au mieux, on faisait rouler les cadavres dans un fossé ou dans un cratère d'obus avant de jeter quelques pelletées de sable sur eux.

Sur les routes et les chemins forestiers, on voyait des véhicules qui brûlaient, des chevaux gisant morts ou s'agitant encore dans d'ultimes sursauts de douleur ou d'agonie. Le sol était jonché de casques et d'armes abandonnés, de voitures d'enfant, de charrettes à bras et de valises. Halbe tout entier était devenu une vision d'horreur.

« Des chars descendaient la Lindenstrasse, nota une jeune fille de dix-sept ans, Erika Menze. Ils étaient surchargés de soldats blessés. L'un de ces blessés en tomba. Le char qui suivait l'écrasa complètement, et celui qui venait encore après roula dans la vaste flaque de sang qui s'était formée. Du soldat lui-même, il ne restait pas trace. Devant la boulangerie, le trottoir était littéralement couvert de cadavres. Il n'y avait pas d'espace entre eux. Les têtes, écrasées, étaient d'un gris jaunâtre, les mains d'un gris presque noir. On voyait seulement luire l'or et l'argent des alliances. »

Chaque jour, il restait un peu moins de véhicules – quelques chars, des blindés de reconnaissance à huit roues et quelques engins semi-chenillés. La grande majorité des soldats étaient maintenant à pied. Le 29 avril, peu après l'aube, la pluie cessa et le soleil fit une timide apparition. Elle fut suffisante pour qu'on puisse s'orienter un peu.

Les survivants de cette terrible équipée conservèrent ensuite le souvenir d'épisodes si étranges qu'il leur arriva de se demander si, dans leur épuisement, ils ne les avaient pas tout simplement rêvés. Près de Mückendorf, un élève-officier et les soldats qui l'accompagnaient se jetèrent au sol lorsqu'une arme automatique ennemie ouvrit le feu sur leur flanc. Tapis sous les buissons, ils s'efforcèrent de riposter à l'aveuglette. Soudain, deux jeunes femmes SS vêtues de noir et armées de pistolets surgirent et leur hurlèrent : « Levez-vous et attaquez, espèces de lâches ! » Un accrochage confus s'ensuivit, au terme duquel les soldats ne purent retrouver les deux walkyries vengeresses qui les avaient interpellés.

L'écrivain soviétique Konstantin Simonov se rendait à Berlin en jeep par l'autoroute lorsque, juste au sud de Teupitz, il découvrit un spectacle qu'il ne devait jamais oublier. « À cet endroit, devait-il écrire, une forêt assez épaisse s'étendait de part et d'autre de l'autoroute. Partant des deux côtés, il y avait des routes annexes dont on ne pouvait voir l'extrémité… Elles étaient entièrement bloquées par une incroyable file de voitures, de camions, de chars, d'automitrailleuses, d'ambulances, de véhicules divers non point embouteillés mais littéralement encastrés les uns dans les autres, retournés, debout sur une de leurs extrémités, en long ou en travers. Dans cet horrible amalgame de métal, de bois et de matières impossibles à identifier, une épouvantable masse de corps humains torturés. Cela semblait se poursuivre à l'infini. Et, dans la forêt tout autour, des corps, des corps et encore des corps mélangés, dont on s'apercevait soudain que certains étaient encore vivants. Il y avait des blessés gisant sur des capotes ou des couvertures, appuyés contre les arbres, certains avec des pansements et d'autres sans. Il y en avait tant qu'apparemment personne n'était encore parvenu à faire quelque chose pour eux. » Certains gisaient même directement au bord de l'autoroute, elle-même à demi bloquée par les épaves et les débris et la chaussée couverte d'huile, d'essence et de sang. On expliqua à Simonov que le détachement allemand s'était trouvé « pris sous le feu combiné de plusieurs régiments d'artillerie lourde et de lance-fusées »[5].

Les services politiques de l'Armée rouge travaillaient avec acharnement pour tenter de convaincre les survivants de se rendre. Un quart de million de tracts furent largués sur la forêt. Des haut-parleurs ne cessaient de diffuser des messages préenregistrés par les prisonniers allemands « antifascistes ». Et des soldats soviétiques criaient à travers les arbres *« Woina kaputt ! Domoi ! Woina kaputt ! »* – « La guerre est finie ! Il est temps de rentrer chez soi ! La guerre est finie ! ».

Cependant, le service politique du 1er Front ukrainien exhortait les troupes au combat avec des messages tels que : « Les restes des hordes allemandes détruites errent dans la forêt comme des bêtes sauvages et vont essayer d'atteindre Berlin à tout prix. Mais elles ne passeront pas »[6].

De fait, la plupart des soldats allemands ne passèrent pas. Près de 30 000 gisent au cimetière de Halbe et chaque année, on découvre encore des restes humains dans la forêt. En juin 1999, on retrouva même la machine à coder Enigma de la Neuvième Armée enterrée à toute proximité de l'autoroute. Nul ne sait combien de réfugiés civils périrent avec les soldats, mais leur nombre peut s'élever à 10 000. Au moins 20 000 militaires soviétiques laissèrent également leur vie dans l'affaire. La plupart sont enterrés dans un cimetière situé près de la route Baruth-Zossen, mais il en est aussi dont les corps ne furent pas retrouvés.

Le cas le plus étonnant, toutefois, n'est pas celui des hommes qui périrent ou furent contraints de se rendre, mais celui des 25 000 soldats et des quelques milliers de civils qui parvinrent à traverser trois lignes successives de troupes soviétiques pour rejoindre l'armée du général Wenck dans le secteur de Beelitz. Le maréchal Koniev se refusait à admettre que « plus de 3 000 à 4 000 » hommes avaient échappé à ses troupes, mais les faits sont là.

Au moment où se déroulait la bataille autour de Halbe, l'état-major du Groupe d'Armées de la Vistule pensait avoir perdu tout contact avec le général Busse. Un avion léger Fieseler Storch fut envoyé avec un officier de liaison à son bord, mais l'expédition se solda par un échec. La Neuvième Armée opérait désormais de façon autonome, ce qui confirmait que le Groupe d'Armées de la Vistule avait cessé d'exister en tant qu'entité cohérente.

La Troisième Armée blindée du général Hasso von Manteuffel était d'emblée condamnée lorsque le 2e Front biélorusse de Rokossovski força son passage au-delà du Bas-Oder. Le général Heinrici autorisa alors Manteuffel à se replier vers l'ouest dans le Mecklembourg, mais évita délibérément d'en informer le maréchal Keitel ou le général Krebs, car cette décision était en violation flagrante des ordres d'Hitler.

L'avance de Rokossovski vers l'ouest, entre Berlin et la Baltique, contraignit Heinrici et son état-major à abandonner leur quartier général d'Hassleben, près de Prenzlau. Quand les officiers de l'état-major virent passer un bataillon de membres de la Jeunesse Hitlérienne dont la moyenne d'âge était de quatorze ans, l'un d'eux déclara au commandant de l'unité que c'était un crime que « d'envoyer ces enfants contre un ennemi endurci »[7]. Mais rien n'y fit. Le Troisième Reich agonisant voulait encore ignorer à la fois le sens commun et la simple humanité.

Ayant donné à Manteuffel cette autorisation de repli, Heinrici savait qu'il n'allait pas tarder à avoir des nouvelles des deux grands « fossoyeurs de l'Armée allemande ». De fait, apprenant ce qui s'était passé, Keitel téléphona le 29 avril à Heinrici en l'accusant d'« insubordination et de faiblesse indigne d'un soldat »[8]. Il l'informa qu'il était relevé sur-le-champ de son commandement. Keitel tenta alors de nommer à sa place le général von Manteuffel, mais celui-ci refusa.

Le général Jodl appela peu après Heinrici et l'accusa à son tour de lâcheté et d'incompétence, le convoquant au nouveau quartier général de l'OKW. Les adjoints d'Heinrici, craignant de le voir subir le même sort que Rommel, le supplièrent de prendre tout son temps pour se rendre à cette convocation. Il suivit leur avis, et la fin de la guerre lui sauva vraisemblablement la vie.

23

UN CLIMAT DE TRAHISON

Tandis que s'opérait le repli vers le centre de Berlin, les équipes de répression SS poursuivaient leur sinistre travail avec une frénésie accrue. Dans le quartier de la Kurfürstendamm, elles entraient dans toutes les maisons où apparaissaient des drapeaux blancs et abattaient tous les hommes qu'elles y trouvaient. Goebbels avait qualifié les signes de reddition de « bacilles de la peste ». Toutefois, le général Mummert, commandant la Division blindée *Müncheberg*, expulsa les équipes de la SS et de la Feldgendarmerie de son secteur, couvrant notamment la gare d'Anhalter et la Potsdamer Platz, en menaçant de fusiller sur place ceux qui tenteraient de poursuivre cette politique d'exécutions sommaires.

Pour ceux qui continuaient à combattre, les conditions de vie devenaient progressivement de pire en pire. Il était rare que les soldats puissent approcher une pompe. Ils devaient étancher leur soif, exacerbée par la fumée et la poussière, avec l'eau des canaux. L'épuisement et les tirs constants de l'artillerie ennemie occasionnaient de plus en plus de cas de dépression nerveuse. Le nombre des blessés dans l'abri de l'Anhalter s'était tellement accru que des jeunes femmes avaient improvisé un drapeau à croix rouge à l'aide d'un drap et de bâtons de rouge à lèvres. Mais cela ne servit à rien. Même si les observateurs d'artillerie soviétiques avaient pu distinguer l'emblème de la Croix-Rouge à travers la fumée et la poussière s'élevant des maisons détruites, ils n'auraient aucunement fait modifier le tir de leurs batteries. Pour eux, un bunker était un bunker. Et qu'il contînt ou non des civils ne leur importait pas. Le nombre de ces civils, toutefois, avait diminué. Durant la nuit du 27 avril, des femmes et des enfants s'étaient échappés par les tunnels de l'U-Bahn et du S-Bahn. Les troupes de la 5e Armée de choc et de la 8e Armée de la Garde étaient littéralement à la porte.

La 5e Armée de choc, avançant de l'est sur la rive nord du canal de la Landwehr, avait repoussé de la Belle-Alliance-Platz les restes de la *Nordland* et de la *Müncheberg* et poursuivait sa progression vers la gare d'Anhalter. La 61e Division d'infanterie et la 28e Armée convergeaient également vers elle en venant de directions différentes.

Puis la 5e Armée de choc se retrouva avec la 8e Armée de la Garde attaquant du sud et franchissant le canal pour se catapulter avec son flanc gauche. Le colonel Antonov, commandant la 301e Division d'infanterie, alerta immédiatement son supérieur direct, le général Rosly. Tous deux prirent une jeep pour aller voir comment ils pourraient démêler la situation. « Rosly, qui est habituellement très calme, écrivit Antonov, paraissait inquiet. Il réfléchit un moment et me dit : “ Comment diable pouvons-nous leur faire repasser le canal de la Landwehr ? Ne laissez pas votre dispositif se mêler à celui des Gardes. Continuez à avancer le long de la Wilhelmstrasse et de la Saarlandstrasse. Donnez l'assaut au siège de la Gestapo, au ministère de l'Air et à la Chancellerie du Reich ” »[1]. Antonov ne perdit pas de temps, mais il fallut près de trente heures à l'état-major de Joukov pour démêler les choses et établir de nouvelles limites entre les secteurs d'action des différentes armées. La majorité des troupes de Koniev ne tardèrent d'ailleurs pas à être retirées de Berlin – « comme on arrache un clou », disaient leurs hommes, amers et frustrés – et détournées vers Prague.

Le 28 avril également, les forces de la 3e Armée de choc, venant des quartiers nord, arrivèrent en vue de la colonne de Siegessaüle, dans le Tiergarten. Les soldats de l'Armée rouge l'avaient surnommée « la grande femme », en raison de la statue qui la surmontait et représentait une victoire ailée. Les défenseurs allemands ne disposaient que d'une étendue de terrain de moins de cinq kilomètres de largeur et quinze kilomètres de longueur. Elle allait de l'Alexanderplatz à l'est jusqu'à Charlottenbourg et au Reichssportfeld à l'ouest. Là, les détachements de Jeunesse Hitlérienne d'Artur Axmann défendaient désespérément les ponts sur l'Havel. Du sommet de la tour de DCA du Zoo, le colonel Wöhlermann, qui commandait l'artillerie du général Weidling, regardait avec horreur autour de lui. « On avait, devait-il déclarer, une vue panoramique de cette grande ville brûlant et se consumant au milieu de la fumée, une scène qui vous ébranlait jusqu'au fond de vous-même. » Et cependant, le général Krebs continuait à afficher, comme Hitler, la conviction que l'armée de Wenck était sur le point d'arriver du sud-ouest.

Afin d'entretenir la résistance, Bormann, comme Goebbels et Ribbentrop, répandait la légende d'un accord imminent avec les Alliés occidentaux. « Tenez bon, combattez fanatiquement, déclarait-il dans un message adressé aux Gauleiters durant la matinée du 26 avril. Nous ne renonçons pas. Nous ne nous rendons pas. Nous sentons venir des événements en politique internationale »[2]. Le mensonge n'allait pas tarder à être dévoilé par la réaction d'Hitler et de Goebbels aux tentatives d'ouvertures d'Himmler envers les Occidentaux.

Truman et Churchill avaient immédiatement informé le Kremlin de la démarche effectuée par le truchement du comte Bernadotte. « Je considère, avait fait savoir Staline à Truman le 26 avril, votre projet de réponse à Himmler… comme absolument correct »[3].

Nul, dans le bunker de la Chancellerie, n'avait la moindre idée de ce qui se passait, mais Bormann avait, de toute évidence, l'impression qu'il y avait de la trahison dans l'air. Le soir du vendredi 27 avril, il écrivit dans son journal : « Himmler et Jodl bloquent les divisions que nous envoyons. Nous, nous combattrons et nous mourrons avec notre Führer, auquel nous resterons fidèles jusqu'à la tombe. Beaucoup s'apprêtent à agir pour “des motifs plus élevés”. Ils sacrifient le Führer. Pouah ! Quels porcs ! Ils ont perdu tout honneur. Notre Chancellerie du Reich est transformée en un amas de ruines. Le monde est maintenant suspendu à un fil. Les Alliés exigent notre reddition sans conditions. Cela reviendrait à une trahison de la Patrie. Fegelein s'est déshonoré. Il a tenté de s'enfuir de Berlin en civil »[4]. Bormann se montrait prompt à condamner celui qui avait été l'un de ses plus proches compagnons.

Hitler s'était brusquement avisé de l'absence d'Hermann Fegelein à la conférence du début de l'après-midi. Bormann connaissait l'existence de l'appartement de Charlottenbourg où Fegelein recevait habituellement ses maîtresses. Un groupe d'hommes de la Gestapo y avait été envoyé et avait trouvé Fegelein, apparemment ivre, avec une compagne. Ses valises, contenant argent, bijoux et faux passeports, étaient déjà prêtes. Il avait insisté pour téléphoner au bunker et avait demandé à parler à Eva Braun, mais celle-ci, ulcérée que son beau-frère ait, lui aussi, tenté d'abandonner le Führer, s'était refusée à intervenir. Et lorsqu'il tenta de lui affirmer qu'il avait seulement tenté de rejoindre Gretl, qui était sur le point d'accoucher, elle ne le crut pas. Fegelein fut arrêté et ramené sous bonne escorte pour être mis sous clé dans les caves de la Chancellerie.

Le 28 avril, au milieu de l'après-midi, on rapporta à Hitler une information diffusée par la radio de Stockholm selon laquelle

Himmler serait entré en contact avec les Alliés. L'idée que *« der treue Heinrich »* puisse jouer un tel jeu pouvait paraître, de prime abord, ridicule au Führer, mais celui-ci avait commencé à tenir les SS en quelque suspicion depuis ce qu'il considérait comme la défection de Steiner. Il téléphona à Dönitz, qui parla à Himmler. Le Reichsführer SS nia tout en bloc. Mais, dans la soirée, Lorenz, l'attaché de presse d'Hitler, apporta à celui-ci une dépêche de Reuter confirmant l'histoire. Alors, tous les ressentiments et les soupçons du Führer se donnèrent libre cours. Hitler était blanc de colère. Fegelein fut interrogé, apparemment par le Gruppenführer Müller, le chef de la Gestapo. Il avoua avoir eu connaissance de la démarche d'Himmler auprès du comte Bernadotte. Freytag von Loringhoven vit Fegelein remonter, la mine abattue, sous bonne garde. Ses insignes de grade et ses décorations avaient été arrachés de son uniforme. Il fut exécuté dans les jardins de la Chancellerie.

Hitler, ensuite, se rendit tout droit à la chambre où Ritter von Greim, qu'il venait de nommer Marschall de la Luftwaffe, soignait sa jambe blessée. Il lui donna l'ordre de quitter Berlin par avion pour aller organiser des attaques aériennes contre les chars soviétiques qui avaient atteint la Potsdamer Platz et aussi pour s'assurer que Himmler ne reste pas impuni. « Un traître ne doit en aucun cas me succéder comme Führer ! clama-t-il à Greim. Vous veillerez à ce qu'il ne le fasse pas ! »

On ne perdit pas une minute. On appela Hanna Reitsch, qui aida Greim à monter sur ses béquilles l'escalier de béton. Un véhicule blindé les attendait en haut pour les conduire à un avion d'entraînement Arado 96 prêt à décoller à proximité de la Porte de Brandebourg. Des soldats soviétiques de la 3e Armée de choc, qui venaient juste de parvenir dans le Tiergarten, virent avec stupéfaction l'appareil prendre l'air sous leurs yeux. Leur crainte immédiate, lorsqu'ils eurent repris leurs esprits, fut d'avoir laissé échapper Hitler. Mais les tirs un peu tardifs de mitrailleuses et de canons antiaériens ne parvinrent pas à toucher l'Arado. Ritter von Greim et Hanna Reitsch s'échappèrent.

Mais, dans le Führerbunker, on n'était pas encore au bout des surprises et des rebondissements. Adolf Hitler avait décidé d'épouser la belle-sœur de l'homme qu'il venait de faire exécuter. Goebbels lui amena dans son petit salon privé un fonctionnaire de la municipalité de Berlin, Herr Walter Wagner, qui avait qualité pour présider à un mariage civil. Wagner, sidéré et un peu effrayé par la responsabilité qui lui incombait soudain, avait été requis d'urgence alors qu'il montait la garde et portait encore son uniforme marron du Parti nazi, avec un brassard de la Volkssturm.

Hitler avait sa tenue habituelle et Eva Braun arborait une robe longue en taffetas noir dont le Führer lui avait souvent fait compliment.

Très nerveux, Wagner dut d'abord demander, comme l'exigeait la loi, si Herr Hitler et Fraülein Braun étaient d'ascendance purement aryenne et exempts de maladies héréditaires. Les formalités, ensuite, ne prirent pas plus de quelques minutes. Puis on signa le registre, avec Goebbels et Bormann comme témoins. Eva Braun commença à écrire son nom habituel, puis s'interrompit, raya le « B » et signa « Eva Hitler, née Braun ». La signature d'Hitler était totalement illisible, tant sa main tremblait.

Les nouveaux mariés se rendirent dans la salle de conférence, où généraux et secrétaires leur présentèrent leurs félicitations. Puis ils regagnèrent le petit salon pour un petit déjeuner spécial accompagné de champagne. Eva insista beaucoup pour que ceux qui les servaient l'appellent « Frau Hitler ». Elle avait été finalement récompensée de sa loyauté dans un monde où la trahison était partout. Le couple fut rejoint un peu plus tard par Martin Bormann, Goebbels, sa femme Magda et les deux secrétaires restées dans le bunker, Gerda Christian et Traudl Junge. Hitler emmena cette dernière dans une pièce voisine pour lui dicter ses testaments politique et personnel. Pour le premier, Traudl Junge avait du mal à dissimuler son excitation, s'attendant à entendre enfin une explication définitive de la tragique aventure que tous étaient en train de vivre. Mais elle n'eut droit qu'à l'habituel flot de clichés et de récriminations. Hitler disait n'avoir voulu la guerre, mais y avoir été contraint par les milieux juifs internationaux. Cette guerre, ajoutait-il, « en dépit de tous les revers descendra un jour dans l'histoire comme la plus glorieuse et héroïque manifestation de la volonté de vivre d'un peuple ».

Le grand amiral Dönitz, commandant en chef de la Kriegsmarine, était nommé Président du Reich. Hitler considérait que l'Armée, la Luftwaffe et la SS l'avaient, à des degrés divers, abandonné. Le loyal Dönitz – le « Jeune Hitlérien Quex » – devait donc prendre le pas sur tous les intrigants. Cependant, Goebbels devenait Chancelier du Reich, et « mon plus fidèle camarade du Parti, Martin Bormann », Chancelier du Parti et exécuteur du testament privé. De toute évidence, Hitler entendait poursuivre, par-delà la tombe, sa politique de « diviser pour régner ». La nomination la plus étrange était peut-être celle du Gauleiter Karl Hanke comme Reichsführer SS à la place d'Himmler. Hanke, qui avait été l'amant de Magda Goebbels avant la guerre, se trouvait toujours bloqué dans Breslau, où il poursuivait une résistance suicidaire.

Goebbels rédigea lui aussi son testament. Il y déclarait estimer de son devoir, « dans le délire de trahison qui entoure le Führer en ces jours extrêmement critiques de la guerre », de rejeter l'ordre d'Hitler de quitter Berlin et de « rester avec lui inconditionnellement jusqu'à la mort ». L'une des copies du testament d'Hitler fut portée par un officier de confiance au maréchal Schörner, le nouveau commandant en chef de l'Armée. La lettre d'accompagnement du général Burgdorf confirmait que « la dévastatrice nouvelle de la trahison d'Himmler » avait constitué « le coup ultime » pour Hitler.

Si les modestes festivités ayant suivi la cérémonie de mariage étaient restées fort sages au fond du Führerbunker, les choses avaient été fort différentes plus près de la surface. Lorsque vers quatre heures du matin, le dimanche 29 avril, Traudl Junge eut terminé ses divers travaux de dactylographie, elle monta chercher de quoi nourrir les enfants Goebbels, et les scènes qu'elle découvrit, à toute proximité de l'hôpital souterrain de la Chancellerie où gisaient et souffraient les blessés, la choquèrent profondément. « Une fièvre érotique semblait avoir pris possession de tous, écrivit-elle. Partout, même sur le fauteuil du dentiste, je vis des corps emmêlés en des étreintes lascives. Les femmes avaient renoncé à toute pudeur et exhibaient librement leurs parties sexuelles. »

Des officiers SS, qui étaient partis explorer les rues et les caves à la recherche de déserteurs, avaient ramené à la Chancellerie des jeunes femmes affamées en leur promettant des fêtes effrénées et d'inépuisables réserves d'aliments de choix et de champagne.

Pour les Berlinois ordinaires, la réalité devenait de plus en plus terrible d'heure en heure. Dans son journal, une jeune femme anonyme racontait ainsi l'arrivée dans sa rue, le 28 avril, des troupes soviétiques. « J'avais l'estomac crispé, écrivait-elle. Cela me rappelait l'impression que je connaissais quand j'étais à l'école et qu'il me fallait affronter un examen de maths – une pénible nervosité et l'envie que tout soit déjà fini. » D'un étage supérieur, elle vit une colonne de charrettes de ravitaillement tirées par des chevaux, avec, parfois, des poulains folâtrant auprès de leurs mères. Toute la rue commençait à sentir le crottin de cheval. Une cuisine roulante avait été installée dans un garage en face de la maison. Il n'y avait aucun civil allemand en vue. Les « Ivans » apprenaient à monter sur des bicyclettes qu'ils avaient trouvées aux alentours. Cette vision rassura la jeune femme. Elle trouva qu'ils avaient l'air de grands enfants.

Lorsqu'elle finit par s'aventurer à l'extérieur, la première question qu'on lui posa fut : « Est-ce que vous avez un mari ? » Elle parlait un peu russe et fut capable de soutenir une conversation rudimentaire. Mais quand elle vit les soldats échanger des regards entre eux, elle commença à avoir peur. Un soldat qui empestait l'alcool la suivit lorsqu'elle battit en retraite vers une cave. Là, les autres femmes se figèrent sur place lorsque le Soviétique les passa en revue en titubant, leur éclairant le visage au passage de sa torche électrique. La jeune femme, qu'il suivait toujours, parvint finalement à s'enfuir dans la rue. D'autres soldats descendirent dans la cave et dépouillèrent les occupants de leurs montres, mais il n'y eut pas d'actes de violence à ce moment.

Il en fut différemment, toutefois, dans la soirée, où, ayant mangé et bu, les soldats soviétiques se mirent en quête de femmes. La jeune femme au journal fut saisie dans le noir par trois soldats qui entreprirent de la violer tour à tour. Quand le deuxième commença à la forcer, il fut interrompu brièvement par l'arrivée de trois autres soldats, dont une femme. Mais tous trois se mirent à regarder la scène en riant, y compris la femme.

De retour dans sa chambre, la jeune Berlinoise empila tous les meubles qu'elle put derrière sa porte et se mit au lit. Comme, probablement, toutes ses semblables, elle trouva que le manque d'eau courante était ce qu'il y avait de plus pénible, tant elle aurait au moins voulu se laver après ce qui lui était arrivé.

Elle était couchée depuis peu quand sa barricade improvisée fut brutalement écartée. Un groupe de soldats se rua dans l'appartement. Ils commencèrent par aller manger et boire dans la cuisine. Un géant nommé Petka intercepta la jeune femme au moment où elle tentait de s'esquiver. Elle le supplia, si elle se soumettait à lui, de ne pas laisser les autres la violer aussi. Il accepta et passa la nuit chez elle. Au petit matin, il lui serra la main en lui écrasant presque les doigts, lui dit qu'il allait prendre son service et qu'il serait de retour le soir à sept heures.

Beaucoup d'autres femmes acceptèrent de « céder » à un soldat dans l'espoir que cela leur éviterait le viol collectif. Magda Wieland, une actrice de vingt-quatre ans, jugea l'arrivée des troupes russes dans la Giesebrechtstrasse, juste à côté de la Kürfurstendamm, « le moment le plus effrayant de toute la guerre ». Quand les soldats firent irruption chez elle, elle se cacha dans une énorme armoire d'acajou ouvragé, mais un très jeune fantassin originaire d'Asie centrale l'en tira de force. Il était si excité par cette jolie blonde qu'il connut une éjaculation prématurée. S'exprimant par signes, elle lui offrit de devenir sa compagne attitrée s'il la protégeait des autres militaires soviétiques. Il en fut visiblement enchanté, mais, pendant qu'il allait se vanter de sa conquête auprès de ses camarades, un autre soldat survint dans l'appartement de la jeune actrice et la viola brutalement.

Ellen Goetz, une amie juive de Magda, s'étant réfugiée dans une cave après s'être évadée de la prison de Lehrter Strasse à la faveur d'un bombardement, fut traînée hors de son abri et violée sur place. Quand d'autres Allemands tentèrent d'expliquer aux Russes qu'elle était juive et avait été persécutée par les nazis, ils s'entendirent simplement répondre : *« Frau ist Frau. »*

Giesebrechtstrasse était une rue qui avait les occupants les plus divers. Hans Gensecke, un journaliste bien connu ayant eu de graves ennuis pour avoir caché des juifs, habitait également au numéro 10. Et, au troisième étage du même immeuble, la maîtresse attitrée de Kaltenbrunner occupait un somptueux appartement, plein de tapisseries, de soieries et de dorures. À côté, au numéro 11, se trouvait le « Salon Kitty », le bordel de luxe réservé par les nazis aux *Prominenten.* L'établissement, qui proposait aux visiteurs seize jeunes et ravissantes prostituées, avait été pratiquement réquisitionné au début de la guerre par Reinhard Heydrich et Walter Schellenberg pour permettre au service de renseignement SS d'espionner tout à loisir les hautes personnalités, officiers supérieurs de la Wehrmacht et diplomates étrangers qui venaient s'y « détendre ». Cela permettait souvent, ensuite, de les faire chanter. Toutes les chambres étaient munies de discrets dispositifs d'écoute qui firent, peu après la prise de Berlin, l'objet d'une étude attentif de la part du NKVD. Dans la rue avait également vécu, jusqu'à son arrestation et son exécution pour sa participation au complot de juillet 1944, le général Paul von Hase, gouverneur militaire de Berlin.

Les civils berlinois se trouvaient pris entre les SS et les membres de la Jeunesse Hitlérienne ouvrant le feu sur toute maison arborant un drapeau blanc et des vainqueurs assoiffés de vengeance.

Même les communistes allemands n'étaient pas épargnés. À Wedding, qui avait été un bastion de l'extrême gauche jusqu'en 1933, des habitants de la Jülicherstrasse vinrent trouver les officiers soviétiques devenus responsables de leur secteur en brandissant les cartes du Parti qu'ils avaient dissimulées durant douze ans. Ils proposèrent leurs femmes et leurs filles pour faire la lessive et les cuisines des vainqueurs, mais, selon un prisonnier de guerre français, toutes furent violées « le soir même ».

Tandis que les occupants du Führerbunker se préoccupaient des chars T-34 et Staline remontant la Wilhelmstrasse à partir de la

Potsdamer Platz, les regards des Soviétiques étaient braqués vers le nord. La 3e Armée de choc, avançant à travers le quartier de Moabit, juste au nord-est de la Spree, se préparait à une attaque en direction du Reichstag.

Le général Chatilov, commandant la 150e Division d'infanterie, pensait que Goebbels lui-même présidait à la défense de la célèbre prison de Moabit, et qu'il allait être possible de le prendre vivant. Il décrivit la prison de Moabit comme « nous regardant malignement par ses étroits soupiraux ». Il était frappant de constater à quel point les Russes voyaient le mal omniprésent en Allemagne, qu'il s'agisse des immeubles de Berlin ou même simplement des arbres dans les forêts. En fait, la prison de Moabit ne semblait pas un obstacle si difficile à vaincre. Un canon lourd fut mis en batterie, mais une intense fusillade se déclencha. Le premier chef de pièce fut tué, puis le deuxième, mais, finalement, une brèche fut ouverte dans la muraille.

Des groupes d'assaut se précipitèrent, et la garnison allemande se rendit très rapidement. Tout Allemand qui sortait, les bras levés, était examiné de près pour le cas où il se serait agi de Goebbels déguisé en soldat. Les portes des cellules furent ouvertes l'une après l'autre, et les prisonniers sortirent, clignant des yeux dans le soleil.

D'autres objectifs se révélèrent beaucoup plus coûteux en vies humaines dans cette ville où la fumée et les odeurs de cordite ne cessaient d'envahir les rues. « Quel terrible prix nous payons pour chaque pas vers la victoire », écrivait le rédacteur en chef du journal militaire *Voin Rodiny*, après une visite à Berlin. Il fut tué peu après par l'explosion d'un obus. Des morts survenant si près du terme d'une guerre aussi longue et féroce semblent toujours doublement cruelles.

Il en fut particulièrement ainsi pour le trépas d'un jeune chef de section soviétique aimé et admiré de ses hommes, Mikhaïl Chmonine. « Suivez-moi ! » avait-il crié à son sous-officier adjoint en se mettant à courir vers un immeuble. Il avait à peine eu le temps de tirer trois coups de feu lorsqu'un obus de gros calibre, presque certainement soviétique, vint frapper le mur juste en face de lui. Une partie de la maison s'effondra et le jeune lieutenant fut enterré sous les décombres.

Dans les combats de rue, l'Armée rouge tendait à s'en remettre de plus en plus aux obusiers lourds de 152 mm et 203 mm tirant pratiquement à la hausse zéro pour frayer un chemin aux groupes d'assaut. Mais ce que les soldats soviétiques s'efforçaient d'éviter au maximum, comme terrains de combats, c'étaient les tunnels de métro et les bunkers, dont il y avait plus d'un millier dans l'agglomération berlinoise. Ils se montraient aussi extrêmement prudents à l'égard des abris antiaériens civils, persuadés que des soldats allemands y étaient cachés, prêts à les attaquer. En conséquence, ils en arrivaient à bloquer les accès de tous les abris qu'ils atteignaient ou dépassaient. Les civils qui tentaient d'en émerger risquaient fort d'être abattus.

Du côté allemand, en revanche, on racontait que des T-34 empruntaient les tunnels de métro pour émerger derrière les lignes adverses, mais cela ressortissait vraisemblablement à la légende. Le seul cas connu d'un char empruntant une ligne de métro fut celui d'un T-34 dont le malheureux conducteur n'avait pas vu l'entrée de la station de l'Alexanderplatz et avait dévalé les escaliers.

Huit cents mètres seulement séparaient la prison de Moabit du pont Moltke, sur la Spree. Et encore six cents mètres plus loin se dressait le Reichstag, qu'on apercevait de temps à autre quand la fumée se dissipait un peu. Pour les hommes des 150e et 171e Divisions d'infanterie soviétiques, l'édifice convoité semblait maintenant proche, mais ils n'avaient pas d'illusions sur les dangers qui les attendaient avant de pouvoir y parvenir. Ils savaient que beaucoup d'entre eux périraient avant d'avoir pu hisser leurs drapeaux rouges sur la construction choisie par Staline comme symbole de Berlin. Et leurs chefs, pour complaire au maître du Kremlin, voulaient que la prise du Reichstag ait lieu à temps pour être annoncée lors des cérémonies du 1er mai à Moscou.

La progression vers le pont Moltke commença dans l'après-midi du 28 avril. Les bataillons de tête des deux divisions adoptèrent la même ligne de départ, ce qui venait encore souligner le caractère de compétition de l'entreprise. Le pont Moltke était barricadé des deux côtés. Il était miné, protégé par des réseaux de barbelés et couvert par des canons et des mitrailleuses sur les deux flancs. En fin d'après-midi, peu avant dix-huit heures, retentit une explosion assourdissante. Les Allemands venaient de faire sauter le pont. Quand la fumée se fut dissipée et la poussière eut retombé, il devint évident que la démolition n'avait pas été totale. Le pont était très endommagé mais certainement praticable pour l'infanterie.

Le capitaine Neustroïev, commandant l'un des bataillons de pointe, ordonna au sergent Piatnitsky d'aller faire une reconnaissance avec sa section. Piatnitsky et ses hommes traversèrent en courant l'espace découvert les séparant du pont et parvinrent à s'abriter derrière la première barricade construite à l'origine par les

Allemands. Neustroïev demanda alors, avant de tenter la traversée, un appui d'artillerie. Les artilleurs mirent, semble-t-il, un assez long moment à s'organiser, mais, comme le jour commençait à tomber, la canonnade commença. Elle neutralisa les positions de tir allemandes, et les fantassins soviétiques franchirent le pont pour aller s'attaquer aux grands immeubles de la Kronprinzenufer et de la Moltkestrasse. À minuit, alors même qu'Hitler épousait Eva Braun, ils s'établissaient solidement de l'autre côté du pont. Durant le reste de la nuit, le gros des 150e et 171e Divisions d'infanterie traversait la Spree.

La 150e Division entreprit ensuite de donner l'assaut au ministère de l'Intérieur – surnommé « la Maison d'Himmler » – sur le côté sud de la Moltkestrasse. Les portes et les fenêtres en avaient été bétonnées, avec des meurtrières pour seules ouvertures. L'assaut se révéla difficile pour les soldats soviétiques. Comme on ne pouvait mettre en place des batteries d'artillerie ou de Katioucha, des sapeurs improvisèrent des lance-fusées individuels à l'aide de fragments de rails de chemin de fer. Mais, en cette matinée du 29 avril, ce furent surtout les pistolets-mitrailleurs et les grenades qui demeurèrent les instruments de base du combat.

Bien que craignant de mourir dans les derniers jours de la bataille, les soldats de l'Armée rouge voulaient aussi impressionner leurs proches et leurs compatriotes. Conquérants de Berlin, ils se voyaient déjà faisant figure de citoyens d'élite dans l'Union soviétique de l'après-guerre. « Salut du Front ! écrivait à sa famille Vladimir Borisovitch Pereverzev ce 29 avril. Jusqu'ici, je suis vivant et en bonne santé. Je suis un peu ivre tout le temps, mais c'est nécessaire pour se redonner courage. Une dose raisonnable de cognac trois étoiles ne peut pas faire de mal. Naturellement, nous punissons ceux qui ne savent pas ce qu'ils peuvent supporter. Nous resserrons notre étreinte sur le centre de la ville. Je suis juste à cinq cents mètres du Reichstag. Nous avons déjà traversé la Spree, et dans quelques jours, les Fritz et les Hans seront kaputt. Ils continuent à écrire sur les murs *"Berlin bleibt deutsch"*, mais ce que nous disons, nous, c'est *"Alles deutsch kaputt"*. Et c'est ce qui va arriver. Je voulais vous envoyer une photo qu'on a prise de moi, mais nous n'avons pas eu l'occasion de la faire développer. C'est dommage, car la photo serait très intéressante à voir : un pistolet-mitrailleur sur mon épaule, un Mauser passé dans ma ceinture, des grenades à mes côtés. J'ai largement de quoi m'occuper des Allemands. Pour tout résumer, nous serons dans le Reichstag demain. Je ne peux pas envoyer de colis. Je n'ai pas le temps. Et nous, les troupes de première ligne, nous avons d'autres choses à faire. Vous m'écrivez qu'une partie du plafond de la cuisine est tombée, mais ce n'est rien ! Un immeuble de six étages s'est effondré sur nous, et nous avons dû dégager nos gars des décombres. C'est comme cela que nous vivons et que nous battons les Allemands. Voilà, en bref, les nouvelles. » Pereverzev fut grièvement blessé peu après avoir terminé cette lettre. Il mourut le jour où la victoire était annoncée.

« Dimanche, 29 avril, écrivit, de son côté, Martin Bormann dans son journal. Le deuxième jour a commencé par un ouragan de feu. Durant la nuit du 28 au 29 avril, la presse étrangère a parlé de l'offre de capitulation d'Himmler. Mariage d'Hitler et d'Eva Braun. Führer dicte ses testaments politique et privé. Traîtres Jodl, Himmler et les généraux nous abandonnent aux bolcheviks. De nouveau ouragan de feu. D'après les informations de l'ennemi, les Américains sont entrés dans Munich »[5].

Hitler, malgré ses alternances d'optimisme et de pessimisme, avait fini par comprendre que tout était perdu. Sa liaison par radiotéléphone avait été définitivement rompue lorsque le dernier ballon porteur de l'antenne avait été abattu au-dessus du Führerbunker. À la suite de quoi, les stations d'écoute de l'Armée rouge purent intercepter, ce jour-là, les messages partis du bunker. Bormann et Krebs signèrent conjointement une adresse à tous les chefs militaires : « Le Führer attend une inébranlable loyauté de la part de Schörner, de Wenck et des autres. Il compte aussi que Schörner et Wenck viennent le sauver et sauver Berlin »[6]. Le maréchal Schörner répondit que ses « arrières étaient complètement désorganisés », ajoutant : « La population civile rend les opérations difficiles. » Finalement, le général Wenck expliqua qu'il n'y avait pas de miracles à attendre de la Douzième Armée. « Les troupes, précisa-t-il, ont subi de lourdes pertes et nous manquons terriblement d'armes. »

Dans le Führerbunker, même les fidèles finissaient par se rendre compte que plus Hitler tarderait à se suicider, plus il y aurait de morts. Après les lamentables échecs d'Himmler et de Göring, nul ne pourrait envisager un cessez-le-feu tant que le Führer serait vivant. Et s'il attendait pour se supprimer que les Russes soient aux portes de la Chancellerie, personne ne sortirait vivant du bunker.

Freytag von Loringhoven ne tenait nullement à mourir dans un tel cadre et en une telle compagnie. Après le départ des trois messagers chargés d'acheminer les copies du testament d'Hitler, l'idée lui vint que, les communications étant rompues, le capitaine Boldt et lui-même pourraient demander l'autorisation d'aller rejoindre les troupes combattant à l'extérieur de la ville. « Herr General, dit-il au général Krebs, je ne veux pas mourir comme un rat ici. J'aimerais retourner me joindre aux combattants. » Krebs se montra d'abord réticent. Puis il consulta le général Burgdorf, et celui-ci déclara que tout officier d'état-major restant dans le bunker devrait être autorisé à en partir, et que son propre aide de camp, le lieutenant-colonel Weiss, devrait accompagner Freytag von Loringhoven et Boldt.

La question fut soumise à Hitler lors de la conférence de l'après-midi. « Comment allez-vous sortir de Berlin ? » demanda-t-il. Freytag von Loringhoven lui expliqua qu'ils sortiraient des caves de la Chancellerie et traverseraient Berlin jusqu'à l'Havel, où ils trouveraient un bateau. Hitler parut tout à fait séduit par ce projet, précisant même : « Vous devez trouver un bateau à moteur électrique, car cela ne fait aucun bruit et, ainsi, vous pourrez traverser les lignes russes. » Craignant l'obsession du détail d'Hitler, Freytag von Loringhoven se hâta de convenir que c'était effectivement la meilleure méthode, ajoutant seulement qu'en cas d'absolue nécessité, on pourrait se rabattre sur un autre genre d'embarcation. Hitler, soudain épuisé, serra mollement la main des trois officiers et les invita à prendre congé.

Les Soviétiques, comme ne le savaient que trop bien les hommes de la Division *Nordland*, étaient déjà tout près de la Chancellerie. La veille, trois chars T-34 avaient remonté la Wilhelmstrasse jusqu'à la station d'U-Bahn, où ils étaient tombés dans une embuscade montée par un détachement de SS français armés de Panzerfaust.

La 301e Division d'infanterie du colonel Antonov commença sérieusement son offensive à l'aube du 29 avril. Deux de ses régiments attaquèrent le quartier général de la Gestapo, dans la Prinz-Albrecht-Strasse, bâtiment qui avait déjà été gravement endommagé au cours d'un bombardement aérien le 3 février. Selon la méthode devenue habituelle, des obusiers de 203 mm furent d'abord chargés d'ouvrir une brèche à courte portée. Deux bataillons se précipitèrent ensuite à l'assaut et hissèrent un drapeau rouge sur l'immeuble. Mais ce que les comptes rendus soviétiques omettent de préciser, c'est qu'une furieuse contre-attaque de Waffen SS contraignit, le soir même, les soldats russes à se replier avec de lourdes pertes. Les Soviétiques ignoraient, de prime abord, s'il y avait encore des prisonniers vivants au siège de la Gestapo. En fait, il en restait sept, spécialement épargnés lors du massacre qui avait eu lieu dans la nuit du 23 avril.

La *Nordland*, maintenant placée sous l'autorité nominale de Mohnke à la Chancellerie, était inondée de messages se voulant encourageants sur la progression de l'armée de Wenck et les négociations avec les Alliés occidentaux. En attendant, les seuls renforts qu'avait reçus Krukenberg consistaient en une centaine de policiers en fin de carrière. Ses hommes, de toute manière, étaient trop épuisés pour prêter la moindre attention aux messages de la Chancellerie. Ils étaient même trop épuisés pour parler. Ils avaient les traits creusés et l'expression vide. On ne pouvait plus les réveiller qu'en les secouant vigoureusement. S'en aller combattre les chars, écrivit plus tard l'un d'eux, était devenu « une descente aux enfers ».

Les groupes français de « chasseurs de chars » avaient joué un rôle particulièrement efficace. Ils avaient à leur crédit la moitié des 108 chars soviétiques détruits dans le secteur. Selon Henri Fenet, leur chef de bataillon, l'un des virtuoses du genre était un garçon de dix-sept ans nommé Roger et originaire de Saint-Nazaire, qui partait seul avec ses Panzerfaust comme un chasseur avec son fusil.

Le bilan individuel le plus élevé avait toutefois été atteint par l'Unterscharfführer Eugène Vaulot, un plombier de vingt ans surnommé « Gégène », avec huit chars. Il en avait mis à mal deux à Neukölln et détruit six autres en moins de vingt-quatre heures. Dans l'après-midi du 29 avril, Krukenberg le convoqua dans le wagon de métro qui lui tenait lieu de quartier général, pour, « à la lueur de morceaux de bougie qui crachotaient », le décorer de l'une des deux dernières Croix de chevalier de la Croix de fer à être attribuées. L'autre fut remise au major Herzig, commandant le 503e Bataillon SS de blindés lourds. Fenet et l'Oberjunker Apollot furent également décorés pour avoir détruit cinq chars chacun. Un Obersturmführer scandinave de la *Nordland* apporta trois bouteilles de vin français « récupérées » pour boire à leur santé.

Fenet, qui avait été blessé au pied, devait expliquer ultérieurement que ces Waffen SS étrangers continuaient à combattre avec une seule idée en tête : « Le Russe ne doit pas passer. » Pour lui, ce n'était pas le moment de « faire de la philosophie ». Protopopov, un ancien officier de la Garde blanche ayant combattu durant la guerre civile russe et rejoint les SS français, pensait également que le geste était plus important que le fait. Mais ensuite, bien des survivants de cette épreuve en firent un exemple et un symbole de la lutte antibolchevique.

Immédiatement à l'ouest des combats qui se poursuivaient autour de la Wilhelmstrasse, la 8e Armée de la Garde s'employait à franchir le canal de la Landwehr pour atteindre le Tiergarten. Certains soldats le firent à la nage et d'autres utilisèrent les embarcations sur lesquelles ils pouvaient mettre la main, protégés par des tirs d'artillerie et des écrans de fumée. Un groupe emprunta les égouts pour aller attaquer les Allemands sur leurs arrières.

Au pont Potsdamer, les Soviétiques eurent recours à une ruse. Des chiffons imbibés d'essence et des pots fumigènes furent attachés sur un char et mis à feu lorsque celui-ci aborda le pont. Les canons antichars allemands et un char Tigre enterré cessèrent de tirer, les servants des pièces pensant le blindé soviétique touché et en flammes. Quand ils eurent compris leur erreur, il était trop tard. Le T-34 les mitraillait presque à bout portant et d'autres chars soviétiques l'avaient suivi.

Au début de l'après-midi, trois civils allemands émergèrent avec un drapeau blanc d'un ensemble d'abris antiaériens installé sur trois étages. Ils demandèrent si les non-combattants pouvaient sortir. Un officier politique, le major Koukharev, accompagné d'un interprète et de dix soldats armés de pistolets-mitrailleurs, s'avança pour négocier. Les trois civils le conduisirent à l'entrée du tunnel menant aux abris, et trois officiers allemands apparurent. Ils proposèrent à Koukharev de lui bander les yeux pour négocier à l'intérieur du tunnel, mais l'officier soviétique insista pour que tout se déroule à l'extérieur. On convint finalement que les 1 500 civils se trouvant dans les abris seraient autorisés à sortir librement. Puis, après leur départ, l'un des officiers allemands, un capitaine, annonça que les hommes de la Wehrmacht restant à l'intérieur devaient obéir à l'ordre du Führer de résister jusqu'au bout. Sur quoi, il se retourna pour regagner le tunnel. « Mais, précisa ensuite le rapport soviétique, le camarade Koukharev n'était pas si naïf. Cet officier politique plein d'initiative prit un petit pistolet qu'il avait dissimulé dans sa manche et tua le capitaine et les deux autres officiers ». Les soldats qui l'accompagnaient se précipitèrent alors dans les abris, et les Allemands se rendirent. Beaucoup d'entre eux étaient de très jeunes élèves-officiers.

Pendant ce temps, dans le Bendlerblock, le général Weidling, sachant que la fin était proche, convoquait ses commandants de division. Il leur dit que la dernière communication radio avec le général Reymann à Potsdam remontait à la veille, qu'une partie de la Douzième Armée du général Wenck était parvenue jusqu'à Ferch, mais que personne ne savait où en était la situation. Il comptait essayer de percer vers l'ouest, et l'heure H était fixée à 22 heures le lendemain.

24

FUHRERDÄMMERUNG

L'assaut contre le Reichstag était prévu pour le 30 avril à l'aube. Ainsi qu'on l'a vu, les chefs militaires soviétiques tenaient à toutes forces à le prendre à temps pour la parade du 1er mai à Moscou. Mais, à ce moment, la pression en ce sens venait de la hiérarchie plus que de Staline lui-même. Celui-ci, de façon caractéristique, s'était considérablement détendu depuis que la capitale allemande avait été entièrement encerclée par ses troupes, prévenant toute intrusion américaine. Néanmoins, le Reichstag demeurait le symbole choisi pour marquer la victoire sur la « Bête fasciste ».

Convoqué au quartier général de la 150e Division d'infanterie quelques heures avant le moment prévu pour l'attaque, un correspondant de guerre soviétique fut invité à rendre son pistolet. Il s'exécuta, terrifié, s'attendant à être renvoyé vers l'arrière pour quelque faute. Mais le capitaine qui avait exigé la restitution du pistolet le rassura très vite en revenant avec une autre arme. « Ordre a été donné, dit-il, que quiconque entre au Reichstag soit armé d'un pistolet-mitrailleur. »

Courant en zigzag au milieu de tirs sporadiques, le journaliste armé fut conduit au ministère de l'Intérieur, où des combats se poursuivaient aux étages supérieurs, avec explosions de grenades et rafales de pistolet-mitrailleur. En même temps, dans les sous-sols, des cuisiniers soviétiques préparaient avec un fracas à peine moindre le petit déjeuner des groupes d'assaut.

Au premier étage, le capitaine Neustroïev, chef du bataillon de pointe chargé de mener l'attaque contre le Reichstag, cherchait à se repérer. Il regardait sa carte, puis levait les yeux vers le grand bâtiment gris, juste en face de lui. Le colonel commandant son régiment, impatient, fit son apparition.

« Il y a un bâtiment gris sur notre route, juste en face », lui expliqua Neustroïev. Le colonel lui arracha la carte des mains, l'étudia un moment et lui dit d'un ton exaspéré : « Neustroïev ! C'est tout simplement le Reichstag ! » Le jeune capitaine n'avait pu imaginer une seconde que son objectif final ait pu être aussi proche.

Le journaliste regarda par la fenêtre. La Königsplatz, devant lui, était « illuminée d'explosions et de rafales de balles traçantes » Le Reichstag ne se trouvait guère qu'à quatre cents mètres plus loin. « Sans cela, écrivit le correspondant de guerre, la distance aurait pu être parcourue en quelques minutes, mais, avec les cratères d'obus, les traverses de chemin de fer accumulées, les barbelés et les tranchées, tout cela semblait infranchissable. »

Juste au milieu de la Königsplatz, un obstacle supplémentaire était venu d'ajouter aux défenses mises en place par les Allemands. C'était un tunnel qui s'était effondré sous l'effet des bombardements et s'était empli d'eau venant de la Spree. Ce tunnel avait été creusé dans le cadre des travaux préparatoires du Volkshalle d'Albert Speer, pièce maîtresse du futur « nouveau Berlin ».

Lorsqu'ils eurent déjeuné, les soldats soviétiques « commencèrent à vérifier leurs armes et leurs chargeurs de rechange ». Puis, à six heures du matin, la première compagnie passa à l'assaut. Ils avaient « à peine parcouru cinquante mètres quand un déluge de feu de l'ennemi les força à se coucher ». Peu après, deux bataillons déjà diminués tentèrent un bond en avant, mais beaucoup de leurs hommes furent tués. Un feu nourri venait de l'Opéra Kroll, sur le côté ouest de la Königsplatz, en même temps que du Reichstag lui-même. La première force d'assaut se trouvant prise dans ce feu croisé, une autre division fut rapidement déployée pour neutraliser les troupes retranchées dans l'Opéra Kroll, mais il lui fallait d'abord nettoyer les bâtiments se trouvant derrière le quai. De nouveau, des canons d'assaut et des chars traversèrent le pont Moltke durant la matinée pour aller appuyer l'infanterie sur la Königsplatz. La fumée et la poussière y étaient si épaisses que les soldats n'arrivaient plus à distinguer le ciel.

Soutenus par des tirs nourris de l'artillerie et des blindés, les bataillons de 150e Division d'infanterie atteignirent le tunnel inondé de la Königsplatz peu après onze heures du matin. Mais, comme ils tentaient de repasser à l'assaut deux heures plus tard, ils furent pris sous un feu intense venant de leurs arrières, sur la droite. Les canons antiaériens allemands installés au sommet du bunker du Zoo, à deux kilomètres, venaient d'entrer en action.

Les soldats soviétiques furent contraints de se mettre de nouveau à couvert et d'attendre ainsi la tombée de la nuit. Durant l'après-midi, la 171e Division d'infanterie continua à nettoyer les immeubles du quartier diplomatique, sur le côté nord de la Königsplatz, et l'on fit venir d'autres canons d'assaut et d'autres chars. Quelque 90 pièces, dont des obusiers de 152 mm et de 203 mm, ainsi que des lance-fusées Katioucha tiraient continuellement sur le Reichstag. Mais le bâtiment, construit cinquante ans auparavant, sous le Deuxième Reich, tenait encore.

Le ministère de l'Air, dans la Wilhelmstrasse, faisait également l'objet d'un intense bombardement. Ses murs en béton armé y résistaient bien. Sa solidité et sa proximité de la Chancellerie en avaient fait le point de rendez-vous des cadres du Parti nazi voulant participer symboliquement à la bataille.

Le quartier administratif de Berlin était maintenant défendu par toutes les troupes qui avaient pu s'y replier – près de dix mille hommes, dont une forte proportion de Waffen SS étrangers. Mais la route de repli vers l'ouest était désormais coupée. La 8e Armée de la Garde dans la partie sud du Tiergarten et la 3e Armée de choc au nord n'étaient plus contenues que par les tirs de la tour de DCA du Zoo. Au-delà, le dernier corps blindé des armées de Koniev venant du sud et la 2e Armée blindée de la Garde de Joukov avaient occupé la majeure partie de Charlottenbourg. Cependant, plus loin à l'ouest, des détachements de la Jeunesse Hitlérienne tenaient encore une partie de Heerstrasse et le pont de Pichelsdorf sur l'Havel. Tout comme ils défendaient le pont donnant accès à Spandau, à un peu plus de deux kilomètres au nord.

Dans la Wilhelmstrasse, ce matin-là, les SS français de la *Charlemagne* étaient si affamés que lorsque l'un d'eux amena un prisonnier ennemi, le premier soin de ses camarades fut de s'emparer du sac de toile contenant les rations de celui-ci. Le prisonnier ne cessait de leur répéter qu'il n'était pas russe mais ukrainien, et qu'il y aurait une attaque de grande envergure le lendemain. À ce moment, les hommes de la *Charlemagne* n'étaient plus guère qu'une trentaine et avaient déjà utilisé une bonne partie des Panzerfaust pris dans les caves de la Chancellerie. Les tout derniers chars Tigre du bataillon *Hermann von Salza* avaient été envoyés au Tiergarten pour affronter les blindés de la 3e Armée de choc et de la 8e Armée de la Garde.

Pendant ce temps, dans le Führerbunker, l'atmosphère était tendue, bien que chacun semblât vaquer à ses occupations comme à l'habitude. On attendait de façon imminente le suicide d'Hitler. Celui-ci, craignant que le poison ne fasse pas son effet, avait exigé la veille qu'on essaie l'un des cachets de cyanure du docteur Stumpfegger. Blondi, la chienne adorée du Führer – et devant donc l'accompagner dans la mort – avait été choisie comme cobaye. C'était un berger allemand, race pour laquelle Hitler avait une passion remontant à 1921, époque où il se trouvait dans la misère la plus totale. On lui avait alors fait cadeau d'un de ces chiens et, n'arrivant pas à le loger dans sa minuscule chambre, il avait voulu le placer ailleurs, mais l'animal s'était échappé pour revenir avec lui. Hitler n'avait jamais oublié cet incident, qui avait sans doute contribué à renforcer encore son obsession de la fidélité inconditionnelle. Blondi fut donc sacrifiée, ainsi que ses cinq chiots, avec lesquels, peu avant, jouaient les enfants Goebbels.

La grande préoccupation d'Hitler était de ne pas tomber vivant aux mains des Russes. On venait d'apprendre, au bunker, comment Mussolini avait été tué, ainsi que sa maîtresse, Clara Petacci, par des partisans communistes et comment leurs corps avaient été pendus la tête en bas à Milan. Dans le texte de la dépêche, reproduit en ces gros caractères qui permettaient au Führer de lire sans porter de lunettes, les mots « pendus la tête en bas » avaient été soulignés au crayon – sans doute par Hitler lui-même. Il était résolu, quant à lui, à ce que son corps soit incinéré afin de prévenir toute exhibition de ce genre à Moscou ou ailleurs.

Durant la nuit, confirmation avait été reçue du maréchal Keitel du fait qu'aucune aide n'était à espérer. Le général Mohnke estimait que les troupes défendant la Chancellerie ne pourraient tenir plus de deux jours encore, et le général Weidling, arrivé en fin de matinée, estimait que la résistance devrait cesser la nuit suivante en raison du manque de munitions. Il sollicita de nouveau l'autorisation de tenter une percée hors de Berlin. Hitler se refusa à donner une réponse immédiate.

Pendant que Weidling conférait avec le Führer, Eva Braun emmena Traudl Junge dans sa chambre et lui donna la cape de renard argenté qu'Hitler lui avait offerte – et qu'elle ne pourrait plus jamais porter. Traudl Junge se demanda soudain de quoi Hitler et sa femme parlaient lorsqu'ils étaient seuls. Ils n'avaient certainement aucun de ces sujets de conversation qui sont habituellement ceux des jeunes mariés. Elle se demanda aussi comment elle allait faire pour tenter de s'échapper du centre de Berlin en renard argenté. Il est à remarquer que la qualité des cadeaux faits par Hitler à Eva Braun s'était considérablement améliorée au fil des ans. En 1937, il s'était contenté de lui offrir pour Noël un livre sur les tombeaux des Pharaons.

Le général Weidling, entre-temps, était retourné au Bendlerblock. Ces courses sous les obus, de pan de mur à pan de mur, étaient épuisantes pour un homme ayant dépassé la cinquantaine. Vers treize heures, une heure environ après son retour à son quartier général, un Sturmführer SS, escorté d'un petit détachement, arriva de la Chancellerie et lui remit une lettre. L'enveloppe portait l'aigle, la croix gammée et l'inscription « Der Führer » en lettres dorées. Hitler y informait Weidling qu'il ne pouvait absolument pas être question d'une capitulation. Une percée n'était autorisée que si elle visait à rejoindre d'autres formations combattantes. « Si celles-ci ne peuvent être trouvées, ajoutait le texte, le combat doit se poursuivre par petits groupes dans les forêts. » Weidling se sentit soulagé. Il envoya un véhicule de reconnaissance de la *Nordland* faire le tour des unités pour prévenir leurs chefs de se préparer. Ils allaient tenter de percer vers l'ouest par Charlottenbourg le soir même à vingt-deux heures.

Avant le déjeuner, Hitler avait convoqué son aide de camp, le Sturmbannführer Otto Günsche, pour lui donner des instructions détaillées sur la façon dont on devait disposer de son corps et de celui de sa femme. Selon l'enquête menée par le SMERSH dans les premiers jours de mai, le chauffeur d'Hitler, Erich Kempka, avait reçu ordre la veille, 29 avril, de faire venir des bidons d'essence des garages de la Chancellerie.

Après son entrevue avec Günsche, Hitler déjeuna avec sa diététicienne, Constanze Manzialy, et ses deux secrétaires, Traudl Junge et Gerda Christian. Eva Hitler ne se joignit pas à eux. Bien qu'Hitler parût très calme, peu de mots furent échangés au cours du repas.

Après le déjeuner, Hitler rejoignit sa femme dans sa chambre. Un peu plus tard, tous deux apparurent dans l'antichambre, où Günsche avait rassemblé les intimes. Goebbels, Martin Bormann, le général Krebs, le général Burgdorf et les deux secrétaires firent leurs adieux définitifs au couple. Magda Goebbels, de toute évidence en état de choc, était restée dans sa chambre. Hitler portait sa tenue habituelle, « un pantalon noir et une tunique militaire gris-vert », avec une chemise blanche et une cravate noire. Eva Hitler avait une robe sombre « avec des fleurs roses sur le devant ». Hitler serra la main des personnes présentes de façon presque distante et se retira.

L'étage inférieur du bunker fut alors évacué. Mais on s'aperçut qu'alors que le silence s'imposait, les bruits d'une véritable beuverie venaient de la cantine de la Chancellerie, au-dessus. Rochus Misch, le téléphoniste SS, reçut ordre d'appeler pour faire cesser les réjouissances, mais personne ne répondit. Un autre garde intervint personnellement. Günsche et deux autres officiers SS se tenaient dans le corridor central afin de préserver les derniers moments d'intimité d'Hitler, mais Magda Goebbels surgit en suppliant de voir le Führer. Elle réussit à pousser Günsche de côté, mais ce fut Hitler qui la renvoya. Elle regagna sa chambre en sanglotant.

Nul ne semble avoir entendu le coup de feu qu'Hitler se tira dans la tête. Peu après 15 heures 15, le valet d'Hitler, Heinz Linge, suivi de Günsche, de Goebbels, de Bormann et d'Artur Axmann, qui venait d'arriver, pénétra dans le salon particulier d'Hitler. D'autres tentèrent de regarder par-dessus leurs épaules avant que la porte ne leur soit fermée au nez. Günsche et Linge transportèrent le corps d'Hitler, enveloppé dans une couverture, dans le corridor, puis, par l'escalier, jusque dans les jardins de la Chancellerie. À un certain moment, Linge réussit à faire main basse sur la montre de son maître – mais il allait devoir s'en débarrasser avant que les Russes ne le fassent prisonnier. Le corps d'Eva Braun – dont les lèvres avaient été apparemment contractées par le poison – fut transporté à son tour et déposé à côté de celui d'Hitler, non loin de l'entrée du bunker. Puis les deux cadavres furent arrosés d'essence. Goebbels, Bormann, Krebs et Burgdorf apparurent pour présenter leurs ultimes respects. Ils saluèrent, le bras levé, tandis qu'en enflammait l'essence. L'un des SS qui buvaient dans la cantine regarda par la porte latérale. Il dévala les marches conduisant au bunker en criant à Rochus Misch : « Le chef est en feu. Tu veux venir voir ? »

Le détachement du SMERSH de la 3e Armée de choc avait reçu la veille ordre de se diriger vers le quartier administratif de Berlin. Ses membres apprirent peu après que leur destination finale était la Chancellerie du Reich. « Les renseignements dont nous disposions étaient contradictoires et peu sûrs », écrivit ensuite Yelena Rjevskaïa, l'interprète du groupe. Une compagnie de reconnaissance avait reçu pour mission de prendre Hitler vivant, mais sans savoir de façon certaine où celui-ci se trouvait.

Le groupe du SMERSH avait pu interroger un prisonnier, mais il ne s'agissait que d'un garçon de la Jeunesse Hitlérienne, âgé de quinze ans, « les yeux injectés de sang et les lèvres desséchées ». « Il venait de tirer sur nous, nota l'interprète, et maintenant il était là, assis, regardant autour de lui et ne comprenant rien. Juste un enfant. »

Le groupe eut plus de chance le soir du 29 avril. Il captura une infirmière qui, ayant retiré sa coiffe d'uniforme, tentait de passer les lignes pour aller retrouver sa mère. La veille, elle avait soigné les blessés dans le bunker de la Chancellerie, et elle y avait entendu dire qu'Hitler était « dans les sous-sols ».

À bord de leur jeep américaine Yelena Rjevskaïa et ses collègues foncèrent vers le centre de la ville. « L'air s'épaississait à mesure que nous approchions du centre, écrivit l'interprète. Quiconque s'est trouvé à Berlin ces jours-là se souviendra de cet air lourd, obscurci par la fumée et la poussière des briques démolies, de la constante impression de crasse sur la bouche et les dents. »

Ils durent bientôt abandonner leur véhicule, car les obus les encadraient et les rues étaient bloquées par les gravats. Leur plan de la ville ne leur était que de peu de secours. Les plaques des rues avaient généralement été détruites, et ils devaient demander leur chemin aux Allemands qu'ils rencontraient. En chemin, ils croisèrent des soldats des transmissions rampant par des trous dans les murs en déroulant des câbles, une charrette transportant du fourrage et des blessés qu'on évacuait vers l'arrière. Au-dessus d'eux, des draps et des taies d'oreiller pendaient aux fenêtres en signe de reddition. Quand la canonnade se faisait plus intense, ils devaient progresser de cave en cave. « Quand ce cauchemar va-t-il finir ? » leur demandaient des femmes allemandes.

Dans une rue, l'interprète rencontra « une vieille femme, tête nue, avec un énorme brassard blanc, accompagnée d'un petit garçon et d'une petite fille bien peignés, avec, eux aussi, des brassards blancs ». En passant devant le groupe de Russes, la vieille femme cria, sans se soucier, apparemment, de savoir si on la comprenait : « Ce sont des orphelins ! Notre maison a été bombardée. Je les emmène ailleurs. Ce sont des orphelins. »

Les six enfants Goebbels, eux, ne risquaient pas de devenir des orphelins. Leurs parents avaient décidé de les emmener avec eux, ou plutôt de se faire précéder par eux.

Ils semblaient avoir relativement goûté la nouveauté de leur existence dans le bunker. Le garçon, Helmut, comptait à haute voix toutes les explosions secouant l'endroit, comme s'il s'agissait d'un grand jeu. L'« Oncle Adolf » les avait gavés de sandwiches et de pâtisseries servis sur une nappe amidonnée à monogramme. Il leur avait même permis d'utiliser sa baignoire personnelle, la seule du bunker. Mais l'avenir allait être moins rose.

Le soir du 27 avril, Magda Goebbels avait arrêté dans le corridor le médecin SS récemment arrivé dans le bunker, Helmuth Kunz. « Elle m'a dit qu'elle avait besoin de me parler de quelque chose de terriblement important, devait déclarer peu après Kunz à ses interrogateurs soviétiques. Elle a immédiatement ajouté que la situation était telle que, très probablement, nous devrions, elle et moi, tuer les enfants. J'ai accepté »[1].

Les enfants ne furent pas mis au courant de ce qui était arrivé dans l'après-midi du 30 avril, mais ils durent se douter, en voyant l'état nerveux dans lequel se trouvait leur mère, que quelque chose de terrible s'était produit. Dans la confusion qui régnait, on avait d'ailleurs oublié de les faire déjeuner. Ce fut Traudl Junge qui répara l'omission.

Tandis que les corps d'Hitler et de son épouse finissaient de se consumer dans les jardins de la Chancellerie, beaucoup semblaient avoir repris goût à la vie dans le bunker. Certains s'étaient mis à boire avec avidité. Mais, de son côté, Martin Bormann se préoccupait sérieusement de la succession du défunt Führer et du nouveau gouvernement à constituer. Il envoya un message au grand amiral Dönitz à son quartier général de Plön, près de Kiel, sur la Baltique. Ce télégramme informait simplement l'amiral qu'il avait été désigné comme successeur du Führer à la place de Göring, ajoutant : « Confirmation écrite est en route. Prenez immédiatement toutes mesures que la situation exige. » Bormann s'etait abstenu de préciser à Dönitz qu'Hitler était mort, sans doute parce que, sans le Führer, son autorité pouvait être contestée. Et, pire encore, Himmler était à Plön, près de Kiel, sur la côte de la Baltique, avec Dönitz, et celui-ci ne l'avait pas fait arrêter pour trahison. Si Bormann voulait avoir une chance d'être inclus dans le nouveau gouvernement nazi et de se débarrasser d'Himmler, il lui fallait s'échapper de Berlin, alors que Goebbels, Krebs et Burgdorf entendaient rester et se donner la mort.

Parmi ceux qui ne souhaitaient nullement mourir figuraient les survivants de la Neuvième Armée du général Busse s'efforçant de se frayer un chemin dans les forêts au sud de Berlin. Quelque 25 000 soldats et plusieurs milliers de civils avaient réussi à franchir les lignes du maréchal Koniev, et, malgré leur épuisement, s'efforçaient de poursuivre leur route.

Certaines formations avaient déjà atteint le point de rendez-vous de Kummersdorf, et d'autres s'y efforçaient. La veille, un de ces groupes, précédé par quelques chars et suivi de civils, fut arrêté par un soudain bombardement d'artillerie soviétique au moment où il tentait sa percée. Le 503e Régiment d'artillerie antichars soviétique, qui avait reçu pour tâche de tenir un carrefour routier proche de Kummersdorf sans appui d'infanterie, se trouva presque submergé par des soldats allemands s'efforçant de percer. « Les servants des pièces, affirma un rapport soviétique, durent souvent se servir de leurs pistolets-mitrailleurs et de grenades pour repousser les fantassins qui les attaquaient »[2]. Le même rapport assurait, avec une manifeste tendance à l'exagération, que l'ennemi « avait laissé devant leurs canons 1 800 morts, neuf chars et sept véhicules semi-chenillés brûlés ».

Les trois derniers chars lourds Tigre d'un bataillon SS furent abandonnés et détruits car on se trouvait à court de carburant. Beaucoup des officiers d'état-major de la Neuvième Armée avaient dû, pour des raisons analogues, renoncer à leurs voitures. Ils poursuivaient leur route à pied, dans leurs pantalons à passepoils rouges, mais avec des casques et des carabines, regardant anxieusement autour d'eux à mesure qu'ils progressaient dans la forêt. Mais le principal danger venait toujours des attaques aériennes et de l'artillerie soviétique faisant exploser ses obus dans les arbres. « Nous atteignîmes, devait raconter un caporal de la Division *Kurmark*, une clairière où stationnait encore un char. Il était déjà entièrement chargé de blessés. Nous nous détournâmes, car le spectacle de soldats se battant pour une place était trop effrayant, triste et douloureux. »

Un autre indice de l'état d'épuisement physique et nerveux qu'avaient atteint les hommes était le climat de suspicion qui s'était mis à régner entre eux. Ce soir-là, une violente discussion éclata quant à la direction à prendre. Un homme saisit un autre soldat qui n'était pas de son avis et le plaqua contre un arbre en lui hurlant : « Espèce de traître, tu veux nous amener tout droit dans les bras des Russes ! Tu es un de ces salauds de l'Allemagne libre ! » Et, avant que les autres aient pu l'en empêcher, il sortit son pistolet et tira une balle dans la tête de l'homme qu'il venait d'accuser.

Dans le centre de Berlin, les habitants continuaient à vivre dans l'univers totalement claustrophobique des caves et des abris où ils avaient dû se réfugier. Toutes les structures de leur existence habituelles s'étant effondrées, beaucoup tentaient de retrouver un calme relatif en se créant une routine nouvelle. Dans une cave proche du quartier administratif, la femme d'un tailleur étalait à heures fixes une serviette sur ses genoux et coupait de minuscules tranches de pain qu'elle tartinait d'un peu de confiture avant de les distribuer à son mari, à sa fille et à son fils handicapé.

Beaucoup étaient au bord de la dépression nerveuse, et certains sombraient dans la monomanie. Une jeune femme accompagnée d'un petit garçon décharné n'arrivait plus à s'empêcher de parler de son mari, un pompier qui avait été envoyé au front. Pour vaincre son anxiété, elle dressait interminablement une liste de menus travaux qu'il devait effectuer dans leur appartement : changer une vitre, remplacer une poignée de porte, installer une étagère. Mais leur maison, en fait, avait été totalement incendiée dans les bombardements. L'interprète soviétique Yelena Rjevskaïa, qui avait trouvé refuge elle aussi dans la cave en attendant la prise de la Chancellerie, nota : « Le petit garçon faisait des grimaces peinées. Il lui était sans aucun doute difficile d'entendre l'histoire de sa mère pour la centième fois. »

La peur de représailles injustes étreignait tout le monde. Quand elles avaient une occasion de remonter un moment dans leur appartement, si celui-ci existait encore, des femmes déchiraient et brûlaient des photos d'Hitler ou toute chose pouvant indiquer une adhésion à son régime. Elles se croyaient obligées de détruire les plus récentes photos de leurs maris, frères ou fiancés parce qu'ils y figuraient en uniforme de la Wehrmacht.

Peu de gens avaient la moindre idée de ce qui pouvait vraiment se passer autour d'eux, dans Berlin et encore moins dans le monde extérieur. Ce même jour, le camp de concentration de Ravensbrück avait été libéré par les troupes du 2e Front biélorusse de Rokossovski. Les Alliés occidentaux s'avisèrent alors que la rapide avance de Rokossovski à travers le Mecklembourg avait donné au Kremlin l'idée de s'emparer du Danemark. Les Britanniques réagirent rapidement, poussant vers Hambourg et Kiel afin de prévenir le mouvement.

Le 30 avril également, le président Truman informa le général Marshall que les Britanniques demandaient que la Troisième Armée de Patton soit dirigée vers Prague afin de pouvoir libérer la ville avant l'arrivée de l'Armée rouge. « Personnellement, dit alors Marshall à Eisenhower, et en laissant à côté toutes les implications logistiques, tactiques ou stratégiques, je répugnerais à risquer des vies américaines à des fins purement politiques. »

Ces chefs militaires américains persistaient à ne pas comprendre que l'Armée allemande ne demandait qu'à se rendre à eux, tout en résistant à tout prix à l'Armée rouge. Franz von Papen, qui avait été l'un des grands instigateurs de la prise de pouvoir nazie de 1933, avait pourtant déclaré à ses interrogateurs américains, durant la troisième semaine d'avril, que bien des Allemands craignaient que tous leurs compatriotes mâles ne soient envoyés comme travailleurs esclaves en Union soviétique. Ils pensaient qu'un accord secret avait été conclu en ce sens à Yalta [3].

Le Sturmführer SS qui avait apporté le message d'Hitler le matin revint vers dix-huit heures au poste de commandement du général Weidling, dans le Bendlerblock. Weidling et son état-major finissaient de mettre au point leurs plans pour la tentative de percée autorisée par Hitler. Le Sturmführer leur remit un message commandant que tout projet de percée soit ajourné et demandant que Weidling se présente immédiatement à la Chancellerie.

Quand Weidling arriva au Führerbunker, il y fut accueilli par Goebbels, Bormann et Krebs. Ils l'emmenèrent dans la chambre d'Hitler et l'informèrent du suicide de celui-ci et d'Eva Braun, en précisant que les corps avaient été brûlés et enterrés dans un cratère d'obus, dans les jardins de la Chancellerie. Weidling dut jurer qu'il ne communiquerait la nouvelle à personne. Le seul étranger qui devait en être informé était Staline. On allait tenter le soir même de conclure un armistice, et le général Krebs allait mettre au courant son homologue soviétique afin qu'il puisse prévenir le Kremlin [4].

Peu après, Weidling, encore abasourdi, appela le colonel Refior au Bendlerblock. Il lui déclara qu'il n'était pas en mesure de lui dire ce qui était arrivé, mais qu'il avait besoin d'être rejoint immédiatement par divers membres de son état-major, y compris le colonel von Dufving.

L'artillerie lourde soviétique continuait à se déchaîner sur le Reichstag, à moins d'un kilomètre au nord de la Chancellerie. Le capitaine Neustroïev, toujours au commandement de l'un des bataillons d'assaut, se retrouvait assailli par des sergents voulant que leur section ait l'honneur d'être la première sur l'objectif. Chacun rêvait de dresser sur le Reichstag le drapeau rouge de la 3e Armée de choc, pensant qu'une gloire éternelle resterait attachée à cette action. L'une des équipes porte-drapeau était entièrement formée de membres du Komsomol, et celle qui avait été désignée par le service politique pour le bataillon de Neustroïev comprenait un Géorgien, « en hommage spécial à Staline ». Certaines nationalités – comme les Tchétchènes, les Kalmouks et les Tartares de Crimée – étaient rigoureusement exclues, car il était interdit de recommander pour le titre de Héros de l'Union soviétique tout membre d'un groupe ethnique ayant été mis à l'index.

Le général Chatilov, commandant la division, qui, dans un moment d'optimisme déplacé, avait laissé penser à l'état-major du Front que le Reichstag avait déjà été pris – nouvelle qui avait été télégraphiée à Moscou – ordonnait, quant à lui, à ses chefs d'unité de planter à tout prix un drapeau rouge sur le bâtiment. L'obscurité survint prématurément en raison de l'épaisse fumée entourant toutes choses, et, vers dix-huit heures, les trois régiments d'infanterie de la 150e Division, appuyés par des chars, donnèrent l'assaut.

Les fantassins, trouvant toutes les issues, portes et fenêtres, murées, demandèrent l'intervention de l'artillerie lourde. Celle-ci leur permit finalement d'accéder au hall principal, mais les défenseurs allemands, retranchés sur les galeries de pierre, au-dessus d'eux, les accrochèrent durement au Panzerfaust et à la grenade.

Les pertes soviétiques furent terribles, mais, finalement, usant en alternance de leurs pistolets-mitrailleurs et de leurs grenades, les hommes de l'Armée rouge commencèrent à gravir les larges escaliers de pierre. Une partie de la garnison allemande – composée d'un mélange de marins, de SS et de membres de la Jeunesse Hitlérienne – se replia dans les sous-sols, tandis que le reste continuait à combattre aux étages supérieurs. Des incendies allumés par les explosions des projectiles de Panzerfaust et des grenades à main, éclatèrent dans de nombreuses salles, et, bientôt, le grand hall commença à se remplir de fumée.

Deux hommes de l'équipe portant le drapeau rouge tentèrent de se ruer vers le sommet. Ils parvinrent à atteindre le deuxième étage, mais s'y trouvèrent bloqués sur place par des tirs de mitrailleuse. Selon les annales régimentaires, une deuxième tentative fut couronnée de succès, et, à 22 heures 50, le drapeau rouge se mit à flotter sur la coupole du Reichstag. Cette version doit toutefois être considérée avec la plus grande prudence, tant la propagande soviétique se concentrait sur une prise du Reichstag avant le 1er mai.

L'heure exacte à laquelle fut hissé ce drapeau qui se voulait hautement symbolique n'est d'ailleurs, quoi qu'on en dise, qu'un détail secondaire si l'on tient compte du fait que les combats les plus féroces se poursuivirent toute la nuit à l'intérieur du Reichstag. Comme les troupes soviétiques s'efforçaient de forcer le passage vers le haut, les Allemands qui s'étaient repliés dans les caves les attaquèrent de l'arrière. À un moment, le lieutenant Klochkov vit un groupe de ses soldats accroupis en cercle, comme s'ils examinaient un objet sur le sol. Quand tous sautèrent simultanément en arrière, l'officier russe vit qu'il y avait un trou dans le carrelage, par lequel ses hommes venaient de larguer des grenades sur la tête d'Allemands se trouvant à l'étage inférieur.

Dans le centre de Berlin, cette nuit-là, les flammes dévorant les immeubles bombardés faisaient danser des lueurs étranges dans les rues obscures. La suie et la poussière en suspension dans l'air rendaient celui-ci presque irrespirable. De temps à autre, on entendait le fracas d'une maison s'effondrant totalement. Et, comme pour ajouter à cette terrifiante mise en scène, des projecteurs fouillaient et balayaient le ciel nocturne, où, pourtant, la Luftwaffe avait définitivement cessé d'être présente.

Un groupe de Waffen SS étrangers épuisés alla chercher refuge dans les caves de l'Hôtel Continental. Celles-ci étaient déjà pleines de femmes et d'enfants, qui regardèrent de façon peu amène les guerriers à bout de forces. Le directeur de l'hôtel vint les trouver et leur demanda s'ils ne voudraient pas plutôt se rendre dans l'abri de la Jakobstrasse. Les volontaires étrangers en conçurent un amer ressentiment, mais s'en allèrent. Les combattants se trouvaient maintenant traités en parias par ceux qu'ils avaient tenté de défendre. Ils étaient devenus, aux yeux de ceux-ci, un danger. Dans les hôpitaux, même militaires, les infirmières confisquaient immédiatement les armes des blessés, de façon à ce que les Russes n'en tirent pas prétexte pour les abattre.

L'ancien commandant de la Division *Nordland*, le Brigadeführer Ziegler, qui s'était trouvé avec Mohnke à la Chancellerie du Reich, fit brusquement son apparition au ministère de l'Air, dans la Wilhelmstrasse. Il ne lui fallut pas longtemps pour voir combien la situation était désespérée. Mais ce fut alors qu'à l'ébahissement de tout le monde survint une section d'une vingtaine de Waffen SS étrangers commandée par un Belge. Selon un autre soldat présent, tous riaient « comme s'ils venaient de gagner la guerre ». Ils étaient allés à la chasse aux blindés soviétiques autour de la gare d'Anhalter et affirmaient que l'endroit était maintenant devenu « un cimetière de chars ».

Une extraordinaire « camaraderie des damnés » s'était développée parmi ces volontaires étrangers défendant le dernier bastion du nationalisme allemand. L'une des sections de la *Nordland* présentes au ministère de l'Air ne comprenait pas que des Scandinaves, mais aussi trois Lettons et ceux que les autres appelaient « nos deux Ivans » – vraisemblablement des Hiwis recrutés au passage.

Au Bendlerblock, le colonel Refior reçut un appel téléphonique de la Chancellerie. On lui demandait de commencer à envoyer des messages au commandement de l'Armée rouge à Berlin pour informer celui-ci que le général Krebs souhaitait un rendez-vous en vue de négociations.

La mise au point d'un cessez-le-feu dans le secteur de la 8e Armée de la Garde dura de vingt-deux heures le soir du 30 avril aux premières heures du 1er mai. Tchouikov accorda un sauf-conduit à Krebs afin qu'il puisse se rendre à son quartier général, installé dans une maison de banlieue de Schulenburgring, à côté de l'aérodrome de Tempelhof. Tchouikov avait passé la soirée à festoyer avec l'écrivain Vsevolod Vichnevsky, le poète Dolmatovsky et le compositeur Blanter, qui avaient été envoyés à Berlin pour écrire un hymne de victoire.

Le général Krebs, accompagné du colonel von Dufving et de l'Obersturmführer Neilandis, un Letton agissant comme interprète, arriva à la ligne de front vers vingt-deux heures. Krebs lui-même, bien qu'ostensiblement partisan de la résistance totale, avait eu soin de rafraîchir son russe chaque jour depuis un mois dans le secret de sa salle de bains.

Les plénipotentiaires allemands furent amenés au quartier général de Tchouikov peu avant quatre heures du matin. On poussa dans un placard le compositeur Blanter, seul membre de la joyeuse assemblée à ne pas être en uniforme. Vichnevsky et Dolmatovsky, qui étaient en tenue de correspondants de guerre, passèrent pour des officiers d'état-major.

« Ce que je vais dire, commença Krebs, est absolument secret. Vous êtes le premier étranger à apprendre que, le 30 avril, Adolf Hitler s'est suicidé. »

« Nous le savons », répondit Tchouikov, mentant effrontément pour déconcerter son interlocuteur.

Krebs donna ensuite lecture du testament politique d'Hitler et d'une déclaration de Goebbels préconisant « une issue satisfaisante pour les nations ayant le plus souffert de la guerre ». Vichnevsky, qui était assis à la droite de Tchouikov, nota toute la conversation dans son carnet.

Tchouikov téléphona alors au maréchal Joukov, à son quartier général de Strausberg, pour le mettre au courant de la situation. Joukov envoya immédiatement son adjoint, le général Sokolovsky, au quartier général de la 8e Armée de la Garde. Il ne voulait surtout pas que Tchouikov, le général qui l'avait le plus souvent critiqué, puisse se targuer d'avoir reçu la capitulation des Allemands. Le maréchal se hâta ensuite d'appeler Staline, qui se trouvait dans sa datcha.

Le général Vlassik, chef du service de sécurité, répondit : « Le camarade Staline vient juste d'aller se coucher. »

« S'il vous plaît, réveillez-le, insista Joukov. L'affaire est urgente et ne peut attendre jusqu'au matin. »

Quand Staline prit le téléphone, quelques minutes plus tard, Joukov l'informa du suicide d'Hitler.

« Donc, c'est fait, déclara Staline. Dommage que nous n'ayons pas pu le prendre vivant. Où est le corps ? »

« Selon le général Krebs, répondit Joukov, le corps a été brûlé. »

« Dites à Sokolovsky, commanda alors Staline, qu'il n'y aura pas de négociations, sauf pour une reddition sans conditions, avec Krebs ou avec aucun autre membre de la bande d'Hitler. Et ne me rappelez pas avant le matin s'il n'y a rien d'urgent. Je veux pouvoir prendre un peu de repos avant la parade. »

Joukov avait complètement oublié que, quelques heures plus tard, la parade du 1er mai devait avoir lieu sur la Place rouge. Beria ayant même, à cette occasion, levé le couvre-feu à Moscou.

Pendant ce temps, au quartier général de la 8e Armée de la Garde, la discussion se poursuivait. Chaque fois que Tchouikov, qui ignorait ce qui s'était exactement passé du côté allemand, abordait le sujet de la reddition, Krebs répondait en diplomate plutôt qu'en militaire. Il tenta notamment d'avancer qu'avant tout, le gouvernement Dönitz devait être reconnu par l'Union soviétique. Alors, et alors seulement, selon lui, l'Allemagne pourrait se rendre à l'Armée rouge, et empêcher ainsi « le traître » Himmler d'arriver à un accord séparé avec les Américains et les Britanniques. Mais un vieux fond de ruse paysanne permit à Tchouikov de prendre cette tactique pour ce qu'elle était.

Le général Sokolovsky, qui s'était joint à la discussion, finit par appeler Joukov au téléphone. « Ils rusent autant qu'ils peuvent, dit-il au maréchal. Krebs affirme qu'il n'a pas autorité de prendre des décisions quant à une reddition sans conditions. » Selon lui, seul le nouveau gouvernement dirigé par Dönitz a ce pouvoir. Krebs essaie d'obtenir de nous une trêve. Je pense que nous devrions les envoyer au diable s'ils n'acceptent pas immédiatement une reddition sans conditions. »

« Vous avez parfaitement raison, Vassili Danilovitch, répondit Joukov. Dites-leur que si Goebbels et Bormann n'acceptent pas une reddition sans conditions, nous allons réduire Berlin en poussière. » Après consultation avec la *Stavka*, Joukov fixa l'heure limite à 10 heures 15 ce matin du 1er mai.

Aucune réponse ne fut reçue à cet ultimatum. Vingt-cinq minutes après l'heure fixée, le 1er Front biélorusse déclencha « un déluge de feu » sur ce qui restait du centre de la ville.

25

LA CHANCELLERIE ET LE REICHSTAG

L'aube du 1er mai dans le centre de Berlin vit des soldats soviétiques épuisés dormant sur les trottoirs ou contre les pans de mur. Ceux qui étaient réveillés renouaient les bandes leur tenant lieu de chaussettes. Ils ignoraient totalement qu'Hitler s'était suicidé la veille. Certains d'entre eux continuaient d'ailleurs à crier *« Gitler dourak »* – « Hitler idiot » – à tout prisonnier allemand passant à portée.

La mort du Führer resta également un secret fort bien gardé du côté allemand durant toute la nuit et la matinée. À ce moment, quelques officiers généraux ou supérieurs en furent informés. Annonçant la nouvelle en confidence à Krukenberg, Mohnke ne put s'empêcher de se laisser aller à la pompeuse rhétorique qui avait si souvent caractérisé la hiérarchie nazie. « Une éblouissante comète s'est éteinte », proclama-t-il.

Certains officiers, informés de l'évolution de la situation, attendaient des nouvelles des négociations, mais, vers le milieu de la matinée, la reprise du pilonnage d'artillerie vint les renseigner. Le général Krebs n'avait pas réussi à obtenir une trêve. Les Soviétiques persistaient à exiger une reddition sans conditions, et Goebbels avait refusé. Du coup, les canons lourds et les lance-fusées Katioucha de la 3e Armée de choc, de la 8e Armée de la Garde et de la 5e Armée de choc avaient recommencé à écraser de leurs coups les immeubles déjà à moitié en ruines du centre de Berlin.

Mohnke fit également part à Krukenberg, ce matin-là, de ses craintes de voir les troupes soviétiques emprunter les tunnels de l'U-Bahn pour venir attaquer la Chancellerie par l'arrière. « En toute priorité, écrivit ensuite Krukenberg, j'ai envoyé un groupe de sapeurs de la *Nordland* par l'U-Bahn vers la Potsdamer Platz »[1]. Il ne devait pas donner plus de détails sur l'affaire, mais il s'agissait, selon toute vraisemblance, de l'une des opérations les plus discutables de la bataille : celle qui aboutit à faire sauter le tunnel d'U-Bahn passant sous le canal de la Landwehr, près de la Trebbiner Strasse.

La méthode utilisée consista certainement, pour les sapeurs SS, à disposer des charges explosives au plafond du tunnel en un large cercle, afin de faire se détacher toute une partie du béton. Apparemment, la chose fut exécutée à l'aube du 2 mai, mais le moment exact est difficile à préciser avec certitude.

En tout cas, l'explosion aboutit à inonder quelque vingt-cinq kilomètres de tunnels d'U-Bahn et de S-Bahn. Le bilan des victimes varie, selon des évaluations extrêmement diverses, entre 50 et 1 500. Les estimations les plus raisonnables semblent toutefois se situer autour de la centaine. En effet, bien qu'il y ait eu dans les tunnels plusieurs milliers de civils, de même que des wagons de métro bondés de blessés, l'eau du canal, se répartissant en de multiples directions, ne pouvait monter très vite. Il y eut sans doute des scènes atroces. Les femmes et les enfants fuyant dans les tunnels étaient, à coup sûr, terrifiés. Certains assurèrent avoir vu des soldats blessés, épuisés ou ayant simplement cherché leur réconfort dans l'alcool, glisser sous l'eau. Il n'en demeure pas moins que, dans la plupart des cas, celle-ci ne dépassa pas un mètre cinquante, et qu'il y eut amplement le temps d'évacuer les wagons de blessés à l'arrêt près de la station d'U-Bahn du Stadtmitte. Il est également plus que probable que beaucoup des corps retrouvés ensuite étaient ceux de soldats et de civils qui avaient déjà succombé à leurs blessures avant l'explosion et avaient été entreposés dans les divers tunnels. Quelques-uns de ces morts étaient presque certainement des SS. Ils se sont peut-être retrouvés dans la cinquantaine de cadavres enterrés ensuite au cimetière juif de la Grosse Hamburger Strasse.

À l'intérieur du Reichstag, des combats sauvages se poursuivaient, rendant un peu dérisoire le geste grandiose du drapeau rouge hissé à toutes forces avant minuit. De part et d'autre, les soldats étaient épuisés et assoiffés, la gorge et le nez mis à vif par la poussière et la fumée. Cela amena même un officier soviétique à évoquer l'incendie du Reichstag de 1933, qui permit à Hitler de mettre hors la loi le Parti communiste allemand.

La fusillade se poursuivit jusqu'en fin d'après-midi. Les Allemands, dans les sous-sols, criaient qu'ils ne voulaient négocier qu'avec un officier supérieur. Le capitaine Neustroïev dit alors à l'un de ses subordonnés, le lieutenant Berest, de se faire passer pour un colonel. Il lui prêta une pelisse doublée de mouton pour cacher ses épaulettes et l'envoya négocier. Peu après, les Allemands commencèrent à sortir des sous-sols, sales et dépenaillés, clignant nerveusement des yeux. Quelque 300 officiers et soldats déposèrent les armes. Près de 200 avaient été tués. Et, dans le poste de secours improvisé dans les caves, gisaient environ 500 blessés, dont une partie, il est vrai, avaient déjà été touchés avant l'assaut lancé contre le Reichstag.

La vaste tour de DCA du Zoo, à l'angle sud-ouest du Tiergarten, représentait une forteresse encore plus impressionnante. Elle était assez robuste pour résister aux frappes directes des obusiers soviétiques de 203 mm, mais, avec plusieurs milliers de civils terrorisés, les conditions régnant à l'intérieur étaient pratiquement intenables. L'édifice abritait également un hôpital relativement bien équipé où se trouvaient plus d'un millier de blessés et de malades.

La 1re Armée blindée de Katoukov et la 8e Armée de la Garde de Tchouikov avaient progressé dans le Tiergarten en venant du sud, après avoir traversé le canal de la Landwehr. Mais le soin de s'occuper de la tour de DCA du Zoo avait été laissé à deux régiments de la 79e Division d'infanterie de la Garde. Donner l'assaut était hors de question. En conséquence, le 30 avril, les Soviétiques envoyèrent en délégation des prisonniers allemands porteurs d'un message déclarant : « Nous vous proposons de rendre la forteresse sans autres combats. Nous vous garantissons qu'aucun soldat, même SS ou SA, ne sera exécuté »[2].

Le 1er mai, l'un des prisonniers revint avec la réponse suivante : « Votre note a été reçue à 23 heures. Nous capitulerons [ce soir] à minuit. Signé : Haller, commandant la garnison. » Haller n'était pas, en fait, le commandant de la garnison, et le délai était demandé pour permettre la préparation d'une percée ce soir-là.

Également assiégée était la citadelle de Spandau, à l'angle nord-ouest de Berlin. Architecturalement parlant, elle se révélait fort différente de l'atrocité en béton qu'était le bunker du Zoo. Elle avait été construite en briques, au début du dix-septième siècle, sur une île située au confluent de l'Havel et de la Spree. Durant la guerre, y avait été installé un établissement officiellement appelé les « Laboratoires de défense contre les gaz de l'Armée » mais poursuivant, semble-t-il, des activités fort différentes.

Le 30 avril, la 47e Armée soviétique s'attaqua finalement à cette formidable forteresse, dont les canons couvraient les deux ponts les plus proches, sur l'Havel. Espérant éviter les risques d'un assaut en règle, le général Perkhorovitch, qui commandait l'armée, fit intervenir son 7e service, aux ordres du major Grichine, pour essayer de saper le moral de l'ennemi par la propagande. Des camions à haut-parleur entrèrent en action toutes les heures, et, toutes les heures, les Allemands répliquèrent par des tirs d'artillerie.

Le lendemain, 1er mai, Perkhorovitch ordonna au major Grichine de faire tenir à la garnison des propositions de reddition. Grichine réunit ses officiers et leur dit : « Cette mission étant très dangereuse, je ne puis désigner d'autorité personne. J'ai besoin d'un volontaire pour m'accompagner. » Les sept officiers présents se portèrent volontaires. Grichine dit à Konrad Wolf, frère de Markus Wolf et futur réalisateur de films d'Allemagne de l'Est, qu'il ne pouvait être retenu. Il y avait des officiers SS dans la forteresse, et s'ils soupçonnaient un seul instant qu'ils avaient en face d'eux un Allemand en uniforme russe, ils l'abattraient sur place. Ce fut le meilleur ami de Wolf, Vladimir Gall, qui fut finalement choisi. Grichine et lui émergèrent d'un rideau d'arbres avec un drapeau blanc et s'approchèrent lentement d'une barricade installée autour d'un char Tigre incendié, sur le pont de briques enjambant le fossé de la forteresse.

Les Allemands, les voyant arriver, leur lancèrent, d'un balcon de pierre s'élevant à une douzaine de mètres au-dessus de l'entrée principale, une échelle de corde à laquelle ils grimpèrent comme ils purent. Ils atteignirent finalement le balcon et, avec une considérable appréhension, pénétrèrent dans une salle presque obscure. Ils distinguèrent, dans la pénombre, un groupe d'officiers de la Wehrmacht et de la SS. L'homme faisant figure de commandant de la place était le colonel Jung, et son adjoint le lieutenant-colonel Koch. Avec ses lunettes cerclées de métal, son visage ridé, ses cheveux gris coupés court et son col d'uniforme mal fermé, Jung n'avait guère l'allure d'un soldat professionnel. Mais ni Grichine ni Gall n'avaient la moindre idée de ses véritables fonctions.

Des négociations s'engagèrent, menées, du côté soviétique, presque entièrement par Gall, car Grichine parlait très peu d'allemand. Koch expliqua aux deux officiers russes qu'Hitler avait donné des instructions pour que tout officier allemand tentant de rendre une forteresse soit exécuté sur-le-champ. Malheureusement, on ignorait encore, à la 47e Armée, qu'Hitler était mort.

Gall sentit que les officiers allemands, et les SS particulièrement, étaient dans un tel état d'épuisement qu'ils étaient parfaitement capables de tirer sur n'importe qui, quelles qu'en soient les conséquences. Il se hâta de leur dire que Berlin était maintenant presque entièrement occupé, que l'Armée rouge avait opéré sa jonction avec les Américains à Torgau, sur l'Elbe, et que toute résistance n'aboutirait qu'à des pertes de vies humaines inutiles. Il affirma que, s'il y avait reddition, il n'y aurait pas d'exécutions, que des vivres seraient distribués à tout le monde et que blessés et malades seraient soignés.

Il précisa qu'en cas de refus, si l'Armée rouge devait donner l'assaut, aucune de ces garanties ne serait respectée. « Nous sommes tous des soldats, déclara-t-il, et nous savons, les uns comme les autres, que beaucoup de sang sera versé. Et si nos hommes sont nombreux à tomber, je ne puis répondre des conséquences. De plus, si vous refusez de vous rendre, vous serez responsables de la mort de tous les civils que vous avez avec vous. Et l'Allemagne a déjà perdu tant de sang que chaque vie doit être importante pour son avenir. »

Les officiers SS le regardaient avec une haine totale. La tension était si grande qu'il craignait de voir « la moindre étincelle » provoquer une explosion. Conformément aux instructions de Grichine, il dit à ses interlocuteurs qu'ils avaient jusqu'à quinze heures pour se décider. Puis, dans un silence de mort, les deux officiers soviétiques se retournèrent pour s'en aller. Ils tremblaient quelque peu en descendant l'échelle. Gall ne pouvait s'empêcher de craindre qu'un officier SS ne coupe les cordes.

En arrivant au sol, ils n'avaient qu'un seul désir, c'était de courir à toutes jambes rejoindre leurs camarades les attendant à l'abri des arbres, mais ils se contraignirent à traverser d'un pas égal l'esplanade s'étendant devant la forteresse. Leurs camarades se précipitèrent vers eux, mais ils durent leur expliquer qu'aucune réponse n'avait été donnée. Il fallait attendre. Et la présence des officiers SS, jointe aux instructions données par Hitler, ne rendait pas les choses encourageantes.

Au quartier général de la 47e Armée, le général Perkhorovitch leur posa la même question : « Vont-ils se rendre ? »

« Nous ne savons pas, répondirent-ils. Nous leur avons donné jusqu'à quinze heures, comme convenu. S'ils acceptent, ils nous enverront un représentant. »

La tension ne cessa de monter parmi les officiers russes comme l'heure fixée approchait. Certains plaisantaient nerveusement sur la ponctualité allemande.

« Camarade capitaine ! cria soudain un soldat. Regardez ! Ils arrivent ! Ils arrivent ! »

On distinguait en effet sur le balcon de pierre deux hommes qui s'apprêtaient à descendre l'échelle de corde. La garnison allait donc se rendre. Gall se dit qu'il lui fallait essayer de se comporter comme si recevoir la reddition d'une forteresse était, pour lui, un simple travail de routine.

Quand les deux émissaires allemands, les lieutenants Ebbinghaus et Brettschneider, apparurent, les officiers et soldats russes se précipitèrent vers eux pour leur expédier des claques dans le dos avec de grands sourires. Les deux Allemands expliquèrent à Gall que les conditions de la reddition étaient acceptées, mais qu'elles devaient d'abord être précisées par écrit et signées.

Ils furent triomphalement conduits au quartier général de la 47e Armée, où, à la suite des célébrations du 1er mai, des bouteilles vides gisaient un peu partout. Un officier supérieur dormait encore sur un matelas posé sur le plancher. Réveillé en sursaut, il vit les deux officiers allemands et ordonna aussitôt qu'on leur prépare à manger. Le major Grichine parut à son tour, et, lorsqu'on lui dit que la garnison insistait pour avoir les conditions de sa reddition par écrit, il murmura : « Typiquement allemand ! »

Quand tout eut été dûment rédigé et signé, les officiers soviétiques allèrent chercher une bouteille de cognac et des verres afin que l'on porte un toast. Les Russes vidèrent leurs verres d'un seul trait, et lorsqu'ils s'aperçurent que le lieutenant Brettschneider, qui n'avait que fort peu mangé depuis une semaine, buvait de façon beaucoup plus prudente, ils s'esclaffèrent en hurlant : *« Woina kaputt ! »* – « La guerre est finie ! »

La fête fut interrompue par l'arrivée d'un colonel de l'état-major du 1er Front biélorusse. Quand on lui eut expliqué la situation, il se tourna vers le plus ancien des deux officiers allemands, le lieutenant Ebbinghaus, et lui demanda combien de temps, à son avis, la citadelle aurait pu tenir si elle avait été bombardée et canonnée par l'Armée rouge. « Au moins une semaine », répondit sèchement Ebbinghaus. Le colonel russe le regarda d'un air incrédule.

« La guerre est finie, intervint alors le major Grichine. Votre devoir d'officier est accompli. » Et il offrit un cigare au lieutenant Ebbinghaus. Deux heures plus tard, Grichine et Gall firent leur entrée dans la forteresse, non plus par le balcon mais par la porte principale. Des soldats soviétiques mettaient en tas les armes de la garnison, dont les membres quittaient la citadelle en colonnes.

Comme les deux officiers contemplaient la scène, Jung et Koch vinrent vers eux. « Nous allons devoir prendre congé de vous », leur dit Koch dans un russe parfait. Voyant leur surprise, il sourit et ajouta : « Oui, je parle un peu russe. J'ai vécu à Saint-Pétersbourg quand j'étais enfant. »

Gall pensa alors avec horreur que, durant les négociations, Koch avait dû saisir le moindre mot échangé entre Grichine et lui. Puis il se souvint, à son grand soulagement, qu'à aucun moment Grichine ne lui avait dit quelque chose comme : « Promettez-leur tout ce qu'ils veulent. Nous ferons ce que nous voudrons ensuite. »

Des civils pâles et tremblants émergeaient des caves de la forteresse. Le général Perkhorovitch demanda à Gall de leur dire qu'ils pouvaient maintenant rentrer chez eux. Une jeune femme portant un foulard noué en turban et tenant un bébé dans les bras vint vers lui et le remercia d'avoir persuadé la garnison de se rendre. Puis elle éclata en sanglots et se détourna.

La reddition de Spandau devait toutefois connaître quelques rebondissements inattendus. Le colonel Jung et le lieutenant-colonel Koch étaient en fait le professeur Gerhard Jung et le docteur Edgar Koch, les principaux spécialistes de gaz attaquant le système nerveux comme le sarin et le tabun. Et, dans leurs laboratoires, les activités ne se limitaient pas à ce qu'annonçait leur raison sociale.

Un lieutenant-colonel de la 47e Armée s'avisa de l'importance de la prise et en informa le général chargé de la commission technique de l'Armée rouge, qui voulut interroger les deux hommes dès le lendemain. Mais, entre temps, le NKVD avait eu vent de l'affaire, et, le soir du 1er mai, s'assura de la personne de Jung et de Koch. Le général technicien était furieux, mais il fallut attendre la mi-juin pour qu'il puisse découvrir où le NKVD détenait les deux savants et finisse par les récupérer. Ils furent finalement envoyés à Moscou par avion au mois d'août.

Deux autres éminents chercheurs, le docteur Stuhldreer et le docteur Schulte-Overberg, furent maintenus sous bonne garde à Spandau et reçurent ordre de « continuer leurs travaux ». Tous deux nièrent avoir jamais travaillé sur le tabun et le sarin, et, comme tous les stocks en avaient été détruits au moment où l'Armée rouge avait commencé à menacer Berlin, les experts soviétiques ne purent jamais rien prouver – ni même déterminer quelles questions poser.

Au cours de l'été, Stuhldreer et Schulte-Overberg furent, eux aussi, envoyés en URSS et rejoignirent Jung et Koch dans un camp spécial, à Krasnogorsk. Mais, sous l'impulsion du professeur Jung, tous refusèrent de coopérer avec les autorités soviétiques. Ils insistèrent sur le fait qu'ils étaient prisonniers de guerre. D'autres scientifiques allemands ayant accepté de collaborer avec les Soviétiques furent envoyés auprès d'eux pour tenter de les faire changer d'avis, mais sans résultat. Ils ne furent toutefois pas maltraités et furent finalement renvoyés en Allemagne avec l'un des derniers contingents de prisonniers de guerre, en janvier 1954.

Au sud de Berlin, les vestiges de la Neuvième Armée firent une ultime tentative pour traverser les lignes de Koniev. La Douzième Armée avait réussi à tenir juste assez longtemps dans le secteur de Beelitz pour maintenir ouverte une route d'évacuation en direction de l'Elbe et permettre aussi le repli de près de 20 000 hommes du très symbolique « Groupe d'Armées de la Spree » du général Reymann dans le secteur de Potsdam. Mais la pression soviétique s'accentuait. Le matin du 1er mai, Beelitz dut subir d'intenses tirs de canons d'assaut russes venus de Potsdam, tandis que les chasseurs-bombardiers Chtourmovik multipliaient leurs interventions.

Un régiment d'infanterie soviétique avait occupé le village d'Elsholz, à six kilomètres au sud de Beelitz, qui constituait un point de passage important pour les troupes allemandes épuisées. Heureusement pour celles-ci, la soudaine apparition des quatre derniers chars Panther de la Division *Kurmark* contraignit les soldats russes à battre en retraite. En fait, les chars, dont les réservoirs étaient pratiquement à sec, durent être abandonnés sur place, mais ils avaient dégagé la voie.

Beaucoup des soldats allemands étaient dans un tel état de fatigue et d'inanition qu'ils s'effondraient en arrivant à Elsholz. Les civils partageaient avec eux le peu de vivres dont ils disposaient et transportaient les blessés dans les locaux de l'école, où un médecin originaire de Berlin et une infirmière locale les soignaient du mieux qu'ils pouvaient. Seule une unité SS trouva la force de traverser le village sans y faire de pause.

Des combats continuaient à éclater derrière eux, dans les forêts, où les troupes de Koniev s'efforçaient de donner la chasse à des groupes isolés d'importance variable. Ce matin du 1er mai, une brigade de 4e Armée blindée de la Garde fut envoyée « liquider un important groupe d'Allemands » errant dans les bois. Selon le rapport de cette brigade, ses T-34 tombèrent sur une colonne de blindés allemands. « Le commandant d'unité soviétique, affirme le texte, se mit immédiatement au travail. En deux heures, l'ennemi perdit treize transports de troupes blindés, trois canons d'assaut, trois chars et quinze camions »[3]. Ce bilan glorieux est bien difficile à croire, aucun détachement allemand ne disposant plus d'un tel parc automobile.

Les troupes soviétiques tentaient également d'attaquer Beelitz. Un groupe de deux cents Allemands, appuyé par un canon d'assaut et le dernier char Tigre en fonction, essuya des tirs d'armes automatiques alors qu'il traversait des champs d'asperges au sud de la localité. Il ne restait à ce groupe qu'à poursuivre sa route à travers les bois et franchir à gué la rivière Nieplitz. Juste au-delà se trouvait le chemin qui menait jusqu'à Brück et au salut.

L'état-major de la Douzième Armée du général Wenck avait fait réunir tous les camions et tous les véhicules disponibles dans la région pour transporter les hommes épuisés, et fait mettre en place des cuisines roulantes afin de pouvoir les nourrir. On vit arriver entre 25 000 et 30 000 soldats, ainsi que plusieurs milliers de réfugiés civils [4]. « Quand les soldats arrivaient jusqu'à nous, déclarait le chef d'état-major de Wenck, le colonel Reichhelm, ils s'effondraient tout simplement. Il fallait parfois les frapper, car, autrement, ils ne seraient pas arrivés à monter dans les camions, et seraient restés là à mourir sur place. C'était terrible. » Le général Busse, rondelet à l'origine, était devenu incroyablement maigre. « Il était totalement au bout de ses ressources physiques. »

Beaucoup de ceux qui avaient vécu les horreurs du *Kessel* d'Halbe étaient envahis d'une colère que les années ne devaient pas contribuer à dissiper. Ils accusaient leurs chefs militaires d'avoir poursuivi les combats alors que tout était perdu. « Était-ce vraiment de l'obéissance inconditionnelle ? écrivit un survivant. Ou était-ce de la lâcheté face à leurs responsabilités ? Le soutien du corps des officiers pour Hitler a laissé un arrière-goût amer. Et durant les derniers jours, ils n'ont fait qu'essayer de sauver leur peau, et ont abandonné soldats, civils et enfants. »

Bien que contenant une bonne part de vérité, cette diatribe était finalement injuste par généralisation abusive, surtout si l'on considérait les efforts faits par la Douzième Armée pour sauver soldats et civils. Et, même dans la Neuvième Armée, tout n'était pas si noir. Il y avait bien des officiers qui avaient su conquérir le respect et l'affection de leurs hommes. C'était le cas du major Otto Christer Graf von Albedyll. Ayant vu la défaite de son armée, puis la destruction de son domaine de famille près de l'Éperon de Reitwein, il fut tué ce 1er mai en se portant au secours d'un homme grièvement blessé. Ses hommes l'enterrèrent au bord de la route d'Elsholz.

En revanche, un cas flagrant d'abandon de ses troupes par un officier général avait eu le don de faire bouillir de rage le colonel Reichhelm. Le général Holste, commandant le Corps blindé XLI, avait soudain fait son apparition à deux heures du matin au quartier général de la Douzième Armée, entre Genthin et Tangermünde. « Que faites-vous là, Herr General ? lui avait demandé Reichhelm, stupéfait. Pourquoi n'êtes-vous pas avec vos troupes ? » « Je n'en ai plus », avait répondu Holste. En fait, il les avait bel et bien abandonnées. Il avait pris la fuite avec sa femme, deux voitures et deux de ses meilleurs chevaux. Reichhelm alla réveiller le général Wenck pour lui demander l'arrestation d'Holste. Mais le chef de la Douzième Armée était trop épuisé pour réagir.

Reichhelm revint trouver Holste et lui dit : « Vous pouvez abandonner Hitler parce que c'est un criminel, mais vous ne pouvez abandonner vos soldats. » Holste ignora le propos et reprit sa route vers l'Elbe.

À Berlin, au cours de l'après-midi, arriva un message en provenance de la Chancellerie ordonnant que le dernier char Tigre appuyant la *Nordland* soit replié afin « d'être mis immédiatement à la disposition du général Mohnke ». Aucune explication n'était donnée. Il était probable que, sans en faire part à Goebbels, qui refusait catégoriquement toute idée de reddition, Bormann et Mohnke avaient commencé à préparer leur évasion de Berlin. Ils avaient, à cette fin, déjà fait venir des vêtements civils dans le bunker de la Chancellerie[5].

La reprise des bombardements et des tirs d'artillerie avait rendu les communications avec les détachements de Krukenberg encore plus difficiles. Fenet et ses Français défendaient toujours le siège de la Gestapo, dans la Prinz-Albrecht-Strasse. Les restes du régiment *Danmark* se trouvaient à quelques centaines de mètres à l'est, autour de la station d'U-Bahn de la Kochstrasse, dans la Friedrichstrasse, tandis que ceux du régiment *Norge* couvraient leur flanc gauche autour de la Leipziger Strasse et du Splittermarkt.

Goebbels, se rendant compte que la fin était maintenant très proche, convoqua dans son bureau, au Führerbunker, le docteur Kunz, le médecin SS qui avait accepté de supprimer ses six enfants. Goebbels était en conversation avec Naumann, le secrétaire général du ministère de la Propagande, et Kunz dut attendre une dizaine de minutes. Puis Goebbels et Naumann se levèrent et sortirent, laissant Kunz avec Magda Goebbels. Elle dit au médecin que la mort du Führer avait confirmé leur décision. Toute la famille devait mourir le soir même. Le docteur Kunz affirma ensuite qu'il avait tenté de persuader Magda Goebbels d'envoyer les enfants à l'hôpital et de les mettre sous la protection de la Croix-Rouge, mais qu'elle avait refusé. « Après que nous eûmes parlé pendant une vingtaine de minutes, raconta-t-il, Goebbels revint dans le bureau et me dit : " Docteur, je vous serais très reconnaissant si vous aidiez ma femme à tuer les enfants " »[6].

Kunz suggéra de nouveau d'envoyer les enfants à l'hôpital. « C'est impossible, répondit le Reichsminister de la Propagande.

Ce sont les enfants de Goebbels. » Sur ce, il quitta la pièce. Le docteur Kunz resta avec Magda Goebbels, qui fit des réussites pendant une heure.

Un peu plus tard, Goebbels revint et eut une brève conversation avec sa femme. Celle-ci se tourna vers Kunz et lui dit : « Les Russes risquent d'arriver à tout moment et de nous empêcher d'exécuter notre plan. C'est pourquoi nous devons nous dépêcher de faire ce que nous avons à faire. »

Magda Goebbels conduisit d'abord Kunz dans sa chambre, où elle prit sur une étagère une seringue emplie de morphine. Puis ils se rendirent dans la chambre des enfants. Les cinq petites filles et le petit garçon étaient déjà au lit, mais ils ne dormaient pas. « N'ayez pas peur, les enfants, leur dit leur mère. Le docteur va vous faire une vaccination qui est maintenant obligatoire pour les soldats et pour les enfants. » Puis elle quitta la pièce, et Kunz commença à injecter la morphine. « Après cela, déclara-t-il plus tard à ses interrogateurs du SMERSH, je suis revenu dans la première pièce et j'ai dit à Frau Goebbels qu'il nous faudrait attendre une dizaine de minutes pour que les enfants s'endorment. J'ai alors regardé ma montre et j'ai vu qu'il était neuf heures moins vingt. »

Kunz déclara aussi qu'il ne pouvait se résoudre à donner du poison aux enfants endormis. Magda Goebbels lui dit alors d'aller chercher le docteur Stumpfegger, le médecin personnel d'Hitler. Et, avec Stumpfegger, elle ouvrit la bouche de chacun des enfants, y plaça une ampoule de poison et referma la mâchoire de façon à ce que les dents viennent écraser l'ampoule. On devait retrouver des ecchymoses sur le visage de la fille aînée, Helga, ce qui semblait indiquer que, n'ayant pas été complètement endormie, elle avait tenté de résister. La chose faite, Stumpfegger se retira, et Kunz se rendit avec Magda dans le bureau de Goebbels, qui arpentait la pièce d'un air nerveux.

« C'est fini pour les enfants, lui dit sa femme. Maintenant, il nous faut penser à nous. »

« Faisons vite, déclara Goebbels. Nous n'avons pas beaucoup de temps. »

Magda Goebbels prit avec elle l'insigne en or du Parti qu'Hitler lui avait remis le 27 avril en gage de son admiration et son étui à cigarettes, également en or, portant l'inscription « Adolf Hitler, 29 mai 1934 ». Puis le couple monta jusque dans les jardins de la Chancellerie, accompagné par l'aide de camp de Goebbels, Günther Schwägermann. Ils s'étaient munis de deux pistolets Walther. Joseph et Magda Goebbels se placèrent côte à côte à quelques mètres de l'endroit où les corps d'Hitler et de sa femme avaient été brûlés. Ils firent craquer entre leurs dents des ampoules de cyanure et se tirèrent simultanément une balle dans la tête – à moins que Schwägermann s'en soit chargé. Les deux pistolets furent laissés avec les corps, que Schwägermann, comme prévu, arrosa d'essence avant d'allumer le dernier bûcher funéraire du Troisième Reich.

À 21 heures 30, la radio de Hambourg annonça au peuple allemand qu'une nouvelle grave et importante allait être annoncée. Une musique funèbre empruntée à Wagner et à la Septième Symphonie de Bruckner fut jouée afin de préparer les auditeurs à la déclaration du grand amiral Dönitz à la nation. L'amiral annonça qu'Hitler était « tombé », combattant « à la tête de ses troupes » et que lui-même lui succédait. Faute de courant électrique, très peu de personnes, à Berlin, entendirent la nouvelle.

Bormann avait naturellement été impatient de voir se conclure le drame de la famille Goebbels. La reddition de Weidling devait avoir lieu à minuit, et la tentative de percée vers le nord, au-delà de la Spree, devait commencer une heure avant. Le personnel du Führerbunker, comprenant notamment Traudl Junge, Gerda Christian et Constanze Manzialy, avait été invité à se rassembler et à se tenir prêt au départ. Krebs et Burgdorf, qui avaient l'intention de se suicider ultérieurement, n'étaient pas présents.

Krukenberg, qui avait été convoqué un peu avant par Mohnke, se retrouva avec Artur Axmann et Ziegler, le précédent commandant de la Division *Nordland*. Mohnke demanda à Krukenberg s'il souhaitait continuer à défendre le centre de Berlin. Il ajouta que le général Weidling avait donné ordre de tenter une percée à travers les lignes soviétiques en direction du nord-ouest, mais qu'un cessez-le-feu devait intervenir aux environs de minuit. Krukenberg se déclara prêt à se joindre à la tentative de percée. Ziegler et lui s'en allèrent rassembler la *Nordland* et les unités voisines. Krukenberg envoya un de ses officiers, porter des messages aux détachements se trouvant à la pointe de son dispositif afin de leur commander de se replier. Le groupe de Fenet, qui défendait toujours le siège de la Gestapo dans la Prinz-Albrecht-Strasse, ne fut pas alerté. L'officier de Krukenberg, que personne ne revit, avait vraisemblablement été tué avant de pouvoir le joindre.

Un certain chaos régnait dans le bunker de la Chancellerie, alors que Bormann et Mohnke tentaient de répartir en groupes le personnel à évacuer. En fin de compte, celui-ci ne prit le départ que vers vingt-trois heures, deux heures plus tard que prévu. Le premier groupe, conduit par Mohnke, sortit par les caves de la Chancellerie et emprunta un itinéraire compliqué jusqu'à la gare de la Friedrichstrasse. Les autres suivaient à intervalles réguliers. La partie la plus difficile et la plus dangereuse du parcours se situait juste au nord de la gare, où il fallait franchir la Spree. Cela ne pouvait se faire sous le couvert de l'obscurité, car les flammes dévorant les immeubles bombardés éclairaient tout le secteur comme en plein jour. Le premier groupe, qui comprenait Mohnke et les secrétaires, eut la sagesse d'éviter le grand pont de Weidendammer. Il utilisa une passerelle métallique située trois cents mètres plus bas et se dirigea vers l'hôpital de la Charité.

Le groupe principal, toutefois, emprunta le pont de Weidendammer. Le char Tigre de la *Nordland* et un canon d'assaut devaient ouvrir le passage. Le bruit d'une tentative de sortie s'étant vite répandu, des centaines de soldats, de la SS comme de la Wehrmacht, et de civils s'étaient rassemblés. Un tel attroupement ne pouvait échapper à l'œil des Soviétiques. La première ruée, menée par le char Tigre, eut lieu peu après minuit. Le char réussit à fracasser la barrière, à l'extrémité nord du pont, mais la troupe se trouva rapidement prise sous un feu intense venu de la Ziegelstrasse. Un projectile antichar vint frapper le Tigre et de nombreux soldats et civils furent fauchés par la mitraille. Axmann fut blessé, mais il réussit à poursuivre tant bien que mal sa route. Bormann et le docteur Stumpfegger furent projetés au sol par la déflagration au moment où le char fut touché, mais ils se remirent debout et continuèrent. Bormann portait sur lui le dernier exemplaire du testament d'Hitler. Il espérait, de toute évidence, s'en servir pour revendiquer une position dans le gouvernement du grand amiral Dönitz lorsqu'il arriverait au Schleswig-Holstein.

Une autre tentative de franchissement du pont fut faite peu après, sous la protection d'un canon antiaérien de 20 mm autopropulsé et à quadruple tube et d'un engin semi-chenillé. Elle se solda, dans l'ensemble, par un échec. Une troisième tentative suivit vers une heure du matin, et une quatrième une heure plus tard.

Pendant un certain temps, Bormann, Stumpfegger, Schwägermann et Axman restèrent groupés. Ensemble, ils suivirent la ligne de chemin de fer jusqu'à la gare de la Lehrter Strasse. Puis ils se séparèrent. Bormann et Stumpfegger partirent vers le nord-est, en direction de la gare de Stettin. Axmann partit dans le sens opposé, mais il se heurta à une patrouille soviétique. Il revint sur ses pas, reprenant l'itinéraire qu'avait emprunté Bormann. Peu après, il tomba sur deux cadavres. Il les identifia comme étant ceux de

Bormann et de Stumpfegger, mais n'eut pas l'occasion de déterminer comment ils avaient été tués.

Pendant ce temps, Krukenberg avait réussi à rassembler la majeure partie de ses SS français. Ils rejoignirent Ziegler et un contingent nettement plus important de la *Nordland*. Il y avait parmi cet ensemble, estima Krukenberg, quatre ou cinq titulaires de la Croix de chevalier. Ils réussirent à traverser la Spree peu avant l'aube, mais essuyèrent un feu nourri quelques centaines de mètres avant la station d'U-Bahn de Gesundbrunnen. Ziegler fut touché par ricochet et mortellement blessé. Plusieurs autres tombèrent, parmi lesquels Eugène Vaulot, le jeune Français récemment décoré de la Croix de chevalier. Il mourut trois jours plus tard dans une cave voisine.

Les troupes soviétiques s'étaient si puissamment renforcées dans ce secteur que Krukenberg et ceux qui restaient autour de lui n'eurent d'autre solution que de battre en retraite en refaisant le chemin qu'ils avaient déjà parcouru. En haut de la Ziegelstrasse, ils virent le char Tigre dont Mohnke les avait privés. Son équipage avait disparu.

L'un des officiers de Krukenberg avait repéré un atelier de menuiserie non loin de là. Ils y trouvèrent des combinaisons de travail qui leur permirent de se déguiser. Krukenberg réussit à gagner Dahlem, où il se cacha pendant plus d'une semaine chez des amis. Mais finalement, il n'eut d'autre solution que de se rendre.

Informé de ces tentatives d'évasion par le général Kouznetsov, de la 3e Armée de choc, Joukov ordonna immédiatement une alerte générale. Il était saisi d'une inquiétude bien compréhensible à l'idée que d'importantes personnalités nazies, à commencer par Hitler, Goebbels et Bormann, pourraient tenter de s'échapper. Il n'était pas difficile d'imaginer la fureur de Staline au cas où cela se serait produit.

En toute hâte, les officiers soviétiques s'efforcèrent de rassembler les hommes qui cuvaient encore l'alcool ingurgité à l'occasion du 1er mai ou faisaient la chasse aux femmes. Des brigades de chars de la 2e Armée blindée de la Garde furent envoyées en expédition, et des barrages furent mis en place un peu partout. Ces mesures de sécurité exceptionnelles firent échouer une deuxième tentative de percée vers le nord, effectuée dans la Schönhauser Allee par les troupes du général Bärenfänger. Bärenfänger, nazi convaincu, se suicida avec sa jeune épouse dans une petite rue du quartier.

Peu avant minuit, heure à laquelle le colonel Haller avait promis la reddition du bunker de DCA du Zoo, les derniers chars et les derniers engins semi-chenillés de la Division blindée *Müncheberg* et de la 18e Division d'infanterie portée démarrèrent du Tiergarten dans la direction de l'ouest. Puis ils bifurquèrent vers le nord-ouest, vers le Stade olympique et Spandau. Dans ce cas également, la nouvelle d'un mouvement imminent s'était vite répandue. Le bruit qui courait était que l'armée de Wenck était à Nauen, au nord-ouest de la ville, et que des trains-hôpitaux attendaient les soldats pour les transporter à Hambourg. Des milliers de traînards, d'isolés et de civils prirent cette direction, à pied ou à bord des véhicules les plus divers. Un groupe d'une cinquantaine de techniciens et employés de la radio quittèrent les locaux de la Grossdeutscher Rundfunk avec trois camions. Parmi eux se trouvait le jeune frère d'Himmler, Ernst, brillant metteur en ondes.

Le Charlottenbrücke, le pont franchissant l'Havel en direction de la vieille ville de Spandau, était encore debout et se trouvait défendu par des détachements de la Jeunesse Hitlérienne. Sous une pluie battante et un déluge d'obus tirés par les batteries de la 47e Armée, les blindés foncèrent, suivis par une foule mélangée de soldats et de civils. S'ensuivit un épouvantable massacre. « Il y avait du sang partout et des camions explosaient », raconta l'un des survivants.

Une tactique fut alors mise en pratique de façon quasi spontanée. Des canons antiaériens autopropulsés comportant quatre tubes de 20 mm fournirent, de la rive est de l'Havel, un tir de couverture d'une bonne minute, destiné à faire baisser la tête aux Soviétiques. Pendant la minute en question, toute une vague de soldats et de civils réussit à traverser le pont pour aller se réfugier dans les maisons en ruines, de l'autre côté de la rivière. Mais les blessés ou ceux qui se montrèrent trop lents furent ensuite surpris à découvert par l'artillerie soviétique. Il en fut de même pour des vagues successives de piétons, de camions, de voitures et de motocyclettes, dont beaucoup roulaient sur des corps déjà écrasés par les chenilles des blindés. Ernst Himmler fit partie de ceux qui moururent sur le Charlottenbrücke, tué par les tirs d'artillerie ou laminé par les véhicules.

Malgré l'ampleur du massacre qui se déroula sur le pont, la simple masse des Allemands qui continuaient à s'y ruer força les troupes soviétiques à se replier de la rive de l'Havel. Mais des mitrailleuses russes installées dans le beffroi de l'hôtel de ville de Spandau firent encore un nombre important de victimes. Puis deux des chars Tigre se mirent à canonner l'hôtel de ville, et un petit commando de la 9e Division parachutiste alla nettoyer le beffroi. Les blindés poussèrent vers l'ouest, en direction de Staaken, mais, au cours des deux jours qui suivirent, la plupart des soldats furent encerclés et faits prisonniers. Seule une poignée d'entre eux atteignit l'Elbe.

Sur les ordres de l'état-major du Front, des officiers soviétiques fouillèrent soigneusement les restes calcinés des chars. « Parmi ceux qui y avaient été tués, écrivit Joukov, on ne retrouva aucun membre de l'entourage d'Hitler, mais il était impossible d'identifier tous les restes. » Nul ne sait non plus combien de personnes périrent dans ces tentatives désespérées pour échapper à la captivité chez les Soviétiques.

Le 2 mai à 1 heure 55 du matin, un speaker de dix-huit ans, Richard Beier, assura la toute dernière émission de la Grossdeutscher Rundfunk de son studio installé dans un bunker de la Masurenallee. Dans leur ruée, les Soviétiques avaient oublié l'émetteur de Tegel. « Le Führer est mort, annonça Beier, conformément à son texte. Vive le Reich ! »

26

LA FIN DE LA BATAILLE

Peu après une heure du matin, le 2 mai, on alla réveiller de nouveau le général Tchouikov. Des unités de transmissions de l'Armée rouge avaient capté des messages répétés du Corps blindé LVI allemand demandant un cessez-le-feu, et précisant que des parlementaires allaient se présenter avec un drapeau blanc au pont de Potsdam. Il s'agissait du colonel von Dufving, accompagné de deux autres officiers. Après avoir négocié avec l'un des représentants de Tchouikov, le colonel retourna trouver le général Weidling. Celui-ci se rendit avec son état-major à six heures du matin et fut conduit au quartier général de Tchouikov où il prépara un ordre de capitulation à l'intention de la garnison de Berlin.

En cette aube glaciale, les derniers prisonniers de la Gestapo restés au siège de celle-ci, dans la Prinz-Albrecht-Strasse, ne savaient pas encore s'ils étaient sur le point d'être libérés par l'Armée rouge ou massacrés par leurs gardiens. Le pasteur Reinecke, le seul prêtre à avoir été épargné lors des exécutions sommaires de la semaine précédente, écrivit dans une lettre : « L'expérience que j'ai faite du sadisme durant la semaine et demie qui vient de s'écouler défie la description. »

Ces survivants étaient fort divers. L'un des compagnons de cellule du pasteur Reinecke était le communiste Franz Lange, qui déclara ensuite que, bien qu'ayant tourné le dos à la religion dès l'âge de seize ans, il n'oublierait jamais la capacité du pasteur à trouver la force de vivre par la prière silencieuse. Avec eux se trouvait aussi Joseph Wagner, un ancien Gauleiter de Silésie, dissident du régime pour cause de catholicisme et arrêté par la Gestapo après le complot de juillet 1944.

Le 1er mai, les gardes SS avaient ouvert les portes des cellules et fait brutalement descendre les détenus au rez-de-chaussée, en tuant un en chemin, un sous-officier de la Wehrmacht. Les six qui restaient avaient été enfermés ensemble avec de l'eau et quelques vivres dans une salle voisine du poste de garde. Lange avait entendu le Sturmbannführer commandant la garde expliquer à l'un de ses hommes : « Nous épargnons ceux-là pour bien montrer que nous ne tuons pas les prisonniers. » Durant l'après-midi, les six rescapés purent entendre les gardes faire leurs préparatifs de départ. À la tombée de la nuit, ils se retrouvaient seuls dans l'immeuble abandonné.

Le 2 mai, peu après l'aube, ils entendirent des voix. Le judas de leur porte s'ouvrit et on leur demanda en russe la clé. « Pas de clé, répondit le communiste Lange, qui parlait un peu russe. Nous sommes prisonniers. » Le soldat s'éloigna et, peu après, la porte fut défoncée à la hache.

Les soldats soviétiques les emmenèrent se nourrir à l'ancienne cantine des gardes SS, mais l'arme de l'un d'eux se déchargea accidentellement, comme cela n'arrivait que trop fréquemment dans l'Armée rouge. L'ancien Gauleiter Joseph Wagner tomba mort à côté du pasteur Reinecke.

D'autres soldats de l'Armée rouge ne perdaient pas de temps. Ils découpaient les panneaux de soie tendant les murs du grand salon de réception d'Himmler et en faisaient de petits paquets prêts à être envoyés chez eux.

Dans le Führerbunker, après avoir bu une quantité considérable de cognac durant la nuit, le général Krebs et le général Burgdorf s'assirent côte à côte à l'approche de l'aube, tirèrent leurs pistolets Luger de leurs étuis et se firent sauter la cervelle. Le capitaine Schedle, commandant l'unité de garde de la *Leibstandarte* à la Chancellerie, se tira également une balle dans la tête. Une blessure au pied l'avait empêché de s'enfuir avec le groupe de Martin Bormann. Si l'on exceptait les blessés, les médecins et les infirmières dans les caves, la Chancellerie du Reich était pratiquement déserte lorsque Rochus Misch, sans doute le dernier membre de la *Leibstandarte* à quitter le bâtiment, s'éclipsa discrètement.

Le récit dramatique fait par les Soviétiques de l'assaut contre la Chancellerie et des combats qui l'auraient accompagné doit être traité avec la plus grande circonspection, d'autant que la très grande majorité des hommes de Mohnke et de Krukenberg avaient participé à la sortie de la nuit précédente. Tout porte à croire que la propagande soviétique voulut simplement faire de la prise de la Chancellerie le pendant de la prise du Reichstag. Le drapeau fut hissé sur le toit par le major Anna Nikoulina, du service politique du 9e Corps d'infanterie, appartenant à la 5e Armée de choc de

Berzarine, tandis que « le sergent Gorbatchov et le soldat Bondarev en accrochaient un autre à l'entrée principale ».

Des fugitifs de la nuit précédente, seul le premier groupe à prendre le départ avait réussi à rester homogène. Conduit par Mohnke, il comprenait le pilote personnel d'Hitler, Hans Baur, le chef de sa garde personnelle, Hans Rattenhuber, les secrétaires et la diététicienne, Constanze Manzialy. Durant les premières heures du 2 mai, les membres du groupe durent se cacher dans une cave proche de la Schönhauser Allee, le quartier grouillant de soldats soviétiques. Ils y restèrent jusqu'à l'après-midi, mais furent finalement découverts. Toute résistance était vaine. Les hommes furent arrêtés immédiatement, mais les femmes furent laissées libres de s'en aller.

Traudl Junge et Gerda Christian se déguisèrent en hommes, mais la séduisante Tyrolienne Constanze Manzialy se trouva séparée d'elles presque immédiatement. Selon certains, elle fut violée par un groupe de fantassins soviétiques. Nul ne sait si elle eut ensuite recours à l'ampoule de cyanure qu'Hitler avait remise, dans un étui de cuivre, à tous les membres de son personnel. Nul ne la revit jamais. Malgré quelques périlleuses aventures, Traudl Junge et Gerda Christian réussirent l'une et l'autre à atteindre l'autre rive de l'Elbe.

Nombres d'officiers et de soldats s'étaient arrangés pour passer dans des brasseries leur dernière nuit de liberté. Le capitaine Finkler, de la 9e Division parachutiste, rencontra son chef de corps dans un établissement de ce genre, dans Prenzlauer Berg, non loin de l'endroit où Mohnke et son groupe avaient été contraints de se cacher. Ils partagèrent une bouteille de vin qu'ils se repassaient après chaque rasade, car il n'y avait plus de verres.

Dans une autre brasserie, au petit matin, un jeune servant de DCA de la Luftwaffe fut intrigué par des coups de feu qu'il entendait à proximité. « Viens derrière la maison, lui dit alors un de ses camarades. Les SS se suicident. Viens voir. » Beaucoup étaient des Waffen SS étrangers.

L'aide de camp SS d'Hitler, Otto Günsche, fut fait prisonnier par l'Armée rouge au cours de la matinée. Comme Mohnke, Rattenhuber et les autres, il fut immédiatement remis au SMERSH pour interrogatoire. Staline voulait savoir de façon certaine ce qui était arrivé à Hitler – et s'il était ou non en vie.

La décision en date du 29 avril d'envoyer le SMERSH de la 3e Armée de choc à la Chancellerie du Reich, objectif se trouvant incontestablement dans le secteur imparti à la 5e Armée de choc, n'avait pu être prise qu'au plus haut niveau. Apparemment, Beria et le général Abakoumov, le chef du SMERSH, n'en avaient aucunement informé Joukov et les autorités militaires. De plus, ils semblaient avoir court-circuité le rival d'Abakoumov, le général Serov, chef du NKVD pour le 1er Front biélorusse.

L'équipe du SMERSH, qui disposait de ses propres unités de transmissions, avait probablement mis celles-ci à l'écoute des communications de la 5e Armée de choc. Les hommes du SMERSH arrivèrent immédiatement après qu'eut été diffusé le message annonçant que la Chancellerie avait été attaquée. Le général Berzarine ayant promis l'étoile d'or de Héros de l'Union soviétique au soldat qui découvrirait le corps d'Hitler, les hommes ayant pris la Chancellerie ne furent guère ravis de s'en voir soudain expulser par les officiers du SMERSH. Seul le cordon sanitaire constitué par Berzarine autour de l'ensemble fut laissé en place. Insulte supplémentaire à l'égard de la 5e Armée de choc, ce fut un détachement du génie de la 3e Armée de choc qui fut préposé à fouiller la Chancellerie, à la recherche de pièges et d'explosifs.

Le capitaine Chota Soulkhanichvili, qui commandait ce détachement du génie, était fort mal à l'aise de travailler avec les membres du SMERSH. « Mes camarades et moi, devait-il déclarer, nous tenions aussi loin d'eux que possible. Nous avions peur d'eux. » Mais les gens du SMERSH, eux, avaient tout aussi peur d'être volatilisés par une explosion soudaine. Aussi suivirent-ils soigneusement les instructions des sapeurs jusqu'à la fouille complète des lieux.

En fait, les seuls engins explosifs que l'on trouva furent des Panzerfaust prêts à l'usage, emballés par paquets de trois. Les sapeurs restèrent, en revanche, éblouis devant les réserves de champagne et de pains sous cellophane. Soulkhanichvili, qui avait combattu à Stalingrad, ne put s'empêcher de penser au pain gelé qui ne pouvait même pas être coupé à la hache.

Dans les jardins, le détachement trouva deux cadavres si calcinés qu'ils « s'étaient rétrécis et ressemblaient à des marionnettes ». Ayant terminé leur travail, les sapeurs furent rapidement congédiés. Examinant les corps brûlés, les officiers du SMERSH n'eurent aucun mal à identifier Goebbels par la forme de son crâne et par son pied infirme. À ses côtés se trouvait sa femme Magda, avec l'étui à cigarettes en or et l'insigne donné par Hitler[1].

Ce qui préoccupait le plus le détachement, étroitement contrôlé par le général Alexandre Anatolievitch Vadis, chef du directorat du SMERSH pour le 1er Front biélorusse, était de retrouver le corps d'Hitler. La pression de Moscou à cet égard était intense. Le matin même, la *Pravda* avait affirmé que l'annonce de la mort du Führer n'était qu'une « astuce fasciste ». On peut difficilement croire qu'une telle position ait pu être adoptée sans l'accord de Staline. Le sort d'Hitler allait constituer un problème politique d'envergure tant que la réalité des faits n'aurait pas été établie.

Le maréchal Joukov, bien conscient de la chose, se rendit à la Chancellerie le jour même, alors que les combats n'avaient pas encore cessé dans Berlin. « On ne me laissa pas descendre dans le bunker », raconta Joukov vingt ans plus tard. On lui assura que l'endroit n'était pas sûr. On lui affirma également que « les Allemands avaient enterré tous les corps, mais nul ne savait qui ni où ». Cependant, le corps de Goebbels n'avait pas été enterré. Il avait été retrouvé à la surface du sol.

Apparemment, Joukov se vit de nouveau refuser l'accès des lieux deux jours plus tard. L'état-major du 1er Front biélorusse fut informé de la découverte du corps de Goebbels mais de rien d'autre. Le général Telegine, chef du service politique du Front, demanda instamment à la *Stavka*, à Moscou, l'envoi d'experts en médecine légale.

Pendant ce temps, les officiers du SMERSH continuaient à fouiller le salon et la chambre d'Hitler, examinant ses tuniques et contemplant le portrait du Frédéric le Grand qui avait accompagné les derniers jours du Führer. L'interprète Yelena Rjevskaïa, elle, avait commencé à travailler sur les documents de la Chancellerie. Elle avait découvert dix épais carnets représentant le journal de Goebbels jusqu'en juillet 1941 – découverte dont le général Vadis revendiqua d'ailleurs le mérite. Elle voyait, en même temps, leur téléphoniste, une certaine Raya, essayer une robe du soir blanche ayant appartenu à Eva Braun et la rejeter car elle en trouvait le décolleté indécent. Elle fit, en revanche, main basse sur une paire de souliers bleus.

Dans les caves de la Chancellerie, le professeur Haase et le docteur Kunz continuaient à s'occuper des blessés gisant dans les corridors. Il ne leur restait plus que deux infirmières. Beaucoup des jeunes filles de l'équivalent féminin de la Jeunesse Hitlérienne qui étaient venues les aider avaient dû se précipiter pour assurer l'évacuation des blessés installés dans les caves de l'Hôtel Adlon, celui-ci étant en flammes.

Le SMERSH ne toucha pas à l'hôpital improvisé de la Chancellerie. L'une des infirmières décrivit même le comportement des officiers soviétiques comme « exemplaire ». L'un d'eux conseilla même aux femmes de verrouiller leurs portes la nuit car « il ne pouvait répondre de ses soldats ».

Le SMERSH avait presque immédiatement commencé à trier ses prisonniers. Ceux qui étaient retenus pour interrogatoire étaient conduits à l'Institut du Reich pour les aveugles, dans l'Oranienstrasse. Mais les interrogateurs se refusaient à croire ce qu'on leur disait du suicide d'Hitler. Vadis faisait venir de plus en plus d'hommes dans le bunker de la Chancellerie afin de fouiller celui-ci centimètre par centimètre, mais la besogne se révélait difficile et surtout pénible. Le générateur électrique était tombé en panne. Il n'y avait donc d'autre lumière que celle fournie par les torches individuelles, et, le système de ventilation ne fonctionnant plus, l'atmosphère était devenue lourde et humide.

L'absence de succès dans ces recherches amena Staline à ordonner à Beria l'envoi d'un autre général du NKVD, représentant théoriquement la *Stavka* pour superviser les opérations et fournir des rapports réguliers au Kremlin.

Personne ne fut autorisé à connaître son nom, pas même les officiers du groupe opérationnel du SMERSH. Le major Bystrov et ses collègues devaient rendre compte à ce nouveau général de tous les interrogatoires effectués par eux. Après chaque séance, le général téléphonait à Beria sur une ligne inviolable pour lui faire son rapport. L'obsession du secret était telle qu'on faisait signer à Yelena Rjevskaïa chaque procès-verbal d'interrogatoire avec spécification qu'elle commettrait une atteinte à la sécurité de l'État si elle répétait le moindre mot de ce qui avait été dit.

Quand les 350 hommes constituant la garnison du bunker du Zoo se rendirent, le colonel Haller avertit apparemment l'un des officiers soviétiques que deux généraux espérant s'échapper discrètement de Berlin se cachaient à l'intérieur. L'un d'eux, en fait, s'était déjà suicidé lorsque les soldats russes le trouvèrent, au quatrième étage de la tour de béton. Ils emmenèrent l'écrivain Konstantin Simonov le voir [2].

Simonov venait juste d'arriver à Berlin en ce matin du 2 mai. Des détonations sporadiques continuaient à se faire entendre. Elles provenaient généralement de tirs de l'artillerie soviétique sur des immeubles où des SS refusaient toujours de se rendre. Simonov parla, à ce sujet, de « convulsions d'après le trépas ».

Il n'y avait plus d'électricité dans le bunker du Zoo. C'est donc à la lueur d'une torche électrique qu'un lieutenant conduisit l'écrivain jusqu'à une petite chambre bétonnée. « Sur la couchette, les yeux ouverts, écrivit Simonov, gisait le général mort, un homme de haute taille, d'environ quarante-cinq ans, avec des cheveux courts et un beau visage calme. Sa main droite, le long de son corps, était crispée sur un pistolet. De la gauche, il tenait par les épaules le corps d'une jeune femme allongée à côté de lui. Elle avait les yeux clos. Elle était jeune et belle, vêtue, je m'en souviens très bien, d'une blouse anglaise blanche à manches courtes et d'une jupe d'uniforme grise. Le général portait de hautes bottes, une chemise bien repassée. Le col de sa tunique était déboutonné. Entre ses jambes, il serrait une bouteille de champagne encore au tiers pleine. » L'image illustrait bien, selon Simonov, la fin de « la gloire crapuleuse de l'ancien empire fasciste ».

Simonov se félicitait du fait que la reddition de la capitale du Reich ait été reçue par le général Tchouikov, qui avait assuré la défense de Stalingrad. « C'était, écrivit-il, comme si l'Histoire elle-même avait fait de son mieux pour amener cette armée à Berlin et faire paraître la reddition de la ville particulièrement symbolique »[3].

Les symboles, cependant, les Allemands moyens n'en avaient plus que faire. Ils recouvraient de journaux ou de pièces d'uniformes les visages des soldats morts et allaient faire la queue aux cuisines roulantes de l'Armée rouge, qui, sur l'ordre de Berzarine, avaient commencé à leur servir à manger. Le fait qu'il y eût, à ce moment, en Asie centrale soviétique une famine réduisant certaines populations au cannibalisme, n'avait modifié en rien la nouvelle politique du Kremlin visant à amadouer le peuple allemand[4]. Toutefois, cette modification de la ligne du Parti à l'égard de l'Allemagne ne faisait pas encore sentir ses effets aux plus bas échelons de l'Armée rouge.

Des soldats soviétiques entraient, pistolet-mitrailleur au poing, dans des hôpitaux de campagne improvisés et enfonçaient le canon de leur arme dans la poitrine des blessés en leur demandant d'un ton menaçant : *« Du SS ? »* La question fut ainsi posée à un Waffen SS suédois de la Division *Nordland*, qui répondit qu'il n'etait qu'un simple soldat de la Wehrmacht. *« Da, da, du SS ! »* insistait le Soviétique. Le Suédois, qui avait détruit tous ses papiers, y compris son passeport, indiquant qu'il était allé se battre aux côtés des Finlandais contre les Russes, réussit à sourire en affirmant à l'homme de l'Armée rouge que cette affirmation était ridicule Le soldat soviétique finit par renoncer, sans avoir remarqué la sueur froide qui avait envahi son interlocuteur. Il fallut encore six mois au NKVD pour apprendre que les membres de la SS avait « leur groupe sanguin tatoué à l'intérieur du bras gauche »[5].

Sur l'Alexanderplatz et la Pariser Platz, les blessés étaient simplement étendus sur le sol, enveloppés dans des couvertures.

Des infirmières de la Croix-Rouge allemande et des bénévoles du B.d.M. continuaient à s'occuper d'eux. Juste au nord, les canons soviétiques pilonnaient encore un groupe de SS retranché dans un immeuble des bords de la Spree. De tous côtés, la fumée montant des maisons en ruines obscurcissait toujours le ciel.

Des soldats de l'Armée rouge faisaient sortir des caves et des tunnels des hommes de la Wehrmacht, de la SS, de la Jeunesse Hitlérienne et de la Volkssturm, le visage noir de suie, de fumée et de barbe, les bras levés. Certains civils allemands dénonçaient aux officiers soviétiques les soldats qui essayaient de continuer à se cacher.

Vassili Grossman accompagna le général Berzarine dans une visite du centre de Berlin. Il fut sidéré par l'étendue des destructions tout autour de lui, se demandant quelle avait été la part des bombardements américains et britanniques dans ce laminage d'une cité. Un vieux couple juif s'approcha de lui et s'enquit du sort qu'avaient connu les israélites déportés. Lorsqu'il confirma leurs pires craintes, le vieil homme fondit en larmes. Il fut accosté un peu plus tard par une Allemande portant un élégant manteau d'astrakan. Ils conversèrent plaisamment pendant quelques instants, puis elle lui dit brusquement : « Mais vous n'êtes certainement pas un commissaire juif ? »[6].

Les officiers allemands qui avaient signé à tous leurs hommes des fiches de démobilisation avaient perdu leur temps. Tout ce qui portait un semblant d'uniforme, pompiers et cheminots compris, était systématiquement raflé et allait rejoindre des colonnes de prisonniers destinées à être envoyées vers l'est.

« Un flot d'impressions terribles, notait Vassili Grossman. Des incendies et de la fumée, de la fumée, de la fumée. D'immenses foules de prisonniers de guerre. Les visages portent le sceau de la tragédie, et ce qu'on lit sur beaucoup d'entre eux ne traduit pas seulement la souffrance personnelle mais celle du citoyen d'un pays détruit… Des prisonniers partout. Des policiers, des employés, des vieillards et des écoliers, presque des enfants. Beaucoup des hommes sont accompagnés de leurs épouses, de belles jeunes femmes, dont certaines s'efforcent de rire pour réconforter leurs maris. Un jeune soldat avec deux enfants, un garçon et une fille. Les gens, tout autour, se montrent compatissants envers les prisonniers. Le visage plein de tristesse, ils leur donnent de l'eau et du pain. »

Dans le Tiergarten, Grossman vit un soldat blessé assis sur un banc, avec une jeune aide-soignante qui l'enlaçait. « Ils ne regardent personne, écrivit-il. Le monde extérieur a cessé d'exister pour eux. Quand je repasse devant eux une heure plus tard, ils sont toujours là, assis dans la même position »[7].

« Ce jour froid, couvert et pluvieux, écrivit-il également, est bien celui de l'effondrement de l'Allemagne, de son engloutissement dans la fumée, au milieu des ruines en feu, au milieu des centaines de cadavres jonchant les rues. » Il remarqua que certains des corps avaient été écrasés par des chars, « vidés comme des tubes de dentifrice ». Il vit une vieille femme morte, « la tête appuyée contre un mur, assise sur un matelas près de sa porte, avec une expression de chagrin silencieux et définitif ». Et pourtant, à peu de distance, le sens de l'ordre de la *Hausfrau* allemande traditionnelle reprenait le dessus. « Dans les rues où les combats ont cessé, nota Grossman, on balaie déjà entre les ruines. Des femmes font le ménage des trottoirs comme s'il s'agissait de leur intérieur. »

Dans « l'énorme et puissant » Reichstag, l'écrivain découvrit des soldats soviétiques « faisant du feu dans le hall d'entrée, agitant leurs casseroles et ouvrant des boîtes de lait condensé à la baïonnette ».

Tandis que les équipes du SMERSH poursuivaient leurs recherches dans les caves et le Führerbunker, Grossman fut admis, comme d'autres visiteurs, dans les gigantesques salles de réception de la Chancellerie du Reich. Dans l'une d'elles, il vit l'énorme globe terrestre métallique d'Hitler écrasé et fracassé. Dans une autre, « un jeune Kazakh à la peau brune et aux larges pommettes » tentait d'apprendre à monter à bicyclette. Grossman, comme sans doute tous les autres, s'appropria quelques souvenirs à remporter à Moscou.

Au Zoo, où de violents combats s'étaient déroulés aux environs de la tour de DCA, Grossman découvrit « des cages brisées, des cadavres de singes, d'oiseaux tropicaux et d'ours ». « Sur l'île des babouins, écrivit-il, des bébés s'accrochaient encore de leurs petites mains aux ventres de leurs mères. » Devant la cage d'une femelle gorille morte, l'écrivain s'entretint un moment avec le vieux gardien qui avait passé les trente-sept dernières années à s'occuper des singes.

« Était-elle féroce ? » demanda Grossman

« Non, répondit le gardien. Elle se contentait de rugir très fort. Les humains sont beaucoup plus féroces. »

Grossman poursuivit ses pérégrinations. Des travailleurs étrangers passaient en chantant et, parfois, en lançant des injures aux soldats allemands. Mais ce ne fut qu'en fin de journée, quand les derniers coups de feu eurent retenti, que « l'ampleur colossale de la victoire » commença à apparaître aux soldats soviétiques. Des manifestations de joie spontanées se produisirent autour de la « grande femme » – la victoire de Siegessaüle dans le Tiergarten.

« Les chars, nota toujours Grossman, sont tellement couverts de fleurs et de drapeaux rouges qu'on ne les voit presque plus. Les canons eux-mêmes semblent en fleur comme des arbres au printemps. Tout le monde danse, chante, rit. Des centaines de fusées de toutes les couleurs sont tirées dans le ciel. Chacun salue la victoire en déchargeant pistolets-mitrailleurs, fusils et pistolets. »

Mais Grossman devait apprendre que nombre de ceux qui se réjouissaient ainsi étaient « des morts vivants ». Dans leur soif d'alcool, de nombreux soldats avaient vidé des barils métalliques contenant du solvant industriel. Il leur fallut au moins trois jours pour mourir.

Au sud-ouest de Berlin, les soldats du général Wenck continuaient à transporter vers l'Elbe, dans des camions et des trains de marchandises, les survivants de la Neuvième Armée en fort piteux état. Les soldats de la Douzième Armée espéraient bien qu'eux aussi, avec les réfugiés civils, allaient être en mesure de traverser en direction du territoire tenu par les Américains dans les jours qui suivraient. Il y avait plus de cent mille soldats et presque autant de réfugiés civils se dirigeant vers l'Elbe au sud de Brandebourg. Des attaques soviétiques de plus en plus violentes, surtout entre Havelberg et Rathenau, risquaient de les couper de leur destination.

Le 3 mai arriva la nouvelle des événements de Berlin. Le général Wenck ordonna immédiatement le rétablissement du salut militaire classique en lieu et place du salut nazi. « C'est fini ! écrivit Peter Rettich, le chef de bataillon de la Division *Scharnhorst*. Hitler est mort, mort dans la Chancellerie du Reich. Berlin a été pris par les Russes. Les symboles de l'écroulement s'accumulent. C'est profondément choquant, mais rien ne peut être fait. » Lui et les hommes qui lui restaient se repliaient maintenant vers l'Elbe et les Américains aussi vite qu'ils le pouvaient. En traversant Genthin, il vit le canal plein de bouteilles de schnaps vides. Les soldats qui les avaient précédés avaient, de toute évidence, pillé quelque entrepôt. « Signes de désintégration ! » nota Rettich dans son journal.

L'état-major du général Wenck donna ordre aux divisions de la Douzième Armée de se replier en combattant vers l'Elbe, où elles devraient défendre un périmètre contre les attaques soviétiques. Wenck ordonna également à l'un de ses chefs de corps, le général baron von Edelsheim, d'aller négocier avec la Neuvième Armée américaine. Le 3 mai, Edelsheim et ses officiers adjoints traversèrent l'Elbe près de Tangermünde à bord d'un véhicule amphibie et prirent contact avec le commandement américain local. Des négociations en vue d'une reddition se déroulèrent à l'hôtel de ville de Stendal. Le commandant américain, le général William Simpson, se trouvait dans une position difficile. Il avait à tenir compte non pas seulement des considérations humanitaires, mais aussi des obligations des États-Unis envers leur allié soviétique et du problème pratique posé par ce brusque afflux de bouches à nourrir. Il décida d'accepter les soldats blessés et désarmés, mais repoussa la requête d'Edelsheim, qui lui demandait son aide pour construire ou réparer des ponts afin de faciliter l'évacuation. Il refusa également d'accueillir les réfugiés civils, censés, selon lui, rentrer chez eux à la fin de la guerre[8].

Le lendemain matin, 5 mai, la traversée de l'Elbe commença en trois points : le pont de chemin de fer très endommagé reliant Stendal et Schönhausen, les restes du pont routier, près de Tangermünde, et Ferchland, à une douzaine de kilomètres au sud, où se trouvait un ferry. On donna la priorité aux survivants de la Neuvième Armée.

Tous ceux qui restaient provisoirement sur la rive est se demandaient combien de temps ils avaient devant eux. Le périmètre défensif de la Douzième Armée s'était déjà réduit sous la pression soviétique. Il représentait une zone de vingt-cinq kilomètres de longueur sur dix-huit kilomètres de profondeur en sa partie centrale. Les tirs d'artillerie soviétiques avaient commencé à infliger de lourdes pertes aux civils comme aux soldats.

Les sentiments des hommes de la Douzième Armée étaient, à ce moment, très mêlés. Ils étaient fiers de la mission de sauvegarde qu'ils accomplissaient, exécraient l'Armée rouge, étaient furieux contre les Américains qui s'étaient refusés à avancer plus loin et se montraient pleins de rancoeur contre le régime nazi, qui avait trahi son propre peuple. Au bord de la route menant à Tangermünde, un panneau portait une inscription qui aurait pu sembler une étrange manifestation d'humour noir : « Tout cela, c'est grâce à notre Führer ! »

Des Américains s'employaient à contrôler et filtrer les soldats passant les ponts, à la recherche de SS, d'étrangers et de civils, qu'ils écartaient péremptoirement. Certains soulageaient les Allemands de leurs montres et de leurs décorations en même temps que de leurs armes. Nombre de soldats allemands avaient donné leurs capotes et leurs casques à des femmes pour essayer de les faire passer discrètement, mais la majorité d'entre elles furent découvertes et refoulées. D'autres groupes menacés tentaient aussi de s'infiltrer comme ils le pouvaient. C'était notamment le cas des « Hiwis », ces anciens prisonniers soviétiques recrutés par l'Armée allemande, qui savaient quel terrible traitement les attendait s'ils tombaient aux mains de l'Armée rouge. Il y avait eu 9 139 Hiwis dans la Neuvième Armée au début du mois d'avril, mais il ne devait pas en rester plus de 5 000 à l'arrivée sur l'Elbe[9].

Ayant entendu dire que les Américains les livreraient aux Soviétiques, les Waffen SS détruisaient leurs papiers et arrachaient leurs insignes. Certains des SS étrangers se faisaient passer pour des travailleurs forcés. Joost van Ketel, un dentiste appartenant à la Division SS *Nederland*, avait déjà réussi à échapper à l'arrestation quand il avait été intercepté par des soldats de l'Armée rouge dans la forêt, près de Halbe. *« Nix SS,* avait-il dit, *Russki Kamerade-Hollandia. »* Il avait montré une carte aux trois couleurs hollandaises et avait été cru. Il réussit le même tour avec les Américains près de Dessau, mais l'Allemand qui l'accompagnait fut démasqué et arrêté.

Le général Wenck avait installé son quartier général dans le parc du château de Schönhausen, l'ancienne résidence de Bismarck. On pouvait voir là une ironie de l'histoire, Bismarck ayant toujours soutenu que l'Allemagne devait éviter à tout prix une guerre avec la Russie. Le 6 mai, la tête de pont qu'il défendait n'avait plus que huit kilomètres de largeur et deux de profondeur, et ses unités étaient pratiquement à court de munitions. Les chars, l'artillerie et les lance-fusées soviétiques massacraient des milliers de candidats à l'évasion attendant de passer les ponts à voie unique. Le 6 mai, l'intensité de ces tirs contraignit même les Américains à se replier. Les réfugiés tentèrent aussitôt de profiter de l'occasion pour passer.

« Un certain nombre de gens qui ne purent franchir l'Elbe finirent par se tuer », déclara le chef d'état-major de Wenck, le colonel Reichhelm.

D'autres s'efforçaient de traverser les flots tumultueux du cours d'eau à bord de toutes les embarcations disponibles, et même de radeaux confectionnés à l'aide de planches et de barils de carburant vides attachés ensemble. Les Américains, de l'autre côté, tentaient toujours de les repousser, mais les réfugiés ne voulaient pas se laisser décourager. Selon le général von Edelsheim, les soldats américains avaient même reçu ordre de tirer sur les bateaux, mais la chose demeure douteuse.

Des nageurs entraînés traversaient en tenant entre leurs dents l'extrémité d'un câble qu'ils amarraient à un arbre ou à une souche sur l'autre rive. Des nageurs de moindre force, des femmes et des enfants tentaient ensuite de passer en s'accrochant aux câbles, mais ceux-ci se rompaient souvent. Des dizaines de soldats et de civils se noyèrent ainsi.

Le matin du 7 mai, les dernières défenses allemandes commencèrent à s'effondrer. Les quelques pièces d'artillerie restant à la Douzième Armée tirèrent leurs ultimes obus, puis les servants firent sauter leurs canons, « le moment le plus pénible pour tout artilleur », comme le souligna Rettich. Celui-ci était choqué par la désintégration de certaines unités mais tirait grande fierté du comportement de ses élèves-officiers de la Division *Scharnhorst* – « probablement la dernière formation de la Wehrmacht encore en ordre de bataille en Allemagne du Nord ». Avant de franchir l'Elbe, ses hommes détruisirent tout le matériel qui leur restait. Lui-même arrosa d'essence sa « fidèle voiture Tatra » avant d'y lancer une grenade à main. Des centaines de chevaux abandonnés couraient de toutes parts, affolés. Des hommes les poursuivaient dans le vain espoir de leur faire franchir le cours d'eau à la nage.

Rettich rassembla les survivants de son unité près du pont de Schönhausen pour leur faire une allocution d'adieu. Tous lancèrent un retentissant *« Sieg Heil ! »* avant « de se séparer pour toujours ». En traversant le pont, ils jetèrent dans les eaux sombres de l'Elbe leurs armes, leurs jumelles et leurs autres pièces d'équipement.

Dans l'après-midi, le général Wenck et son état-major traversèrent à leur tour. Ils avaient attendu le dernier moment. Les troupes soviétiques ouvrirent le feu sur le bateau, blessant deux sous-officiers, dont l'un mortellement.

À Berlin, pendant ce temps, la recherche du cadavre d'Hitler se poursuivait en vain. Les corps des six enfants Goebbels ne furent pas découverts avant le 3 mai. Ils étaient allongés dans leurs couchettes, sous leurs couvertures, et le cyanure avait donné à leurs visages une teinte qui aurait pu faire croire qu'ils étaient encore vivants. Le SMERSH les fit identifier par le vice-amiral Voss, l'officier de liaison d'Hitler avec la Kriegsmarine, qui parut horrifié en les voyant.

Un étrange incident se produisit le même jour à la Chancellerie. On y découvrit soudain le corps d'un homme portant une petite moustache et une mèche caractéristique. Mais on ne tarda pas à éliminer toute possibilité qu'il s'agisse d'Hitler, car l'homme avait des chaussettes reprisées, ce que n'aurait jamais porté le Führer. On ne put toutefois établir qui avait placé le corps dans les jardins de la Chancellerie et pourquoi. Il était difficile de voir comment des Allemands auraient introduit là où il se trouvait un « double » d'Hitler, même s'ils l'avaient voulu. Il en était de même pour les Alliés occidentaux.

Évoquant le climat de secret dans lequel s'étaient déroulées la recherche et l'identification du corps d'Hitler, l'interprète Yelena Rjavskaïa devait souligner que « le système stalinien requérait la présence d'ennemis tant extérieurs qu'intérieurs, et Staline craignait toujours que la tension ne se relâche à cet égard ». Le « double » aux chaussettes reprisées devait probablement servir à démontrer l'existence de quelque complot antisoviétique. Même lorsque le véritable corps d'Hitler fut retrouvé le lendemain, arriva immédiatement du Kremlin l'ordre impératif de ne souffler mot à personne de cette découverte. La stratégie de Staline à cet égard consistait, de toute évidence, à associer les Occidentaux au nazisme en laissant entendre que les Britanniques ou les Américains devaient cacher Hitler. On faisait déjà circuler à haut échelon des rumeurs selon lesquelles le Führer se serait échappé au dernier moment par des tunnels ou à bord de l'avion d'Hanna Reitsch et se dissimulerait en Bavière, région occupée par les Américains.

Ce fut donc le 5 mai, par un jour pluvieux, au ciel lourd, que furent finalement trouvés les corps d'Hitler et d'Eva Braun. On avait fouillé de nouveau avec soin les jardins de la Chancellerie, et un soldat avait remarqué, apparaissant dans la terre comblant un cratère d'obus, le coin d'une couverture grise. Deux corps calcinés furent exhumés, avec les cadavres d'un berger allemand et d'un chiot. Le général Vadis fut immédiatement alerté.

Le lendemain avant l'aube, le capitaine Deriabine et son chauffeur enveloppèrent dans des draps les restes d'Hitler et de sa compagne et les transportèrent dans la plus grande discrétion, en évitant les sentinelles de Berzarine, à la base installée par le SMERSH à Buch, à l'extrémité nord-est de Berlin. Là, dans une petite clinique aux murs de briques, la commission de médecins militaires formée le 3 mai par le général Telegine pour examiner le corps de Goebbels, se mirent au travail sur les plus importantes reliques du Troisième Reich. Selon Yelena Rjevskaïa, ces experts furent extrêmement choqués lorsqu'on leur intima l'ordre de garder un silence absolu et définitif sur leur examen du corps d'Hitler. Il n'est pas certain que le général Telegine lui-même ait été mis au courant de la découverte. Il fut, de toute manière, arrêté ultérieurement par ordre de Beria sous un autre prétexte. En tout cas, ni Berzarine ni Joukov ne furent informés. Joukov en conçut une forte rancœur lorsqu'il découvrit la chose, vingt ans plus tard.

Décidé à être absolument sûr qu'il détenait bien le corps d'Hitler avant d'en informer Beria et Staline, le général Vadis ordonna d'autres vérifications. Ses hommes retrouvèrent l'assistante du dentiste d'Hitler. Elle examina les mâchoires retrouvées et confirma qu'elles étaient bien celles du Führer. Elle reconnaissait les prothèses. Les mâchoires avaient été spécialement détachées du crâne, enveloppées dans du papier et placées dans une boîte en faux cuir rouge – « comme les écrins de bijouterie à bon marché », remarqua Yelena Rjevskaïa. Le 7 mai, Vadis se sentit assez sûr de son fait pour envoyer son rapport à Moscou.

Bien qu'elle n'ait pas immédiatement mis fin aux hostilités en Europe, la mort d'Hitler précipita sans aucun doute les événements. Les forces allemandes en Italie du Nord et dans le sud de l'Autriche, comprenant près d'un million d'hommes, se rendirent le 2 mai. Churchill voulait foncer directement vers Fiume et s'assurer de Trieste avant que les partisans de Tito s'en emparent. La course pour la côte baltique du Schleswig-Holstein fut remportée juste à temps par la Deuxième Armée britannique, se ruant, au nord de l'Elbe, vers Lübeck et Trävemunde. Les forces alliées prirent rapidement, aussi, des dispositions pour libérer le Danemark avant l'arrivée du 2e Front biélorusse du maréchal Rokossovski. Privé du Danemark, celui-ci avait occupé presque tout le Mecklembourg. Mais ses armées avaient fait relativement peu de prisonniers. À la grande fureur des Soviétiques, les restes de la Troisième Armée blindée de Manteuffel et de la Vingt et unième Armée du général von Tippelskirch avaient fait mouvement vers l'ouest afin de se rendre aux Britanniques. Ces redditions massives aux Alliés occidentaux privaient l'URSS de la main-d'œuvre forcée qu'elle revendiquait au titre des dommages de guerre, après l'invasion de son territoire par la Wehrmacht. Mais, juste après la capitulation finale, Eisenhower, toujours soucieux de ne déplaire en rien au Kremlin, tint à informer la *Stavka* que toutes les troupes allemandes, y compris celle de Schörner, seraient remises à l'Armée rouge. Ce fut « accepté avec une grande satisfaction » par Antonov[10].

Dans l'après-midi du 4 mai, l'amiral von Friedeburg et le général Kinzel, ancien chef d'état-major d'Heinrici, arrivèrent au quartier général du maréchal Montgomery, à Lunebourg, pour signer les instruments de reddition de toutes les forces allemandes en Allemagne du Nord-Ouest, au Danemark et aux Pays-Bas.

Quand le général Bradley rencontra le maréchal Koniev, le 5 mai, il lui remit une carte détaillant la position de toutes les divisions de l'Armée américaine. Il ne reçut rien en échange, si ce n'est une déclaration selon laquelle les Américains ne devaient pas tenter d'intervenir en Tchécoslovaquie. Les messages soviétiques s'étaient faits ouvertement hostiles et même brutaux. À San Francisco, Molotov annonça tranquillement que les seize délégués polonais libres envoyés pour discussions avec le gouvernement provisoire de Lublin, contrôlé par les Soviétiques, avaient été arrêtés sous l'accusation d'avoir causé la mort de 200 membres de l'Armée rouge.

Le 1er Front ukrainien de Koniev avait reçu ordre de pivoter vers le sud afin de s'emparer de Prague. Là, la Résistance tchèque, appuyée, à la suite d'un retournement qui n'allait aucunement porter chance à ses auteurs, par les troupes du général Vlassov, était entrée en rébellion armée contre les forces du maréchal Schörner.

Churchill avait demandé le 30 avril aux Américains d'envoyer la Troisième Armée du général Patton s'assurer de la capitale tchèque avant que l'Armée rouge n'y parvienne, mais le général Marshall avait refusé. Vienne, Berlin et Prague tombaient aux mains des Soviétiques, et l'ensemble de l'Europe centrale avec ces villes clés. En Autriche, les autorités d'occupation soviétiques avaient formé un gouvernement provisoire sans consulter les Alliés. Enfin, Breslau, la capitale de la Silésie, s'était rendue le 6 mai à l'Armée rouge après un siège s'étant prolongé près de trois mois dans des conditions épouvantables.

Vlassov, l'ancien général soviétique passé à la Wehrmacht, mais entré en lutte contre celle-ci à Prague, n'avait visiblement aucune chance de se tirer d'affaire quoi qu'il fît. « Le 12 mai 1945, près de la ville de Pilsen, en Tchécoslovaquie, devait signaler le chef du service politique du 1er Front ukrainien, des tankistes du 25e Corps blindé ont capturé le traître à la Mère Patrie Vlassov. Les circonstances ont été les suivantes : l'un des lieutenants-colonels du 25e Corps blindé a été approché par un homme de l'Armée Vlassov ayant le grade de capitaine, qui, désignant une voiture se dirigeant seule vers l'ouest, lui dit que le général Vlassov se trouvait à bord. Une poursuite fut immédiatement organisée et les tankistes du 25e Corps blindé capturèrent le traître »[11]. Le rapport ajoutait que Vlassov, qui tentait de se cacher sous des couvertures, portait « un passeport américain à son nom » (détail qui avait fort bien pu être ajouté pour des raisons de propagande anti-occidentale), « sa carte du Parti qu'il avait conservée et une copie de l'ordre qu'il avait adressé à ses troupes pour leur demander de cesser le combat, de déposer leurs armes et de se rendre à l'Armée rouge ».

Vlassov fut expédié par avion au quartier général de Koniev à Moscou. Il devait y être exécuté ultérieurement après, semble-t-il, des tortures prolongées. Les 13 et 14 mai, 20 000 de ses hommes furent rassemblés dans la région de Pilsen et envoyés dans des camps spéciaux pour interrogatoire par le SMERSH.

Dans le sud, pendant ce temps, les Américains, partant de la région de Munich, avaient poussé vers le sud-est et le sud, jusque dans le Tyrol, avant de s'arrêter sur l'ordre d'Eisenhower. Les Français, eux, avaient pris Bregenz, sur les bords du lac de Constance.

Le général von Saucken, avec les restes de la Deuxième Armée allemande, tenait toujours dans le delta de la Vistule, à la limite de la Prusse-Orientale. En Courlande, les divisions que Guderian avait voulu rapatrier pour la défense de Berlin, continuaient également à résister, malgré d'intenses bombardements des armées soviétiques qui les entouraient. Et la Kriegsmarine, en dépit de la pénurie de carburant qu'elle connaissait, poursuivait ses évacuations par mer de la péninsule de Hela, de Courlande et de l'estuaire de la Vistule. Mais l'activité la plus intense se situait autour de Prague où le Groupe d'Armées du Centre du maréchal Schörner résistait aux attaques de trois fronts soviétiques.

Durant les premières heures du 7 mai, le général Jodl signa, au nom du grand amiral Dönitz et de l'OKW, des instruments de reddition au quartier général d'Eisenhower, à Reims. Le général Sousloparov, principal officier de liaison russe auprès du SHAEF, signa « au nom du haut commandement soviétique ». Staline entra en fureur en l'apprenant. Pour lui, la reddition devait être signée à Berlin et présentée à l'Armée rouge. Ce qui n'améliorait pas son humeur, c'était que les Alliés occidentaux, sachant qu'ils ne pourraient empêcher la presse de publier les informations qu'elle avait recueillies, voulaient annoncer officiellement la victoire en Europe dès le lendemain. Staline, on n'en sera pas surpris, considérait la chose comme prématurée. En dépit de la signature donnée par Jodl à Reims, le Groupe d'Armées de Schörner, en Tchécoslovaquie, continuait à résister vigoureusement, et ni le général von Saucken ni les importantes forces encore bloquées en Courlande ne s'étaient rendus. Néanmoins, la vue des foules qui commençaient à se réunir à Londres pour célébrer la victoire conduisit Churchill à insister pour une annonce officielle le mardi 8 mai. Cédant un peu de terrain, Staline demanda qu'elle soit faite juste après minuit, c'est-à-dire à la toute première heure du 9 mai, après une complète capitulation à Berlin.

Mais les autorités soviétiques ne pouvaient empêcher leurs propres troupes de prendre les devants. Koni Wolf, du 7e service de la 47e Armée, avait passé la majeure partie de la journée du 8 mai à écouter les diverses radios. Il entendit la nouvelle de la victoire annoncée à Londres et la hurla à ses camarades. L'information se répandit rapidement dans Berlin. De jeunes femmes-soldats commencèrent à laver leurs vêtements en toute hâte afin de faire toilette, tandis que leurs camarades se mettaient frénétiquement à la recherche d'alcool. Des officiers du SMERSH crièrent à Yelena Rjevskaïa de se préparer pour la fête. Ayant reçu ordre formel de ne pas se séparer un seul instant des mâchoires d'Hitler, la jeune interprète passa une soirée étrange et un peu inconfortable, versant à boire à ses camarades d'une main, tandis que, de l'autre, elle continuait à serrer le précieux écrin de faux cuir rouge. Ce soir-là, il était quand même plus prudent, chez les Soviétiques, de choisir une femme pour assurer une telle mission de confiance.

La nouvelle fut encore mieux accueillie par ceux qui avaient combattu jusqu'au dernier moment. Les troupes soviétiques attaquant le périmètre défensif de la Douzième Armée sur l'Elbe, autour de Schönhausen, avaient subi de lourdes pertes. Le bataillon de Youri Gribov avait perdu près de la moitié de son effectif le 5 mai, en affrontant les restes de la Division *Scharnhorst*. Leur chef de corps, Héros de l'Union soviétique, avait été tué deux jours plus tard, au cours des derniers accrochages. Mais, le soir du 8 mai, les armes s'étaient tues. « Nous avons célébré la victoire dans la forêt, devait raconter Gribov. Nous étions tous alignés dans une vaste clairière et nous n'avons pas laissé le général commandant notre division finir son discours. Nous nous sommes mis à tirer des rafales vers le ciel. Nos cœurs étaient heureux et des larmes ruisselaient sur nos joues. » Le soulagement se mêlait aussi de tristesse. « Le premier toast à la victoire, disaient les hommes de l'Armée rouge, et le deuxième aux amis morts. »

À Berlin, l'écrivain Konstantin Simonov put assister au dernier acte du drame. Le 8 mai en fin de matinée, il se reposait, étendu sur une piste d'herbe de l'aérodrome de Tempelhof, qui avait été débarrassé de toutes les carcasses d'avions calcinés qui l'encombraient peu avant. Une garde d'honneur soviétique de quelque trois cents hommes répétait inlassablement sous les ordres d'un « colonel petit et gras ». Puis l'adjoint de Joukov, le général Sokolovsky, fit son apparition, et, peu après, le premier avion arriva. Il transportait Andreï Vichinsky, l'ancien procureur des procès de Moscou devenu vice-ministre des Affaires étrangères avec toute une suite de diplomates [12]. Vichinsky devait devenir le superviseur politique de Joukov.

Une heure et demie plus tard, un autre Dakota amenait l'Air

Chief Marshal Tedder, adjoint et représentant d'Eisenhower, et le général Carl Spaatz, commandant l'aviation américaine en Europe. Simonov remarqua que Tedder était jeune, mince et dynamique, « souriant fréquemment mais d'une manière un peu forcée ». Sokolovsky se précipita pour accueillir les nouveaux venus et leur faire passer en revue la garde d'honneur.

Un troisième appareil atterrit. Le maréchal Keitel, l'amiral Friedeburg et le général Stumpff, représentant la Luftwaffe, en émergèrent. Le général Serov alla vers eux et eut soin de les faire passer en arrière de la garde d'honneur, afin de bien montrer que celle-ci ne leur était pas destinée. Keitel ouvrait la marche, en grand uniforme, son bâton de maréchal dans la main droite, avançant à larges enjambées, les yeux fixés droit devant lui.

De jeunes femmes-soldats, le béret à l'arrière de la tête et le pistolet-mitrailleur en bandoulière, avaient été préposées à arrêter la circulation pour permettre aux voitures d'état-major de gagner librement le nouveau quartier général de Joukov à Karlshorst.

Peu avant minuit, les représentants des Alliés pénétrèrent dans une grande salle « dans un bâtiment à deux étages qui était l'ancienne cantine de l'école du génie militaire allemand à Karlshorst »[13]. Le général Bogdanov, commandant la 2e Armée blindée de la Garde, et un autre général soviétique allerent s'asseoir par mégarde sur des sièges réservés à la délégation allemande. Un officier d'état-major alla leur murmurer quelques mots à l'oreille et, selon Konstantin Simonov, « ils sautèrent, comme s'ils avaient été piqués par un serpent » pour aller s'installer à une autre table[14]. Des journalistes et cameramen d'actualités occidentaux se précipitèrent alors « comme des fous », n'hésitant pas à pousser et écarter des généraux pour s'assurer de meilleures places. Finalement, le maréchal Joukov s'assit à la grande table surmontée des drapeaux des quatre puissances alliées. Tedder prit place à sa droite, le général Spaatz et le général de Lattre de Tassigny à sa gauche.

On fit alors entrer la délégation allemande. Friedeburg et Stumpff avaient l'air résignés. Keitel s'efforçait de paraître impérieux, regardant de temps à autre Joukov avec ce qui ressemblait à du mépris. Il bouillait de rage, ainsi que le remarquèrent Simonov et Joukov.

Les documents de capitulation furent apportés à la table. Joukov les signa, puis Tedder, puis Spaatz, puis de Lattre. Keitel était assis tout droit sur sa chaise, les poings serrés. Derrière lui, un officier d'état-major allemand qui se tenait au garde à vous « pleurait sans qu'un seul muscle de son visage ne bouge ».

Joukov se leva. « Nous invitons la délégation allemande à signer l'acte de capitulation », dit-il en russe. L'interprète entreprit de traduire, mais, d'un geste impatient de la main, Keitel fit savoir qu'il avait compris et qu'on pouvait lui apporter les papiers. Alors Joukov désigna l'extrémité de la table et commanda à l'interprète : « Dites-leur de venir signer ici. »

Keitel se leva et s'approcha. Il eut bien soin de retirer son gant avant de prendre la plume. Il ignorait certainement que l'homme qui regardait alors par-dessus son épaule était le représentant de Beria, le général Serov. Il remit son gant et regagna sa place. Stumpff signa après lui, puis Friedeburg.

« La délégation allemande peut quitter la salle », annonça Joukov. Les trois hommes se levèrent. Keitel leva son bâton de maréchal en guise de salut et tourna les talons.

Dès que la porte se fut refermée sur eux, le climat parut se détendre. Joukov souriait, ainsi que Tedder. On commença à parler. Les officiers soviétiques se donnaient ostensiblement l'accolade.

La réception qui suivit se prolongea presque jusqu'à l'aube, avec des chants et des danses. Joukov lui-même dansa la *Rousskaïa* sous les bruyantes et pieuses acclamations de ses généraux. Au-dehors, on entendait des détonations retentir dans toute la ville, officiers et hommes tirant à pleins chargeurs vers le ciel. La guerre était finie.

27

VAE VICTIS !

Staline voyait aussi en Berlin le légitime butin de l'Union soviétique. Mais la récolte fut souvent décevante et le gaspillage terrible. L'un des objectifs clés des conquérants était la Reichsbank. Le général Serov déclara n'y avoir trouvé que 2 389 kilos d'or, douze tonnes de pièces d'argent et des millions en billets de banque de pays ayant été occupés par l'Axe. La grande masse des réserves d'or du gouvernement nazi avait été transportée à l'ouest [1]. Il est toutefois à remarquer que Serov fut ultérieurement accusé d'avoir mis de côté une certaine partie du butin pour les « dépenses opérationnelles » du NKVD.

L'opération considérée comme la plus importante, toutefois, consistait à dépouiller l'Allemagne de tous ses laboratoires, ateliers et usines. À cet égard, le programme atomique soviétique, le « Projet Borodino », avait toute priorité, mais des efforts considérables étaient également déployés pour s'emparer des spécialistes des fusées, des ingénieurs de Siemens et de tous les autres techniciens de pointe capables d'apporter leur contribution au développement des armements soviétiques face à la puissance américaine. Seuls quelques chercheurs, comme le professeur Jung et son équipe, se refusèrent à céder aux pressions soviétiques. La plupart des autres se laissèrent séduire par des conditions de vie relativement privilégiées et la possibilité d'emmener leurs familles avec eux en Union soviétique.

Le matériel scientifique allemand, toutefois, se révéla moins facile à acquérir que ses utilisateurs. La majeure partie de ce qui fut expédié en URSS se révéla impossible à utiliser, faute des compétences et matières premières adéquates. De plus, l'opération de récupération de ce matériel – qui allait jusqu'à l'équipement des laboratoires de police scientifique revendiqué par le NKVD à

Moscou – se déroula dans le chaos le plus total et occasionna parfois d'authentiques catastrophes. Des soldats de l'Armée rouge ayant découvert des réserves d'alcool méthylique le burent et le partagèrent avec des camarades. On envoya des équipes de femmes allemandes recrutées sous la contrainte vider des ateliers entiers pour laisser ensuite le matériel ainsi récupéré se rouiller en plein air.

Et souvent les hommes de l'Armée rouge détruisaient pour le plaisir de détruire. Des prisonniers de guerre français furent stupéfaits de « la destruction systématique de machines en bon état qui auraient pu être réutilisées »[2]. Cet immense gaspillage condamna d'ailleurs l'Allemagne de l'Est à un retard économique qu'elle ne put jamais rattraper. Et, dans l'ensemble, l'opération d'expropriation industrielle imaginée au départ par Staline se solda par un retentissant échec.

En même temps, la « récupération individuelle » amorcée en Prusse-Orientale continuait à battre son plein. Certains généraux soviétiques se conduisaient comme des « seigneurs de la guerre » orientaux et se complaisaient dans un luxe très exotique. Vassili Grossman évoque ainsi le cas d'un général de l'armée de Tchouikov qui s'était entouré de « deux dachshunds, un perroquet, un paon et une pintade qui ne le quittaient pas »[3].

Le butin accumulé par les généraux provenait souvent, en fait, de cadeaux faits par des subordonnés soucieux de plaire et qui, lors de la mise à sac d'un château ou d'une maison de quelque importance, faisaient main basse sur les objets ayant la plus grande valeur afin d'en faire offrande à leurs supérieurs. Joukov reçut ainsi une paire de fusils de chasse Holland and Holland. Ces fusils devaient figurer ultérieurement dans l'acte d'accusation contre le maréchal adressé par Abakoumov à Staline – sans doute sur ordre de celui-ci. Mais la tendance soviétique à l'exagération comme à l'imprécision avait fait de ces deux armes de luxe « vingt fusils de chasse uniques fabriqués par Golland and Golland » (*sic*).

À des échelons beaucoup plus modestes, les soldats de l'Armée rouge tendaient à s'emparer des objets les plus divers et, parfois, les plus inattendus. Les jeunes femmes-soldats, espérant toujours trouver un mari dans un monde où les hommes étaient devenus rares, s'attachaient à se constituer un trousseau « aux dépens de quelques Gretchen ». Les soldats mariés récoltaient également du linge pour l'envoyer à leurs femmes, mais y ajoutaient souvent « des petites culottes de Gretchen ». Ce cadeau pouvait être dangereux car il avait parfois l'effet d'exciter la jalousie des épouses. Beaucoup de femmes soviétiques étaient en effet persuadées que les perverses Berlinoises aguichaient et séduisaient leurs maris.

Mais la plupart des soldats concentraient leurs efforts sur des matériaux et des outils qui leur permettraient de reconstruire leurs maisons, malgré la limite de cinq kilos imposée, en principe, pour les colis. Un officier raconta à Simonov que ses hommes volaient des panneaux entiers de verre qu'ils envoyaient chez eux en attachant simplement de chaque côté une plaque de bois. Si le préposé à la poste militaire protestait, le soldat lui disait : « Allez, prends cela ! Les Allemands ont ravagé ma maison. Allez, prends ce colis. Si tu ne le fais pas, tu ne mérites pas d'être où tu es. »

Beaucoup envoyaient des sacs de clous. Quelqu'un apporta une scie enroulée sur elle-même. « Tu aurais pu au moins l'envelopper », fit remarquer le préposé.

« Allez, prends ça ! répondit l'expéditeur. Je n'ai pas le temps. Je viens du front. »

« Et où est l'adresse ? »

« Sur la scie, là ! »

L'adresse était écrite au crayon indélébile sur la lame[4].

D'autres soldats donnaient un peu de pain à des femmes allemandes pour qu'elles cousent leur butin dans un drap. Toutefois, la grande obsession des hommes de l'Armée rouge demeurait les montres. Certains en portaient en permanence plusieurs, dont une réglée à l'heure de Moscou et une autre à l'heure de Berlin. Bien après la capitulation, ils continuaient à braquer leurs pistolets-mitrailleurs sur des civils en leur demandant *« Ouri, ouri ! »* Sur quoi les Allemands tentaient de leur expliquer en jargon que leurs montres leur avaient déjà été prises : *« Uhr schon Kamerad ! »*

De jeunes garçons qui n'avaient parfois pas plus de douze ans étaient venus de Russie à Berlin pour piller eux aussi. Deux d'entre eux, arrêtés, avouèrent qu'ils arrivaient de Vologda, bien au nord de Moscou[5]. Les travailleurs étrangers libérés étaient également, selon un rapport de l'Armée américaine, responsables d'une « proportion considérable du pillage ». « Les hommes, précisait le rapport, visent les caves à vin, les femmes les magasins de vêtements, et les uns comme les autres mettent la main sur tous les vivres qu'ils peuvent trouver. » Mais le texte soulignait aussi que « beaucoup du pillage attribué à des étrangers est en réalité commis par les Allemands eux-mêmes »[6].

L'aversion des Allemands pour les travailleurs étrangers et la crainte que ceux-ci leur inspiraient étaient viscérales. Ils furent horrifiés de voir les Alliés occidentaux les nourrir en priorité. Et Robert Murphy écrivit le 1er mai à son ministre, le secrétaire d'État américain, que « même l'évêque de Münster aurait qualifié toutes les personnes déplacées de Russes et demandé que les Alliés protègent les Allemands de ces “inférieurs” »[7]. On enregistra toutefois très peu d'actes de violence de la part de ces travailleurs contraints, compte tenu de ce que beaucoup d'entre eux avaient dû subir.

À Berlin, les sentiments de la population étaient très mêlés. Bien que très affectés par le pillage et les viols, les Berlinois étaient agréablement surpris des efforts faits par l'Armée rouge pour les nourrir. La propagande nazie les avait convaincus auparavant qu'ils allaient être systématiquement affamés. Le général Berzarine, qui allait fréquemment bavarder avec les Allemands faisant la queue devant les cuisines roulantes de l'Armée rouge, devint rapidement aussi populaire auprès des Berlinois qu'auprès de ses hommes. Lorsqu'il se tua peu après dans un accident de motocyclette dû à l'ivresse, le bruit courut parmi les Allemands qu'il avait été, en fait, assassiné par le NKVD.

Il arrivait aussi que des soldats soviétiques se présentent chez des Allemands avec de gros morceaux de viande et demandent à la maîtresse de maison de les leur faire cuire en échange d'une part. Comme tous les soldats du monde, ils aimaient à « se mettre les pieds sous la table » dans une véritable cuisine. Ils apportaient toujours de l'alcool et invitaient leurs hôtes à boire à la paix, après avoir porté un toast « aux dames ».

L'une des pires erreurs des autorités militaires allemandes avait été leur refus de détruire les stocks d'alcool devant la progression de l'Armée rouge. Cette décision se fondait sur l'idée que des soldats ivres montreraient de moindres qualités de combattants. Mais, malheureusement pour la population féminine des régions envahies, l'alcool poussait incontestablement au viol les hommes de l'Armée rouge.

La célébration de la victoire ne mit nullement fin à ces pratiques à Berlin. Les viols semblaient même, pour beaucoup de soldats soviétiques, faire naturellement partie des réjouissances. Une jeune Allemande de dix-huit ans raconta à un scientifique russe qui s'était épris d'elle comment, durant la nuit du 1er mai, un officier de l'Armée rouge lui avait enfoncé dans la bouche le canon de son pistolet pendant qu'il abusait d'elle.

Les femmes apprirent vite à disparaître pendant « les heures de chasse » de la soirée. Des jeunes filles et des adolescentes restèrent cachées pendant des jours dans des greniers. Leurs mères ne se hasardaient dans les rues pour aller chercher de l'eau que très tôt le matin, quand les soldats soviétiques cuvaient encore leur alcool de la veille. Il arrivait qu'une mère indique aux Russes la cachette d'autres filles dans l'espoir de préserver les siennes.

Toutes les vitres ayant été brisées, on entendait distinctement, toutes les nuits, les hurlements des victimes. Selon des estimations faites dans les deux principaux hôpitaux de Berlin, entre 95 000 et 130 000 femmes auraient été ainsi violées, et environ 10 000 seraient mortes ensuite, souvent par suicide. Ce taux de mortalité fut encore supérieur parmi les 1 400 000 victimes enregistrées en Prusse-Orientale, en Poméranie et en Silésie.

Au total, au moins deux millions de femmes allemandes firent l'objet de violences sexuelles de la part des hommes de l'Armée rouge, et une bonne part d'entre elles eurent à subir des viols multiples. Ainsi, une amie d'Ursula von Kardorff fut violée « par vingt-trois soldats, l'un après l'autre ». Elle dut ensuite être recousue dans un hôpital.

Les réactions des femmes à ces sinistres expériences variaient considérablement. Pour beaucoup de victimes, et particulièrement des jeunes filles inexpérimentées et à l'existence jusque-là protégée, les effets psychologiques pouvaient être dévastateurs. Les relations avec les hommes devenaient extrêmement difficiles, et ce souvent pour le reste de leur vie. Les mères se préoccupaient avant tout du sort de leurs enfants, ce qui les amenait à surmonter ce qu'elles avaient personnellement enduré. D'autres femmes, jeunes et adultes, s'efforçaient simplement d'effacer l'expérience. « Je dois refouler beaucoup de choses pour être en mesure de continuer à vivre », reconnaissait l'une d'elles.

Celles qui n'avaient pas résisté et s'étaient efforcées de se détacher de ce qui leur arrivait semblaient avoir moins souffert que les autres. Certaines s'appliquaient à considérer comme irréel ce qui leur était arrivé. « Ce sentiment, écrivait l'une d'elles, a empêché l'expérience de dominer le reste de ma vie. »

Un robuste cynisme à la berlinoise venait aussi aider certaines. « Tout compte fait, écrivait le 4 mai la chroniqueuse anonyme déjà citée, nous commençons lentement à considérer toute cette affaire des viols avec un certain humour, encore que des plus noirs. » Le fait que les Russes se jetaient en priorité sur les femmes un peu grasses était relevé avec un brin de malignité, les épouses des dignitaires ou fonctionnaires nazis étant parmi les rares femmes à ne pas avoir perdu trop de poids.

La même chroniqueuse remarquait que, le viol étant devenu une expérience collective, ses effets devaient être surmontés par une discussion également collective. Cependant, les hommes, lorsqu'ils revenaient, s'efforçaient d'interdire toute évocation du sujet, même hors de leur présence. Ceux qui avaient été présents au moment des faits avaient honte de l'incapacité dans laquelle ils s'étaient trouvés de protéger leurs compagnes. Hanna Gerlitz s'était donnée à deux officiers soviétiques ivres afin de sauver son mari et elle-même. « Ensuite, écrivit-elle, j'ai dû consoler mon mari et l'aider à reprendre courage. Il pleurait comme un bébé. »

Les hommes qui rentraient chez eux, ayant évité la capture ou ayant déjà été libérés, semblaient se figer émotionnellement en apprenant que leur femme ou leur fiancée avait été violée en leur absence. On rapporta à Ursula von Kardorff le cas d'un jeune aristocrate qui rompit immédiatement ses fiançailles en apprenant que celle qu'il devait épouser avait été violée par cinq soldats russes. La chroniqueuse anonyme raconta à son ancien amant, survenu à l'improviste, les expériences qu'avaient connues les habitantes de l'immeuble. L'homme explosa. « Vous êtes devenues des chiennes éhontées ! cria-t-il. Toutes ! Je ne peux supporter d'entendre ces histoires. Vous avez perdu toute notion morale, vous toutes ! » Elle lui donna alors son journal à lire et quand il découvrit ce qu'elle avait écrit sur son expérience de viol, il la regarda comme si elle était devenue folle. Il s'en alla deux jours plus tard, en disant qu'il allait chercher des provisions. Elle ne le revit jamais.

Une fille, une mère et une grand-mère qui avaient toutes été violées ensemble dans un faubourg de Berlin se consolaient à l'idée que l'homme de la maison était mort durant la guerre. Elles se disaient qu'il se serait fait tuer pour tenter d'empêcher ce qui s'était passé. Cependant, peu d'Allemands, en fait, semblent avoir montré ce courage, de toute manière vain. Un acteur bien connu, Harry Liebke, se fit tuer d'un coup de bouteille sur la tête en essayant de protéger une jeune femme qui s'était réfugiée dans son appartement, mais ce cas semble avoir été assez exceptionnel. On pourrait citer à l'inverse celui d'un homme criant à l'une de ses voisines que des soldats soviétiques entraînaient : « Laissez-vous faire, pour l'amour du Ciel ! Vous allez nous valoir des ennuis à tous ! »

Si quelqu'un tentait de défendre une femme contre des assaillants soviétiques, c'était bien souvent un père voulant protéger sa fille ou un fils venant au secours de sa mère. Un garçon de treize ans, Dieter Sahl, se jeta ainsi, poings en avant, sur un Russe qui violait sa mère devant lui. Il ne réussit qu'à se faire tuer.

L'un des mythes les plus grotesques répandus par la propagande soviétique était la légende selon laquelle « les services spéciaux allemands avaient laissé à Berlin un grand nombre de femmes atteintes de maladies vénériennes afin de contaminer les officiers de l'Armée rouge »[8]. Un autre rapport émanant du NKVD en attribuait la responsabilité au *Werwolf*. « Certains membres de l'organisation clandestine *Werwolf*, féminins pour la plupart, affirmait ce rapport, ont reçu de leurs chefs mission de contaminer les chefs militaires soviétiques afin de les mettre hors d'état d'accomplir leur tâche »[9]. Juste avant l'offensive partie de l'Oder, les autorités militaires soviétiques avaient déjà utilisé cette explication pour expliquer l'accroissement du nombre des cas de maladies vénériennes au sein de leurs troupes[10].

En fait, ce furent les Berlinoises qui se trouvèrent contaminées en grand nombre et durent se joindre aux files d'attente qui se formaient dans les centres médicaux. Une femme médecin avait installé une clinique spécialisée dans un ancien abri antiaérien, avec une pancarte portant, en caractères cyrilliques, l'inscription « Typhoïde » afin d'écarter les soldats russes. Comme le montre éloquemment le film de Carol Reed *Le Troisième Homme*, la pénicilline devint rapidement la denrée la plus recherchée au marché noir. En même temps, le nombre des avortements montait en flèche. On estime qu'environ quatre-vingt-dix pour cent des femmes devenues enceintes à la suite de viols se firent avorter. Parmi celles qui accouchèrent, beaucoup abandonnèrent l'enfant à l'hôpital, sachant que leur mari ou leur fiancé ne l'accepterait jamais.

Il est parfois difficile de faire la part du cynisme et celle de l'inconscience totale dans les propos de certains jeunes officiers soviétiques. « L'Armée rouge, proclamait un lieutenant, est la plus moralement avancée du monde. Nos soldats n'attaquent que les ennemis en armes. Où que nous soyons, nous offrons toujours un exemple d'humanité envers la population locale et toute manifestation de violence ou de pillage nous est complètement étrangère »[11].

La plupart des divisions d'infanterie de première ligne firent preuve d'une plus grande discipline que les brigades de chars et les unités de l'arrière. On vit des officiers juifs de l'Armée rouge intervenir pour protéger des femmes allemandes. Mais il apparaît que la majorité des officiers et des soldats ignorèrent allégrement l'ordre de Staline en date du 20 avril, diffusé par la *Stavka* et enjoignant aux troupes « de modifier leur attitude envers les Allemands » et de « les traiter mieux ». De façon significative, la raison invoquée était qu'un « traitement brutal » provoque « une résistance obstinée », et qu'une « telle situation n'est pas à notre avantage »[12].

Le 2 mai, un prisonnier de guerre français fraîchement libéré aborda Vassili Grossman dans la rue et lui dit : « Monsieur, j'aime beaucoup votre armée, et c'est pourquoi il m'est pénible de voir comment elle traite les femmes et les jeunes filles. Cela vous fera grand tort »[13].

L'homme ne se trompait guère. À Paris, les dirigeants du Parti communiste, portant aux nues l'Armée rouge, furent quelque peu décontenancés et indisposés lorsque des prisonniers de guerre libérés commencèrent à raconter ce qu'ils avaient vu à Berlin et en Allemagne. Mais il fallut longtemps pour que les autorités soviétiques se décident à ouvrir les yeux.

Beaucoup persistent à penser qu'on laissa deux semaines à l'Armée rouge pour se défouler aux dépens des Berlinois, puis que l'ordre et la discipline furent rétablis, mais les choses ne furent pas aussi simples. Le 3 août, c'est-à-dire trois mois après la reddition de Berlin, Joukov dut prendre des mesures plus sévères pour lutter contre « le brigandage », « les violences physiques » et « les incidents scandaleux ». Toute la propagande soviétique sur « la libération de l'emprise de la clique fasciste » commençait à tourner court. On s'apercevait, en particulier, que les femmes et les filles des communistes allemands n'étaient pas mieux traitées que les autres et violées au même rythme. « De tels actes et un tel comportement, soulignait l'ordre du jour de Joukov, nous compromettent très gravement aux yeux des antifascistes allemands, particulièrement alors que la guerre est finie, et alimentent de façon considérable les campagnes fascistes contre l'Armée rouge et le gouvernement soviétique »[14].

Joukov condamnait les chefs d'unité pour laisser leurs hommes circuler sans contrôle. Il précisait que la pratique des « absences sans autorisation » devait cesser. Sergents et caporaux devaient dorénavant s'assurer matin et soir de la présence de leurs hommes. Les soldats devaient être munis de cartes d'identité et ne devaient plus quitter Berlin sans un ordre de mission. En fait, la note énumérait une suite de mesures que toute armée occidentale eût trouvées parfaitement normales, même en temps de paix.

Cette situation fit l'objet d'articles dans la presse internationale tout au long de l'été. Le Kremlin devint, de toute évidence, fort inquiet de l'effet qu'ils risquaient d'avoir pour les partis communistes étrangers, alors au sommet de leur prestige et de leur influence. « Cette campagne scélérate, écrivit alors un adjoint de Molotov, vise à porter atteinte à la très haute réputation de l'Armée rouge et à rejeter sur l'Union soviétique la responsabilité de tout ce qui arrive dans les pays occupés… Nos nombreux amis dans le monde ont besoin de détenir les renseignements nécessaires à la contre-propagande »[15].

À Berlin, les normes morales s'étaient fortement détériorées, mais, dans ces circonstances, c'était à peu près fatal. Revenant dans la capitale, Ursula von Kardorff vit les maigres trafics qui se déroulaient près de la Porte de Brandebourg, et pensa immédiatement à une réplique de Brecht dans *L'Opéra de quat' sous* : « D'abord vient la nourriture, ensuite la morale. »

La Porte de Brandebourg était devenue le grand centre du marché noir et des échanges divers dès le début du mois de mai. Ursula von Kardorff y vit toutes sortes de femmes se prostituant pour quelques vivres ou des cigarettes, devenues la principale devise du marché parallèle. « *Willkommen in Shanghai !* » lança une cynique.

Le pouvoir exercé par la nourriture en une période semblable, bien mis en relief par l'illustre écrivain Ernst Jünger lorsqu'il était officier de la Wehrmacht à Paris, conduisait à des situations nouvelles. La chroniqueuse anonyme déjà citée, qui parlait russe, fut abordée par un marin soviétique si jeune qu'il avait encore l'air d'un écolier. Il lui demanda de lui trouver une fille honnête, propre et affectueuse qu'il prendrait pour compagne. Il lui fournirait des rations régulières de pain, de lard et de hareng.

Le viol avait ainsi évolué vers une sorte de contrainte sexuelle fondée sur la nécessité de survie. La violence physique ou la menace d'un pistolet n'étaient souvent plus nécessaires devant des femmes mourant de faim – surtout si elles avaient aussi des enfants à nourrir. L'évolution se poursuivit d'ailleurs pour aboutir, en certains cas, à une forme étrange de cohabitation qui voyait des officiers soviétiques se mettre littéralement en ménage avec des « femmes d'occupation » allemandes, remplaçant les « épouses de campagne » auparavant recrutées parmi le personnel féminin de l'Armée rouge. Les épouses légitimes, en Union soviétique, avaient déjà été outrées d'entendre parler des « épouses de campagne », mais leur fureur ne connut plus de bornes lorsqu'elles apprirent comment les choses avaient évolué. Les autorités soviétiques, elles aussi, finirent par s'alarmer et s'indigner du nombre d'officiers de l'Armée rouge qui, le moment étant venu pour eux de regagner la Mère Patrie, désertèrent pour rester avec leurs maîtresses allemandes.

La chroniqueuse anonyme se demandait si elle n'était pas devenue elle-même l'équivalent d'une prostituée en acceptant la protection et les largesses d'un major russe érudit. Comme beaucoup de ses compatriotes, il respectait les femmes cultivées, tandis que les Allemands qu'elle connaissait tendaient à se méfier des bas bleus.

Ursula von Kardorff, de son côté, estimait que les femmes allemandes, après avoir dû se soumettre aux événements, allaient devoir changer radicalement de rôle lorsque les hommes reviendraient de captivité. « Nous allons peut-être, nous, femmes, écrivait-elle, affronter maintenant notre tâche la plus dure de la guerre : apporter compréhension et réconfort, soutien et encouragement, à tant d'hommes cruellement vaincus et désespérés. »

Si les Allemands avaient combattu aussi longtemps et aussi âprement, c'était parce qu'à leurs yeux la défaite représentait « la catastrophe absolue ». Ils pensaient que leur pays serait totalement écrasé et asservi et que leurs soldats allaient passer le reste de leur vie en esclavage au fond de la Sibérie.

Cependant, lorsqu'avec la mort d'Hitler la résistance s'effondra, le changement d'attitude des Allemands, notamment à Berlin, surprit fort les Soviétiques. S'étant à moitié attendus à la sorte de guerre de partisans féroce menée par eux-mêmes contre la Wehrmacht en Russie, ils furent frappés par « la docilité et la discipline de ce peuple ». Le général Serov informa Beria que la population se comportait « avec une obéissance sans restrictions »[16]. L'un des officiers d'état-major de Tchouikov attribuait le phénomène à « un respect inné du pouvoir en place ». Et, en même temps, les officiers de l'Armée rouge étaient effarés de voir tant d'Allemands transformer des drapeaux nazis en simples drapeaux rouges en découpant la croix gammée noire sur fond blanc qui se trouvait au centre. *« Heil Staline ! »*, comme disaient les mauvais esprits berlinois.

Cette soumission n'empêchait toutefois par le SMERSH et le NKVD de voir partout des manifestations du *Werwolf*. Durant la première partie du mois de mai, chaque régiment du NKVD arrêtait plus d'une centaine d'Allemands par jour, dont la moitié étaient livrés au SMERSH. Certains des pires délateurs auprès des autorités soviétiques étaient d'anciens nazis soucieux de détourner l'attention de leurs activités passées. D'autres étaient tout simplement contraints par chantage d'aider des unités du NKVD à traquer les officiers de la SS et de la Wehrmacht continuant à se cacher.

La paranoïa était toujours présente, conduisant, par exemple, les services soviétiques à avancer des « informations » telles que : « Des chefs d'organisations fascistes se préparent à organiser des empoisonnements massifs à Berlin en vendant de la limonade et de la bière additionnées de substances toxiques ». Des enfants surpris en train de jouer avec des armes abandonnées étaient gravement interrogés par le SMERSH comme membres supposés du *Werwolf*.

En fait, les manifestations subversives étaient rarissimes. À Lichtenberg apparurent quelques affiches proclamant : « Le Parti [national-socialiste] vit toujours ! »[17]. Chose plus frappante et plus importante, dans la nuit du 20 mai, « un nombre inconnu de bandits » attaqua le Camp spécial N° 10 du NKVD et libéra 466 prisonniers. Le major Kiouchkine, commandant du camp, se trouvait « à un banquet » lorsque l'attaque se produisit[18]. Après toutes les critiques du NKVD sur le manque de vigilance des officiers de l'Armée, l'affaire était plutôt gênante.

Les femmes de Berlin, pendant ce temps, s'efforçaient de redonner à leur ville un aspect un peu plus normal. On voyait un peu partout des *Trümmerfrauen* – « femmes des gravats » – faire la chaîne avec des seaux pour dégager les décombres. Beaucoup des hommes qui restaient en ville se cachaient ou étaient en proie à des troubles nerveux.

Comme beaucoup de travailleuses, ces femmes n'étaient payées, au moins au début, que de quelques pommes de terre, mais le traditionnel sens de l'humour berlinois n'avait pas perdu ses droits. Charlottenbourg avait été rebaptisé *« Klamottenberg »* ou « Montagne de gravats », Steglitz était devenu *« steht nichts »* – « rien n'est debout » – et Lichterfelde *« Trichterfelde »* – « champ de cratères ». C'était une façon de lutter contre le désespoir.

Employés et fonctionnaires obéirent à l'ordre du général Berzarine leur commandant de retourner sur leurs lieux de travail. Utilisant des unités du NKVD, le SMERSH fit encercler l'immeuble de la radio, la Grossdeutscher Rundfunk, dans la Masurenallee. Tous les membres du personnel devaient se tenir debout à côté de leur bureau afin d'être inspectés. L'officier du SMERSH chargé de l'opération, le major Popov, qui était accompagné de communistes allemands, traita fort correctement les employés. Il fit notamment protéger par ses troupes les nombreuses jeunes femmes travaillant dans l'immeuble – ce qui, toutefois, ne garantit pas la sécurité de celles-ci lorsqu'elles furent autorisées à rentrer chez elles, quelques jours plus tard.

Les communistes allemands de « l'émigration de Moscou » étaient totalement soumis à leurs maîtres soviétiques. Bien qu'ils se soient finalement trouvés du côté vainqueur, il n'y avait vraiment rien dont ils pouvaient tirer gloire. La classe ouvrière allemande n'avait rien fait pour empêcher ou même contrarier l'invasion de l'URSS par l'Allemagne nazie en 1941. Et cela, les camarades soviétiques ne le laissaient pas oublier à leurs fidèles compagnons de route. Ils multipliaient les remarques amères et ironiques sur le nombre d'Allemands qui se présentaient à eux en affirmant avoir été membres du Parti communiste avant 1933, s'étonnant qu'aucun d'eux n'ait tenté de prendre les armes contre le régime. Le fait que la seule véritable résistance à Hitler était venue des « milieux réactionnaires » n'arrangeait pas les choses.

Beria, quant à lui, considérait les principaux communistes allemands comme des « idiots » et des « carriéristes ». Le seul pour lequel il avait quelque respect était le vétéran du Parti Wilhelm Pieck, un homme trapu aux cheveux blancs et à la tête carrée. Le groupe envoyé de Moscou en Allemagne s'était réuni dans la chambre de Pieck avant le départ. « Nous n'avions aucune idée, écrivit Markus Wolf, ultérieurement chef des services de renseignement d'Allemagne de l'Est durant la période de la Guerre froide, du rôle que le Parti [communiste allemand] était appelé à jouer et ignorions même s'il allait être autorisé. Notre tâche était simplement d'aider les autorités militaires soviétiques. » Il reconnaissait ensuite qu'il avait été « assez naïf pour espérer que la majorité des Allemands étaient heureux d'être délivrés du régime nazi et allaient accueillir les Soviétiques en libérateurs ».

Ces communistes allemands venus de Moscou atterrirent à l'aérodrome de Tempelhof le 27 mai, par une belle journée de printemps. Ils furent très ébranlés par les scènes de destruction qu'ils découvraient. Leurs sentiments étaient très mêlés. Ce retour au bercail se révélait étrange. Les plus jeunes membres de la délégation, élevés en Union soviétique, trouvaient bizarre d'entendre parler allemand dans les rues.

Deux semaines plus tôt, lors des cérémonies de la victoire à Moscou, Wolf s'était, de son propre aveu, senti réagir « exactement comme un jeune Russe ». Mais, peu de jours après son arrivée à Berlin, il apprit de communistes allemands comment l'Armée rouge avait traité la population. « Nos *frontoviki* ont semé le chaos, écrivit-il dans son journal à la date du 30 mai. Toutes les femmes violées. Les Berlinois n'ont plus de montres. La propagande de Goebbels sur l'Armée rouge avait semé d'avance la terreur. Puis est venue l'expérience, la réalité, et le résultat est que l'absolue majorité des Allemands, surtout à l'est de l'Elbe, sont très, très antisoviétiques. »

Le chef de la délégation était Walter Ulbricht, bureaucrate stalinien presque universellement détesté et méprisé, bien connu pour son ardeur à dénoncer ses rivaux. Beria le considérait comme « une canaille capable de tuer son père et sa mère ». Wolf, lui, le tenait pour une mécanique « sans cœur », dont la seule loyauté était à la politique du Kremlin. Tout ce qui venait de Staline était « un ordre impératif ».

Ulbricht fit savoir à Wolf qu'il devait abandonner tout espoir de retourner en Union soviétique pour poursuivre ses études d'ingénieur en aéronautique. Il devait aller au centre de radiodiffusion de la Masurenallee – la Grossdeutscher Rundfunk ayant été rapidement renommée la Berliner Rundfunk – pour prendre en main la propagande. Là, Wolf se retrouva responsable d'une émission appelée « Un sixième de la terre » et consacrée aux glorieuses réalisations de l'industrie soviétique. Les autorités soviétiques, représentées en l'occurrence par le général Semionov, avaient totalement interdit d'évoquer les trois sujets sur lesquels les Allemands auraient voulu en savoir plus – à savoir « les viols, le sort des prisonniers de guerre et la ligne Oder-Neisse », qui impliquait la perte, pour l'Allemagne, de la Prusse, de la Poméranie et de la Silésie, attribuées à la Pologne.

Par un curieux paradoxe, bien que la propagande soviétique fût dorénavant maîtresse des ondes, les Berlinois se virent enjoindre de remettre tous leurs postes de radio au poste militaire le plus proche. Madga Wieland se dirigea avec le sien vers la Kommandantur locale, mais, en approchant, elle vit les soldats l'examiner de la tête aux pieds. Elle laissa tomber le poste au milieu de la rue, fit demi-tour et courut.

Les Berlinois, voyant dans leurs rues des feux de camp, des chevaux cosaques au long poil et même des chameaux, tendaient à se convaincre que leur ville était occupée par les « Mongols ». C'était, dans une grande mesure, la conséquence de la propagande de Goebbels. Les centaines de photographies des troupes soviétiques à Berlin ne révèlent qu'un faible pourcentage de soldats originaires d'Asie centrale, mais l'exposition aux intempéries avait souvent donné aux visages une sorte de patine brunâtre et entouré les yeux de beaucoup d'hommes de rides leur donnant une apparence orientale. On peut faire la même constatation sur les photos de militaires français et britanniques à la fin de la Première Guerre mondiale. Les rues de Berlin offraient d'ailleurs d'autres images étranges, comme celles de jeunes enfants émaciés jouant dans « des carcasses de chars calcinés évoquant, le long des trottoirs, des navires échoués ». Certaines de ces épaves ne tardèrent d'ailleurs à se couvrir d'affichettes proposant des cours de danse, les Berlinois tentant désespérément de sortir de ce qu'ils appelaient *« die Stunde Null »* – la pire des heures qu'ils aient connues.

Les principales priorités du général Berzarine étaient de remettre en état de fonctionner les services essentiels, tels que ceux de l'électricité, de l'eau et du gaz. Des 33 000 lits d'hôpitaux qui avaient existé à l'origine à Berlin, seuls 8 500 restaient utilisables. Plus d'un million de personnes étaient sans logement. Elles continuaient à s'entasser dans les caves et les abris antiaériens. On voyait parfois émerger des ruines la fumée de foyers rudimentaires sur lesquels des femmes s'efforçaient de faire cuire le maigre repas familial.

Avec quatre-vingt-quinze pour cent du réseau de tramway détruits et une bonne partie des tunnels d'U-Bahn et de S-Bahn encore inondés, aller voir des parents ou des amis dans d'autres quartiers de la ville requérait une vigueur que peu possédaient à ce moment. Affaiblis par la faim, la plupart des gens rassemblaient leurs dernières forces pour fouiller les décombres, à la recherche d'un peu de nourriture ou de quelques objets réutilisables. Dès que les trains se remirent à marcher, on vit des milliers de personnes s'y accrocher, dans l'espoir d'aller trouver quelques vivres à la campagne. On les appelait les « hamsters », et les trains furent rapidement rebaptisés « Hamster-express »[19].

Le sort des Berlinois restait toutefois incomparablement meilleur que celui de leurs compatriotes restés en Prusse-Orientale, en Poméranie et en Silésie. La répression en Prusse-Orientale n'avait fait que s'intensifier. Le 5 mai, Beria y avait envoyé le général Apollonov avec neuf régiments du NKVD et 400 agents du SMERSH pour « assurer l'élimination des espions, saboteurs et autres éléments ennemis », dont « plus de 50 000 » avaient déjà été neutralisés depuis l'invasion du mois de janvier[20]. Une population de 2 200 000 habitants en 1940 avait été réduite à 193 000 personnes à la fin du mois de mai 1945.

Objet de la haine forcenée des Russes par tout ce qu'elle pouvait symboliser, la Prusse-Orientale avait été entièrement dévastée. La terre même avait été rendue impropre à l'exploitation pour plusieurs années. Les maisons avaient été soit brûlées, soit dépouillées de leurs installations les plus élémentaires. Des ampoules électriques avaient été volées par des paysans soviétiques qui n'avaient même pas l'électricité chez eux. Les fermes étaient zone morte, tout le bétail ayant été abattu ou envoyé en Russie. Les basses terres retournaient au marécage.

Mais le sort des civils qui n'avaient pu s'échapper était plus tragique encore. La plupart des femmes et des jeunes filles furent conduites à marches forcées en Union soviétique et contraintes de travailler « dans des forêts, des tourbières et des canaux quinze à seize heures par jour »[21]. Un peu plus de la moitié d'entre elles périrent dans les deux années qui suivirent. La moitié des survivantes avaient été violées, et, quand elles furent renvoyées dans la zone d'occupation soviétique d'Allemagne, en avril 1947, la plupart durent être immédiatement hospitalisées, souffrant de tuberculose ou de maladies vénériennes.

En Poméranie, en revanche, la population allemande restée sur place s'efforça de nouer des relations amicales avec les occupants soviétiques. Les Poméraniens redoutaient avant tout le jour proche où les Polonais allaient prendre le contrôle de la région et exercer leur revanche. Peu de gens mouraient effectivement de faim, mais la pénurie de denrées alimentaires était bien présente. L'été commençant, on récoltait oseille, orties et pissenlits. La farine était devenue si rare qu'on la mélangeait d'écorce de bouleau pilée. Il était impossible de se procurer du savon, et la cendre de hêtre avait remplacé la poudre de lessive.

C'est sur les territoires officiellement cédés aux Polonais que Beria, certainement sur l'ordre de Staline, déploya les plus importantes forces de répression lorsqu'il en eut fini avec la Prusse-Orientale. Alors que le général Serov disposait de dix régiments du NKVD pour l'ensemble de la zone d'occupation d'Allemagne, le général Selivanovsky se vit attribuer quinze régiments pour assurer le maintien de l'ordre dans les territoires d'une Pologne en principe alliée. Beria commanda aussi au « camarade Selivanovsky d'exercer conjointement les fonctions de représentant du NKVD de l'URSS et de conseiller du ministère polonais de la Sécurité publique »[22].

C'était ainsi que Staline interprétait personnellement sa déclaration de Yalta sur « la création d'une Pologne puissante, libre et indépendante ».

28

L'HOMME AU CHEVAL BLANC

Les soldats soviétiques souffraient apparemment, sans en être vraiment conscients, de ce sentiment de culpabilité propre aux survivants d'une épreuve meurtrière. Quand ils pensaient à tous ceux de leurs camarades qui avaient péri, il leur semblait un peu déconcertant de se trouver, finalement, au nombre des vivants. À la fin des hostilités ils s'étaient « embrassés comme des frères » pour exprimer et partager leur soulagement, mais, des semaines après que les canons se furent tus, beaucoup continuaient à mal dormir. Le silence et le calme inhabituels qui régnaient leur mettaient les nerfs à mal. Il leur fallait également digérer ce qui était arrivé durant tous ces moments où ils s'étaient interdits de trop penser.

Ils ne doutaient pas que ce qu'ils venaient de traverser constituait la période la plus importante, non pas seulement de leur vie, mais aussi de l'histoire du monde. Ils pensaient à leurs foyers, à leurs femmes et à leurs amies, ainsi qu'au sort de membres hautement respectés de la communauté qui ne manquerait pas de leur être réservé.

Pour les femmes-soldats, toutefois, les perspectives étaient beaucoup moins prometteuses. Il y avait moins d'hommes vers lesquels se tourner. Celles qui étaient enceintes savaient qu'il leur faudrait se résigner à leur sort en essayant de faire bonne figure. « Ainsi, Ninka, écrivait une jeune femme-soldat à l'une de ses amies, tu as une fille, et je vais moi aussi avoir un bébé. Ne soyons pas trop tristes de ne pas avoir de maris »[1]. Beaucoup d'entre elles revenaient chez elles avec leur enfant en prétendant que leur mari avait été tué sur le front.

Mais la guerre avait été, pour les soldats soviétiques, une extraordinaire expérience en d'autres sens. Elle leur avait apporté un enivrant avant-goût de liberté après les purges de 1937 et 1938, faisant naître l'espoir d'une disparition complète de la terreur. Le fascisme était vaincu. Trotski était mort. Des accords étaient en train de se conclure avec les puissances occidentales. Il semblait qu'il n'y avait plus de raisons pour le NKVD d'être paranoïaque. Mais en même temps, en Union soviétique, les habitants avaient déjà commencé à comprendre, à travers de soudaines arrestations d'amis, que la police politique était toujours au travail.

Sur le front, la proximité de la mort avait beaucoup fait pour dissiper le climat de terreur imposé par le stalinisme. Officiers et soldats s'étaient mis à parler très ouvertement, et en particulier de leurs aspirations pour l'avenir. Ceux qui venaient de régions agricoles voulaient voir disparaître les fermes collectives. Des officiers ayant pris le pas sur les commissaires politiques à l'automne 1942, pensaient qu'il était maintenant grand temps que la hiérarchie bureaucratique soviétique, la nomenklatura, connaisse une réforme analogue. Avec le plus parfait cynisme, Staline avait laissé entendre, pendant la guerre, que tout cela était possible – avec l'intention bien arrêtée de tout bloquer dès que les combats auraient pris fin.

À l'approche de la victoire, le SMERSH et le NKVD avaient commencé à trouver beaucoup trop arrogants et sûrs d'eux les officiers de l'Armée. Et les commissaires politiques n'avaient ni oublié ni pardonné la façon péremptoire dont ils avaient été écartés par les militaires au moment de la bataille de Stalingrad. Ils étaient également très préoccupés par les lettres des soldats comparant les conditions de vie en Allemagne à celles qui existaient en URSS. Le SMERSH du général Abakoumov craignait carrément un état d'esprit « décembriste » chez les officiers.

Les autorités soviétiques étaient bien conscientes de ce qui s'était produit lorsque les soldats russes ayant envahi la France en 1814 avaient établi de semblables comparaisons entre la vie française et l'existence misérable qu'ils connaissaient chez eux. « À l'époque, déclarait un rapport du SMERSH, l'influence de la vie française était positive, car elle donnait au peuple russe l'occasion de constater le retard intellectuel de la Russie, l'oppression tsariste et tout ce qui l'accompagnait. De cela, les Décembristes avaient conclu à la nécessité de combattre l'autocratie tsariste. Maintenant, la chose est très différente. Peut-être les domaines de certains propriétaires terriens sont-ils plus riches que certaines fermes collectives. De ce fait, un homme politiquement attardé tire des conclusions favorables à une économie féodale à l'encontre du modèle socialiste. Ce genre d'influence est régressif. C'est pourquoi il est nécessaire de combattre sans merci ces attitudes »[2].

Les services politiques étaient également alarmés par « les

propos antisoviétiques » de soldats se plaignant de la façon dont leurs familles étaient traitées en URSS – et dont eux-mêmes avaient souvent été traités au front. Juste avant la fin des hostilités, plusieurs unités de l'Armée rouge en arrivèrent à la limite de la mutinerie lorsqu'arriva une note de service précisant que les cadavres des hommes de troupe tués devaient être dépouillés de tout, y compris de leurs sous-vêtements. Seuls les officiers pouvaient être enterrés tout habillés. Il y eut aussi, apparemment, un nombre croissant d'officiers impopulaires abattus d'une balle dans le dos par leurs propres hommes.

Le nombre des arrestations opérées par le SMERSH pour « propos antisoviétiques systématiques et intentions terroristes » s'accrut de façon dramatique durant les derniers mois de la guerre et juste après la capitulation allemande. Même le commandant adjoint d'un bataillon de fusiliers du NKVD fut appréhendé pour « s'être systématiquement livré à une propagande contre-révolutionnaire au sein de la troupe »[3]. Il était tout particulièrement accusé d'avoir « diffamé les dirigeants du Parti et le gouvernement soviétique », fait l'éloge de la vie en Allemagne et « diffamé la presse soviétique ». Il fut condamné à huit ans de Goulag par un tribunal militaire du NKVD.

La proportion d'arrestations politiques au sein de l'Armée rouge doubla entre 1944 et 1945, année où l'Union soviétique fut effectivement en guerre à peine plus de quatre mois. En cette année de victoire, 135 056 officiers et soldats de l'Armée rouge furent condamnés par des tribunaux militaires pour « crimes contre-révolutionnaires »[4]. De la même façon, la Commission militaire de la Cour suprême de l'URSS condamna 123 officiers supérieurs en 1944 et 273 en 1945.

Ces chiffres ne tiennent pas compte du sort réservé aux soldats de l'Armée rouge ayant été faits prisonniers par les Allemands. Le 11 mai 1945, Staline ordonna que chaque front crée des camps pour détenir les anciens prisonniers de guerre et déportés soviétiques. Cent camps de 10 000 détenus chacun furent ainsi prévus. Les anciens prisonniers devaient être « examinés et contrôlés par le NKVD, le NKGB et le SMERSH ». Des quatre-vingts généraux de l'Armée rouge capturés par la Wehrmacht, seuls trente-sept survécurent à leur captivité et purent être libérés par les anciens compagnons d'armes. Onze d'entre eux furent arrêtés par le SMERSH et condamnés par des tribunaux militaires du NKVD.

Les opérations de rapatriement en Union soviétique ne furent pas terminées avant le 1er décembre 1946. À cette date, selon un rapport officiel, 5 500 000 personnes avaient été ramenées en URSS, dont

1 833 567 d'anciens prisonniers de guerre des Allemands. Plus d'un million et demi de ceux-ci furent envoyés, soit au Goulag – 339 000 – soit dans des bataillons de travailleurs en Sibérie ou dans l'extrême nord, ce qui ne valait guère mieux. Quant aux civils emmenés de force en Allemagne, ils étaient considérés comme « des ennemis potentiels de l'État », à maintenir sous l'étroite surveillance du NKVD. Il leur était interdit de venir à moins de cent kilomètres de Moscou, de Leningrad et de Kiev, et leurs familles étaient tenues pour suspectes. En 1998 encore, le formulaire de demande d'emploi d'un institut de recherche russe comportait un paragraphe exigeant du postulant qu'il précise si un membre de sa famille avait été « dans un camp de détention ennemi ».

Staline et ses maréchaux se souciaient peu de la vie de leurs soldats. Pour les trois fronts impliqués dans l'Opération Berlin, les pertes furent extrêmement élevées : 78 291 tués et 274 184 blessés. Les historiens russes reconnaissent maintenant que ces pertes inutilement lourdes étaient dues en partie au souci d'arriver à tout prix à Berlin avant les Alliés occidentaux et en partie au fait que tant d'armées lancées simultanément vers un but unique en arrivaient fatalement à se bombarder entre elles.

Le traitement réservé aux hommes mutilés en combattant pour leur pays fut parfaitement inique. Les plus chanceux devaient faire la queue « de longues heures pour des membres artificiels ressemblant à ces pièces de bois dont étaient équipés les hommes ayant perdu une jambe en 1812 ». Mais, peu après, les autorités des principales villes d'URSS décrétèrent qu'elles ne voulaient pas voir leurs rues encombrées par ces « samovars » aux disgracieuses infirmités. Ils furent donc raflés et déportés. Beaucoup furent envoyés à Belaya Zemlya, dans l'extrême nord, comme s'ils étaient des criminels.

La colère et la frustration prirent des formes multiples, cet été-là en Union soviétique. Leurs manifestations les plus épouvantables furent de violentes poussées d'antisémitisme. En Asie centrale, les juifs se trouvèrent soudain attaqués et rossés sur les marchés comme dans les écoles. Des gens du cru hurlaient : « Attendez un peu que nos garçons reviennent du front, et nous tuerons tous ces juifs ! »[5]. Les autorités locales voyaient là des « actes de hooliganisme et laissaient souvent le crime impuni ».

L'incident le plus sérieux à cet égard eut lieu à Kiev au début du mois de septembre. Un major juif du NKVD fut attaqué dans la rue par « deux antisémites en uniforme militaire »[6], probablement ivres. Le major réussit finalement à tirer son pistolet et abattit les deux hommes. Les obsèques de ceux-ci tournèrent rapidement à la manifestation violente. Portant les cercueils, le cortège se dirigea soudain vers le marché juif, récemment rouvert. Ce jour-là, près d'une centaine de juifs furent attaqués et durement maltraités. Cinq d'entre eux périrent et trente-six durent être transportés à l'hôpital avec des blessures graves. Les troubles se prolongèrent, à telle enseigne que le marché juif dut être gardé en permanence. Cette fois, on ne parla pas d'« hooliganisme ». Certains membres du Comité central du Parti communiste d'Ukraine furent accusés d'être « les dignes successeurs » de Goebbels. L'année suivante un *Livre noir* de Vassili Grossman et Ilya Ehrenbourg sur l'extermination des juifs par les nazis fut retiré de la circulation par les autorités.

Il est difficile de savoir dans quelle mesure l'antisémitisme de Staline était profondément enraciné en lui et dans quelle mesure il avait été entretenu par sa haine de Trotski. C'était en partie, certainement, à cause de l'Internationalisme de Trotski qu'il considérait les juifs comme membres d'un réseau international, et donc suspects. « Cosmopolitisme » voulait dire trahison. Cette obsession atteignit son sommet peu avant sa mort, avec le fameux « complot des blouses blanches », où les médecins juifs furent globalement mis en cause. Staline, bien que Géorgien, était devenu le plus chauvin des Russes – comme l'Autrichien Hitler était devenu le plus chauvin des Allemands. Dans son discours de victoire du 24 mai, il loua les Russes pour « leur clarté d'esprit, leur énergie et leur fermeté de caractère », plaçant la Russie au premier rang de toutes « les nations d'Union soviétique ». Les nations non russes du sud eurent d'ailleurs la cruelle démonstration des sentiments de l'homme du Kremlin, à travers des déportations massives et des vagues de répression qui firent des dizaines de milliers de morts.

Quant à la victoire elle-même, la politique du Parti consistait à rendre hommage à un seul homme : « Notre grand génie et chef militaire, le Camarade Staline, à qui nous devons notre victoire historique »[7]. Staline s'était toujours poussé en avant de façon éhontée chaque fois qu'une bataille était sur le point d'être gagnée, tout en disparaissant de la vue lors de tout désastre, surtout s'il en était responsable. Ses chefs militaires devaient toujours rendre publiquement hommage à sa sagesse et à son autorité directrice. Revendiquer quelque mérite pour eux-mêmes était extrêmement dangereux.

Toute louange adressée à un citoyen soviétique à l'étranger éveillait immédiatement la suspicion de Staline, et ce fut particulièrement le cas lorsque Joukov fut porté aux nues par la presse américaine et britannique. Bien que Staline en fût déjà à s'alarmer du pouvoir pris par Beria, qu'il n'allait pas tarder à faire rentrer dans l'ordre, il s'inquiétait plus encore, dans l'immédiat, de l'immense popularité acquise par Joukov et par l'Armée rouge.

Quand Eisenhower se rendit en visite en Union soviétique, Joukov l'accompagna partout, voyageant même dans l'avion personnel du général américain pour gagner Leningrad. Partout où ils allaient, les deux chefs militaires recevaient un accueil enthousiaste. Eisenhower, plus tard, invita Joukov et son « épouse de campagne » Lydia Z. à se rendre aux États-Unis, mais Staline fit avorter le projet en convoquant immédiatement son maréchal à Moscou.

Joukov, tout en étant conscient des tentatives faites par Beria pour lui nuire, ne se rendait pas compte que la principale menace pesant sur lui venait de la jalousie de Staline. Vers le milieu du mois de juin, à Berlin, Joukov fut interrogé sur la mort d'Hitler au cours d'une conférence de presse. Il fut contraint de déclarer publiquement : « Nous n'avons pas encore trouvé un corps pouvant être identifié. » Vers le 10 juillet, Staline lui téléphona de nouveau pour lui demander où était le corps. Jouer de cette façon avec Joukov procurait visiblement un grand plaisir au maître du Kremlin. Joukov, quand il apprit, vingt ans plus tard, la vérité de la bouche de Yelena Rjevskaïa, eut encore beaucoup de mal à accepter que Staline ait pu l'humilier de cette façon. « J'étais très proche de Staline, insista-t-il. Staline m'a sauvé. C'étaient Beria et Abakoumov qui voulaient se débarrasser de moi. » Abakoumov, le chef du SMERSH, était peut-être le fer de lance des attaques contre Joukov, mais Staline savait exactement ce qui se passait et approuvait.

Dans la capitale soviétique, la foule saluait en Georgi Konstantinovitch Joukov « notre saint Georges » – le saint patron de Moscou. Après les célébrations du 9 mai, une grande parade fut prévue sur la Place rouge pour célébrer avec plus de pompe encore la victoire. Un régiment de chaque front devait y participer, ainsi qu'une unité de la marine et une de l'aviation. Le drapeau qui avait été hissé sur le Reichstag fut rapporté spécialement de Berlin. Il était déjà devenu un objet sacré. Des drapeaux allemands furent également rassemblés et envoyés à Moscou à d'autres fins.

Tous les maréchaux et généraux soviétiques supposaient que Staline allait prendre personnellement la tête du défilé du 24 juin. Il était le *Verkhovny* – le commandant suprême – censé être responsable de la victoire. Mais la tradition russe voulait qu'un défilé de victoire soit mené à cheval.

Une semaine avant la cérémonie, Joukov fut convoqué à la datcha de Staline, qui lui demanda s'il était toujours capable de monter à cheval.

« Je monte encore de temps à autre », répondit Joukov, ancien cavalier de la Première Guerre mondiale puis de la guerre civile.

« Alors, dit Staline, voilà ce que nous allons faire. Vous mènerez le défilé et Rokossovski le commandera. »

« Merci pour cet honneur, fit Joukov. Mais ne serait-il pas préférable que vous meniez le défilé ? Vous êtes le commandant en chef et c'est votre privilège. »

« Je suis trop vieux pour mener des défilés, déclara alors Staline. Vous êtes plus jeune. Vous le ferez. »

En prenant congé, il dit à Joukov qu'il monterait un étalon arabe que le maréchal Boudienny allait lui présenter.

Le lendemain, Joukov se rendit sur le terrain d'aviation où se déroulaient les répétitions pour la cérémonie. Là, il rencontra le fils de Staline, Vassili, qui le prit à part et lui dit : « Ce que je vais vous confier est un grand secret. Mon père se préparait à mener le défilé de la victoire, mais un curieux incident s'est produit. Il y a trois jours, au manège, le cheval s'est cabré car mon père n'avait pas très bien utilisé ses éperons. Il a saisi la crinière et s'est efforcé de rester en selle, mais il n'y est pas arrivé et est tombé, se meurtrissant douloureusement l'épaule et la tête. Quand il s'est relevé, il a craché et il a dit : " Que Joukov mène le défilé. C'est un vieux cavalier." »

« Et quel cheval montait votre père ? demanda alors Joukov.

« Un étalon arabe blanc, celui que vous aurez pour la parade. Mais je vous supplie de ne pas souffler mot de tout cela. »

Joukov remercia Vassili, et, durant les quelques jours qui suivirent, il ne perdit aucune occasion de se remettre en selle et d'apprendre à maîtriser le cheval.

Le matin de la parade, il tombait une pluie persistante. « C'est le ciel qui pleure nos morts », disaient les Moscovites. L'eau dégoulinait sur les visières des casquettes militaires. Officiers et soldats avaient reçu des uniformes tout neufs et leurs décorations brillaient.

À dix heures moins trois minutes, Joukov enfourcha l'étalon arabe près de la Porte Spassky du Kremlin. Il pouvait entendre le tonnerre des applaudissements comme les dirigeants du Parti et du gouvernement prenaient leurs places devant le mausolée de Lénine. Alors que dix heures sonnaient, il fit son entrée sur la Place rouge. Les fanfares et orchestres attaquèrent l'air traditionnel de Glinka, puis le silence retomba. Un Rokossovski tout aussi nerveux que Joukov maîtrisait, lui, un cheval noir. Ses commandements sonnaient clair.

Le point culminant de la parade survint lorsque deux cents anciens combattants avancèrent l'un après l'autre vers le mausolée et jetèrent aux pieds de Staline le drapeau allemand. Joukov, acclamé par la foule sur son cheval blanc, ne se doutait pas qu'Abakoumov était en train de préparer sa chute.

Des micros avaient été installés dans la datcha du maréchal. Un dîner entre amis proches qu'il donna pour célébrer la victoire fut ainsi enregistré. Le premier crime relevé fut de ne pas avoir porté le premier toast au Camarade Staline. À la suite de cela, le général de cavalerie Krioukov fut emprisonné après avoir été mis à la torture. Sa femme, la célèbre chanteuse folklorique Lydia Rouslanova, fut envoyée au Goulag après avoir repoussé les avances d'Abakoumov. Le commandant du camp où elle fut placée lui ordonna de chanter pour lui et pour ses officiers. Elle répondit qu'elle ne s'exécuterait que si tous ses camarades, les autres *zeks*, étaient autorisés à être présents.

Une semaine après la parade de la victoire, le maréchal Staline fut nommé généralissime « pour services exceptionnels durant la Grande Guerre patriotique »[8]. Il reçut également la médaille de Héros de l'Union soviétique, l'Ordre de Lénine et l'Ordre de la Victoire, une étoile à cinq branches en platine sertie de cent trente-cinq diamants et de cinq gros rubis.

L'année suivante, Abakoumov ayant réussi à extorquer sous la torture des confessions à plusieurs compagnons de Joukov, le maréchal fut exilé dans les provinces lointaines, puis assigné à résidence dans sa datcha. Si l'on excepte une courte période où il exerça les fonctions de ministre de la Défense sous Khrouchtchev, il connut l'exil intérieur jusqu'au 9 mai 1965, vingtième anniversaire de la capitulation allemande. Un grand banquet fut organisé au Kremlin. Tous les convives, ministres, maréchaux, généraux et ambassadeurs, se levèrent quand Leonid Brejnev fit son entrée avec sa suite, puis, soudain, Joukov apparut. Brejnev l'avait invité au dernier moment. Il dut, d'ailleurs, vite le regretter, car dès que l'on aperçut le maréchal, des acclamations éclatèrent, « Joukov ! Joukov ! » scandaient les invités en frappant sur la table. Brejnev garda un visage de marbre.

Joukov dut ensuite retourner à sa datcha, toujours truffée de micros. Bien qu'officiellement réhabilité, il ne devait plus jamais reparaître à une cérémonie d'importance durant les neuf années qui lui restaient à vivre. Cependant, ce qui parut l'affecter plus que tout, ce fut de découvrir la façon dont Staline l'avait berné à propos du corps d'Hitler.

L'amertume des Allemands devant leur défaite trouvait en bonne part sa source dans la confusion intellectuelle et émotionnelle ayant entouré la Première Guerre mondiale et ses suites.

L'idée que le monde entier s'était ligué injustement contre l'Allemagne hantait bien des esprits. Les interrogateurs britanniques et américains furent souvent stupéfaits d'entendre des officiers supérieurs de la Wehrmacht s'étonner, avec tous les accents de l'innocence meurtrie, que les Alliés occidentaux les aient si mal compris. Ils étaient prêts à reconnaître des « erreurs », mais non des crimes. Tout crime ne pouvait avoir été commis que par les nazis et les SS.

Utilisant un euphémisme digne des staliniens, le général Blumentritt, par exemple, parlait, à propos de l'antisémitisme hitlérien, des « erreurs commises depuis 1933 ». « D'éminents savants ont été ainsi perdus pour nous, déclarait-il, au détriment de notre recherche scientifique, qui en conséquence, n'a cessé de décliner à partir de 1933 »[9]. Il semblait croire que, si les nazis n'avaient pas persécuté les juifs, des savants tels qu'Einstein auraient pu aider l'Allemagne à produire de meilleures « armes miracles », et peut-être même une bombe atomique.

Il n'était pas à une contradiction près et soutenait aussi que le fait qu'il n'y ait pas eu de mutineries en 1945, contrairement à ce qui s'était passé en 1918, montrait clairement quelle société unifiée était devenue l'Allemagne sous Hitler.

Un rapport d'une commission spécialisée du SHAEF fondé sur plus de trois cents interrogatoires de généraux allemands faisait état de ce que la commission appelait « un sens moral perverti ». « Ces généraux, déclarait le rapport, approuvent tout acte qui " réussit ". Le succès est bon. Ce qui ne réussit pas est mauvais. Il était, par exemple, mauvais de persécuter les juifs avant la guerre car cela a dressé les Anglo-Américains contre l'Allemagne. Il aurait été bon d'ajourner la campagne antijuive pour ne la commencer que lorsque l'Allemagne aurait eu gagné la guerre. Il était mauvais de bombarder l'Angleterre en 1940. Si l'on s'en était abstenu, la Grande-Bretagne, pensent-ils, se serait jointe à Hitler dans la guerre contre la Russie. Il était mauvais de traiter les Russes et les Polonais [prisonniers de guerre] comme du bétail, car maintenant, ils vont traiter les Allemands de la même façon. Il était mauvais de déclarer la guerre à la fois aux États-Unis et à la Russie, car, ensemble, ils étaient plus forts que l'Allemagne. Il ne s'agit pas là de déclarations isolées de généraux pronazis, mais des réflexions de presque tous ces hommes. Qu'il soit moralement inadmissible d'exterminer une race ou de massacrer les prisonniers leur apparaît à peine. La seule horreur qu'ils ressentent à l'endroit des crimes allemands est qu'ils pourraient eux-mêmes, par quelque monstrueuse injustice, en être accusés par les Alliés »[10].

Quant aux civils, selon un autre rapport américain, leur utilisation automatique de clichés de propagande montrait combien ils avaient été et restaient influencés par celle-ci. Pour les bombardements alliés, par exemple, les civils allemands parlaient instinctivement de « *Terrorangriffe* » – « raids terroristes », conformément à la formule lancée par Goebbels – au lieu d'utiliser le terme classique de « *Luftangriffe* » – « attaques aériennes ». Le rapport décrivait la chose comme « du nazisme résiduel ». Beaucoup de civils faisaient état des souffrances infligées au peuple allemand par les bombardements, mais gardaient un silence hargneux lorsqu'on leur rappelait que c'était la Luftwaffe qui avait inauguré la tactique de bombardement massif des villes.

De toutes parts, d'ailleurs, on tendait à oublier ou à fuir les responsabilités. Des membres du Parti nazi soutenaient qu'on les avait obligés à y adhérer. Seule la direction était responsable de ce qui avait pu se produire. Les Allemands ordinaires ne l'étaient pas. Ils avaient été « *belogen und betrogen* » – « trompés et trahis ». Les généraux eux-mêmes laissaient entendre qu'ils avaient été victimes du nazisme, car si Hitler n'était pas intervenu de façon aussi désastreuse dans la conduite des opérations militaires, ils n'auraient jamais été vaincus.

Non contents de s'exonérer, civils et militaires de haut rang tentaient de persuader leurs interrogateurs et interlocuteurs de la justesse de la vision du monde cultivée par l'Allemagne nazie. Les civils ne parvenaient pas à comprendre pourquoi les États-Unis avaient déclaré la guerre à l'Allemagne, et lorsqu'on leur expliquait que c'était le contraire qui s'était produit, que l'Allemagne avait, en fait, déclaré la guerre aux États-Unis, ils demeuraient incrédules. Cela allait à l'encontre de leur conviction que les Allemands étaient les vraies victimes de la guerre.

Officiers et civils s'efforçaient également de convaincre leurs vainqueurs de la nécessité, pour les États-Unis et la Grande-Bretagne, de s'allier à l'Allemagne contre le danger commun d'un *Bolschewismus* qu'ils ne connaissaient que trop bien. Le fait que c'était l'attaque de l'Union soviétique par l'Allemagne nazie en 1941 qui avait amené le communisme dans toute l'Europe centrale et une partie de l'Europe méridionale – chose que toutes les révolutions et guerres révolutionnaires survenues entre 1917 et 1921 n'étaient pas parvenues à faire – échappait totalement à leur entendement. Tout comme les bolcheviks, minoritaires, avaient exploité sans vergogne l'habitude de l'autocratie qu'avaient les Russes, les nazis avaient utilisé à leur profit la fatale tendance de leur pays à confondre la cause et l'effet. Comme plusieurs historiens l'ont souligné, ce pays qui était si affamé d'ordre et de légalité en 1933 s'était retrouvé au bout de la route avec l'un des régimes les plus criminels et les plus irresponsables de l'histoire. Le résultat en était que son propre peuple, et avant tout les femmes et les enfants de Prusse-Orientale, devait faire face à des souffrances analogues à celles infligées par les Allemands aux civils de Pologne et d'Union soviétique.

La nouvelle distribution des cartes qu'imposa ensuite la Guerre froide permit à de nombreux anciens du Troisième Reich de se dire qu'en fin de compte, leur seul tort avait été de venir trop tôt. Cependant, quelque trente années après la défaite, l'ouverture d'un difficile débat historique, coïncidant avec le miracle économique allemand, a permis à la vaste majorité de la population de faire face au passé de la nation. Nul pays traînant derrière lui un pénible héritage n'a fait autant pour établir et reconnaître la vérité.

Le gouvernement de Bonn s'est également montré très soucieux de ne pas laisser s'ériger de monument véritable au nazisme et à son chef. Le corps d'Hitler était resté dissimulé de l'autre côté du Rideau de fer longtemps après la fin de la campagne de désinformation stalinienne tendant à suggérer que le Führer avait pu s'enfuir à l'Ouest dans les derniers moments des combats de Berlin. En 1970, enfin, le Kremlin décida de se débarrasser du corps dans le secret le plus absolu. L'opération prit un caractère assez macabre. Les mâchoires d'Hitler, si soigneusement gardées par Yelena Rjevskaïa dans leur coffret rouge durant les fêtes de la victoire à Berlin, avaient été conservées par le SMERSH, tandis que le NKVD s'était emparé du crâne. Ces restes furent récemment redécouverts dans les anciennes archives soviétiques. Le reste du corps, qui avait été enterré sous un terrain de parade de l'Armée rouge à Magdebourg, fut exhumé de nuit et incinéré. Les cendres furent jetées dans le système d'égouts de la ville.

Le cadavre d'Hitler n'est pas le seul de cette guerre à se trouver privé d'une sépulture identifiable. D'innombrables victimes des combats – soldats et civils – furent enterrées par des bombes et des obus. Depuis 1945, on retrouve encore près d'un millier de corps par an autour des Hauteurs de Seelow, dans les forêts de pins au sud de Berlin et dans les chantiers de construction de la nouvelle capitale d'une Allemagne réunifiée. La boucherie inutile qui résulta de l'insensée vanité d'Hitler donne tort à Albert Speer lorsqu'il regrettait que l'Histoire mette toujours l'accent « sur ce qui vient en dernier ». L'incompétence, le refus obstiné d'accepter la réalité et l'inhumanité du régime nazi furent bel et bien révélés par la façon dont il s'est effondré, par ce qui est venu en dernier.

ANNEXES

RÉFÉRENCES

ABRÉVIATIONS

AGMPG	*Archiv zur Geschichte des Max-Planck-Gesellschaft*, Berlin.
AWS	*Art of War Symposium*, « De la Vistule à l'Oder, les opérations offensives soviétiques ». Center for Land Warfare, US Army War College, 1986.
BA-B	*Bundesarchiv*, Berlin.
BA-MA	*Bundesarchiv-Militärarchiv*, Freiburg-im-Breisgau.
BLHA	*Brandenburgisches Landeshauptarchiv*, Potsdam.
BZG-S	*Bibliothek für Zeitgeschichte* (Sammlung Sterz), Stuttgart.
GARF	*Gosudartstvenny Arkhiv Rosssiiskoy Federatsii* (Archives d'État de la Fédération russe), Moscou.
HUA-CD	*Humboldt Universitätsarchiv* (Charité Direktion), Berlin.
IMT	Procès des principaux criminels de guerre devant le Tribunal international militaire (Nuremberg).
IVMV	*Istoriya vtoroi mirovoi voiny, 1939-1945*, Vol. X, Moscou, 1979.
IZG-M	*Institut für Zeitgeschichte*, Munich.
KA-FU	*Krigsarkivet (Försvarsstaben Utrikesavdelningen)*, Stockholm.
LA-B	*Landesarchiv-Berlin*.
MGFA	*Militärgeschichtliches Forschungsamt*, Potsdam.
NA	*National Archives II*, College Park, Maryland.
PRO	*Public Record Office*, Kew.

RGALI	*Rossiisky Gosudarstvenny Arkhiv Literatury i Iskusstva* (Archives de l'État russe pour la littérature et les arts), Moscou.
RGASPI *	*Rossiisky Gosudarstvenny Arkhiv Sotsialno-Politikeskoi Istorii* (Archives de l'État russe pour l'histoire socio-politique), Moscou.
RGVA	*Rossiisky Gosudarstvenny Voenny Arkhiv* (Archives militaires de l'État russe), Moscou.
RGVA-SA	*Sonderarchiv* : documents allemands saisis et recueillis par les RGVA **.
SHAT	Service historique de l'Armée de terre, Vincennes.
TsAMO	*Tsentralny Arkhiv Ministerstva Oborony* (Archives centrales du ministère de la Défense), Podolsk.
TsKhIDK	*Tsentr Khraneniya i Izucheniya Dokumentalnykh Kollektsy* (Centre pour la conservation et l'étude des collections de documents historiques), Moscou.
ViZh	*Voenno-istoricheskii Zhurnal.*
VOV	*Velikaya Otechestvennaya Voina* (« La Grande guerre patriotique »), volumes III et IV, Moscou, 1999.

INTERVIEWS, JOURNAUX PERSONNELS ET MATÉRIAUX NON PUBLIÉS

Chalva Yakovelitch Abouladze (alors capitaine, 8e Armée de la Garde), Richard Beier (journaliste de radio à la Grossdeutscher Rundfunk), Nikolaï Mikhaïlovitch Belyaev (cadre de Komsomol, 150e Division d'infanterie, 5e Armée de choc), Klaus Boeseler (Deutsche Jungvolk, Berlin), Ursula Bube née Eggeling (étudiante, Berlin), Hardi Buhl (civil, Halbe), Henri Fenet (chef de bataillon, division SS française *Charlemagne*), Anatoly Pavlovitch Fedoseyev (expert scientifique envoyé à Berlin), Edeltraud Flieller (secrétaire, Siemens), Generalleutnant a.D. Bernd Freiherr Freytag von Loringhoven (assistant militaire du général Krebs au Führerbunker),

---

* Anciennement RTsKhIDNI (*Rossiisky Tsentr Khraneniya i Izutcheniya Dokumentov Noveishei Istorii*).

** Ces documents proviennent de 194 000 dossiers du Parti national-socialiste, de la Chancellerie du Reich, de la SS et de la Gestapo découverts par la 59e Armée soviétique dans un château de Basse-Saxe (probablement le Schloss Furstenstein, près de Waldenbourg, plutôt que le Schloss Althorn, parfois cité.)

Vladimir Samoilevitch Gall (capitaine, 7e Service, état-major de la 47e Armée), Hans-Dietrich Genscher (soldat, Douzième Armée), Elsa Holtzer (civile, Berlin), Oberst a.D. Hubertus Freiherr von Humboldt-Dachroeden (lieutenant, état-major de la Douzième Armée), Svetlana Pavlovna Kazakova (état-major, 1er Front biélorusse), Oberst a.D. Wolfram Kertz (capitaine, Grossdeutschland Wachtregiment, 309e Division d'infanterie *Berlin*), général I.F. Klochkov (lieutenant, 150e Division d'infanterie, 5e Armée de choc), Ivan Varlamovitch Kloberidze (capitaine, artillerie du 1er Front ukrainien), Ivan Leontievitch Kovalenko (transmissions, état-major du 3e Front biélorusse), Anatoly Koubasov (3e Armée blindée de la Garde), R.W. Leon (Intelligence Corps, attaché à l'état-major de la Neuvième Armée américaine), Erica Lewin (survivante de la Rosenstrasse), général a.D. Rudolf Lindner (Fahnenjunker Regiment 1241, Division *Kourmak*), Lothar Loewe (Jeunesses hitlériennes), Hans Oskar baron Löwenstein de Witt (survivant de la Rosenstrasse), général Ulrich de Maizière (colonel d'état-major, OKH), Georgi Malachkia (capitaine, 9e Corps blindé), Nikolaï Andreïevitch Maltsev (lieutenant, 3e Armée blindée de la Garde), général Anatoly Grigorievitch Merechko (capitaine, état-major de la 8e Armée de la Garde), Roschus Misch (Oberscharführer, SS *Leibstandarte*, au Führerbunker), Gerda Petersohn (secrétaire à la Lufthansa, Neukölln), Oberst a.D. Günther Reichhelm (chef d'état-major, Douzième Armée), Frau Helga Retzke (étudiante, Berlin-Buch), Sergueï Pavlovitch Revin (sergent, 4e Armée blindée de la Garde), Yelena Rjevskaïa (Kogan) (interprète au SMERSH, 3e Armée de choc), Alexander Saunderson (capitaine, enquêteur sur les crimes de guerre et assistant de Jowett à Nuremberg), Erich Schmidtke (réfractaire de la Volkssturm de Berlin), Ehrhardt Severin (civil), Chota Shourgaia (sous-lieutenant, 16e Armée aérienne), Wolfgang Steinke (lieutenant, 391e Division de sécurité de la Neuvième Armée), Chota Soulkhanichvili (capitaine, 37e Armée de choc), Frau Waltraud Süssmilch (étudiante), Frau Marlene von Werner (civile, Wannsee), Magda Wieland (comédienne), général a.D. Markus Wolf (Groupe Ulbricht), général a.D. Wust (lieutenant, bataillon d'instruction de la Luftwaffe, 309e Division d'infanterie *Berlin*, Neuvième Armée).

Ont également été recueillis les témoignages de trois personnes ayant préféré garder l'anonymat.

SOURCES

PRÉFACE

1. Interrogatoire de Speer le 22 mai 1945.
2. Voir *Die Woche* du 8 février 2001.
3. Discours du 9 novembre 1944, reproduit par « Volkssturm ». BLHA.

Ch. 1

1. SHAT.
2. AWS.
3. SHAT.
4. BA-MA.

Ch. 2

1. IVMV.
2. SHAT.
3. TsAMO.
4. Témoignage de Freytag von Loringhoven.
5. SHAT, NA, RGVA.
6. TsAMO, AWS.
7. VOV.
8. TsAMO.
9. RGALI.
10. NA.
11. VOV.
12. NA.
13. GARF.
14. VOV.

Ch. 3

1. RGALI.
2. BA-B.
3. NA.
4. RGALI.
5. GARF.
6. TsAMO.
7. TsAMO.
8. RGALI.
9. RGVA.
10. RGALI.
11. RGALI.
12. TsAMO.
13. RGALI.
14. BA-B.
15. GARF.

Ch. 4

1. NA.
2. HUA-CD.
3. HUA-CD.
4. SHAT.
5. NA.
6. BA-B.
7. RGALI.
8. RGALI.
9. GARF.
10. RGA SPI.
11. RGA SPI.
12. Libussa von Olderhausen.
13. BA-B.
14. BA-B.
15. BA-B.
16. BA-B.
17. BA-B.
18. BA-B.
19. BA-MA
20. BA-MA.

Ch. 5

1. NA.
2. KA-FU.
3. KA-FU.
4. RGVA.

5. RGALI.
6. GARF.
7. RGALI.
8. RGALI.
9. RGALI.
10. TsAMO.
11. RGALI.
12. BA-MA.
13. BA-MA.
14. BA-MA.
15. IZG-M.
16. GARF.
17. BA-B.
18. BA-B.
19. GARF.
20. GARF.
21. BA-B

Ch. 6

1. RGALI.
2. NA.
3. RGASPI.
4. VOV.
5. RGALI.
6. BA-MA.
7. BA-MA.
8. GARF.
9. BA-MA.
10. GARF.
11. BA-B.
12. GARF.
13. RGVA.
14. SHAT.
15. RGALI.

Ch. 7

1. GARF.
2. RGVA.
3. GARF.
4. GARF.
5. NA.
6. GARF.
7. BA-B.
8. GARF.
9. NA.
10. NA.
11. RGVA.
12. NA.
13. RGVA.
14. RGVA.
15. RGVA.
16. RGVA.
17. RGVA.
18. RGVA.
19. RGVA.
20. RGVA.
21. BA-B.
22. RGVA.
23. RGALI.
24. RGVA.
25. RGALI.
26. RGVA.
27. GARF.
28. RGALI.
29. RGVA.
30. RGVA.
31. RGVA.
32. RGVA-SA
33. RGASPI.
34. TsAMO.
35. RGASPI.
36. RGASPI.
37. RGASPI.
38. RGASPI.
39. KA-FU.
40. RGALI.
41. RGVA.
42. SHAT.
43. VOV.
44. RGASPI.

Ch. 8

1. VOV.
2. RGALI.
3. BA-MA.
4. BA-MA.
5. BA-B.
6. TsAMO.
7. RGALI.
8. RGALI.
9. RGALI.
10. RGALI.
11. TsAMO.
12. TsAMO.
13. BA-B-BA-MA.
14. TsAMO.
15. TsAMO.
16. TsAMO.
17. RGVA.
18. TsAMO.
19. BA-MA.
20. BA-MA
21. GARF.
22. BA-B-BA-MA.
23. IZG-M.
24. BA-B-BA-MA.
25. BA-MA.
26. KA-FU.
27. KA-FU.
28. SHAT.
29. BA-MA.
30. BLHA.
31. BLHA.
32. BA-MA.

Ch. 9

1. GARF.
2. NA.
3. NA.
4. NA.

5. NA.
6. NA.
7. VOV.
8. VOV.

Ch. 10

1. KA-FU.
2. BA-MA.
3. BA-MA.
4. BA-MA.
5. BA-MA.
6. BA-MA.
7. GARF.
8. BA-B-BA-MA.
9. NA.
10. NA.
11. BA-MA.
12. NA.
13. BA-MA.
14. BA-MA.
15. BA-MA.
16. BA-B-BA-MA.
17. TSAMO.

Ch. 11

1. GARF.
2. TsAMO.
3. TsAMO.
4. TsAMO.
5. RGVA.
6. RGVA.
7. SHAT.
8. TsAMO.
9. TsAMO.
10. KA-FU, NA.
11. NA.

Ch. 12

1. KA.
2. SHAT.
3. SHAT.
4. BA-MA.
5. NA.
6. BA-MA.
7. BA-MA.
8. BA-MA.
9. BA-MA.
10. BA-MA.
11. RGVA-SA.
12. BA-MA.
13. BA-B.
14. BA-B-BA-MA.
15. KA-FU.
16. SHAT.
17. BA-MA.
18. RGVA.
19. RGVA.
20. RGVA.
21. RGVA.
22. TsAMO.
23. TsAMO.
24. TsAMO.
25. RGVA.
26. BA-MA.
27. BA-MA.
28. BA-MA.

Ch. 13

1. NA.
2. SHAT.
3. NA.
4. SHAT.
5. NA.
6. TsAMO.
7. GARF.
8. GARF.
9. GARF.
10. SHAT.
11. SHAT.
12. BA-MA.

Ch. 14

1. TsAMO.
2. TsAMO.
3. TsAMO.
4. RGVA.
5. TsAMO.
6. TsAMO.
7. TsAMO.
8. RGALI.
9. NA.
10. TsAMO.
11. TsAMO.

Ch. 15

1. BA-MA.
2. TsAMO.
3. BA-MA.
4. BA-MA.
5. TsAMO.
6. TsAMO.
7. BA-MA.
8. VOV.
9. TsAMO.
10. TsAMO.
11. TsAMO.
12. TsAMO.
13. TsAMO.
14. TsAMO.
15. TsAMO.
16. NA.

Ch. 16

1. BA-MA.
2. RGVA.
3. NA.
4. BA-MA.

5. BA-MA.
6. BLHA.
7. BA-MA.
8. TsAMO.
9. NA.
10. BA-MA.
11. BLHA.

Ch. 17

1. RGVA-SA.
2. NA.
3. GARF.
4. NA.
5. TsAMO.
6. TsAMO.
7. TsAMO.
8. BA-MA.
9. RGALI.
10. TsAMO.
11. TsAMO.
12. RGVA.
13. BA-MA.
14. TsAMO.

Ch. 18

1. BA-MA.
2. NA.
3. TsAMO.
4. TsAMO.
5. BA-MA.
6. TsAMO.
7. NA.
8. TsAMO.
9. RGVA.
10. RGVA.
11. RGALI.
12. TsAMO.
13. NA.
14. NA.

Ch. 19

1. TsAMO.
2. TsAMO.
3. TsAMO.
4. BA-MA.
5. NA.
6. BA-MA.
7. BA-MA.
8. NA.
9. NA.

Ch. 20

1. BA-MA.
2. NA.
3. RGALI.
4. NA.
5. RGALI.
6. BA-MA.
7. TsAMO.
8. TsAMO.
9. RGALI.
10. BA-MA.
11. BA-MA.
12. BA-MA.
13. TsAMO.
14. BA-MA.
15. NA.
16. GARF.
17. GARF.

Ch. 21

1. BA-MA.
2. SHAT.
3. TsAMO.
4. RGALI.
5. BA-MA.
6. RGALI.
7. BA-MA.
8. TsAMO.

Ch. 22

1. TsAMO.
2. NA.
3. TsAMO.
4. TsAMO.
5. RGALI.
6. TsAMO.
7. BA-MA.
8. BA-MA.

Ch. 23

1. TsAMO.
2. GARF.
3. NA.
4. GARF.
5. GARF.
6. TsAMO.

Ch. 24

1. GARF.
2. TsAMO.
3. NA.
4. NA.

Ch. 25

1. BA-MA.
2. TsAMO.
3. TsAMO
4. NA.

5. BA-MA.
6. GARF.

Ch. 26

1. GARF.
2. TsAMO.
3. RGALI.
4. GARF.
5. GARF.
6. RGALI.
7. RGALI.
8. BA-MA.
9. NA.
10. NA.
11. RGASPI.
12. RGALI.
13. TsAMO.
14. RGALI.

Ch. 27

1. GARF.
2. SHAT.
3. RGALI.
4. RGALI.
5. RGVA.
6. NA.
7. NA.
8. RGVA.
9. RGVA.
10. TsAMO.
11. TsAMO.
12. RGVA.
13. RGALI.
14. RGVA.
15. RGASPI.
16. GARF.
17. RGVA.
18. RGVA.
19. BA-MA.
20. GARF.
21. NA.
22. GARF.

Ch. 28

1. TsAMO.
2. TsAMO.
3. RGVA.
4. GARF.
5. RGASPI.
6. RGASPI.
7. TsAMO.
8. BA-MA.
9. NA.
10. NA.

BIBLIOGRAPHIE

ALANBROOKE, Field Marshal Lord, *War Diaries 1939-1945*, Londres, 2001.

ALBRECHT, Günter, et HARTWIG, Wolfgang (éd.), *Ärzte : Erinnerungen, Erlebnisse, Bekentnisse*, Berlin (Est), 1982.

ALTNER, Helmut, *Totentanz Berlin : Tagebuchblätter eines Achtzehnjährigen*, Offenbach-sur-le-Main, 1946.

AMBROSE, Stephen, *Eisenhower and Berlin : The Decision to Halt at the Elbe*, New York, 1967.

ANDREAS-FRIEDRICH, Ruth, *Der Schattenmann : Tagebuchaufzeichnungen 1938-1945*, Francfort-sur-le-Main, 1983.

ANDREAS-FRIEDRICH, Ruth, *Schauplatz Berlin : Tagebuchaufzeichnungen 1945-1948*, Francfort-sur-le-Main, 1984.

ANNAN, Noel, *Changing Enemies : The Defeat and Regeneration of Germany*, Londres, 1995.

Anonyme, *A Woman in Berlin*, Londres, 1955.

ANTONOV, V.S., « Poslednie dni voiny », *ViZh*, N° 7, Juillet 1987.

ARNOLD, Dietmar, « Die Flutung des Berliner S-Bahn Tunnels in den letzten Kriegstagen », in *Nord-Süd-Bahn : Vom Geistertunnel zur City-S-Bahn*, Berlin, 1999.

BABADSHANJAN, A., *Hauptstoßkraft*, Berlin (Est), 1981.

BACON, Edwin, *The Gulag at War : Stalin's Forced Labour System in the Light of the Archives*, Londres, 1994.

BARK, D., et GRESS, D., *A History of West Germany : From Shadow to Substance, 1945-1963*, Oxford, 1989.

BAUER, Frank, PFUNDT, Karen, et LE TISSIER, Tony, *Der Todeskampf der Reichshauptstadt*, Berlin, 1994.

BAUER, Magna E., *Ninth Army's Last Attack and Surrender*, Washington, DC, 1956.

Beelitzer Heimatverein, *Um Beelitz harter Kampf*, Potsdam, 1999.

BEHRMANN, Jörn, « Grundlage Forschung im totalitären Staat », *in*

Martin Stöhr (éd.), *Von der Verführbarkeit der Naturwissenschaft*, Francfort-sur-le-Main, 1986.

BELOW, Nicolaus von, *Als Hitlers Adjutant, 1937-1945*, Mayence, 1980.

BEREZHKOV, V., *History in the Making*, Moscou, 1982.

BEREZHKOV, V., *At Stalin's Side*, New York, 1994.

BERIA, Sergo, *Beria, My Father : Inside Stalin's Kremlin*, Londres, 2001.

BERNADOTTE, Count Folke, *The Curtain Falls*, New York, 1945.

BEZBORODOVA, Irina, *Generale des Dritten Reiches in sowjetischer Hand, 1943-1956*, Graz/Moscou, 1998.

BEZYMENSKI, Lev, *Der Tod des Adolf Hitler : Unbekannte Dokumente aus Moskauer Archiven*, Hambourg, 1968.

BOKOV, F. M., « Nastuplenie 5-i Udarnoi Armii s Magnushevskovo Platsdarma », *ViZh*, N° 1, 1974.

BOKOV, F. M., *Frühjahr des Sieges und der Befreiung*, Berlin (Est), 1979.

BOLDT, Gerhard, *Die Letzten Tage der Reichskanzlei*, Hambourg, 1947.

BOLLMANN, Erika, BAIER, Eva, FORTSMANN, Walther, et REINOLD, Marianne, *Erinnerungen und Tatsachen – Die Kaiser-Wilhelm-Gesellschaft zur Förderung der Wissenschaften Göttingen-Berlin*, Stuttgart, 1956.

BORDZILOVSKY, E., « Uchastie I-I armii Voiska Pol'skogo v Berlinskoi operatsii », *ViZh*, N° 10, Octobre 1963.

BORÉE, Karl Friedrich, *Frühling 45. Chronik einer Berliner Familie*, Darmstadt, 1954.

BORKOWSKI, Dieter, *Wer weiss, ob wir uns wiedersehen. Erinnerung an eine Berliner Jugend*, Berlin, 1991.

BOVERI, Margret, *Tage des Überlebens – Berlin 1945*, Munich, 1968.

BOWER, Tom, *The Paperclip Conspiracy*, Londres, 1987.

BRADLEY, Omar, *A Soldier's Story*, Londres, 1951.

BRELOER, Heinrich, *Geheime Welten*, Francfort-sur-le-Main, 1999.

BRUYN, Günter de, *Zwischenbilanz. Eine Jugend in Berlin*, Francfort-sur-le-Main, 1991.

BURKERT, Hans-Norbert, et MATUSSEK, Klaus, *Zerstört – Besiegt – Befreit. Kampf um Berlin bis zur Kapitulation*, Berlin (Ouest), 1985.

BURLEIGH, Michael, *Germany Turns Eastwards : A Study of Ostforschung in the Third Reich*, Cambridge, 1988.

BURLEIGH, Michael, *The Third Reich : A New History*, Londres, 2000.

BUSSE, Theodor, « Die letzte Schlacht der 9. Armee », *Wehrwissenschaftliche Rundschau*, 1954.

CHANEY, O.P., *Zhukov*, Norman, Oklahoma, 1996.

CHINARYAN, Ivan, « Moi mesyats mai », in *Stroki s velikoi voiny*, Moscou, 2000.

CHUIKOV, Vasily, *The End of the Third Reich*, Londres, 1967.

DAVIES, Norman, *White Eagle, Red Star*, Londres, 1972.

DAVIES, Norman, *God's Playground : A History of Poland*, Vol. 2, Londres, 1981.

DEANE, J.R., *The Strange Alliance*, Londres, 1947.

DELPLA, François, *Hitler*, Paris, 1999.
DEUTSCHKRON, Inge, *Ich trug den gelben Stern*, Cologne, 1978.
DIEM, Liselotte, *Fliehen oder bleiben ? Dramatisches Kriegsende in Berlin*, Freibourg, 1982.
DINTER, Andreas, *Berlin in Trümmern*, Berlin, 1999.
DJILAS, M., *Conversations with Stalin*, New York, 1962.
DOENITZ, Admiral Karl, *Memoirs*, Cleveland, 1958.
DOERNBERG, Stefan, *Befreiung 1945. Ein Augenzeugenbericht*, Berlin (Est), 1975.
DOMARUS, M., *Reden und Proklamationen, 1932-1945*, Vol. II, Würzburg, 1962.
DÖNHOFF, Marion Gräfin, *Namen die keiner mehr nennt*, Munich, 1964.
DRAGUNSKY, David, *A Soldier's Life*, Moscou, 1977.
DUFFY, C., *Red Storm on the Reich*, Londres, 1993.

EHRENBURG, Ilya, *The War 1941-1945*, New York, 1964.
EISENHOWER, Dwight, *Crusade in Europe*, New York, 1948.
ELLIOTT, W.A., *Esprit de Corps*, Norwich, 1996.
ERICKSON, John, *The Road to Berlin*, Londres, 1999.

FAIZULIN, A., et DOLBROVOLSKY, P., « Vstyrecha na El'be », *ViZh*, N° 4, Avril 1979, pp. 51-3.
FEIS, Herbert, *The Atomic Bomb ant the End of World War II*, Princeton, 1966.
FEST, Joachim, *The Face of the Third Reich*, Londres, 1988.
FEUERSENGER, Marianne, *Mein Kriegstagebuch : Zwischen Führerhauptquartier und Berliner Wirklichkeit*, Freibourg, 1982.
FINDAHL, Theo, *Letzter Akt – Berlin 1939-1945*, Hambourg, 1946.
FOERSTER, Roland G. (éd.), *Seelower Höhen 1945*, Hambourg, 1998.
FRÖHLICH, S., *General Vlasov, Russen und Deutsche zwischen Hitler und Stalin*, Cologne, 1978.

GALL, Vladimir, *Mein Weg nach Halle*, Berlin (Est), 1988.
GARAYEV, M., « Georgi Zhukov : Life and Work After the War », in *Voennaia mysl*, Vol. 6, N° 4, 1997.
GEHLEN, Reinhard, *The Gehlen Memoirs*, Londres, 1972.
GELLATELY, Robert, *Backing Hitler : Consent and Coercion in Nazi Germany*, Oxford, 2001.
GILBERT, Martin, *Road to Victory*, Londres, 1986.
GLANTZ, David (éd.), *Art of War Symposium. From the Vistula to the Oder : Soviet Offensive Operations – October 1944-March 1945*, US Army War College, 1986.
GLANTZ, David, et HOUSE, Jonathan, *When Titans Clashed*, Kansas, 1995.
GLENN GRAY, J., *The Warriors : Reflections on Men in Battle*, New York, 1970.

GOLDHAGEN, Daniel, *Hitler's Willing Executioners : Ordinary Germans and the Holocaust*, New York, 1996.

GOSZTONY, Peter, *Der Kampf um Berlin 1945, in Augenzeugenberichten*, Düsseldorf, 1970.

GROBOV, Yuri, « Igral nam v Brandenburge grammofon… », in *Stroki s velikoi voiny*, Moscou, 2000.

GROSS Leonard, *The Last Jews in Berlin*, New York, 1982.

GUDERIAN, Heinz, *Panzer Leader*, New York, 1952.

GUN, Nevin E., *Eva Braun : Hitler's Mistress*, Londres, 1969.

HENNING, Eckhart, et KAZEMI, Marion, *Veröffentlichungen aus dem Archiv zur Geschichte der Max-Planck-Gesellschaft*, Vol. I, Berlin (Ouest), 1988.

HERBERT, Ulrich, *Hitler's Foreign Workers*, Cambridge, 1997.

HIRSCHFELD, Gerhard, et RENZ, Irina, *Besiegt und Befreit, Stimmen vom Kriegsende 1945*, Gerlingen, 1995.

INOZEMTSEV, N., *Tsena pobedy v toi samoi voine*, Moscou, 1995.

IRVING, David, *Adolf Hitler : The Medical Diaries – the Private Diaries of Dr Theo Morell*, Londres, 1983.

ISAEV, S.I., « Vekhi frontovogo puti », *ViZh*, N° 10, Octobre 1991, pp. 22-5.

ITALIANDER, Rolf, BAUER, Arnold, et KRAFFT, Herbert, *Berlins Stunde Null*, Düsseldorf, 1979.

JOACHIMSTHALER, A., *The Last Days of Hitler*, Londres, 1996.

JOACHIMSTHALER, A. (éd.), *Er war mein chef, aus dem Nachlass der Sekretärin von Adolf Hitler, Christa Schroeder*, Munich, 1985.

KARDOFF, Ursula von, *Berliner Aufzeichnungen, 1942 bis 1945*, Munich, 1997.

KASKEWITSCH, Emmanuel, *Frühling an der Oder*, Berlin (Est), 1953.

KEE, Robert, *A Crowd is Not Company*, Londres, 2000.

KEHLENBECK, Paul, *Schicksal Elbe. Im Zweifrontenkrieg 1945 zwischen Heide, Harz und Havelland. Ein Bericht nach alten Tagebüchern*, Francfort-sur-le-Main, 1993.

KEIDERLING, Gerhard, *Gruppe Ulbricht in Berlin*, Berlin, 1993.

KEIDERLING, Gerhard, « Als Befreier unsere Herzen zerbrachen : Zu den Übergriffen der Sowjetarmee in Berlin 1945 », *Deutschland Archiv*, 28, 1995.

KEITEL, Wilhelm, *The Memoirs of Field Marshal Keitel*, Londres, 1965.

KEMPKA, Erich, *Die letzten Tage mit Adolf Hitler*, Preussich-Oldendorf, 1976.

KERSHAW, Ian, *The Hitler Myth : Image and Reality in the Third Reich*, Oxford, 1989.

KERSHAW, Ian, *The Nazi Dictatorship : Problems and Perspectives of Interpretation*, Londres, 1993.

KERSHAW, Ian, *Hitler : 1889-1939, Hubris*, Londres, 1998.
KERSHAW, Ian, *Hitler : 1936-1945, Nemesis*, Londres 2000.
KERSHAW, Ian, et LEWIN, Moshe (éd..), *Stalinism and Nazism : Dictatorships in Comparison*, Cambridge, 1998.
KIREEV, N., « Primenenie tankovykh army v Vislo-Oderskoi operatsii », *ViZh*, N° 1, 1985.
KLEINE, Helmut, et STIMPEL, Hans-Martin, *Junge Soldaten in der Mark Brandenburg 1945 – Rückerinnerungen nach einem halben Jahrhundert*, 1995 (MGFA).
KLEMPERER, Victor, *To the Bitter End, 1942-1945*, Londres, 1999.
KLIMOV, Gregory, *The Terror Machine : The Inside Story of the Soviet Administration in Germany*, Londres, 1953.
KLOCHKOV, I.F., *Znamya pobedy nad Reikhstagom*, Saint-Pétersbourg, 2000.
KNAPPE, Siegfried, *Soldat*, New York, 1993.
KNEF, Hildegard, *The Gift Horse : Report on a Life*, New York, 1971.
KNIGHT, Amy, *Beria : Stalin's First Lieutenant*, Princeton, NJ, 1993.
KON, Igor, *Sex and Russian Society*, Bloomington, Indiana, 1993.
KONDAUROV, I.A., « V 45-m my sami iskali protivnika », in *Vsem smertyam nazlo*, Moscou, 2000.
KONEV, I.S., *Year of Victory*, Moscou, 1984.
KOPELEV, Lev, *No Jail for Thought*, Londres, 1977.
KRIVOSHEEV, G.F. (éd.), *Grif sekretnosti snyat poteri vooruzhennykh sil SSSR v voinakh, boevykh deistviyakh i voennykh konfliktakh*, Moscou, 1993.
KROCKOW, Christian Graf von, *Die Stunde der Frauen*, Munich, 1999.
KRONIKA, Jacob, *Der Untergang Berlins*, Hambourg, 1946.
KUZNETSOV V.G., et MEDLINSKY, V.P., « Agoniya », *ViZh*, Nos 6-7, Juin-Juillet 1992.

LADD, Brian, *The Ghosts of Berlin*, Chicago, 1997.
LAKOWSKI, R., *Seelow 1945, Die Entscheidungsschlacht an der Oder*, Berlin, 1999.
LAKOWSKI, R., et DORST, K., *Berlin – Frühjahr 1945*, Berlin (Est), 1975.
LANE, Anne, et TEMPERLEY, Howard (éd.), *The Rise and Fall of the Grand Alliance, 1941-1945*, Londres, 1995.
LANGE, Horst, in. H.D. Schäfer (éd.), *Tagebücher aus dem Zweiten Weltkrieg*, Mayence, 1979.
LAUFER, Jochen, « " Genossen, wie ist das Gesamtbild ? " Ackermann, Ulbricht und Sobottka in Moskau im Juni 1945 », *Deutschland Archiv*, 29, 1996.
LEHNDORF, Hans Graf von, *Ostpreußisches Tagebuch – Aufzeichnungen eines Arztes aus den Jahren 1945-1947*, Munich, 1999.
LEMMER, Ernst, *Manches war doch anders : Erinnerungen eines deutschen Demokraten*, Francfort-sur-le-Main, 1968.
LEON, R.W., *The Making of an Intelligence Officer*, Londres, 1994.

LEONHARD, Wolfgang, *Child of the Revolution*, Londres, 1956.

LE TISSIER, T., *Zhukov at the Oder : The Decisive Battle for Berlin*, Londres, 1996.

LE TISSIER, T., *Race for the Reichstag*, Londres, 1999.

LE TISSIER, T., *With Our Backs to Berlin*, Stroud, 2001.

LIDDELL-HART, Basil, *The Other Side of the Hill*, Londres, 1948.

LUCHINSKY, A., « Na Berlin ! », *ViZh*, N° 5, Mai 1965.

LUCK, Hans von, *Panzer Commander : The Memoirs of Colonel Hans von Luck*, New York, 1989.

LUMANS, Valdis, *Himmler's Auxiliaries : The Volksdeutsche Mittelstelle and the German National Minorities of Europe 1933-1945*, Londres, 1992.

MABIRE, Jean, *La Division Nordland*, Paris, 1982.

MABIRE, Jean, *Mourir à Berlin*, Paris, 1995.

MACHTAN, Lothar, *The Hidden Hitler*, Londres, 2001.

MACKINTOSH, Malcom, *Juggernaut : The Russian Forces, 1918-1996*, Londres, 1967.

MAIZIÈRE, Ulrich de, *In der Pflicht*, Bonn, 1989.

MAKAREVSKY, V., « 17-ya motorinzhenernaia brigada v Berlinskoi operatsii », *ViZh*, N° 4, Avril 1976.

MEINECKE, Friedrich, *Die deutsche Katastrophe*, Wiesbaden, 1947.

MENZEL, Matthias, *Die Stadt ohne Tod. Berliner Tagebuch 1943-5*, Berlin, 1946.

MERRIDALE, Catherine, *Night of Stone*, Londres, 2000.

MESSERSCHMIDT, Manfred, *Was damals Recht war... Nationalsozialistische-Militär- und Strafjustiz im Vernichtungskrieg*, Essen, 1996.

MEYER, Karen, « Die Flutung des Berliner S-Bahn Tunnels in den letzten Kriegstagen », in Berliner S-Bahn-Museum, *Nord-Süd-Bahn*, Berlin, 1999.

MEYER, Sibylle, et SCHULZE, Eva, *Wie wir das alles geschafft haben. Alleinstehende Frauen berichten über ihr Leben nach 1945*, Munich, 1984.

MOROZOV, Boris, « Mgnovenie voiny », *Stroki s velokoi voiny*, Moscou, 2000.

MURPHY, David, KONDRASCHEV, Sergei, et BAILEY, George, *Battleground Berlin*, Londres, 1987.

MURPHY, Robert, *Diplomat among Warriors*, New York, 1964.

MUSMANNO, Michael A., *Ten Days to Die*, New York, 1950.

NAIMARK, Norman, *The Russians in Germany : A History of the Soviet Zone of Occupation, 1945-1949*, Cambridge, Mass., 1995.

NEUSTROEV, S.A., « Shturm Reikhstaga », *ViZh*, N° 5, Mai 1960, pp. 42-5.

NIKOLAI, Vasiliev, « Krasnyi tsvet pobedy », in *Vsem smertyam nazlo*, Moscou, 2000.

NOAKES, Jeremy (éd.), *Nazism 1919-1945 : A Documentary Reader*, Vol. IV, Exeter, 1998.

OVEN, Wilfred von, *Mit Goebbels bis zum Ende*, Vol. II, Buenos Aires, 1950.
OVERY, Richard, *Why the Allies Won*, Londres, 1995.
OVERY, Richard, *Russia's War*, Londres, 1998.
OWINGS, Alison, *Frauen : German Women Recall the Third Reich*, Londres, 1993.

PADFIELD, P., *Himmler : Reichsführer SS*, Londres, 1990.
PEREDELSKY, G., et KHOROSHILOV, G., « Artilleriya v srazheniyakh ot Visly do Odera », *ViZh*, N° 1, 1985.
PETROVA, Ada, et WATSON, Peter, *The Death of Hitler*, Londres, 1995.
POGUE, Forrest C., « The Decision to Halt on the Elbe, 1945 », in Greenfield Kent (ed.), *Command Decisions*, Londres, 1960.
POLYAN, Pavel, « Vestarbaitery : internirovannye nemtsy na sovetskikh stroikakh », *Rodina*, N° 9, 1999.
Prikazy Verkhovnogo Glavnokomanduyushchego v period Velikoi Otechestvennoi voiny Sovetskogo Soyuza, Moscou, 1975.

RAMANICHEV, N.M., « Iz opyta peregruppirovki army pri podgotovke Berlinskoi operatsii », *ViZh*, N° 8, 1979.
RAMM, Gerald, *Ein unbekannter Kamerad. Deutsche Kriegsgräberstätten zwischen Oderbruch und Spree*, Woltersdorf, 1993.
RAMM, Gerald, *Gott mit uns – Kriegserlebnisse aus Brandenburg und Berlin*, Woltersdorf, 1994.
RAMM, Gerald, *Halbe – Bericht über einen Friedhof*, Woltersdorf, 1995.
REIN, Heinz, *Finale Berlin*, Francfort-sur-le-Main, 1981.
RICHIE, Alexandra, *Faust's Metropolis*, Londres, 1998.
ROCOLLE, Pierre, *Götterdämmerung – La Prise de Berlin*, Indochine, 1954.
ROCOLLE, Pierre, *Le Sac de Berlin, avril-mai 1945*, Paris, 1992.
ROKOSSOVSKY, K.K., *Soldatsky dolg*, Moscou, 1968.
RUBENSTEIN, Joshua, *Tangled Loyalties : The Life and Times of Ilya Ehrenburg*, New York, 1996.
RUHL, Klaus-Jörg (éd.), *Unsere verlorenen Jahre – Frauenalltag in Kriegs- und Nachkriegszeit, 1939-1949*, Darmstadt, 1985.
RUNOV, Boris Alexandrovich, « Znanie nemetskogo pomoglo vzyat' v plen soten shest' nemtsev', in *Vsem smertyam nazlo*, Moscou, 2000.
RÜRUP, Reinhard (éd.), *Berlin 1945. Eine Dokumentation*, Berlin, 1995.
RÜRUP, Reinhard (éd.), *Topographie des Terrors, Gestapo, SS und Reichssicherheitshauptamt auf dem « Prinz-Albrecht-Gelände »*, Berlin, 1997.
Russian Federation, *Velikaya Otechestvennaya Voina*, Vols iii et iv, Moscou, 1999.
RYAN, Cornelius, *The Last Battle*, Londres, 1966.
RZHESHEVSKY, O.A., « The Race for Berlin », *Journal of Slavic Military studies*, 8, Septembre 1995.
RZHESHEVSKY, O.A., « Der Wettlauf nach Berlin - Ein dokumentarischer Überblick », in Foerster, *Seelower Höhen 1945*.

RZHEVSKAYA, Yelena, *Berlin, Mai 1945*, Moscou, 1986.
RZHEVSKAYA, Yelena, *Vecherny razgovor*, Saint-Pétersbourg, 2001.

SAJER, Guy, *The Forgotten Soldier*, Londres, 1997.
SANDER, Helke, et JOHR, Barbara (éd.), *Befreier und Befreite. Krieg, Vergewaltigungen, Kinder*, Munich, 1992.
SHÄFER, Hans Dieter, *Berlin im Zweiten Weltkrieg, Der Untergang der Reichshauptstadt in Augenzeugenberichten*, Munich, 1985.
SCHEEL, Klaus (éd.), *Die Befreiung Berlins 1945*, Berlin (Est), 1985.
SCHENK, Ernst-Günther, *Ich sah Berlin sterben. Als Arzt in der Reichskanzlei*, Herford, 1970.
SCHMITZ-BERNING, Cornelia, *Vokabular des Nationalsozialismus*, Berlin, 1998.
SHULTZ-NAUMANN, Joachim, *Die letzten dreißig Tage. Das Kriegstagebuch des OKW April-Mai 1945*, Munich, 1980.
SCHWARZ, Hans, *Brennpunkt FHQ : Menschen und Maßtäbe im Führerhauptquartier*, Buenos Aires, 1950.
SCHWARZER, Alice, *Marion Dönhoff, Ein widerständiges Leben*, Munich, 1997.
SCHWERIN, Kerrin Gräfin, *Frauen im Krieg – Briefe, Dokumente, Aufzeichnungen*, Berlin, 1999.
SEATON, A., *The Russo-German War 1941-1945*, New York, 1972.
SENYAVSKAYA, Yelena, *1941-1945 Frontovoe pokolenie*, Moscou, 1995.
SENYAVSKAYA, Yelena, *Psikhologiya voiny v XX-m veke*, Moscou, 2000.
SERENY, Gitta, *Albert Speer : His Battle with Truth*, Londres, 1995.
SEVRUK, V. (éd.), *How Wars End : Eyewitness Accounts of the Fall of Berlin*, Moscou, 1969.
SHATILOV, Nikolai, « U sten Reikhstaga », in *Vsem smertyam nazlo*, Moscou, 2000.
SHATUNOVSKY, Ilya, « I ostanetsya dobry sled », in *Vsem smertyam nazlo*, Moscou, 2000.
SHCHEGLOV, Dmitry, « Military Council Representative », in Sevruk (éd.), *How wars end.*
SHCHERBAKOV, B., « Material'noe obespechenie 4-i tankovoi armii v Vislo-Oderskoi operatsii », *ViZh*, N° 6, 1979.
SHERWOOD, Robert E., *The White House Papers of Harry L. Hopkins*, Londres, 1948.
SHINDEL, Aleksandr Danilovich (éd.), *Po obe storony fronta*, Moscou, 1995.
SHIRER, William L., *End of a Berlin Diary*, New York, 1947.
SHTEMENKO, S.M., *The Last Six Months*, New York, 1977.
SHUKMANN, Harold (éd.), *Stalin's Generals*, Londres, 1993.
SINENKO, I., « Organizatsiya i vedenie boya 164-m strekovym polkom za Batslov pod Berlinom », *ViZh*, N° 4, Avril 1976.
SMIRNOV, E., « Deistviya 47 Gv. T. Br v peredovom otryade tankovogo korpusa », *ViZh*, N° 1, 1978.
SOLZHENITSYN, A., *The Gulag Archipelago*, Vol. I, New York, 1974.

SOLZHENITSYN, A., *Prussian Nights* (tr. Robert Conquest), New York, 1983.

SOLJENITSYNE, A., *Deux récits de guerre*, Paris, 2000.

Soyuz veteranov zhurnalistiki, *« Zhivaya pamyat » : Velikaya Otechestvennaya*, Vol. III, Moscou, 1995.

SPAHR, W., *Zhukov : The Rise and Fall of a Great Captain*, Novato, Calif., 1993.

STEINHOFF, Johannes et al., *Voices from the Third Reich : An Oral History*, New York, 1994.

STUDNITZ, Hans-Georg von, *While Berlin Burns*, Londres, 1964.

SUBBOTIN, Vassily, in Sevruk (éd.), *How Wars End.*

TERKEL, Studs, *The Good War*, Londres, 2001.

THORWALD, Jürgen, *Es begann an der Weichsel*, Stuttgart, 1950.

THORWALD, Jürgen, *Das Ende an der Elbe*, Stuttgart, 1950.

TIEKE, Wilhelm, *Das Ende zwischen Oder und Elbe- Der Kampf um Berlin 1945*, Stuttgart, 1981.

TREVOR-ROPER, Hugh, *The Last Days of Hitler*, Londres, 1995.

TSVETAEV, E.N. (éd.), *Zhukov : Kakim my ego pomnim*, Moscou, 1988.

TULLY, Andrew, *Berlin – the Story of a Battle*, New York, 1963.

TUMARKIN, Nina, *The Living and the Dead : The Rise and Fall of the Cult of World War in Russia*, New York, 1994.

VASILIEV, Nikolay, « Krasny tsvet pobedy », in *Vsem smertyam nazlo*, Moscou, 2000.

VERMEHREN, Isa, *Reise durch den letzten Akt. Ein Bericht*, Hambourg, 1947.

VISHNEVSKY, Vsevolod, « Berlin Surrenders », in Sevruk (éd.), *How Wars End.*

VOLKOGONOV, Dmitri, *Stalin – Triumph and Tragedy*, New York, 1991.

WARLIMONT, W., *Inside Hitler's Headquarters, 1939-1945*, Londres, 1964.

WEIDLING, General Helmuth, *Der Endkampf in Berlin*, Potsdam, 1962.

WETLINGER, S., *Hast du schon vergessen ? Erlebnisberichte aus der Zeit des Verfolgung*, Berlin, 1960.

WERTH, Alexander, *Russia at War*, Londres, 1964.

WOLF, Markus, *Spionagechef im geheimen Krieg*, Munich, 1997.

WOLF, Markus, *Die Kunst des Verstellung*, Berlin, 1998.

ZALOGA, Steven J., *Target America – the Soviet Union and the Strategic Arms Race, 1945-1964*, Novato, Calif., 1992.

ZAYAS, Alfred M. de, *Nemesis at Potsdam : The Expulsion of the Germans from the East*, Londres, 1989.

ZBARSKY, Ilya, et HUTCHINSON, Samuel, *Lenin's Embalmers*, Londres, 1998.

ZHUKOV, G.K., *Vospominaniya i razmyshleniya*, Vol. IV, Moscou, 1995.

ZIEMKE, Earl, *The Battle of Berlin : End of the Third Reich*, Londres, 1969.
ZIEMKE, Earl, *The Soviets' Lost Opportunity ; Berlin in February 1945*, Londres, 1969.
ZIEMKE, Earl, *The US Army in the Occupation of Germany 1944-1946*, Washington, DC, 1975.
ZIEMKE, Earl, *Stalingrad to Berlin : the German Defeat in the East*, Washington, DC, 1987.

PUBLICATIONS

Der Angriff
Der Panzerbär
Freie Welt (RDA)
Istorischeskii Arkhiv
Krasnaya Zvezda
Pravda

INDEX

CRÉDITS PHOTOGRAPHIQUES

AKG Londres : 3, 6, 7, 8, 9, 13, 17, 22, 24, 26, 28, 34, 37, 40, 42.
Alexander Ustinov/Bildarchiv Preußischer Kulturbesitz, Berlin : 27.
Bildarchiv Preußischer Kulturbesitz, Berlin : 16, 21, 39, 43.
Bundesarchiv Bild, Koblenz : 2 (146/85/22/20), 47 (183/K0907/310).
Chronos, Berlin : 18, 19, 36.
Hilmat Pabel/Bildarchiv Preußischer Kulturbesitz, Berlin : 15.
Hulton Getty : 46.
Imperial War Museum, Londres : 10 (FLM 3345), 29 (FLM 3351), 30 (FLM 3349), 31 (FLM 3348), 32 (FLM 3346), 33 (FLM 3350).
Jürgen Stumpff/Bildarchiv Preußischer Kulturbesitz, Berlin : 45.
National Archives and Records Administration, Maryland : 20 (111-SC-205221), 41 (111-SC-205367), 49 (306-NT-885-C2).
PK-Benno Wundshammer/Bildarchiv Preußischer Kulturbesitz, Berlin : 1.
Private Collection/Nowosti/Bridgeman Art Library : 23, 25.
Ullstein Bild, Berlin : 4, 5, 11, 12, 14, 38, 44.
Victor Tiomin : Endpapers, 35.

[illegible]
Süddeutsche Zeitung Bilderdienst : [illegible]
[illegible]
[illegible]

TABLE

ANNEXES

Aubin Imprimeur
LIGUGÉ, POITIERS

Achevé d'imprimer en mai 2003
pour le compte de France Loisirs
123, bd de Grenelle, 75015 Paris

N° d'édition 38416 / N° d'impression L 65147
Dépôt légal, mai 2003

Imprimé en France